불가사의한 국가
―― 북한의 과거와 미래 ――

THE IMPOSSIBLE STATE
Copyright ⓒ 2012
Published by arrangement with HarperCollins Publishers
All rights reserved.

Korean translation copyright ⓒ 2016 by The Asan Institute for Policy Studies
Korean translation rights arranged HarperCollins Publishers,
through EYA (Eric Yang Agency)

이 책의 한국어판 저작권은 EYA(Eric Yang Agency)를 통해 HarperCollins Publishers와 독점
계약한 재단법인 아산정책연구원에 있습니다. 저작권법에 의하여 한국 내에서 보호를 받는
저작물이므로 무단 전재와 무단 복제를 금합니다.

불가사의한 국가
— 북한의 과거와 미래 —

빅터 차 지음 | 김용순 옮김

어머니 임순옥 여사,
그리고 사랑스런 아내 김현정에게 바칩니다.

한국어판 서문

   The Impossible State의 한국어판 《불가사의한 국가》를 한국 독자들에게 소개하게 되어 매우 기쁘게 생각한다. 작가는 항상 자신의 작품이 보다 많은 독자에게 사랑받기를 기대한다. 2012년 The Impossible State의 미국판이 나온 직후 유럽판권이 팔리면서, 한국, 일본, 중국에서도 곧 출판되리라 기대한 것이 사실이다. 이제 곧 한국어판이 출판된다. 누구보다 먼저 아산정책연구원 함재봉 원장님께 특별한 감사의 말씀을 전하고 싶다. 함께 번역을 위해 애써주신 여러분들께도 감사드린다. 필자의 오래된 친구이자 동료인 함 원장님은 한국과 아시아지역에서 명실공히 선구적인 참여지식인이라 생각한다. 또한, 필자의 멘토인 전 외무장관 한승주 고려대학교 명예교수님께도 감사의 인사를 전하고 싶다. 1986년 미 컬럼비아 대학에 초빙강사로 오셨던 한 교수님을 만나지 못했더라면 필자는 결코 학자가 될 수 없었을 것이다. 필자가 백악관에서 근무할 당시 주미대사로 오셨던 한 교수님과의 짧지만 강렬했던 순간들은 결코 잊을 수가 없다. 의견을 달리하기는 하지만, 북한에 대한 필자의 관점과 생각을 수년간 경청해주고 보완해주고 비판을 아끼지 않았던 한국의 많은 학자들과 동료들에게도 감사의 마음을 전하고 싶다.

사회현상은 예측하기 매우 힘들다. 소련 전문가들조차도 소련의 붕괴를 예측하지는 못했으며, '아랍의 봄'을 정확하게 예측했던 아랍 전문가들도 없었다. 해당 국가에서 정권의 몰락이 시작된 후에야 비로소 중요한 변화의 조짐들에 대해 전문가들의 의견이 개진되기 시작했다.

서방과 한국 모두 안전 불감증에 빠져 북한의 엄포를 그저 허풍이나 과장쯤으로 여겨왔다. 미디어 또한 북한의 모욕적인 언사나 조롱에 대해 주목받기만을 원하는 ('현실과는 먼 외진 곳에서 떠들어대는') 무해하고 무시해도 좋은 한 독재자의 외침으로 치부해버린다. 하지만 그 독재자는 몇 분 내에 서울에 포탄을 떨어뜨릴 만큼 가까운 거리에 있다. 게다가 2010년 천안함 사건에서 봤듯이 해군 46명의 생명을 앗아갈 만큼 매우 악의적이며, 그 행동 또한 예측하기 어렵다.

대부분의 분석가는 1990년대 중반 북한의 붕괴에 대한 많은 예측은 단지 북한이 붕괴하기를 바라는 강경파들의 집착일 뿐이라고 조롱했다. 북한의 붕괴에 대한 예측보다는 북한의 개혁·개방에 대한 예측들이 더 많이 존재하며, 북한의 분열에 대한 이론보다는 자유화에 대한 실효성 없는 많은 이론이 존재한다. 《불가사의한 국가》는 북한의 미래에 대해 회의적이다. 여기에 딜레마가 있다. 개혁 없이는 북한은 생존할 수 없다. 하지만 개혁한다 하더라도 북한의 생존을 담보할 수는 없다. 이 책에서 필자의 주요 관점은 북한 정권은 한계를 내정하고 있으며, 따라서 향후 북한 내에서 중요한 정치적 단절 현상들이 나타날 것이라는 점이다. 이 책을 통해 필자는 오바마 정부와 박근혜 정부 임기 내에 이러한 징후들이 나타날 것이라고 언급하고 있으며, 이는 2013년 12월 장성택의 숙청에서 잘 드러나고 있다. 하지만 이는 시작에 불과하다.

이러한 필자의 예측이 많은 학자에게는 비판의 대상이 될지도 모르겠다. 누가 옳은지 그른지에 대해서는 크게 염려하지 않는다. 다만, 한국과 미국의 이익에 해가 될지도 모르는 현 북한의 매우 위험하고 불안정한 상황이 염려될 뿐이다. 이 책의 마지막 장에서 언급한 것처럼, 북한은 커다란 구조적 결함을 안고 있다. 북한의 정치체제는 더욱 폐쇄되고 경직되어 가고 있으나, 사회는 천천히 점차 변화하고 있다. 시장경제는 시민사회를 만들어내고, 휴대폰, USB, 컴퓨터 등을 통한 북한으로의 정보 유입이 증가하고 있다. 사회과학자들이 지적하듯이, 사회와 정치가 상반된 방향으로 나아가는 것은 불안정하고 위험한 상황이라는 점을 인식해야 한다. 어떤 일이 도화선이 되어 위기를 촉발할지는 아무도 모른다. 북한 정권이 주민의 통제를 위해 사유화를 엄격히 금지하는 정책을 취할 수도 있으며, 이는 엘리트들의 반발과 리더십의 무능으로 이어질 수도 있다. 이로 인해 더 많은 정치적 단절과 불안정을 초래할 가능성이 있다. 물론, 조만간 이러한 변화가 일어날 것이라는 필자의 예측이 틀릴 수도 있으며, 많은 비평이 쏟아져 나올지도 모른다. 하지만 옳고 그름을 떠나, 북한의 미래에 대한 다양한 예측과 논의는 필요하다고 생각한다. 어떠한 사회현상이 일어난 후 이를 설명하는 것은 아무런 의미가 없으며, 이는 단지 우리가 알았던 사실에 대한 사후 입증만을 하게 되는 것이기 때문이다.

북한 체제의 균열이 곧바로 한반도의 통일로 이어질지는 아무도 장담할 수 없다. 한반도의 통일로 이어진다면, 이는 한국 역사상 가장 중요한 순간이자 위업이 될 것이며, 지난 60여 년 동안 믿기 힘들 정도로 비정상적이었던 (한반도의 한쪽이 서서히 몰락해 가는 동안 나머지 한쪽은 세계에서의 입지를 굳건히 다졌던) 시기의 종식으로 기록될 것이다. 이러한 기념비적인 날이 도래하여 한국이 도움이 필요할 때, 모든 우방국, 특히 미국은 어떠한 의도나 목적 없이 한국을 도울 것이라고 필자는 믿어 의심치 않는다. 한국의 최대 우방국으로서 미국은 어떠한 편협한 이익도 추구하지 않으며, 한반도에서의 진정한 자유와 통일만을 원하고 있다.

나아가야 할 길[1]

현 정책결정자들은 지구 최악의 정권에 의해 자행되고 있는 핵무기 개발을 멈추게 할 수 있는 해답을 내놓지 못하고 있다. 2015년 5월 북한은 미국을 목표로 장거리 탄도미사일에 소형 핵탄두를 탑재할 역량이 있다고 공표했으며, 2015년 11월에는 잠수함에서 탄도미사일을 시험 발사했다. 또한, 2016년 초에는 수소폭탄이라고 주장하는 네 번째 핵실험마저 실시했다. 미북 양자회담 또는 6자회담(미국, 중국, 일본, 러시아, 한국과 북한이 참여하는)을 통해 이뤄진 30여 년간의 미국의 비핵화 외교는 무기급 핵(분열)물질의 증가를 초래했다. 중국의 추정에 따르면,

북한은 현재 20여 개의 핵무기를 보유하고 있으며 2016년 말에는 그 양이 두 배로 늘어날 것으로 예측된다. 이는 오바마 대통령의 임기 말까지 북한이 40여 개의 핵무기를 보유하게 된다는 것을 의미한다. 미 대북정책의 기조인 '전략적 인내(strategic patience)'는 실질적인 선의의 무시(benign neglect) 중 하나이며, 따라서 북핵 문제는 차기 정부로 넘어가게 될 것이다.

현재 북한이 수소폭탄에 대한 과장처럼 자신의 능력을 과대 포장하고 있다 하더라도 북한의 역량이 더욱더 강화될 것임은 자명하다. 오직 시간문제일 뿐이다. 북한은 몇 개의 핵무기만을 다락방에 쌓아두려는 것이 아니라, 미 본토에까지 위협을 가할 수 있는 현대적이고 성능이 우수한 핵무기를 계속 개발하고 있다. 대화와 제재, 책임체계를 고려한 새로운 전략이 반드시 논의되어야 한다.

미국뿐만 아니라 동맹국들, 그리고 심지어 중국마저도 불편한 진실, 즉 북한의 핵무기 보유국 지위를 인정하려 하지 않는다. 하지만 핵 프로그램(우리가 유지해야 하는 실행이 불확실한 단기 목표)을 포기하도록 북한을 설득하지 못한다 하더라도, 아니 설득시킬 때까지, 북한은 계산착오의 위험성을 제대로 파악하고, 자신의 역량에 대한 그릇된 인식 또한 바로잡아야 한다.

첫째, 미국이 북한에 대해 정당한 이유 없는 공격을 수행하지 않을 때라도, 북한의 핵무기 또는 핵물질의 사용이나 확산은 자칫 북한 체제의 종식을 유발할 수 있는 대응조치를 일으킬 수도 있다.

둘째, 핵 프로그램에 대한 북한의 강경 기조는 재래식 무기역량의 저하를 유발하여 북한에는 불리하게 작용하는 '위기불안'을 초래할 것이다. 즉, 북한군이 핵무기 사용단계(nuclear threshold)까지 급속히 고조되는 위기를 초래하여 종국에는 대량보복과 체제 붕괴로 이어질 수 있다.

셋째, 북한은 가까운 미래에 정교하고 소형화된 성능이 우수한 핵무기를 보유하지는 못할 것이다. 오히려 지난 몇십 년간 북한의 추가적인 핵무기 개발은 체제와 정권의 안전을 보장하지 못했을 뿐만 아니라 위태롭게 만들었다.

마지막으로, 만일 북한이 핵무기 개발을 통해 보복의 두려움 없이 한국 군함을 침몰시킨 2010년의 천안함 사건처럼, '그레이 존'에서 강압적 군사행동을 취할 수 있는 재량을 갖고 있다고 생각한다면 심각한 계산착오를 하는 것이다.

북한의 군 지도자들과 전략가들은 냉전 시기에 그랬던 것처럼 핵무기는 군사용이 아니므로 핵무기 사용을 단념해야 함을 인지해야 한다. 혹자들은 북한의 정교하게 계산된 침략행위의 역사는 합리적 억제(rational deterrence)에 대한 이해를 보여준다고들 한다. 하지만 진실은 그렇지 않다. 북한이 한국이나 미국의 대북 제재가 핵무기에 대한 두려움 때문이라고 생각한다면 큰 착오다.

일단 북한이 핵무기 사용을 단념하면 미국은 북한을 압박하기 위한 비대칭 전략을 구사해야 한다. 필자의 경험에 따르면, 북한이 허를 찔려 쩔쩔맸던 경우는 2005년 9월 미 재부무가 애국법 제311조 규정에 따라 마카오의 은행에 주의를 권고해 마카오 은행 당국이 북한의 예금계좌를 동결했을 때와 2014년 2월 유엔 인권조사위원회가 김정은을 국제형사재판소에 제소했을 때, 단 두 번뿐이었다. 이는 새로운 전략의 두 지표가 되어야 한다.

미국과 유엔은 현존하는 유엔 안보리 결의와 대통령령하에서 대북제재의 수위를 높여야 한다. 여기에는 체제 확산자들과 인권 유린자들에 대한 표적 금융제재뿐만 아니라 불분명한 북한 단체와 사업 또는 무역을 하는 모든 사람에 대한 2차 제재를 포함해야 한다. 이란과 비교하여 대북제재 수준이 약하고, 북한의 경제규모가 작다고 하더라도 금융확산에 사용되는 현금을 현격히 줄이기 위한 추가적인 조치가 필요하다.

유엔은 북한 정권의 반인도적 인권 범죄에 대해 지속해서 책임을 물어야 한다. 노예와 같은 생활을 하는 주민들을 착취해 얻은 수익(체제에 의해 자행되는 인권 유린)과 핵 프로그램 자금공급은 직접적인 연관성이 있다. 이러한 노동 착취를 멈추도록 하기 위해서는 중국과 러시아를 포함한 모든 국가가 대북 압력에 동참해야 한다. 또한, 서방세계로부터 유입될 수 있는 정보의 파도를 만들기 위한 다양한 노력이 시도돼야 하며, 더 많은 외부 소식을 전하기 위한 혁신적인 방법이 강구돼야 한다.

현실적으로 미국의 새로운 접근을 통해 중국이 북한의 행동에 만족하지 못하는 만큼 북한을 포기하리라고 기대할 수는 없다. 미국은 아시아태평양 지역의 매우 중요한 국가 안보문제를 경쟁자인 중국에 전적으로 맡겨둬서는 안 된다. 하지만 미국은 중국이 북한 체제의 생존을 위한 지원을 줄이도록 독촉할 수는 있을 것이다. 중국은 북한 정권이 협상을 재개하고 인권 유린에 대한 유엔 안보리의 모든 권고안을 수용할 때까지 새로운 경제 프로젝트를 시작할 수는 없을 것이다. 미국은 미중 관계에서 협력의 주 당사자로서 단지 기후변화뿐만 아니라 모든 북한 문제를 다룰 수 있도록 해야 한다.

이러한 전략이 북한을 압박할 수 있을 것이다. 이를 통해 북한은 핵무기는 무용지물일 뿐이며, 안보, 인권, 경제 등을 포함하는 모든 문제를 논의하는 협상 과정만이 유일한 출구라는 사실을 깨닫게 될 수 있을 것이다.

2016년 1월
빅터 차

목차

한국어판 서문 · 7

제1장 모순 · 19
제2장 호시절 · 45
제3장 올 인 더 패밀리 · 105
제4장 다섯 번의 잘못된 결정 · 167
제5장 지구 최악의 장소 · 235
제6장 전쟁 억제의 논리 · 309
제7장 완전하고 검증가능하며 불가역적인 폐기 · · · · · · · · · · · · · 357
제8장 주변국 · 439
제9장 통일을 향하여 · 537
제10장 끝은 멀지 않았다 · 591

글을 마치며 · 638

감사의 말씀 · 640
주석 · 644
찾아보기 · 694

제1장

모순

양 옆으로 펼쳐진 황량한 잿빛 들녘을 지나 걸프스트림 6호기가 텅 빈 활주로에 착륙했다. 다른 비행기는 눈에 띄지 않았다. 짐을 나르는 화물차도, 연료 수송차량도 보이지 않았다. 마치 비행장을 사용하는 이용객은 우리뿐인 것만 같았다. 1940년대 험프리 보거트(Humphrey Bogart)가 등장하는 영화에서나 볼 수 있는 낡은 프로펠러 여객기 두 대를 지나쳐 우회전을 하자 공항 터미널이 시야에 들어왔다. 1960년대에 지은 듯 보이는 건물로 다른 국제공항의 10분의 1정도 되는 크기였다. 건물 위쪽에는 빨간색 글씨로 '평양'이라고 한글과 영어로 쓰인 큰 간판이 보였다. 순안 국제공항의 앞면 중앙에는 조선민주주의인민공화국(Democratic People's Republic of Korea, DPRK)의 첫 지도자인 김일성의 초대형 사진이 걸려 있었다.

알래스카의 엘먼도프 공군기지를 떠나 장시간 비행을 한 우리는 비행기에서 내릴 준비를 시작했다. 해질녘이라 하늘은 오렌지 빛으로 물들어 있었고 주위는 으스스할 정도로 적막했다. 길거리 소음도, 자동차 경적도, 새들의 지저귐도 없었다. '레이븐(raven, 까마귀)'으로 알려진 두 명의 보안 요원들이 승객 명단의 이름을 하나하나 확인하는 동안 우리는 의전에 따라 차례로 비행기에서 내렸다. 보안 요원들은 김일성 사진 앞에서 대기하고 있던 북측의 공항관계자와 외무성 직원에게 우리 일행을 인도했다. 그러고는 곧바로 뒤돌아 비행기로 향했다. 무심결에 나는 "우리와 함께 가지 않나요?"하고 그들에게 말을 걸었다. "아뇨, 저희는 비행기에 있을 겁니다. 적의 영토에서 며칠을 보내기에는 비행기에 너무나 중요한 통신장비들이 많아서요. 저희는 지금 바로 한국의 오산으로 이동할 겁니다. 며칠 후에 남쪽에서 뵙겠습니다." 나의 황당하고 순진한 질문에 선글라스를 쓴 한 보안 요원이 답했다. 걸프스트림 6호기는 백악관이 당시 뉴멕시코 주지사였던 빌 리처드슨(Bill Richardson)에게 제공한 군용기였다. 리처드슨 주지사는 조지 W. 부시(George W. Bush) 정부에 자신의 북한 방문을 허락해 줄 것을 요청했었다. 군용기에서는 온갖 통신 활동이 가능했다. 아마도 내가 모르는 기능도 많았을 것이다. 무장한 미 요원들은 우리를 수행하면서 우리의 비행기 탑승과 도착을 인도했지만 자신들은 언제나 비행기에 잔류했다. 단지 엘먼도프 공군기지에서 하룻밤을 보냈을 때만은 예외였다. 이곳은 안전이 확보된 군용기지로서 별 다른 경비가 필요 없었던 것이다. '미 군용기는 귀중품, 미 정부 관리는 소모품'이란 생각마저 들었다.

　이번 평양 방문에서 미 국가안전보장회의(National Security Council, NSC) 의원이란 신분인 나의 임무는 리처드슨 주지사를 수행하며, 그가 핵협상과 관련된 대화를 하더라도 6자회담의 틀에서 벗어나지 않도록 돕는 것이었다. 또한, 한국전쟁 당시 북한 인민군에게 포로로 잡힌 미군과 실종자들의 유해를 송환하는 것이 주요 임무였다. 이를 위해 국무부 소속 전문가 두 명이 사전교육을 받았다. 그 중 한 명은 법의학자였고, 또 다른 한 명은 중앙아시아 정책전문가로 조지타운대학에서 박사과정을 공부하는 학생이었다(후에 나는 그의 논문심사를 담당하기도 했다). 당시 리처드슨 주지사는 미 민주당 대통령 후보 출마 발표를 앞두고 있었기 때문에 취재진들의 스포트라이트를 한 몸에 받는 사람이었다. 그는 언론 노출을 목적으로 NBC 뉴스의 안드레아 미첼(Andrea Mitchell) 과 AP 통신의 특파원을 대동하기도 했다. 하지만 더욱 중요한 사실은 이번 방문이 부시 행정부 2기 들어 처음 이뤄진 미 정부 관료의 방북이 었다는 점이다. 이전 방문은 2002년도에 이뤄졌다. 북한이 은밀히 진행하고 있던 두 번째 핵 프로그램에 대해 당시 미 정부가 정면으로 대응하던 시점이었으며, 북한의 탄도미사일 시험발사와 핵실험으로 이어진 도발로 크나 큰 위기 상황에 처해 있었다. 이번 방북에도 어떤 일이 일어날지 아무도 예측할 수 없었다.

귀빈 출입구에서 기다리고 있던 북측 일행에게 다가가자 낯익은 사람이 눈에 들어왔다. 평양주재 스웨덴 대사인 맷 포이어(Mats Foyer)였다. 나중에 알게 된 사실이지만, 포이어 대사는 우리를 마중하게 해달라고 북측에 여러 번 요청했다고 한다. 평양에 미 대사관이 없다는 점, 그리고 미북관계는 엄밀히 말하면 휴전상태라는 점에서 스웨덴은 북한에서 미국의 입장을 대변하는 국가였다. 한국전쟁은 1953년에 평화협정이 아닌 정전협정으로 일단락됐다. 미 군용기는 우리를 남겨둔 채 활주로를 떠나고 있었다. 나는 옆에 있던 미 국무부 관계자들 두 명에게 속삭였다. "우리 셋은 방문기간 동안 떨어지지 말고 꼭 함께 있어야만 해요." 우리는 북측 인사들과 함께 공항 청사로 들어가 간단한 음료를 마시며 인사를 나눴다. 그들은 우리에게 현금으로 입국 요금을 지불할 것을 요청했다(북한에서는 신용카드를 사용할 수 없다). 그러고는 우리에게 일정표를 나눠 주었다. 통상적으로 이런 일들은 미 대사관에서 사전에 아무런 차질이 생기지 않도록 철저한 준비를 해 놓는다. 하지만 이번은 달랐다. 북한은 아무런 사전 정보도 없이 우리 일정을 통제할 심산이었다. 한마디로, 우리는 어떤 일이 일어날지도 모른 채 눈을 가리고 북한에 들어간 셈이었다.

바깥에서 기다리고 있던 차량으로 발걸음을 옮기며 비행장의 출발 안내 전광판을 쳐다보았다. 검정색의 기다란 전광판에는 베이징(北京) 발 항공편 한 건만 입력돼 있었다. 우리가 탈 차량 외에 순안 국제공항 주차장은 텅 비어 있었다. 북한 관리들은 리처드슨 주지사를 1970년대 출시된 캐딜락 승용차로, 나를 최신형 폭스바겐 파사트로 안내했다. 나머지 인원들은 승합차 한 대에 함께 타게 됐다. 미 국무부 요원 두 명이 그 상황을 바꿔 보려고 했으나 별 소용이 없었다. 괜한 소동을 부리는 것이란 판단이 들었다. 그들에게 괜찮다는 눈짓을 하고 뒷좌석에 올라 나머지 요원들이 밴에 타는 것을 지켜보았다. 내가 탄 차의 주행거리계를 보니 100킬로미터도 안 된 새 차였다. 짐작하건대, 북한에 대한 유엔(UN)의 제재에도 불구하고 중국이 제공해 준 차가 아닌가 생각했다. 그때 문득 백악관 최고기밀정보를 가진 내가 그 어떤 외교적 보호도 없이, 적국에서, 어디로 가는지도 모르는 차에 홀로 몸을 싣고 있는 사실을 깨달았다. 나는 뒤로 기대어 눈을 감았다. 보통 이동하는 중에는 블랙베리(Black Berry. 스마트폰)로 사무를 보거나 워싱턴과 통화를 하곤 한다. 그러나 이곳에서는 블랙베리도, 국제전화도 사용할 수가 없었다. 내 옆에는 컴퓨터 케이블도, 검토가 필요한 서류를 건네주는 미 대사관 직원도 없었다. 운전기사에게 전날 밤 뉴욕 양키즈와 보스턴 레드삭스의 야구경기 결과를 물어볼 수도 없었다(참고로 나는 뉴욕에서 태어났다).

깜박 잠이 들었다. 30분쯤 지나 눈을 뜨니 차는 평양의 넓고 텅 빈 중심가를 천천히 달리고 있었다. 평양과 처음 만나는 순간이었다. 나는 학자로서 수십 년간 북한에 대해 연구하고 미 고위 공무원으로서 북한 외교관들과도 수차례 협상을 했지만, 북한을 직접 방문한 적은 처음이었다. 소년단으로 보이는 수백 명의 어린이들이 줄을 맞춰 행진하고 있었다. 맨 앞줄의 아이들은 숫자가 적힌 플래카드를 들고 있었다. 김일성대학 정문도 지났다. 수업을 마친 학생들이 길거리로 쏟아져 나왔다. 차가 갑자기 속도를 줄이자 오른쪽에 크고 하얀 건물이 보였다. 김일성이 생존 시에 사용한 집무실로 1994년 사망 후에는 그의 시신이 안치돼 있다. 총 89억 달러의 건축비가 쓰였으며 넓이는 1만 700제곱미터에 달한다. 호수로 둘러싸여 있고 바닥 전체가 대리석으로 되어 있으며, 복도의 길이는 무려 1킬로미터이고 에스컬레이터, 공기정화 시스템, 자동 신발 세척기까지 설치돼 있다. 바로 이곳에 방부 처리된 '위대한 지도자'의 시신이 투명한 유리관에 보존돼 있다.[1] 우리 차는 우측에 철조망이 쳐진 비포장도로로 접어들었다. 저 멀리 농부들이 소를 끌고 땅을 경작하는 모습이 보였다(수백 수천만 제곱미터의 논밭을 지나는 동안 경작기는 단 한 대 밖에 보지 못했다). 검문소를 지나 호수와 숲으로 우거진 백화원 영빈관에 도착했다. 꿩들이 여기저기 노닐고 있었다. 관리인이 우리를 맞이하며 방으로 안내했다.

높은 천장에 유럽식으로 꾸며진 방에는 안쪽과 바깥쪽으로 문 두개가 있었다. 열쇠구멍은 있었지만 열쇠를 주지는 않았다. 어떤 방송이 나오는지 궁금해 텔레비전을 켜 보았다. 검은 화면에 BBC 방송의 로고가 나타나더니 금세 '수신불가'란 자막이 떴다. 다른 채널로 돌렸더니 이번에는 CNN 방송의 로고가 등장했다. 마찬가지로 잠시 후 같은 자막이 떴다. 채널들을 다 돌려보았지만 수신되는 방송은 딱 두 개였다. 하나는 북한 입법기구인 최고인민회의가, 다른 하나는 '위대한 지도자' 김일성의 항일투쟁 다큐를 상영 중이었다. 책상 위 흰색 전화 두 대만이 유일한 통신수단이었다. 한 대에는 '시내통화', 또 다른 한 대에는 '국제전화'라는 표지가 붙어 있었다. 시내통화 전화로 아무 번호나 눌러 누가 받아 볼까 하다 그냥 국제전화기의 수화기를 들고 9번을 눌렀다. 영빈관 어딘가에서 북한 관리들이 통화내용을 전부 도청하고 있으리라는 사실을 염두에 두고 백악관 상황실에 전화를 걸었다. 상황실은 스티브 해들리(Steve Hadley) 국가안보 보좌관에게 연결해 주었다. "해들리 보좌관님, 평양에 잘 도착했음을 알리고자 전화했습니다." 내가 말하자 곧바로 "알겠습니다."라고 대답해왔다. "지금 백화원 영빈관 숙소에 있는 전화로 연락드리는 겁니다."라고 말하자 잠시 침묵이 흘렀다. 해들리 보좌관이 나의 의도를 알아차리고는 대답했다. "잘 알겠습니다." 이후 우리의 통화는 내 하루 일과를 일방적으로 전달하는 형식이었다. 북측이 우리[미국]의 의도를 조금이라도 파악하지 못하게 하기 위해서였다.

그날 밤 시차 문제로, 또 앞으로 일어날 일들을 생각하니 잠이 오질 않았다. 천장을 바라보며 내가 어떻게 이 자리에게 오게 됐는지 곰곰이 생각해 봤다. 나는 조지타운대학 국제관계학 교수로서 미국의 대 아시아 정책에 대해 집필도 하고 정책연구도 했지만, 실무를 해보지는 않았다. 마이클 그린(Michael Green) 박사처럼 부시 행정부에서 일하던 동료들은 내가 쓴 글들을 좋게 평가하기도 했다. 나는 박사학위를 받은 후 스탠퍼드대학의 후버연구소에서 에드워드 텔러 국가안보연구원으로, 그리고 국제안보협력센터에서 연구원으로 근무했다. 당시 같은 대학 정치학 교수이자 학장이었던 콘돌리자 라이스(Condoleeza Rice) 박사를 알게 됐다. 그들이 나에게 국가안전보장회의에서 일해보지 않겠냐는 제의를 했을 때는 거절하기가 힘들었다. 사회적인 의무감과 아시아 지역에 대한 깊은 관심 때문이었다. 물론 그 후 3년간 쉴 새 없이 울려대던 블랙베리로 인해 맘껏 푹 자 본적이 없었다. 평양에서의 첫날 밤, 비록 블랙베리 때문은 아니었지만 나는 여느 때와 마찬가지로 잠을 이룰 수 없었다. 북한에서 블랙베리는 서비스가 되지 않는, 말 그대로 무용지물이었다.

 새벽에 깨어 밖에 나갔는데 새 소리도 들리지 않을 정도로 적막했다. 계속되는 홍수에다 부족한 에너지원을 충당하기 위해 북한 주민들은 나무를 벨 수밖에 없었고, 그 결과 북한의 삼림이 크게 훼손됐기 때문이었다. 멀리 평양 시내의 스피커를 통해 군악대의 음악이 들려왔다. 작은 꿩들이, 내가 전에 한 번도 들어보지 못한, 괴상한 소리를 내며 이리저리 돌아다니고 있었다(그 꿩들이 그 날 저녁 밥상에 올라온 것 같다). 항상 보이던 북한 안내요원들도 눈에 띄지 않았다. 나는 호수 주변을 산책했다. 울타리 너머로 180미터 정도 간격으로 무장한 군인들이 띄엄 띄엄 자리를 지키고 있었다. 이번 방북이 지닌 커다란 의미를 떠올리니 더없이 평화로운 이 순간과는 너무나 대조적으로 느껴졌다. 우리는 북한 영변 핵시설에 대한 선제공격을 고려했던 1994년 당시보다 더 심각한 핵문제에 직면하고 있었다. 수개월 전 김정일 정권이 핵실험을 단행하여, 그에 따라 유엔안전보장이사회(U.N. Security Council)는 한국전쟁 이후 북한에 가장 강도 높은 제재를 가한 상황이었다. 김정일 개인의 해외 은행 자산도 제재에 포함되어 있었다. 북한은 으레 한국을 '불바다'로 만들겠다고 협박했고, 미국과의 전쟁도 불사하겠다는 엄포를 놓고 있는 상황이었다. 영빈관으로 돌아와 보니 관리인이 밖에서 담배를 피우고 있었다. 인자한 인상의 중년 남성으로, 회색 코트를 입고 슬리퍼에 선글라스를 끼고 가슴엔 김일성 배지를 달고 있었다. 그는 나에게 지난밤에 춥지는 않았는지, 따뜻한 물은 충분했었는지 물어왔다. 나는 모두 충분했다고 답했다. 우리는 워싱턴 DC와 평양의 날씨에 대해 담소를 주고받았다. 내가 백화원이 매우 아름다운 곳이라고 칭찬하자, 그는 작은 소리로 1994년 지미 카터(Jimmy Carter) 전 대통령 이후로 백악관 고위관리 중 백화원에 묵는 것이 내가 처음이라고 얘기해 주었다. 웃음이 났다. 이 사람은 내가 미 국가안전보장회의 일개 아시아담당 국장이라는 것을 모르는 모양이었다. 그는 담배를 끄며 마지막 연기를 길게 내뿜었다. 그러고는 작은 목소리로 양국 간에 평화가 정착되기를 바란다고 속삭였다. 두 나라의 현 상황을 고려할 때 전혀 상상하지도 못했던 말이었다.

북한은 불가사의한 국가다. 냉전 초기 한반도는 미국과 소련의 양 군사정부에 의해 둘로 쪼개져 1948년에 북쪽에는 북측만의 정부가 수립됐다. 이후 한반도의 분단체제는 지금까지도 계속되고 있다. 이미 20여 년 전에 막강했던 소련과 다른 공산주의국가들이 몰락했음에도 불구하고, 이 불가사의한 아시아 국가는 생존을 계속하고 있는 것이다. 오늘날 아랍권에서는 '아랍의 봄(Arab Spring)'이 진행 중이다. 북한 정권보다 훨씬 오랫동안 권력을 유지해 온 이집트, 튀니지, 예멘, 리비아의 독재정권들이 하나 둘씩 축출되고 있다. 이런 상황에서도 '친애하는 지도자' 김정일은 2011년 사망하기 직전까지, 그리고 그의 아들 '위대한 영도자' 김정은은 지금도 여전히 굳건하게 국가 위에 군림하며 2012년을 '강성대국'의 해로 외치고 있다. 이 정권은 기아, 국제사회의 제재, 경제파탄, 그리고 국제적 고립에도 끄덕하지 않고 생존을 유지하고 있다. 어느 기준으로 보더라도 시대에 역행하고 파산 직전에 있는 이 은둔 국가는, 진작 역사의 뒤안길로 사라졌어야 마땅한데 말이다. 북한은 구시대적인 냉전시기의 유산으로 지금까지도 굳게 문을 닫고 있다.

북한은 모순 덩어리 국가이기도 하다. 북한 학생들은 동사의 시제 활용을 다음과 같은 예문을 통해 학습한다. '우리는 미국인들을 죽였다', '우리는 미국인들을 죽이고 있다', '우리는 미국인들을 죽일 것이다.' 수학도 사망한 미군 병사의 숫자를 빼거나 나누며 배운다. 그러면서도 1994년부터는 러시아어 대신 영어를 제2외국어로 채택해 가르치고 있다. 북한의 경제를 들여다보면 더욱 황당하다. 지리적으로는 세계에서 경제활동이 가장 역동적인 지역의 중심부에 위치해 있다. 위로는 세계 2위의 경제대국인 중국과 접경해 있고, 바다 건너에는 세계 3위인 일본이, 남쪽으로는 동일 언어를 사용하는 세계 15위인 한국과 인접해 있다. 한국은 낮은 문맹률과 저임금, 젊고 풍부한 노동력도 갖추고 있다. 미국의 지질조사에 따르면, 북한에는 석탄, 철광석, 석회암, 마그네슘을 비롯해 텅스텐, 몰리브덴, 나이오븀, 탄탈럼과 같이 희귀한 광물질이 대량으로 매장돼 있는 것으로 추정된다. 골드만삭스는 북한의 광물질 매장량 가치가 북한 GDP(국내총생산)의 140배에 달한다고 추산한 바 있다.[2] 그럼에도 불구하고 북한 경제는 지난 20여 년간 바닥을 치고 있다. 1990년 1,160달러였던 1인당 국민총소득(GNI)은 2009년 960달러로 감소했다. 평균 기대수명도 1990년 70.2세에서 2009년 67.4세로 하락했다. 북한 정권은 국제사회와 교류하고 협력하기보다는 불법적인 방법을 통해 폐쇄적인 생존 방식을 도모하고 있다. 불명예스럽게도 북한은 세계 제일의 미 달러 위조지폐 제조 국가다. 북한이 만든 100달러짜리 위조지폐는 원 지폐보다 더 양질의 용지와 잉크를 사용하여 매우 정교한 방법으로 제조되기 때문에, 미 법무부는 이를 '슈퍼노트(Supernote)'라고도 부른다. 이뿐만 아니라 가짜 담배와 가짜 비아그라를 포함한 약물도 북한이 가장 많이 생산하고 있는 실정이다.

총체적인 경제적 난국에도 불구하고, 북한 주민들은 세계에서 가장 혹독한 인권침해를 당하고 있다. 프리덤하우스의 세계자유상황보고서에 따르면, 자유지수(Freedom in the World Index)에서 북한은 일곱 개의 하위 국가 중에서도 최하위를 기록했고, 9개 '최악'의 국가 중 하나로 지명됐다.[3] 또한, 월드뱅크의 '시민의 능동적 참여' 부문은 0퍼센트 안에, 언론자유 부문에서는 꼴찌를 차지했다. 북한에서는 청룽(成龙, Jackie Chan) 주연의 영화 '쌍룡회(Twin Dragon)'[4]를 보거나 한국의 대중가요를 흥얼거린다는 이유만으로도 6개월간 수용소에 감금된다. 집이나 사무실에 걸려있는 김일성, 김정일의 초상화에 먼지가 묻어 있거나 비스듬하게 걸려있을 경우에도 옥살이를 해야 한다. 아무런 잘못이 없는데도, 어느 날 갑자기 비밀경찰들이 들이닥쳐 재산을 몰수하고 가족 모두를 수용소에 보내기도 한다. 할아버지나 할머니, 조상 중 누군가가 과거 식민시기 일본제국주의에 협력했었다는 이유에서다.

최근 방송된 CNN의 울프 블리처(Wolf Blitzer)와 알리나 조(Alina Cho)의 리포트를 보면, 평양에 사는 주민들이 휴대폰을 사용하고 놀이동산에서 즐겁게 노는 모습을 볼 수 있다. 이 세상에는 베일에 가려진 북한에 대해 정말 모른다는 '사실'과 자세히 들여다보면 북한도 살만한 곳이라는 '거짓'이 함께 공존한다. 잘 차려 입은 상류층 몇몇이 국내통화만 가능한 휴대폰으로 게임을 하는 모습이 북한 전체를 대신할 수는 없다. 2012년 북한에서 단행된 공개처형 건수는 2011년에 비해 세 배로 껑충 뛰었다. 소련 스탈린 치하의 '굴락(gulag. 수용소)'만큼이나 악명 높은 북한의 수용소(일명 '관리소')에는 죄수들이 점점 늘어가고 있다고 알려지고 있다. 또한, 북한 정권은 압록강과 두만강을 넘어 중국으로 탈북하는 사람들을 발견 즉시 총살할 것을 명령하고 있다. 외신기자들은 북한 내 휴대폰 사용의 증가가 마치 북한의 개혁에 대한 상징이라고 기사를 내곤 하지만 그들이 간과하고 있는 것은 북한 곳곳 공공게시판에 붙어 있는 경고문이다. 경고문의 내용인즉슨, 선불 심(SIM)카드를 이용해 해외통화가 가능한 중국산 휴대폰을 사용하거나 다른 나라의 화폐를 사용할 경우 사형에 처할 수도 있다는 것이다. 북한 주민 9만 명 중 3명이 차를 소유하고 있으며, 100명 중 10명이 냉장고를 갖고 있다. '조선민주주의인민공화국'은 근대 민족국가 역사상 산업화가 가장 더딘 국가

중 하나로, 인구의 10퍼센트에 달하는 주민들이 기아로 사망했다. 북한 주민들의 평균 식사량은 옥수수죽 한 공기와 김치 몇 조각이 전부다. 자신들의 뜻과는 무관하게 채식주의자가 된 것이다. 특히, 소고기는 턱없이 부족해 일반 주민들은 1년에 한 번 먹을 수 있을까 할 정도로 귀하다. NGO(비정부기구) 단체들이 지난 2011년 2월 북한의 한 시골 마을에 방문했을 당시 주민들을 대상으로 영양섭취와 관련해 설문을 실시한 바 있다. 설문 문항 중 하나가 '당신은 언제 마지막으로 단백질 음식을 섭취했습니까?'였다. 거의 모든 주민들이 자신이 언제 달걀이나 고기를 먹었었는지 정확한 날짜까지 기억하고 있었다. 이는 얼마나 영양 결핍이 심각한가를 말해준다. 북한의 식량배급제는 주민 1명에게 하루 1,500칼로리를 제공한다. 이는 유엔이 정한 최소 필요량에도 미치지 못하는 양이다. 이러한 영양부족 상태는 몇 대에 걸쳐 후대에 영향을 미칠 것이 분명하다. 북한의 7세 남아는 한국의 7세 남아에 비해 키는 평균 20센티미터나 작고 몸무게는 10킬로그램이나 적다. 이런 상황에도 불구하고 북한 정권은 국제사회의 식량지원에 대한 인도적 지원 기준인 접근성, 투명성, 비차별성, 취약지역 우선공급 등에 비협조적인 태도를 보여 왔다.

그러나 북한 주민들은 어려운 가운데서도 자신들이 선택받은 사람들이라고 믿는다. 단일민족으로, 세상에서 가장 순수하고, 순결하고, 고결한 사회에서 태어난 것을 행운으로 여긴다. 김정일 생존 당시 주민들이 그에게 충성했던 것은 세상의 모든 악으로부터 자신들을 지켜줄 강한 지도자가 필요하다고 굳게 믿었기 때문이다. 탈북자들이 북한을 탈출하는 것도 정치적인 이유보다는 경제적인 이유가 더 크다. 현재 한국에는 2만 1,000명 이상의 탈북자들이 살고 있다.[5] 10명 중 9명은 아직도 자신을 '북한 사람'이라고 말하지 '한국인'이나 '한국 사람'이라고 여기지 않는다. 이 중 75퍼센트는 아직도 '위대한 지도자' 김일성, '친애하는 지도자' 김정일, '위대한 후계자' 김정은에 대한 애정을 간직하고 있다.[6]

북한은 지난 수십 년간 핵문제로 인해 미국과 양자 간의 협상을 주장해 왔다. 미국이 진정으로 북한과의 비핵화 협상을 원한다면, 미국은 북한을 존중하고 적대적 입장을 포기해야 한다고 요구해 왔다. 북한 정권은 미국이 협박만 하지 않았더라면 핵무기가 전혀 필요하지 않았을 것이라고 수없이 주장하면서 한반도 비핵화야말로 '위대한 지도자' 김일성의 유훈이라고 주장한다. 그러면서도 버락 오바마(Barack Obama) 대통령이 손을 내밀었을 때 북한 정권은 그 손을 단칼에 뿌리쳤다. 오바마 대통령은 취임연설에서 세계의 고립된 국가들이 움켜쥔 주먹을 편다면 그들과의 관계를 개선하겠다고 약속했다. 그 약속을 실천하기 위한 일환으로 대사급 대북 특사 네 명을 지명한 바 있다. 2009년 12월 미 정부는 터프츠대학 플레처스쿨 학장이자 전 주한미대사인 스티븐 보즈워스(Stephen Bosworth) 대사를 통해 오바마 대통령의 친서를 북한에 전달하고자 했다. 김정일에게 직접 쓴 대통령의 편지는 미북관계 개선을 바라는 미국의 의지를 담고 있었다. 오바마 대통령이 그 어느 정권보다도 북한을 적극 포용하려는 의지를 내비쳤음에도 불구하고, 북한은 보즈워스 대사가 가지고 간 편지를 받지 않았다. 대신, 2009년 4월 탄도미사일 시험발사, 2009년 5월 제2차 핵실험에 이어, 2010년 3월 46명의 무고한 한국 군인들의 생명을 앗아간 천안함 폭침, 2010년

11월 4명의 사상과 수십 명의 부상으로 섬 주민들이 공포에 떨며 섬을 떠나야만 했던 연평도 포격사건으로 응답했다. 그리고 같은 달에는 과거 지속적으로 부인해 오던 제2차 핵개발 프로그램, 즉 고농축 우라늄 핵개발을 추진하고 있다고 발표했다.

 북한의 행동은 비단 미국에만 위협적인 것은 아니다. 2009년 5월 25일 오전 9시 54분에 단행된 제2차 핵실험은 중국 국경에서 불과 70킬로미터 떨어진 곳이었다. 어느 면으로 봐도 중국에 위협을 가하는 위험한 행위였다. 그날은 미국 국경일인 메모리얼 데이(Memorial Day, 5월 마지막 월요일로 한국의 현충일에 해당하는 미국의 전몰장병 추도기념일)기도 했다. 2006년 탄도미사일 시험발사도 미국 독립기념일인 7월 4일에 자행된 바 있다. 또한, 김정일 정권은 6자회담 일정을 주최국인 중국의 최대 국경일인 춘절(Chinese Lunar New Year, 음력 1월 1일로 한국의 설날에 해당하며 공식적으로 7일간 휴일을 갖는다) 연휴로 연기할 것을 요구한 적도 있다. 이러한 북한의 '노골적이고 대담한' 언행과 요구 사항은 사실상 북한에 유일한 영향력이 있는 중국의 국제적 부담감만을 가중시킬 뿐이다. 그럼에도 중국 정부는 북한의 불량 행위들을 묵인하고 매년 1백만 톤에 달하는 식량을 원조하고 있으며, 오히려 6자회담 참여국들에는 상투적인 태도로 회담의 재개를 종용하고 있다. 2011년 2월 김정일의 70번째 생일을 맞이하여 중국은 장수를 상징하는 복숭아[서우타오(壽桃)] 모양의 도자기를 선물한 적도 있다. 이렇듯 두 나라는 복잡하면서도 깊은 유대관계를 유지하고 있다.

 북한은 미국의 침략에 대비해 핵무기를 개발한다고 주장한다. 김정일은 체제 안정과 경제 지원을 보장한다면 핵을 포기하겠다고 주장해

왔다. 하지만 북한 전역에서 흔히 볼 수 있는 수천 개의 김일성 동상과 비교할 때, 아이러니하게도 김정일 동상은 핵무기용 플루토늄 생산 시설이 위치한 영변 단 한 곳에 유일하게 자리 잡고 있다. 김정일이 과학 기술자와 군인들에게 국방에 힘쓰라고 지시하는 내용이 담긴 15미터 크기의 구조물이다. 북한은 주민들에게 미 제국주의자들의 침략에 대비해 24시간 경계태세를 취해야 한다고 선전하고 있다. 정말 터무니없는 얘기라고 북한의 카운터파트(counterpart)에 여러 번 말한 바 있듯, 미국은 북한을 침략할 의도가 전혀 없다. 북한을 가장 걱정하게 했던 부시 행정부조차도 2005년 6자회담 공동성명에서 미국은 핵무기나 다른 어떤 수단으로도 북한을 공격할 의지가 없다고 공식적으로 문서화한 바 있다. 내가 북한 교섭 담당자에게 물었다. "왜 우리가 북한을 침략하려고 한단 말이죠? 당신들이 주장하는 것처럼 아무리 우리가 수정주의 제국주의자들이라고 해도, 당신들이 우리가 갖고 싶어 할 만 한 가치가 있는 무언가를 갖고는 있나요?" 그럼에도 북한은 여전히 강력한 핵 억제력을 추구하고 있다. 북한은 이미 화학무기 탑재가 가능한 대포 13만 대를 구비하고 있으며 24시간 내 수백만 개의 포탄을 서울에 쏟아부을 수 있다. 북한의 포탄이 한국에 투하될 경우 사전 경고시간은 45초다. 110만 명의 북한 군사 중 70퍼센트가 당장이라도 공격할 수 있도록 비무장지대(Demilitarized Zone, DMZ) 전방에 배치돼 있다. 이는 미국과 한국에 이미 적지 않은 억제 효과를 발휘하고 있다. 그런데도 북한은 왜 핵을 고집하는가?

북한은 제2차 세계대전 이후 아시아 국가 중 가장 선진화된 경제적 토대 위에서 탄생한 국가였음에도 불구하고 그동안 많은 어려움을 겪었다. 일제 식민시기 최신식 중화학 공업 시설과 철도, 통신 시스템 등이 구축됐음에도 이러한 공업시설은 이미 낙후됐고 북한의 경제는 거의 붕괴 지경에 이르고 있다. 매년 100만 톤 이상의 식량이 모자란다. 한국에는 가구당 세계에서 가장 많은 인터넷과 휴대폰 사용자가 있는 반면, 북한의 도시에 거주하는 주민들은 아직도 공중전화를 쓰기 위해 줄을 서야하고 0.01퍼센트도 안 되는 사람들만이, 그마저도 인터넷 사용이 제한된 컴퓨터를 사용할 수 있다. 이런 상황에도 불구하고 평양 곳곳에는 북한의 강건함을 표현하는 혁명적인 슬로건들이 눈에 띈다.

'우리는 부러울 것이 없다.'

자기모순의 극치다.

논쟁거리

북한은 어쩌다 불가사의한 국가가 됐을까? 이미 많은 공산주의 정권들이 붕괴됐고 그나마 남아있는 공산주의 국가들마저도 중동과 북아프리카 지역의 민주화 혁명으로 종말로 치닫고 있는데, 어떻게 북한은 생존을 계속하고 있는가? 북한 지도부는 무엇 때문에 그리 많은 그릇된 결정들을 내렸을까? 북한 주민들은 왜 불의에 대항하여 싸우지 않을까? 어떻게 하면 북한처럼 경제를 엉망으로 만들 수 있을까? 핵 위협을 통해 무엇을 얻으려는 것일까? 왜 도움을 받지 않으려 할까? 북한이 궁극적으로 원하는 것은 무엇일까?

어떻게 보면 이러한 질문들에 대한 답은 간단하다. 북한이 불가사의

한 국가로 생존할 수 있었던 이유는, 북한 내부에 정권을 전복할 만한 세력이 부재하기 때문이고 외부에는 북한의 변화를 유도하기 위해 위험을 감수할 만한 관심과 의지가 없기 때문이다. 그러나 다른 한편으로 보면 문제는 보다 복잡하다. 김씨 일가의 과거 내력과 위험한 개인숭배, 이데올로기를 살펴보지 않고는 왜 탈북자를 포함한 북한 사람들이 여전히 지도자들에 대한 애정을 간직하고 있는지 설명할 수 없다. 60여 년이 넘는 세월 동안 북한의 그릇된 정책들로 인한 경제 침체를 이해하지 않고는 핵 위협을 이해할 수 없다. 북한 정권의 극심한 편집증을 이해하지 않고는 인권유린을 이해할 수 없다. 역사나 이데올로기, 사명에 대해 그들이 갖고 있는 독특한 시각을 이해하지 않고서는 북한 정권의 유별난 자만감을 이해할 수 없는 것이다.

미국의 제45대 오바마 대통령은 임기가 끝나기 전에 심각한 체제위기를 맞은 북한과 씨름하게 될 것이다. 북한체제가 이렇게 오랫동안 살아남을 수 있었던 것은 지리적 요건이나 국제사회의 인도적 지원, 한국의 관용, 중국의 지원, 뜻밖의 행운 등과 같은 여러 요인들이 특이하게 복합적으로 영향을 미쳤기 때문이다. 그러나 이러한 요소들은 점차 그 동력을 상실하고 있다. 국가와 국민 사이에 커져가는 괴리는 심각한 정권 위기를 초래할 것이며, 북한체제의 토대를 송두리째 흔들어 놓을 것이라는 것이 이 책의 핵심이다. 국가와 국민 간의 괴리는 북한 정권의 이념 통제와 정치적 억압이 거세질수록, 그리고 사회가 더욱 더 시장화되고 기업의 경제화 속도가 더해질수록 커질 것이다. 북한 정권의 위기는 2011년 12월 김정일이 사망하면서 더욱 가속화됐다. 그의 갑작스런 죽음으로 인해 경험이 부족한, 서른이 채 되지도 않은 김정은으로 초고속적인 권력승계가 이뤄질 수밖에 없었다. 북한의 신지도부는 새로운 이데올로기를 내세워야하기 때문에 체제는 더욱 엄격해질 수밖에 없다. 김정일 시대의 '강성대국' 이념은 핵무기 생산 외에 아무런 성과를 보지 못하고 완전히 실패했다. 나는 김정은으로의 정권 교체를 뒷받침하고 있는 새로운 이데올로기를 '신주체 복고주의(neojuche revivalism)'라고 명명하고자 한다. 1950~1960년대 북한의 전성기에 만들어진 정통 주체사상으로 되돌아가 더욱 더 강경한 노선을 취하겠다는 것을 의미한다. 나아가 신주체 복고주의는 냉전 후 추진된 여러 실험과 개혁이 실패했으며 이러한 노력들이 사상적 오염만을 초래했다고 폄하하고 있다. 북한이 직면한 문제는 이러한 강경노선으로의 전환이 사회 내 시장의 초급화 현상이 뿌리 내리기 시작한 시기와 중첩되고 있다는 것이다. 북한 정권이 시장을 어느 정도 인정하고는 있지만, 더욱 중요한 것은 2000년대 초반 경제개혁의 실패와 식량배급제의 중단으로 북한 전역에 암시장이 활성화됐다는 것이다. 국가가 식량과 생필품 등의 물자 배급을 중단하자 주민들은 물물거래와 무역을 통해 굶주림을 벗어날 방도를 모색하게 됐다. 국가정책의 실패가 결과적으로는 시장화를 견인했다. 엄격한 단속과 통제에도 불구하고 변화의 바람은 막을 수 없었다. 최근 북한에서 넘어온 탈북자에 따르면 식량의 75퍼센트 이상을 시장에서 구입한다고 한다. '아랍의 봄'에서 볼 수 있듯이 정권과 국민 간의 괴리는 제도나 정책으로는 통제 불가능한 사회 변화를 일으키고 있다. 이렇듯 사회 전역으로 확산되기 쉬운 불안정한 상황은 유례없는 3대 권력 세습과 동시에 북한을 휘감고 있다. 그러나 북한 정권은 이러한 위기를 극복할 만한 능력이 없는 듯하다. 현재로서는 중국식의 경제

개혁이 불가능하기 때문이다. 중국은 카리스마를 갖춘 지도자 덩샤오핑(鄧小平)이 개혁을 이끌었다. 그러나 북한에는 덩샤오핑과 같은 지도자가 없다. 중국의 지도자들은 '부유해지는 것은 영광스러운 일'이라는 덕목을 견지하고 있었으나, 북한은 아직도 돈보다는 정치적 통제가 중요하다. 어떤 일이 기폭제가 되어 북한체제의 위기를 초래할는지는 예측하기 어렵다. 약 90년 전 오토만 제국의 멸망 이후, 중동에서 가장 큰 정치적 변화를 일으킨 동인이 다름 아닌 26세의 평범한 튀니지 채소장수 모하메드 부아지지(Mohamed Bouazizi)의 희생이었던 것처럼 말이다. 북한 또한 이를 피할 수는 없을 것이다.

이 책에서 나는 미북관계도 살펴볼 것이다. 2007년 11월 북한 상선이 소말리아 해적들에게 공격을 받은 적이 있다. 선원 22명은 심한 구타를 당하고 선박은 억류됐다. 당시 미 해군의 제임스 E. 윌리엄스호가 북한 선원을 구출하고 다친 선원들을 치료해 줬다. 미 국무부와 북한 언론 모두 이 작전을 긍정적으로 평가했다. 악감정으로 점철된 미북 간의 관계에서 손꼽을 만한 역사적인 순간이었다. 그러나 북한에 미국과의 관계는 지극히 사적이다. 북한은 미 국경일인 독립기념일과 메모리얼 데이에 미사일 시험발사와 핵실험을 도발함으로써 적개심을 표출했다. 한번은 재임 중인 미 대통령 생일에 도발한 적도 있다. 북한의 어린이들은 아직도 달나라에 사람이 착륙했다는 사실을 모른다. 미국에 대한 경외심을 부추길 수 있기 때문이다.[7] 엘비스 프레슬리(Elvis Presley)나 마이클 잭슨(Michael Jackson)에 대해 들어본 적도 없다. 하지만 마이클 조던(Michael Jordan)을 알고 영화 '바람과 함께 사라지다(Gone with the Wind)'의 구절을 암송하기도 한다.[8] '친애하는 지도자'가 좋아하던 농구선수고 영화기 때문이다. LA 선셋대로에 영화 게시판이 즐비해 있듯 평양 거리에는 반미 게시판이 늘어서 있다. 많은 북한 주민들이 중국과의 친밀한 관계에 대해 얘기한다. 실제로 중국은 북한 정권의 많은 실수에도 불구하고, 식량과 에너지를 지원함으로써 북한이 체제를 유지하게끔 도와주는 유일한 국가다. 그러나 북한이 야기하는 안보 문제를 해결할 수 있는 유일한 국가는 중국이 아닌 미국이다. 북한은 세계 최강국인 미국과 외교적 관계를 수립함으로써 제재 없는 평범한 국가로 인정받기를 원한다. 평화협정으로 한국전쟁을 종식시키기를 원하고 국제사회의 일원으로 인정받기를 원한다. 이 모든 것을 가능하게 해줄 수 있는 나라는 오로지 미국뿐이다. 로널드 레이건(Ronald Reagan) 전 미 대통령을 필두로 현 정부에 이르기까지 미국과 북한은 지난 30년간 협상에 협상을 거듭해왔다. 북한은 모든 혜택을 누리길 원하면서 동시에 핵무기 또한 보유하고 싶어 한다. 완벽한 비핵화를 바라는 미국에 이것은 풀리지 않는 과제다. 이 책을 통해 나는 미국이 북한의 핵 프로그램을 중단시키기 위해 어떠한 외교적 노력들을 기울여 왔는지 살펴보고, 미국이 북한 핵문제를 다루는 데 있어 제기되는 중요한 질문들에 대한 답을 제시하고자 한다. 북한 비핵화를 위한 다른 대안은 없는가? 김정일의 죽음과 북한 정권의 변화는 미국에 더 큰 시련을 줄까?

이 책을 통해 나는 이 수수께끼 같은 북한을 한번 해독해 풀어보고자 한다. 정말로 세상은 북한에 대해 아는 것이 별로 없다. 오늘날 세계에서 북한보다 더 폐쇄적인 국가는 없을 것이다. 북한의 강도 높은 통제 수준에는 버마(현 미얀마)나 시리아도 비하지 못한다. 정부 차원에서도 북한은 정보를 획득하기 어려운 국가 중 하나다. 아주 소수의 사람들만 이 북한에 들어갈 수 있고, 그보다 더 적은 극소수의 사람들만이 북한 밖으로 나갈 수 있다. 게다가 인공위성 사진을 통해 볼 수 있는 터널과 땅굴은 북한 전역의 깊은 땅 속에 숨어있는 1만 1,000여 개 땅굴의 일부에 지나지 않는다.

내가 이 책을 통해 제공하는 내용들이 북한 정권에 그리 솔깃한 것은 아닐 것이다. 다만, 북한에 대한 잘못된 견해나 오해, 뉴스와 언론에서 희화한 모습들을 바로 잡고자 할 뿐이다. 대부분의 미국인들이 알고 있는 북한은 영화 '팀 아메리카(Team America: World Police)'[9]에 나오는 코믹한 모습의 김정일 정도다. 또한, 많은 신문 사설들이 김정일을 비싼 코냑과 스웨덴 모델들을 좋아하는 '플루토늄 미치광이'로 다루고 있다. 북한사람들은 김정일이 처음으로 골프를 쳤을 때 18홀 중 11개의 홀인원을 기록했다고 알고 있다. 다소 진지한 뉴스 잡지인 〈이코노미스트Economist〉마저도 표지에 김정일의 사진과 함께 '지구인들이여, 안녕(Greetings Earthlings)'이란 문구를 싣기도 했다.[10] 이렇듯 김정일에 대해 별로 알려진 것이 없으며, 그의 셋째이자 막내아들인 후계자 김정은에 대해서는 더욱 알려진 것이 없다. 2010년 9월에 최초로 공개된 김정은을 찍은 단 한 장의 사진은 김정은이 초등학교 시절에 찍은 것이었다. 2010년 제3차 당대표자회의와 열병식을 통해 "우리 인민은 '위대한 수령' 김일성 동지와 '친애하는 지도자' 김정일 동지를 모시는 영광을 누렸다 … 우리 인민들은 대를 이어 위대한 지도자들에게 축복받는 것을 자랑스럽게 생각하고 있다 … 이제 우리는 김정은 대장 동지를 모시는 영광을 누리게 됐다."라고 선포했다.[11]

〈워싱턴포스트Washington Post〉는 김정은이 스위스 유학 당시 국제학교를 함께 다녔던 친구와의 인터뷰를 1면에 실었다. 인터뷰를 통해 김정은이 미국 NBA 농구를 좋아하며, 특히 마이클 조던과 코비 브라이언트(Kobe Bryant)의 팬이란 것은 알게 됐으나 그 외에는 별다른 내용이 없었다.[12] 다시 한 번 말하지만 정말 놀라울 만큼 북한에 대한 정보가 없는 것은 매우 심각한 문제다. 우리는 김정은보다 이란의 마흐무드 아마디네자드(Mahmoud Ahmadinejad)나 오사마 빈 라덴(Osama Bin Laden), 사담 후세인(Saddam Hussein), 무아마르 카다피(Muammar Qaddafi), 미얀마의 탄 슈웨(Than Shwe) 장군에 대해 훨씬 많은 것을 알고 있다. 북한은 신생 핵무기 보유국이다. 모든 핵확산방지조약(Nuclear Non-Proliferation Treaty, NPT)과 인권에 대한 기본 조약들을 위반했을 뿐 아니라, 이라크, 이란, 파키스탄, 시리아 등 미국과 비우호적인 중동, 아시아, 아프리카 국가들에 자신들이 만든 무기를 판매해왔다. 그리고 김정일의 갑작스런 사망으로 2010년 후반까지는 사진 한 장 볼수 없었던, 게다가 정치적 경험도 전혀 없는 젊은 녀석에게 권력을 이양했다.

북한을 이해하기 위해서는 북한이 스스로의 역사를 어떤 시각으로 바라보는지를 먼저 살펴봐야 한다. 제2장에서는 북한이 전성기를 누릴 당시 국제관계와 냉전을 어떠한 시각으로 바라봤는지 알아 볼 것이다. 제3장에서는 김일성-김정일-김정은으로 이어지는 북한만의 독특한 개인숭배에 대해 자세히 살펴보고, 어린 나이의 김정은이 직면한 리더십 딜레마에 대해 상세히 설명하고자 한다. 제4장에서는 북한 정권이 내린 다섯 가지의 잘못된 경제적 결정들을 중심으로 북한 경제를 살펴보고자 한다. 몇 가지 그릇된 결정들로 인해 지금의 북한 경제는 붕괴의 기로에 서 있다. 세간의 북한 관련 서적들은 북한의 인권 탄압에 대해 별로 주목하지 않는다. 제5장에는 탈북자들, 대기근에서 기적적으로 살아남은 사람들, 수용소에 수감됐던 사람들의 끔찍한 경험담을 기록할 것이다. 이와 같은 북한의 역사, 리더십, 경제, 사회에 대한 독자들의 이해를 바탕으로 미국인들에게 가장 큰 관심사인 핵 프로그램과 핵 억제 등 북한의 핵문제를 비롯한 안보 이슈를 다룰 것이다. 제6장은 1953년 정전협정 이후 한반도의 평화를 유지시켜온 '군사적 균형'을 포함한 포괄적인 군사문제를 다룰 것이다. 제7장에서는 북한의 핵개발 역사와 북한의 비핵화를 위한 미국의 외교에 대해 살펴볼 것이다. 제8장은 북한의 외교, 특히 중국, 러시아, 일본과의 관계에 대해 살펴보고자 한다. 나는 북중관계가 언론에서 평가하듯이 그렇게 다정한 관계는 아니라고 생각한다. 실제로 북한과 중국은 서로를 별로 좋아하지 않는다. 북한은 생존을 위해 중국의 도움이 절실하며, 중국에 북한은 망하면 안 되는 상호 인질의 관계라고 할 수 있다. 또한, 북한에 대한 논의에서 남북관계와 통일을 배제할 수는 없다. 제9장은 남북한의 통일에 대한 시각과 향후 전망에 대해 짚어본다. 그리고 김정일의 사망과 '아랍의 봄'이 북한에 어떤 함의를 주는지 살펴봄으로써 이 책을 마무리하고자 한다. 중동과 북아프리카에서 연이어 시위가 일어나자 북한은 이와 관련된 모든 뉴스를 차단했다. 오히려 북한 언론은 반미 시위라고 날조하기까지 했다. 북한 정권은 온갖 공공집회를 금지하고 사람들끼리 만나지 못하도록 식당을 비롯한 공공장소에 설치되어 있는 칸막이와 부스까지도 제거했다. 이집트의 호스니 무바라크(Hosni Mubarak)는 김정일의 친구였다고 하는데, 김정일은 무바라크와 그의 아들 가말(Gamal Mubarak)이 국민들의 시위로 국가통제력을 잃는 것을 근심 어린 눈으로 바라봤을 것이다. 중동과 북아프리카의 혁명과 더불어 김정일 사망 후 불안정한 권력 이양과정은 북한의 미래에 엄청난 영향을 미칠 것이다.

  북한에 대해 책을 쓰는 사람은 내 이전에도 있었고 내 후에도 있을 것이다. 나는 북한 내부에서 일어나고 있는 일들의 진실을 다 안다고 주장하는 것은 아니다. 내 분석은 내가 학자로서 북한과 동아시아 지역에 관해 수년간 연구해온 결과에 기반을 둔 것이다. 또한, 백악관에서의 경험과 평양을 비롯한 세계 곳곳에서 북한 인사들을 접촉했던 사실에 근거한 것이다. 여기에 있는 내용들은 사실과 역사에 근거했을 뿐만 아니라 여러 경험을 바탕으로 한 나의 예감과 추측, 직감에도 기인한 것임을 밝힌다.

제2장

호시절

미 국가안전보장회의 근무 당시 내 주요 임무 중의 하나는 대통령이나 안보 보좌관의 한국 관련 연설문과 정책보고서의 초안을 작성하는 일이었다. 물론 참모진이 작성한 내용은 연설문 작성자에 의해서든, 한국 관련 업무를 담당하는 국가안전보장회의 내의 타 부처에 의해서든, 심지어 대통령 자신에 의해서든 편집과 허가 절차를 거치게 된다. 이러한 나의 임무는 대단한 명예와 책임이 따르는 일이었고, 나는 대통령을 위해 글을 쓸 수 있는 매 기회를 소중히 여겼다. 당시 아시아담당 선임보좌관이었던 마이클 그린과 나는 부시 대통령의 연설문과 성명서를 작성할 때 언제나 한미 군사동맹이 갖는 가치와 이상을 강조했다. 한미동맹은 서로에 대해 전혀 알지 못하던, 지구 반대편에 있는 두 국가가 관계를 맺은, 냉전의 유산 중 하나였다. 당시 한국은 미국에 그다지 가치가 큰 나라는 아니었다. 끔찍한 전쟁을 통해 3만 3,692명의 미국인이 희생당하면서도, 공산당이 지배하는 국가가 되면 안 된다는 미국의 전략적 가치 때문에 관계를 맺게 된 지구 맞은 편 작은 국가에 불과했다.[1]

그럼에도 한미동맹은 시작부터 큰 발전을 하게 된다. 미국 국제개발처의 전문가들은 한국이 그저 농업과 간단한 제조업 중심의 국가가 될 것으로 예상했었으나, 한국은 한때 세계 8위 규모의 경제대국으로 성장했으며(현재는 15위다), 전 세계적으로 과학기술이 가장 발전한 국가 중 하나이기도 하다. 한국전쟁이 끝나갈 무렵 한국에서 전화를 사용하는 일은 거의 전무했다. 그러나 오늘날 한국은 세계에서 인구 당 가장 높은 휴대폰 사용과 인터넷 사용률을 기록하고 있다. 삼성전자와 같은 한국 기업들의 수익은 소니, 파나소닉, 도시바의 수익을 합친 것보다 더 많다. 한편, 정치적인 측면에서 보면 냉전으로 인한 반공산주의와 군사 독재체제를 겪으면서 이제는 성숙하고 역동적인 민주주의 국가로 거듭났다. 미국에는 한국이 공산주의 세력을 막고 있는 방어벽이자 일본을 보호하기 위한 최전방 국가였다. 한국은 권위주의체제 시절 언론의 자유를 탄압하는 인권침해를 자행했지만, 오늘날에는 민주주의로의 발전과 활발한 시민사회를 이룩한, 현대국가 역사상 가장 평화로운 정치 변화를 이끈 성공적인 사례로 여겨지고 있다.

부시 대통령은 이러한 한국의 발전과정을 잘 알고 있었다. 많은 연설을 통해 한국을 전쟁의 잿더미를 딛고 일어선 선진국의 표상으로, 한미동맹을 민주주의라는 공동의 가치에 근거하여 국제사회의 이익을 도모하는 긍정적인 관계로 평가했다. 한국은 과거 미국의 도움을 일방적으로 받기만 하던 수혜국 신분에서 이제는 놀라운 정치경제적 발전을 이룩함과 동시에, 아프가니스탄과 이라크에 군대를 파견하고 레바논과 동티모르에서의 평화유지활동에 참여하며 아이티 대지진 난민들을 위해 기부하는 공여국으로 발전했다(아이티의 경우 1950년대 한국에 물자를 공급한 바 있어 한국에 특별한 의미를 갖는다). 한국은 국제개발원조를 받는 국가에서 가난한 나라에 도움을 제공하는 국가로 성장한 것이다. 2010년 11월 서울에서 열린 G20 정상회의는 공히 한국에 있어 최고의 순간이었다고 해도 과언이 아니다. 왜냐하면 G8을 제외한 국가들 중 처음으로 이 글로벌 거버넌스(global governance) 행사를 개최한 나라이기 때문이다. 부시 대통령과 오바마 대통령이 공공연히 말했듯이, 오늘날 한국은 미국이 탈냉전을 통해 이루고자 했던 가장 전형적이고 성공적인 사례다.

냉전은 한국 역사에서 빠질 수 없는 과거다. 하지만 북한에 냉전은 과거이자 현재이며 미래이기도 하다. 주변국은 앞으로 나아가고 있는데 북한은 아직도 지난날의 피포위 심리(siege mentality, 항상 적에 둘러싸여 있다고 믿는 강박관념) 안에 갇혀 살고 있다. 소련은 1990년에 한국과 수교를 통해 관계를 정상화했다. 1992년에는 중국이 그 뒤를 따랐다. 하지만 북한 정권은 아직도 미국, 일본, 한국과 관계 정상화를 이루지 못하고 있다. 한국은 냉전을 먼 과거로 기억하고 있는 반면, 북한은 '미 제국주의자'들과 '한국의 꼭두각시 정권'을 지탄하며 과거에 머물러 있다. 이렇게 과거에 연연하는 것을 정치학적으로 분석해 보면, 주민들을 통제하고 군사력 확장을 정당화하기 위해 외부의 위협이 필요하다는 인식이 깔려 있음을 알 수 있다. 하지만 나는 북한이 이렇게 냉전을 갈망하는 데는 또 다른 무언가가 있다고 생각한다. 바로 김정일 이후의 시대를 뒷받침할 수 있는 필수적인 요건인 '이념'이다. 이러한 이념은 앞을 내다보는 것이 아니라, 냉전시대의 이미지와 용어들을 부활시켜 개혁과 개방을 피하는 것이다. 북한은 왜 이렇게도 냉전시절에 집착할까?

내 생각에는 그 시기가 북한의 전성기였으며 앞으로도 그럴 것이기 때문이다. 1945년부터 약 35년간, 역사는 북한의 지도부와 주민들 편이었다. 무엇으로 보나 북한은 한국보다 월등했다. 북한은 그들의 체제가 더 좋은 것이라 자부했고, 최종적으로는 그들의 체제로 한반도 통일이 이뤄질 수밖에 없을 것이라고 믿었다. 비록 1950년 한국전쟁을 통해 통일을 이루려던 계획은 실패했지만 전쟁 후 여러 상황들은 북한에 유리했다. 소련과 중국이라는 양대 공산주의 국가의 든든한 후원, 한국의 정치적 혼란과 미국의 베트남전쟁에서의 고전 등, 북한은 모든 상황이 자신들에게 유리하다고 인식하고 있었다. 요즘 평양에 가면 깨끗한 8차선 도로에 깔끔하게 정리된 건축물, 도상학적으로 계획된 도시, 김일성을 위한 기념비들을 여기저기서 볼 수 있다. 그럼에도 이 모든 것이 지금 이 시대와는 동떨어져 보인다. 모두 1950~1960년대에 만들어졌기 때문이다. 당시 북한은 자원과 능력까지 갖춘 상당히 부유한 공산국가였다. 냉전시대는 북한의 화려했던 역사를 대표하기도 하지만 동시에 이념적인 지향점이기도 하다. 북한의 역사와 이에 대한 서술은 오늘날 북한의 '미래로의 회귀(back-to-the future)' 의식을 잘 설명한다. 이제 북한의 역사에 대해 살펴보자.

CNN이나 〈타임Time〉지는 북한을 약하고 절체절명의 굶주린 나라로 묘사하곤 한다. 돈도 없고 친구도 없는 괴짜 외톨이 지도자가 다스리는 무법 국가로 그려진다. 여기서 우리가 짚고 넘어가야 할 것은 이러한 단어들은 20여 년 전인 1980년대 말, 1990년대 초에 북한이 처음으로 핵무기에 대한 흑심을 폭로했을 당시 북한을 서술했던 용어들이라는 것이다. 그때 언론은 북한의 상대적인 결핍을 모든 자원을 동원해 핵 보유국이 되려는 북한 지도부의 책략과 연관지어 설명했다.

그러나 북한은 소련이 쇠퇴하는 90년의 시간 동안 자신들은 그 정도로까지 기능이 마비된 국가는 아니라고 생각했다. 돈도 많고 전폭적인 지지를 받는, 개발도상국에 모범이 되는 공산주의 국가라는 생각이었다. 그럼에도 현재의 북한을 보면 제2차 세계대전 이후 아시아에서 가장 산업화되고 도시화됐던 곳이라고 상상하기 힘들다. 1910년부터 1945년까지 일본이 한반도를 식민지배하는 동안 북쪽에는 거대한 산업시설들을 지어 놓았다. 남쪽보다 훨씬 풍부한 석탄, 철, 마그네슘, 아연 매장층을 개발하기 위해 광산과 가공처리 공장들을 세운 것이었다. 또한, 대규모의 질소비료 공장과 곳곳에 저수지와 수백 개의 펌프장들을 만들어 북측 전역에 비료와 물을 공급했다. 1945년 해방과 함께 한반도가 소련과 미국에 의해 분할 통치됐을 당시, 북쪽은 한반도 전체 광산 생산의 76퍼센트, 중공업 생산능력의 80퍼센트, 전기발전 능력의 92퍼센트를 차지했다.[2] 북한이라는 국가는 고스란히 물려받은 최신식 공장들과 기술을 국영화하여 이를 기반으로 세워졌다. 반대로 일제 식민시기 '곡창지대'로 여겨졌던 남쪽에는 국유화할 산업도 없었고 오히려 초토화된 논밖에 없었다.

2005년 6자회담 중에 주최국인 중국의 영빈관에서 열린 만찬에서 북한이 분단 초기에는 더 우월했다는 사실을 상기시켜 주는 일이 있었다. 나는 한국과 북한 양측 카운터파트와 함께 앉아 북한의 비핵화를 위한 에너지 지원 방안에 대해 협상을 이어가고 있었다. 북측은 1994년 클린턴(Bill Clinton) 정부에서 약속했던 경수로(Light Water Reactor. 원자력 발전에 사용되는 원자로 중 하나로 감속재로 물을 사용한다. 감속재로 흑연을 사용하면 흑연로, 일반 수소보다 중성자 1개가 더 있는 수소와 산소가 결합해 생긴 물인 중수를 쓰면 중수로다. 경수로의 가장 큰 특징은 다른 원자로에 비해 핵무기 제조가 힘들다는 점이다_옮긴이) 기술 제공을 고집하고 있었다. 북한에 어떠한 종류의 핵 에너지도 용납하지 않으려는, 게다가 클린턴 행정부의 제네바합의를 못마땅하게 여기는 부시 행정부의 입장을 잘 알고 있던 한국 측은 경수로 대신 연간 전기 2백만 킬로와트를 제공하겠다고 제안했다. 객관적으로 볼 때 북한에 훨씬 나은 거래였다. 전기는 바로 사용할 수 있는 반면에, 경수로는 민간용으로 전국적인 배전망을 갖추려면 10년은 족히 걸린다. 한국 측 대표는 전기를 북한의 기존 발전소로 공급하고, 한국의 발전소와 북한의 발전소를 연결하는 전력망도 설치하겠다고 제안했다. 그러나 북한 측 대표는 노골적으로 이 제안을 거절했다. 자신들이 50여 년 전 전기가 부족했던 한국에 했던 일을 잘 알고 있기 때문이었다. 1945년 북한은 일제로부터 아시아에서 가장 큰 수력발전소 여러 개를 물려받았다. 이를 통해 한반도 전체에 전기 공급이 가능했다. 38선을 사이에 두고 미국과 소련이 한반도를 분할 점령했을 당시, 주요 발전소 중의 하나가 38선 바로 북측에 위치해 있었는데 이 발전소에서 남측으로 전기를 공급하고 있었다. 한반도의 분단이 영구적으로 고착되자 북측은 남측으로 이어진 모든 전기를 끊었고 남측은 암흑의 시기를 경험해야만 했다. 한국 측 대표가 절대로 그런 식으로 전기 공급을 중단하지 않겠다고 약속했지만 북한은 그 제안을 고려조차 하지 않았다.

　1950년부터 1953년까지 계속된 한국전쟁으로 일제로부터 물려받은 수많은 시설들이 파괴됐다. 한반도를 장악하려던 김일성의 오판은 미국의 융단폭격으로 이어졌고, 그로 인해 일제가 구축했던 산업시설들은 모두 파괴되고 말았다(미국은 한국을 방어하기 위해 제2차 세계대전 당시의 그 어떤 공중폭격보다 더 많은 폭탄을 북한에 투하했다). 이후 중국과 소련의 북한 재건 지원으로 북한은 큰 이득을 봤다. 휴전협정이 발효된 지 2주가 지난 1953년 8월 김일성은 '모든 것을 전후인민경제복구발전을 위하여'라는 연설문을 발표하면서 국력의 근간이 될 중공업 육성 및 시설물 복구와 확대에 중점을 둔 첫 3개년 계획(1954~1956년)을 마련했다. 김일성은 소련의 후원으로 중장비, 발전소, 수력발전용 댐, 전기철도, 관개시설 등을 제공 받았으며, 중국으로부터는 원유, 식량, 비료 등을 지원 받았다. 북한은 금, 아연, 철, 광물 등을 소련과 중국에 수출했다. 황해와 김책 제철연합기업소, 청진과 강선 제강소, 희천과 낙원, 북창 기계연합기업소, 성천 납광산, 흥남 비료연합기업소, 조소 정유회사, 아오키 제유회사, 남포 유리공장 등 주요 참여기관들을 살펴보더라도 중공업 중심의 발전 계획이었음을 확인할 수 있다. 이에 따라 북한의 중공업 발전 속도는 경제적 기반 확립도 하지 못한 한국보다 10여 년은 앞서 있었다. 그 결과는 확연했다. 북한은 한국보다 석탄, 비료, 철금속, 시멘트, 철강, 기계 장비 등 모든 분야에서 월등히 많은 생산량을 기록했다. 연간 15퍼센트의 성장률을 달성했던 북한의 공업 생산량은 한국과 비교조차 할 수 없었다. 미 중앙정보국(CIA)는 정권 수립 후

30여 년 동안 북한의 1인당 GNP(국민총생산)가 한국을 훨씬 능가했다고 추정한 바 있다.

최근 평양 외곽의 창문도 없고 난방도 되지 않는 건물들을 보고 있자면, 냉전시대 북한이 난방도 잘되고 채광이 좋은 곳이었다는 것이 믿기 어려울 정도다. 한국전쟁 후 소련의 도움으로 대규모 수력발전소를 지어 1963년에는 북한의 71퍼센트에 이르는 지역에, 그리고 1970년에는 모든 마을과 가정에 전기가 공급됐다. 전기 공급 범위로 보나 소비량으로 보나 한국을 앞질러 있었다. 1971년 북한의 1인당 에너지 소비량은 1,326킬로와트로 한국의 521킬로와트에 비해 두 배 이상이나 많았다. 에너지 부분에 있어서 북한의 우세는 1988년까지 계속됐다. 그러나 이후부터 한국이 빠른 속도로 앞서나가기 시작했다. 북한의 에너지 소비량은 1985년부터 점점 줄어들기 시작해, 오늘날 한국의 1인당 에너지 소비량은 4,856킬로와트, 북한은 774킬로와트로 6배 이상 차이가 난다.[3]

과거 북한 주민들은 한국 주민들에 비해 훨씬 배불리 먹었다. 1950년대부터 1970년대 말까지 북한은 관개시설, 농촌의 전기화, 농업 기계화, 화학비료 프로그램 등을 통해 대규모 농업 근대화에 착수했다. 소련의 도움을 받아 많은 저수지를 만들고 물을 끌어들일 수 있도록 500개 이상의 펌프장을 지었다. 1954년에는 22만 7,000헥타르에 물을 댈 수 있었는데, 1980년대에 이르러서는 1,700개가 넘는 저수지로부터 4만 킬로미터에 이르는 관개수로를 통해 140만 헥타르의 농경지에 물을 댔다.[4] 북한 사람들의 하루 칼로리 섭취량은 3,000칼로리로 한국 사람들보다 높았다. 1953년에 농촌의 47퍼센트에만 전기가 공급되던 것이 1961년에는 92퍼센트까지 증가하여 이 시기 농업의 기계화는 큰 성과를 거뒀다.[5] 북한이 최첨단 화학비료를 사용하는 동안 한국은 거름을 사용했다. 비록 1990년대 중반에는 기근을 맞았지만 냉전시대에 북한은 풍년을 거듭하며 많은 식량을 생산해냈고, 1950년대 말 중국에 기근이 몰아치자 많은 중국인들이 살 길을 찾아 압록강을 건너 북한으로 이주하기도 했다. 농업뿐만이 아니라 북한에는 대규모의 소, 양, 염소, 돼지 축사와 특히 북한의 자랑거리였던 많은 양계장이 있었고 연간 수백만 톤의 고기와 달걀을 생산해냈다. 또한, 1960~1970년대에는 어업 분야도 빠르게 확대되어 1960년에는 46만 5,000마리의 어획량을 기록했고 10년 후에는 114만 마리를 수확하는 성과를 올렸다. 대구나 오징어, 청어, 고등어, 꽁치 등이 주요 어종이었다.[6]

현재 북한이 독재국가임을 감안하면 상상하기 어렵지만, 1960~ 1970년대에 북한 경제는 꽤 발달돼 있었다. 소련 연방 국가들과 활발히 교류하며 철, 강철, 시멘트와 금, 마그네사이트와 같은 광물들, 직물과 의류를 수출하고, 식품류, 에너지, 경장비와 기계, 전자상품 등을 수입했다. 당시 서독과 일본 등 소비에트 연방이 아닌 다른 국가들과의 무역도 한 몫 했는데, 이들로부터는 최첨단 의료장비와 건설 중장비들을 수입했다. 1950년대에는 북한 무역의 90퍼센트가 공산주의 국가들과 이뤄졌던 반면, 1974년에는 서방세계와 경제협력개발기구(OECD) 회원국들과의 교역을 늘려 공산주의 국가들과의 무역은 51퍼센트로 줄어들었다.[7] 당시 일본과의 무역이 특히 강세를 보였는데 북한 무역 전체의 1/3을 차지할 정도였다.[8] 1972년 북한을 방문한 퓰리처상 수상자 해리슨 솔즈베리(Harrison Salisbury)는 북한을 "엄청난 기술과 산업의 성과"를 이룩한 국가로 호평하고 "1인당 국민소득 기준으로 … 일본을 제외하고 아시아에서 가장 크게 산업화된 국가"라고 칭하기도 했다.[9]

이에 비해 한국은 미국을 비롯한 여러 국가들로부터 많은 개발원조를 받았음에도 불구하고 농업국에서 탈피하지 못하고 있었다. 당시까지 북한의 상대적인 우세는 한국에 전혀 알려져 있지 않았다. 1972년 한국의 이후락 중앙정보부장이 비밀협상을 위해 북한을 처음 방문했을 때(이후 이 협상은 남북공동성명 서명이라는 역사적인 사건으로 이어졌다. 제9장 참조), 평양의 포장도로와 높은 건물들, 웅장한 기념물들을 보고 감탄하지 않을 수 없었다고 한다. 서울로 돌아온 이후락 부장은 박정희 대통령에게 북한의 발전된 모습을 전달하고, 둘이 마주 앉아 국민들이 사회주의 '모범국가'인 북한에 동요되지 않을까 고민했다고 한다. 이러한 걱정은 일본의 패전이 제국주의의 패배로 그려진 이후, 당시 한국의 대학생들 사이에서 마르크스-레닌주의의 인기가 높았던 국내 상황 인식에서 기인한다. 실제로 1945년 해방 직후, 망명 중이던 많은 민족주의자들과 애국주의자들이 한반도 남쪽으로 돌아와 조선공산당에 입당했다(제2차 세계대전이 끝날 즈음에는 한반도 북쪽보다 남쪽에 더 많은 공산주의자들과 사회주의자들이 활동하고 있었다). 북한의 물질적 부유와 풍족은 공산주의에 대한 매력을 가중시켰다. 당시 북한 정권은 사회계약을 이행하고 주민들의 요구를 충족시키면서 반제국주의자들과 민족주의자들, 즉 반일 인사들을 정치적으로 포용하고 있었다.

냉전 초기 북한의 군사력은 빠르게 성장했다. 13만 5,000명으로 시작한 군대는 대부분이 항일 유격대 경험으로 단련된 장교단이었다. 소비에트군은 1948년에 한반도에서 떠났지만, 350명의 군사고문들이 남아 소련의 최신식 T-34 탱크와 대포, 자동화기, 전투기, 폭격기 사용법을 조선인민군(KPA)에 전수했다. 1958년에는 한국전쟁 후 북한에 남아 있던 중국 군대가 완전히 철수해도 될 만큼 조선인민군은 이미 충분한 군사력을 갖추고 있었다. 반면, 한국에는 한국전쟁 이후에도 5만~7만 5,000명의 미군이 주둔하고 있었다.[10] 1970년대에 들어서 북한은 이집트로부터 스커드 미사일을 수입하여 역설계를 통해 자체적으로 미사일 개발을 시작했다. 또한, 조선인민군은 베트남전과 아랍-이스라엘 전쟁을 참고로 하여 속전, 기습, 비정규전을 강조하며 대대적으로 군 조직을 개편하고 현대화했다.[11] 북한 군지도부는 '양면전(Two-front War)'이라는 작전교리를 개발했다. 이는 제1전선에서 포병과 기갑, 기계화 보병부대가 지원하는 대규모 재래식 병력으로 타격, 속전, 기습을 활용하여 DMZ를 지나 한국군을 포위하고 한반도 전체를 장악하는 것이다. 그리고 제2전선은 정예 특수부대가 한국 영토 깊숙이 침투해 미국과 한국의 작전과 통신망을 파괴, 교란, 무력화시키는 것이다.[12] 1970년대 말 이 작전을 수행하도록 준비된 군사의 수는 72만 명을 넘었고[13] 그 중 6만 명 정도가 정예 특수요원이었다. 이와 대조적으로 한국의 군대는 매우 빈약했다. 총 9개의 사단이 있었지만 훈련 상태나 장비가 모두 형편없었다. 당시 미국은 한국에 무기 지원을 많이 하지 않았다. 한국의 이승만 대통령(재임 기간 1948~1960년)이 북한과 전쟁을 일으켜 미국을 한반도 통일 계획에 끌어들일까 우려했기 때문이었다. 게다가 미군은 탱크가 논에서는 무용지물이 된다는 계산에서 북한이 보유한 탱크 수의 절반 정도만을 한국에 보낸 상황이었다.

 냉전시기 지정학적 요인은 북한의 편이었다. 미국과 한국의 변함없는 동맹관계를 고려했을 때 의아할 수도 있지만, 한 꺼풀만 벗겨보면 정치경제적으로 불확실한 한국에 한미동맹은 또 다른 걱정거리였다. 그 사이 북한은 든든한 두 국가로부터 막대한 지원을 받으며 정치적으로 안정을 누렸으며 사회주의 발전의 모범사례로 부상했다. 1961년 7월에는 김일성과 흐루쇼프(Nikita Khrushchev) 사이에 '조소 우호협력 및 호상원조 조약'이 체결됐다. 이 조약으로 양국은 어느 한쪽이 공격을 당할 경우 군사원조를 확대할 것, 상대방과 비호상관계인 국가와는 동맹관계를 맺지 않을 것, 서로의 내정에 간섭하지 않을 것, 상호 이익에 관한 중요한 국제적 이슈를 함께 논의할 것 등을 약속했다. 그리고 며칠 후 김일성은 똑같은 조약을 중국과도 체결했다. 이 두 조약은 북한의 안전을 보장해줬을 뿐 아니라 엄청난 지원과 교류의 장을 열어줬다. 이 기간 동안 북한은 소련과 중국을 비롯하여 여러 동유럽경제상호원조회의, 즉 코메콘(Council for Mutual Economic Assistance, COMECON) 국가들로부터 식량과 기계, 장비 등을 제공받았고, 산업체 전체를 지원받기도 했다. 정확한 수치는 없지만, 제2차 세계대전이 끝날 무렵부터 1984년까지 많게는 47억 5천만 달러 정도의 원조가 북한에 지원된 것으로 알려져 있다. 이 중 절반가량은 소련이, 20퍼센트는 중국이, 그리고 나머지는 소비에트 연방국들이 지원했다. 소련은 북한의 약 170개에 이르는 대규모 에너지, 광산, 화학, 건설, 중장비 공장들의 건설과 재건을 도왔다. 이 공장들은 각각 북한 전체의 강철과 철광 생산의 40퍼센트, 유류 생산의 50퍼센트, 전기 생산의 60퍼센트를 차지했다.[14] 1970년대 말에는 1만여 명의 중국 노동자들이 북한에 들어가 여러 개의 수력발전소를 건설했다고 한다.[15] 공식적으로는 원조의 대부분이 '차관'의 형태로 빌려준 것이었지만, 시간이 흐르면서 중국과 소련은 다시는 돌려받지 못할 돈이었음을 깨달았을 것이다.

소련과 중국 모두 북한의 환심을 사고자 했던 가장 큰 이유는 양 국가 사이에 긴장감이 고조되고 있었기 때문이었다. 마르크스주의를 이해하고 응용하는 데 있어서 양국 간의 의견 차이와 공산권 내에서의 권력 경쟁은 1940년대 중소갈등으로 나타나기 시작했다. 소련은 도시 또는 노동자 중심의 혁명에 기반을 둔 정통 마르크스-레닌주의를 따랐던 반면, 중국은 많은 인구와 지리적 요건을 감안해 이것이 불가능하다는 것을 깨닫고 마르크스주의를 수정하여 농민 중심의 혁명으로 개조했다. 한국전쟁에 참여하지 않고 방관만 한 사실 또한 중국공산당 내부에서는 소련에 대한 불신의 감정을 넘어 분개까지 불러 일으켰다. 특히, 1956년에 정권을 잡은 흐루쇼프의 제20차 공산당대회에서의 연설, '비밀연설(Secret Speech)'이라고 불리는 이 연설은 중국에 충격을 줬다. 흐루쇼프는 이 연설에서 스탈린(Iosif Stalin)의 '극단적인 수단의 동원과 대중탄압'을 규탄하고 그의 '편협함과 잔인함, 그리고 권력남용'을 비판했다. 나아가 스탈린의 리더십을 "끔찍한[혐오스러운] 날조와 혁명의 합법성을 범법적으로 위반한 비열한[용납할 수 없는] 도발행위"라고 비난하고 스탈린을 "변덕스럽고 과민하며 악랄"하다고 묘사했다.[16] 흐루쇼프의 '스탈린 격하' 정책과 공산주의-자본주의 사회 간의 '평화공존'에 대한 주장으로 마오쩌둥(毛澤東)을 비롯한 중국공산당 간부들은 소련공산당과 거리를 두게 됐다. 중소갈등 초기 상호 적대감이 다소 완화되기는 했으나, 1960년 흐루쇼프가 마오쩌둥을 "극좌주의자, 극독단론자, 좌파수정주의자 ⋯ 자신의 이익밖에 모르는 안하무인, 현대 사회와 동떨어진 이론가" 등으로 비판하면서 관계는 더욱 악화됐다. 중국은 흐루쇼프의 통치가 "가부장적이고 제멋대로이며 압제적"이라며 동일하게 맞섰다.[17] 1969년 중국과 소련 간의 충돌이 가시화되기 전까지 서방세계에 알려지지 않았던 양국 간의 분열이 북한에는 자국의 이익을 위해 십분 활용할 수 있는 좋은 기회로 작용했다.

북한에 '중소분쟁'은 양국에 대한 북한의 전략적 가치를 올리는 기회가 됐다. 한국전쟁 후 한반도는 냉전 대립의 최전방이 됐기 때문에 중국이나 소련 어느 한쪽도 북한이 다른 상대방에게 충성하도록 놔둘 수는 없었다. 양 국가 모두 혁명이라는 명목하에 북한을 상대방에게 떠넘기는 것은 북한에는 참기 힘든 수모였다. 김일성은 양국에 번갈아 충성을 바치며 받을 수 있는 원조를 극대화하여 양국 간의 경쟁 구도에서 큰 이익을 챙겼다. 북한은 양국 사이를 슬쩍슬쩍 오가며 지원이 끊기지 않을 정도로, 또 한편으로는 자신의 충성에 애 닳아할 정도로 밀고 당기기를 했다. 흐루쇼프의 '스탈린 격하' 연설 후 김일성은 살짝 마오쩌둥 쪽으로 기울었다. 스탈린 개인숭배에 대한 맹렬한 비난은 김일성 자신의 독재에도 위협적이었기 때문이었다. 그러나 중국에서 문화대혁명(1966~1969년)이 일어나자 북한은 소련 쪽으로 다시 기울었다. 이 기간 동안 중국에는 김일성을 '뚱뚱한 수정주의자' 아니면 '흐루쇼프의 제자'라고 묘사한 포스터들이 여기저기에 내걸렸다고 한다.[18] 1970년대에 중국의 정치가 안정되자 북중관계는 다시 훈훈해졌고 북소관계는 냉랭해졌다. 1971년부터 1978년까지 소련의 정치국 위원 단 한 명도 북한을 방문하지 않았다는 사실이 이를 뒷받침한다.[19] 이후 1978년 중국에서 덩샤오핑이 정권을 장악하면서 개혁의 시대가 열리자, 김일성은 다시 소련의 품으로 돌아가 소련이 붕괴하기까지 10여 년 동안 그들의 지원과 보살핌을 받았다.

　북한은 공산주의운동과 비동맹운동 양쪽 모두에서 인기가 좋았다. 김일성은 구동독의 사회주의통일당 제1서기였던 에리히 호네커(Erich Honecker)와 루마니아의 니콜라에 차우셰스쿠(Nicolae Ceausescu) 대통령과 친분이 두터웠다. 최근 우드로윌슨센터가 공개한 기록에 따르면, 1971년에 아내와 함께 북한을 방문했던 차우셰스쿠 대통령이 평양의 발전과 그 효율성에 감탄했다고 한다. 비동맹운동에서 북한은 이론적으로는 자립과 독립의 이념이 정치적 입장과 잘 들어맞는 모범적인 사회주의 국가로 간주됐다. 이와 반대로 1975년 한국은 지속적인 노력에도 불구하고 비동맹국가가 되는 데 실패했다. 미군 주둔이 가장 큰 이유였다. 북한도 문제가 없는 것은 아니었지만, 오늘날 국가 미래의 지도 이념으로 과거를 지향하는 북한이 냉전시대를 되돌아보는 것은 지극히 당연하다는 점만은 반드시 짚고 넘어가야 할 것이다. 반면, 당시 한국의 상황은 완전히 달랐다. 북한에는 든든한 후원국들이 있었던 반면, 한국은 자본주의의 낙원도 아니었으며 내부적으로도 혼란스러운데다가 동맹국인 미국과도 많은 문제를 안고 있었다.

　한국은 두 얼굴의 미국을 마주하고 있었다. 물론 미국은 안정된 안보를 제공했다. 미국은 이승만 정권을 공산주의의 대항마로써 보호하면서 경제를 발전시킬 방법을 강구하고 있었다. 그러나 북한의 후원국들과는 달리 미국의 지원은 매우 조건적이었다. 트루먼(Harry Truman)과 아이젠하워(Dwight Eisenhower) 대통령 모두 이승만 정권을 독재적이고 부패했다고 보면서 그리 신뢰하지도 않았다. 초기부터 한국과 미국의 관계는 삐걱거렸다. 미국은 한국전쟁을 끝내려고 노력 중이었는데도 불구하고, 한국의 대통령이 수천 명의 북한 포로들을 일방적으로 석방하며 정전협정을 방해하려 한 것이다. 포로 석방은 협정의 주요 안건이었다. 트루먼과 아이젠하워 대통령은 한국의 이승만 대통령이 통일을 이루기 위해 미국을 다시 전쟁에 끌어들이려고 한다고 염려했고, 따라서 그다지 많은 군사원조를 제공하지 않으려 했다. 행여나 이승만 대통령이 한미동맹의 범위를 벗어날 경우 그를 제거할 비밀 계획까지 마련한 상태였다. 1952년에 작성된 소위 '상비계획(Plan Everready)'은 이승만 대통령이 도를 넘어설 경우에는 그를 구속하고 유엔의 군정을 선포하고자 하는 것이었다.[20] 결국 프린스턴대학 출신인 이승만 대통령은 부정선거 이후 1960년 4월에 학생들이 이끈 혁명에 의해 미국의 별다른 반대 없이 축출됐다.

케네디(John F. Kennedy) 정부는 이승만 이후의 과도 정부를 전복시킨 박정희 대통령의 1961년 군사 쿠데타에 대해 처음에는 반대를 표명했다. 박정희 대통령은 나라를 엄격히 다스렸다. 공산주의 위협에 대항하기 위해서는 그래야만 한다고 생각했다. 미국은 한국이 중공업을 발전시키기 위해 일본으로부터 자금과 기술을 얻을 수 있도록 거래를 중재했다. 그러나 미국은 박정희 대통령의 권위적인 정치 스타일과 계엄령 선포를 수치스럽게 여겼고 이에 따라 정치적으로 거리를 두고자 했다. 1969년 닉슨(Richard Nixon) 정부는 괌독트린(Guam doctrine, 닉슨독트린)을 발표했는데, 전쟁이 발발할 경우 '그 방위의 일차적 책임은 당사국이 져야 한다'는 내용을 담고 있다.[21] 수렁에 빠진 베트남전쟁의 영향을 받은 것은 물론이다. 미국은 지속적으로 핵우산을 제공하겠지만,

아시아에서 전쟁이 일어날 경우 최소한의 군을 개입시킬 것이며 아시아 국가들이 자체적으로 지역방위를 책임져야 한다는 내용을 담고 있다. 이로 인해 베트남전쟁에 두 번이나 군대를 파병했던 박정희 정권은 미국에 배신감을 느꼈고, 또한 미국으로부터 버려질 수 있다는 두려움을 갖게 됐다. 그로부터 2년 후, 북한이 중국, 소련 양국과 군사관계를 강화하는 동안 닉슨은 한국으로부터 2만 명의 한미연합미군(제7보병사단)을 철수시켰다. 한국전쟁 이후 가장 큰 규모의 철군이었다. 게다가 닉슨은 베트남에서도 미군을 철수시키기 시작했다. 그리고 헨리 키신저(Henry Kissinger) 국가안보 보좌관과 함께 중국과 비밀리에 협상을 진행했고, 결국 1971년 7월 15일 방송을 통해 중국을 방문한다고 발표함으로써 세상을 놀라게 했다. 한국에 사전 통보는 없었다.

한국과 미국 사이의 불신은 뚜렷했다. 불안한 박정희 대통령은 1969년 청와대에서 기자들 앞에서 이렇게 말했다. "우리가 얼마 동안이나 미국을 믿을 수 있겠습니까?" 그는 닉슨에게 미국이 한국을 버렸다고 비난하며 안보를 보장해 달라는 편지를 보냈지만 회답은 오지 않았다. 그리고 닉슨 대통령의 역사적인 중국 방문이 있기 전에 워싱턴 DC에서 정상회담을 하자는 박정희 대통령의 요구에도 워싱턴은 단호한 거절을 표했다. 기록문서들을 보면 북한 역시 미국과 중국 간의 비밀협상에 놀랐던 것 같다[실제로 1969년 7월 키신저가 저우언라이(周恩來) 총리와 비밀협상을 위해 중국에 있었을 때에 북한 조선로동당의 고위 대표단 역시 중국에서 열린 북중 우호관계 축하행사에 참석하고 있었다]. 미국과 중국의 다른 점은, 중국은 키신저와의 비밀협상이 끝난 후 미국이 협상결과를 발표하기 전에 베트남과 북한에 미리 협상내용을 알렸다는 것이다.[22] 그리고 1972

년 2월 닉슨과 마오쩌둥의 정상회담 이후 중국은 북한으로 고위특사를 파견해 정상회담 내용까지 전달함으로써 자칫 버려졌다는 공포에 싸여 있을 수도 모르는 북한을 달래 줬다. 중국은 또한 북한에 새로운 경제지원책을 제안하고 15년 만에 처음으로 군사원조에도 합의했다. 두 달 후에는 김일성의 생일 선물로 신식 탱크와 제트기를 전달하기도 했다. 이 시기에 북한이 남북한 경쟁에서 우세하다고 느끼는 것은 당연한 일이었다.

북한은 사이공[Saigon, 베트남 통일 후 호찌민(Ho Chi Minh)으로 변경]의 함락과 미국의 베트남전쟁 패배를 아시아의 상황이 지정학적으로 자신에게 유리한 쪽으로 흘러가고 있다는 신호로 확신했다. '베트남 증후군'은 아시아에서 전쟁 발발 시 미국의 군사적 지원을 약화시키는 결과를 초래했다. 1975년 4월 사이공이 무너진 직후 해리스여론조사소의 발표에 따르면, 북한이 남침할 경우 미국의 군사개입에 관한 미국인들의 선호는 단지 14퍼센트에 그쳤다. 65퍼센트는 미국의 군사개입에 반대를 표명했다. 1974년과 1975년 박정희 정권이 미 하원의원들에게 뇌물을 건넨 스캔들은 한국의 입장을 더욱 난처하게 만들었다. '코리아게이트(Koreagate)'로 명명된 이 사건으로 오토 패스맨(Otto Passman, 선거구: LA)과 리차드 해너(Richard Hanna, 선거구: 캘리포니아) 하원의원이 구속, 기소됐고 해너 의원은 징역 1년을 선고받았다. 또한, 카터 대통령이 1976년 선거공약으로 한국에서 미군을 전부 철수하겠다고 발표하면서 한미동맹은 사상 최악의 상태로 치달았다. 미국의 단계적 철수 계획은 일차적으로 1978년까지 1개 전투사단(6,000명의 병사)을 철수하고 1980년 중반까지 두 번째 사단과 9,000명의 비전투요원들을 철수하고

1982년까지 나머지 병력과 미군 본부, 핵무기를 철수하는 것이었다. 카터는 미군주둔을 한반도 안보의 해결책이라기보다는 문제의 도화선으로 봤다. 그는 미군을 철수하면 한국이 스스로 자주국방 능력을 키우고 남북한이 평화협정을 맺을 것이라고 확신하고 있었다. 1976년 6월 연설에서 카터 대통령은 "한국 정부에 분명히 밝히건대, 한국의 압제 정치는 미국인에게 매우 혐오스러운 것이며 우리의 지원에 대한 확신을 떨어뜨리는 것"[23]이라고 할 정도로 권위적인 박정희 정권에 대한 혐오감은 카터 대통령의 믿음을 더욱 확고하게 했다. 당시 박정희 정권은 유신제도를 도입하여 반공이란 명목하에 시민의 권리를 가혹히 탄압함으로써 서방세계로부터 비판을 받고 있었다. 미 상원, 하원의원들 수백 명이 한국의 정치 탄압을 규탄하는 서한을 백악관과 박정희 대통령에게 보냈다. 유신과 코리아게이트 이후 한국과 거리를 둬야 한다는 미 의원들로 인해 한미관계는 더욱 수렁으로 빠져들었다. 북한에 대한 안보 불안감으로 유발된 박정희 대통령의 대내적 탄압은 지속됐고, 이는 한국과 거리를 두고자 했던 미국의 후원자들을 더욱 멀어지게 했다. 이는 더욱 가혹한 탄압으로 이어졌으며 뇌물 상납과 같은 일탈적인 행동을 야기했다. 마침내 박정희 대통령의 불안감은 극에 달했으며, 두 번에 걸쳐 비밀리에 핵무기 프로그램을 개발하고자 시도하기에 이르렀다. 1970년대 중반 박정희 대통령은 비밀리에 민간용 핵연료로부터 핵폭탄에 필요한 무기급 플루토늄을 만드는 데 필요한 기술을 프랑스로부터 들여오고자 했다. 이는 미국과 맺은 민간용 핵개발협정에 위배되는 행동이었다. 1976년 도널드 럼즈펠드(Donald Rumsfeld) 당시 미 국무장관은 한국이 프랑스와의 계약을 파기하지 않을 경우 한국과의 모든 관계를 단절하겠다고 엄포를 놓았다. 북한이 1970년대 후반까지도 공산주의 개발도상국들의 사회주의 모범이었다면, 북한의 눈에 한국은 거대한 동맹국과 그 국민으로부터 신임을 잃고 있는 불량국가에 불과했다.

진정한 한민족

오늘날 학자들은 당시 변덕스러운 한국 정치가 성숙한 민주주의로 가기 위한 시행착오였다고 평가하지만 당시 북한에는 남북한 갈등 구도 속에서 자신에게 매우 유리한 하나의 '자산'이었다. 한국의 초기 지도자 네 명이 연달아 불법적인 방법이나 군사 쿠데타, 암살 등으로 강제 해임된 반면,[24] 거의 50년간 북한은 단 한 명의 지도자가 국가를 굳건히 통제해왔다. 김일성의 외모는 한민족의 우수한 지도자로서의 모습을 더욱 부각시켰다. 거의 180센티미터의 키에 일반인보다 덩치가 컸던 김일성은 한국의 첫 지도자였던 이승만과 비교했을 때 젊음과 활력의 상징이었다. 작은 체구의 박정희 대통령보다도 훨씬 컸다. 157센티미터밖에 안됐던 박정희 대통령은 실제로 다른 국가 지도자들에 비해 훨씬 작은 자신의 키를 의식했다고 한다. 박정희 대통령이 존슨(Lyndon Johnson) 대통령과 만났을 당시 백악관 내에서 두 대통령이 나란히 존슨 대통령의 개들을 산책시키는 모습을 사진으로 찍은 적이 있었는데, 이 사진을 보고 박정희 대통령의 보좌관들이 노발대발했다고 한다. 193센티미터 장신의 텍사스 출신 존슨 대통령에게는 그레이트데인(Great Dane. 독일 원산의 사역견·경비견·수렵견으로 키 71~76센티미터 체중 45~54킬로그램의 초대형견)이, 박정희 대통령에게는 푸들이 주어졌는데 그 두 쌍의 체격 차이가 너무나도 컸던 것이다. 한국 측이 불평하자 미국 측은 그렇다면 박정희 대통령이 그레이트데인 옆에 서서 개보다 더 작아 보이면 좋겠냐고 반문했다고 한다. 비슷한 에피소드로, 1972년 남북한 비밀협상 중에 이후락 중앙정보부부장이 박정희 대통령에게 김일성과 정상회담을 하겠냐고 물은 적이 있는데, 그때 박정희 대통령은 별로 내켜하지 않았다고 한다. 정상회담 사진을 찍을 경우 큰 체격의 김일성 옆의 초라한 자신의 모습의 모양새가 좋게 보이지 않을 것이라고 생각했다는 것이다.

사진보다 중요한 것은 당시 두 지도자 중 김일성이 더욱 정통성 있는 민족주의 지도자라는 북한의 굳건한 믿음이었다. 김일성은 한민족의 진정한 애국자였다. 김일성은 1866년 미국의 제너럴셔먼호가 불탔던 곳에서 800미터 떨어진 만경대의 작은 농가에서 태어났다. 제너럴셔먼호는 '은자의 왕국'인 조선과 무역의 물꼬를 트고자 시도했으나, 결국 배는 불타고 해안으로 간신히 헤엄쳐 나온 미 선원들마저 죽임을 당함으로써 비극적으로 끝이 났다. 전해지는 바에 의하면, 미국 '야만인'들을 물리치는 데 일조한 김응우(金膺禹)는 김일성의 증조부라고 한다 (조선시대의 기록에는 전투원들의 이름이 남아있지 않다). 김일성은 후에 독립운동가로서 만주에서 항일유격대 활동을 펼쳤다. 일본은 김일성을 지명수배하고 현상금을 내걸었지만, 조선인에게는 명예의 훈장과도 같은 일이었다. 이와 반대로 이승만은 50여 년을 고국을 떠나 있던, 미국 경험이 지나치게 풍부한 미 제국주의의 꼭두각시였다. 게다가 박정희는 일본의 추종자나 다름없었다. 일제의 식민지배 이전 조선 계급사회에서 미천한 신분이던 박정희는 성공을 위해 일본 군대에 자원했다. 모범적인 학생이었던 그는 만주에 있는 일본 최고의 군관학교로 보내졌다. 중위로 재직하며 다카키 마사오(高木正雄)로 창씨개명도 했다. 권위주의 통치체제에 반대했던 진보주의자들을 포함한 많은 한국인들에게 박정희는 일본과 미국의 앞잡이였다.

북한은 선전활동의 일환으로 북녘 땅이야말로 역사적으로 한민족의 진정한 요람이라고 강조했다. 한반도의 남쪽과 북쪽 사람들 모두 민족성이 강하다. 단일민족임을 내세워 때때로 민족주의가 외국인 혐오주의로 도를 넘어설 때도 있다. 이는 역사적인, 그리고 지리적인 요건에서 기인하는데, '고래싸움에 새우 등 터진다'는 속담처럼 한반도는 거대한 강대국들에 둘러싸인 약소국이었기 때문이다. 대다수의 사람들은 한반도가 2천 년이 넘는 세월 동안 강대국으로부터 900회가 넘는 침략을 받아왔다고 쏘아붙이듯 이야기한다. 이런 민족주의와 정체성을 가진 민족에게 신화와 역사는 매우 중요하다. 북한은 한반도가 자랑스러워하는 모든 역사적 사건들이 북쪽에서 일어났다고 주장하면서, 역사적인 민족주의적 서사들을 자신들만의 것으로 만드는 데 온 힘을 기울였다. 예를 들어, 단군신화는 오천 년 전 한민족의 시초를 담고 있다. 단군은 기원전 2333년에 한반도의 최초 왕국인 고조선을 세웠다. 단군의 아버지 환웅은 신성한 왕이자 하느님의 아들이고, 단군의 어머니는 곰에서 여자로 변한 웅녀였다. 환웅과 웅녀는 현재 북한과 중국 접경지역에 있는 거대한 사화산인 백두산에서 단군을 낳았다. 단군은 현 북한의 수도인 평양 근처에 수도를 세웠고, 단군의 시신은 평양에서 남동쪽으로 한 시간쯤 떨어진 산에 안장됐다. 한국의 국경일인 개천절은 10월 3일로 이천 년이 넘는 세월 동안 단군의 건국을 기념해 오고 있다. 김일성은 1990년대에 단군의 유해를 찾았다고 주장했다.

이와 비슷하게, 고려 왕조는 북쪽에 위치하여 중국세력을 몰아내고 수 세기 동안(기원전 37년부터 서기 668년까지) 한반도를 장악했다. 삼국시대(고구려, 백제, 신라) 가장 크고 강했던 고구려는 만주까지 세력을 확장했다. 현재 중국의 길림성 지역에 거주하는 많은 사람들이 고구려의 후손들로 알려져 있다. 많은 남북한의 사람들이 고구려 왕조를 근대 한국의 시조로 생각한다. 이 시대에 많은 학자들과 불교 성직자들이 배출됐다. 또한, 당시 만들어진 정교한 왕릉은 2001년 북한에서는 처음으로 유네스코 세계문화유산 보호지역으로 지정됐다. 김일성은 고구려 후손으로써 자신의 정체성을 찾았다. 그는 히로시마와 나가사키 원자폭탄 투하와는 상관없이, 일본의 식민지배가 끝난 것이 마치 고구려가 한반도에서 중국의 영향력을 몰아냈던 것과 같은 원리였다고 주장한다. 북한은 고구려의 수도가 서울이 아니라 평양이었던 것을 강조한다. 김일성은 민족주의적 사실을 더 공고히 하기 위해 한국전쟁이 끝난 뒤 고대도시의 성벽과 성문을 재건했다.

북한 사람들은 북한을 얘기할 때 '조선(Chosŏn)'이라는 이름으로 부른다. '고요한 아침의 나라'라는 뜻으로, 중국의 기록에 따르면 기원전 100년부터 한반도의 명칭이었다. 그러나 남한 사람들은 16세기 포르투갈 탐험가들이 붙인 '코리아(Korea)'란 명칭과 19세기 말부터는 '한국'이라는 명칭을 사용한다. 더욱이 제2차 세계대전 이후 한반도의 미소 분할점령으로 북한은 민족주의적 서사를 더욱 더 견고히 할 수 있었다.

소련은 김일성을 비롯한 항일유격대 출신들이 북한을 통치하여 군대를 조직하도록 허용한 반면, 군부통치 준비가 전혀 돼있지 않던 미국은 한국 내의 기존 조직과 관리를 그대로 사용했다. 그 중 하나가 일제 식민시기 경복궁 조선총독부 청사를 그대로 사용한 것이었다(이 건물은 후에 박물관으로 탈바꿈 했다가 1995년에 철거됐다). 미 군정은 또한 일본 제국군대에 편승했던 사람들을 한국 경찰과 군대에 기용했다. 이미 훈련된 인력이라는 핑계로 미 군정의 편의에 따른 것이었다. 이는 북한에 충분한 선전거리를 제공한 셈이었다. '애국적인' 북한이 민족의 배신자들을 총살하고 투옥하는 동안, 한국에서는 혐오하는 그 앞잡이들이 국가를 통치하고 있었다.

주체사상

김일성의 주체사상은 냉전시기 북한 사람들의 한민족 정체성과 민족주의 수호 의지를 정확히 보여준다. 주체를 영어로 해석하면 '민족자결'이란 뜻이기는 하지만 우드로 윌슨(Thomas Woodrow Wilson)의 사상과는 사뭇 다르다. 북한에서 의미하는 민족자결은 강대국으로 둘러싸인 작은 국가가 대내외적으로 주체, 또는 '자립'과 독립을 실천해야 한다는 뜻이다. 주체하에 북한은 다른 국가들의 도움에 의지할 수 없고 스스로 방어하며 한민족의 정체성을 보존해야 한다. 이념적 맥락에서 보면 주체는 4가지 원리로 구성돼 있다. 사람이 자기 운명의 주인이다. 혁명의 주인은 인민대중이다. 혁명은 자주적으로 추진돼야 한다. 혁명의 핵심은 최고 지도자이자 수령인 김일성에게 충성하는 것이다. 주체사상은 마르크스주의와 레닌주의를 부분적으로 도입하고 있다는 점에서 공산주의다. 예를 들어, 자본주의자들과 제국주의자들은 인민의 적이며, 혁명은 노동자들과 압제자들 사이의 계급갈등을 통해 이뤄진다는 것이다. 그러나 역사를 자본주의의 모순과 사회주의 유토피아에 이르는 진화론적이고 결정론적인 과정으로 보는 과학적인 시각은 강조하지 않고 있다. 마르크스-레닌의 보편주의 대신 인간의 노력이 역사를 움직이는 원동력임을 강조하는 것이다. 민족주의와 주민 통제의 한 형태로 주체사상을 활용하는 정당성을 확보하기 위해 부분적인 수정이 이뤄진 것이다. 주체에서 가장 우선적인 것은 인간이 지도자에게 온전히 충성하며 자신의 역사를 만들어 가는 것이다. 이를 통해 한반도는 외세에 굴복하지 않고 인류 발전의 최종 단계에 이르게 되는 것이다. 이 마지막 단계는 바로 김일성 주도의 한반도의 통일을 일컫는다.

　이런 점에서 주체사상은 국가와 주권에 특전이 있는 마르크스-레닌주의와 큰 차이가 있다. 마르크스에게 민족국가는 노동자들이 자본주의에 대항하여 연합하면 결국 '시들시들' 사라지는 것이다. 사회주의 단계에서는 정부가 없는 평등한 유토피아가 등장하고 모든 사회경제적 계급이 사라진다. 반면, 주체사상은 한민족 국가, 한민족의 주권, 한민족의 정체성과 독립을 온전히 지향한다. 미 조지아대학의 교수이자 주체사상 전문가인 박한식 교수는 배타적인 주체사상은 한반도를 인류문명 출현의 약속된 땅이라고 주장하는데, 한민족이라는 민족 정체성은 북한뿐만 아니라 한국을 포함한 모든 한국인이 공유하는 정치적 이념이라고 설명한다.[25] 한국과 북한 사람들은 자신들이 아시아에서 유일한 단일민족이라고 여기고 있으며, 이미 국제화된 한국에서조차도 국제결혼은 사회적으로 자연스럽게 받아들여지지 않는다. 이런 의미에서, 브라이언 레이놀즈 마이어스(Brian Reynolds Myers)가 주장했듯이, 단일민족을 강조하는 주체사상은 공산주의보다는 파시즘에 가깝다.[26] 무엇보다 주체사상의 핵심은, 김일성이 한민족 혈통의 가장 뛰어난 전형이며, 불순한 외세에 대항한 용맹한 옹호자이자 유토피아로 이끄는 선구적인 지도자라는 것이다.

주체사상은 1955년 김일성의 연설 '사상사업에서 교조주의와 형식주의를 퇴치하고 주체를 확립할 데 대하여'에 처음 등장하여 후에 국가의 지도원칙으로 채택됐다. 나는 2009년에 주체사상을 창시한 북한 김일성종합대학의 총장이자 당 중앙위원회 비서였던 황장엽을 만난 적이 있다. 황장엽은 1997년 귀도 잘 들리지 않는 쇠약한 몸으로 한국으로 망명했다. 그가 미 국제전략문제연구소(Center for Strategic and International Studies, CSIS)의 초청으로 처음으로 미국 청중 앞에서 연설할 때였다. 그는 저녁 만찬 자리에서 어떻게 주체사상의 창시년도가 김일성이 겨우 18세였던 1930년으로 기록됐는지 자세히 설명해 주었다. 1955년 김일성은 연설을 통해 주체는 북한의 혁명이라고 주장했고 황장엽은 이를 이념화하는 작업을 맡았다. 이후 1970년 제5차 당대회에서 주체사상은 북한의 유일한 국가 지도원칙으로 채택됐다. 시간이 흐르면서 정치이념이었던 주체사상은 김일성을 한민족의 모범이자 구원자로 신격화하는 개인숭배의 도구로 전락했다(이 내용은 다음 장에서 더 자세히 다룰 것이다). 이는 아들 김정일의 주도하에 이뤄진 것이었다. 무신론 국가인 북한이 지도자를 왜곡된 모습으로 신격화한 것은 북한의 달력에서도 찾아 볼 수 있다. 김일성 사망 후 3년의 애도기간이 끝난 1997년, 북한은 공식적으로 기존에 사용하던 기독교 달력을 없애고 김일성 탄생연도인 1912년을 역사의 시작으로 하는 '주체연호'를 사용하고 있다.

북한은 주체사상을 내부 통제의 도구로 사용하는 동시에 북한의 후원국이었던 소련과 중국 사이에서 살아남는 방법으로도 활용했다. 김일성은 소련의 도움이 절실했으면서도 스탈린 사망 이후 모스크바에서 벌어진 일련의 스탈린 격하 운동에 대해서는 일절의 언급을 피했다. 이와 마찬가지로 1960년대 중국의 문화대혁명에 대해서도 김일성은 너무 급진적인 성격을 들어 동조하지 않았다. 주체사상을 내세우며 북한은 양 국가로부터 꾸준히 지원을 받으면서도 '독립적인' 길을 갈 수 있었던 것이다.

그동안 주체사상에 대해 많은 책들이 출판됐다. 북한을 처음 접하는 사람들은 천오백만 달러에 달하는 빌라를 짓는 등 국민의 안위보다 자신들의 배를 불리는 데 급급한 지도부를 어떻게 국민들이 철썩 같이 믿고 따르는지, 그것도 자신들은 굶어 죽어 가면서도 그럴 수 있는지 도무지 이해하기 힘들 것이다. 주체사상은 그저 명목일 뿐 북한 지도부는 폭력과 무자비한 탄압으로 마음 내키는 대로 통치하는 것으로 비춰진다. 폭력과 억압은 사실이다. 그러나 주체사상은 우리가 생각하는 것보다 더 깊이 북한 내에 자리 잡고 있다. 이념은 국가 통제의 근간을 이루며, 따라서 이념 없이 북한은 살아남을 수 없다. 주체사상은 어떻게 냉전시대 북한 정권의 힘의 원천이 됐으며 주민들을 순종하게끔 만들었을까?

무엇보다 주체사상은 한국의 부패한 지도부와 대비되는 정당성을 갖고 있었다. 주체사상의 '자립'은 경제적 자급자족을 의미하는 것이 아니라 외세의 압력과 영향으로부터의 독립과 자유를 의미했다. 북한의 민족자결은 외국의 약탈자들에 대항하는 것으로, 당시 북한은 한국이 노예나 하인처럼 강대국에 굽실거린다면서 한국 내 '사대주의'가 자행된다고 비판했다. 주체사상에 따르면 한국은 외세에 점령되어 사회는 짓밟히고 약탈당하면서도 미국과 일본 제국주의자들에게 북한 침략을 위한 전진기지로 이용당하고 있는 셈이었다. 소비에트군 또한 북한에 주둔하긴 했지만 주체사상 등장 훨씬 이전에 철수했다(짧은 주둔 기간 동안 미군보다 더 심한 겁탈과 약탈을 일삼았다). 따라서 주체사상에서의 자립, 독립이란 의미는 남북한 통틀어 한반도 사람들 모두에게 큰 호소력이 있었으리라 짐작할 수 있다. 특히나 당시 북한이 한국보다 경제적으로 훨씬 윤택했음을 감안하면 그 호소력은 더욱 강했을 것이다. 한국 정부는 주체사상에 대한 연구를 금지시켰으나, 이는 오히려 학생들의 호기심을 더욱 자극시켰다. 학생들과 노동자들 사이에서는 한국 정부에 대한 북한의 비난을 그대로 차용한 지하 급진주의가 유행하기도 했다. 그들에게 북한은 1950년 한국전쟁의 원흉이 아니라, 비록 미국의 방해로 실패하기는 했지만 민족통일을 이루고자 했던 애국 영웅이자 수호자였다(그럼에도 한국전쟁 중 중국의 역할에 대한 언급은 거의 없다). 이후 한국은 미군은 물론 핵무기 주둔까지 허용함으로써 온 국민을 위협에 빠뜨린 썩을 대로 썩은 미국의 아첨꾼이 되어버렸다. 심지어 북한은 미국이 남북한의 통일을 방해하고 한민족의 잠재력을 잠재우려 한다고 공세를 퍼부었다. 한국의 학생들은 권위주의 정부와 미군에 항거하기 위해 이러한 북한의 이념과 선전을 활용했다. 냉전시기 김일성이 동독의 에리히 호네커와 루마니아의 니콜라에 차우셰스쿠와 같은 공산주의 지도자들과의 만남에서 자신감을 표명했던 이유가 바로 여기에 있다. 즉 한국 군중의 봉기로 김일성이 주도하는 한반도의 통일이 가능하리라는 것이었다.

주체사상은 한국식의 유교 개념을 내포하고 있었기 때문에 북한 정권의 통치 기반이 될 수 있었다. 사회 질서와 조화를 수립하기 위하여 상호존중과 위계질서 등 유교의 중요한 철학의 동원은 북한 정권의 철권통치에 효과적으로 작용했다. 또한, 북한 주체사상이 표방한 집단주의는 마르크스주의보다는 유교주의를 근거로 작동됐다. 마르크스에게 집단주의란 군중이 동일하게 의무와 혜택을 공유하는 것이었다. 반대로 북한에서 집단주의란 자녀가 부모에게 행하는 유교에서의 '효' 개념을 지향했다. 따라서 국가의 어버이인 김일성이 북한의 모든 국민에게 혜택을 배분하는 것이다. 주체사상에 대한 선전 또한 이러한 효 개념을 전파하는 데 큰 비중을 뒀다. 마치 아이가 엄마의 품 안에서 포근함을 느끼듯이 모든 국민이 김일성의 지혜의 '품'을 갈망하는 내용을 담은 선전물들이었다. 1965년 김정일 또한 국가를 '어머니의 사랑'에 비유하는 논문을 출간했다. 북한의 군가는 언제나 조국 방위를 강조하며 '아, 어머니라 부르는 나의 조국이 장군님의 그 품인줄 나는 나는 알았네'라는 메시지를 전달한다.[27] 북한은 부드럽고 거의 여성적인 모습의 김일성 그림과 젊은 홍안의 노동자 그림을 통해 정치적 충성심과 효도를 의도적으로 결부시키고 있다. 메시지는 분명했다. 국가에 충성하지 않거나 반역하는 행동은 용납되지 않는다. 마치 자신의 부모를 공경하지 않으면

안 되는 것과 같이 국가에 반하는 것을 상상해서도 안 되는 일이었다.

또한, 주체사상은 엄격한 원칙성과 완벽한 융통성을 적절히 혼합하여 유연하게 대처함으로써 북한 정권의 효과적인 통치 수단으로 이용됐다. 예를 들어, 북한은 교리적으로는 자립을 표방하면서도 동시에 소련과 중국의 후원에 의존했다. 어떻게 자립과 의존이 동시에 이뤄질 수 있는가? 주체사상의 이러한 모순에 대해 북한은 의존 또한 궁극적으로 우리 민족을 위한 것이기 때문에 주체라고 설명한다. 따라서 북한의 외국인 혐오주의와 이기적인 민족주의는 주체사상의 이론과 실천 사이에서 혹시 발생할지도 모를 모순을 정당화하는 데 사용되는 것이다. 이와 마찬가지로, 주체사상은 북한 정권에 대한 절대적 복종을 요구하면서도 정작 핵무기를 만들고 김씨 일가를 위한 궁전을 짓는 데 이용되어 결국 국민들은 굶어 죽어가고 있다. 이러한 모순 역시 국가를 위한다는 명목으로, 그리고 혁명을 위한 불가피한 희생으로 합리화되고 있다.

북한에서 주체사상의 관리와 통제는 조선로동당의 몫이었다. 냉전 시기 조선로동당은 정부와 군부를 통제했고 군중노선의 선봉자 노릇을 했다. 당내 최고의사결정기구는 정치국 상무위원회였고, 이들은 김일성의 행정자문위원회 역할을 담당했다. 약 300만 명으로 구성된 당원들은 북한 사회의 특권층에 속했다. 북한의 권력구조는 국방위원회와 내각, 그리고 최고인민회의로 구성된다. 국방위원회는 군사업무와 국방을 담당하고는 있으나, 1994년 김일성 사망 이후 그 권한은 절대적으로 커졌다. 최고인민회의는 지도부의 결정을 기계적으로 승인하는 입법기구에 불과하며(최고인민회의는 우리가 텔레비전에서 본 600명의 대표가 모든 법안에 '찬성'표를 던지는 장면으로 유명하다), 내각은 부처 장관, 도지사, 시장 등이 포함되어 주로 당원들로 구성되어 있다. 따라서 원대한 꿈이 있는 젊은이라면 반드시 당을 거쳐야만 한다. 당 규약에서 볼 수 있듯이 당원이 될 수 있는 일차적인 자격 요건은 주체사상과 김일성에 대한 충성심이다. 《The Complete Idiot's Guide to Understanding North Korea》라는 책에서 저자 케네스 퀴노네스(Kenneth Quinones)는 10개의 단순한 기준으로 당원의 자격을 소개하고 있다. 주체를 믿어라. 김일성과 김정일의 리더십을 변함없는 충성으로 옹호하라. 김일성과 김정일의 절대적인 권위를 믿어라. 김일성과 김정일의 혁명사상을 사회의 뼈대로 믿어라. 지시된 일을 수행하는 데 무조건적인 충성을 보여라. 사상적 연대를 강화하라. 김일성과 김정일처럼 되려고 노력해라. 국가로부터 주어진 정치적 신뢰를 김일성과 김정일에게 변함없는 충성으로 갚아라. 당과 함께 김일성과 김정일의 유일지도를 한결같이 지지하라. 김일성과 국가의 혁명과업은 완성돼야 하며 자손대대로 물려받아야 함을 믿어라.[28]

　주체사상은 단지 이념을 통한 통제수단이 아니었다. 자발적으로 자유와 민주주의를 신뢰하여 국가에 충성하는 미국의 보편적인 가치와는 차원이 다른 것이다. 주체는 매일 반복되는 주입교육으로 북한 사람들의 뼛속 깊숙이 침투돼 있다. 주체사상은 정신적인 측면에서뿐만 아니라 생물학적으로, 그리고 해부학적으로 충성을 합리화하고 있다. 주체사상은 '위대한 지도자' 김일성이 뇌이며, 당은 신경, 인민은 팔과 다리, 뼈라고 주입시킨다. 여기에 두 개의 순종에 대한 메시지가 등장하는데, 첫째는 뇌가 없으면 나머지는 기능할 수 없으므로 온전한 충성이 있어야 한다는 것이고, 둘째는 모든 생각은 뇌가 하므로 개인의 독립적인 생각은 필요 없다는 것이다. 유일한 비판적인 생각은 지도자를 잘 섬기지 못했다는 죄책감에서 우러나오는 자아비판만이 허용된다. 이러한 주체 교육은 조선로동당과 300만 당원들뿐만 아니라 대중 통제를 위해 결성된 여러 당 외곽단체를 통해 이뤄졌다. 김일성사회주의청년동맹도 500만의 맹원들에게 주체교육을 실시했다. 조선직업총동맹은 도시의 노동자들을, 농민동맹은 농민들을, 조선민주여성동맹은 여성들을 주체사상으로 무장시키는 데 일조했다. 뿐만 아니라 언론인, 작가, 변호사 또한 각자 속한 관련 기관에서 세뇌교육을 담당했다.

요즘 베이징에서는 '공산주의 스타일'을 애호하는 서양인들을 겨냥한 물품들이 많이 눈에 띈다. 마오쩌둥의 초상화가 그려진 티셔츠, 마오 스타일의 의복뿐만 아니라, 흔히 볼 수 있는 마오의 모자는 이미 패션 아이콘으로 자리 잡았으며 중국내 시장에서는 어렵지 않게 구매 할 수 있다. 나는 중국 시장 어딘가에서 김일성 배지를 보고 깜짝 놀란 적이 있다. 배지는 미국의 10센트짜리 동전 크기였다. 나는 곧바로 여섯 개를 구매한 후 며칠 후 열린 6자회담에서 북한 대표단 중 한 명에게 보여주었다. 어떻게 반응할지 궁금했기 때문이었다. 그는 화폐 전문가가 화폐를 검사하듯 찬찬히 살펴보더니 나한테 다시 돌려주며 경멸하듯 손을 내저었다. "가짜예요. 중국에서 샀죠? 중국은 항상 우리 위대한 지도자 동지의 배지를 위조합니다. 중국은 지적 재산을 존중할 줄 모르거든요."

북한에 가본 사람이라면 김일성 배지가 주체사상의 통제를 의미하는 가장 물질적인 표현이란 걸 알고 있을 것이다. 양복이나 블라우스의 깃에 다는 이 배지는 1960년대에 등장했는데, 이를 통해 주민들의 충성심을 매일 확인하도록 했다. 아침에 집을 나서며 어머니에게 인사하는 것은 잊을 수 있지만 배지는 절대 잊어버리면 안 된다. 배지는 당 내에서의 서열에 따라 모양과 사이즈가 다르다. 마치 배지로만은 '위대한 지도자'의 자비하심을 상기시키기에는 모자랐는지 모든 사무실, 학교, 직장, 여가활동 장소에 김일성의 초상화(나중에는 아들 김정일의 것까지)가 걸려 있다. 그리고 수만 개의 기념비, 동상, 벽화, 초상화가 도시 곳곳을 장식하며 주체사상을 떠나서는 어떠한 생각도 하지 못하도록 하고 있다.

주체사상은 철학적일 뿐만 아니라 물리적인 면을 포함한다. 냉전시대 주체사상은 북한 주민들로 하여금 '위대한 지도자'의 교시를 배우는 것뿐만 아니라 그를 위해 육체적인 한계를 뛰어넘는 노동을 하도록 교육했다. 주체를 경제적으로 형상화한 것이 바로 천리마운동이다. 천리마는 한국의 토속 전설에 나오는 하늘을 나는 말(馬)로, 노동자들의 열성과 투지로 사회주의 낙원에 속히 도달하자는 뜻을 담고 있다. 북한 지도부는 관례적으로 150일을 캠페인 기간으로 잡고 제조업, 공업, 또는 농업 분야에서 생산량의 4배를 달성할 것을 명령한다. 이 운동은 1958년 당시 경제적 변화를 고려해 최고인민회의에서 공식적으로 채택됐다. 북한의 첫 3개년 계획이 실패로 돌아가자 소련의 지원이 축소되고 (소련은 북한이 중공업을 지나치게 강조한다고 생각했다) 외부로부터의 지원이 줄어들자, 김일성은 노동자들이 더 많은 생산을 감당해 모자란 부분을 채워야 한다는 원칙을 세웠다. 물론 이것이 천리마운동의 공식적인 출범 이유는 아니었다. 주체사상을 통해 천리마운동이 노동자들의 자발적인 열정과 김일성을 향한 그들의 무조건적인 사랑이라고 정의한 것이다. '혁명적 열의'는 노동자들로 하여금 목표량을 능가하도록 끊임없이 잠도 자지 않고 일하게 했다. 이에 대해 전해들은 에피소드가 있다. 김일성은 1956년에 강선 제강소를 방문했다. 그곳에서 그는 노동자들에게 미국과 꼭두각시 한국의 공격을 막기 위한 공업화의 중요성을 이야기했다. 이에 노동자들은 모범적인 천리마 식으로 반응했다고 한다. "국가의 어려움에 대해 지도자 동지와 사적으로 이야기를 나눈 것에 감동받은 강선 제강소 노동자들은 바로 결집하여 원래 공장에서 가능한 압연 철강 생산량 6만 톤을 1957년 12만 톤으로 증가시켜 문제를 해결했다. 강선 제강소의 이야기는 다른 곳의 노동자들에게 자극제가 되어 30만 톤 용량의 용광로를 1년 만에 만들었고 80킬로미터에 달하는 철로를 75일 만에 깔았으며, 계획보다 훨씬 많은 1만 3,000대의 기계들을 1년 만에 조립했다."[29] 혁명적 열의에 기초해 노동자들로부터 최대한의 노동력을 짜내는 것은 경제정책이자 북한의 효과적인 정치적 통제 방식이었다.

  1960년대에는 공업화의 일환으로써 석탄연료 열전기 발전소를 바탕으로 하는 에너지 계획안이 도입됐다. 북한의 광대한 석탄 매장량을 고려했을 때 신중한 조치인 듯 보였다. 천리마운동이 시작됐고 노동자들은 보다 많은 석탄을 캐기 위해 24시간 교대로 긴 시간 동안 일해야만 했다. 실패할 수밖에 없는 일이었다. 서양의 채탄 기술은 광부 두 명이 기계 한 대를 사용해 1분당 최대 11톤의 석탄을 채광 할 수 있다.[30] '위대한 지도자'를 위한다는 명목으로 긴 시간 노동시키는 것은 단지 통제의 수단일 뿐이었다.

북한에서는 주민들이 벽돌을 하나하나 쌓아 건물을 짓고, 노동자 수백 명이 잔디를 일일이 깎고, 깎인 잔디를 봉지에 넣어가며 잔디밭을 관리한다는 이야기를 이해할 수 있을까?[31] 심지어는 '위대한 지도자'의 식사를 준비하는 사람들은 쌀 한 톨 한 톨이 최상급인지 검사한다는 이야기도 있다. 어떻게 그럴 수 있을까? 이것이 바로 천리마정신이며 주체사상인 것이다.

DMZ에서 북쪽을 바라보면 언덕을 깎아 한글로 '자주'라고 새겨놓은 것을 볼 수 있다. 자주 또는 자주성이란 자립을 뜻하며 '주체'와 동의어다. 이는 1970년대 박정희 대통령이 자신의 경제개발계획을 정당화하기 위해 자주 썼던 용어이기도 하다. 그러나 북한 주민들은 주체라는 이념하에 자신들을 진정한 한민족으로 여겼다. 한민족의 고유성, 동질성, 순수혈통에 대한 강조는 남북한 사람들 모두가 철석같이 믿는 신화이기도 하다. 외세로부터의 자주와 독립 역시 모든 한민족이 수호하고자 하는 임무였다. 다른 점이라면 한국과 달리 북한은 자신들은 외국의 점령과 통제를 받고 있지 않다고 주장할 수 있다는 것이었다. 이는 강대국들의 데탕트가 한창 무르익고 있던 1972년 7월 남과 북이 만났을 때 더욱 분명하게 나타났다. 한반도를 둘러싸고 강대국들에게 휘둘리지 않기 위해 한국의 중앙정보부장과 김일성의 남동생이 비밀리에 만나 공동성명서를 고안한 바 있다. 성명서는 한반도 문제에 있어 외국의 영향으로부터 벗어남과 동시에 한반도 통일의 내용을 담았다. 외세의 지원이나 의존 없는 통일을 요구하며 거대한 한민족의 통일 염원을 다룬 것이었다. 이러한 내용들은 한국의 정치신념보다 북한의 정치적 선전내용과 많이 일치한다는 점에서 김일성의 강한 민족주의적 성향을 보여줬다. 당시 한반도에서 민족주의는 반식민주의나 반일주의와 같은 뜻으로 해석됐다. 따라서 김일성은 언제나 일제 식민시기 일본군이었던 박정희는 진정한 한국인이 아니라고 주장할 수 있었으며, 게다가 일본을 지키기 위한 최전방 국가로 미군 주둔을 허용했다고 (북한으로부터 제2의 공격에 대비한 것이라는 얘기는 포함시키지 않았다) 박정희를 더욱 폄하했다. 한국의 박정희 대통령이 사용한 '자주'를 자신들의 언덕에 새긴 것은 냉전시기 한반도에서 북한이야말로 진정한 애국자이며 진정한 한민족임을 전달하고자 하는 자신감 있는 주장인 것이다.

냉전의 유산: 자신감

회의론자들은 당시 모든 상황과 정세가 정말 북한에 유리하게 돌아간 것이 맞느냐고 반문할지도 모른다. 그렇다면 오늘날 북한의 낙후된 모습과 비교할 때, 세계 여타 분야에서 최첨단을 달리고 있는 한국의 상황은 당시 얼마나 암울했던 것일까? 냉전시대 북한의 우세는 오늘날 한국이 누리는 커다란 능력 격차와 당연히 비교할 수 없다. 그러나 냉전시대는 한반도에서 두 개의 사회체계가 한 치의 양보 없는 경쟁을 벌인 시기였다. 그리고 북한은 과장된 선전만큼이나 앞날에 대한 기대감 또한 컸고 자신감이 흘러 넘쳤다.

예를 들면, 1946년 4월 김일성은 토지개혁에 대한 연설을 한 바 있는데 이는 한국 청중을 위한 것이었다. 그는 북한 주민들이 누리는 '민주주의 개혁'을 한국 사람들도 누릴 수 있도록 하겠다고 약속했다.[32] 이는 바로 한 달 전, 북한이 공표한 '토지개혁에 대한 법령'을 지칭하는 것으로 일제의 소유였던 토지를 72만 호의 지방 농가에 배분해 준 것이었다. 이로써 농부들의 3분의 2가 일제의 소작농이었다가 비로소 자신의 농장을 갖게 됐다. 국가에 농작물과 세금을 내야 하기는 했지만, 그럼에도 불구하고 이 개혁은 북한 정권에 대한 엄청난 충성과 지지를 이끌어냈다. 이때 한국에서는 토지개혁에 대한 일언반구도 없었다. 50개가 넘는 정당들의 권력다툼으로 정치는 혼란스러웠고 경제적으로는 인플레이션이 급상승했으며 노동 파업이 만연했다. 한국의 이승만 대통령이 1949년 4월에 토지개혁을 단행했지만, 김일성은 한 발 더 나아가 1950년 5월에 한국 사람들을 겨냥한 라디오 연설을 통해 한국보다 더 나은 토지개혁 프로그램이 있다고 주장하면서 한국 사람들이 통일을 추구한다면 바로 실행하겠다고 약속했다. 이는 북한이 한국을 침략하기 한 달 전으로 북한과 밝은 미래를 꿈꾸도록 한국 사람들을 '구워삶기' 위한 전략이었던 셈이다(어떤 이들은 김일성의 토지 사유화는 전적으로 전쟁 준비를 위한 정치적 계략이었다고 주장한다. 불만 가득한 한국 사람들을 유혹하고 농업 생산성을 강화해 전쟁 전 식량을 비축해 두려는 목적이었다. 한국전쟁이 끝난 후 북한은 모든 것을 국유화하고 토지와 식량을 주민 통제의 도구로 이용했다).

김일성은 언제나 자신의 영향력을 한반도에 행사하기 위해 기회를 엿보았던 선동가였다. 1961년 당시 소장이었던 박정희가 군사 쿠데타를 일으켜 정권을 잡았을 때 한국 군부에 공산주의 성향을 가진 장군이 있다는 소문이 돌았다. 케네디 행정부는 이미 박정희의 정치적 색깔에 대해 우려를 나타낸 바 있었다. 해방이후 미군 점령 당시 보고서에 따르면, 1948년 한국 정부가 군 반란을 무자비하게 진압했던 여수-순천 사건(1948년 10월 19일 한국만의 단독선거 반대 등을 주장하며 좌익세력 주도로 무장봉기를 일으킨 사건인 제주 4.3사건 진압 명령을 거부한 여수 주둔 군대와 주변의 공산주의자들이 합세하여 무장 봉기한 사건으로 10여 일 만에 진압됐다. 반란군 일부는 인근 조계산과 지리산에 은거하면서 빨치산으로 활동했다_옮긴이)에 박정희가 육군사관학교 내 공산주의 조직의 우두머리로 체포됐었다는 기록이 있었기 때문이었다. 박정희는 군사재판에서 사형을 선고 받았으나 이승만 대통령이 제임스 하우스만(James Hausman) 미군 고문의 조언을 받아 감형해 줬다. 어린 박정희를 개인적으로 알고 있던 하우스만 대위가 그의 가치를 일찌감치 알아본 것이었다. 박정희는 방첩의 목적으로 군 내부에서 활동하는 공산주의자 명단을 건네줬고, 이는 그에게 새로운 인생을 열어줬다.[33] 박정희가 쿠데타를 일으키자 김일성은 더 큰 자신감으로 박정희가 자신의 혁명에 가담하길 바라며 서울로 밀사를 보냈다. 김일성의 계획은 이뤄지지 않았으나(박정희는 밀사를 처형하여 단호한 거절의 의사를 전달했다), 이는 한반도 내 자신의 위상에 대한 강한 자신감을 나타낸 것이라 할 수 있다.

1960년대 김일성은 자신을 제3세계에서 일고 있는 공산주의 운동의 지도자로 선전하고자 노력했다. 중국은 문화대혁명에 심취해 있었기 때문에 북한에도 기회의 문이 열렸고 김일성은 새로운 역할을 시도하는 데 주저하지 않았다. 1967년 11월 김일성은 〈로동신문〉에 '미 제국주의를 반대하는 투쟁에 주되는 창끝을 돌리자'라는 제목으로 성명서를 내고 동남아시아, 쿠바, 라틴아메리카의 민족해방운동에 호소했다. 1968년 7월에는 '세계 도처에서 미제침략자들의 각을 뜨자'라는 슬로건 아래 베트남과 북한이 함께 '미제침략자'의 다리를 부러뜨리는 모습을 묘사했다. 그러고는 쿠바와 라틴아메리카 국가들에는 미국의 한쪽 팔을, 가나와 말리와 같은 아프리카 국가들에는 다른 한쪽 팔을 찢자고 요구하면서, "세계 도처에서 미 제국주의와 싸워 여기저기에서 미제의 각을 하나씩 뜨면 결국에 가서 미 제국주의는 망하고야 말 것"이라고 말했다. 같은 해 볼리비아 혁명가 체 게바라(Che Guevara)의 기일에 맞춰서는 김일성 자신이 아시아, 아프리카, 라틴아메리카의 대혁명을 이끌어가고 있다는 내용의 논문을 발표했다.[34] 이러한 일련의 행동들은 북한이 '수정주의자'와 '부르주아'로 간주하던 중국인들의 심기를 건드렸으며(중국이 문화대혁명에서 벗어나기 시작한 1969년까지 북중관계는 개선되지 않았다), 특히 베트남의 심기를 더욱 불편하게 했다. 베트남은 북한이 아닌 자신들이 피땀 흘려 아시아에서 미 제국주의를 몰아냈다고 날카롭게 주장했으며,[35] 또한 55세밖에 안 된 김일성이 당연히 마오쩌둥이나 호찌민(胡志明, Nguyen Sinh Cung)보다 오래 살 것이라 생각하고 차세대 지도자 역할을 하려 한다고 냉소적으로 비판했다. 김일성은 중국 내부의 과격주의와 베트남의 혼란을 이용하려던 기회주의자였을 수도 있다. 하지만 그 기회주의는 당시 자신의 원대한 야망의 일부였던 한국과의 비교우위에서 오는 자신감의 표현이었다.

　1972년 닉슨 대통령의 중국 방문으로 한국은 버려졌다는 두려움에 사로잡힌 반면에 북한은 자신감으로 충만했다. 1971년 가을 김일성은 헝가리의 국가원수 팔 로손치(Pal Losonczi)와 캄보디아의 시아누크(Norodom Sihanouk) 국왕에게 닉슨의 중국 방문은 결국 베트남에서 미군을 축출시킬 것이라고 말했다.

미국은 패배를 거듭하며 멸망하고 말 것이다. 미국은 중국을 고립시키려고 노력했다. 대만을 장악하고 중국을 계속 협박했다. 그러나 중국은 아시아의 강력한 반제국주의 혁명 국가로 성장했고 미국의 봉쇄는 수치스럽게 끝이 났다. 닉슨의 베이징 방문은 미국의 반중국 정책이 파산했음을 증명하는 것이다. 한국전쟁에서의 패배를 인정하고 백기를 들고 판문점에 나왔던 것처럼 이번에는 닉슨이 베이징으로 간다. 승리자로서가 아니라 패배자로서 방문하는 것이다. 이는 중국인들과 함께 전 세계 모든 혁명가들에게 큰 승리다. 미국은 이제 한국, 대만, 인도차이나와 일본에서 철수해야 할 것이다.[36]

이 글을 읽으면 김일성의 도를 넘어선 허세에 가까운 자신감을 느낄 수 있다. 미국에 버려졌다는 두려움에 떨고 있는 한국과는 비교되는 모습이었다.

1975년 4월 베트남에서 미국의 패배가 확실시 되고 있는 가운데 김일성은 중국으로 80일간의 공식방문 길에 올랐다. 당시 중국공산당 부총리였던 덩샤오핑은 공항에서 거창한 환영식으로 김일성을 맞았다. 곧바로 김일성을 중난하이(中南海)에 있던 마오 주석과 저우언라이 총리에게 데려갔고 그들은 양국 관계와 지정학적인 정세에 대해 논의했다. 그 후 난징으로 가서 양쯔강(揚子江)의 크루즈에 올랐다. 덩샤오핑과의 공식만찬에서 김일성은 곧 이뤄질 베트남에서의 승리와 아시아에서의 미 제국주의의 종말을 위해 건배했다.

친애하는 동지와 벗이여!

제2차 세계대전 후 동방에서는 위대한 혁명적 전환이 일어났으며 아시아의 면모는 근본적으로 달라졌습니다.

어제의 식민지적 아시아, 뒤떨어진 동방은 영원히 사라지고 독립과 진보, 번영에로 나가는 새 아시아가 태어났습니다.

미 제국주의자들이 조선전쟁에서 참혹한 군사적 패배를 당하고 내리막길에 들어섰으며 인도차이나 침략전쟁에서 거듭 패배했습니다. 중국에 대한 적대시 정책에서 파산당한 사실은 제국주의자들의 어떠한 발악적 책동도 인민들의 해방투쟁을 가로막을 수 없으며 사회주의의 승리적 전진을 멈춰 세울 수 없다는 것을 보여주었습니다.

요즘 미 제국주의자들은 인도차이나에서 새로운 치명적인 타격을 받고 있으며 헤어날 수 없는 패망의 구렁텅이에 빠져 들어가고 있습니다. 어제 캄보디아 민족해방인민무장력은 미제의 앞잡이 론 놀(Lon Nol) 매국도당을 때려 부수고 마침내 프놈펜을 해방했습니다.

이것은 애국적 캄보디아 인민이 5년 동안 영웅적 반미구국투쟁에서 이룩한 위대한 승리이며 미 제국주의자들이 아시아에서 당한 또 하나의 수치스러운 패배입니다.

미제와 그 앞잡이들에 대한 캄보디아 인민의 이 영광스러운 승리는 피압박민족들의 반제민족해방투쟁에 중요한 기여이며 동남아세아의 전반적 정세발전에 커다란 영향력을 미치는 역사적 사변입니다.

나는 이 자리를 빌려 캄보디아 국가원수 노로돔 시아누크 친왕을 위원장으로 하는 캄보디아 민족통일전선과 캄보디아 민족연합정부의 영도 밑에 캄보디아 민족해방인민무장력이 프놈펜 해방작전과 전국해방을 위한 위업에서 거둔 빛나는 승리를 열렬히 축하합니다.

지금 남부 베트남에서도 사이공 괴뢰도당은 남부 베트남 인민과 인민해방무장력의 강력한 징벌타격을 받고 있으며 붕괴의 위기에 부닥치고 있습니다.

제국주의자들은 아세아에서 직접적인 무력간섭과 괴뢰들을 통한 신식민주의적통치, 아세아사람들끼리 싸우게 하려는 '새 아세아정책'과 같은 여러 가지 수법과 술책을 번갈아 써보았으나 이미 기울어진 저들의 운명을 건질 수 없었으며 이제 아시아에 더 이상 버티고 있을 수 없는 막다른 골목에 다다랐습니다.

우리는 미제와 그 앞잡이들을 반대하는 인도차이나 인민들의 투쟁을 비롯하여 모든 아세아 인민들의 반제민족해방투쟁을 적극 지지합니다.[37]

동독의 기록보관소는 1970~1980년대 에리히 호네커 서기장과 김일성의 보기 드문 담화들을 보관하고 있다. 공산주의 지도자들 중에서 김일성과 호네커는 친한 친구로서 정기적으로 서로를 방문했고 세계정세에 대해 폭넓은 토론을 나누었다. 그들의 토론 중에 나타나는 김일성의 자신감은 실로 대단했다. 1977년 12월 호네커가 평양을 방문했을 때 김일성은 한반도에서 북한의 우세함을 호언장담했다. 그는 한국의 정치적 혼란과 박정희 정권이 곧 망할 것이라고 하면서 "우리는 박정희를 고립시키고 한국의 민주화 투쟁을 강화시키기 위하여 인내심을 갖고 투쟁할 것"이라고 말했다.[38] 1979년에 박정희 대통령이 암살되자 한국은 미군 점령하에 지주와 자본가들이 들끓고 혼란 속에 있는 반면, 북한은 모든 사람이 평화로운 행복을 누리는 정치적으로 안정된 사회주의 낙원이라고 말했다. 김일성은 박정희 대통령의 암살을 활용할 필요성을 느끼지 못했다. 그냥 앉아서 한국의 군중이 반란을 일으키는 것이나 구경하면 됐기 때문이었다.

몇 년 후 김일성은 호네커의 초대를 받았는데, 한국에서 전두환의 군사 쿠데타가 발생한 직후였다. 그는 한국에서 커져가는 반미주의를 이용하여 한국을 약화하려는 전략을 준비했다. 손만 뻗으면 곧 통일을 이룰 수 있다면서 하느님도 자신의 편이라고 말했다. 북한이 무신론국가임에도 불구하고 아래 문건을 보면 엉뚱하게도 가톨릭에 대한 언급이 나온다.

> 조선의 상황은 한국 민중의 투쟁이 강화되고 있는 경향입니다. 예전에 한국 민중들은 미국을 두려워하거나 미국에 기대려고 했습니다만, 이 두 경향이 감소하고 있는 것으로 파악됩니다 … 자주권을 요구하는 것은 미국의 지배로부터 해방되려는 것을 의미합니다. 요즘 한국의 젊은이와 학생들은 자주권을 위해 힘차게 투쟁합니다. 전두환 도당은 박정희 도당보다 훨씬 더 나쁩니다. 그들은 더 사악할 뿐 아니라 맹

렬하기도 한 독종 개입니다 … 모든 민중들과 많은 가톨릭 인사들은 전두환 정권에 반대하여 힘찬 투쟁을 전개했습니다.[39]

북한의 자신감은 미국에 보낸 여러 평화협정 제안서에도 잘 드러난다. 1974년 북한이 미 하원에 보낸 서신과 1977년 파키스탄의 중재를 통해 사이러스 밴스(Cyrus Vance) 미 국무장관에게 보낸 밀서에 담긴 제안에서 평화협정체결을 위한 협상에 두 가지 전제조건을 제시했다. 미국은 한국에서 모든 군대를 철수해야 한다. 어떤 평화협상도 미국과 북한 양자 간에 이뤄져야 하며 한국은 배제시켜야 한다. 지금 보면 얼토당토 않는 제안이지만, 한미연합미군이 철수하면 인기 없는 지도자가 집권하고 있는 한 한국의 군중이 북한에 합류하게 될 것이라는 김일성의 확신이 잘 나타난다. 게다가 이 제안들은 한국전쟁을 종결시키고 영원한 평화를 약속하자는 거짓 제의로서 한국으로부터 미국을 분리시키려는 목표를 갖고 있었다.

무모한 투쟁

정부 관료로서 다른 국가를 방문할 때는 일반적으로 도착하기 이전에 회의 및 회담 일정, 저녁식사 등이 적힌 자세한 시간표가 나온다. 그러나 북한에 갈 때면 블랙홀에 들어가는 것과도 같다. 북한의 주요 대상자와 회의를 요구할 수는 있으나 사전에 확정되는 것은 아무것도 없다. 그저 긍정적이거나 부정적이거나 모호한 답변을 받는데, 예를 들면 "그 사람도 아마 당신과 만나길 원할 겁니다."라든가 "그 때 시간이 될지 확실하지 않은데, 한번 알아보겠습니다." 정도다. 도착하면 여권을 회수하고 그제야 방문일정을 나눠 준다. 내가 받은 것에는 연속적인 회의, 저녁식사, 오케스트라 공연과 함께 다른 하나가 눈에 띄었는데, '푸에블로호 답사'라는 항목이었다. 나는 답사를 요구한 적이 없었기 때문에 조금 놀랐다. 나와 동행하는 두 명의 국무부 동료들에게 스케줄에 있는 다른 것은 다 할 수 있지만 이 답사만큼은 정중히 거절할 것이라고 말했다. 우리와 함께 동행한 민간인 동료 리처드슨 뉴멕시코 주지사와 안토니 프린시피(Anthony Principi) 전 미 보훈처장관에게 우리의 생각을 전달했다. 그들은 우리가 미 정부 관료의 직분으로 군함을 답사하는 것이 상당히 민감한 사안임을 이해하면서도, 북한 측을 불쾌하게 하지 않도록 자신들은 가겠다고 답했다. 북한 교섭담당자들이 그 시간에 대신 무엇을 하겠냐고 정중히 물어왔다. 그들이 21미터 높이의 거대한 김일성 동상 시찰을 제의했으나 그것 역시 거절했다. 백악관과 펜타곤 관료들이 김일성 동상 앞에 서있는 모습이야말로 우리가 피하려고 했던 것이었다(결국에는 백화점에 갔다. 북한 경제사정이 궁금했기 때문이었다). 동료들이 원산항에 있는 푸에블로호를 보고 돌아왔을 때 어땠냐고 물어 봤다. 유능한 외교관이자 온순한 성격의 프린시피 전 장관은 미 군함에 대한 북한의 거짓 선전과 북한 사람들에게 관광지가 되어버린 광경에 마음이 상해 있었다. 그는 미 군함 푸에블로호의 억류사건은 미군들이 처참히 희생당한 전쟁행위였다고 말했다. 오래전 일인 만큼 북한이 축하할 일도 아니었다.

냉전시대 북한은 자신의 군사력을 과시하는 데 거리낌이 없었다. 1960년대 말부터 1970년대 초까지 공산주의 국가들 중 네 번째로 큰 40만 8천 명의 상비군을 구축했다. 총 23개의 사단 중 14개가 DMZ에 배치됐다. 1968년부터 1979년까지 매년 북한은 한국보다 많은 국방비를 지출했는데,[40] 이 기간 동안 북한의 인구는 한국의 절반도 안 됐다.[41] 랜드코퍼레이션은 군 장비와 관련해서 1970년부터 1975년까지 한국은 북한의 13퍼센트 밖에 안 되는 군 장비를 보유했다고 추산했다. 이 수치는 1984년에서야 거의 동등해졌다.[42] 경제 총지출에서 국방에 전용되는 비율을 의미하는 '국방비 부담률'의 측면에서 보자면, 1953년 한국전쟁 종전 후 한국은 단 한 번도 북한보다 더 많은 부담을 진 적이 없다.[43] 한국의 경제 규모가 북한보다 37배나 큰 오늘날,[44] 이런 수치는 별 의미가 없지만 상대적으로 동등했던 시대였던 1960년대 후반까지는 실제로 큰 의미가 있었다. 그리고 같은 시기에 북한의 잘 훈련받고 튼튼하며 사기 충만한 엘리트 특수부대들은 중요한 역할을 담당했다. 이들은 1970년 약 1만 5,000명에서 1978년에 4만 1,000명, 1980년대 초반에 약 8만 1,000명으로 증가한 것으로 추정된다.[45] 이 세월 동안 1968년 청와대 습격사건과 같은 고난도의 암살 계획을 시도했고, 제3세계의 공산군을 훈련시켰으며 국제적인 혁명기관들과 테러조직들을 지원했다. 현재 한국의 국방부는 북한 내에 많게는 20만 명의 특수부대 요원들이 있을 것으로 추정하고 있다.[46] 북한의 엘리트 특수부대들은 미국의 이라크와 아프가니스탄에서의 전쟁을 보면서 최근에는 노변 폭탄이나 다른 급조폭발물(Improvised Explosive Device, IED)을 사용하는 등 신식 전투방식과 게릴라(guerrilla, 유격대) 전투방법들을 강화했을 것

으로 생각된다.⁴⁷

　북한은 한국 정부를 위협하고자 1953년의 정전협정을 위반하며 많은 군사 도발을 자행했다. 전쟁의 위험에도 불구하고 이런 위험한 행동을 하는 것은 북한의 자신감을 보여주는 또 하나의 사례이기도 하다. 1960년대부터 1970년대 초반까지 감행된 군사작전으로 인해 40명이 넘는 미군과 수백 명의 한국 사람들이 목숨을 잃었다. 1968년 2월 미군함 푸에블로호를 억류한 것은 전쟁 외에 북한이 할 수 있는 가장 도발적인 정전협정 위반행위였다. 북한은 국제수역에서 일상적인 작전활동을 하던 미국의 정보수집선을 억류했다. 억류과정에서 83명의 사병 중 한 명이 사망했다. 로이드 부처(Lloyd Bucher) 함장을 포함한 나머지 선원들은 11개월간 감금됐고 부처 함장으로부터 스파이 작전 중이었다는 거짓자백을 받아낼 때까지 고문을 멈추지 않았다. 부처 함장은 버틸 수 있을 때까지 버텼지만, 그의 눈앞에서 제일 어린 사병부터 한 명씩 처형하겠다는 북한의 협박에는 어쩔 수 없었다. 미군들의 무사귀환을 협상하는 가운데 미국은 그들이 안전하게 잘 있음을 증명해 달라고 요청했다. 북한은 선원들을 한자리에 모아 놓고 사진을 찍었는데, 억류된 미군들은 사진에서 납치범들을 향해 가운뎃손가락을 치켜들고 하와이식으로 '행운을 비는 것'이라 했다고 한다. 억류자들 중 스투 러셀(Stu Russel)은 "손가락은 우리의 반(反)선전 캠페인의 중요한 부분이 됐다. 사진을 찍을 때마다 우리 손가락은 올라갔다."라고 회상했다.⁴⁸ 사진 속의 그들은 잘 있었고 여전히 반항심으로 똘똘 뭉쳐 있었다. 그러나 북한이 타임지를 통해 자신들이 포로들에게 '한 방 먹었다'라는 것을 깨달았을 때 선원들에게는 무자비한 폭력이 뒤따랐다. 북한이 푸에블로호 선원 석방을 거절하자 소련조차도 김일성과의 양자회담에서 '그 정도면 북한의 의도와 선전 가치를 충분히 뽑아냈으니 긴장 완화를 위해 그만할 것'을 조언했다. 10개월가량 지속된 위기는 존슨 행정부가 사과문을 보내며 1968년 12월에 막을 내렸다. 선원들이 풀려난 후 미국은 사과문에 대해 부인했다.

1968년 1월에는 박정희 대통령을 암살하기 위해 31명의 특수공작원을 한국으로 침투시켰다. 혼자 포로가 된 김신조에 따르면, 그들의 임무는 박정희 대통령의 목을 베어 사진을 찍고 2월 8일까지 북한으로 돌아가 조선인민군 창군 20주년을 경축하는 것이었다.[49] 한국 군복으로 위장한 특공대는 3일 만에 한국 영토 깊이 침투했고 발각되지 않도록 공동묘지나 하수도에서 잤다고 한다. 당시 중위였던 김신조는 청와대 경호원들을 제거하기 위해 팀을 지휘했다. 그들은 대통령 관저에서 약 180미터 떨어진 청와대 정문까지 가는 데 성공했으나 수상한 낌새를 챈 경찰에게 심문을 받게 됐고, 결국 총격전이 벌어졌다. 이 사건으로 한국 군인 35명이 사망했고 64명의 군인, 경찰, 민간인들이 부상당했다. 김신조를 제외한 특수공작원 전원이 목숨을 잃었다. 2009년 한 인터뷰에서 김신조는, 그 당시 수개월간 조사를 받으면서 자백만이 살 길이며 새로운 인생을 살 수 있는 기회라고 자신을 설득한 한국의 장군과 친구가 되어 특수공작부대의 임무에 대해 상세히 자백했다고 말했다. 감옥에 있는 동안 그는 한국의 개신교 신자들에게 많은 편지를 받았고, 결국 개신교로 개종하여 1997년에는 개신교 목사가 됐다(이 뉴스가 보도됐을 때 북한에 있던 김신조의 부모는 처형됐다).[50] 특수공작원들의 침투 경로는 후에 관광지로 개방됐다.

이 기간 동안 자행된 북한의 도발을 일일이 나열하자면 얘기가 길다. 1969년 4월 김일성 생일에 북한은 정찰임무를 수행 중이던 미 해군 EC-121 조기경보기를 격추시켰다. 탑승한 승무원 31명 전원이 사망했다. 북한 해상으로부터 93킬로미터 떨어진 똑같은 루트를 지난 3개월간 아무런 사고 없이 200회 이상 정찰했다. 그러나 이날 북한은 미군 비행기가 자국 영공을 침범했고 이를 단 한방에 격추시킨 '훌륭한 전투 성과'라고 주장했다.[51] 1970년 6월에는 북한 무장공비 세 명이 침투하여 한국의 국립묘지에서 개최된 한국전쟁 20주년 기념식에서 한국 대통령 암살을 또다시 시도했다. 1974년 8월에도 북한으로부터 훈련 받은 문세광이 대통령 암살을 시도했다. 그는 국립극장에서 광복절 기념 연설을 하던 박정희 대통령을 총으로 암살하려 했다. 총알은 빗나가 국민의 사랑을 받던 영부인 육영수 여사의 머리에 박혔다. 영부인은 그 자리에서 즉사했다.

북한은 한국과의 군사경계지역에서도 도발을 일삼았다. 1972년부터 북한은 한국 영토로 이어지는 땅굴을 파기 시작했다. 이 땅굴들은 콘크리트, 전기, 조명, 무기창고와 철로 등으로 보강됐는데, 철로를 통해 시간 당 많게는 8천에서 1만 명의 특수부대와 경보병대가 한국으로 침투할 수 있다. 한국군은 1974년 11월 군사분계선에서 남쪽으로 약 1킬로미터 떨어진 지점에서 첫 번째 땅굴을 발견했다. 순찰대가 그 지역을 순찰하다가 땅에서 증기가 올라오는 것을 보고 운 좋게 천연 온천을 발견한 줄 알았다고 한다. 1975년 2월 군사분계선 남쪽 1.2킬로미터 되는 곳에서 두 번째 땅굴이 발견됐다. 터널 내부에 폭파 표시를 보니 군사분계선에서 북쪽으로 5킬로미터 떨어진 곳에서 땅굴이 시작됐음을 알 수 있었다. 1977년 미국의 한 보고서는 북한이 여러 개의 비밀 침략 루트를 물색하고 있으며 육상, 해상, 공중 어느 곳으로든지 한국으로 침투할 수 있다고 발표했다. 1978년과 1990년에 땅굴 두 개가 추가로 발견됐다.[52] 각각 시간 당 3만 명의 군사를 한국으로 보낼 수 있는 크기였다. 1978년에 발견된 제3땅굴은 약 1.6킬로미터 길이로 지하 73미터 깊이에 위치하고 있으며 남측으로 5개의 출구가 열려 있었다. 1990년에 발견된 땅굴은 길이 2.1킬로미터, 깊이 145미터로 한 단계 더 발전된 기술을 증명했다.[53] 김신조의 청와대 무장습격 루트와 마찬가지로 이 땅굴들도 이제는 관광지로 탈바꿈했다.

1976년 8월에는 북한 군인들이 미군을 도끼로 무참히 죽였다(이른 바 도끼만행사건). 이것은 사전에 계획된 사건이었다. 당시 미국과 한국의 '특무대(detail. 실제로 미군부대에서는 청소나 작업 등의 사역을 의미)'는 공동경비구역(JSA) 내 '돌아오지 않는 다리(전쟁포로를 마지막으로 수송한 곳으로 이렇게 이름 지어졌다)' 옆에 있는 미루나무를 가지치기하기 위해 준비하고 있었다. 다섯 그루의 미루나무 중 마지막 나무가 남과 북 두 체크포인트 사이의 시야를 가로막고 있었기 때문에 특무대는 매년 여름에 해왔듯이 나무를 다듬을 예정이었다. 북한 군인들이 이들에 맞서며 작업을 중단할 것을 요구했고 싸움이 벌어졌다. 30명의 북한 증원군이 나타나면서 상황을 순식간에 압도하기 시작했다. 아서 보니파스(Arthur Bonifas) 대위와 마크 배럿(Mark Barrett) 중위는 북한 군인의 무자비한 폭력으로 난도질 당했다. 이 사건으로 양측 주둔 군인이 모두 동원됐으며 포드(Gerald Rudolph Ford) 대통령은 무장 소대와 헬리콥터 27대, B-52 비행중대를 현장에 출두시켰다. '폴 번연 작전(Operation Paul

Bunyan)'으로 명명된 작전으로 미루나무는 곧바로 쓰러졌고 그 자리에는 기념비가 세워졌다.

　북한의 도발은 1980년대까지도 계속 됐다. 북한은 박정희의 후임인 전두환 대통령 암살을 두 차례 시도했다. 1982년에 가봉을 방문 중이던 전두환 대통령을 암살하려고 계획했으나 막판에 작전을 중단했다. 이 음모에 관여했던 탈북 외교관 출신 고영환에 따르면, 당시 막판 뒤집기를 한 이유는 아프리카 국가에서 암살 작전을 실행했을 경우 유엔 총회에서 아프리카 국가들의 지지를 받을 수 없을 것이란 판단에서였다고 한다.[54] 또한, 1983년 10월 미얀마를 공식방문 중이던 전두환 대통령은 북한의 아웅산 국립묘지 폭탄 테러에서 가까스로 살아났다. 전두환 대통령의 차량 행렬이 교통체증으로 지연되어 행사에 늦게 도착한 덕분이었다. 한국 대사의 차량이 먼저 도착했는데, 때마침 대통령의 도착을 환영하기 위해 나팔수가 연습하던 중이었다. 북한 요원들은 이 차량을 대통령의 것으로 오해하고 폭탄을 터뜨렸다. 건물이 무너지고 대통령 수행 장관들이 그 밑에 깔렸다. 외무부장관, 상공부장관, 부총리, 비서실장을 포함해 21명이 순직했다.[55] 지붕에 설치된 폭발물 세 개 중 한 개만 성공적으로 터졌는데도 그 폭발력은 엄청났다. 북한 요원 세 명은 결국 모두 체포됐고(한 명은 수류탄으로 자폭했다) 암살 계획을 모두 자백했다. 이 끔찍한 사건을 목격한 한국의 외무부 관리는 한국이 제3국에서 일어난 공격으로 완전히 허를 찔렸다고 회상했다. 타국에서, 또 다른 공격이 있을지도 모르는 상황에서 방문단과 대통령 비서실은 어떻게 보안을 유지해야 하는지 전혀 감을 잡지 못했다. 외무부의 한 직원은 당시 미국이 목숨을 건진 사절단과 시신들이 안전하게 귀국할 수 있도록 물밑에서 군사적 지원과 관리를 수행했다고 회상했다. 이것은 대중에 공개되지 않은 에피소드지만 미국과 같은 진정한 동맹국만이 할 수 있는, 기억에 남는 일이었다고 말했다.

이런 사건들이 있을 때마다 미국과 한국은 북한의 의도된 공격행위에 대해 군사적으로 대항할까도 고려했다. 1968년 청와대 습격사건 이후 박정희 대통령은 존슨 행정부에 군사적 공격에 착수할 것을 간청했다. 또한, 1976년 도끼만행사건 이후에는 헨리 키신저 당시 국무장관에게 포드 정부가 북한을 폭격해주길 요청했다. 지뢰 설치에서부터 북한 군함 나포, 군사기지 공습, 해상 핵폭발에 이르기까지 여러 가지 옵션들이 있었다. 하지만 결국 미국은 전면전으로 확대될 가능성이 있는 군사적 보복 대신 한국과의 군사훈련을 늘리고 이 지역에서의 군사능력을 강화하는 쪽을 선택했다. 신중한 결정이었을지는 몰라도 이로 인해 북한은 자신들이 한반도에서 우세한 카드를 쥐고 있다고 더욱 자신만만해 했다.

미래로의 회귀: 신주체사상의 부활

1977년 북한은 세계에서 유일하게 자신들이 사회주의 유토피아의 마지막 단계에 이르렀다고 공표했고, 실제로도 그렇게 믿고 있는 것 같았다. 냉전시대는 북한의 전성기였다. 한국은 내부적으로 혼란스러웠지만, 북한의 곡식창고는 꽉 차고 넘쳤으며 군사력은 위협적이었고 여러 사회주의 동지들이 옆에 있었다.

이를 어떻게 확언할 수 있는가? 지금 북한은 그 때, 즉 냉전시대로 돌아가려고 노력하고 있기 때문이다. 북한은 김정일을 잇는 후계 차세대를 위해 새로운 이념을 구축하고 있다. 이러한 작업은 2008년에 시작됐는데 2011년 김정일의 사망으로 더욱 박차를 가하고 있다. 나는 이를 '신주체 복고주의'라고 명명했다. 이는 북한이 자칭 황금기였던 1960~1970년대의 행태와 관습으로 되돌아가고자 하는 시도라고 볼 수 있는데, 오히려 당시보다 더욱 강경하고 독단적인 노선을 추구하는 것을 궁극적 목표로 하고 있다. 기존 주체사상보다 한층 더 보수적인 색채를 함유한 신주체사상은 여전히 지도자를 향한 절대적 충성과 복종을 강요한다. 특히, 김정일의 어린 스무 살 아들 김정은의 즉위와 그 정당성을 강조하며, 한민족의 고유성, 외국 침략세력으로부터의 독립, 미국과 일본 제국주의의 꼭두각시라며 한국의 나약함을 계속해서 주장한다.

신주체사상은 두 가지 면에서 기존 주체사상과 차별된다. 우선, 1990년대 중반부터 2000년대 중반까지 시행된 개방과 개혁 정책의 총체적 실패에 대한 방어기제다. 북한이 건성으로 실행했던 개혁의 시도들은 당시 한국의 햇볕정책과 맞물렸다. 햇볕정책이란 한국이 진보정권하에서 북한에 무조건적인 경제적 도움을 제공한 것을 일컫는다. 나중에 다시 부연 설명하겠지만 이 정책은 비참한 실패로 돌아갔다. 가장 큰 이유는 북한 정권이 정치적 통제를 잃을까 두려워 자신들의 체제와 제도를 개혁하는 데 성의 있는 조치를 취하지 않았기 때문이었다. 실상 북한의 개혁 시도는 1990년대 중반부터 식량, 에너지, 경제적 인프라 부분에서 심각한 실패를 초래했다. 북한은 이러한 저조한 성과를 국가와 결부시키지 않고 대신 신주체 복고주의를 통해 역전시키고자 했다. 즉, 1990년대 개혁으로 파생된 문제들은 '불순한 사상'의 유입으로 초래된 것이기 때문에 이념적 청소를 통해 다시 순결성으로 회귀해야 한다고 합리화하면서 주체사상의 부활을 꾀한 것이다.

새 이념은 냉전시대에 북한을 위대하게 만들었던 주요 원칙으로 돌아갈 것을 요구하며, 개혁을 실험적으로 시도했던 시기를 북한 사람들의 생각과 영혼을 더럽힌 일탈의 시대로 간주한다. 또한, 이 새로운 개념의 주체는 '선군'정치를 강조한다. 이것은 김정일의 통치 유물로 군을 최고 의사결정자로서 추대하는 것이다. 신주체 복고주의는 선군정치를 계속적으로 강조하고 '강성대국'과 핵무기 개발을 전적으로 결부시킨다.[56] 이 모든 것의 결과가 북한의 '미래로의 회귀'다. 이로써 차세대는 냉전의 수구적이고 복고적인 이념에 한층 더해 더욱더 보수적이고 무자비하며 독단적인 이념 체계를 계승하게 될 것이다.

독자들은 묻고 싶을 것이다. 어떻게 북한 내 주체사상 신봉자들은 아직도 이것이 가능하다고 믿을까? 북한이 고립된 국가인 것은 알지만 이렇게까지 착각 속에 살 수 있는가?

이데올로기, 즉 이념은 북한의 핵심이다. 이념 없이는 신과 동등한 김씨 일가도 없고 지금의 북한도 없다. 저명한 주체사상 연구자인 박한식 교수는 "북한은 정권을 합법화하기 위해 우선적으로 이념을 이용했다."라고 한다.[57] 이데올로기가 더 중요해질 수밖에 없는 이유는 이념 없이는 주민들에게 식량, 에너지는 물론 생필품마저 조달하지 못하는 정권을 합리화할 도리가 없기 때문이다. 또한, 새 지도부의 이념은 김정일의 지도이념과 같을 수 없다. 그의 통치는 한 분야만 빼고 모든 분야에서 실패했다. 물론 북한 사람들의 관점이기는 하지만 이는 바로 핵무기 개발이다. 북한의 페레스트로이카(Perestroika. 1985년 4월에 선언한 소련의 사회주의 개혁 이데올로기)는 불가능하다. 개혁을 위해서는 통제권을 어느 정도 포기해야 하는데 북한 지도부는 이를 절대 허락하지 않을 것이기 때문이다. 나의 친한 몇몇 중국 학자들은 북한의 개혁 가망성에 대해 변함없이 낙관적이다. 그들은 중국과 같이 큰 나라가 덩샤오핑의 근대화 개혁안을 도입해 지방분권화에 성공했기 때문에 북한과 같은 작은 나라도 당연히 할 수 있다고 생각한다. 하지만 북한에는 덩샤오핑이 없다. 게다가 아직도 정치적 통제를 경제발전보다 더 중요하게 여긴다. 냉전시대 말기 북한은 한국이 정치적 통제를 유지하면서도 경제적 성장을 이룩하는 모습을 보고 다소 희망을 갖긴 했었다. 그러나 1980년대 중반 한국에서 경제발전으로 급성장한 중산층의 민주화 요구에 권위주의 정부가 굴복하여 무너지는 것을 보고서는 그 위험성을 깨달았다.

북한 역사상 어느 정도 성공을 경험했던 유일한 이념, 주체사상은 냉전시대의 유물이었다. 이 당시가 북한의 전성기였다. 그 때 외에는 없었다. 게다가 북한에는 다른 이념을 실험해 볼 여유도 없다. 엄청난 성공을 이룩한 한국과 바로 접해 있는 상황에서, 늙고 병든 아버지로부터 경험이 전혀 없는 아들에게 권력을 이양하는 데 조그만 실수도 용납할 만한 여유가 없기 때문이다. 그래서 북한은 보수적인 주체사상과 선군정치의 두 요소를 김정일이 이룬 단 하나의 성과, 즉 핵무기 보유국으로서의 지위와 접목시킨 이념을 만들고자 한 것이다.

신주체 복고주의의 증거는 다분하다. 북한이 2002년에 성의 없는 경제개혁을 시도했을 때 김정일은 외국과의 무역은 중요하며 무역은 시장원리에 따라야 한다고 말했다. 그러나 현 지도부는 그 말에 무게를 싣지 않고 냉전시대의 천리마운동과 노동집약 생산 원칙으로 돌아가고 있다. 이런 흐름을 연구해 온 독일의 루디거 프랑크(Rüdiger Frank) 교수는 김정일의 2008년 12월 강선 제강소 시찰 활동에 주목한다. 1958년에 김일성이 강선 제강소에서 기술과 자금이 부족해도 노동자들이 사상으로 무장해 두 손으로 열심히 일하면 어떤 장애도 극복할 수 있다고 말했듯이, 강선은 천리마운동의 시발점이다. 신주체사상으로의 전환은 선전문건에도 잘 드러난다. 천리마에 관한 언급이 2006년 말 4개월간 10번도 채 되지 않았던 데 비해 2009년부터는 40번이 넘도록 언급됐다. 이에 대해 프랑크 교수는 "천리마가 시장원리의 창조적 적용을 대신하고 있다."라고 결론지었다.[58] 비슷한 예로 '강성대국(부유한 나라, 강한 군대' 또는 '힘있는 번영의 나라')' 언급은 사회주의 부자 국가, 강한 군대라는 흔히 볼 수 있는 단어로 바뀌었으며, 2009년 1분기에만 조선중앙통신에 100번 넘게 등장했다. 2001년 1월에 북한이 무성의한 개혁을 추진 중이었을 때 김정일은 〈로동신문〉에 '모든 것이 1960년대 같지 않다. 따라서 아무도 과거에 살던 방식을 따라서는 안 된다'며 변화를 정당화했다. 그러나 이와는 대조적으로 김정일은 2009년 3월에 북한은 주요 원칙으로 돌아가 "1950~1960년대 관리들이 일했던 방식을 보여줌으로써 열정적으로 대중을 이끌어야 한다."[59]라고 말했다.

이러한 과거에 대한 이상주의적인 서술은 북한의 과거 '신년공동사설'에서도 잘 드러난다. 신년공동사설은 북한의 세 개 주요 신문인 〈로동신문〉, 〈조선인민군〉, 〈청년전위〉가 매년 1월 1일에 함께 싣는 기사로 향후 일 년의 정치지도 방향을 소개한다. 2007년 사설에는 천리마에 대한 언급이 전혀 없었다. 그러나 2008년에는 네 번, 2009년에는 아홉 번으로 늘어났다. 2009년 사설은 '친애하는 지도자' 김정일의 강선 제강소 시찰을 '어버이수령님께서 천리마운동의 위대한 발단을 열어놓으신 1956년 12월의 그때와 같이 우리 당과 혁명발전의 일대 전환기를 안아온 특기할 사변'이라고 칭송하며, '새로운 혁명적대고조의 봉화를 지폈다'고 설명했다. 기사는 또한 북한 사람들에게 '선군의 불꽃 위에 일구어진', '수뇌부 결사옹위의 기치를 높이 들고', '전후 어려운 시기 … 위대한 천리마시대를 열어놓은 것처럼 새로운 혁명적 대고조를 일으켜야 한다'고 요구했다.[60] 이렇게 과거를 돌아보는 것은 천리마운동에만 국한된 것은 아니다. 앞에서 말했듯이 '강성대국(부강하고 융성한 나라)'에 대한 언급도 비슷한 패턴으로 위대한 혁명적 과거의 모습을 묘사하는 데 사용된다. 2006년 신년공동사설에는 '강성대국'을 언급하지 않았다. 2007년에는 단 한 번 언급했다. 그러나 2008년에는 '부강하고 융성한 나라'에 대해 13번, 2009년에는 두 번, 2010년에는 다섯 번, 2011년에는 제목까지 합쳐 12번 언급했다.[61] 이 외에 '사회주의'도 많이 언급했는데, 이는 냉전시대의 영광을 강조하기 위함이었다. 예를 들면, 2008년 사설은 '우리가 나아가는 길은 위대한 수령님께서 열어주신 주체의 길, 선군의 길이고 우리의 진군목표는 사회주의 강성대국'[62]이라고 발표했다. 그 다음 해 사설은 '전후 천리마대고조를 일으키던 그때처럼 온 나라전체 인민이 … 강성대국의 대문을 열기 위한 … 총공격전을 과감히 벌려나가야 한다'[63]고 선언했다(인용문마다 강조돼 있다). 이를 통해 김씨 정권은 북한 주민들에게 간단히 마음의 공식을 만든다. '과거의 순결했던 사회주의 시기가 좋았던 시절이고, 불순한 이념적 사상이 팽배한 현재는 악독한 것이다. 따라서 과거에 우리가 했던 대로 하기만 하면 밝은 미래가 우리를 기다릴 것이다'라고.

냉전시대는 북한의 전성기였다. 하지만 냉전시기 주체사상을 고수했던 것이 성공적이라는 점을 전제한다면, 신주체 보수주의는 오히려 북한 정권의 현 위기의식을 보여준다. 총체적으로 실패한 국가가 정권의 정당성을 다시 한 번 합리화하기 위한 최후의 발악인 것이다. 다음 장에서 그 이유를 설명하겠지만, 북한은 자신의 이념과 냉전시대 성공의 포로가 됐다. '좋았던 옛 시절', 즉 호시절로 돌아가려는 소망은 무의미하다. 그 때는 소련과 중국의 거대한 지원으로 '주체'가 가능했다. 지금은 중국의 계속되는 원조에도 불구하고 연명조차 힘들다. 그러면서도 북한 정권은 권력 유지를 정당하기 위한 여타 방법을 알지도 못한다. 북한은 오래 갈 수 없다.

제3장

올 인 더 패밀리

올 인 더 패밀리(All in the Family)는 1971년~1979년 방영했던 미국 CBS TV 시트콤 프로그램으로, 2013년 미국 작가조합(WGA) 회원들의 온라인투표로 선정한 역대 최고의 미국 드라마 4위를 차지하기도 했다. 노동자 계급의 완고한 보수주의자인 아치 벙커와 자유주의자인 딸과 사위를 통해 당시 정치적으로나 사회적으로 상당한 논쟁을 불러일으켰던 이슈들(인권, 여성권익, 워터게이트 사건 등)을 위트 넘치는 대사와 농담으로 구성하여 1970년대 중반 최고의 시청률을 기록했다. 필자는 '올 인 더 패밀리'라는 제목을 빌어 역사적 사건의 흐름에 따라 북한 김씨 일가의 내력을 설명하고 있다 _ 옮긴이 천장의 디스코 볼이 반짝반짝 깜빡거리면서 조명이 살사 리듬에 맞춰 반투명색 타일이 깔린 무도장을 흥겹게 비추고 있다. 이곳은 1970년대 영화 '토요일 밤의 열기(Saturday Night Fever)'에서 존 트라볼타(John Travolta)의 춤 솜씨로 유명해진 오디세이 나이트클럽이 아니다. 바로 김정일이 줄기차게 유흥을 즐기던 평양의 8번 연회장이다. 김정일은 이 무도장에서 만찬과 풍자극으로 내빈들을 대접했다고 전해진다. 북한을 탈출한 김정일의 전 요리사의 증언에 따르면, 김정일은 때때로 자신의 권력을 과시하듯 지나친 쾌락을 추구했다.

신천 초대소에서 열린 연회에서 있었던 일이다. 디스코 춤을 추고 있는 다섯 명의 기쁨조에게 김정일이 다가가더니 느닷없이 명령을 내렸다. "옷을 벗어!" 무희들이 천천히 옷을 벗고 있는데 김정일이 다시 명령했다. "브래지어와 팬티도 벗어!" 이번에는 무희들도 놀라고 당황하지 않을 수 없었다. 하지만 장군님의 명령을 거역할 수는 없는 노릇이었다. 그들은 쑥스러워하면서도 마지막 옷까지 전부 벗고서 알몸으로 춤을 추었다. 그러자 김정일이 간부들에게 지시했다. "너희들도 같이 춰." 그는 내게도 함께 춤을 추라고 명령했다. 김정일이 또 다시 명령했다. "춤을 추는 건 좋지만 만져서는 안돼. 만지면 도둑이야."[1]

이것은 우리가 알고 있는 기이하고 별난 북한 지도자 김정일에 얽힌 수많은 에피소드 중 하나에 불과하다. 오늘날 세계에서 김정일만큼 풍자되는 국가 지도자도 없을 것이다. 조지타운대학에서 내 강의를 듣는 학생들의 대부분은 김정일을 2004년 영화 '팀 아메리카'에 나오는 우스꽝스러운 캐리커처 모습으로 알고 있다. 조그만 체구에 화가 잔뜩 난 김정일이 핵폭탄을 끌어안고 "아임 쏘 뤄리"를 부르는 바로 그 장면이다(I'm So Ronery. 영화에서 김정일은 매우 심하게 L을 R로 발음하는 전형적인 아시아식 발음으로 영어를 말한다. 예를 들면, 김정일은 사람들에게 인사할 때 "Herro"라고 말하고 "I'm So Lonely"를 부른다_옮긴이). 실제로, 인민복을 입고 부푼 머리에 높은 굽의 신발을 신은 김정일의 모습은 전 세계 언론의 정치풍자 만화에 일상적으로 등장하는 모습이 되어 버렸다.

이렇듯 어리석게 보이는 북한의 모습은 때로 실제 정책에 배어나오기도 한다. 베이징에서 열린 6자회담 중에 우리는 영빈관에 있는 방에서 중국 측과의 만남을 기다린 적이 있었다. 바로 옆방에는 북한 대표단이 있었다. 우리 측 대표단 인원들이 아이팟(iPod)을 중심으로 둘러앉아 킥킥거리면서 '팀 아메리카'에 김정일이 나오는 장면을 보고 있었다. 그 중 한 명이 아이팟을 옆방에 가져가 북한 사람들에게 보여주면 "재밌겠다!"고 말했다. 그러나 곧바로 이 즉흥적이고 쓸데없는 생각을 접어야만 했다. 혹시나 일어날지도 모르는 외교 분쟁을 막기 위해서였다(한국 측 대표단과는 그 장면을 함께 보며 한바탕 신나게 웃었다).

　북한 지도자에 관한 이런 우스갯소리들은 김씨 일가에 대한 정보가 부재한 틈을 타 그나마 신뢰성 있는 정보를 대신하기도 한다. 북한이 백만 군사, 탄도미사일, 핵무기를 보유한 독재국가가 아니었다면 북한에 대한 정보와 이해가 부족한 사실이 그리 문제는 아니었을 것이다. '불분명한', '예측 불가능한', '비논리적인', '은둔'과 같은 단어들이 그나마 우리가 알고 있는 북한을 묘사할 수 있는 전부다. 우리는 다른 국가 지도자들을 아는 것만큼 김씨 일가에 대해 알지 못한다. 미국의 정보기관조차도 북한 지도자에 대해 많은 정보를 갖고 있지 못하기는 마찬가지다. 오직 지미 카터 전 대통령 한 명만이 아버지(김일성)와 아들(김정일) 두 명을 모두 만나본 경험이 있다. 2012년 현재까지 20대 황태자인 손자(김정은)를 만난 미국인은 한 명도 없다. 2010년 9월 말까지 공개된 북한의 새 지도자 김정은의 유일한 사진이 초등학교 시절 사진이라는 사실은 역사상 전례 없는, 정말 어처구니없는 일이다.

아버지: 김일성

북한의 첫 지도자 김일성은 1912년 4월 15일 평양 근처의 만경대라는 동네에서 태어났다. 그곳에 가보니 이제는 관광지로써 평양이 한 눈에 보이는 산꼭대기에 자리하고 있었다. 그의 출생지는 매우 수수했다. 북한 관료들은 현장을 웅장하게 꾸며놓지 않았다. 아마도 그의 위대한 성공을 더욱 강조하기 위해서인 것 같다. 다른 말로 북한 식 아메리칸 드림이랄까?

김일성에 대한 국가의 공식적인 서술은 탄생한 날부터 그를 영광스러운 혁명가로 묘사한다. 그는 19세에 타도제국주의동맹을 결성했고 조선공산주의운동을 조직하는 등 수 많은 업적으로 칭송을 받는다[타도제국주의동맹 'ㅌ.ㄷ'은 1968년에 처음 언급됐으나, 1926년 10월 17일 김일성이 14세 때 'ㅌ.ㄷ'을 조직했다고 주장한다_옮긴이]. 그의 운명은 일제 식민정책에 맞서 싸우는 선두적인 자유투사가 되는 것이었다. 줄거리를 보면, 그는 일제에 맞서 유격전을 이끌었고 결국 제2차 세계대전이 끝날 무렵 승리하여 한반도에서 일제를 영원히 내쫓았다. 북한의 공식 역사에는 미국의 참전과 1945년 일본을 패망으로 이끈 원자폭탄 투하에 대한 언급은 전혀 없다. 1945년 말 소련에 의해 김일성이 북한의 지도자가 된 일이나 양복을 입고 가슴에는 소비에트군으로부터 받은 훈장들을 달고 입성한 그의 환영식에 30만 명의 군중이 시위했던 사실 또한 포함돼있지 않다.[2] 오늘날 북한의 어린이들은 1950년 6월 25일 한국과 미국이 연합해 북한을 기습 공격함으로써 한국전쟁이 시작됐고, 김일성이 미군을 격퇴하여 단 3일 만에 부산까지 쫓아낸 것으로 알고 있다. 중국이 개입한 내용도, 김일성이 전쟁을 선동했다는 언급도 전혀 없다. 김일성은 그 때부터 북한 역사에 최고지도자로, 한민족의 완벽한 본보기로, 세상의 모든 선(善)으로 기록됐다. 비록 1994년 7월에 사망했지만 북한 정권은 그를 인민들의 마음에 영원히 살아있는 '영원한 수령'으로 추대했다. 그의 시신은 평양근처에 있는 '금수산 기념궁전'에 안치돼 있다.

진실은 이렇다. 김일성의 본명은 김성주(金成柱)다. 그는 공산주의자가 아닌 기독교인의 자식이었다. 그가 태어난 날짜가 중요한 이유는 (같은 날에 타이타닉호가 침몰했다는 것 말고) 조선이 미국과 수호통상조약을 맺은 1882년으로부터 정확히 30년 후라는 것이다. 이 조약으로 서양의 선교사들이 한반도에 들어오게 되면서 김일성의 아버지 김형직은 기독교에 심취했다. 김형직은 1894년에 태어났으며 첫 미국 기독교 사립학교인 평양 숭실중학교를 다녔다. 주위 사람들에 따르면 그는 믿음직한 젊은이였다. 낮에는 한약사로 일하고 저녁에는 평양 남서쪽에 위치한 작은 기독교 학교에서 장로로서 학생들을 가르쳤다. 일제가 조선을 식민화하기 위해 가혹한 정책을 추진하자 젊은 김형직은 1916년에 중국으로 건너가 중국 민족주의자들과 만나 항일운동에 가담했다. 체포되어 고국으로 돌아오기 전까지 1년간 투옥생활을 하기도 했다. 이런 경험은 그의 가슴에 애국의 불을 지폈다. 그는 1919년 3월 1일 일본 점령에 반대해 한반도 전역에서 일어난 평화시위에 참여했다. 그러나 국제사회는 국가의 독립을 외치는 한민족의 목소리에 귀 기울이지 않았고 일제는 시위 참가자들을 무자비하게 탄압했다. 일제가 통치하는 나라에 더 이상 미래가 없다고 판단한 김형직은 다음 해 가족을 데리고 만주로 떠났다. 거기서 그는 32세의 젊은 나이로 생을 마감했다. 김일성

의 어머니 강반석은 교사이자 장로의 딸로 그녀 자신도 교회에서 집사로 지내던 독실한 기독교인이었다.³

가족이 중국으로 삶의 터전을 옮겼을 때, 장남이었던 김일성은 겨우 일곱 살(혹은 여덟 살)이었다. 그들은 조선인 거주지역인 지린성(吉林省)에 살았다. 거기서 그는 중국학교를 다녔고 중학교 2학년으로 정규교육을 마쳤다. 북한의 공식적인 서술은 그가 1932년에 조선인민군을 창건했다고 기록하고 있지만 이는 사실이 아니다. 일제가 만주를 점령하자 그는 중국과 조선 민족주의 신병들을 모집하던 항일 유격대에 가담했다. 당시 김일성은 조국을 떠나왔지만 포부가 큰 20대 젊은이였다. 중국의 공산주의 운동에 20여 년간 몸담았으며, 수많은 젊은 조선 민족주의자들처럼 이것이 출세의 길이요, 조선의 독립을 위해 헌신하는 길이라 생각했다.

그에 관한 한 설명(하와이대학의 명예교수인 서대숙 교수가 쓴 책)에 따르면 김일성은 1932년에 처음으로 유격대를 조직했고, 그 다음 해에 벌어진 둥닝셴 전투[동녕현성(東寧縣城) 전투]에서부터 이름을 알리기 시작했다. 중국 유격대들은 일제에 함락된 도시를 되찾고자 했으나 열세에 몰려 결국 일본군에 의해 포위당하고 말았다. 서대숙 교수에 따르면, 김일성의 부대가 일본군의 주의를 딴 데로 돌리는 데 성공했고 그로 인해 중국 유격대의 사령관이 쉽게 탈출할 수 있었다고 한다. 그 후로 김일성은 중국인들 사이에서는 유명인사가 됐고 일제 식민통치자들에게는 요주의 인물로 찍히게 됐다. 그가 얼마나 위대한 투사였는지는 확실하지 않지만 유능한 사람이었던 것만은 확실하다. 이에 호의적인 몇몇의 견해에 따르면, 1936년 25세의 어린 나이에 이미 사단급의 유격대를 지휘하고 있었으며 예하 중국 사령관들의 보고를 직접 받았다고 한다. 서대숙 교수는 김일성이 주로 1938년과 1939년에 만주 남쪽과 남동쪽에서 항일전투를 벌였다고 확신한다. 그는 일제 경찰의 표적이 됐으며 경찰은 그의 부대를 잡고자 혈안이 됐다. 일본군 기록에 의하면, 당시 김일성에게 걸린 포상금이 2만 엔(1만 달러)에서 20만 엔(10만 달러)으로 증가했다. 미국과의 태평양전쟁이 무르익자 일본은 군수 공급을 위해 만주와 조선을 완전히 동화하고자 했다. 조선인들은 창씨개명을 강요당하고, 또한 모든 종교를 포기하고 일본의 국교인 '신토(神道)'를 숭배하도록 강요당했으며 천황에게 충성을 맹세해야만 했다. 저항은 용납되지 않았다. 조선과 중국의 '과격주의자'들을 소탕하기 위한 토벌 계획은 날이 갈수록 심해졌다. 김일성과 그의 유격대는 탄압을 견디기 힘들게 됐다. 결국 소련의 접경지역으로 퇴각했고 1941년 말 국경을 넘어 소련으로 망명했다. 그리고 그곳에서 1945년까지 머물렀다. 그는 보병장교로 소련군과 함께 훈련을 받았으며 러시아어도 배웠다. 그리고 김정숙과 가정을 꾸렸다. 그녀는 고아로 1935년 16세의 어린 나이에 김일성의 부대에 들어와 식모로 일했다. 아들 둘과 딸 하나를 낳으면서 꽤 평범한 부부의 삶을 살았다. 그리고 1949년 9월 김정숙은 셋째 아이를 낳다가 사망했다. 그때 그녀 나이 겨우 30세였다. 김일성에게는 정말 비극적인 일이었다. 그는 평생 그녀와의 추억을 깊이 간직하고 애석해 했다고 전해진다.[4]

　김일성 삶의 전반부가 흥미로운 것은 이미 알려진 대로 그가 북한의 위대한 초대 공산주의 지도자이자 혁명가, 애국자, 그리고 냉전시대에는 한국의 지도자보다 더 민족주의적인 성향을 나타낸 것과는 조금 다른 관점에서, 실상은 그가 상상을 초월할 만큼 여느 부르주아 외국 중산층과 같은 삶을 영위했었다는 사실이다. 그는 공산주의자가 되기 전에 기독교인이었고 30세 이전에 단 9년 동안만 조선에서 거주했다. 그리고 우연히 공산주의자가 됐다. 당시는 일제의 불법적인 한반도 장악으로 조국을 잃은 조선의 학식 있는 젊은이들 사이에서 애국심이 고취되던 때였다. 조선인 대부분은 조선에 머물며 새로운 통치자 아래 새로운 삶을 살고자 노력했다. 하지만 반대파들은 중국으로 망명했다. 그들 중 김일성 같은 젊은이들은 중국의 혁명가들과 애국주의라는 공통분모를 모색했다. 딱히 이념적으로 동의한 것이라고 할 수는 없지만 말이다. 북한의 진정한 공산주의자는 김일성이 아니라 이동휘였다. 그는 다른 좌파 기독교인들과 함께 신민회라는 비밀결사대를 조직했다. 이 단체는 1911년에 일본 총독 암살시도 혐의를 받았고 이동휘는 만주의 남쪽 지역으로 도주했다. 그는 서양에서 조선을 도와주러 오지 않자 실망하여 새로 집권한 러시아 볼셰비키당에 눈을 돌렸고, 그들의 도움을 받아 1918년 한인사회당을 조직했다. 그리고는 시베리아의 하바롭스크에 작전본부를 세우고 일제로부터 나라를 해방시키기 위해 군대를 결성하려는 야망을 키웠다. 그는 1919년에는 고려공산당 대표가 됐고 이후 상해 임시정부의 국무총리를 지냈다. 그러나 그의 극단적인 성향과 더불어 소련으로부터 받은 정치자금을 임시정부가 아닌 본인의 선거운동에 전용하며 결국 당의 와해를 초래했다. 그리고 그는 1928년 원인 모를 병으로 유명을 달리했다. [이동휘와 유동열, 김립 등의 신민회 간부들, 김알렉산드라와 이인섭 등의 우랄노동자동맹 출신들, 그리고 하바롭스크 한인사회 지도자였던 이한영, 김종, 유스테판, 오와실리, 오하묵 등이 주축이 되어 설립된 한인사회당은 1921년 고려공산당으로 개칭됐다. 이동휘는 임시정부 국무총리직에 있는 동안(1919년 11월~1921년 1월) 임정 내외의 동조세력을 규합, 사회주의 운동 확산을 위해 전력을 기울였다. 그러나 이러한 활동과 노선은 레닌의 원조자금의 유용시비(레닌으로부터 200만 루블의 원조를 약속받았으며, 그 중 1차로 받은 40만 루블을 고려공산당 조직기금으로 유용)와 맞물려 임정 내의 다수 민족주의 세력과 반대론자들과 대립하게 됨에 따라 사임했다. 말년에는 연해주지역의 국제혁명가후원회(MOPR) 위원으로 활동하다 쓰촨(四川) 지방에서 블라디보스토크로 오던 중 심한 독감으로 세상을 떠났다. 1995년에 건국훈장 대통령장을 받았다_옮긴이]

김일성은 러시아의 새로운 환경에 무난히 정착하여 하바롭스크 보병 군관학교에 들어가 대위 계급으로 승진했다. 그리고 러시아인, 조선인, 중국인, 그리고 여타 지역의 민족으로 이뤄진 다민족 유격대 200명을 이끌게 됐다. 제88특별저격여단(일명 동북항일연군 교도려)이라고 알려진 유격부대에서 김일성과 그의 동지들은 조선과 중국에서 일본군의 움직임에 대한 첩보를 입수하는 임무를 맡았다. 훈련은 새벽 6시부터 밤 10까지 매우 혹독했다고 한다. 김일성은 젊었지만 오랜 게릴라 생활방식으로 인해 건강이 그다지 좋지 않았다. 쇠약하고 마른 몸 때문에 어떤 때는 훈련에 참여도 못하고 정찰 임무를 지휘하지도 못한 것으로 알려졌다.[5] 이것은 김일성이 최전방에서 일본군을 공격했던 민족해방 운동가이자 뛰어난 전략가였다는 북한의 공식적인 역사 서술과는 거리가 멀다. 그는 1945년에 처음으로 소비에트군 장교들과 함께 사진에 등장하기 시작했다. 그는 중국보다 소련이 자신의 미래를 보장해줄 것이라 확실히 믿었다. 일본이 투항하자 중국공산당은 일제의 무기를 몰수해 민족주의자들과 내전을 벌였다. 하지만 김일성은 중국으로 돌아가지 않고 새로 사귄 러시아 친구들 곁에 머물렀다. 이 전략은 결국 큰 성과로 이어졌다. 연합군은 일본의 투항 후 '적절한 때'에 조선의 독립을 허용하겠다던 1943년 카이로회담의 약속을 이행할 수 없었다. 1945년 7월 포츠담회담이 열리기까지 조선의 상황은 변하지 않았다. 이 회담에서 미국과 소련은 북위 38선을 경계로 한반도를 두 개의 임시 점령지역으로 나누기로 합의했다. 조선의 독립 문제는 유엔 주최 총선에 공식 상정될 예정이었지만 엄습해오던 미소 냉전의 분위기는 이 분할이 일시적인 것이 아님을 암시했다.

당시 소련 정보부는 소련 점령지역을 지도할 최고의 적임자로 조선 출신의 김일성을 직접 지명했다. 사전에 세밀하게 계획된 것은 아니었기 때문에 막판에 스탈린이 내린 결정이었다. 소련의 기록을 보면 김일성은 1945년 8월 22일에 북한에 도착했다. 그의 나이 겨우 33세였고 조국 땅을 떠난 지 20여 년 만의 일이었다. 중국어는 능숙했고 러시아어는 정통했지만 한국어 실력은 형편없었기 때문에, 소련 당국은 연설문을 주고 한국어로 큰소리로 연습시켰다. 일본에 대항해 싸웠던 다른 '자유투사들'에 비해 김일성은 잘 알려지지 않은 인물이었다. 그는 한국의 지도자들과는 달랐다. 70세의 정치 거물 이승만은 미국에서 수년간 살면서 하버드와 프린스턴대학에서 공부했고 조선의 독립을 위해 국제적인 호소를 이끌었다. 김구는 유명한 혁명지도자이자 대한민국 임시정부의 마지막 대통령이었다. 소련 당국은 아마도 김일성을 선호했을 것이다. 그의 충성을 담보할 수 있었기 때문이었다. 소련은 조만식과 같은 잠재적인 경쟁자들을 제거했다. 조만식은 62세의 좌익 장로교 집사로 인기가 많았다. 소련은 그가 일제 협력자였다고 거짓 소문을 퍼뜨렸고 가택연금까지 시켰다. 이러한 일련의 조치는 북한의 첫 '위대한 지도자', 그러나 북한을 점령한 인기 없는 소련의 꼭두각시에 불과한 김일성을 위한 것이었다. 대부분의 서양의 역사책은 미국이 한국을 통치하는 데 전혀 준비가 되어 있지 않았다고 기록하고 있다[존 호지(John Hodge) 장군은 일본 점령을 위해 훈련 중이던 군대를 단 며칠 안에 한국으로 우회시켜야만 했다]. 또한, 소련군의 북한지역 점령 당시의 행태에 대해서도 신랄하게 비판하고 있다. 최근 우드로윌슨센터가 발견하고 번역한 자필 문서를 보면 소련의 젊은 중령이 동료 몇몇의 만행을 묘사했다. 그는 "우리들의 비도덕적인 행동은 끔찍하다. 지위고하(地位高下)를 막론하고 여기저기서 매일 약탈, 폭력, 비행을 일삼는다."라고 회상했다. 또한, "우리 군이 주둔하고 있는 지역에서는 밤마다 총성이 끊이질 않는다", "술에 취해 난동 부리는 군인들은 비도덕적인 행동뿐만 아니라 강간까지 자행한다."[6]고 기록했다. 소련군의 이런 끔찍하고 일탈적인 행동에도 불구하고 김일성은 대중연설을 통해 주민들의 감정은 무시한 채 자신을 후원하는 소련을 무조건적으로 칭송했다. 초기에 그는 1946년 3월에 있었던 암살시도 사건 때 자신을 구해준 소련군 수행단과 동행했다. 김일성을 겨냥했던 암살계획이었는데 민첩한 한 소련 군인이 수류탄을 직접 막아 팔을 잃었다. 주민들의 불만에도 불구하고 소련 당국은 끄떡하지 않았다. 그들은 김일성을 북한 주민을 완전히 장악하기 위한 도구로 간주하고 관리를 아끼지 않았다. 소련은 유엔의 남북한 총선 계획에도 반대했다. 미국을 등에 업은 한국이 인구가 더 많아 유리할 것이라 생각했기 때문이었다. 이승만이 새로 수립된 '대한민국' 정권을 잡은 지 삼 주 후인 1948년 9월 8일에 김일성 역시 새로 수립된 '조선민주주의인민공화국'의 최고 지도자 자리에 오르며 불가능할 것 같았던 정권 장악을 완수했다.

소련으로부터 북한의 통치권을 위임 받은 김일성은 자신의 세력을 강화하기 위해 열심히 노력했다. 1949년까지 모든 잠재적인 반대파 지도자들을 공개처형 하거나 새롭게 건축한 강제 노동수용소로 보내 숙청했다. 이 노동수용소가 오늘날 인권 운동가들이 규탄하는 강제수용소의 시초라고 할 수 있다. 김일성은 집권 초기 소련의 원조에 전적으로 의지했다. 소련이 그를 완벽하게 통제할 수 있다고 자신한 또 하나의 이유였을 것이다. 최근 러시아로부터 공개된 기록을 통해 김일성이 소련에 어느 정도까지 신세를 졌는지 알 수 있다. 1949년 봄, 북한의 젊은 지도자는 필요한 것이 적힌 긴 목록을 가지고 모스크바를 향해 출발했다. 그는 스탈린에게 북한의 생존은 소련의 지속적인 지원에 달려 있다고 호소했다. 스탈린이 어떤 지원이 필요하냐고 묻자 김일성은 긴 목록을 읽어 내려갔다. 기계, 장비, 산업 예비부품, 통신, 교통, 기술전문가, 관개시설, 수력발전소, 야금기지, 증기기관차, 전기기관차, 섬유기계 예비부품, 철로 58킬로미터, 수송기, 조종사, 교육자, 러시아어 교사, 자동차, 석유, 융자 5천만 달러였다.[7] 스탈린은 퉁명스럽게 "알았다."라고 대답했다. 그리고 그들은 화제를 돌려 한국의 군사, 한반도 내 미군 주둔, 무역에 대한 대화를 나눴다. 대화를 나누는 동안 스탈린은 김일성에게 한국 군대가 "무섭지 않느냐?"라는 둥, 지난번보다 "살이 쪘다."라는 둥 김일성을 조롱했다. 그러나 북한의 지도자는 제대로 이해를 못했거나 알고도 스탈린의 야유를 무시했다.

소련에 물질적으로는 의존하게 됐지만 북한은 이념적인 자립과 주체사상에 대한 국가 차원에서의 선전, 그리고 지도자에 대한 신화를 창조해 내기 시작했다. 북한은 1949년에 김일성의 첫 동상을 세웠다. 개인숭배의 전조였다. 그 후 조선의 공산주의는 역사를 새로 다시 쓰기 시작했고 이동휘와 같은 중요한 인물의 이야기는 기록에서 완전히 삭제했다. 조선인민군 창설 1주년 행사에서 김일성은 고구려 시대 최고 지도자를 뜻하던 '수령'과 '위대한 지도자'로 자신을 칭했다. 개인숭배에 가속도가 붙자 그는 북한 역사에서 소련 원조에 대한 문헌들을 모조리 삭제하도록 명령했다. 지금까지도 북한 사람들은 조선로동당이 소련 점령군이 아닌 김일성에 의해 창당됐다고 믿고 있다.

앞 장에서 나는 주체가 통제의 이데올로기라고 언급했다. 주체사상은 1949년 이후 하나의 정치적 사상에서 개인숭배와 반종교주의로 탈바꿈했다. 초창기 단 한 개에 불과했던 김일성 동상이 1982년에는 3만 개의 기념물과 초상화로 증가해 어디서나 흔하게 볼 수 있게 됐고 1992년에는 4만 개 이상으로 늘어났다.[8] 북한 정권은 김일성을 향한 충성심을 훼손할 수 있는 모든 정치적·종교적 세력을 제거하는 데 총동원 공세를 펼쳤다. 2천 개가 넘는 절과 교회가 불탔다. 재스퍼 베커(Jasper Becker)가 주목하듯, 아시아 어느 국가보다 조선에서 기독교선교가 부흥했던 사실이 무색하게도 북한의 기독교인들을 향한 탄압은 특히 심했다. 김일성은 10만 명이 넘는 기독교인들을 감금하고 선교사들을 서양의 간첩으로 내몰았으며 선교사들이 아이들 몸을 인두로 지지고 혈액을 매매한다는 유언비어를 퍼뜨렸다.[9] 기독교 집안에서 자란 김일성의 배경을 아는 사람들에게 이는 매우 아이러니한 일이었다. 목적은 분명했다. 북한 사람들 마음에 계신 하느님을 김일성 자신으로 대체하는 것이었다. 잠재적인 반대 세력을 모두 제거한 김일성은 북한에서 물질적이고 정신적인 모든 측면에서 독보적인 창조주가 됐다. 그의 상위 권세에는 그 무엇도 존재하지 않았다. 북한은 그 후 김일성을 사랑의 예수, 자비의 부처, 선의 공자, 정의의 모하메드보다 우수한 존재로 호칭했다. 그는 또한 위대한 전사이며 한민족의 영원한 보호자로 탈바꿈됐고, 일제에 대항해 십 년간 십만 번이 넘는 전투를 치른 것으로 기록됐다. 그러나 후에 어느 탈북자가 증언하듯이, 만약 이것이 사실이라면 김일성은 1932년부터 1941년까지 하루도 빠짐없이 매일 28번의 전투를 치렀어야 한다.[10] 북한은 '조국해방전쟁'이라 불리는 한국전쟁 때 김일성이 불굴의 투혼으로 조선인민군을 이끌었다고 서술한다. 공식적인 자료에는 '미국 공격의 물질적·수적 우세에도 조선인민군은 적에게 단 한 치의 땅도 허용하지 않고 조국을 굳세게 방어했다'고 기록돼 있다.[11] 김일성의 자서전에 보면 조국 해방을 이루고 돌아온 그는 당, 국가, 군을 건설하기에 너무 바빠 전쟁터에서 20년간 입었던 면플란넬 의복을 갈아입을 시간도 없었다고 기술돼 있다. 북한 지도부의 이러한 우상숭배와 선전 활동에는 인종차별적인 요소도 포함돼 있다. 북한의 선전선동에 관한 전문가인 브라이언 레이놀즈 마이어스가 입증한대로 지난 60여 년간 북한 사람들은 국가의 선전을 통해 자신들은 '위대한 아버지 수령 없이 이 악한 세상을 살아가기에는 너무도 순수한 혈통이고, 고결하다'[12]고 믿게 됐다. 인종적 순결성과 동질성은 그들을 '위대한 지도자'의 보살핌과 보호가 없으면 위험하리만큼 연약한 존재로 만들었다. 여태까지도 미국은 '피에 굶주린 양키', 한국은 '전쟁에 미친 꼭두각시'로 묘사된다. 북한의 '낙원'과는 대조적으로 한국은 빈곤한 학생들이 교과서를 사기 위해 피를 팔고 미 제국주의자들이 재미로 어린이들을 탱크로 밀어버리는 지구상의 지옥으로 묘사된다.[13] 이런 역사왜곡은 미친 짓 같아 보일 수 있다. 하지만 김일성에게는 타당한 것이었다. 역사의 목적이 진실 기록이 아닌 지도부의 정당성과 온전한 충성을 위한 정치적 통제였기 때문이다.

북한의 외무성 부상을 만나기 위해 평양에 있는 외무성 건물에 도착했다. CNN 뉴스에서 흔히 볼 수 있는 북한군 열병식이 열리는 김일성 광장의 남단에 위치해 있었다. 그 4월의 봄날 군인들은 눈에 띄지 않았다. 대신 아리랑축전을 위해 연습하고 있는 각양각색의 한복을 곱게 차려 입은 북한 여성들로 가득했다. 확성기를 통해 흘러나오는 음악이 외무부 건물 로비에도 울려 퍼졌다. 북한 외무성 부상의 보좌관이 오기를 기다리며 경호원들 어깨 너머로 젊은 외교관들에게 지시를 내리며 환하게 웃고 있는 '위대한 지도자' 김일성의 벽화를 바라보았다. 그림의 분위기를 봐서 《피리 부는 사람》을 정치적으로 연출한 듯한 느낌을 받았다(스피커를 통해 쩌렁쩌렁 울리는 선전 음악을 제외하면 그렇다). 그런데 그 때 김일성의 얼굴을 그린 화가의 기법에서 무엇인가 특별한 것을 발견했다. 홍조를 띤 두 뺨, 부드럽고 둥근 얼굴, 얇고 반짝이는 입술. 그 때 김일성의 얼굴에 대한 화가의 묘사가 매우 여성스럽다고 느껴졌다. 좀 이상했다. 내가 평양에서 너무 오래 있어서 환상을 본다고 생각할까봐 경호원들에게는 묻지 않았다.

내가 뭔가를 착각한 것이 아니었다. 김일성 개인숭배는 정신적이고 정치적인 것뿐만이 아니었다. 그것은 또한 자식의 도리였다. 도상학적으로 김일성을 엄격한 아버지가 아닌 자애로운 어머니로 그린 것이었다. 자신의 품에 농부와 어린이들을 감싸 안은 곱고 부드러운 인상의 김일성 사진과 예술 작품을 의도적으로 연출함으로써 노동자와 프롤레타리아가 마치 어머니에게 하듯 김일성에게 사랑과 효의 도리를 하도록 의도한 것이다. 1990년대 미국 NBA 진출을 시도했던 236센티미터의 북한 농구선수 이명훈 선수는 언젠가 인터뷰에서 김일성의 '품에서' 농구를 할 수 있어 영광이라고 말한 적이 있다. 북한은 가족(국가)을 위해 열심히 일하는 어머니(김일성)를 사랑하고 그를 위해 일하는 것이 인민들의 고유한 의무라는 '상식'을 만들어 낸 것이다. 또한, '위대한 지도자'를 고결하고(고결하지 않은 어머니가 어디 있겠는가?), 검소하고, 소박하게 묘사함으로써 국가가 국민들을 위해 최선을 다하지 않는다고 생각하는 정상적인 사람들에게 죄책감을 심어 줬다. 북한의 공식 조선중앙통신사의 전형적인 뉴스 기사는 다음과 같다.

> 지도자께서는 지방의 한 공장을 시찰하셨다. 지도자께 충성을 다하기 위해 기한보다 앞서 생산량을 완수했다는 근로자들의 보고를 받으시고 자신의 소박한 점심을 함께 나눠 먹자고 권하셨다. 너그러우신 지도자의 모습에 감동한 노동자들은 기뻐 울며 더욱 열심히 일해 지도자를 기쁘게 해드리겠다고 약속했다.

효는 마르크스주의가 아닌 동양적인 사상이다. 결국 스탈린의 개인숭배와 더불어 '신유교적인(neo-Confucian)' 가치가 융합되어 김일성의 주민 통제력이 강화된 것이다. 특이하게 들리겠지만 이는 매우 효과적인 주민 통제의 방편이었다. 북한 주민들은 궁핍함 속에서도 김일성과 당에 대해 여전히 매우 감성적인 애착심을 유지했다. 그들은 힘들 때에도 '위대한 지도자'는 노동자들보다 더 검소하고 더 열심히 일한다고 믿게끔 세뇌 받으며 살아왔다. 그러니 누가 불평할 수 있겠는가? 1994년에 김일성이 사망했을 때 수만 명의 사람들이 길거리로 나와 자신들의 어머니가 돌아가신 양 애도했다. 저명한 학자인 박경애의 최근 연구를 보면 탈북자들은 북한 정치에 분노를 표출하면서도 지도자에 대한 향수도 함께 표현했다.[14]

북한의 초대 지도자로서의 김일성의 비범한 업적과 경력의 공식적인 담론과 더불어 '위대한 수령'의 이렇듯 지극히 인간적인 면모를 선전하는 북한의 행태 또한 짚고 넘어갈 필요가 있다. 그가 북한 사람들의 마음속에 불멸의 존재인 것은 부인할 수 없다. 그러나 그에 관한 이야기들은 수수께끼 같고 매우 인간적인 결함들도 다분하다. 그런 점에서 1948년 건국 이래 김일성이 계속 통치할 수 있었던 것은 그가 권력을 잡게 된 경위와 마찬가지로 이해할 수 없는 수수께끼와도 같다. 이 젊은 중산층의 기독교 젊은이는 만주에서는 유능하지만 그다지 유명세를 치르지 않은 반일 독립운동가가 됐고 33세의 나이에는 한 나라를 다스리도록 소련에 의해 간택됐다. 그리고 이 젊고 미숙한 지도자는 스탈린과 마오쩌둥, 두 후원자에게 자신의 승리를 맹세하며 한국 침략 계획에 대한 군사적 지원을 요구했다. 김일성은 1950년 6월 25일 한국을 침공했다. 이것은 스탈린이나 마오가 예상했던 것보다 빨랐으며 한민족 간의 전쟁의 시발점이 됐다. 결국 그의 모험은 중국인 약 80만 명의 목숨을 앗아 갔다.[15] 게다가 중국은 대만을 포기해야 했다. 미국이 한국전쟁 중후반에 대만을 방어하는 데 힘을 쏟은 것이다. 소련도 몇 십억 달러에 달하는 물자와 장비를 희생했다. 이렇듯 막대한 손실에도 불구하고 김일성은 총체적이고 완전한 지배권을 축적하며 권력을 지켰다. 왜 중국과 소련은 한국전쟁이 끝난 후 그를 쫓아내거나 다른 사람으로 교체하지 않았을까? 왜 김일성이 북한을 사회주의 국가에서 특이한 개인숭배 국가로 바꾸는 것을 묵인하고 있었을까?

  몇 가지 복합적 요인들이 있다. 북한이 한반도 통일에 실패하고 막대한 손실을 끼쳤지만 당시 냉전의 시대적 상황으로 인하여 소련은 북한을 버릴 수가 없었다. 한국전쟁은 미국과 공산주의 세력이 정면으로 맞대결한 대리전쟁이었다. 미국과 소련 모두 본질적으로 한반도를 중요하게 여기지는 않았다. 그러나 두 나라 모두 한반도에 전략적인 가치를 부여했다. 두 나라 모두 한반도가 상대방의 진영에 넘어가게 방치할 수는 없었다는 뜻이다. 스탈린의 관점에서 보면, 김일성의 갖가지 결함에도 불구하고 그를 동반자로 여길 수밖에 없었다. 또한, 전쟁 후 중국 지도부 내의 분열은 김일성에게 행운이었다. 한국전쟁 때 중국공산군 최고 사령관이었던 펑더화이(彭德怀)는 전쟁 패배를 이유로 김일성을 축출하길 원했다. 그가 마오쩌둥의 총애만 잃지 않아도 성공했을 것이다. 그러나 마오쩌둥의 대약진정책에 대한 그의 비판은 결국 펑더화이 스스로의 종말을 초래했고 이로써 김일성은 자리를 유지할 수 있었다. 지정학적으로도 김일성에게 유리했다. 중국과 소련 사이의 공산권 분열은 북한 정권에 유리하게 작용했다. 양국 모두 북한의 충성을 얻기 위해 경쟁하는 결과를 초래했기 때문이었다. 그래서 김일성은 전쟁 실패에도 불구하고 스탈린이나 마오에게 거절당하지 않고 수년간 그들의 보호를 받았다. 스탈린과 마오는 북한과 같은 작은 공산주의 국가를 끌어들여 권력과 자기식의 사회주의 정통성을 수호하고자 했다. 국제관계 이론에서 이것을 '구조적 변수'라고 하는데 당시의 시대적 전략 환경에서 국가 간 힘을 합치는 것은 김일성뿐 아니라 어느 지도자에게도 이성적인 선택이었다. 그러나 김일성이 지배권을 확실히 장악하게 된 주요 원인은 이런 구조적인 요인보다는 특정 인물에 의한 것이었다. 바로 그의 장남 김정일이 등장한 것이다.

아들: 김정일

나는 잘 알려지지 않은, 그러나 북한 건설에 있어 '아들'의 중요한 역할에 대한 설명을 대신하여 이 변덕스러운 인물을 소개하고자 한다. 김정일은 영화광으로 알려져 있다. 가장 좋아하는 영화는 '바람과 함께 사라지다'인데 그로 인해 북한 지배계층에도 널리 퍼졌다. 북한 관료들과의 공식 회담이나 관련 회의에서 그들이 이 미국 영화의 대사를 인용할 때면 무척 당황스러웠다. 한번은 팽팽한 협상 중에 우리 측이 북한이 비핵화하지 않을 경우 벌어질 일들(예를 들면, 유엔 제재 등)에 대해 경고했다. 북한 담당자는 고개를 뒤로 젖히며 "Well, frankly, Scarlett, I don't give a damn."(스칼렛, 솔직히, 난 상관 안 해)이라고 말했다. 그는 마치 영화 주인공이 된 양 엄숙하게 말했지만 당시 상황에서 이는 매우 경솔한 행동이었다. 김정일은 제임스 본드(James Bond) 영화도 좋아했다. 잔인하고 야망 가득한 북한 장군의 아들이 레이저를 발사할 수 있는 인공위성으로 세상을 장악하려는 내용의 '어나더 데이(Die Another Day)'[16]도 즐겨봤다고 한다(영화의 클라이맥스에서 아들은 결국 아버지를 죽인다). 그는 자신의 영화 창고에 2만 편이 넘는 영화를 보유했고 영화제작에 대한 책을 쓰기도 했다. 1978년에는 한국의 유명한 신상옥 영화감독과 배우 최은희를 납치하기도 했다. 그들의 영화를 좋아했기 때문이었다. 그는 초기에 국가를 위해 많은 선전 영화들과 혁명가극들을 제작했다. 이것은 단지 개인 차원의 취미 또는 북한의 마틴 스콜세즈(Marin Scorcese) 감독이 되려는 포부의 문제만이 아니었다. 그의 아버지를 신격화하기 위한 의도적인 시도였다. 이런 영화들과 자애로운 이미지의 김일성 초상화들은 혁명의 감수성에 호소하고 정치적 충성과 효를 엮으며 충성을 이끌어냈다.

실제 김정일은 아버지를 신격화하고 북한의 공산주의 제도를 현재의 괴이한 개인숭배 정권으로 개조시키는 데 큰 역할을 했다. 이 변화는 혈통승계체제로 인한 것이었다. 그는 상속자의 위치를 놓고 아버지의 동생(김영주)과 자신의 이복동생(김평일)과 팽팽한 경쟁을 벌였다. 김영주는 형의 신임으로 1970년대 한국 중앙정보부와의 비밀협상에 밀사로 파견된 바 있다. 그는 가족이 만주로 망명했을 때 일본인 가게에서 일했고 1940년대 초반에 하와이에서 살다가 1945년에 해방되자 북한으로 돌아왔다.[17] 김평일은 멋지고 당당하고 영어도 잘해 헝가리, 불가리아, 핀란드 주재 북한 대사를 역임했다고 한다. 현재는 폴란드 대사로 있다(2015년 현재 김평일은 체코 주재 북한 대사_옮긴이). 어릴 적 그의 모습은 아버지 김일성과 판박이였고, 이러한 특성으로 인해 김평일은 군복무 기간 동안 큰 인기를 얻었다.[18] 탈북자 중 최고위간부로 김씨 일가의 친구이자 멘토(mentor)였던 황장엽은 이 세 명이 누가 김일성을 더 높이 받들어 모시는지 치열하게 경쟁했다고 회상했다. 앞서 언급했듯이 주체를 창시하고 가르쳤던 87세의 노인 황장엽은 국제전략문제연구소에서 연설하기 위해 워싱턴 DC를 방문했다. 북한의 지속적인 암살 협박 때문에 여덟 명의 미 연방수사국(FBI) 요원들과 함께 왔는데 그것은 정말 필요한 조치였다. 그로부터 몇 주 후 탈북자로 위장해 그를 암살하려고 한국으로 내려온 두 명이 한국 당국에 의해 적발됐다. 황장엽에 따르면 김씨 일가의 경쟁이 오늘날 도가 지나친 개인숭배를 초래했다. 조선로동당에 입당해 선전선동부를 이끌던 1965년 김정일은 당 간부들에게 아버지의 첫 번째 자서전을 외부용으로 출판할 것을 지시했다. 이렇게 하여 '위대한 지도자'의 절대주의를 세계에 알렸다. 1970년대 초반에는 김일성의 기념물들을 창작하는 '4.15 문학창작단'을 지도했다. 창작단의 명칭은 김일성의 생일에서 따 온 것이었다. 김정일은 만경대 생가(1969년), 주체탑(1982년), 프랑스를 모방한 개선문(1982년) 등 아버지의 이름으로 1만 2,000개가 넘는 기념비와 동상을 세울 것을 명령했다.

또한, 그는 아버지에게 방탄으로 된 메르세데스 벤츠 자동차 등 지속적인 선물 공세를 펼쳤다. 이 차량은 현재 김일성 묘에 진열되어 있다. 1972년에는 아버지의 환갑을 기념하기 위해 평양시 한가운데에 세울 21미터에 달하는 거대한 금동상 제작을 지시했다. 800만 달러가 소요됐고 현재 만수대 김일성 동상으로 불린다.

1992년까지 총 4만 개가 넘는 기념물이 제작됐다.[19] 만수대 김일성 동상은 소련과 중국의 심기를 건드렸다. 소련은 북한도 참여하고 있는 세계 사회주의운동의 맥락에서 그런 동상은 스탈린에 국한돼야 한다고 생각했다. 덩샤오핑은 동상의 화려함을 처음 봤을 때 아주 기분 나빠했다고 한다. 북한은 결국 동상의 금도금을 벗겨내고 오늘날처럼 동으로 덧칠했다. 어쨌든 기념물을 건설함으로써 김정일은 목적을 달성했다. 1974년 4월 아버지의 뒤를 이를 공식 후계자로 선출됐고 정권을 잡기 20년 전에 이미 '친애하는 지도자'란 호칭을 얻었다. 김정일 초상화는 1988년까지 등장하지 않았다. 다른 경쟁자들을 제치고 공식 후계자가 된 마당에 굳이 아버지의 자리까지 넘볼 필요가 없었기 때문이었다. 대신 자신의 날이 올 때까지 기다렸다. 아이러니하게도 그에게 가장 가치 있는 동상은 영변 핵시설 입구에 위치해 있다. 영변은 북한이 핵폭탄을 만들기 위해 플루토늄을 생산한 곳이다. 그곳에 과학자들에게 국방에 힘쓰라는 슬로건과 함께 김정일이 과학자들과 군인들과 함께 서 있는 15미터 크기의 기념비가 세워져있다.

아버지를 고결, 검소, 소박한 이미지로 재창조한 김정일의 노력은 세상에 알려진 그의 방탕한 생활방식과 완전히 대조를 이룬다. 그는 여덟 채의 별장을 돌아다니며 생활을 즐겼다. 여덟 채는 모두 지하 철도로 연결돼 있고 골프장, 실내 파도풀장, 영화관, 오락실, 정규 규격의 농구 코트, 마구간, 사격장을 갖추고 있다. 각 별장은 상용위성 사진으로 탐지가 가능한데 암흑 같은 주변과 다르게 언제나 환하고 상시 모든 직원들이 배치돼 있다. 김정일이 언제 어느 별장을 방문 중인지 아무도 모르게 하기 위한 조치였다.

그는 CNN, MTV, 비디오 게임(마리오 카트를 가장 좋아했다고 한다), 롤링 스톤스(Rolling Stones)에서 비치 보이즈(The Beach Boys)에 이르기까지 서양문화의 열광적인 팬이었다. 김정일은 2000년 10월 매들린 올브라이트(Madeleine Albright) 전 미 국무장관과의 만남에서 자신이 미국 프로농구 팬이라고 밝혔다. 올브라이트 장관은(현재 조지타운대학의 교수다) 그에게 미국 NBA 농구의 우상인 마이클 조던의 사인볼을 선물했다. 국무장관을 수행했던 전 국무부 관리 로버트 칼린(Robert Carlin)은 그 당시를 이렇게 회상했다.

> 우리는 위스키, 자유의 여신상 미니어처, 버팔로 빌(Buffalo Bill)의 책이 아닌 조금 더 의미 있는, 그에게 조금 더 의미 있는 무엇인가를 찾고 있었다 … 처음에는 놀랐던 것 같다. 그런데 그가 만족해하는 것을 알 수 있었다. 기대하지도 않았던 것 같다. 어떻게 보면 매우 개인적인 제스처였다 … 사인을 받기 위해 우리가 노력했음을 보여줬고 그들은 그것이 그냥 평범한 농구공이 아니라는 것을 깨달았다.[20]

그 공은 현재 '친애하는 지도자'에게 사사된 다른 선물들과 함께 국제친선전람관에 소장되어 있다. 블라디미르 푸틴(Vladimir Putin)이 준 사냥용 소총과 피델 카스트로(Fidel Castro)가 준 악어백 옆에 전시되어 있다. 올브라이트 장관이 선물한 후 2001년 마이클 조던의 매니지먼트사는 '친애하는 지도자'를 위해 북한에서 경기해 달라고 공식적으로 초청을 받았다. 한국의 햇볕정책의 일환으로 삼성그룹은 남북관계를 개선하기 위해 이 특이한 행사에 동조했다. 그러나 조던은 정중히 거절했다. 아마도 자신의 친필 사인볼과 김정일의 농구공만 한 핵폭탄을 바꾸려는 외교정책에 끼어들고 싶지 않았을 것이다.

김정일이 노르웨이 모델들과 함께 즐기고 '기쁨조'라 불리는 접대부 여성들을 수시로 바꿨다는 충격적인 보도들도 흔하게 나온다. 그의 와인창고에는 세계적으로 유명한 와인이 일만 병 이상 저장돼 있고 2011년에 사망하기 전까지 개인 고객으로서 세계에서 헤네시 꼬냑을 가장 많이 구입했다. 뚱뚱한 배로 알 수 있듯이 그는 미식가였다. 그의 요리사였던 후지모토 켄지의 이야기를 들어보면 입이 떡 벌어진다. 그는 김정일이 자신이 먹을 세계 곳곳의 최상의 산지 음식들을 사오도록 지시했다고 회상했다. 일본의 츠키지 어시장에 가서 최상의 스시와 오징어 1,360킬로그램을 구입했고, 긴자에 있는 미츠코시 백화점에서 단팥 찹쌀떡과 일본 담배를 구입한 후 태국으로 가서 최상의 파파야와 망고를, 체코슬로바키아에서 필스너 생맥주, 덴마크에서 베이컨, 프랑스에서 페리에 스파클링 워터, 이란과 우즈베키스탄에서 피스타치오와 캐비아를 구입했다고 한다.[21]

거기다 김정일의 방탕한 생활은 끝이 없었다. 자국 주민들은 경제난을 겪고 있는데도 그의 사치는 갈수록 더 심해졌다. 스위스 무역통계에 의하면 1990년대 북한의 기근이 절정에 달했을 때 김정일은 260만 달러를 호가하는 스위스제 시계를 수입했다. 1995년 1천 500만 달러를 주고 미국 프로레슬러들을 북한으로 불러 경기를 했다. 그 당시 프로레슬링 역사상 원정 경기 액수 중 가장 높은 금액이었다. 그리고 1998년에는 200대의 메르세데스 S-500 리무진을 2,000만 달러를 주고 구입했다.[22] 기근에도 그는 자신의 욕구를 충족시키기에 급급했다. 1997년에는 이탈리아 출신 요리사 에르만노 푸를라니스(Ermanno Furlanis)와 그의 팀이 북한의 초청으로 3주간 북한을 방문했다. 그들은 바닷가의 한 별장에 머물며 모든 장비가 갖춰진 주방 세 곳에서 북한 요리사들에게 이탈리아 요리를 전수했다. 푸를라니스는 2001년도에 한 인터뷰에서 피자 반죽을 굽기 위해 특별한 오븐이 필요하다고 설명하자 며칠 후에 바로 공수해왔다고 기억했다. 또한, 북한이 잘 모르고 프랑스 와인과 치즈를 제공해서 그 실수를 지적하자 모든 재료를 없애고 며칠 후에 이탈리아의 최상급 치즈와 바롤로 와인으로 싹 교체했다고 말했다.[23] 김정일의 경호원으로 일하다 한국으로 탈북한 이영국은 김정일의 사치에 비하면 필리핀 독재자 마르코스(Ferdinand Edralin Marcos)와 그의 부인 이멜다(Imelda Marcos)는 빈민 수준이라고 평가했다. 2005년 인터뷰에서 "김정일에게 적어도 10개의 별장이 있다. 아주 넓은 대지인데 … 골프장, 마구간, 오토바이와 고급 자동차들이 가득한 차고, 사격장, 수영장, 극장, 놀이공원, 수상제트기, 야생 사슴과 오리가 가득한 사냥터를 갖추고 있다."라고 회상했다.[24]

어떻게 사람이 그 정도로 방탕할 수 있는지 믿기 힘들다. 북한의 공식 서술에 따르면 북한의 두 번째 지도자 김정일은 1942년 2월 16일 백두산의 군사 밀영지에서 태어났다. 백두산은 한민족의 신화 속에 나오는 곳이다. 그의 탄생은 제비를 통해 미리 예견됐고 하늘은 쌍무지개와 밤하늘에 새로운 별의 등장으로 축하했다고 한다. 그러나 진실은 이처럼 극적이지 않다. 김정일은 러시아 하바롭스크에서 가까운 뱌트스코에라는 동네에서 유리 이르세노비치 김(Yuri Irsenovich Kim)이란 이름으로 태어났다. 김일성이 중국과 조선의 망명자들로 이뤄진 게릴라 단체인 소련의 제88여단 제1대대 대위였을 때의 일이다. 이 당시에는 북한의 공식적인 역사에 포함되어 있지 않아 세부적인 내용은 알 길이 없다. 하지만 그 당시 러시아에서 김씨 가족과 가까이 지냈던 북한 사람들의 인터뷰에 따르면 김정일은 다른 부대원들의 자식들과 함께 러시아 학교에 다니며 스탈린주의를 배웠다고 한다. 한국의 한 신문기사에 의하면, 김정일은 학교 다니는 것을 좋아하지 않아서 선생님 말도 안 듣고 친구들을 잘 괴롭혔다고 한다.[25] 그에게는 1944년에 태어난 '슈라(Shura)'로 알려진 남동생 김평일이 있었는데 세 살 때 물에 빠져 죽었다. 여동생 김경희는 1946년에 태어났다. 두 명의 이복 남동생(물에 빠져 죽은 동생의 이름을 딴 김평일과 2000년에 독일에서 사망한 김영일이다)과 후에 아버지의 재혼으로 이복 여동생 한두 명이 더 있다.

여동생 김경희는 김정일의 삶에서 가장 중요한 여성으로 보인다. 그가 겨우 일곱 살때 동생을 낳다가 어머니 김정숙이 사망했는데 어머니의 죽음은 그에게 깊은 영향을 끼쳤다. 그는 김경희를 "나의 유일한 피붙이고 어머니가 돌아가시면서 잘 보살펴달라고 부탁했다."라며 어머니의 이름을 언급했다. 그가 병원으로부터 어머니의 비보를 전해 듣고 여동생과 서로 부둥켜안고 오열했다는 이야기도 있다. 1994년에 아버지가 사망하자 여동생과 더욱 가까워졌다. 당시 일본 아베 신조(安倍晋三) 총리의 국가안보 보좌관이었던 고이케 유리코(小池百合子)에 따르면, 김정일이 아버지 사망 후 당 중앙위원회에 "김경희는 곧 나고 그녀의 말은 곧 나의 말이고 그녀의 지시는 곧 나의 지시다."[26]라고 말했다고 한다. 같은 해에 황장엽도 김경희는 김정일이 신뢰할 수 있는 유일한 인물로 배후에서 엄청난 영향력을 행사한다고 나에게 귀띔해주었다. 황장엽에 의하면, 그녀의 남편 장성택(2013년 12월 숙청, 처형)은 당의 제 2인자인데 그에게 막강한 권력이 있는 것은 김씨 일가와 혼인관계에 있기 때문이라고 한다. 김경희는 김일성대학을 졸업하고 당 경공업부장으로 근무하면서 상대적으로 전면에 나서지는 않았다. 1988년에 당 중앙위원회에 진출하여 1990년에 최고인민회의 의원이 됐다. 2010년 9월에 인민군 대장 계급을 달았고 당 중앙위원회 최고위원 12명 중 하나로 선출되며 김정일의 막내 아들과 함께 가장 중요한 자리에 앉았다.

일제 식민통치가 막을 내린 1945년 가을 3~4세였던 김정일은 고국으로 돌아왔다. 평양에서 초등학교와 중학교를 다녔는데 말썽꾸러기로 선생님들과 집안 도우미들과 마찰을 자주 빚었다. 어머니가 죽은 지 몇 개월 후 김일성이 한국과 전쟁을 일으키는 동안 중국(아마도 지린성)으로 보내졌다. 이 때 가족과의 별거를 아버지가 아닌 미 제국주의자들 탓으로 생각했을 것은 의심할 여지가 없다. 이로써 김정일은 미국에 대한 확실한 증오심을 갖게 됐다. 1964년에 김일성대학 정치경제학과를 졸업(물론 최고의 성적으로)했다. 북한의 공식 기록에 따르면, 그는 뛰어난 대학생활 동안 '현대 제국주의의 특징과 침략적 본성에 대하여'를 포함해 총 1천 200여 편의 글을 썼다고 한다. 그의 사생활은 미국 드라마 '소프라노스(The Sopranos, 두 가족을 중심으로 펼쳐지는 마피아 액션을 그린 가족 심리 드라마)'와 비슷하다. 그의 첫 번째 부인 김영숙은 당 간부의 딸로 김일성의 소개로 결혼했다. 이 결혼으로 딸 김설송을 얻었는데 그녀는 한 번도 공개된 적이 없다. 김영숙에게 흥미를 잃은 그는 당시 북한의 유명 여배우 성혜림에게 접근했다. 명문가 출신이었던 그녀는 이미 결혼한 몸이었음에도 '친애하는 지도자'가 총애하자 별 다른 선택이 없었다. 그녀의 남편은 프랑스로 보내졌고 그녀는 김정일에게 장남 김정남을 안겨주었다. 성혜림은 모스크바로 자주 여행을 다녔고 2002년에 그 곳에서 사망했다. 그녀의 여자 조카와 남자 조카는 후에 프랑스로 망명했다. 남자 조카는 김정일의 가족으로 살았던 생활에 대해 인터뷰도 했으나, 나중에 한국에서 주검으로 발견됐다. 김정일이 예술인들을 총애했던 것은 다음 부인인 고영희를 봐도 그렇다. 그녀는 재일교포 출신 무용수로 김정일의 다른 두 아들, 김정철과 김정은을 낳았다. 2004년 프랑스에서 항암치료 중 사망한 것으로 알려졌다. 김정일의 마지막 첩으로 알려진 김옥은 1980년대부터 그의 비서로 활동했다. 평양음악무용대학을 졸업한 피아니스트 출신이고 김정일의 가까운 측근으로 그를 돌보았다고 한다.[27] 그녀는 40대로 김정일보다 훨씬 어렸고 클린턴 대통령 시절에 빌 코헨(Bill Cohen) 국무장관과의 회담을 위해 미국을 방문했던 북한 사절단 중 한 사람이었다. 또한, 김정일의 비자금을 관리하는 '39호실' 활동에 관련됐던 것으로 알려졌다.[28] 김정일의 여동생 김경희와 그녀의 관계에 대해서는 알려진 바가 없다.

김정일은 아버지와 근본적으로 달랐다. 김일성은 부풀려지긴 했지만 항일자유투사로 혁명의 명분이 있었지만 김정일은 그런 것이 하나도 없었다. 굳이 갖다 붙이자면 그는 반영웅적이고 버르장머리 없고 제멋대로인 황태자로 평판이 자자했다. 아버지는 잘 생기고 풍채도 좋았으나 아들은 155센티미터(그래서 굽이 높은 신발과 부풀린 머리로 보충했다)의 단신에 눈에 띄는 배불뚝이였다(2000년에 김정일을 만났던 올브라이트

장관은 그가 자신도 하이힐을 신고 있다고 말했다고 한다). 이러한 약점들은 그의 행동으로 잘 나타났다(네 명의 부인 외에도 몇몇의 첩이 더 있었고 아홉 명의 사생아들이 있다는 설도 있다). 그는 또한 권력을 쥐기 위해 체계적인 작업을 펼쳤다. 대학 졸업 후 김정일은 조선로동당에 입당해 선전선동부를 맡아 8,000편이 넘게 아버지를 기리는 영화와 오페라를 직접 지도하고 제작했다. 또한, 북한 곳곳에 7개의 영화 스튜디오를 건설했다. 나는 차로 평양 근처에 있는 한 스튜디오를 지나가봤는데 흰색 빌딩과 창고가 길게 펼쳐진 촬영단지를 보니 LA에 있는 폭스 스튜디오는 무색할 정도였다. 선전 영화와 가극들은 매우 반미적이고 김일성을 위해 숭고한 희생을 강조하는 내용이었다. 영화 '월미도'는 한국전쟁 중 맥아더 장군의 인천상륙작전 때 월미도라는 작은 섬을 지키는 위해 싸우는 조선인민군 부대를 다루고 있다. 조선인민군은 온갖 악조건에도 용감히 싸웠지만 결국 장렬히 전사하는 것으로 끝을 맺는다. 영화에 사용된 음악은 혁명의 감수성을 강조한다. '살아도 그 품속에 죽어도 그 품속에 언제나 사무치게 불러보는 곳 아 어머니라 부르는 나의 조국이 장군님의 그 품인 줄 나는 나는 알았네.'[29] 북한 주민들은 모두 이 영화들을 감상하고 김일성을 섬기는 미덕에 대해 토론해야 했다. 학생들은 철자법 대회가 아닌 누가 혁명 영화의 구절을 더 많이 암송하는지 대회를 벌였다. 이런 선전선동의 이론은 간단했고 김정일에게도 득이었다. 혁명은 언제나 '최고의 지도자'를 요구했다. 군중만으로는 혁명을 일으킬 수 없다. 혁명의 '두뇌와 정신'이 되는 단 한 명의 지도자와 몸체가 되는 군중을 동시에 요구했다. 이것이 김일성주의의 골격이 됐다. 김정일은 또 1964년에 조선중앙통신에 세계적으로 '위대한 지도자'의 사상을 방송

할 것을 지시했다. 오늘날 조선중앙통신은 세계에 북한의 뉴스를 전하는 주요 기관으로 미국을 '제국주의 전쟁광'[30]으로, 일본을 '골수까지 군국주의적 침략자인 수구자의자'[31]로, 한국을 '독재와 탄압이 만연한 인권의 사각지대'[32]로 비난하는 화려한 어휘로 가득하다. 특정 개인들도 조선중앙통신의 노여움을 피해가지 못한다. 예를 들면, 존 볼튼(John Bolton) 유엔대사를 '인간쓰레기이자 착취자'[33]로, 딕 체니(Dick Cheney) 전 부통령을 '최대의 악마이며 피에 굶주린 야수'[34]로, 도널드 럼즈펠드 전 국무장관을 '정치난쟁이, 인간 도살자, 괴물도 부끄럽게 하는 파시스트 폭군', 히틀러(Adolf Hitler)를 '살인과 전쟁히스테리의 그늘 속 악마 중 악마'[35]로 언급했다. 이 모든 것이 김정일이 지어 낸 것이다.

그는 단 하루도 군 복무를 한 적이 없다. 하지만 혁명적 자질이 지도자의 필수조건인 군사사회에서 조금이라도 군 경험이 있어야만 했다. 김정일은 학문적 연구와 인터뷰들을 통해 1970~1980년대 있었던 테러행위에 관여했던 것으로 조작함으로써 누락된 군 복무 경험을 보충했다. 그는 1976년 도끼만행사건을 지시한 것으로 알려졌다. 황장엽은 그가 1983년 미얀마 아웅산 테러사건을 지휘했다고 주장했다. 1986년에 다섯 명이 사망하고 30명 넘게 사상자를 낸 김포공항 폭탄테러 역시 그가 지휘한 것으로 알려졌다. 황장엽은 또한 1987년에 안다만 해역(Andaman Sea)에서 폭발해 115명의 승객과 승무원 전원이 사망한 KAL기 폭파사건도 1988년 서울 올림픽을 방해하기 위한 김정일의 계획이었다고 주장했다. 2002년 9월 김정일은 일본 고이즈미 준이치로(小泉純一郎) 총리에게 1977년부터 1983년까지 13명의 일본인을 납치했다고 인정했다. 김정일의 지휘 아래 북한은 다른 테러행위들도 지원했는데,

특히 일본적군의 1970년 일본 JAL기 납치사건, 1972년 이스라엘 공항 테러를 배후에서 후원하며 그 후 테러범들을 숨겨주기까지 했다. 2000년에도 북한은 필리핀의 모로이슬람해방전선(MILF)에 휴대용 병기 수만 대를 판매한 의혹을 받았다.[36] 2006년과 2009년 사이에는 스리랑카의 타밀반군과 레바논의 헤즈볼라 세력에 무기와 교육을 제공한 것으로 추정된다.[37] 이런 활동들을 통해 김정일은 혁명적 자질을 강화하고 그의 통치를 정당화하기 위해 노력했다.

김정일은 최종적인 후계자로서 자신의 위치를 강화했다. 그리고 아마도 북한 개인숭배의 이념적 아버지로서의 이미지를 통해 자신을 빚어갔을 것이다. 1972년 30세의 어린 나이에 당 중앙위원으로 선출됐고, 그 후 권력의 핵심인 당 정치국위원과 당 조직지도부장과 조직비서가 됐다. 이렇게 영향력 있는 위치에서 그는 아버지에게 불충할 수 있는 모든 요소들을 겨냥하고 제거했다. 이것은 그가 경쟁자 없이 후계자로 등극하는 길을 열어 줬다. 김정일을 통하지 않고는 김일성에게 전달되는 것도, 김일성으로부터 나오는 것도 없었다. 1970년대 중반에 이르러서는 공공장소에 김정일의 초상화가 아버지 초상화 옆에 함께 걸리기 시작했다. 1980년 당대회에서 정치국 상무위원이 되면서 후계자로서의 위치는 더욱 확고해졌다. 그의 나이 38세에 정치국의 네 번째 서열로 올라섰으며, 비서국에서 두 번째, 군사위원회에서 세 번째 높은 서열을 차지했다.

높은 자리에 올랐음에도 김정일은 은둔자로 머물렀다. 아버지와 함께 북한 전역을 다니며 현지 지도하는 모습이 기사화되곤 했지만 그의 활동을 담은 영상들은 찾아보기 힘들었다. 북한 사람들은 특별한 경우가 아니고는 그의 목소리도 듣지 못했다. 그는 여행을 자주 하지는 않았는데 가끔 중국에 가곤 했다. 전기 작가들은 김정일 개인숭배를 위한 작업에 몰두했다. 예를 들면, 청년 혁명가로서의 활동부터 그가 11살 때 골프를 쳤는데 18홀 중 11개의 홀인원을 기록했다는 등의 내용이다. 그 중에는 김일성이 명목상의 지도자이면서도 1985년부터는 김정일이 사실상 모든 국가 업무를 관리했다는 소문도 있다. 만약 이것이 사실이라면 당시 김정일은 북한의 혁명투쟁 노선이 한국과의 체제경쟁에서 실패했다는 것을 인정한 것으로 보인다. 1980년대 중반부터 남북한 간의 엄청난 경제적 격차가 세상에 알려지기 시작했다. 북한의 전력난도 드러났다. 탈북자들의 증언에 따르면 1980년대에 들어 식량배급이 줄었고 풍요롭던 대풍작의 나날은 1970년대의 아련한 추억이 됐다. 소비물자 공급도 부족했다. 생산성은 하락하고 기반 시설들은 노화되기 시작했다. 그러는 동안 한국 경제는 두 자릿수의 경제 성장률을 기록하고 있었다. 한국은 동유럽 국가들과 외교통상 관계를 맺으며 그 지역으로 진출하기 시작했다. 1987년 헝가리를 시작으로 3년 후에는 소련과도 수교를 맺었다. 한국과의 경쟁에서 패했음을 김정일에게 각인시킨 최고의 사건은 한국이 1988년 서울 올림픽을 개최한 일이었다. 이 기간에 북한을 방문했던 사람들이나 탈북자들은 그 당시 복잡하게 돌아가던 북한의 분위기를 회상한다. '친애하는 지도자'를 위해 한국을 따라잡고자 군중을 동원한 캠페인을 열렬히 전개했으나 퇴화된 장비와 시설로 인해 생산성은 점점 더 떨어졌다. 그래서 김정일이 비공식적인 통치기간 동안 핵무기라는 최후의 카드를 추진했음은 놀라운 일이 아니다. 북한은 소련의 핵무기 기술을 더 얻기 위한 대가로 1985년에 핵

확산방지조약(NPT)에 서명했다. 아이러니하게도 이것은 김정일의 비확산 의지보다 핵 야심을 더 분명히 말해준다. 김정일은 영변 핵시설을 시찰하고 과학자들과 노동자들의 국방의 노고를 치하하며 그들에게 일제 TV세트와 같은 선물들을 하사했다. 북한은 이 기간 동안 NPT의 안전보장조치와 시찰의무를 거부하며 지하 핵실험을 단행한 것으로 알려졌다.[38] 또한, 이 기간에 50메가와트와 200메가와트 급의 더 큰 핵시설을 두 군데 더 건설했다. 북한 지도부는 한반도 비핵화가 '위대한 지도자' 김일성의 마지막 유훈이었다고 말하기를 좋아한다. 사실일 수도 있다. 하지만 확실한 것은 그 아들 김정일의 바람은 아니었다. 정반대로 '혁명'에 있어 김정일의 유일한 공헌은 핵무기 개발이었다.

김정일의 권력이 상승하는 동안 잘 알고 있듯이 '당중앙'이란 단어가 북한 신문의 논설에 실리기 시작했다. 나중에는 '위대한 당중앙'으로 한층 업그레이드됐다. 이것은 김정일이 당과 북한 사람들의 마음에 훌륭한 지도자로서 자리매김하기 위한 선전 노력이었다. 그는 또한 당내 반대파를 축출, 감금, 또는 '위장된 사고'로 처리하고 대규모의 숙청을 벌이는 등 비열한 방법도 서슴지 않았다.[39] 국가이념으로 '김일성주의'라는 새로운 용어도 등장했다. 주체사상을 상대적으로 덜 강조하면서 오히려 그의 아버지에게 더 무게감을 실어 김씨 왕조 일가의 부상을 견인했다. 김정일의 비공식적 통치는 1990년대에 절정을 이뤘다. 1991년 12월에 그는 조선인민군 최고사령관이 됐고 1992년 4월에는 김씨 일가의 충복이자 인민무력부장인 오진우와 함께 군 원수 칭호를 부여 받았다. 1993년 4월에는 국방위원장으로 추대됐다(곧 다루게 될 김정일의 막내아들 김정은의 권력승계도 소름 끼칠 정도로 유사한 모습으로 이뤄졌다). 김정일은 김일성 광장에서 열린 군사 열병식에서 연설함으로 정식 데뷔했다. 그의 첫 연설은 매우 밋밋하고 전달력도 떨어져 그가 그동안 언어장애를 숨겨온 것이 아닌가 하는 추측까지 낳았다(2000년 10월에 김정일을 만났던 올브라이트 장관은 후에 그가 명쾌하고 결단력 있는 사람이라고 평가했다). 이 기간 동안 그는 꽤 특이한 성격이라고 알려졌는데, 예를 들면, 극도로 비밀스럽고, 의심이 많고, 병적으로 질투하며 몸을 매우 사리고, 눈에 띄게 공개석상을 불편해 했다고 한다.[40] 정치국 회의에 자주 지각하거나 만취상태로 나타났으며 어떤 때는 공격적으로 토론을 지배하기도 했다고 한다.[41]

1994년 7월 8일 평양방송은 북한의 엄청난 뉴스를 한 줄로 전했다.

위대한 심장이 멈췄습니다.[42]

아버지의 갑작스런 죽음으로 아들은 자신이 평생 일궈 온 자리를 공식적으로 차지하게 됐다. 하지만 지금까지도 김정일이 자신의 즉위를 치밀하게 사전에 음모하고 계획한 것이라는 소문이 계속되고 있다. 내용인즉슨, 1994년 봄과 여름, 김일성은 전쟁과 평화 사이에 반복되는 외교 관계로 인해 적잖은 스트레스에 시달리고 있었다. 그 해 6월 북한과 미국의 핵 위기는 절정에 달했다. 북한이 미국의 협박에 대항하며 핵무기 제조를 위한 플루토늄 축적의 첫 단계인 연료봉을 영변원자로에서 적출했기 때문이었다. 당시 미 국무장관 윌리엄 페리(William Perry)에 따르면 클린턴 행정부는 군사공격 계획을 세우며 즉각 반응했다. 두 나라가 전쟁 직전의 상황에 처해있는 동안 지미 카터 전 대통령이 평양에서 김일성과 만났고 탁월한 개인 외교로 해결책을 협상했다. 이것은 1994년 10월 미북 제네바합의의 근간이 됐다. 미국의 외교적 조건 중 하나는 북한이 미국의 동맹국인 한국과의 관계를 개선하는 것이었다. 김일성은 당시 한국의 김영삼 대통령(1993~1998년)과 역사상 첫 정상회담을 하겠다고 응답했다. 그러나 이 정상회담을 준비하는 동안 모든 것이 불투명해졌다. 황장엽의 증언에 따르면 김일성은 묘향산의 한 별장으로 보내져 아들 김정일과 정상회담에 대해 많은 논쟁을 벌였다. 김일성이 직접 공항에 나가 한국의 대통령을 맞이할 것인지, 김영삼 대통령을 어떤 호칭으로 불러야 할지, 특히 수천 명의 주민을 동원해 한국의 대통령을 맞을 것인지 등등. 아버지는 정상회담을 옳다고 생각한 반면 아들은 자신이 그토록 혐오하는 한국의 대통령과 만나는 것에 대해 격렬히 반대했다(후에 김영삼 대통령이 김일성의 장례식에 조문사절 보내기를 거절하자 김정일은 그를 '급살맞을 인간쓰레기'라고 매도했다). 당시 김일성은 아들의 부실한 경제관리로 이미 감정이 좋지 않았다. 김일성은 얼마 전에야 평양 밖의 경제사정이 얼마나 열악한지 알게 됐고 아들이 이런 심각한 상황에 대해 제대로 보고하지 않은 것에 크게 화가 나 있었다. 그는 카터 대통령과의 회담과 곧 열릴 한국과의 정상회담으로 열악한 상황을 개선할 수 있을 것이라고 생각했다. 아마도 두 나라로부터 많은 원조를 받을 것으로 기대했을 것이다. 두 부자는 심하게 다퉜고 얼마 지나지 않아 아버지는 심장마비를 일으킨 모양이었다. 몇 시간 후 그는 침실 바닥에 얼굴을 박고 숨진 채로 발견됐다. 곁에는 김일성의 주치의가 아닌 경험도 없는 어린 의사가 대기해 있었다. 의료진과 응급 장비들이 묘향산 휴양지로 급파됐으나, 기상악화로 헬리콥터는 추락했고 구급차는 제 시간에 도착하지 못해 그는 1994년 7월 8일 죽음을 맞았다. 더 자세한 내용은 알려진 바가 없다. 김일성이 어디를 가든지 따라다니던 의료진이 김일성의 곁에 없었다는 것은 믿기 힘들다. 그리고 이상하게도 당시 거기에 있었던 의사, 경호원, 도우미들은 모두 죽거나 수용소로 사라졌다.

김일성의 사망이 더욱 흥미로운 점은 북한 주민들이 그의 죽음을 진정으로 애도했다는 것이다. 북한은 당연히 주민들에게 밖으로 나와 애도할 것을 강요했다. 그러나 영상을 보면 그들의 모습에는 전혀 거짓이 없다. 그들은 '위대한 지도자'를 한 몸으로 포장된 어머니이자 신으로 사랑하도록 배웠다. 그들의 눈물에서 지도자의 죽음으로 인한 심리적, 정신적 공허가 분명히 느껴졌다. '친애하는 지도자'인 아들은 그가 나라를 제대로 이끌지 못할 것이란 추측이 난무하는 가운데 정권을 잡았다. 1994년 여름 한국의 학자들은 나에게 김정일이 그 해 말까지도 버티지 못할 것이라고 당당히 말했다. 그는 경험도, 군의 충성도, 아버지와 닮은 카리스마도 없었다. 북한이 곧 기근에 가까운 식량결핍을 겪을 것이라는 것이 김정일 정권이 붕괴할 것이라는 예측에 힘을 실었다. 아들은 자신을 북한의 지도자로 바로 선언하지 않았다. 대신 아버지를 상징적으로 회생시켰다. 애도 기간이 끝나고 1998년 김정일은 헌법을 개정하고 김일성을 공화국의 '영원한 주석'으로 추대했다. 그는 거대한 영묘를 짓고 아버지의 시신을 안치했다. 또한, 새로운 연호를 선언했는데 김일성이 태어난 해인 1912년을 달력의 시작으로 만든 것이었다(2012년이 김일성이 태어난 지 100년째 되는 해다). 북한에서 4월 15일은 크리스마스와 다름없다(아이들에게 선물이 없다는 것만 빼고). 1998년 7월 26일 아들 김정일은 최고인민회의를 통해 국방위원장으로 공식 선출됐다.

김정일의 죽음과 업적

1998년에 김정일이 정권을 잡았을 때, 10년 후에 그가 뇌졸중을 일으키고 그로부터 겨우 삼 년 후 심장마비로 죽을 것이라고 예견한 사람은 아무도 없었을 것이다. 2011년 말에 이 책이 미국 언론에 알려졌을 즈음 북한 언론사는 12월 19일의 보도 발표로 세상을 놀라게 했다. 김정일이 '북한 인민을 위한 겹쌓인 정신적, 육체적 과로'로 '중증급성 심근경색이 발생되고 심한 심장성 쇼크가 합병'돼 사망했다는 것이었다. 상대적으로 짧은 통치기간이었음에도 그는 국가를 위해 몇 가지 업적을 남겼다.

정권 초기부터 '친애하는 지도자'는 자신의 약점들을 인지하고 보완하기 위해 노력했다. 지도자로 군림하는 동안 군부와 밀착된 관계에 기반을 두었으며, 군을 앞세우는 '선군'정치로 김정일은 국방위원장의 자리에 올랐다. 이전까지는 국방위원회가 국방을 책임지는 가장 높은 기관이기는 했으나, 내각과 최고인민회의, 사법부, 그리고 제일 중요한 당과 함께 어깨를 나란히 하는 기관이었다. 그러나 김정일은 국방위원장의 자리에 앉아 국방위원회를 정치적 결정을 내리는 실질적인 최고권위의 조직으로 만들었다. 이 당시 장군 일곱 명과 민간인 세 명으로 구성돼 있던 국방위원회는 국가의 심장이던 당을 대체했다. 현재 선군정치는 북한 사람들의 생활에 있어 핵심적으로 두드러지는 특성이다. 군은 북한 주민의 보호자 역할 뿐 아니라 식량, 서비스, 기술지원, 혁명

교육도 제공한다. 군인들은 정기적으로 밭을 경작하고 수도꼭지도 고치고 막힌 변기도 뚫어주며 북한 사회에 지속적으로 군의 영향력을 침투시켰다. 12년의 의무 병역과 60세까지 의무 비상근 복무로 이뤄진 징병제도는 모든 이들이 군에 자식과 같이 연결돼 있음을 확인시킨다. 박한식 교수에 의하면, 최근에 미혼인 북한 여성에게 어떤 남자와 결혼하고 싶으냐고 물으면 대부분 '군인'이라고 답한다고 한다.⁴³ 하나의 에피소드에 불과하지만 이것이 내포하는 의미는 매우 크다. 국방위원회의 정치적인 승격과 선군정치 우선정책으로 김정일 정권은 군과 민간 사이의 벽을 파괴하고 군 문화가 북한의 궁극적이고 일상적인 문화가 되도록 했다.

'아들'의 공식적인 집권기간은 '아버지'가 책임졌던 반세기보다 상대적으로 짧았다. 만약 김정일이 김일성처럼 82세까지 살았더라면 1994년부터 2023년까지 29년간 집권했을지도 모르지만, 2011년에 사망함으로써 겨우 17년간 북한을 통치했다. 그의 통치는 도전과 실패의 흔적만을 남겼다. 1990년대 세상에 알려진 것처럼 북한의 가장 큰 문제는 식량난이었다. 김정일은 정권을 잡은 후 북한의 식량배급제의 붕괴와 기근의 조짐을 막기 위해 고군분투했다. 기근으로 이어지는 동안 그의 정권은 '하루에 두 끼 먹기' 운동을 벌여 식량난에서 벗어나고자 했으나 그것만으로는 충분하지 않았다.⁴⁴ 1990년 중반은 그야말로 '사회주의 낙원'이 지옥으로 탈바꿈하기 시작한 시기였다. 북한은 이 시기를 '고난의 행군' 시기로 부르는데, 이 때 무분별한 국가정책과 자연재해로 인해 적게는 60만 명에서 많게는 100만 명의 북한 주민들이 목숨을 잃었다.⁴⁵ 북한 전체 인구의 3~5퍼센트를 아우르는 수치로 북한에 상상도 할 수 없는 아픔과 고통, 박탈감을 안겨 주었다. 이것은 근대 민족국가 역사상 한 산업사회가 잘못된 경제 경영으로 겪은 최악의 기근으로 기록됐다. 유엔세계식량계획(World Food Programme, WFP)이 이런 상황을 완화하기 위해 1995년부터 2001년까지 매년 92만 톤이 넘는 식량을 제공했으나 함경남북도의 상황은 처참했다. 식량폭동이 일어났고, 전해진 바에 의하면 김정일의 경호원 한 명이 1998년 3월에 김정일 암살을 시도했었다는 소문도 나돌았다고 한다.⁴⁶

김정일의 최대 실패는 경제개혁 실패와 연관이 있다. 2002년 7월에 시작된 북한의 경제 개방 시도는 물가통제와 배급을 중단하여 시장경제를 견인하고자 하는 합리적인 노력이 결코 아니었다. 부족한 공급량(즉 통제수단)에도 배급제를 지속하기 위한 비합리적인 조치였다. 간단히 말하자면, 김정일은 북한을 자유시장경제로 전환하고자 배급제를 중단한 것이 아니었다. 그가 배급을 중단한 것은 식량, 의복, 쌀 등 생필품을 공급할 수 없었기 때문이었다. 공급량이 확보되자 그는 다시 배급제를 정치적 통제의 도구로 활용했다. 게다가 일방적으로 화폐단위를 변경했다. 왜일까? 화폐단위를 바꾸고 정해진 금액만 교환하게 함으로써 북한 주민들이 자영업으로 올린 부수입이나 보유하고 있던 자산을 효과적으로 무력화하기 위해서였다. 이로써 주민들을 또 다시 정부에서 나오는 배급에 의존하도록 했다. 김정일은 경제 발전보다 정치적 통제가 더 중요하다고 믿었다. 김정일은 언젠가 북한에 클럽메드(Club Med)를 만드는 것이 어떻겠냐는 제안을 받은 적이 있다. 클럽메드는 외딴 곳에 이국적인 휴양지들을 세워 유명해진 사업체로 북한의 해변이나 산골짜기와 같은 외진 곳을 염두에 뒀을 것이다. 북한은 이 사업으로 고용과 수익을 창출하여 굶어 죽고 있는 경제를 되살리는 데 일조할 수도 있었을 것이다. 그러나 김정일은 북한 주민들이 외국인에 노출되는 위험과 통제력을 상실할까 두려워 이 제안을 거절했다. 관료들은 외국과의 접촉을 통해서가 아닌, 있는 그대로의 자산만으로 북한 경제를 바로잡으려고 했다. 한 에피소드로 조총련과의 담화에서 김정일은 "우리는 외국 여행객들이 떼거지로 몰려와 에이즈를 전파하는 것을 원치 않는다."[47]라고 말하기도 했다.

핵무기 제조 외에 김정일의 단 하나의 긍정적인 업적은(부정적인 것은 많지) 짧은 시간에 자신의 대외 이미지를 변신시킨 것이다. 이는 2000년 6월 한국 김대중 대통령(1998~2003년)과의 정상회담과 2000년 10월 매들린 올브라이트 국무장관과의 회담에서 이룬 것이었다. 그는 이 회동을 통해 자신감, 재치, 국제정세에 관한 박식함을 보여줬다. 이런 그의 모습은 전 세계에 퍼졌다. 지난 세월 쌓아온 '은둔'의 이미지를 벗기 위한 계획적인 의도였는지는 몰라도, 그는 김대중 대통령에게 비밀리에 세계 여행도 다녔고 자신이 서양의 언론에 묘사된 이상한 외계인 같은 생물체와는 거리가 멀다고도 했다. 정상회담 중에 미소 짓고 박장대소하는 그의 모습은 한국 사람들의 마음을 사로잡았고 그에 대한 선입견이 바뀌기 시작했다. 한때는 악당이자 사악한 사람이었던 그가 한국 사람들에게 '정상인'에서 '정치인다운' 또는 '사랑스럽기'까지 한 인물로 인식됐다. 새로운 모습의 김정일에 놀란 타임지는 그를 2000년도 '올해의 아시아인'으로 선정했다. 김정일은 웹 서핑도 하고 이메일 주소도 있다고 올브라이트 장관에게 말했다. 그녀는 그를 "자신이 원하는 것을 아는 똑똑한 사람이다. 소외됐지만 생각없는 사람은 아니었다 … 국가의 절망적인 상황에서도 낙망하거나 걱정하는 모습이 아니었다. 자신감이 있어 보였다."라고 설명했다.⁴⁸ 올브라이트 장관과 함께 회담에 참석한 찰스 카트만(Charles Kartman)은 김정일을 다음과 같이 분석했다.

> 이성적인 사람으로 올브라이트 장관과 접견한 장시간 동안 우리와의 대화에 적극적으로 참여했다 … 나는 그의 주의가 흐트러지는 것을 보지 못했다. 그는 대화의 요점을 놓치지도 않았다 … 항상 요점을 파악했고 에너지가 넘쳤으며 결정을 내릴 줄 알았다 … 우리의 견해로 … 그는 얼마든지 함께 사업을 할 수 있는 사람이었다. 유머 감각이 있고 내빈에게 개인적으로 신경 써 주는 사람으로 보였다. 나중에 비난 받을까 이 단어를 사용하기 싫지만 … 그는 품위가 있는 사람이었다.⁴⁹

국가의 참담한 상황은 김정일의 지도자로서의 위치에 절대로 위협이 아니었다. 오히려 그의 건강이 문제였다. 그는 여러 질병을 앓았던 것으로 알려졌다. 이 중 몇몇은 과음으로 인한 것이었다. 한때 김정일의 경호원이었던 탈북자들에 따르면, 1970년대에 그는 알코올 중독에 골초여서 심장 질환과 간 질환이 있었다고 한다. 간혹 검은 선글라스를 착용한 모습이 언론에 공개되곤 했는데 유행을 따른 것이라기보다 백내장 때문이었다. 1990년대에는 그가 당뇨병과 신장 질환을 앓고 있다는 소문이 났다. 사실이든 아니든 그의 건강 상태는 상당히 좋지 않았고, 2000년에 장쩌민(江澤民) 중국 주석에게 담배와 독한 술을 끊었다고 이야기했다고 한다. 김정일의 건강에 대한 의문은 2008년 8월에 뇌졸중을 일으키며 확인됐다. 몇 개월간 공식석상에서 자취를 감추었기 때문이었다. 2008년 9월 북한 정권 수립 60주년 행사에도 나타나지 않았다. 그 다음 달 조선로동당 창당 행사도 불참했다. 2008년 11월에 병이 재발했다는 소문이 돌았다(나는 워싱턴 DC에서 열렸던 한미 척추신경외과의 사학회에서 연설을 한 적이 있다. 연설이 끝난 후에 나이가 좀 있는 신경외과의사가 나에게 와서 얘기하기를 유럽의 동료 의사가 뇌출혈을 일으킨 뇌의 MRI 사진을 봐달라고 했다고 한다. 환자의 신원은 밝히지 않고 그 환자가 한국 신경외과의사의 소견을 원했다고만 말했다고 한다. 현재까지 그 의사는 그 사진이 김정일의 뇌출혈 사진이었을 것이라고 확신하고 있다). 김정일의 병이 심각하다는 추측이 난무하는 가운데 북한 관리들은 그와 아버지의 트레이드마크인 '현지지도' 사진을 내보냈다. 그러나 전문가들은 그 사진들이 조작됐다고 생각했다. 마침내 김정일이 방송을 통해 회의에 모습을 나타냈을 때 그의 건강문제가 심각한 것임이 명백히 드러났다. 살이 엄청 빠졌고 절뚝거리며 걸었다. 북한에 억류된 두 명의 미국 기자들을 데려오기 위해 빌 클린턴 전 대통령과 함께 김정일을 만나러 갔던 사람들은 그가 생기가 넘쳤고 회복된 것처럼 보였으나, 걸을 때 절뚝거렸고 왼쪽이 약한 듯 떨림 증상을 보였다고 했다. 이는 뇌출혈 환자들에게 나타나는 일반적인 증상들이다. 그 다음으로 공식석상에 나타난 2010년 10월 68세의 지도자 김정일의 건강이 쇠퇴하고 있음은 더욱 명백했다. 2011년에 아이러니하게도 중국 관리들은 김정일의 건강이 많이 호전되어 다시 술과 담배를 한다고 외부에 지속적으로 선전했다. 2011년에 등장한 조금

살이 붙은 김정일의 사진이 이런 중국의 주장을 뒷받침했다. 그러나 이 주장은 확실히 잘못된 것이었고 중국마저도 북한 내부 사정에 얼마나 어두운지 증명하는 계기가 됐을 뿐이었다.

혹자는 김정일이 북한을 그렇게 끔찍하게 통치하고도 왜 비난을 받지 않았나 궁금해 할 수도 있다. 북한과 같은 피해망상적인 독재정권에서 지도자의 보안과 보호는 보통 가족 내에서 이뤄진다. 극소수의 사람만이 지도자에게 접근할 수 있고 조지 오웰(George Orwell)의 《1984》에 묘사된 것과는 전혀 다른 주도면밀한 감시체계는 내부 폭동의 가능성을 원천적으로 봉쇄한다. 경호원들(이들이야말로 김정일을 가장 가까이에서 접하는 사람들이다)에 의한 '친애하는 지도자'의 암살 시도가 두 번 있었다는 소문이 있었다. 널리 알려진 사건은 2004년 4월에 일어났다. 질산암모늄과 연료를 싣고 중국과의 국경 근처인 룡천역에 정차돼 있던 기차가 갑자기 폭발했다. 이 사고로 170명이 죽고 수백 명이 다쳤다. 김정일이 탄 기차는 사건이 일어나기 아홉 시간 전에 그 역을 지나쳐 중국으로 들어갔는데, 많은 사람들이 이를 김정일 암살시도로 여겼다고 한다. 보안을 이유로 김정일의 동향을 절대 보도하지 않는 조선중앙통신이 이례적으로 김정일의 무사귀환을 보도한 것도 이 때문이었다. 이는 김정일이 암살당했다는 소문을 일축시키려는 의도로 추정된다.

북한 왕조의 권력승계는 의심할 여지가 없었다. 2008년부터 2011년까지 김정일의 건강문제로 차기 권력이양에 대한 준비가 시급했다. 아들로 권력을 넘기는 것은 북한 사람들 생각으로는 당연한 절차였다. 올브라이트 전 국무장관은 저녁식사에서 김정일에게 어떤 국가를 모범적인 국가로 생각하는지 물은 적이 있다. 아니나 다를까, 김정일은 태국을 선택했다. 태국의 견고한 왕족 전통과 독보적인 자립주의 때문이었다 (태국은 아시아에서 유일하게 식민통치를 받지 않았다). 실제로 2002년 김정일의 60세 생일 바로 직후에 〈로동신문〉은 혁명의 최후 승리는 세대를 아울러야 한다는 긴 사설을 게재했다. '아버지'가 달성하지 못했으면 '아들'이 달성해야 하고, '아들'이 못하면 그 다음 세대가 해야 한다는 논리였다. 여기서 '다음 세대'는 세 명의 '손자들' 중 하나를 일컫는 것이었다.

손자들

2001년 4월에 일본 정보당국은 '요주의 인물'이 싱가포르에서 일본으로 입국할 것이라는 제보를 받았다. 그 다음 날, 한 퉁퉁한 30대의 동양남자가 나리타 공항에 도착했다. 비싼 롤렉스 금시계를 차고 미 달러를 뭉치로 소유하고 있었다. 명품 옷과 명품 핸드백으로 치장한 두 명의 여자와 어린 남자아이 한 명이 동행했다. 출입국 관리당국은 이상한 정황을 포착했다. 남자의 여권상 이름이 '판시웅'이었는데 여권은 도미니카 공화국에서 발행된 것이었다(아무리 세계화 시대라고 하지만 중국계 도미니카인이 몇 명이나 되겠는가). 일본 당국은 일행을 억류하고 남자를 심문했다. 방문 목적이 무엇이냐는 질문에 남자는 가족들과 디즈니랜드에 가는 것이라고 대답했다. 한 시간 동안 묵묵부답이던 그가 결국에는 2,000달러를 주고 가짜 여권을 구입했다고 자백했다. 더욱 놀라게 한 것은 그의 다음 말이었다. "나는 김정일의 아들이다."라고 한 것이다. '위대한 지도자' 김일성의 가장 큰 손자는 그제야 배고프다며 관리들에게 햄버거를 갖다 줄 수 있겠냐고 물었다.

　유교적 전통은 보통 장남이 가업을 잇는다. 도쿄(東京) 디즈니랜드 방문이 무산되고 나리타 국제공항에서 강제추방 당한 김정남은 꽤 오랜 시간 후계자가 되기 위한 준비를 해왔다. 김정일의 세 아들 중 첫째인 그는 김정일과 배우였던 성혜림 사이의 유일한 자식이었다. 김정일은 성혜림과 정식으로 결혼하지는 않았지만 그녀에게 완전히 반했었다고 한다. 김정남은 비록 혼외정사로 낳은 아들이었지만 어렸을 때 아버지로부터 온갖 선물공세를 받았다. 1990년대에 그는 군과 당의 요직을 차지했다. 하지만 디즈니랜드 사건을 포함해 여러 문제로 그는 기회를 잃게 됐고, 현재 40대인 '장손'은 그 후로 북한을 떠나 다른 나라에서 살고 있다. 그는 아버지의 나쁜 습관들을 물려받아 도박, 스포츠카, 술을 즐긴다. 또한, 그는 남중국해가 내려다보이는 마카오의 빌라 임대료로 50만 달러를 받는다고 한다. 아버지와 달리 인민복을 즐겨 입지 않고 금으로 된 액세서리와 청바지, 명품 구두로 치장하기를 좋아한다. 김정남은 택시를 타고 한국 식당에 가거나 알티라 호텔에서 도박을 하는 등 이상하리만큼 평범하게 살고 있다. 일본 기자들은 파파라치 마냥 그를 쫓아다니는데, 그는 가끔 기자들이나 자신을 찾아오는 사람들과 이야기를 나누기도 한다. 2010년 6월 김정일의 심장 발작에 관한 의혹이 제기되자 그는 한국 기자들에게 아버지가 건강하다고 말했다. 또한, 2009년에는 북한의 후계자가 김일성의 '장손'인지, 또 마카오에는 디즈니랜드 사건으로 숨어 있는 것인지 그 여부를 묻자, "내가 후계자라면 마카오에서 이런 평상복을 입고 휴가를 보내겠소? 나는 북한 시민으로 마카오와 중국에서 생활할 권리가 있는 사람이오. 나를 북한으로부터

도피했다고 하는 것은 잘못된 것이오."라고 답했다. 2012년 1월 김정남은 사망한 아버지로부터 배다른 동생에게 권력이 이양되는 것에 대해 노골적으로 비판했다. 일본 기자가 쓴 책에 보면 김정남은 북한 정권이 붕괴를 피할 수 없을 것이란 회의적인 태도를 보였다고 한다. 이런 공개적인 불화는 김씨 일가에 전례 없는 일이었다.

이로써 후계자 후보로 김일성의 다른 두 '손자'인 김정철(1981년생)과 김정은(1985년 또는 1987년생)이 남게 됐다. 2010년 가을 제일 어린 김정은이 예상 후계자임이 명백해졌다. 겨우 27세 아니면 28세(정확한 나이는 모른다)의 젊은 청년은 비록 군복무 경험이 전혀 없었지만, 2010년 9월에 인민군 대장 칭호를 수여 받았다. 또한, 당 중앙위원회에서는 서열 2위로 등극했다. 이 두 가지 지명은 25년 전 아버지가 임명 받았던 것과 비슷한 것으로 김일성의 막내 손자가 차기 지도자로 승계되고 있음을 암시하는 것이었다. 2011년 2월 아버지의 칠순 생일을 며칠 앞두고 김정은은 선군정치의 최고 정책결정기관인 국방위원회의 간부가 됐다. 2011년 12월 김정일의 갑작스러운 죽음으로 권력승계 과정은 급물살을 타게 됐고, 김정은을 지도자로 만들기 위해 다른 호칭들이 부여되면서 '위대한 후계자'로 추앙됐다. 얼마 후에 조선중앙통신은 김정은이 조선인민군의 '최고사령관'이 됐다고 발표했다. 12월 31일 국방위원회는 성명을 통해 그를 '위대한 영도자'로 칭하고, 그와 아버지의 사진이 함께 담긴 기념우표를 발행했다. 그를 지도자로 만들기 위한 작업은 2012년까지 이어졌다. 훈련 중인 군인들과 만나는 (뚱뚱한 몸으로 탱크 조종석에 비집고 들어간) 사진이나 김정은 개인숭배를 조장하는 선전용 다큐멘터리들이 제작됐다.

우리는 신기하리만큼 김일성의 '손자'에 대해 아는 것이 없다. 그의 아버지 김정일이 수수께끼였다면 김일성의 '손자' 또는 '위대한 영도자'는 블랙박스다. 김정은은 2010년 9월에 열린 조선로동당 제3차 당대표자회의를 통해 정식 데뷔했다(첫 당대표자회의는 1966년에 열렸었다). 전 세계는 늙은 아버지 옆에 서 있는 175센티미터에 90킬로그램의 젊은이를 처음 보았다. 한국의 인터넷 사이트는 즉시 그의 몸무게(주민들이 굶어 죽고 있는 나라임에도 불구하고)를 조롱하고 그를 '대식가'라고 부르며 '젊은 장군'을 비웃기 시작했다. 정작 북한에서는 그에 대한 정보가 더욱 부족했다. 아마도 북한 정권이 모든 정보와 이미지를 통제하고 집행하길 원했기 때문일 것이다. 당시 가족과 평양으로 휴가를 다녀 온 내 영국인 친구는 (이 가족은 특이한 휴양지를 선택하는 것에 큰 자부심을 갖고 있다) 김일성 광장에 있던 사람들과 대화를 시도했다고 한다.

젊은 지도자에 대해 어떻게 생각하냐고 묻자 그들은 김정은의 지성과 위대함에 대해 과장스럽게 대답했다고 한다. 그런데 오히려 북한 사람들이 내 친구에게 김정은의 사진을 본 적이 있냐고 묻더라는 것이다. 김정일 사망 후 김정은의 모습이 급작스레 공개되기 전까지 마치 신이라도 되는 양 젊은 지도자의 모습은 감춰져 있었다. 당시 권력승계의 공백 기간을 보충할 만큼 김정은의 이미지 메이킹(image making)은 충분히 이뤄지지 않았다. 김정은의 눈에 띄는 둥근 얼굴이 사진이나 영화, 포스터, 그림에 등장하기 시작했다. 외부 세계에 비춰진 젊은 지도자의 첫 번째 이미지는 아버지의 장례식에서 통곡하는 모습과 국가의 '위대한 영도자'로서 김일성 광장에 모인 많은 군중 앞에 말없이 마지못해 서 있는 모습이었다. 이 사진들은 이후 자신의 할아버지가 그랬던 것처럼 군인들이나 농부들과 함께 현장에서 웃고 있는 트레이드마크인 '현지시찰' 사진들로 바뀌었다. 세상에도, 북한 주민들에게도 김정은의 외모는 60여 년 전 소련이 처음으로 김일성을 북한에 공개했을 때의 모습과 판박이로 보이도록 계산된 것이었다. 한국의 몇몇 뉴스 기사들은 북한의 새로운 지도자는 자신의 모습에서 김일성이 보이도록 성형수술까지 했다고 주장했다.

나는 이 모든 것이 할아버지와 유사하고도 새로운 이념을 창조해 내기 위한 시도였다고 생각한다. 또한, 아직도 많은 북한 사람들이 김일성에 대해 큰 애정을 갖고 있기 때문이기도 하다. 그에 비해 김정일이 사망했을 때 보인 북한 사람들의 의무적인 통곡과 애도는 김정일에 대한 애정이 그리 크지 않았음을 말해준다.

김정은과 함께 그의 고모 김경희와 고모부 장성택도 승격했다. 김경희는 조선인민군 대장계급을 달았고 당중앙위원회의 최고위원에 올랐다. 장성택은 2010년 6월에 국방위원회의 부위원장으로 선출됐고 영향력 있는 기관인 사회안전부와 국가보위부를 책임지고 있다. 60대로 젊은 축에 속하는 리영호(2012년 7월 숙청)도 대장으로 승진했고 상임위원회와 당 중앙군사위원회에 배치됐다. 일련의 움직임들은 주요 기관들 사이의 균형을 유지하며 지도자 승계를 가족 중심으로 하겠다는 의지를 나타내는 것이다. 이런 가족 중심의 원칙에서 예외인 리영호는 김정일과 장성택과의 친분으로 영광을 누리고 있다. 이상 네 명이 김정일을 잇는 새 지도부의 핵심을 이루고 있다. 그들의 직책이 당과 군 사이의 균형을 대변하는데, 김정일의 '선군'시대에 비해 조선로동당의 지위가 높아졌음을 의미한다. 하지만 결국 누가 최종 지도자가 될 것인가는 의심할 여지가 없었다. 많은 사람들은 '손자'가 차기 위대한 지도자이며, 김정은이 지도자가 되기 전에 취해진 모든 조치는 김정일의 쇠퇴하는 건강을 감안해 손자를 무리 없이 후계자로 승격시키기 위해 계획된 것이라고 믿고 있다.

30세도 안 된 '위대한 영도자'는 도대체 누구인가? 그에 대한 가장 흥미로운 사실은 그가 교육을 받기 위해 고립된 북한을 떠나 생활한 적이 있다는 것이다. 1998년부터 2000년까지 2년가량 스위스 베른 근처의 슐레 리베펠트-슈타인 휠츨리 공립학교에 재학했다.[50] 나는 그와 같은 반에 있었던 한국인 친구를 만났다. 그녀의 아버지는 당시 스위스에서 근무 중이었다. 성미(가명)[51]는 그 학교와 도시에 한국 사람이나 아시아인들이 많지 않았기 때문에 "서로 어느 정도 알고 지냈고, 새로운 친구가 오면 바로 알 수 있었다."라고 회상했다. 학교는 작은 편으로 한 반에 13~15명의 학생이 있었다. 하루는 저녁식사 중에 한국에서 새로 온 가족에 대한 이야기가 화두가 됐다고 한다. 한국의 주재원 가족들끼리는 가깝게 지내고 있었기 때문에 새로운 가족에 대해 미리 전해들은 바가 없던 성미 어머니는 깜짝 놀랐다고 한다. 나중에 한 일본인 학생 부모로부터 그 가족이 북한에서 왔다는 것을 전해 듣고는, 성미의 부모님은 호기심으로 방과 후에 아이들을 데리러 갈 때마다 혹시 아이의 가족을 만날 수 있을까 기웃거렸다고 한다. 하지만 어린 소년의 부모는 한 번도 나타나지 않았고, 대신 매일 검정 승합차가 와서 그를 급히 데려갔다고 한다. 어버이날 성미의 가족은 리셉션에서 그에게 다가가 한국어로 "부모님 여기 계시니? 한번 만나 뵙고 싶은데."라고 말하자, 어린 아이가 심한 북한 억양으로 퉁명스럽게 "우리 엄마, 아빠 여기 없어."라고 대답했다고 한다. 그 답변에 성미의 부모님은 화들짝 놀랐다고 한다. 왜냐하면 어린 아이가 존칭을 쓰지 않았기 때문이었다. 이 일로 성미는 그 아이를 '나쁜 아이'로 보게 됐다고 한다.

성미는 김정은을 조용한 아이로 기억했다. 그는 박운(또는 박은)이란 가명을 썼고 가족이 스위스 주재 북한 대사관에서 근무한다고 말했다고 한다. 학교에서 박운은 북한에서 온 또 다른 사내아이와 항상 함께 다녔으며, 그 둘은 좀처럼 서로 떨어진 적이 없다고 한다. 그는 스포츠(농구)와 연극을 포함한 여러 방과 후 활동에도 참여했다고 한다. 성미의 부모님은 학예회에 행여나 그의 부모님이 참석할까 기대했지만, 최신형 비디오카메라를 손에 든 검은 밍크 코트의 여성만 보였다고 했다. 그녀는 사내아이의 공연을 처음부터 끝까지 촬영했고 아마도 그것을 평양으로 보냈을 것이다. 베일에 가려진 박운의 가족에 대해 캐내는 것에 흥미를 잃어가고 있을 즈음이었다. 어느 날 방과 후에 성미가 학교 놀이터에서 그네를 타며 부모님을 기다리고 있었는데, 갑자기 뒤에서 목소리가 들려 깜짝 놀랐다고 한다. 무표정한 얼굴의 박운이 뒤에 서서 한국어로 "내가 밀어줘도 될까?"라고 물어왔다는 것이다. 그녀는 휙 돌아서서 "아니!"라고 답을 했고, 그러자 그 아이가 "괜찮아. 내가 밀어 줄게."라고 말했다고 한다. 그녀는 "하지 마!" 하고 소리쳤지만 김일성의 '손자'는 성미를 살짝 밀었고, 그녀는 뒤돌아서 "하지 말라고!"라는 말을 내뱉고 저리 가라고 소리쳤다고 한다. 그러자 박운은 분노를 삭이며 고개를 숙인 채 그제야 돌아섰다고 한다.

2009년에 어느 기자와 나는 '손자'에 대한 부족한 정보에 대해 이야기를 나누다가 박운에 대해 더 알 수 있는 방법은 학교를 함께 다닌 동창들과 교사들을 찾아내는 것 밖에 없다고 결론 내렸다.[52] 인터뷰들을 통해 기자는 '손자'가 1998년 8월에 스위스에 도착했고 피자 가게, 은행, 시장이 가까운 평범한 교외의 아파트에 거주했다는 것을 알아냈다. 박운의 친구 부모에 의하면 박운이 아들에게(현재 오스트리아에서 요리사로 지낸다) 자기 아버지가 북한의 지도자라고 말했다고 한다. 성미의 부모님도 그랬듯이 이 사실을 확인해 줄 사람은 없었다. 왜냐하면 그의 부모는 한 번도 학교 행사에 나타나지 않았고 대사관 관리들이 그 자리를 대신했기 때문이었다.

또 그의 친구에 따르면 박운은 일반적인 청소년들과 크게 다르지 않았다고 한다. 비디오 게임과 액션 영화를 좋아했고 미국 프로농구의 팬이었다. 그는 정기적으로 농구 시합을 했는데 꽤 잘했고 경쟁심이 강했다. 그의 우상은 아버지와 똑같이 마이클 조던과 시카고 불스 농구팀으로, 그의 방은 마이클 조던, 토니 쿠코치(Toni Kukoc), LA 레이커스의 코비 브라이언트 포스터로 가득했다. 유럽에서 열린 미 프로농구 게임을 몇 번 관람하기도 했다고 한다.

박운의 독일어 실력은 그리 뛰어나지 않아 실력을 향상시키기 위해 따로 독일어 수업을 받았다고 한다. 스위스를 떠날 때쯤 그의 언어 실력은 많이 좋아졌다. 같은 반 친구들은 그가 영어도 어느 정도 했다고 기억했다. 그가 받은 교육과정은 확실히 일반 북한 학생들과는 달랐다. 그는 1921년부터의 스위스 역사와 스위스 정치와 민주주의, 2000년 미 대선에 대한 연구를 포함한 '정당과 선거'란 수업을 들었다. 그는 스위스에 처음 왔을 때와 마찬가지로 어느 날 홀연히 사라졌다. 동기생들은 농구를 같이 즐기던 그가 학기 중에 아무런 통보도 없이 사라졌다고 했다. 교사들과 학교 관리자들도 아무런 통보를 받지 못했고 그 후로 그에게 연락 받은 적도 없다고 했다. 한 동기생은 "다시는 학교에 안 왔다. 완전히 사라져 버렸다 … 우리와 농구를 같이 했던 그가 이제는 독재자가 된다니 … 좋은 지도자가 되길 바란다. 하지만 독재자들은 대부분 그리 좋은 사람들은 아니다."[53]라고 말했다.

김일성의 '손자'는 평양으로 돌아와 군사학교에 입학했고 2006년에 졸업했다. 그의 전기는 처음에 그를 '21세기의 첨단 기술'을 겸비한 '샛별장군'이라고 묘사했다. 김정일이 죽은 뒤 김정은의 호칭은 '위대한 영도자'가 됐다. 2011년 초에 모든 북한 주민들은 김정은의 위대한 지도력에 대한 방송 프로그램을 강제로 시청해야만 했다. 그는 독일어, 프랑스어, 이탈리아어, 영어가 가능하고 중국어, 일본어, 러시아어를 배우고 있는 '천재'로 묘사됐다. 방송은 또 '위대한 영도자'가 미 제국주의의 호전성을 체감하고 북한이 '자주적인 핵무기 보유국'이 돼야 할 필요성을 느꼈다고 설명했다. 자기 아버지와 할아버지의 신과 같은 업적에 뒤지지 않도록 그 역시 더 많은 식량을 생산하도록 농부들을 격려하고 다녔으며, 어느 현지지도에서는 '위대한 영도자'가 9,000제곱미터의 밭에서 1만 5,000톤의 밀을 생산할 수 있는 합성비료를 기적적으로 만들어 냈다고 선전했다.[54] 그는 10만 가구 주택 건설 프로젝트 등 국가시설 발전 프로젝트에도 관여해왔다. 2010년에 그의 생일은 북한의 국경일로 지정됐고 한민족의 발원지인 '백두산을 샛별인 금성이 환히 비추었다'는 문구가 공식문헌을 통해 선전되기 시작했다.

'위대한 영도자'는 두 개의 주요 지지층을 통해 역량을 구축해 왔다.

바로 북한군과 중국이다. 그의 아버지가 혁명 지도자의 역할을 수행하기 위해 군의 신뢰가 필요했던 것처럼, 언론보도에 따르면 '손자'는 2010년 3월 한국의 천안함을 격추시켜 46명의 무고한 해군 선원들을 희생시키는 등 적대적인 도발로 입지를 쌓았다고 한다. 한국 정보당국은 언론에 김정일과 김정은이 천안함 폭침을 집행했던 잠수부대어 훈장을 수여했다고 누설했다. 2010년 10월에 한국 언론은 북한의 도발적인 연평도 포격사건 역시 김정은이 지도자로서의 정통성을 구축하기 위해 벌인 만행으로 간주했다. '손자'는 연평도를 포격했던 포병대를 방문했고 북한 언론은 그가 재래식 방어 전략에 정통한 전문가로 북한 내 알려져 있다고 보도한 바 있다. '위대한 영도자'는 2006년 7월 부시 행정부의 대북정책에 대한 반발로 탄도미사일을 시험발사했던 미사일 기지의 훈련장도 방문했다. 북한의 국영방송은 2012년 1월 김정은의 생일에 맞춰 그의 군사적 입지를 더욱 굳건히 하기 위한 다큐멘터리를 방영했다. 이 다큐멘터리는 김정은이 아버지를 도와 2009년 4월에 있었던 미사일 시험발사(당시 오바마 행정부의 포용의 제스처를 거절한 것이다)를 계획했다고 주장했다. 미사일 시험발사 제어실에서 김정일과 '위대한 영도자'는 "만약 적들이 감히 우리의 미사일을 가로막는다면 전쟁도 불사할 것"이라고 엄포를 늘어놓았다고 한다. 다큐멘터리에는 김정은이 백마를 탄 모습(그의 아버지 김정일이 선전용 미술품에 묘사됐던 것처럼), 탱크를 운전하는 모습, 비행기 조종석에서 조종사를 흉내 내는 모습과 '새해의 첫 총성을 울리는' 사격훈련에 참여하는 모습도 담겨 있다. 김정은은 또한, 북한을 방문한 중국의 모든 사절단을 만나는 등 중국 관료들에게 굽실거리는 데 지나치게 많은 시간을 할애했다. 그만큼 그의 노력들은 결실을 보였다. 김정일 사망 직후 조지타운에서 나와 식사를 함께 한 한국의 고위 외교관이 말하기를 중국이 한국과 일본을 포함한 베이징 주재 여러 대사들에게 전화를 걸었다고 한다. 내용인즉슨 김정은으로 권력승계가 진행 중이니 모든 외교 관계자들은 행동을 자제하고 아무도 북한의 자주성을 무시하지 말라는 것이었다. 이 말은 한국 당국을 분개하게 했다. 왜냐하면 중국이 마치 북한을 독립된 주권국가가 아닌 자기 영토의 일부분인양 행동했기 때문이었다.

깨인 지도자?

'손자'가 스위스 국제학교에서 수학한 경험이 북한에 대한 그의 생각에 어느 정도 영향을 미쳤는지는 아직도 미지수다. 리버펠드 학교와 베른에서의 생활은 북한의 삶과는 완전히 상반되는 것이었다. 스위스는 시민들이 국민투표를 통해 정부에 이의를 제기할 수 있는 열린 민주주의 국가이며 대통령의 임기는 1년이다. 헌법상 그리고 사실상 스위스는 표현, 종교, 집회, 단체 결사의 자유를 보장한다. 확고한 법규와 완전히 독립된 사법부가 있고 종교, 인종, 언어 소수자들의 권리를 법적으로 보호한다. 유권자들의 일정한 동의가 있으면 일반 국민도 새로운 법률을 상정할 수 있는 체제다. 1인당 GDP가 5만 6,370달러인 스위스는 GNP로는 세계 3위이고,[55] 세계에서 여덟 번째로 자유로운 언론을 보장하며, 2009년에는 국제투명성기구로부터 지구상 다섯 번째로 부패가 없는 나라로 평가됐다.[56] 이런 경험은 김일성 '손자'의 사고방식에 영향을 미쳤을까? 리버펠드의 교장은 그랬을 것이라고 믿고 있다. 그는 "자유로운 국가에서 교육을 받는 것과 모든 사람이 거수경례를 해야 하는 사회에서 교육을 받는 것에는 큰 차이가 있다."라고 말한 바 있기 때문이다. "[교육은] 곧 문화"라며 그는 북한의 차기 지도자가 분명히 "그의 삶에 영향을 끼칠 무엇인가를 가지고 갔을 것"이라고 믿는다. 그렇다면 김정은 깨인 지도자일까?

아마도 아닐 것이다. 핵심은 그의 성장 과정이 아니다. 한국전쟁 후 스탈린은 북한의 초대 지도자로 33세의 어린 김일성을 선택했다. 김정일은 30세에 당에서 줄타기를 시작했으며 38세에 아버지의 뒤를 이을 후계자로 지목됐다. 김씨 왕조에서 어린 후계자를 뽑는 것은 향후 40~50년간의 통치를 위한 자연스러운 필수요건이다.

실질적인 문제는 북한체제 그 자체에 있다. 행여 어린 김정은이 사상적으로 깨였다고 하더라도 세 가지의 방해물이 있다. 첫째, 김정일 시대 이후의 진정한 개혁은 주민들을 옭아매는 정치적 통제를 완화할 수 있는 용기와 결단력이 요구된다. 따라서 김정은이 직면한 딜레마는 (예전에 내가 〈포린 어페어스 Foreign Affairs〉에 김정일과 관련해 기고했듯이) 살아남기 위해 개혁을 해야 하는데 이러한 개방 과정은 필연적으로 정치적 통제가 끝장나는 결과를 가져올 것이라는 것이다. 이는 냉전시대 소련과 동구권의 붕괴가 북한에 가져다 준 교훈이었을 것이다.[57]

둘째로 김정은이 만약 그런 개혁을 감행할 용기를 가진 깨인 지도자라 하더라도 그의 뒤에는 북한 역사상 가장 고립되고 폐쇄적인 체제와 조직이 굳건히 버티고 있다. 냉전 이후 현재 북한을 이끌고 있는 즈도층보다 냉전시대 활동했던 군 장성, 당 간부, 그리고 행정 관료들은 세상 경험이 훨씬 풍부했다. 김일성 세대는 동유럽 국가들을 자유롭게 여행할 수 있었다. 김일성은 동독의 에리히 호네커와 루마니아의 니콜라에 차우셰스쿠와 시간을 보내곤 했다. 그에 반해 김정일의 세대는 차우셰스쿠가 길거리에서 처형 당하고, 중국공산당이 1989년 톈안먼(天安門) 사태로 권력이 흔들렸으며, '아랍의 봄'으로 중동의 독재자들이 무너지는 것을 목격했다. 어린 '손자'가 직면한 외부 세계는 그 어느 때보다 암울하다. 이들은 자신의 그림자조차 두려워한다. 이런 모습은 2011년에 발생한 이집트 혁명에 대한 북한 정권의 반응으로 명백히 알 수 있다. 북한 당국은 무바라크 정부를 넘어뜨린 이집트 반란에 관한 모든 뉴스를 차단했다. 북한은 반미 시위자들에 의한 반란이었다고 거짓 보도까지 했다. 또한, 식당이나 시장 등에서 이뤄지는 모든 공적, 사적 집회를 엄격히 통제했다. 이런 편집증은 북한의 상황이 이집트와 상당히 비슷하다고 보았기 때문이었다. 김정일과 호스니 무바라크는 둘 다 독재정치를 했다. 그 둘은 친구였고 그 때문에 이집트의 통신사인 오라스콤(Orascom)이 북한 휴대폰 시장과 독점계약을 맺을 수 있었다. 그리고 김정일이 아들에게 정권 이양을 계획했던 것처럼 무바라크도 자기의 아들 가말에게 그렇게 하려고 했다. 비록 실패로 돌아갔지만 말이다.

마지막으로, 북한과 같은 독재정권은 자신의 철권통치를 정당화해주는 이념 없이는 생존할 수 없다. 그리고 앞에서 언급했듯, '위대한 영도자'의 부상을 뒷받침하는 이념은 미래보다 과거의 영광에 초점을 맞춘다. 신주체 복고주의는 1950~1960년대의 보수적이고 강경한 주체사상으로의 회귀와 다름없다. 북한은 현재 훨씬 번영하고 민주화된 한국보다 잘 살았던 과거로 회귀하고자 하는 것이다. 신주체사상은 또한 핵무기 보유(김정일의 유일한 업적)를 핵심 축으로 하는 선군 이념과 밀접하게 엮여 있다. 북한에서 혁명은 이미 오래 전에 끝났지만 '위대한 영도자'는 냉전시대에나 통했던 진부한 이념적 원리에 집착하는 것 외에는 별다른 방도가 없을 것이다. 김정일이 사망 전 2년여 시간동안 1950년대 북한 대중 노동운동(천리마)의 주요 공장시설을 방문했던 것은 결코 우연이 아니었다. 북한의 초고화질 구글 지도 이미지를 확보하고 있는 북한경제워치(NKEconWatch)가 북한이 냉전시대 중심축이었던 화학, 비날론 공장들을 재건축하고 있다고 보도한 것도 우연이 아니다.

이 외에도 '위대한 영도자'는 1960~1970년대 남북한에서 각기 실시했던 것과 유사한 농업혁명을 시도하고 있다. 생산 목표를 맞추기 위해 거대한 대중 노동력을 동원하는 일을 골자로 하는 것이다. 정부의 중앙통제를 강화하도록 경제법을 전면적으로 개정하고 있다는 보도도 있다. 민간인 수준에서 어느 정도의 혁신과 기업 활동을 허용하던 법규가 완전히 삭제됐고, 모든 결정이 중앙 정부의 통제에 의해 이뤄진다는 규정으로 대체됐다. 모든 주택과 식량 공급도 국가가 주도한다. 평양 주민들은 모두 정부에서 발행한 주민증을 항상 지참해야 한다. 한국의 북한 전문가인 김용현 동국대 교수는 북한 정권이 경제개혁보다 내부 통제를 강화하고 있다고 설명했다.[58] 공개 처형은 지난 한 해(2011년) 동안 세 배나 증가했다. 북한군은 누구든지 불법으로 압록강이나 두만강을 건너다 발각되면 즉시 총살하도록 명령 받았다고 한다. 벽보에는 중국산 휴대폰이나 외화를 사용할 경우 사형에 처해질 수 있다는 정부의 경고장이 붙어 있다. 수용소의 수감자 수 또한 크게 증가했다.

일반적으로 불안정한 독재정권은 정권 이양 시 제도개혁을 시행하지 않는다. 중국의 덩샤오핑과 소련의 고르바초프(Mikhail Gorbachev)와 같이 강력하고 역동적인 독재자들의 경우를 제외하고 말이다. 서른도 안 된 새파란 청년 '위대한 영도자'는 아직 이들의 기준에 못 미친다. 그와 그의 후원자 집단은 근본적인 변신에 대한 원대한 생각은 고사하고 갑작스런 권력승계의 문제를 처리하기에 바쁠 것이다. 어떤 사람들은 이 권력이양이 김정일이 뇌졸중으로 쓰러진 2008년부터 철저히, 매우 상세하게 계획됐다고 믿는다. 원만한 장례식의 흐름과 그 후 곧바로 이어진 '위대한 영도자'의 개인숭배 선전 활동을 그 근거로 들고 있다. 어느 정도 계획을 해 온 것은 틀림없겠지만, 김정일에게는 가업을 이어 받을 준비를 할 수 있는 20년이 넘는 세월이 있었다. 이에 반해, 김정은에게는 고작 20개월이었다. 국가장례가 문제없이 진행된 것은 1994년 김일성이 사망했을 때 이미 각본이 짜여 있었기 때문이었다(심지어는 1976년산 링컨 컨티넨탈 영구차를 세차하는 것까지도). 북한에서는 아무도, 김씨 일가의 친척이라도 "김정일이 죽을 때를 대비해 계획을 세우자."라고 말할 수 없었다. 먼지 자욱한 지도자의 초상화만으로도 누구든지 수용소에 보낼 수 있는 그런 나라다. 전례를 봤을 때, 북한 당국이 '손자'가 지도자로서 자리 잡기까지 적어도 5~10년은 필요할 것이라 예상했다고 하더라도 무리가 아니다. 그들은 지금 현실과 각본을 함께 써내려가고 있다. 김정일은 대외적으로 지도자로 등장하기 몇 년 전에 이미 정권을 장악했다. 이 일이 가능했던 이유는 그가 이미 15년간 매일 국가 경영에 참여해왔기 때문이었다. 아버지 김정일의 사망 이후 곧바로 김정은을 앞세우기 시작한 광란의 선전 캠페인은 갑작스러운 권력이양 과정에 대한 불확실성과 불안감뿐만 아니라 모든 것이 제대로 돌아가고 있는 양 연출할 수밖에 없었음을 암시한다. 북한의 세 번째 지도자의 권력승계를 위한 노선이 사전 계획되어 있었다 하더라도 그 길은 이념 때문에 막다른 골목에 다다랐을 것이다. 이 복고주의 이념은 개혁과 개방의 여지가 거의 없다. 왜냐하면 지난 시절의 실패를 개혁 실험으로 인한 '사상적 오염' 탓으로 돌리기 때문이다. 김일성의 '손자'는 명백한 딜레마에 빠져있다. 그가 물려받은 국가는 이 새로운 신주체 복고주의의 이념으로 지속될 수 없다. 그러나 그것만이 새로운 지도부를 정당화할 수 있는 유일한 이념이다.

이상 적힌 내용들은 수수께끼와 같은 김씨 일가의 북한 통치에 대한 겉핥기에 불과하다. 우리는 오사마 빈 라덴을 포함한 미 정보당국의 어느 요주의 인물보다 이 가족이, 북한이 내부적으로 어떻게 작동하는지에 대한 정보가 더 부족한 형편이다. 아버지 김일성이 북한을 독재적으로 통치한 것은 부인할 수 없지만 그는 적어도 북한 주민들이 생각하는 북한의 전성기를 견인했다. 당시 북한 정권은 강했고 확고한 공산주의 국가로서 소련과 중국 양 강대국이 지지대 역할을 해 주었다. 아들 김정일은 아버지와 자신의 개인숭배를 창조해냈고 한국전쟁 이후 북한 주민들이 경험하지 못했던 기근과 빈곤으로 20년간 북한의 쇠퇴를 초래했다. 정치 수뇌부를 군사화하고 핵무기를 개발한 것이 그가 북한의 역사에 공헌한 유일한 업적이다. 손자 김정은은 절망의 나라를 물려받았다. 그리고 국제적인 교육(다른 북한 사람들에 비해)을 받았음에도 밝은 미래를 지향하기보다는 할아버지 때의 진부한 국가 이념에 매몰돼 있다. 또한, 자신의 정통성을 아버지의 핵 업적에 기반을 두고 있다. 신주체사상에서 개혁과 개방은 정신적 오염과 동일시된다. 이렇듯 실현 불가능한 이념의 융합은 '위대한 지도자' 김일성의 손자를 벌거벗은 황제로 만들 것이다.

제4장

다섯 번의 잘못된 결정

염소.

한때 북한 경제위기의 해결책으로 논의됐던 적이 있다. 한반도 이북 지형은 산악지대가 많아 농업에 적합하지 않다. 소를 방목할 수 있는 초원이 없기 때문에 유제품이나 고기를 구할 수도 없다. 그래서 1996년 북한은 염소 사육을 시작했다. 산짐승인 염소는 우유와 고기의 주된 공급원이고 암석이 많은 높은 지형에 나는 관목들로도 사육이 가능하다. 염소 기르기 운동으로 거의 하룻밤 사이에 염소의 수가 배로 뛰었고 2년 만에 세 배로 증가했다. 이것으로 단기적인 문제는 해결됐으나 장기적으로는 그보다 더 파괴적인 결과를 초래했다. 염소들이 서식지 주변의 모든 관목들을 먹어 치워 일대를 완전히 황폐하게 만들어 버린 것이다. 이로써 매년 거대한 홍수를 막아내던 자연의 최후 방어선이 파괴되고 말았다. 결과는? 해마다 장마는 엄청난 양의 폭우로 이어져 그나마 남아있던 경작지를 쓸어버렸고 에너지 공급원이던 탄광촌은 침수됐다. 이로 인해 북한이 보유한 식량과 더불어 에너지 부족 현상은 더욱 악화됐다. 염소의 예는 북한의 경제적 올가미의 축소판일 뿐이다. 단기적 방편을 도입하는 것은 해결책도 없는 장기적인 문제를 악화시킬 뿐이다.

다섯 번의 잘못된 결정

북한 경제는 수수께끼와 같다. 1945년 아시아에서 가장 산업화됐던 사회 중의 하나로 떠올랐던 나라가 어떻게 반세기 만에 기근과 더불어 거의 붕괴 직전까지 이르게 됐을까? 제2차 세계대전 종식 후 북한은 일제 식민지배자들의 유산으로 나름 선진화된 경제를 토대로 수립됐다. 냉전시대 초반에는 사회주의 중앙계획경제체제를 통해 한국보다 더 잘 살았다. 이는 분명한 사실이었다. 그러나 한국전쟁으로 이 모든 산업시설들이 파괴되고 말았다. 한국전쟁 당시 미국은 제2차 세계대전 이후 그 어느 나라보다 더 많은 폭탄과 탄약을 북한에 투하했다. 하지만 중국과 소련의 발 빠른 복구 작업으로 1970년대에는 경제 번영을 누렸다. 당시 북한의 1인당 국민소득은 한국보다 훨씬 앞섰고 공업생산은 15.9퍼센트라는 믿기 어려운 증가율을 기록했다. 그러나 1980년대부터 모든 것이 둔화되기 시작했다. 생산 목표량은 달성할 수 없었다. 장비와 기계들은 고장이 났다. 1990년대에 이르러서는 북한 역사상 처음으로 마이너스 성장률을 기록하며 경제가 급락하기 시작했다. 1990년대는 심각한 식량난으로 막을 내렸다. 그 후 북한 경제는 중국의 도움으로 연명하고 있지만 실제 회복의 기회는 거의 없다. 오늘날 북한의 1인당 국민소득은 1,000달러에도 못 미친다. 한국의 1인당 국민소득은 북한의 22배에 달한다.[1]

12만 538제곱킬로미터에 이르는 북한 영토가 풍부한 자원으로 가득하다는 것을 감안할 때, 이 악몽 같은 오디세이는 더 놀라운 일이 된다. 그들의 발아래에 석회석 1조 톤, 석탄 147억 톤, 마그네사이트 65톤, 철광석 3톤, 아연 1,200만 톤, 니켈 120만 톤, 그리고 금과 은이 상당량 매장돼 있는 것으로 추정된다. 미국지질연구소는 북한이 땅 크기에 비해 많은 양의 석탄, 철광석, 석회석을 보유하고 있으며 국제시장에 영향을 미칠 수 있다고 평가한다.[2] 아직 개발되지 않은 엄청난 양의 마그네사이트 매장층은 희토류 물질로 보인다. 골드만삭스는 한 보고서에서 북한에 매장돼 있는 광물의 가치가 북한 GDP의 140배에 달할 것으로 예측했다.[3] 유럽의 몇몇 시추회사들은 북한의 서쪽 바다에 석유가 매장돼 있다고 믿고 있다. 북한의 경제실패는 왜 일어났는가? 그리고 왜 지금의 체제로는 진정한 경제개혁을 도입할 수 없는가? 나는 북한이 총 다섯 번에 걸친 그릇된 선택을 내림으로써 경제를 파멸로 이끌었다고 생각한다. 북한의 경제하락은 여러 요소가 결합하여 파멸을 초래한 것이다. 그 중에서도 북한 지도부의 그릇된 선택들은 경제의 취약성을 악화시키고 자산을 고갈시켰다. 살아남기 위해 개혁대신 중국과 소련의 지원에 의존했고 도움의 손길이 마르자 경제는 무너졌다. 식량 경작지마저 쓸어버린 연이은 심각한 자연재해도 북한의 경제 하락에 한 몫 했다.

잘못된 선택들

다섯 가지 중 첫 번째 잘못된 결정은 한국전쟁 후에 내려졌다. 김일성이 중공업 한 가지 발전에만 국가의 모든 역량을 쏟아 부은 것이다. 그에게는 기꺼이 북한의 재건을 도와줄 소련과 중국이 있었다. 냉전 초기에 소련과 중국은 사실상 북한의 유일한 원조국이자 무역 상대였다. CIA의 기밀 해제 문서에 따르면, 1953년 9월 소련은 북한에 2억 5,000만 달러의 원조를 승인했다. 그 중 절반은 군사 목적으로, 4분의 1은 경공업, 나머지 4분의 1은 중공업에 사용하도록 정했다. 같은 해 12월 소련은 북한의 전쟁 채무를 면제하고 전쟁 이전의 채무에 관한 상환 규정도 완화해 줬다.[4] 중국도 1950년대에 북한 전체 무역의 45퍼센트를 지원하며 보탬이 되어 줬다. 무역 가치는 매년 1억 달러에 달했다.[5] 그리고 한국전쟁 시작부터 1950년대 말까지 5억 달러가 넘는 지원과 신용대출을 승인해 줬다.[6] 1950년대에 북한은 소련과 중국으로부터 대략 16억 5,000만 달러가 넘는 원조를 받았다.[7] 김일성은 이러한 지원을 이용해 중공업에 중점을 두고 경제를 재건했다. 농업과 경공업을 경시했다 하더라도 북한 정권이 무역활동을 통해 기회비용을 메우려는 구상을 했더라면 큰 문제가 되지 않았을 수도 있었을 것이다. 그러나 무역을 통한 국가 간 상호의존이 팽배했던 국제사회의 조류에 역행해 북한은 타 국가와의 무역관계 심화는 자국의 정권과 체제의 취약으로 이어질 것이라고 확신했다. 이에 주체사상에 의거하여 북한 정권은 식량, 농업, 경공업 분야에서 자급자족을 강조했다. 그리하여 한국전쟁 후 중공업을 육성하는 정책으로 국가 권력을 향상시키려는 진부한 상업주의 정책이 탄생하게 된 것이다. 정전협정을 맺은 지 2주 후인 1953년 8월

5일 김일성은 재건과 중공업 확장에 중점을 둔 '모든 것을 전후인민경제복구발전을 위하여'라는 연설을 했다. 철강, 중장비, 광산, 화학비료와 정유공장들은 모두 한국을 타도시킬 국력의 근간으로 여겨진 프로젝트들이었다. 1954년부터 1956년까지 실행된 전후복구 3개년 계획에서 81퍼센트의 국가 자원이 중공업에, 나머지 19퍼센트가 경공업에 사용됐다. 이것은 소비자를 무시한 생산자 중심의 과도하게 기형적인 경제를 양산했다. 소련과 중국의 대량 원조에도 불구하고 한쪽으로 치우친 경제발전 정책에 소련은 심기가 불편했다. 그들은 북한의 정책이 합리적 경제이론과 상반된다고 봤다. 중공업화된 중앙계획경제를 실행하기 위해서는 지방의 노동 인구가 양질의 공업 노동력으로 대체돼야 했고, 이것은 결국 농업의 자급자족을 지속시킬 노동력을 대폭 감소시켰다. 중공업 육성에 대한 부담이 없었다 하더라도 북한 경제는 절대로 농업의 자급자족을 이룰 수가 없는 구조였다. 국토의 20퍼센트만이 경작이 가능한 북한은 산악 지형에 날씨도 추운 북방기후로 단기 작물만 재배가 가능했다. 일반적인 국가라면 필요한 식량을 얻기 위해 적극적으로 무역활동을 벌였을 것이다. 그러나 북한 정권은 자급자족의 외형을 유지하기 위해 얼토당토않은 방안에 착수했다. 예를 들면, 1980년대에 식량 재고가 바닥나자 경작지를 만들기 위해 서해안 쪽에 간척사업을 시도했다. 이 일은 실패로 돌아갔다. 그때부터 북한 정권은 부족한 식량을 메우기 위해 중국의 원조에 더더욱 의존하게 됐다.

천리마운동

두 번째 잘못된 결정은 경제를 이념에 종속시킴으로써 정상적인 경제활동을 원천 봉쇄해 버린 것이다. 그들의 소위 '합리적 경제활동'이란 '천리마운동'으로 일컬어진다. 주체사상의 경제적 발로인 천리마운동은 어떤 부족한 것도 인민들의 '혁명적 열의'로 만회할 수 있고 이로써 초인적으로 생산성을 증가시켜 다른 나라의 경제를 앞지를 수 있다는 것이다. 이는 1950년대 중반에 시작됐는데, 부분적으로는 1956년에 막을 내린 첫 3개년 계획 이후 소련의 지원이 감소한 데 따른 반응이었다. 소련은 북한의 3개년 계획을 보고 북한이 중공업을 지나치게 강조하고 경제를 필요 이상으로 압박한다고 생각했다.

천리마 이념은 경제의 심각한 비효율성을 초래했다. 왜냐하면 기술혁신과 연구에 투입될 시간을 장시간 노동으로 대체했기 때문이었다. 예를 들면, 1960년대에 북한은 화력과 석탄을 사용한 발전소를 건설하기로 결정했다. 광대한 석탄 매장량을 고려했을 때 현명한 처사로 보였다. 소련의 도움으로 평양화력발전소와 북창화력발전소 건설이 진행됐다. 그런데 이 발전소들의 크기와 규모가 뜻하지 않은 문제를 안겨줬다. 북한은 이 발전소들에 공급할 만큼 충분한 석탄을 캘 수 없었던 것이다. 낡은 구식의 폭파 기술을 통해 하루에 겨우 5~6톤의 석탄만을 캘 수 있었다. 그에 비해 서양에서는 지속적인 채탄 기술의 향상으로 노동자 두 명이 한 개의 생산 기계에 투입돼 기하급수적으로 많은 양의 석탄을 채굴할 수 있었다. 북한의 해답은 그저 생산성을 높이기 위해 천리마의 정신으로 장시간 일할 것을 노동자에게 강요하는 것뿐이었다. 여타 전력 공급원을 고려할 때에도 이념은 경제활동을 지배했다. 1970년대에 이르러 북한은 전체 에너지 생산 목표량을 설정했다. 그들은 충분한 수력발전소를 건설함으로써 목표량을 완수할 수 있을 것이라 생각했고, 이를 위해 새로운 목표치인 전력 440만 킬로와트를 생산할 수 있는 택지 발전소를 건설했다. 그러나 겨우 25만 킬로와트 밖에 생산할 수 없었다. 이에 북한이 혹시 수력 대신 화력 발전소를 건설하지 않을까에 대한 궁금증을 낳았다. 그러나 북한 정부는 주체사상을 이유로 이 아이디어를 고려해보지도 않고 거절했다. 김일성은 결정의 배경을 다음과 같이 묘사했다.

> 수력발전소는 화력발전소에 비하여 건설비가 많이 들고 건설기일이 오래 걸리지만 한번 건설해놓으면 운영비가 얼마 들지 않습니다. 수력발전소는 비가 내려 저수지에 물만 차면 전력을 계속 생산할 수 있습니다. 원유발전소를 건설하는 것은 좋지 않습니다. 다른 나라들에서 원유발전소를 많이 건설했지만 연료위기가 조성되어 얼마 돌리지 못하고 있습니다. 우리는 지금 건설하고 있는 웅기화력발전소나 건설하고 원유발전소를 더 건설하지 말아야 하겠습니다. 공장, 기업소의 가열로에도 원유를 제대로 대줄 수 없는 조건에서 원유발전소를 더 건설하여도 돌리기 곤란합니다. 우리는 원유발전소를 건설할 것이 아니라 수력발전소를 많이 건설하여 늘어나는 전력수요를 보장하여야 합니다.[8]

1958년 6월 최고인민회의에서 공식 소개된 천리마운동은 노동자들을 극한으로 내몰았다. 당원들을 의사 결정자로 앞혀 놓고 노동력을 착취함으로써 경제정책의 부조리를 더욱 부채질했다. 충성을 강조하기 위해 선전부문 관료들이 발전소의 감독으로 보내졌다. 어려운 여건 속에서도 금전적인 보상이 보장된다면 노동자들을 열심히 일하도록 하는 것은 도전해 볼만한 과제다. 그러나 천리마운동이 약속하는 유일한 '포상'은 순결한 정신에 도달하는 것이요, 사상적 열의에 불타오르는 것이었다. 오히려 목표량을 달성하지 못하면 '불순'하다는 딱지가 붙었다.

그 후 20년간 북한은 갈수록 더 많은 자원을 군에 유용하며 경제를 훼손시켰다. 1961년부터 1967년까지 실행된 7개년 경제계획으로 처음 3년간은 중공업을 축소시키고자 했다. 경제균형을 맞추기 위한 예견된 노력이었다고 할 수 있다. 처음에 발표한대로 1961~1967년의 7개년 계획은 생활조건 개선을 목표로 했다. 농업분야를 발전시켜 건강한 음식을 더 많이 제공하고 경공업을 강화해 소비재 공급을 늘리겠다는 약속이었다. 그런데 그와 반대로 자원이 경공업과 농업이 아닌 대량의 군비 증강으로 전용됐다. 냉전이 치열해지자 북한 지도부는 1960년대 초부터 경제 균형발전 계획을 버리고 다른 분야에서 자원을 빼내 그렇지 않아도 취약한 예산과 생활여건을 더욱 압박하며 '철옹성'을 구축하는 데 치중했다. 1962년 12월 북한은 4대 군사노선을 발표했다. 전인민의 무장화, 전군의 현대화, 전국토의 요새화, 전군의 간부화.[9] 노동자들은 발전소에서 대포와 군사 장비들을 보관할 대규모 지하 터널 공사현장으로 옮겨갔다. 15~45세의 남성과 18~35세의 여성 등 모든 사회 구성원이 국방에 투입됐다(15~17세의 청소년들을 위해 홍위병도 창단됐다). 자원의 방향 전환이 경제에 미치는 영향은 명백했다. 7개년 계획으로 세웠던 모든 목표가 예정보다 뒤쳐져 당국은 계획을 1970년까지 3년을 더 연장했다. 다시 한 번 경공업과 농업을 등한시 하며 주민들의 삶은 우선순위에서 멀어졌다. 북한의 경제정책은 인권 유린으로 이어질 수밖에 없었다.

부채

세 번째 잘못된 결정은 1970년대에 내려졌다. 외채와 관련된 것이었다. 북한은 1960년대의 전철을 계속해서 밟는 와중에서도 국가자원을 국방력 향상의 목적으로 투입했다. 인구가 한국의 절반임에도 불구하고 군비 지출액은 1968년부터 1979년까지 매해 한국을 초월했다. 1970년대 군비 증강으로 병력의 수는 48만 5,000명에서 68만 명으로 증가했다. 이는 한국의 두 배였다. 1980년까지 병력의 수는 72만 명으로 증가했고 계속 불어났다. 그 중 대부분은 38선 인근에 배치되어 한국을 경계했다. 특수부대는 1만 5,000명(1970년)에서 4만 1,000명(1978년)으로 늘어났다. 북한군은 스커드 미사일 개발을 시작했고 잠수함과 해군함정 수도 늘렸다. 공군도 200대의 폭격기를 보유하게 됐다. 육군부대는 무장병력수송차량 2,500대, 중전차 1,000대, 약 6,000개의 대포관과 로켓탄 발사기를 증강했다. 군사교리는 전쟁 수행 중 병력의 이동속도와 힘, 치명타를 향상시키는 방향으로 개정됐다. 발 빠른 진격과 침투 전략에 중점을 뒀다. 기술적인 취약성에도 불구하고 1992년에 북한은 한국에 있는 한미연합사령부가 보유한 수보다 두 배가 넘는 탱크와 대포를 보유하게 됐다.[10]

북한 경제에 대한 최고의 전문가라 할 수 있는 이희상 교수는 북한이 군 강화에 집착하는 원인으로 외부 위협만큼이나 이념적인 요소가 큰 것으로 풀이했다. 북한의 자립주의 정책은 최강의 군대를 요구했다. 그러나 그 결과, 경제에 대해서는 점점 더 무모하고 무책임해졌다.[11] 경제에 미치는 국방 지출의 악영향을 만회하기 위해 북한은 석탄과 다른 광물자원들을 채굴해 현금으로 바꾸는 노력을 했어야만 한다. 만약 그랬다면 중공업과 경공업에 부족한 투자금을 보충하고 에너지 문제도 어느 정도 완화할 수 있었을 것이다. 대신 북한 정부는 해외시장으로부터 대규모의 대출을 받기로 결정했다. 당시에는 그것이 옳은 결정인 듯 보였다. 미중 화해와 미소 데탕트는 동서관계를 개선했으며, 이런 정치적 맥락에서 서유럽국가들은 북한과 같은 나라들에 신용대출을 허용하고자 했다. 더 중요한 것은 1970년대 포항제철과 같은 한국의 중공업에 서서히 가속도가 붙고 있는 것을 북한이 알아채기 시작한 것이다.

그래서 1972년 북한은 비료공장을 짓기 위해 프랑스로부터 8,000만 달러를 빌렸다. 그 다음 해에는 시멘트 공장을 건설하기 위해 영국으로부터 1억 6,000만 달러를 빌렸다. 또 1974년에는 대규모 공장시설을 구축하기 위해 일본을 포함한 여러 국가들로부터 4억 달러를 빌렸다. 실제로 외국 정부들이 북한이 빚을 갚을 능력이 없다는 것을 깨닫기 전인 1970년부터 1975년까지 약 12억 달러를 대출받았다. 이 액수는 북한이 동유럽국가들과 중국에서 빌린 금액을 제외한 것이다. 결국 1976년 북한의 채무시장은 6년 전에 급속히 열렸던 것만큼이나 급속히 말라버리고 말았다. 자신의 주체사상에 사로잡혀 북한은 빚을 조달하기 위해 여타 국가들이 하듯 채권을 발행하는 것조차 할 수 없었다. 현재 북한의 외채는 125억 달러로 추정된다. 하지만 아무도 북한이 갚으리라 기대하지 않는다. 1990년과 1991년에는 조금이나마 상환하려는 시도를 했다. 그러나 그 이후로 북한은 장기 채무를 이행하지 않고 있다.

때때로 러시아와 체코 공화국과 같은 위성국가들에 빚을 탕감해 줄 것을 요청했다. 이에 그들은 북한에 일부만이라도 물질로 갚으라고 답했다. 2007년에 북한 정부는 러시아에 '고위급의 정치적 결정'을 내려 미납 채무금액 88억 달러를 면제해 달라고 요청했다. 2010년 8월에 체코는 냉전시대에 빌려 준 미납 대출금액 1,000만 달러를 아연광으로 대신 갚으라고 요구했다. 체코는 냉전시기에 김일성에게 기계와 장비를 제공한 바 있었다. 북한은 50만 달러 가치의 '천혜의 인삼뿌리' 400톤으로 대신하겠다고 답했다. 체코의 연간 인삼 소비량은 고작 2톤이다. 북한의 제안을 받아들였다면 체코는 200년 어치의 인삼(성기능 향상 외에 많은 효능이 있다고 한다)을 축적할 수 있었을 것이다.[12] 북한의 부채와 관련해 용감한 몇몇 투자자들이 특이한 2차 시장을 형성했다. 채무 1달러당 6센트를 받고 북한 채권을 파는데, 이는 북한이 상환할 것이라는 전제가 아닌 통일이 됐을 경우를 전제로 한 것이다. 통일이 된다면 한국은 두 체제를 서서히 통합하며 북한의 신용도를 회복하려고 할 것이다. 한국의 경제력을 고려할 때 북한의 채무를 전액 상환하는 것은 일도 아니라고 투자자들은 기대하고 있으며, 한국이 일부만 갚는다고 해도 투자자들은 북한 채권을 산 가격의 6~7배로 회수할 수 있다는 계산을 하고 있다.

올림픽 개최 염원

북한이 내린 네 번째로 잘못된 결정은 1980년대였다. 연이은 실패 이후 메가톤급 경제 프로젝트에 투자했던 것이다. 1980년대 북한의 그릇된 선택에 자신도 모르게 공범이 된 사람이 있다. 바로 후안 안토니오 사마란치(Juan Antonio Samaranch)다. 왜 김일성이 아닌가? 국제올림픽조직위원회(IOC) 위원장이던 사마란치는 1981년에 1988년 올림픽 개최지를 서울로 발표했다. 이 결과는 북한에 여러모로 최악의 악몽이었다. 라이벌 정권이 국제적 영예를 안은 것은 북한체제의 정당성을 공격하는 일이었다. 1964년 도쿄 올림픽 이래 서울은 근대 올림픽 역사상 동아시아에서 두 번째 하계 올림픽 개최도시가 될 것이기 때문이었다. 한국의 경제도약 사실마저도 북한은 받아들이기 힘들었다. 그러나 적어도 이 사실을 북한 주민들에게 숨길 수가 있었다. 서울 올림픽은 한국이 국제무대에 '커밍아웃(coming out)'하는 기회로, 도쿄 올림픽과 마찬가지로 한국의 두 자릿수 경제성장과 산업화된 모습을 세계에 보여줄 수 있었다. 국경 너머에서 이 모든 축제가 열리는 것은 북한 정권이 지키고자 한 체제 정당성의 핵심을 위협했다. 처음에 북한은 공동개최를 제안했다. 한국은 마지못해 들어줬다. 그러나 북한의 지나친 요구로 인해 한국과의 협상이 결렬되자 차기 지도자로 준비 중이던 김정일은 여행객들을 쫓아버리기 위해 한국의 비행기와 공항에 테러를 자행했다. 그 중 가장 끔찍했던 일이 1987년에 일어난 KAL기 폭파사건이었다. 한국의 성공적인 로비 활동으로 중국과 소련이 서울 올림픽에 참가할 의사를 밝히자 북한의 상황은 더욱 곤란해졌다.[13] 1980년 모스크바 올림픽과 1984년 LA 올림픽이 강대국들에 의해 보이콧(boycott)됐던 상황이라 서울 올림픽은 올림픽 역사상 가장 많은 국가가 참가하는, 20세기에 가장 의미 있는 올림픽으로 부상하고 있었다.

이 모든 것은 북한으로 하여금, (더 나은 표현이 있을지 모르겠지만) '올림픽 개최에 대한 열망'을 잉태하게 했다. 1980년대에 북한 정권은 쓸데

없이 큰 규모의 사업들에 연이어 착수했다. 엄청난 비용이 드는 프로젝트들로 한국과 경쟁하고, 국가 사업을 위해 노동력을 강제 동원하기 위한 것이었다. 이 중 여러 개는 미완성으로 방치됐고 결국 경제는 파탄으로 치달았다. 여기에다 1980년대 말에 소련과 중국의 원조가 삭감되면서 1990년대 경제 붕괴의 발단이 됐다. 그 중 하나가 갯벌 간척사업이었다. 북한은 경작지가 적기 때문에 한반도 서쪽에 약 3,000제곱킬로미터의 땅을 개간하려고 했다. 수심 1~2미터의 간석지를 준설하여 경작지로 만드는 규모가 큰 사업이었다. 이는 '새 땅 찾기' 운동으로 알려졌다. 북한은 1994년 김일성이 사망하기까지 10년이 넘는 시간 동안 약 200제곱킬로미터를 완성했지만, 그 후 미완성으로 방치됐다. 서해갑문은 파나마운하와 수에즈운하보다 더 긴, 세계에서 가장 긴 댐을 건설하는 1억 7,700만 달러 규모의 사업이었다. 대동강을 가로질러 서해안에 새로 간척된 땅까지 물을 대는 것이 목적이었다. 북한군의 3개 사단이 사업에 투입됐으나 결국 미완성으로 남았다(미림갑문, 봉화갑문과 함께 북한의 3대 갑문으로서 1981년 5월에 착공되어 1986년 6월에 완공됐다_옮긴이).

이들 사업 중 몇 개는 자연의 법칙마저 역행했다. 그 중 하나가 대천 수력발전소 건설 프로젝트였다. 산 밑에 40미터 길이의 터널을 뚫어 시냇물을 가까운 강으로 돌리려는 것이었다. 강의 수량을 늘려 수력발전 용량을 증가시키는 것이 목적이었다. 또 다른 대규모의 실패작은 '순천비날론연합기업소'다. 차세대 비날론연합기업소로 연간 10만 톤의 비날론(Vinylon)을 생산할 것으로 기대했다. 비날론은 북한에서 '주체섬유'라 불리는 합성섬유다. 이 사업 역시 실패로 돌아갔다. 왜냐하면 비용대비 많은 양의 비날론을 생산하는 데 있어 가장 중요한 암모니아를 만드는 기술을 완성할 수 없었기 때문이었다. 공장을 만들기 전에 기술을 완성해야 함에도 북한은 두 사업을 동시에 진행했다. 그 결과로 암모니아 생산 기술을 완성하지 못하고 소련의 지원금마저 바닥나 전체 사업은 실패로 돌아갈 수밖에 없었다. 50억 달러가 투입된 발전소 250개와 장비 5만 2,000톤도 무용지물이 됐다. 결국 북한에 비날론 산업은 현실이나 경제적인 이유보다 정치적으로 더욱 중요한 사업이었던 것으로 보인다. 비날론 소재는 내구성과 열에는 강하지만 지나치게 뻣뻣해서 사용이 어렵고, 염색도 잘 되지 않으며, 북한이 아닌 다른 나라에서 생산하기에는 너무나 많은 비용이 든다는 단점이 있었다.[14] 전 세계가 더 실용적인 나일론을 생산해 사용할 때 북한의 학생들은 '비날론 삼천리'와 같이 '주체섬유'를 찬양하는 혁명가를 불러야만 했다.[15] 막대한 실패를 초래한 또 하나의 프로젝트는 '사리원칼리비료연합기업소'다. 칼륨 비료를 연간 50만 톤 더 생산하기 위해 1988년에 시작됐다. 이것도 역시 새로운 기술을 개발함과 동시에 대규모의 공장을 함께 지은 것이다. 비료 자체는 제쳐두고, 알루미늄을 생산하는 데 있어 보크사이트를 이용한 전통방식이 아닌 북한이 보유한 광물인 장석(長石)을 이용하고자 했다. 이것은 실행 불가능한 것으로 판명이 났다. 그리하여 35억 달러짜리 사업은 소련의 지원금이 마르자 실패로 돌아가고 말았다.

이러한 일련의 실패가 경제학자들에게 경종을 울리기에 불충분했는지 북한은 1989년에 '세계청년학생축전'까지 개최했다. 서울 올림픽에 대한 그들의 대응책이었다. 마치 올림픽을 개최하듯 기반 시설 확충에 대규모로 투자했다. 40~90억 달러에 달하는 자금을 들여 단 2년 만에 260개의 주요 시설들을 지었다. 그 중에는 4,000석의 탁구 경기장,

3,000석의 배드민턴 경기장과 당시 아시아에서 가장 큰 15만 석의 능라도경기장을 포함한 12개의 운동시설들도 있다. 축전을 위해 호텔 네 채를 지었다. 그 중 유명한 것이 105층짜리 류경호텔이다. 검은 오벨리스크 모양의 건물로 평양의 스카이라인 위로 높이 솟아있다. 공사는 1987년에 시작해 1989년 축전에 맞춰 완공되기로 예정돼 있었다. 보통강(普通江) 강둑에 3,000개의 객실, 일곱 개의 회전 식당, 카지노, 나이트클럽이 갖춰질 예정이었다. 높이 330미터로 그 당시 세계에서 가장 높은 호텔 건설 사업이었다. 그러나 1980년대의 다른 부질없던 프로젝트들처럼 이 계획 역시 끝을 보지 못했다. 설계문제로 인해 1989년에 공사가 중단됐기 때문이었다. 전체 호텔 모양에 따라 굴곡진 엘리베이터 통로로는 엘리베이터 운행이 불가능했기 때문이라고 한다. 이 사업은 1992년에 자금 부족으로 완전히 중단됐다. 처참한 실패로 북한 당국이 당황했을 것이 눈에 보인다. 이 호텔은 평양 스카이라인 위로 버젓이 솟아있음에도 불구하고 북한은 처음에는 사진을 수정하는 등 호텔의 존재를 부인했다. '스타워즈(Star Wars)'에 나오는 다스베이더가 살고 있을 법한 이 건축물은 미국의 잡지 〈에스콰이어Esquire〉 2008년 1월 호에 '역사상 최악의 빌딩'으로 꼽혔다. 미완성으로 20년 넘게 방치된 이 '흉측한' 구조물을 짓기 위해 북한은 GDP의 2퍼센트를 투자했다.[16] 그 후 2008년에 이집트의 오라스콤 그룹이 류경타워를 재단장하기 시작했다. 어떤 이들은 이것이 이집트 회사가 4억 달러 치의 북한 휴대폰 서비스 사업을 독점하는 조건하에 이뤄졌다고 생각했다. 이 호텔을 완성하는 데 추정된 금액은 최고 20억 달러에 달한다. 계획대로라면 2012년 김일성 탄생 100주년을 맞아 완성돼야 하지만 이 역시 실패

로 돌아갈 확률이 크다. 20년간 방치되어 시멘트가 내부에서부터 썩는 등 여러 구조적인 문제가 있기 때문이다.[17] 건물을 허무는 것이 최선의 방책일 것이다. 나는 이 구조물을 지나가며 거대한 크기에 놀랐다. 류경호텔은 김일성 기념물을 비롯한 호텔 주변의 것들을 왜소하게 만들었다. 그러나 나에게는 이것이 북한의 현대성이나 '강국'의 상징이라기보다는 1980년대 잘못된 경제경영에 대한 묘비(비석)로 느껴졌다. [이 건물은 2011년 말에 완공된 것으로 알려졌다. 2012년에는 오라스콤이 호텔 경영에서 완전히 손을 떼고 켐핀스키(Kempinski)가 류경호텔 운영권을 넘겨받아 2013년에 일부나마 오픈한 것으로 알려졌다_옮긴이]

소련의 방치

1980년대 포템킨(Potemkin. '조작된 외관으로 비참한 실상을 숨기는', 즉 '속이기 위해 꾸며낸'의 뜻) 프로젝트를 위한 대규모의 자금, 노동력, 에너지 지출은 경제를 피폐하게 했고, 그 후 십 년간 완전한 붕괴로 이끌었다. 붕괴의 직접적인 요인은 소련과 중국의 지원 중단이었다. 유럽에서 냉전시대의 종결은 아시아에도 영향을 미쳤다. 북방[외교]정책(Nordpolitik)으로 한국은 이념과 상관없이 동유럽 국가들과 소련에 손을 뻗어 상업과 무역 관계를 체결했다. 이 책의 다른 장에서 한국의 북방정책에 대해 더 자세히 언급하겠지만, 가장 중요한 결과는 1990년 9월에 소련과 외교관계를 정상화한 것이었다. 서울 올림픽이 북한체제의 정당성에 어느 정도 충격을 가했다면 북한의 가장 큰 후원자가 숙적인 한국을 공식적으로 인정한 것은 너무나 큰 충격이었다. 정치적인 영향도 명백했지만 한소 수교가 가져온 경제적 결과는 북한에 치명적이었다. 경제 문제로 힘겨워 하던 소련은 수교협상으로 한국으로부터 30억 달러의 차관을 받았지만, 이 돈으로 북한을 지원하면서 부채를 더욱 증대시킬 생각은 전혀 없었다. 그래서 소련은 한국과 수교를 맺자마자 앞으로 원조를 끊겠다고 북한에 통보하고 당시 시장가로 빚을 상환할 것을 요구했다. 또한, 군사 협력도 종료하겠다고 시사했다. 이것으로 북한은 또 다른 경제적 타격을 입었다. 왜냐하면 북한 정권이 소련제 군사 장비와 무기들을 팔아 얻던 수익이 끊겼기 때문이었다.

소련의 방치로 북한은 짧은 시간에 엄청난 충격을 입었다. 수십 년간 북한은 소련, 중국으로부터 무조건적인 원조를 받는 것 외에도 쌍무 무역관계에서 보조금 및 차입의 형태로 유리한 무역조건을 누렸다. 1985년에 소련은 북한 전체 무역의 49.5퍼센트를 차지했으나, 1993년에 이 수치는 6배로 떨어졌다. 1994년에 구(舊)소련, 즉 러시아와의 무역은 4년 전 수준의 3분의 1인 1억 달러 이하로 급락했다.[18] 1990년에 북한의 소련제품 수입은 약 1억 7,500만 달러를 기록했는데, 1992년에는 1,000만 달러 이하로 급락했고 1994년에는 사실상 전무했다.[19] 1987년에 소련은 북한 총 식량 수입의 50퍼센트를 차지했고, 1988년에는 약 25퍼센트를 차지해 2년간 총 1억 달러 치의 식량을 북한에 지원했다. 그 후 기근이 다가오던 6년 동안 고작 2,000~2,500만 달러에 이르는 식량만을 원조했고 그 후에는 아무런 지원도 하지 않았다.[20]

하지만 가장 큰 타격을 입은 것은 에너지 분야였다. 시장가격의 25퍼센트로 석유를 수입하던 북한은 지불할 수 없는 고지서를 떠안게 됐다. 연간 350만 톤을 수입했었는데 조건이 바뀐 후에는 수입량이 150만 톤으로 50퍼센트 이상 줄었다. 1990년에 석유 수입은 41만 톤으로 감소했고 1991년에는 4만 5천 톤으로 급락했다. 1987년에 소련으로부터 수입하던 수입품 중 원유가 22퍼센트를 차지했던 것이 1990년에는 7퍼센트 아래로 떨어졌다.[21] 소련의 지원 감소로 타격을 입은 하나의 분야였지만 경제 전반에 걸쳐 크게 영향을 미쳤다. 정유 수입 감소로 석탄 생산에 차질이 생겼다. 왜냐하면 석탄을 채굴할 때 쓰이는 질산암모늄을 생산하기 위해 필요한 석유제품이 부족했기 때문이다. 정유 부족은 연간 농작물 생산에도 영향을 미쳤다. 화학 비료를 충분히 생산할 수 없었기 때문이다. 에너지난을 더욱 더 부추긴 것은 비료 부족에도 불구하고 그나마 얼마 안 남아있던 경작지에 물을 공급해야 한다는 급박함이었다. 그로 인해 어렵사리 절반의 성공이나마 이룩했던 북한의 수력발전은 피해를 보게 됐다. 정유 부족으로 화학비료 생산마저 줄어들어 북한 정부는 모내기철에 논에 댈 물을 따로 저장할 수밖에 없게 됐고, 이로 인해 물이 부족해 수력발전소가 온전히 에너지를 창출할 수 없게 된 것이다. 게다가 정유가 부족해 밭에 물을 퍼 올릴 전기를 그 어떤 형태의 에너지로도 대체할 수 없었다. 원유 부족은 근본적으로 경제 기능을 마비시켰다. 전기가 끊겼고, 운송이 중단됐고, 기계가 작동을 멈췄다. 대규모의 경작도 불가능해졌다. 트럭, 기차, 트랙터가 무용지물이 돼버렸다. 경제의 핵심 분야도 급격한 침체기에 빠졌다. 예를 들면, 1991년에 310만 톤을 기록한 철강 생산이 1994년에 170만 톤으로 하락했다. 시멘트 생산도 55퍼센트나 위축되어 1989년에는 890만 톤을 생산한 데 비해 1993년에는 390만 톤에 그쳤다. 그리고 화학비료는 1989년의 170만 톤이 1994년에는 130만 톤으로 약 24퍼센트 감소했다. 1993년 많은 공장들은 총 생산능력의 20~30퍼센트만 작동됐다

고 한다.[22]

　소련의 북한 방치 이후, 중국이 공산주의 형제국가인 북한에 원조를 확충했다. 1993년에 북한 연료 수입의 77퍼센트와 식량의 68퍼센트를 제공했다. 하지만 이것은 단기적인 조치였다. 소련이 한국과 수교를 맺은 후 얼마 지나지 않아 중국도 한국과 관계를 정상화했다. 그리고 결국 중국은 북한에 원조 중단을 선언하고 공급한 연료와 식량을 현금이나 다른 물자로 갚으라고 요구했다. 중국이 북한 제1의 후원국이던 소련을 대체하긴 했지만 1990년대 초반부터 중국으로부터 받던 원조와 무역량은 급격히 감소했다. 북중 간의 무역은 항상 북소 교역량의 절반을 넘지 않았고, 큰 변동 폭을 보였다. 예를 들어 1994년에는 31퍼센트, 1996년에는 3퍼센트, 1998년에는 40퍼센트가 하락했다. 1989년 중국은 110만 톤이 넘는 원유를 북한에 수출했다. 그러나 1994년에 83만 톤, 1999년에는 30만 톤으로 감소했다.[23] 1990년 후반에 중국은 입장을 180도 바꾸는 듯 했으나 북한에 기근이 오면서 그 추세를 이어갔다. 1999년에 이르러서는, 이러한 정치 추이의 변화와 북한 경제의 위축으로 북중 무역량은 1990년 무역량의 4분의 1밖에 미치지 못했다.[24] 원조도 비슷한 궤도를 따랐다. 1991년에 공식 원조가 2억 3,000만 달러로 추정됐는데 1994년에는 대략 1억 달러로 추산됐다.[25]

　이러한 위기에 대한 대응책이 북한이 내린 다섯 번째이자 가장 절박한 결정이었다. 경제학자 이희상이 언급했듯이 북한은 여러 방법으로 이 위기를 타개할 수도 있었다. 생존에 필요한 수입량을 충당하기 위해 수출을 늘릴 수도 있었다. 그러나 북한 경제는 강제수용소에서 만들어진 제품(제5장에서 설명한다)이나 불법 제품(이후에 설명한다) 외에 국제

시장에 내놓을 만한 경쟁력 있는 상품을 생산할 능력이 없었다. 게다가 북한 정권은 핵과 관련된 일탈행동으로 국제사회의 무역제재를 받고 있었다. 미국의 무역제재는 한국전쟁까지 거슬러 올라가는데, 인도주의적인 도움을 제외한 모든 수출을 제한했다. 북한은 미 국무부에 '테러지원국'으로 이름을 올려 추가적인 제재가 가해졌다. 무역이 금지됐고 국제 금융기관이나 수출입은행의 재정지원은 꿈도 꾸지 못했다. 1987년 레이건 행정부 때 안다만 해역에서 한국의 여객기 폭파사건 이후 북한은 테러지원국 리스트에 항상 올라와 있었다. 또 다른 제재로 미국은 북한산 제품에 최고로 높은 수입 관세를 부과했다. 북한의 핵 확산 활동과 2006년의 핵실험으로 앞서 언급한 제재들이 가해진 것이었다. 북한이 1994년에 NPT에 서명함으로써, 그 대가로 클린턴 행정부는 1995년과 1999년에 여러 제재들을 해지하긴 했지만 북한은 필요한 것들을 무역에 의존할 수 있는 만큼은 아니었다.

이 상황에 대처할 수 있었던 다른 방법은 상업 차입 정책으로 힘든 시기를 이겨나가는 것이었다. 그러나 서방이나 동유럽 국가들 사이에서 북한의 대외신용은 1970년대 채무불이행과 청산되지 않은 120억 달러의 막대한 채무로 엉망이었다. 이로써 단 하나의 방법만이 남아 있었다. 바로 유엔, 다른 외국 정부들, NGO 단체들에 도움의 손길을 요청하는 것이었다. 하지만 북한 경제에 대한 저명한 학자인 마커스 놀랜드(Marcus Noland)와 스테판 해거드(Stephen Haggard)가 주장하듯 북한은 상황 관리를 엉망으로 처리했다. 첫째, 교만과 이념 때문에 외부에 자신들이 처한 상황의 심각성을 인정하지 않음으로써 자신의 결핍을 메꾸지 못했다. 유엔세계식량계획 및 한국과 1990년대 초반에 잠시 접촉했지만 큰 규모의 지원으로 이어지지는 않았다. 그 대신 2년간 기다렸다가 1994년에 일본에 도움을 요청했다(그 다음 해, 일본은 37만 8,000톤의 식량을 제공했다).²⁶ 그리고 1995년까지도 국제사회에 지원을 호소하지 않았다. 둘째, 1990년대부터 2000년대까지 북한이 받던 외부 원조의 70퍼센트가 식량이었음에도 불구하고 북한 정권은 이 원조에 대해 말도 안 되는 조건을 내걸었다. 유엔과 NGO 단체들이 기부한 식량에 대한 접근과 감시(monitoring) 규정에 전혀 협조하지 않았다. 예를 들면, 유엔세계식량계획이 1998년에 북한을 위해 국제사회에 호소한 식량 68만 톤은 역사상 최대의 수량이었다. 그런데도 북한 정권은 그 전해에 겨우 24명의 감시관만 허용했다. 북한은 미국의 펜실베이니아 주와 비슷한 크기다. 유엔이 북한 인구 3분의 1을 먹여 살리는 것임에도 불구하고, 장 지글러(Jean Ziegler) 유엔인권위원회 식량특별조사관의 입국을 거절했다. 식량지원 프로그램이 시작되고 거의 10년 동안 한국어를 구사하는 유엔세계식량계획 직원은 한 명도 입국시키지 않았다. 북한 주민과의 접촉을 최소화하기 위해서였다. 그리고 국제사회가 지원을 대가로 북한 정권이 경제 구조적 문제를 바로잡을 것을 요구하기라도 하면 격렬히 저항했다. 1998년에 열린 유엔의 농업지원에 관련한 회담에 북한 외교단은 긍정적인 태도로 진지하게 임했다. 그런데 어느 외국 외교관이 '개혁'이 필요하다고 말하자 북한 사절단은 파일바인더를 닫고 회담장을 떠나버렸다. 지원이 절실히 필요한 상황이었는데도 말이다.²⁷

원조를 받는 조건으로 개혁을 고려해보라는 제안을 북한이 완강히 거절한 것은 그들의 다섯 번째의 그릇된 정책을 초래했다. 북한 지도부는 자국이 외부 원조에 온전히 의존할 수밖에 없는 경제 구조로 탈바꿈해놓았다. 이 외부 지원금을 개혁에 필요한 국가 자원으로 전용하지 않고 자체 수입의 일부인 양 낭비했다. 북한은 홍수가 난 후 10년 동안 23억 달러가 넘는 지원을 받았다. 첫 3년(1995~1998년)이 가장 좋았다. 이 기간에 북한은 10억 달러의 원조를 받았는데, 3억 4,900만 달러는 유엔기관으로부터, 3억 5,200만 달러는 한국으로부터, 2억 9,900만 달러는 NGO와 다른 정부들로부터 받았다. 유엔세계식량계획은 400만 톤이 넘는 식량을 지원했다. 1995년 대홍수 때부터 2007년까지 북한에 송달된 식량 중 80퍼센트를 미국, 한국, 일본, 중국이 담당한 것으로 추정된다.[28] 이 원조가 소모되는 동안 북한 정권은 계속해서 귀중하고 부족한 자원을 군사증강과 선군정치에 유용했다. 1990년대 말 북한 경제 전체의 3분의 1이 해외원조에 의존했다.

  북한 정권은 생존에 필요한 물자를 공급하는 데 하등의 능력이 없었기 때문에 적반하장(賊反荷杖) 격으로 노동자들에게 혁명을 명분으로 한 '하루에 두 끼 먹기'와 '허리띠 졸라매기'를 강요했다. 이는 용인할 수 없는 무리한 요구였다. 국제사회가 고집불통의 북한을 참아주는 동안 북한을 위한 유엔세계식량계획의 원조는 선의를 행하고자 하는 국가들의 열망으로 유지되고 있었다. 머지않아 국가들과 NGO 단체들은 모든 인도주의적 기준을 위반한 북한의 완고함에 질리게 될 일이었다. 2002년에 이르러 서방 국가들이 유엔세계식량계획에 기부를 줄이면서 기부 중단현상이 시작됐다. 유엔세계식량계획 직원들은 북한 관료들과 함께 일하기를 꺼렸다. 그들은 거짓말을 일삼고 접근을 제한하는 한편, 쌀을 이송하는 트럭의 연료를 추가로 요구하는가 하면 그 중 30퍼센트는 빼

돌리기까지 했다. '국경없는의사회(MSF)' 같은 NGO들은 그 보다 몇 해 전인 1998년에 북한이 환자는 그만 돌보고 약만 나눠주라고 요구하자 북한을 떠났다. 옥스팜(Oxfam)과 유엔아동기금(UNICEF)도 그 뒤를 따랐다. 2005년에도 북한에 여전히 원조를 보낸 것은 한국과 중국뿐이었다.

이 기간 동안 부패도 고질병이 됐다. 기근이 닥치자 빈곤으로 많은 북한 사람들이 처음으로 자신의 힘으로 살 궁리를 하게 됐다. 이것은 보통 주민들의 상황을 더욱 취약하게 했고, 북한 정권에는 일반 주민들을 착취할 수 있는 여건을 제공해줬다. 먹을 것을 찾아 지방을 떠도는 많은 사람들, 중국 국경지대에서 벌어지는 암거래와 운송, 그리고 밀려들어오는 국제사회의 식량지원 등 북한 관료들이 자기들의 이기적인 편의를 챙길 공간은 충분했다. 공무원들은 뇌물을 받고 여행문서를 날조하고, 국경지대 암거래를 묵인했으며, 특정지역이나 가족에게 혜택을 몰아줬다. 조선로동당 당원이나 보통 사람이나 매 한가지로 배가 고팠다. 그렇기 때문에 뇌물을 받는 것에 거리낌이 없었다. 특히, 한국의 햇볕정책 기간 동안 그 어느 감시체계도 없이 엄청난 원조를 받으며 이런 현실은 더욱 악화됐다. 식량배급제의 중앙통제가 와해된 상황에서 수백만 톤의 식량이 흘러 들어오는 가운데 당 관리들은 전례 없는 권력과 영향력을 축적하게 됐다. 영국의 역사학자인 액튼 경(Lord Acton, John Emerich Edward Dalberg-Acton)이 남긴 '권력은 부패하기 쉽고 절대적인 권력은 절대적으로 부패한다'는 명언처럼 이는 관료 집단의 부패를 고발하는 법체계나 유의미한 입법부가 부재한 북한에 해당하는 말이었다. 북한의 만연한 부정부패는 오히려 붕괴된 경제의 바퀴를 돌아가게 하는 윤활유 역할을 하는 듯 보인다. 2006년에 북한을 탈출한 이동훈은 "북한 당국의 부패는 끝이 없다. 여행 허가증 발급부터 좋은 대학에 들어가기 위해 추천서를 받는 일까지 모든 일에는 뇌물이 필요하다."라고 증언했다.[29] 북한 전문가 안드레이 란코프(Andrei Lankov) 교수가 말하기를, "북한의 악폐는 매우 체계적인 것으로 부패는 고칠 수 없는 병이 됐다."라고 했다.[30] 원조에 의지하는 경제체제인 북한은 해외 원조를 집어 삼켜버리는 블랙홀과도 같다. 무조건적인 원조에 의존한 채 유의미한 개혁에 대한 동기부여도 잠식해버렸고, 그 누구도 원조품이 실제로 필요한 이들에게 분배되는지 아니면 군부가 독식하는지 확인할 길이 없기 때문이다. '수요억제' 정책은 주민을 기아와 질병에 더욱 취약하게 했다. 바로 이 때 1995년 대홍수가 발생했다.

장마는 한반도에 주기적으로 찾아온다. 보통 7월이나 8월에 발생해 여름의 뜨거운 더위를 한 풀 꺾어주고 그 후 8월 말까지 건조하고 뜨거운 날씨가 지속된다. 1995년 폭우로 북한 정권의 심각한 생존 위기는 더욱 더 악화됐다. 러시아와의 무역 감소로 에너지 위기가 발생했고 이전 해 겨울 땔감을 구하려는 주민들로 인해 삼림은 파괴된 상황이었다. 벌거벗은 땅은 홍수에 취약했다. 1995년 8월의 홍수는 북한 경제의 근간을 무너뜨리고 대기근을 야기했다. 한반도 북서쪽에 위치한 네 개의 도를 파괴했고 연간 쌀 수확량의 70퍼센트와 옥수수 수확량의 50퍼센트를 쓸어버렸다. 국제적십자사연맹(IFRC)은 10만 이상의 가정이 집을 잃었고 4,000제곱킬로미터가 넘는 경작지가 훼손됐다고 보고했다. 경제 기반이 파괴됐고 에너지 공급도 피해를 입었다. 지하에 저장했던

120~300만 톤의 비상 곡식이 다 소멸됐다.[31] 도로, 다리, 철도, 관개수로도 무용지물이 됐다. 당시 유엔인도주의사무국(UNDHA)은 과거 70년간 북한에서 이 정도의 홍수는 전례가 없었다고 발표했다.[32] 1995년 9월 북한은 결국 사태의 심각성을 인정하고 흔치 않게 국제사회에 지원을 호소했다. 유엔인도주의사무국, 유엔세계식량계획, 세계보건기구(WHO), 유엔아동기금, 국제적십자사연맹 등 국제기구에 홍수로 150억 달러(북한의 연간 GNP보다 훨씬 부풀려진 금액)의 피해가 추정된다며 지원을 요청했다. 이에 국제사회는 식량 200만 톤이 부족해 굶주리고 있던 800만 북한 주민을 먹이고자 목표를 수립했다. 유엔세계식량계획은 2001년에 북한만을 위해 150만 톤의 식량을 확보하는 쾌거를 이루었다. 처음에 유엔세계식량계획은 50만 명을 도와주려고 기부를 호소했으나 곧 800만 명을 먹여 살려야 한다는 것을 깨닫고, 유엔세계식량계획 역사상 가장 큰 규모의 비상식량 작업을 시작했다. 여기서 짚고 넘어갈 것은, 북한 정권이 자신의 잘못된 경제 관리는 계속 부인하고 홍수로 모든 것을 쓸어버린 여름 장마 탓만 했다는 것이다. 1990년대 대기근의 고통과 피해는 제5장에 순차적으로 기록했다. 결국 기근은 위에 나열한 다섯 개의 그릇된 정책이 초래한 결과였고 반세기에 걸친 북한의 경제정책이 총체적으로 실패했다는 사실을 반영하는 것이다. 통계자료는 가히 충격적이다. 북한과 같이 산업화됐던 국가의 경제 규모가 축소된 역사는 찾아보기 어렵다. 하지만 1990년 초반부터 1998년까지 북한은 줄곧 마이너스 성장을 기록했고 그 과정에서 경제 규모가 거의 46퍼센트나 축소됐다.[33] 1990년대에 생산 기계가 작동을 멈추기 시작했고 연료와 전기 부족으로 공장 자체가 문을 닫기에 이르렀다(그럼에

도 노동자들은 세뇌교육을 받으러 여전히 매일 '일'하러 가야 했다). 북한은 필요한 식량의 50퍼센트도 생산할 수 없었다. 배급제도는 무너졌다. 배급소와 창고에서 식량폭동이 발생했다. 기근은 많게는 100만 명의 목숨을 앗아갔다. 그들 자신이 그런 운명을 자초한 것도 아닌데 말이다.

불법행위

북한의 토니 소프라노

1990년대에 들어 북한 경제 3분의 1은 외국 원조에, 3분의 1은 상업(광물, 금속, 농업, 어업)과 무기 수출에 의존했다. 나머지 3분의 1은 불법행위에 의존하는 것으로 알려졌다. 이런 행동으로 북한은 지난 수년간 깡패 정권,[34] 마피아 정권,[35] 마약 왕국[36] 등 여러 수치스러운 호칭을 얻게 됐다. 김정일도 '북한의 토니 소프라노[미국 HBO 드라마 소프라노스(The Sopranos)의 주인공으로 마피아 조직의 보스]'[37]라고 불렸다. 1960년대 말과 1970년대 초부터 북한은 마약과 위조지폐 생산 및 거래, 자금세탁, 위조품 생산 및 유통, 보험사기, 인신매매, 귀금속과 보석 밀수 및 멸종위기 동물 장기 밀수 등에 종사했다. 이런 범죄 행위들로 북한은 부풀어나는 국채를 충당하고, 군사 장비를 가동하고, 김정일과 그 부하들이 사치를 누릴 뿐만 아니라, 핵과 미사일 프로그램까지 발전시켜왔다. 북한의 다른 모든 측면과 마찬가지로 이러한 사실들도 명백히 공개된 것은 아니지만, 북한 정권이 자신의 이익을 위해 여러 국제적인 범죄행위들을 계속적으로 지휘하고 있다는 사실은 의심할 여지가 없다.

북한에서 일어나고 있는 일들은 국가범죄의 새로운 형태다. 보통 부패한 지도자들은 폭력배들과 연관되어 있거나[세르비아의 슬로보단 밀로셰비치(Slobodan Milosevic) 대통령처럼], 국가에서 일어나는 불법행위를 눈감아 주거나[전해진 바에 의하면, 아프가니스탄의 하미드 카르자이(Hamid Karzai)처럼], 권력 있는 범죄단체를 효과적으로 상대할 능력이 없다[멕시코의 펠리페 칼데론(Felipe Calderon)처럼]. 하지만 북한의 경우, 비록 정부가 국경지역에서 일어나는 모든 범죄행위를 일일이 독점하고 통제하고 있지는 않지만 대부분의 경우 최고위 지도부 당국으로부터 직접 감독을 받고 있다. 북한은 '범죄주권'[38]이라는 새로운 형태의 주권을 행사하고 있다. 현 국제체계에서 국가주권의 특권이란, 개인이나 비국가 조직이 범죄 행위에 가담했을 경우에 받게 되는 위험부담이나 처벌로부터 국가를 보호한다. 북한은 이러한 영토 보호규정과 정부의 기관들을 이용해 범죄를 계속함으로써 이익을 얻고 있다. 요컨대, 북한은 탁월한 범죄국가인 셈이다.

 북한 지도부는 지난 40~50년 동안 여러 행위자와 조직을 통하여 지구 모든 대륙에 걸쳐 여러 종류의 범법행위에 참여했고 심지어 이를 인정해왔다. 채무를 이행하지 않기 시작한 1970년대 중반부터 북한 정권은 쓰러져 가는 경제를 살리기 위해 초국가적인 범죄행위로 눈을 돌리기 시작했다. 중앙정부가 해외 주재 대사관을 지원할 수 없게 되자 재외공관 자체적으로 예산을 충당하기 위한 자구책을 행사하기에 이르렀다.[39] 이 정책은 북한 외교관들로 하여금 대사관이 작동할 수 있도록 시간 대비 수익성이 높은 사업을 찾도록 했는데, 마약 거래와 같은 범죄행위들이 이 조건에 꼭 들어맞았다. 외교관들은 외교행낭에 마약과 보석을 숨겨 밀거래를 하고, 외교관 면책 특권을 이용해 감시와 처벌을 교묘히 피했다. 시간이 흐르면서 북한의 범죄 네트워크는 점점 커져 군인사, 정보 당국, 외국 범죄 단체들과 테러 기관들까지 연루됐다. 1970년대 초반부터 이런 활동들은 점점 늘어났고, 북한 경제가 자폭하기 시작한 기근 시기에 큰 폭으로 증가했다.[40] 오늘날 (오차를 감안하더라도) 북한의 범죄행위에 대한 대부분의 공개 자료들은 북한이 범죄행위로 적게는 연간 5억 달러에서 많게는 10억 달러의 수익을 얻는 것으로 추산하고 있다.[41] 그리고 그 액수는 전혀 수그러들 기미가 보이지 않는다.

　여기서 중요한 질문은 북한의 범죄 행위가 단순히 국가의 용인을 얻은 하층부의 행위인지 아니면 국가가 직접 개입하여 감독하는 국가차원의 범죄행위인지의 여부다. 평양의 김씨 가족과 당 중앙위원회 정치국은 그저 지방 관료들과 범죄 조직들이 초국가적 범죄를 저지르도록 허용하고 있는 것인가, 아니면 실제로 정권의 이익을 도모하기 위하여 이런 불법행위들을 직접 수행하고 있는 것인가? 초기에 북한의 범죄행위는 북한 내부에서 마약과 위조품을 생산하여 외교관들이 밀반출하는, 대체로 국가중심적인 형태로 이뤄졌다. 이 기간 동안 악명 높은 조선로동당의 '39호실'의 존재가 드러났다. '39호실'은 1970년대 김정일의 권력교체 비용에 자금을 대며, 외국인들이 많이 드나드는 고려호텔에서 멀리 떨어지지 않은 평양 시내에 본사를 두고 있었다.[42] 이 조직은 마카오, 스위스, 룩셈부르크 등지에 많게는 50억 달러에 달하는 자금을 확보하여, 이 자금으로 범법행위를 지원하고 군대와 대량살상무기(WMD) 관련 활동에 자금을 충당하며 당 간부들의 충성을 매수하는 데 이용한 것으로 알려졌다.[43] 대표사무소가 북한 전역의 주요 항구와 철도 교차지점에 있고 연락사무소가 각 도, 시, 군에 위치해 관료들이 전국 어디서나 쉽게 경영하도록 돼 있다.[44] 북한의 위조품들은 최상의 질로 유명하다. 메탐페타민(필로폰)과 같은 북한의 마약은 순도가 높다고 평판이 나있다. 국가적인 차원에서나 생산 및 제조가 가능한 재료를 사용해 생산품의 안전성을 보장하기 때문이다. 위조지폐, 위조의약품, 위조 담배는 국영공장에서 생산되고 마약도 국영농장과 실험실에서 재배, 생산된다.[45] 북한 정권은 상선, 해군함, 외교관, 국영회사를 이용해 범죄 산업을 운영한다. 중개인을 고용하고, 유령회사와 해외법인을 이용하고, 범행을 숨기기 위해 복잡한 금융협정을 맺는다. 북한의 초국가적 범죄행위가 단순히 개인의 범법행위를 당국자가 용인하는 수준을 넘어 국가가 직접 감독·지휘한다는 사실은 의심할 여지가 없다. 그러나 이 큰 범죄 기업이 북한에 국한된 것만도 아니다.

밀수 경로를 통해 북한 정부는 여타 조직적 범죄단체와 테러 단체를 고용하거나 동업하기도 했고 심지어는 그들에게 고용된 적도 있다. 역사적으로 북한은 일본적군(JRA)과 같이 이념적으로 유사한 사회주의 테러집단 등 비국가 조직들과 협업하는 경향이 있었다. 하지만 세월이 지나면서 이런 이념적 유대는 점점 비중이 낮아지고 수익성이 더 중요해졌다. 수년간 일본의 야쿠자, 중국의 삼합회, 한국의 범죄조직, 아일랜드의 조직폭력배, 러시아 마피아, 동남아의 범죄단체 등과 거래를 해온 것으로 혐의를 받고 있다. 북한은 국제 암시장에서 마약, 위조품, 귀금속 등을 사고, 팔고, 유통하기 위해 이런 단체들을 이용한다. 북한 정부가 외국 범죄조직원들에게 북한 영토 내 피난처를 제공하고 그들을 위조지폐와 마약 생산에 고용한다고도 알려졌다.[46] 북한 국가안전보위부의 관리였던 탈북자 김영일은 1990년대에 국영농장에서 생산된 아편이 "북한 당국의 마약 생산을 돕기 위해 태국에서 데려온 마약 전문가 몇 명의 지휘하에 헤로인으로 가공되고 정제됐다."[47]라고 증언했다. 미얀마의 지하조직원이 마약 실험실 설립을 도왔다던가, 대만의 범죄 사절단이 북한에 초빙됐다던가, 중국과 대만의 위조지폐 전문가들이 북한에서 생산공장을 운영하고 있다는 보고들도 있었다.[48] 북한과 이런 초국가적 범죄조직들은 이렇게 상호 이익을 추구하는 과정에서 공생하는 관계로 발전했다. 북한 당국도 그것을 깨달았다. 북한은 이 단체들에 마약과 위조품과 같은 최상, 최고 순도의 상품을 제공할 뿐만 아니라, 주권국가와 영해가 허용하는 범위 내에서 안전을 보장하며, 엄청난 경제적·물질적 자원들을 제공한다. 그 대가로 범죄 조직들은 북한의 거래위험 부담을 크게 낮춰줄 뿐만 아니라, 진술 부인을 보장해주고, 불법 경제시장 내부의 세력 다툼으로부터 북한을 보호해준다.[49] 그러나 북한이 단순히 이러한 비국가 행위자의 고용주 역할만 하는 것은 아니다. 2003년 4월에 발생한 '봉수호 사건'은 북한 역시 조직적인 범죄의 일원이자 공범이 되고자하는 의지를 보여준다. 북한 국영기업의 화물선인 봉수호의 북한 선원들은 미얀마산 헤로인 125킬로그램을 호주로 밀수하려다 적발됐다.[50] 이런 단체들과 동업하면서 북한은 정권을 유지하기 위한 자금을 상당히 확보할 수 있었다.

북한이 불법 활동을 통해 벌어들이는 주요 수입이란 마약을 재배하고, 수확하고, 생산하고, 정제하고, 저장하고, 판매하고, 운송해 획득한 것이다. 이에 관한 미 의회조사국의 2008년 보고는 "1976년부터 불가리아, 에티오피아, 독일, 싱가포르, 터키, 베네수엘라, 잠비아 등 20

개가 넘는 국가에서 북한이 마약에 연루된 사건만 50건이 넘는다."[51]라고 지적했다. 북한은 코카인, 대마초, 불법 환각제를 포함한 여러 종류의 마약을 생산하고 유통해왔지만 이 중 헤로인과 '크리스탈 메탐페타민'으로 알려진 필로폰과 같은 아편류 마약의 생산 및 유통이 주를 이뤘다. 처음에는 국제시장에서 외국산 마약을 매매하는 무역업에도 잠깐 손을 댔다. 그러나 1970년대 중반에 북한 정권은 국가정책 일환으로 아편식물을 경작하고 재배하기 시작했고, 이를 정제하여 세계 곳곳에 헤로인을 수출하기 시작했다. 모든 집단농장들은 10만 제곱미터를 양귀비 밭과 아편생산에 할애해야 했다.[52] 북한 정부는 1988년 이란-이라크 전쟁이 끝나자 감소한 무기판매 수익을 보상하기 위해 이러한 활동에 노동력 투입을 늘리기 시작했다. 북한 마약 생산에서 가장 중요한 변화는 1990년대 중반 기근이 닥쳤을 때였다. 폭우와 지속적인 가뭄으로 인해 날씨와는 상관없는 메탐페타민 제조로 관심을 돌린 것이었다.[53] 중국, 일본, 러시아, 동남아시아의 치솟는 요구도(헤로인보다 더 높은 이윤을 남겼다) 북한의 결정에 한몫 했다.[54] 현재는 연간 50톤의 아편과 15톤의 메탐페타민을 생산할 수 있는 능력을 갖추고 있다.[55] 추정치에 약간의 차이가 있지만, 북한은 이러한 범법 활동을 통해 7,000만~2억 달러의 수익을 내는 것으로 예상된다.[56] 탈북자들은 북한을 일컬어 "마약국가이며, 양귀비 밭에서 땀 흘리며 일하는 학생들부터 국영 생산공장, 운반 선박과 무역회사에 이르기까지 마약 사업의 모든 면을 김[정일]이 지휘한다."[57]라고 말한다.

최근 몇 년간 북한의 마약활동은 현저히 감소했다. 2007년부터 유엔마약범죄사무소(UNODC)의 '세계마약보고서'에 북한은 단 한 차례도 언급되지 않았다.⁵⁸ 2011년 미 국무부 보고서 역시 8년 연속 '일본이나 대만과의 대규모 메탐페타민이나 헤로인 밀수 활동에 북한의 국가기관이 직접 연루된 경우가 없었다'⁵⁹고 확인했다. 감소의 원인에는 여러 가지가 있을 수 있다. 하지만 북한이 갑자기 마음을 바꾼 것은 아닐 것이다. 최고품질로 세계적으로 유명한 '슈퍼노트'와 같은 다른 비중 있는 불법 행위에 더 집중하고 있을 가망성이 크다.

1994년 북한의 무역회사 간부 두 명이 외교 여권을 들고 마카오의 한 은행에 25만 달러를 입금하려다 구속됐다. 정교하게 만들어진 100달러짜리 위조지폐들 때문이었다. 1996년에 루마니아 주재 북한 무역상이 위조지폐 5만 달러를 교환한 일로 추방당했고, 같은 해 울란바토르에서 북한 관료가 암시장에 위조지폐 10만 달러를 팔다 구속됐다. 또 1998년에는 당 간부가 위조지폐 3만 달러를 루블로 바꾸려다 잡혔다. 북한의 '슈퍼노트'의 첫 등장을 알리는 사건들이었다. 하지만 그것으로 끝이 아니었다. 1990년대 중반부터 북한의 위조지폐는 마닐라와 베오그라드, 라스베이거스와 샌프란시스코에서까지 발견됐다. 북한 사람들에게 카따리오(kattalio)로 알려진 슈퍼노트는 북한 정권에 1,500만~1억 달러의 수익을 안겨 준 것으로 추정된다.⁶⁰ 이 지폐들은 너무 정교해서 많은 분석가들은 그 기원을 '62호 인쇄소'라고도 알려진 평양상표인쇄소, 즉 북한 조폐기관으로 추적한다.⁶¹ 일본에서 수입한 1,000만 달러짜리 음각인쇄기(미국 조폐국에서 사용하는 것과 같은 것)와 홍콩에서 들여오는 종이, 프랑스산 잉크를 사용해 찍어낸다.⁶² 2005년 8월 FBI는 '로얄 참(Royal Charm)'과 '스모킹 드래곤(Smoking Dragon)'이라는 암호명을 가진 중국 삼합회의 범죄조직에 대한 두 건의 집중 수사를 마무리했다. 애틀랜틱시티, LA, 라스베이거스, 시카고, 필라델피아, 샌프란시스코에 아우르는 체포로 거대한 양의 엑스터시, 메탐페타민, 위조담배, 위조의약품과 북한에서 발행한 '우수한 재질'의 위조지폐 450만 달러를 몰수했다.[63] 같은 해 10월 아일랜드 공화국군(OIRA)의 션 가르란드(Sean Garland, 일명 '모자 쓴 남자')가 범죄인 인도 협약에 의해 벨파스트에서 미 당국에 의해 체포됐다. 벨라루스, 체코 공화국, 덴마크, 영국, 아일랜드, 폴란드, 러시아에 슈퍼노트를 유포한 단체를 이끈 혐의였다.[64] 현재 약 4,500만 달러의 슈퍼노트가 세계적으로 유통되고 있다고 한다.[65] 하지만 이러한 추정은 불가능할 뿐 아니라 실제 아무런 소용이 없다. 한 미 정부 관리는 "너무 정교하기 때문에 북한이 얼마나 많이 위조하고 있는지 알 수 없다."[66]라고 말했다.

북한의 위조 활동은 정교한 지폐 발행에서 끝나지 않는다. 지난 몇 년간은 위조담배와 의약품의 높은 순도와 포장으로도 악명을 떨쳤다.[67] 미제와 일제 담배 생산공장이 북한 영토 안에 12개 쯤 있는 것으로 추정된다. 암시장에서 담배로 얻는 수입이 연간 최고 8,000만~1억 6,000만 달러, 시가로는 7억 2,000만 달러로 추산된다.[68] 위성사진과 일본 해안경비대가 입수한 정보에는 북한 선박이 위조담배를 실은 화물을 대만, 캄보디아, 몽골 선박에 정기적으로 운송하는 모습이 포착됐다고 한다.[69] 벨리즈, 그리스, 일본, 필리핀, 싱가포르, 미국 내 도시들을 포함해 북한 위조담배는 전 세계 1,300여 개의 공공장소에서 판매되고 있다.[70] 2006년 연방정부는 기소를 통해 조직적인 범죄 단체가 북한산 위조담배를 실은 12미터 컨테이너를 매달 미국으로 입항시키고 있다고 밝혔다. 한 컨테이너 당 적게는 7만 달러의 경비가 들었는데 시가로는 300~400만 달러에 이른다.[71] 가짜 말보로 담배와 함께 북한 사람들은 위조의약품 제조에도 능숙하다. 그 중 가장 눈에 띄는 것이 비아그라와 시알리스라는 브랜드 명으로 더 유명한 실데나필과 타다라필이다. 위조담배와 마찬가지로 이 발기부전 치료약들도 그 전문적인 포장과 매우 높은 화학 순도로 널리 알려졌다.[72]

마약 거래뿐 아니라 슈퍼노트, 위조담배와 비아그라까지, 북한 사람들은 지도부의 금고를 채우기 위해 다른 불법활동에도 관여하는 것으로 생각된다. 그 중 하나가 멸종위기 동물의 밀매 및 장기 밀수다. 과거에 북한 외교관들은 수백 킬로그램에 달하는 코끼리 상아와 코뿔소 뿔을 운반하려다 적발되기도 했다.[73] 금과 같은 귀금속도 북한 정부관료들에 의해 암시장에서 거래되는 것으로 알려졌다.[74] 보험사기 또한 북한 정권의 특기다. 2005년 헬리콥터 사고와 2006년 초에 발생한 연락선 사고 등을 거짓 신고함으로써 2006년 한 해만 1억 5,000만 달러가 넘는 보상을 받았다.[75] 마지막으로 (그리고 가장 슬프게도) 사람도 북한의 불법 네트워크에서 중요한 '상품'이다. 미 국무부의 2010년 6월 인신매매보고서[TIP Report. 미 국무부에서 2000년 제정된 '인신매매피해자 보호법(TVPA)'에 따라 매년 작성하여 배포하고 있다]에 따르면 북한은 다른 11개국(총 177개 국가들 중)과 함께 '인신매매 3급 국가'로 지정됐다.[76] 이는 자국 영토 내 인신매매를 방지하기 위한 최소한의 노력도 하지 않는 국가에 붙이는 딱지로 북한은 2003년부터 이 꼬리표를 달았다. 수용소 강제노동, 러시아에서의 벌목작업과 몽골에서의 채굴작업, 그리고 중국 변방에 북한의 여성들을 신부로 매매하는 행위 등 북한 정권은 가장 혐오스러운 인권침해자 중 최악질로 증명됐다.

앞으로 중요한 문제는 북한 정부가 초국가적 범죄 행위들을 어느 정도까지 자제할 수 있는가다. 밀수 네트워크와 마약 생산이 뿌리 깊게 고착화되고 이러한 북한의 불법 경제가 어느 수준까지 제도화됐는지 우려하는 목소리가 작지 않다.[77] 두 번째로 중요한 문제는 북한 정권이 과연 범죄행위를 바로잡고자 하는 의지가 있느냐는 것이다. 경제 붕괴, 미숙한 지도세력, 점점 더 심해지는 국제적 고립 상황에서 북한 정권이 초국가적 범죄 활동을 오히려 더 장려하지 않을까하는 의문이 든다. 물론 북한 정권에 어떤 계획이 있는지는 전혀 알 길이 없다. 하지만 그들은 무엇인가를 해야만 한다. 현 시점에서는 북한의 길고 어두운 경제 터널 끝에 개혁의 빛이 비출 것 같지는 않다.

개혁은 어디로?

미국은 북한과 외교관계가 없어 북한 내에 대사관이 없기 때문에 북한에서는 스웨덴이 대신 미국을 대표한다. 그래서 나는 북한 측과 계속된 공식회담 후 맷 포이어 평양주재 스웨덴 대사가 관저에서 주최하는 환영식에 초대했을 때 감사하는 마음으로 바로 초청에 응했다. 그 곳에 참석할 NGO와 외교 단체들과의 만남이 흥미로울 것 같았다. 또한, 3일간 북한 술만 마시다가 레드와인을 마실 수 있다는 사실도 솔깃했다. 환영식에 도착하자마자 평양주재 중국 대사와의 대화에 휘말리게 됐다. 그는 부시 정권의 신보수주의적 대북정책을 질책하고, 미국이 견고한 북한 정권을 붕괴시킬 수 있다고 생각한다며 나를 꾸짖었다. 내가 만나 본 웬만한 북한의 간부보다 더 강경했다. 불쾌한 자리를 뒤로 하고 북한에서 소액 금융지원을 하고 있는 뉴질랜드에서 온 젊은 부부를 만났다. 그들의 모험담(누가 북한에 소액 금융지원을 하겠는가?)과 중국과의 국경지역에 가서 장을 본다는 등의 소소한 이야기에 감탄하며, 나는 그들이 평양에서 정확히 무슨 일을 하고 있는지 물었다. 북한에서 소액 금융지원이란 기본적인 회계업무, 재고 조사, 사업 경영기술을 가르치는 것을 아우른다고 했다. 북한은 그런 기본적인 교육조차 부족한 실정이었다. 북한은 시라큐스대학교(미국), 워릭대학교(영국), 에식스대학교(영국), 시드니대학교(호주), 호주국립대학교(호주)와의 학문적 교류로 한심할 정도로 아무것도 모르는 북한 사람들에게 기본적인 기술을 가르쳐왔다.[78] 북한 관료들은 서양의 내로라하는 금융 거물들에게 조언도 받았다. 2008년 뉴욕에서 열린 한 회의가 기억난다. 골드만삭스 전 부회장 밥 호마츠(Bob Hormats, 헨리 키신저의 전 경제수석고문으로 1970년대 후반에 중국 개혁 때 미중외교, 경제관계를 담당했다)와 폴 볼커(Paul Volcker) 전 미 연방준비제도이사회 의장이 북한의 경제금융 전문가들과 만나 경제개혁에 대해 5시간 동안 조언해 주었다. 북한 사람들은 지금도 당시 조언해 주었던 그 거물들이 누구였는지 (볼커와 호마츠가 상담 비용을 청구했다면 어마어마한 금액이 나왔을 것이지만) 제대로 모르고 있을 것이다. 북한 경제의 실패는 관료들의 실력부족도, 북한 대학에 노벨상을 받은 경제학자가 부재하기 때문도 아니다. 북한 사람들이 경제 개혁이나 개발에 실패할 유전자를 갖고 태어난 것도 아니다. 한국의 경험에 비추어 보면 이는 가당치도 않은 일이다.

지난 반세기 동안 북한이 그릇된 결정들을 내릴 수밖에 없었던 가장 큰 이유는 북한의 정치체제에 있다. 진정성 있는 경제개혁은 무조건적으로 자신들의 철권통치를 유지하려는 북한 지도부와 정면으로 충돌한다. 북한 정권은 개혁 딜레마에 빠져있다. 살아남기 위해 개방해야 하지만 개방과정에서 정권의 종말을 초래할 수 있는 동력을 촉발시킬 수밖에 없다. 오늘날 북한에서 체제에 저항하기는 사실상 불가능하다. 왜냐하면 폐쇄된 사회이기 때문이다. 군중은 기본적인 생계를 이어가기에 급급하다. 그리고 특수층은 체제 전환을 고려하기는커녕 그로부터 나오는 얼마 안 되는 이익 중에서 자신의 몫을 챙길 궁리로 바쁘기만 하다. 모든 개방정책은 기대감의 소용돌이(spiral of expectations)와 변화를 향한 거침없는 역동성을 수반한다. 북한과 같은 체제는 상황이 최악일 때가 아닌, 상황이 호전될 때 뒤집어지기 마련이다. 북한 사람들은 한국에서 발생한 일을 알고 있다. 경제발전과 급증하는 중산층은 군사독재의 몰락을 촉발했다. 이 같은 일을 동유럽과 소련의 몰락을 통해서도 목격했다. 김씨 일가와 그 패거리들은 진정한 경제개혁이 북한 주민들의 삶을 궁극적으로 개선시킬 것을 알고 있다. 하지만 이는 또한 기대감의 소용돌이를 낳을 것이다. 변화의 단맛을 본 사람들은 필연적으로 더욱 더 큰 변화, 심지어는 총체적 개혁까지 요구하기 마련이다. 40년 전 중국이 덩샤오핑의 지휘 아래 근대화 개혁을 일으켰을 때 중국은 경제발전을 위해 정치적 분권화의 위험을 어느 정도 감수하려고 했다. 왜냐하면 덩샤오핑이 "부자가 되는 것은 영광스러운 일이다."라는 유명한 말을 했기 때문이다. 그러나 북한 지도부에는 정치적 통제가 아직도 가장 가치 있는 지표로 남아있다.

성의 없는 개혁

 이런 이유들로 전문가들은 종종 북한 경제개혁의 징후를 잘못 읽곤 한다. 북한이 행여나 시장 또는 기업과 관련된 정책을 어렴풋이 취하는 듯한 시늉을 보이기만 해도 드디어 개혁이 시작되고 있다고 단정 짓곤 한다. 그러나 결국은 모두가 실망하게 된다. 기껏해야 일시적 필요로 세운 전술조치에 불과했기 때문이다(아래 그 이유들을 설명한다). 교역과 투자를 유치하기 위한 목적에 어느 정도 개방을 시도한다 하더라도 기득권 상실이 죽기보다 싫은 북한 지도부 때문에 실행이 쉽지 않다. 경제개혁과 개방을 시도했던 한 분야를 꼽자면, 중국, 소련과의 접경지역에 설립한 신의주 특별행정구나 나진-선봉 자유경제무역지대와 같은 경제특구들을 들 수 있다. 북한 당국은 이 지역들이 외국투자를 유치할 것이란 원대한 비전을 가졌다. 그런데 이 대규모 사업을 총체적으로 잘못 처리함으로써 북한의 사업 수완은 절대적으로 부족하고, 자만은 지나치며, 오로지 통제를 잃을까 두려워한다는 사실이 증명됐다. 이 특구들은 냉전의 종식과 한국의 성공적인 북방정책에 대응해 1990년대에 건설됐다. 또 1992년 남북기본합의서와 1994년 미북 간의 핵협상을 계기로 얼었던 남북관계가 해빙기를 맞자 이 기회를 활용할 수 있을 것으로 생각했다. 이 특구들로 점점 더 침체되는 북한 경제를 해결할 수 있을 것으로 기대했다. 나진-선봉(현재는 나선으로 알려져 있다)은 함경북도의 북동쪽 모서리에 자리한 1,200제곱킬로미터 크기의 경제특구로 두만강을 사이에 두고 러시아와 19킬로미터의 길이로 맞닿아 있다. 평양에서 800킬로미터 떨어져 있는 이 지역은 외국투자를 끌어들여 경제발전을 견인하고 지역의 교통 허브가 되는 목표로 기획됐다.

신의주 특별행정구는 북한의 북서쪽 모서리(평안도)에 위치해 있고 국경너머엔 중국의 단둥(丹東)이 있다. 중국 어우야(歐亞)그룹 회장이자 부동산 거물인 양빈(楊斌. 중국 제2의 부호로 2001년 〈포브스Forbes〉에 이름을 올렸다)이 북한으로부터 초대 행정장관으로 내정됐었다. 그러나 곧 위조, 뇌물수수, 사기, 탈세 혐의로 중국 당국에 구속됐고 현재 선양(瀋阳)에서 18년의 징역형을 살고 있다. 북한은 합작투자법 등 해외투자를 보호하기 위한 갖가지 법령을 제정하긴 했으나, 조세, 기업 운영, 기업 책임 등 여타 행정관련 사안을 처리할 법적 장치를 마련하는 데 소극적이었다. 이는 북한 지도부가 두려워하는 법적 투명성을 요구하는 과정이었고 단순히 사업 기회를 공표만 하면 굶주린 투자자들이 몰려들 것이라고 생각했던 그들의 천진난만한 환상에 불과했다.

이 사업들로 초기에는 서구 사회로부터 약간의 투자를 유치한 것은 사실이나 대부분 기반시설 확충과 경제특구 내 항구들을 재정비하는 것이었다. 북한이 고대하던 제조업 투자 유치에는 실패했다. 낡은 설비 기반, 만연한 공무원 부패, 그리고 합의된 개혁안에 북한이 부분적인 관심만 보였기 때문이었다. 2010년 말 나선지역을 방문했던 한 영국 기자는 도시 전체 교통이 우마차와 중국제 트럭이 주를 이뤘고, 공사현장은 손수레에 곡괭이, 삽을 들고 있는 노동자가 기계를 대체하는 '스탈린 시대로의 회귀'를 방불케 했다고 회상했다. 가로등도 없었고 배수시설도 열악해서 비만 오면 주요 광장이 온통 '진흙탕'이 됐다.[79] 신의주는 2003년 여름 양빈 회장이 구속된 후 재개되지 못했다. 2009년 당시 압록강에 위치한 위화도로 이전한다는 소문이 나오기는 했다.[80] 이 프로젝트들은 눈에 보이는 '집행'은 없으나 끊임없이 '회자'되곤 한다. 북한은 개혁의 필요성은 부정하는 와중에도 투자를 유치하기 위한 별 성과없는 노력은 계속하고 있다.

이 기간 개혁을 시도했던 또 하나의 분야는 남북교역이었다. 양국 간 최초의 거래는 1988년 11월 북한이 조개 40킬로그램을 부산에 수출한 시절로 돌아간다. 그 다음 해인 1989년 1월 북한 예술품 612점이 부산항에 도착했다. 하지만 당시에도 북한은 자국의 개혁 딜레마를 교묘하게 피하기 위한 조건들을 내세웠다. 예를 들면, 현금 유입은 극대화하지만 주민들에게 영향을 미칠 수 있는 주민과의 접촉은 최소화했다. 초기에 한국과의 교류는 대부분 중개인을 통해 이뤄졌기 때문에 북한은 아무것도 한국산이라고 말하지 않아도 됐다. 직접무역은 1991년 물물교환을 통해 시작됐다. 그런데 여기서도 북한은 조건을 내세웠다. 예를 들면, 북한의 무연탄을 받는 대신 한국이 쌀을 지원했을 때 쌀을 담는 포대에는 한국산을 확인할 수 있는 그 어떤 표기도 포함되지 말아야했다.

많은 이들이 2002년 7월 북한이 전면적인 개혁에 착수했을 때 드디어 10년간의 무성의와 실패를 뒤로 하고 진정한 개혁을 하려나보다 생각했다. 경제 붕괴, 기근, 에너지 부족, 마이너스 경제성장을 기록하던 1990년대 말에 시작됐기 때문에 많은 사람들은 혹시나 북한이 정치 통제를 위한 이념과 집착을 버려야 함을 깨달았을 수도 있다고 기대한 것이다. 나는 미 의회에서 북한의 이런 개혁 조치들이 의미하는 바가 무엇인지 진술할 기회가 있었다. 나는 북한의 조치가 당시에는 대단하게 보일지 몰라도 그들의 일련의 개혁 움직임은 임시적이고 전략적인 것일 뿐이라고 증언했다. 내가 틀렸으면 좋았겠지만, 애석하게도 내 예상은 빗나가지 않았다.

2002년 7월 개혁

  2002년 7월에 북한이 착수한 시장 자유화 개혁방안은 네 개의 축으로 이뤄져 있었다. 첫째는 기본적인 통화제정이었다. 북한 정부는 배급제를 폐지하고 물가 통제를 완화해서 수요와 공급으로 가격을 책정하도록 했다. 물가 상승에 맞춰 임금도 인상했다. 어떤 분야는 20배까지(월급이 110원에서 2,000원으로) 인상됐고 '특수' 임금 분야(정부 관리, 군인, 광부, 농부)는 여섯 배로 올랐다. 소규모 시장이 북한 전역에 생겨났고 공공 배급제도는 무너졌다. 둘째로 1달러에 2.2원이던 통화를 150원으로 절하시켜 북한 통화의 인위적으로 높은 가치를 상쇄했다. 이 방안은 외국투자를 장려하고 국내 회사들에 수출 지원금을 장려하기 위한 것이었다. 셋째, 경제정책 결정과정을 분권화했다. 정부 보조금을 줄이고, 농산물 직판장을 허용하고, 산업과 농업분야의 경영 결정권을 중앙정부에서 지방 생산단위로 이전하는 등의 방안을 수반했다. 기업들은 자체적으로 경비를 충당해야 했고 관리들은 빡빡한 예산제약에 맞춰야 했다. 넷째로, 외국 투자를 유치하고자 신의주 특별행정구, 개성공업지구, 금강산 관광사업 등의 프로젝트를 진행했다.

  그 당시 이런 개혁 방안들은 역사적인 일이라며 국제사회의 환영을 받았다. 이렇게 거대한 규모의 경제적 변화는 북한 정권 역사상 첫 시도였다. 사람들은 북한이 경제 침체를 외부의 탓으로 돌리지 않고, 사회주의식 경제의 결함을 문제의 근본적인 원인으로 깨달았는지에 관심을 모았다.

    … 사회주의 경제관리방법은 아직 미숙한 것도 많고 완성되

없다고 볼 수는 없다 … 경제관리에서 낡고 뒤떨어진 것, 현실에 맞지 않는 것을 계속 그대로 쥐고 있어서는 경제를 발전시킬 수 없다.[81]

전문가들은 정책결정과정을 분권화하고 지방경제를 중앙경제와 분리시킴으로써 도와 군 등 지방자치단체에서 직접 생산량과 가격을 책정할 수 있고, 이로 인해 경쟁을 독려할 것이라고 극찬했다. 국영기업들은 정부 생산목표를 달성하면 장려금을 받고 여분은 수익을 위해 자유시장에 내다 팔 수 있는 동기부여가 형성됐다.[82] 북한 방문자들은 제한적으로나마 북한에서 새롭게 탄생한 사업 환경을 목격하게 됐다. 카리타스(Caritas, 교황청산하 카톨릭 자선단체)와 다른 국제 구호기관들은 배급제도가 무너지자 음료수, 담배, 과자 등을 파는 소규모의 간이시장들이 생겼다고 보고했다.[83] 이런 자유시장에서 소비자들은 정부가 책정한 것이 아닌 (낮은) 가격으로 상품을 구매할 수 있었고 이에 대한 정부의 용인은 중요한 변화의 전조로 여겨졌다. 2003년 〈가디언 Guardian〉의 설명은 낙관적인 느낌마저 주었다. "먼지 쌓인 조용하고 텅 빈 백화점에 비해 평양의 통일시장은 시끌벅적하고 활기가 넘친다. 소비자들은 중고 일제 텔레비전, 미얀마산 위스키, 한국의 개고기에 이르기까지 엄청나게 다양한 상품들을 놓고 150여 개 남짓한 노점상들과 시끄럽게 가격 흥정을 한다. 대부분의 물품은 중국산이다. 어떤 것들은 몰래 거래된다. 설사약 같은 것은 한 알에 3파운드에 팔린다. 가격은 국가 통제가 아닌 (어디서나 그렇듯이) 시장에 의해 결정된다 … 자유로움과 활기가 넘치는 통일시장은 북한의 미래에 장밋빛 희망을 선사한다. 이웃나라 중국을 변화시킨 성공적인 경제 개혁에 맞먹는 개혁이 탄생할 것이다."[84] 정책 전문가들도 김정일이 국내의 거센 개혁 반대세력과 충돌하지 않고 '은밀하게' 개혁을 계속 이어갔으면 좋겠다며 낙관론을 이어갔다. 한국의 김대중 대통령은 이 같은 개혁이 북한 지도자의 예리함, 즉 그가 '개혁에 대한 지적 능력과 안목이 있으며 상식적으로 대화가 통하는 사람'이라는 것을 반증한다고 단언했다. 피터 마스(Peter Maas)는 〈뉴욕타임스 New York Times〉에 김정일이 지미 카터 전 대통령의 개혁 의지를 구비한 '순진한 왕(harmless feudalism)'으로 비유했다. 전 주한미대사이자 김대중 대통령의 친구였던 도널드 그레그(Donald Gregg)는 북한의 개혁은 박정희 대통령의 국가주도 자본주의의 본보기를 모방하고자 하는 북한의 의지를 나타내는 것이라고 말했다.[85]

그러나 북한의 개혁 방안은 그 원대한 목표에도 불구하고 자동적으로 성공을 보장하지는 않았다. 그들의 개혁이 자본주의로의 이데올로기적인 '전환'을 이루기에는 너무도 미약했기 때문이다. 북한 개혁은 그 방법이나 본질이 중국이나 베트남 개혁의 밑바탕이 됐던 '소신' 체계와는 판이하게 달랐다. 그들의 변화는 북한이 처한 상황에서 비롯된 것이지 뿌리로부터의 근본적인 개혁이 아니었다는 점이다. 다시 말해, 효율적인 경제 시스템으로의 전환이 아니라 당면한 문제를 처리하는 대응 기제에 불과했던 것이다. 예를 들자면, 북한이 통화제정과 농산물 직판장을 허용한 것은 배급제가 무너진 것이 주된 이유였다. 북한 정권은 주민들에게 더 이상 나눠줄 것이 없었다. 주민들에게 하루에 600~700 그램(특수층은 800그램)의 쥐꼬리만한 식량도 제공할 수 없는 관계로 최후의 생존 수단으로써 시장을 허용할 수밖에 없었던 것이다. 어느 정도

주민 통제력을 잃을 수밖에 없다는 것을 알고는 있었겠지만 별다른 도리가 없었을 것이다. 1995년 대홍수 이후 10년간, 식량배급의 80퍼센트는 국제사회의 지원으로 이뤄졌다. 식량이 고갈되자 북한은 배급제를 폐지하고 시장을 허용했다. 하지만 국제사회로부터 식량지원이 도착하자마자 배급제를 다시 부활시켰다. 이런 의미에서 배급제는 공정하게 물자를 나눠주는 제도가 아닌 지도부의 합법적인 사회·정치 통제를 위한 도구와도 같은 것이었다.

이와 비슷하게 지방에 어느 정도의 자율성을 허용한 것은 중앙정부가 그들의 사업 능력을 '믿어서'가 아니라 국영기업들의 생산량이 하락하고 결근자가 증가하고 있었기 때문에 관리들을 장려하기 위해 극단적인 방법이 필요했기 때문이었다. 통화제정도 얼핏 보면 북한이 사회주의체제에서 한발 물러서고자 하는 조치로 보이지만, 동시에 북한 경제를 크게 위협하는 암시장 상인들을 정치적으로 더욱 통제하는 수단이 됐다. 시장의 총체적 실패가 암시장이 탄생하게 된 배경이었다. 그들은 지하에서 활동하며 국가가 제공할 수 없는 (또는 매우 비싸게만 제공받을 수 있는) 물건들을 매매했다. 농부들은 국가가 정한 생산 할당량을 달성한 뒤 나머지를 시장에 내다 판다. 국제사회의 지원을 받는 주민들은 배급 받은 쌀의 일부분을 암시장에서 높은 값에 판매한다. 중국이나 한국의 친척에게 돈을 받은 사람들은 중고 비디오플레이어를 구매하고 금지된 한국의 드라마를 시청하기도 한다. 이런 것들은 모두 북한 지도부에는 위협이었다. 전체주의 국가의 통제와 감시 밖에서 일어나는 일들이기 때문이었다. 이런 점에서 물가통제 완화와 화폐 평가절하는 거대한 인플레이션을 일으킴과 동시에 개인이 보유하는 현금을 헐값으로 만들어 시장 상인들(과 일반 대중)의 성장 기반을 약화했다.

 북한식 개혁은 문제를 해결하기보다 오히려 더 많은 문제를 야기해 결국 실패로 돌아갔다. 물가통제 완화는 걷잡을 수 없는 인플레이션으로 이어졌다. 공급 및 생산량의 축소는 큰 폭의 가격인상을 초래했고 북한 화폐의 가치를 더욱 절하했다. 중국의 경우, 1979년 첫 가격개혁은 쌀값으로 25퍼센트 인상했다. 그에 반해 북한에서 개혁 후 쌀 가격은 적어도 600퍼센트가 상승했고 북한 원화가치는 1달러에 150원에서 700원으로 하락했다.[86] 고정 수입을 받는 노동자들뿐 아니라 군인과 근로자들은 이 기하급수적인 변화로 큰 타격을 입었다(농민들은 농산품 가격 인상으로 상대적으로 적은 타격을 받았다). 북한은 중국과 한국의 원조로 겨우 헤어 나올 수 있었다. 북한은 개혁으로 인상된 물가의 압박에 생산량을 늘리든지 (아직 실현 불가능하지만) 해외로부터 수입을 늘리는 수밖에 없었다. 2002년 개혁 이후 몇 년 동안 늘어난 북한의 수입은 대부분 한국과 중국의 자금 지원으로 조달한 것이다. 니콜라스 에버스타트(Nicholas Eberstadt)가 주장하듯이 중국의 대북 원조는 언론에 알려진 것 그 이상이었다. 양국 간의 무역적자가 이를 가장 잘 입증한다. 외견상으로 보이는 북중 간의 영구적인 상품무역 적자는 평양에 보낸 중국의 실제 지원금의 정확한 척도가 된다(불균형적으로 누적된 액수를 양국이 바로 잡거나 갚지 않을 것으로 추정되는 경우에 말이다).[87] 이 기간 동안 중국은 연간 4억 7,000만 달러의 원조를 보냈다. 북한 연료수입의 70~90퍼센트와 곡식수입의 30퍼센트에 이른다.[88] 중국은 2003년 초반에 옥수수와 밀 배송을 늘렸다. 지난 2003년 10월에 우방궈(吳邦國) 전국인민대표대회 상무위원장이 방북 했을 때 김영남과 만나 5,000만 달러의 지원금을 제안했다고 한다.[89] 이에 대해 일본 언론은 명목상으로는 유리 제조공장 설립을 위한 것이었지만 자금의 사용처는 북한 정권의 재량에 맡겨졌다고 보도했다.[90] 이 기간 동안 중국 원조의 대부분은 식량이었다. 공식적으로 2000년부터 2007년까지 평균 28만 7,000톤의 식량을 지원했는데 2005년도에는 45만 톤으로 절정을 이뤘다.[91] 중국은 무료 또는 헐값에 공장과 여러 생산시설들을 지어줬고, '우호가격(중국 정부의 높은 보조금 지원)'으로 연간 60~70만 톤의 정유를 제공했으며, 상환하지 않을 것이라는 이해하에 거대한 무역적자가 쌓이는 것을 묵인했다.[92]

북중 간의 무역도 이 기간 동안 폭발적으로 증가했다. 1999년과 2000년에는 중국과의 교역이 북한 무역 전체의 20퍼센트를 차지한 반면, 2004년에는 거의 두 배로 뛰어 39퍼센트에 이르렀다.[93] 무역 가치의 증가 역시 놀랍다. 1990년대 말에 4억 8,800만 달러를 기록했는데 2005년에 그 세 배를 뛰어 넘는 약 16억 달러를 기록했다.[94] 한국무역협회에 따르면, 2003년에 중국은 북한과의 무역을 거의 40퍼센트나 늘렸다. 2003년 초 핵협상이 결렬되면서 미국으로부터 연료 공급이 중단되자 중국으로부터 수입하는 연료가 53.2퍼센트 늘어 1억 8,700만 달러에 이르렀다. 중국 무역과 원조에 더해 북한은 햇볕정책에 힘입어 한국 정부와 공공기관으로부터 10억 달러가 넘는 지원을 쉽게 받아냈다. 김대중 정부 첫 해에는 단지 2,900만 달러의 식량, 비료, 인도주의적 지원을 북한에 보냈다. 이 수치는 그의 남은 임기와 노무현 정부 때 급속히 상승해 2007년에는 6억 3,500만 달러라는 엄청난 기록을 세웠다.[95] 식량지원도 비슷한 양상을 보였다. 1999년에 1만 2,000톤으로 시작해서 그 후 8년간 평균 37만 톤에 살짝 못 미치는 식량을 지원했다. 2003년에 52만 2,000톤으로 최고를 기록했다.[96] 남북교역은 침체된 북한 경제의 또 하나의 중요한 지원책이었다. 1998년에 남북한 간의 전체 무역은 7,800만 달러에 이르렀다. 이 액수 역시 그 다음 해에 두 배(1억 4,440만 달러)로 뛰었고, 2002년에 또 그 두 배(2억 9,880만 달러)로, 2006년에는 최고치인 거의 8억 달러를 기록하며 가파른 속도로 증가했다.[97]

북한에 정통한 한 국제 구호가는 "북한에는 긴급 통화망이 있다. 최첨단 건강관리, 농업 지원, 원조 … 그 통화망은 서울로 연결돼 있다."[98]라고 비유적으로 말했다. 한국 통일부는 북한이 1995년부터 일본, 미국, 한국, 유럽, 유엔으로부터 총 24억 달러의 원조(식량, 비료, 의약품, 연료)를 받은 것으로 추정하고 있다. 1995년부터 2007년까지 중국, 한국, 미국, 일본이 북한 식량지원의 80퍼센트를 제공했고, 2000년부터는 90퍼센트를 넘어섰다. 하지만 2002년부터 2005년까지는 식량의 대부분을 중국과 한국으로부터 지원 받았다. 그리고 2006년과 2007년에는 중국과 한국만이 북한에 식량을 지원했다.[99] 실제로 이 원조 '수익'은 북한이 말하는 개혁의 가장 성공적인 부분이 됐다. 위에서 언급한 것처럼 북한 경제는 필요한 것의 3분의 1을 해외 원조에 의존하기에 이르렀다. 그러나 NGO나 국가의 효과적인 감시 체계가 결여된 채 대량의 현금과 물품의 유입은 오히려 부패가 만연하는 결과를 낳았다.

따라서 2002년 북한의 최초이자 전국적으로 실시된 경제개혁은 알려진 만큼 큰 성과를 거두지 못했다. 많은 이들은 유례없이 포괄적이었던 북한의 2002년 개혁은 국제사회로의 통합, 미국과 그 동맹국들과의 관계 정상화, 그리고 핵 프로그램을 외부세계의 원조로 대체하려는 의지를 보여준 것이라고 주장한다. 그러나 경제개혁을 만병통치약으로 삼는 것은 대단히 위험하다. 이들처럼 단순히 자기들의 희망적 사고에 근거해 북한이 안보정책의 방향마저 전환할 수도 있다고 착각할 위험이 있기 때문이다. 북한의 경제개혁 의지가 설사 진심이었다 하더라도, 경제개혁과 기존의 안보관의 전환 사이에는 자동적인 인과관계가 성립되지는 않는다. 경제개혁을 추구하는 동시에 핵무기와 탄도미사일로 국력을 증강시키려는 정책은 북한의 이익에도 충실할 뿐만 아니라 김정일의 강성대국 목표와도 일치한다. 어쨌든 요점은 북한의 개혁은 경제와 안보를 따로 분리해서 진행할 수 있다는 점이다. 그러므로 경제개혁이 반드시 핵무기 포기를 수반하는 것이라고 단정할 수는 없다(이것은 수많은 경제개혁 전문가들이 공통적으로 하는 허황된 가정이다. 사실상 북한은 꿩도 먹고 알도 먹고 싶어 할 수도 있다).

북한의 '달볕'정책

북한의 가장 왕성했던 경제개혁이 한국의 햇볕정책과 동시대에 일어난 것은 절대 우연이 아니었다. 한국의 진보적인 김대중 정부와 노무현 정부(2003~2008년)는 10년간 대규모의 조건 없는 경제 포용정책을 추구했다. 두 대통령은 북한 정권에 외부는 온화한 세계이며 아무도 김정일의 왕국을 몰락시키려 하지 않는다는 것을 확신시켜줘야 한다고 믿었다. 두 정부는 적대적인 북한을 달래고 개혁에 천천히 박차를 가하기 위해 경제적으로 포용정책을 추구했다. 이는 북한의 붕괴와 한반도의 통일로 인해 한국에 이전될 막대한 비용의 '경착륙(hard landing)'을 막고자하는 방책이었다. 김정일 정권이 매번 한국의 일방적인 도움을 받아들일 때마다 한국 정부는 자신들의 정책이 효과가 있는 양 희망을 확신했다.

하지만 북한에는 북한만의 '달볕정책(Moonshine Policy)'이 있었다. 어려울 때 도움을 받는 것은 전혀 어려운 일이 아니었다. 잘 속아 넘어가는 한국에 햇볕정책이 제대로 작동하고 있다고 믿게끔 하는 동시에 한국의 대북지원을 후진국에서 '위대한 지도자들'에게 보낸 '선물'로 둔갑시켰다. 줄곧 남쪽 형제의 자금에 두 손을 대고 있었던 것이다. 북한은 두 개의 주요 남북 경제협력 사업(개성공업지구와 금강산 관광사업)에 협력했다. 이 두 사업은 성공적인 햇볕정책의 이정표가 됐다. 또한, 한국 대통령이 평양에 가서 김정일에게 경의를 표하는 조건으로 두 번의 정상회담을 약속했다. 한국은 이 모든 것이 북한의 변신인 듯 환영했다. 개성공업지구와 금강산 관광사업이 남북 경제협력의 새로운 장이 됐다. 개성공업지구는 남북공동 공업단지로 황해북도에 위치해 있으며 서울에서 70킬로미터 거리에 있다. 약 3,237,000제곱미터의 단지에 120개의 한국 기업이 진출해 있고 약 45달러의 월급을 받는 약 4만 7,000명의 북한 노동자를 고용하고 있다(슬프게도 이것이 북한 대부분 사람들이 누리는 것보다 훨씬 좋은 조건이다).[100] 노동자들은 잠옷, 오토바이 헬멧, 양말, 프린터 카트리지, 어망 등 다양한 제품을 생산해 한국을 비롯한 세계 곳곳에 수출한다.[101] 이 공단을 시작하는 데 소요된 경비는 3억 7,400만 달러였다. 그 중 40퍼센트를 한국의 재벌 그룹인 현대아산이 제공했고 나머지는 한국 정부가 출연했다.[102] 금강산 관광사업은 1998년부터 시작됐고 190만 명이 넘는 한국 관광객을 유치했다.[103] 2박 3일 여행

패키지가 계절과 숙소의 급에 따라 1인당 230달러(25만 원)에서 1,140달러(125만 원)를 호가했다.[104] 관광객들은 태백산맥 줄기의 숨 막히는 경치와 천연 온천, 북한 요리, 미술, 문화를 즐겼다. 물론 이 모든 과정은 북한 경호원들의 철통같은 감시하에 이뤄졌다(이에 대해 제9장에서 자세히 다룬다).

한국이 햇볕정책이 성공적이라고 믿으면 믿을수록 북한의 달볕정책은 더 큰 효과를 나타냈다. 개성과 금강산은 북한 지도부에 중요했던 두 가지 요소를 충족시켜줌에 따라 용인됐다. 첫째, 북한 지도부에 대량의 현찰을 안겨줬다. 북한의 사업에 대한 동의의 대가로 현대아산은 북한에 총 9억 4,200만 달러의 자금을 이송해야 했다. 대부분 현금과 선취 수수료로 75개월에 걸쳐 (연간 약 1억 5,000만 달러) 송금됐다.[105] 정확한 추산치는 논란의 여지가 있지만, 개성공업지구는 북한 정권에 추가적으로 연간 2,000~3,400만 달러의 수익을 발생시켰다.[106] 개성공단이 2005년 처음 가동되긴 했지만 2007년부터 전면적으로 운행된 것을 고려했을 때, 북한이 벌어들인 총 수익금은 적게 잡아 현금으로만 8,000~1억 3,500만 달러로 추정된다. 금강산 관광도 북한 정권의 핵심 사업이었다. 금강산 관광사업이 북한에 안겨 준 경화(hard currency. 달러와 같이 국제적으로 통용되는 통화) 가치는 공개되지 않았지만 2001년부터 프로그램이 중단된 2008년까지 약 7,600만 달러에 이른다.[107] 수조에 달하는 국채에 익숙한 보통 미국인들에게 이 금액은 하찮게 들릴 수도 있다. 그러나 이 액수는 고작 280억 달러인 북한의 GNP에 적지 않은 영향을 미친다.[108] 이런 점에서 김대중 대통령에게 노벨 평화상을 안겨준 역사적인 2000년 남북정상회담도 북한에는 큰 돈줄이었다. 훗

날 정상회담을 위해 한국이 5억 달러를 지불한 사실이 드러났다.

　둘째, 두 사업 모두 북한 주민들을 계몽시키거나 변화를 일으킬 원동력이 부재했다. 개성공단의 경우, 한국의 자금과 기술이 북한의 노동력과 만나 수출용 시계, 접시세트, 경공업품을 생산하던 합작 벤처에 대해 북한은 신중한 태도로 갖가지 관리조항을 내세웠다. 예컨대, 한국 관리자들은 북한 노동자들에게 직접 월급을 줄 수 없었다. 대신 북한 정권의 중개인에게 지불했다. 이는 2005~2006년 한국 정부가 햇볕정책 홍보 일환으로 외신기자들을 개성으로 초대했을 때 명백히 드러났다. 기자들은 북한 중개인이 한국 회사들과 매년 임금 인상을 협상했음에도 정작 노동자들에게는 적은 임금을 지불하고 있었다는 것을 금방 깨달았다. 임금대신 노동자들은 하루 세끼 식사와 깨끗한 작업 환경을 보장받았다. 북한은 또 개성에서 일하는 모든 노동자들의 '충성심'을 사전에 철저히 교육했다. 거의 여성 노동자들로 선택됐고 (젊은 남성들이 많으면 큰 위협이 될 수 있으므로) 한국 관리자들과 노동자들 사이의 접촉은 제한됐다. 한국 관리자들은 점심시간에 그들만의 식당에 격리됐다. 그리고 치료가 필요한 경우에도 따로 떨어진 의료시설을 이용했다. 한편, 한국 사람들은 북한 노동자들과 소통 할 때 서로를 이해하는 데 어려움이 따른 것으로 알려졌다. 1950년대 초반부터 분단되어 생긴 언어장벽 때문이었다.[109] 김일성과 김정일을 찬양하는 당 음악과 군가가 공장 벽의 스피커로부터 울려 퍼졌다. 2005년 한국 언론은 공단 내에서 한국 남성과 북한 여성 사이에 로미오와 줄리엣과 같은 로맨스가 피어났다는 소문을 보도했다. 그러나 개성에서 일하던 한국 노동자들은 의아해했다. 공단 내 북한 여성들이 혼자 있는 경우가 전혀 없었다는 간단한 이유에서였다. 한 노동자는 "우리들 사이에는 사회적으로 큰 차이가 있다. 북한에는 개인의 개념이 전혀 없다 … 화장실에도 둘씩 짝지어 간다."[110]라고 말했다.

금강산 관광단지의 경우, 모든 외국인은 외진 산세뿐만 아니라 울타리, 철조망, 경비요원에 의해 북한 주민들과 분리됐다. 군인들이 일정한 간격으로 배치돼 관광객들이 승인되지 않은 장소를 촬영하거나 단체에서 이탈할 경우 빨간 깃발을 치켜들었다. '환경관리원'들은 관광규칙 위반자들을 적발하기 위해 예리한 시선으로 관광객들을 주시하고, 적발할 경우 즉각 관광 기본방침을 읊을 태세로 서 있었다. 망원렌즈가 장착된 카메라나 휴대폰을 몰래 소지하거나 버스로 이동 중 사진을 찍다 걸리면 벌금도 내야 했다.[111] 등산로 내내 보이는 거대한 화강암 표면에는 '우리에게 행복을 주기 위해 희생하신 (위대한 지도자) 김일성 수령님 만세!'와 '김일성 수령님께 우리의 삶을 바치자' 등의 슬로건들이 새겨져 있다. 이러한 선전 문구의 크기는 상당한 것으로 알려졌다. 어떤 것은 각 글자의 길이가 9미터, 폭이 8미터로 바위의 표면에서 60센티미터 안쪽으로 새겨졌다고 한다.[112] 심각한 실수에는 가차 없었다. 2008년 7월에 금강산에 관광 갔던 한 단체는 이것을 뼈저리게 체험해야만 했다. 해변에서 부주의로 통행금지구역에 들어갔던 53세의 한국 여성을 북한 경비들이 총으로 쏜 것이다(이 사건 이후 금강산 관광은 중단됐다). 그동안 북한 정권은 이 사업으로 연간 8,000~8,500만 달러에 이르는 수입을 벌어들였지만 주민들에게 직접적인 혜택이 주어지지는 않았다.[113] 햇볕정책 옹호자들에게는 이런 종류의 사업들이 '경제개혁'으로서의 자격이 있는 것이었다. 북한의 제한적 접근과 억압적 개혁에 대한 명백한 문제가 제기될 때마다 햇볕정책 지지자들은 북한에서 진정한 변화가 일어나기 전까지 수십 년이라도 인내와 아량을 베풀어야 한다고 답한다. 이들의 주장은 아마도 북한의 달볕정책의 목표와 매우 잘 맞아 떨어질 것이다.

북한은 중국에도 달볕정책을 펼쳤다. 김정일이 중국을 방문할 때마다 중국 당국자들은 중국 사회주의 특색의 자본주의 성과를 경험할 수 있도록 여러 도시들과 공장들을 방문할 것을 권유했다. 지난 10년간 김정일은 광섬유, 컴퓨터, 전화, 레이저 기술, 컴퓨터 소프트웨어, 인간

[표 4-1] 김정일의 방중(2000~2011)

날짜		방문공장	방문장소
2000년	5.1	중관춘(中关村) 과학단지	베이징
		레노보 컴퓨터	
2001년	1.17	후아홍(華虹) NEC 일렉트로닉스	상하이
	1.18	상하이(上海) GM 공장 주룽지(朱鎔基) 총리 참석	
		바오산(寶山) 철강	
	1.17	벨(Bell)사 공장	
	1.19	장강(張江) 첨단기술단지	
		푸둥(浦東) 소프트웨어 지구	
		인간게놈 연구센터	
		순처우(孙桥现) 현대농업개발구	
2006	1.11	창페이(長飛) 광섬유 광케이블 유한공사	후베이성(湖北省) 우한(武漢)
		봉화 통신주식 유한공사	
	1.13	위창일신 전자공사(VTRON)	광둥성(廣東省) 광저우(廣州)
	1.14	중국공상은행 소프트웨어 개발센터	광둥성 주하이(珠海)
		그리(Gree) 공기조화기 생산공사	
		동신화평 스마트카드주식 유한공사	
	1.15	화웨이(華爲) 기술 유한공사	광둥성 선전(深圳)
		다쭈(大族) 레이저과학기술 유한공사	

2010	5.3	다롄(大连) 항만	랴오닝성(遼寧省) 다롄
	5.4	다롄 경제기술개발구역	
		인텔(Intel)사 공장	
2010	8.26	지린 화학섬유그룹	지린성 지린
	8.28	농업박람회장	지린성 장춘
		지린농업대학	
		장춘(长春) 이치(一汽) 자동차	
	8.29	하얼빈(哈爾濱) 공대	헤이룽장성(黑龍江省) 하얼빈
		증기터빈 공장	
2011	5.20	하이린(海林) 농장	헤이룽장성 무단지앙(牧丹江)
	5.21	제일자동차그룹(FAW)	지린성 장춘
		동북핵심구역 계획건설전람관	
	5.23	화룬수이궈(華潤水果) 슈퍼마켓	장쑤성(江蘇省) 양저우(揚州)
		해방기차 유한공사	
		경제기술개발구	
	5.24	슝마오(熊猫) 전자그룹	장쑤성 난징(南京)
		대형 슈퍼마켓	
	5.25	선저우(神舟) 디지털공사	베이징

    게놈(genome) 연구단지 등 중국의 여러 분야의 시설들을 적극 둘러봤다. 표 4-1은 지난 10년간 김정일이 중국을 방문한 기록이다.
    언론과 학계는 김정일이 중국의 공장을 방문할 때마다 북한의 경제 변화에 새로운 장이 열릴 것이라고 주장했다. 그러나 그들은 매번 틀렸다. 김정일은 중국을 달래기 위해 (그리고 필요한 일괄지원을 받기 위해) 방문한 것이지 개혁하려는 의지는 전혀 없었다. 6자회담과 별도로 나는 중국의 내 카운터파트에게 여러 번 북한의 경제개혁을 강요해야 하는 게 아닌가 물었었다. 그들은 나를 바보인양 쳐다보며 "우리가 북한에 그런 얘기를 안 해봤을 것 같은가? 수도 없이 말했다."라고 답했다. 나는 북한이 중국의 경험을 모델로 삼길 원하느냐고 물었다. 또 다시 나

를 외계인 보듯 쳐다보며 중국은 항상 두 나라를 비교 삼아 북한을 설득한다고 대답했다. 그에 대한 북한의 반응은 "우리를 가르치려 하지 마라."와 "북한은 중국이 아니다."였다고 한다. 나는 베트남과 비교하면 어떠냐고 재차 물었다. 북한의 대답은 (약간 꼬아서) 똑같았다고 한다. "우리를 가르치려 하지 마라." "북한은 베트남이 아니다." "베트남은 전쟁에서 미국을 이겼기 때문에 괜찮지만, 우리는 아직도 미 제국주의자들의 위협을 받고 있다." 아무래도 북한의 달볕정책은 한국과 중국의 햇볕정책보다 더 성공적이었던 것 같다.

결론적으로 말하자면, 총 다섯 번에 걸친 북한의 잘못된 경제정책과 산발적인 개혁 추구는 동일한 이유에서 실패했다. 근본적인 원인은 경제 관련 지식이 부족해서라기보다 북한 지도부 개개인의 자질 문제에 있다. 북한 정권은 독재 철권통치를 포기하고 번영과 성장을 우선순위에 놓을 때 진정한 경제개혁의 성과를 거둘 수 있을 것이다.

신주체 복고주의

북한은 이제 여섯 번째로 잘못된 결정을 하고 있다. 과거처럼 북한 경제의 미래는 합리적 경제학이 아닌 정치이념에 의해 좌우될 것이다. 내가 이 글에서 계속 주장해왔듯이, 김정일 사후의 이념은 1950~1960년대 주체사상의 자급자족과 1990년대 핵무기 보유의 선군사상이 더해져 더욱 강경한 보수체계로 거듭나고 있다. 신주체 복고주의는 1990년대 중반부터 2000년대 중반까지 행해진 경제개혁을 이데올로기에서 일탈했던 시절로 간주한다. 개혁이 실패한 것은 정권의 무능력 때문이 아니라 개혁 자체가 혁신이 아닌 정신적 오염에서 비롯됐다는 것이다. 즉, 개혁이 국가회생을 위한 해법이라기보다는 재앙으로 가는 지름길이었다고 세뇌하고 있는 것이다. 경제적으로는 북한이 1980년대 일삼았던 초대형 프로젝트와 천리마정신의 부활로 돌아가고 있다는 뜻이다. 우리는 지난 2년간 함경남도에 위치한 2.8비날론연합기업소(순천비날론연합기업소와 혼동하지 말아야 한다), 룡성기계연합기업소, 흥남비료연합기업소와 같은 큰 기업소들이 재정비되는 것을 봤다. 이런 대규모 사업들은 엄청난 자금을 요구하지만 중국이 자금을 대는 한 지속될 것이다. 그러나 결국 그것들은 모두 경제와는 무관한 정치적 통제가 그 기저를 이룬다. 새로 등장한 지도자는 절대적인 충성심을 획득하기 위해 주민들의 노동력과 자유를 모조리 고갈시키려고 할 것이다.

초코파이

개혁을 향해 시작된, 작지만 기대감 넘치는 일련의 움직임이 북한 사회에 유의미한 결과를 남기지는 않았는지 또한 궁금하다. 북한 지도부는 주민 통제력 상실이 두려워 개혁의 병마개를 아주 조금만 열었을 뿐이지만, 이 작은 개봉만으로도 김씨 일가의 철권통치를 초월하는 힘을 파생시킬 수 있다.

가장 좋은 예는, 바로 초코파이다.

초코파이는 한국과 미국의 오레오쿠키나 트윙키(Twinkies) 같은 것이다. 초코파이는 한국의 오리온제과가 1974년부터 생산한 과자류다. 초콜릿으로 덮인 두 장의 과자가 샌드위치처럼 마시멜로를 감싸고 있다

[미국의 스모어(s'more)나 문파이(MoonPie)와 더 비슷하다고 할 수 있다]. 낱개로 포장된 120칼로리의 이 과자는 지난 수십 년간 한국 어린이들의 빼놓을 수 없는 간식으로 최근 중국, 베트남, 우즈베키스탄, 일본, 인도네시아의 과자시장에서 큰 각광을 받고 있다. 앞에서 언급했듯이 개성공단에서 북한 노동자들은 한국 회사로부터 직접 월급을 받는 대신 공장 식당에서 식사와 소량의 임금으로 보상을 받는다. 2005년에 개성에서 운영하던 한국의 한 기업이 매일 초코파이 한두 개를 장려금 형식으로 북한 노동자들에게 나눠주기 시작했다. 여성 노동자들은 초코파이를 먹어 보고 즉각 그 가치를 알아챘다. 초코파이의 인기는 상승했고 개성에 있는 다른 한국 기업들도 오리온제과에 즉시 1만 상자를 보내도록 주문을 넣었다. 그런데 북한 노동자들은 초코파이를 더 이상 먹지 않고 개성공단 밖에서 팔기 위해 비축하기 시작했다. 한국의 통일부 관계자는 초코파이 배급이 시작된 후, 공장 청소부는 초코파이 포장지를 거의 발견할 수 없었다고 말한다. 초코파이는 개성에서 소비되지 않고 외부 암시장에서 매일 많게는 개당 9.5달러에 팔렸다[한국의 세븐일레븐에서 500원(약 45센트)에 팔린다].[114] 일본의 한 신문기사에 따르면, 오늘날 250만 개에 달하는 초코파이가 북한에서 거래되고 있다고 한다. 개성공단의 노동자들은 이 과자 한 개를 팔아 월급의 6분의 1을 벌 수 있다는 사실을 금방 알아챘다.

초코파이는 아주 작은 개방만으로도 기업 정신을 창출할 수 있다는 사실을 보여준 중요한 예시다. 햇볕정책 기간 동안 실행된 북한 정권의 작은 시도가 개방과 개혁을 맛보지 못한 억압된 북한 주민들에게 배급제 외의 경제에 또 다른 면이 있음을 알게 해 주었다. 활기찬 암시장에는 '위대한 지도자'가 아닌 자신을 위해 일하는 사업가들이 생겨났다. 이러한 지하시장들은 기근을 겪은 후 생겨나기 시작했다. 더 이상 배급되는 식량과 물자에 의지할 수 없었기 때문이었다. 이제 다른 곳에서도 필요한 상품을 구할 수 있게 된 것이다. 최근의 신문보도에 따르면, 북한 주민의 대부분이 배급제로는 물자를 얻을 수 없어 암시장에 의존한다고 한다. 북한에서 소위 잘 사는 사람들은 정부가 정한 것보다 높은 가격으로 재고 상품을 시장에 내다 팔았다. 국제 원조로 받은 곡식과 쌀도 암시장에서 거래됐다. 농부들은 농산품을 팔기 위해 30평쯤 되는 작은 땅을 경작함으로써 사유지에 대한 의식을 갖게 됐다. 또한, 마리화나로 가득한 집단농장의 터를 갖기 위해 뒷돈 거래가 무성했다. 상인들은 휴업 중인 공장에서 뒤져서 나온 철 조각부터 중국에서 밀수한 한국의 DVD에 이르기까지 무엇이든 암시장에 내다 팔았다. 공장 근로자들은 관리 감독에게 뇌물을 주고 국가 급여대상자(수개월간 봉급을 주지 않았다)로 일하는 것처럼 꾸미고 시장에 내다 팔 오징어를 잡으러 다녔다. 구매자들은 이러한 시장에서 개인 차원의 구매력이란 것을 절감할 수 있게 됐다. 그들은 돈을 저축해 시장에서 도구들을 샀다. 배급으로 받는 것이 아니므로 자신들이 원하는 것을 고르고 흥정해야 했다. 사람들은 국가가 허용하지 않았던 경제적 결정들을 내리고 있었다.

개성공단으로 인해 수만 명의 북한 여성들은, 시장이 책정한 임금보다 낮음에도 불구하고, 현대적인 한국의 공장에서 근로하고 깨끗한 식당에서 세 끼 식사를 먹을 수 있게 됐다. 이 여성들은 북한 정권에 대항해 반란을 일으키지는 않을 것이다. 하지만 자신들의 경험을 다른 사람들에게 이야기 할 것이다. 약 200만 명에 달하는 한국 관광객들이 금강산을 관광했고 수천 명이 개성공단을 둘러봤다. 북한 지도부는 이를 통해 어마어마한 양의 현금을 회수했다. 그러나 동시에 노동자들과 가이드들이 한국 사람들의 부유한 모습에 노출됐다. 북한 전문가인 독일의 루디거 프랑크 박사는 이러한 노출이 북한 주민들의 분노를 자극할 수 있다고 지적했다. 독일에서 겪은 자신의 경험을 바탕으로, 자금에 목말랐던 동독이 서독의 관광객들에게 문을 열었던 일을 언급했다. 동독인들은 장벽 너머의 부유함에 대해 듣기는 했지만 직접 보는 것은 또 다른 이야기였다. 광채가 나는 BMW, 메르세데스 벤츠, 아우디의 모습은 겨우 낡은 트라반트를 타기 위해 평생 일해야 하는 동독인들의 분노를 일으켰다. 프랑크 박사가 썼듯이, 그 분노는 서독인들이 아닌 무능한 자신들의 정부에 쏟아졌다. 쌓인 불만은 결국 1989년 가을에 장벽이 허물어지면서 막을 내렸다.[115]

이런 분노는 2009년과 2010년에 북한에서도 명백히 표출됐다. 2009년 11월 북한 정권은 급작스럽게 화폐개혁을 집행했다. 일반 국민들에게는 예고도 하지 않았다. 100대 1의 비율로 구권을 신권으로 바꾸는 데 일주일이 주어졌다. 게다가 10만원 이상을 교환할 수도 없었다. 10만 원 이상은 1,000대 1의 비율로 교환해야 했다. 남는 구권은 국영은행에 갖다 줄 것을 강요했다. 17년 만에 처음 이뤄진 이 화폐개혁은 암시장을 단속하고 경제에 대한 국가 통제권을 회복하기 위해 계획됐다. 10만 원 이상 현금을 사실상 무가치하게 만듦으로써 단 한방에 가계의 저축을 무용지물로 만들어 버렸다. 한 가정의 경우 평생 모은 1,560달러가 쓸모없는 종잇조각과 30달러의 가치로 떨어졌다. 사업가들도 효과적으로 적발할 수 있었다. 왜냐하면 영업자본이나 은행에 예금해 놓았던 초과저축으로 그들을 사회주의적이지 않은 활동에 가담한 것으로 표적을 삼았기 때문이었다.

화폐개혁 방안은 주민 전체에게 공포와 분노를 불러일으켰다. 10만 원이라는 한도는 가족들이 새 화폐로 교환했을 때 쌀 50킬로그램을 구입할 수 있는 정도였다. 일주일의 기한 역시 북한 주민들이 암시장에서 외화를 사거나 구 화폐로 가치를 매길 수 있을만한 물건들을 사기 위해 난리를 치는 통에 전면적인 공황상태를 초래했다. 이로 인해 대규모 가격 상승과 물자부족 현상이 일어났다. 다음은 당시 필사적이고 절망적이던 한 가족과의 인터뷰다.

> 그는 돈을 보관했던 거실장 서랍을 비우고 아내와 딸에게 나눠 주며 말했다. "무엇이든지 빨리 사와라." 세 명은 정신없이 자전거로 청진시장에 갔다. 그는 그곳을 "전쟁터 같았다."라고 말했다. 수천 명의 사람들이 곧 가치가 없어질 돈을 어떤 물건으로라도 바꾸려고 정신없이 서로 경쟁하고 있었다. 그의 말에 따르면, 어떤 것의 가격은 1만 퍼센트나 뛰었는데, 상인들도 문 닫기 전에야 그들이 번 수익이 조만간 쓸모없어지리란 것을 깨달았다고 한다. 그의 가족은 쌀 30킬로그램, 돼지 머리, 두부 100킬로그램을 가지고 돌아왔다. 딸은 그나마 작은 도마와 중고의 카키색 바지도 건졌다. 하루 전만해도 20달러도 안 되는 돈으로 모두 구입할 수 있었던 것들을 860달러를 주고 구입했다고 말했다.[116]

북한 정권은 그제서야 시장을 폐쇄하고, 물건에 공시 가격을 매기고, 외화 사용을 금지했다. 그러나 주민들이 수동적으로 받아들였던 과거와는 다르게 이번에는 사회적 불만이 팽배했다고 한다. 어떤 가족들은 좌절하여 동반자살을 했다. 다른 사람들도 절망을 분노로 표출했다. 건물 벽면에 김정일을 비판하는 낙서가 등장했다. 사람들이 정부를 폄하하는 소리들이 들렸다(이는 수용소에 쉽게 잡혀 들어갈 수 있는 행위였다). 시장을 순찰하고 영업시간을 제한하는 경찰들이 시민들에게 공격당했다는 이야기들도 돌았다. 함흥시에서는 공공 광장에서 구 화폐를 태우는 등 주민들은 정부에 대한 불만과 불복종을 표출했다.

전례 없는 주민들의 분노는 정부의 대응으로 더 확실히 입증됐다. 북한 정권은 교환 가능한 통화의 한도를 가족 당 15만 원으로 인상했다. 그렇지만 주민들은 화를 풀지 않았다. 아무도 정부가 지시한대로 남은 구권을 은행에 입금하지 않았다. 대중의 분노가 너무 강하자 정부는 이례적으로 '친애하는 지도자'를 위한 사람들의 희생에 대해 공개적으로 사과했다. 정부의 번복은 예전 임금률로 보상 임금을 제안함으로써 더욱 명백해졌다. 이것은 새로운 통화로 임금의 100배 인상을 초래했다.[117] 이로써 새로운 화폐에 대한 자신감은 무너졌고 구 화폐나 새 화폐의 가치는 알 수 없게 되어 시장 혼란을 가중시켰다. 주민들의 분노는 자발적인 것이었고 조직적이지는 않았지만, 정부는 예상하지 못했던 상황에 어떻게 대처해야 할지 몰랐다. 결국 북한은 확실히 믿을 수 있는 방법에 의지했다(불만을 달래기 위해 당의 계획재정부 부장 박남기를 포함한 두 명의 관료를 평양의 한 경기장에서 처형했다). 그들은 또한 많은 시민들을 처형했다. 당시 최대 52명이 희생됐다고 하는데, 화폐 평가절하정책이 실시 이전인 2010년을 통틀어 처형된 사람의 수는 16명에 지나지 않았다. 국내 불안을 잠식하기 위한 의도였을 것으로 생각된다.[118]

2009년 화폐개혁 이후에도 북한의 경제 상태는 나아진 것이 없다. 식량과 물자 부족은 여전히 보고되고 있다. 정부는 자금이 없다. 현재 공장 네 채 중 세 채는 가동을 멈췄다. 인플레이션이 만연하고 2011년의 흉작으로 더욱 어려움에 처했다. 아무도 지독한 경제난의 예외가 되지 못하는 것 같다. 군조차도 동물사료로 근근이 살아가고 있는 실정이라고 한다.[119] 예년보다 더 추웠던 2010~2011년의 겨울과 북한 가축에 발생한 구제역으로 북한 주민들의 기아 위험이 더욱 높아졌다. 기대수명은 67.2세로, 1980년대의 70.2세보다 여전히 낮고 한국의 79.8세보다는 훨씬 낮다.[120] 북한 정권은 자신이 부양해야 하는 특별계층을 줄이기 위해 평양에 있는 관료의 수를 반으로 줄이기까지 했다.[121] 소규모의 평민들이 모여 "살 수 없다! 우리에게 연료를 달라! 우리에게 쌀을 달라!"라고 외치는 등 잇단 시위들이 발발한 것으로 알려졌다.[122] 북한 정권은 이 사태에 대해 과거와 똑같이 네 단계로 대응했다. 첫째, 식량배급제를 통해 더 이상 배급할 것이 없을 때 시장에 대한 규제를 완화해 사람들이 최저 생활을 이어가도록 했다. 둘째, 식량 부족에 대응해 장기적인 개혁이나 식량을 구입하기 위한 일관적인 대책을 고려하는 것이 아니라, 국제사회에 지원을 요구해 다음 수확기까지 연명하도록 했다. 2011년 북한은 유럽국가들과 국제식량기구에 식량지원을 요청했다. 유엔주재 북한 대사도 2009년 3월에 북한 측에서 일방적으로 중단시킨 미국의 식량지원을 재요청했다. 셋째로 국제 원조국 중 가장 목적 달성이 쉬운 국가부터 공략한다. 그래서 북한은 다시금 엄청난 양의 현금을 끌어들일 수 있는 남북한 간의 사업 재개에 흥미를 보였다. 마지막으로 북한은 믿을 수 있는 동맹국 중국에 의존한다. 중국에 지속적으로 지원을 요구하고 보답으로 김정일과 아들은 중국의 최첨단 시설들을 방문했다.

　변할 줄 모르는 낙관론자들은 북한이 천안함 사건과 연평도 포격사건으로 2010년의 적대적인 시기를 벗어나 2011년과 2012년에는 오히려 포용의 장으로 돌아올 것이라고 주장한다. 다시 한 번 이 어리석은 사람들은 북한 정권이 시장원리를 용인한 것을 대대적인 개혁의 신호탄이라고 말할 것이다. 그들은 북한 정권의 편의주의적인 행동을 간과하고, 상속자 김정은은 강경한 이념을 거부하고 개혁의 길로 가고자하는 것이라고 큰 소리로 떠들 것이다.

　그러나 실상은 김정일 사후 북한 경제는 이념과 통치권을 놓지 않으려는 정권의 집착에 발목이 잡힐 것이다. 배급제가 다시 정상 작동할 때까지 북한 정권의 시장규제 완화 현상은 지속될 것이다. 하지만 배급이 가능해지면 통제를 다시 강화하고 자유기업체제를 최대한 억압할 것이다. 국제원조로 식량이 비축된 후에는 접근과 감시에 대한 강도 높은 규제를 도입하고 인도주의적 지원 담당자들을 '스파이' 명목으로 결국 퇴출시킬 것이다. 그리고 한국과의 달볕정책을 고수하여 현금 뭉치를 확보할 것이고, 한국이 투명성이나 상호관계의 조건을 내걸 경우 협박으로 응수할 것이다. 한국 통일연구원의 박형중 박사는 북한의 권모술수에 대해 예리한 눈을 가진 관찰자 중 하나다. 그는 아이러니하게도 첫 핵실험을 감행한 2006년 10월부터 한국의 노무현 대통령과 정상회담을 한 2007년 10월까지 북한 정권은 일 년간 매우 편한 위치에 있었다고 주장한다. 왜? 핵실험으로 노무현 정부가 북한의 협박을 달래기 위해 북한을 포용했고 결국 2007년에 정상회담을 성사시켜 많은 혜택을 약속 받았기 때문이다. 그는 또 북한 지도부가 이런 달볕정책의 수혜를 받은 후 시장 규제를 다시 강화할 수 있는 무기가 생겼다고 말했다. "2007년 10월 한국과의 두 번째 정상회담으로 더 많은 경제원조를 받을 것이란 확신을 얻은 후 북한 정권은, 경제 체질을 한 층 더 악화시킬 반개혁 정책을 강화해도 되겠다고 느꼈다. 2007년 10월부터 북한 정권은 시장 단속을 강화했다."[123]

이 슬픈 경제 알고리즘의 유일한 변수는 북한 주민이다. 재정난에 처한 경제로 인해 북한은 편리하게 시장을 허용했다. 이것은 알게 모르게 어머니, 아버지, 아들, 딸, 이모, 삼촌들을 관대한 자본주의와 외부 세계, 그리고 북한 경제정책의 결함에 노출시키고 있다. 아주 작은 변화지만 매우 실제적이다. 그래서 북한 정권이 다시 경제를 장악하고자 하고 주민들의 저축을 쓸어버리는 방법을 시도한다면 또 다른 반응이 나타날 것이다. 2011년 북한 지도부는 독재자를 무너뜨린 이집트와 리비아에서 발생한 시위에 관한 뉴스들을 모조리 차단했다. 모든 공공 모임을 금지했고 경고의 의미로 광장에 탱크들을 배치했다. 이유는 간단하다. 지난 20년간 잘못된 경제 운영의 결과로 인한 사람들의 불만을 감지하고 있었기 때문이다. 김정은의 권력 구축을 동반한 북한 정권의 신주체사상은 아무런 경제적 해결책을 제공하지 않는다. 그저 더 잘못된 경제 오류들을 낳을 뿐이다. 중동사태와는 달리 북한 주민들은 반란을 일으키기에는 너무 억압돼 있다. 그들에게는 무기도 없고 국가에 대항해 조직을 만들 능력도 없다. 그들은 김정일과 김정은을 찬양하고, 미국인, 일본인, 한국인을 미워하고, 중국인을 믿지 않도록 배웠다. 그러나 전능한 국가에 대한 미움과 분노를 일으키는 것이 한 가지 있다면 그것은 바로 경제다. 인권 남용도, 핵무기로 인한 국제적 고립도 주민들로 하여금 길거리에서 불을 지르고 경찰에게 소리 지르게 만드는 부패한 관료체제도 아니다. 정부가 국민들이 혼자 힘으로 살아가도록, 그리고 어느 정도 성공하도록 해놓고 모든 것을 빼앗아 통제를 강화할 때 분노는 쌓인다.

햇볕정책의 대부이자 노벨 평화상 수상자인 한국의 김대중 전 대통령의 포용정책이 북한에 변화의 씨앗을 뿌릴 수 있다는 주장은 옳았다. 그러나 이 변화가 점진적으로 일어날 것이라는 햇볕정책 지지자들의 믿음은 틀렸다. 그들의 바람은 계몽된 북한 정권이 국제사회가 내미는 손을 잡고 국내의 견고한 강경파들을 누르고 시장 개혁을 이끌어 내는 것이었다. 그러면 북한은 개혁을 통해 남북한 사이의 경제력 차이를 좁힐 수 있을 것이고 결국 서서히 통합과 통일의 길을, 소위 말하는 '연착륙(soft landing)'을 하게 되리란 것이다. 햇볕정책은 혁명을 이끌어내고자 한 것은 아니었다. 우리가 주목하는, 북한 경제의 잿더미에서 일어설 변화의 주체는 주민들이다. 지난 수십 년에 걸친 북한의 경제 실패로 인해 주민들은 생존을 위한 방편으로써 세계를 다른 눈으로 보고, 국가가 아닌 자신을 위한 생각을 하도록 강요 당했다. 빈곤에서 깨우침을 얻기란 쉽지 않다. 하지만 그것이 현재 북한에서 천천히 일어나고 있는 일이다. 그리고 이 분노가 폭발할 때는 폭력과 피를 동반하게 될 것이다.

제5장

지구 최악의 장소

평양 거리를 걷다보면 넓은 도로와 거대한 건축물에 강한 인상을 받을 수밖에 없다. 북한의 수도 평양은 체계적으로 깔끔하게 정리된 도시계획의 결정판이라고 할 수 있다. 대부분의 공산주의 국가의 도시들처럼, 평양 또한 대형 플라자나 상징적인 건축물, 그리고 아름다운 풍광 등이 고려됐으며, 거리에서는 쓰레기나 낙서를 찾아볼 수가 없다. 또한, 서방세계의 주요 도시에서 흔히 찾아볼 수 있는 거지도 없다. 공기는 깨끗하고 교통체증도 없다. 어느 날 오후 나는 차를 타고 북한 외무성에서 숙소로 돌아오는 길에, 방과 후에 집으로 걸어 돌아가는, 어디에서나 흔히 볼 수 있는 아이들을 볼 수 있었다. 교복은 약간 흐트러져 있었고 아이들은 서로를 쫓아가면서 농담을 주고받으며 웃기도 하는 등 행복에 찬 밝은 모습이었다. 회사원들은 버스를 기다리며 담배를 피우고 있었고, 수수하게 차려입은 여성들은 근처 상점에서 산 듯한 물건이 가득 찬 쇼핑백을 들고 집으로 천천히 걸어가고 있었다. 김일성대학의 정문을 지나면서 현재 내가 몸담고 있는 대학의 모습을 떠올렸다. 김일성대학이 조지타운 근처의 수백만 달러를 호가하는 도시주택으로 둘러 싸여있는 모습은 아니었지만, 여기 대학생들 역시 자유분방하고 열정으로 가득 찬, 삶의 기회를 적극적으로 받아들이고자 하는 일반적인 젊은이들의 모습이었다. 학생들의 외모는 단정했으며, 그런지 패션[grunge look. 그런지 락(grunge rock) 가수들의 넝마주이 같은 옷차림]의 학생은 찾아볼 수가 없었다.

사회주의 천국

평양에서의 일상생활을 보면, 가끔씩 서방 언론에서 보도되는 심각한 기아와 붕괴의 기로에 선 국가라는 인상은 거의 찾아보기 힘들다. 부유하다고는 볼 수 없지만, 그렇다고 가난하다는 인상도 받기 힘들다. 오히려, 평범하지만 매우 만족한 삶을 살고 있는 여느 정상적인 국민처럼 보인다. 그래서 나는 '이곳은 사회주의 천국이다'라고 생각했다. 북한을 여행한 경험이 있는 사람들은 그동안 내가 주장했던 북한 내 인권유린에 대한 내용들은 단지 북한을 폄하하기 위한 것이었으며, 오히려 북한주민들은 잘 지내고 있다고 주장할지도 모른다. 또한, 나름의 방식으로 주민들을 통치하고 있는 북한의 지도자를 국제형사재판소(ICC)에 제소하려는 사람들은 북한체제가 약화되기를 바라는 이념적 신보수주의자들(neocons)이라고 주장할지도 모른다. 북한 정부가 바로 사회계약

(social contract, 공동의 이익을 위한 사회적 합의)의 결정판이며, 비록 민주주의는 없지만 '좋은 정부'라고 주장할지도 모른다. 한편으로는 서방세계의 인권 정의가 모두에게 보편적으로 적용되는 것은 아니라고 말할 수도 있을 것이다. 미국은 인권의 중요한 가치를 개인의 자유에 두고 있지만 북한의 경우는 다르다. 북한에 무엇보다 중요한 가치는 '인권'이라고 주장하는 외부 열강들의 간섭으로부터의 자유다. 이에 관한 한, 북한 정권은 현재까지 주민들을 잘 통제해 왔다.

  문화상대론자의 이런 식의 주장은 고매한 학자들에게는 통할지도 모르지만 대부분의 일반인들에게는 이해하기 어려운 부분이 있다. 일반적인 상식이 있는 사람들은 국가가 자국민에게 미국의 민주주의적 가치를 공유하도록 요구하기 보다는 (민주주의를 제대로 이행할 수 있는) 민주주의를 수용하는 데 적극적으로 도움을 줄 수 있는 뛰어난 인재를 등용하고, 인간의 존엄성이 제대로 지켜지는 사회를 기대한다. 북한은 이 중 어느 하나도 만족시키지 못하고 있으며, 주민들의 모든 정치적, 시민적, 종교적 자유를 부정하고 있다. 여기에 사법권의 독립성은 아예 존재하지도 않으며, 모든 위법 행위에 대해서는 신체적 또는 정신적으로 심하게 처벌하고 있다. 또한, 북한의 지배 엘리트는 상대적으로 화려하게 사는 반면에 주민들은 굶주리고 있다. 하지만 평양 거주민들은 최고 특권층에 속하기 때문에 평양을 방문하는 사람들 누구도 결코 이러한 인상을 받지는 않을 것이다. 실재로 북한의 당(黨), 군(軍), 정(政)과 연관되지 않고서는 평양에 거주하는 것은 불가능하다고 할 수 있다. 이러한 소위 신분제는 가족 중 누군가가 당과 연결돼 있을 경우 가족 모두가 번영하는, 즉 혈연관계에 의해 결정된다. 이는 먼 친척 할아버지가 일제 강점기에 일본의 협력자였다는 이유만으로 어느 날 갑자기 집에서 끌려 나와 감옥에 갈 수도 있다는 것을 의미한다. 북한의 일상생활은 언뜻 보기에 평범하게 보일지도 모르지만, 조금만 더 주의 깊게 살펴보면 내재된 수많은 문제들이 훤히 들여다보이게 된다. 북한은 자국 주민들이 현대 사회의 모든 편의를 누리며 살고 있다고 대외적으로 보이기를 원한다. 한 예로, 2010년 10월 미국 CNN 방송은 북한에 휴대폰이 널리 보급된 배경에 대해서 보도한 적이 있다. 당시 휴대폰으로 통화하면서 길모퉁이를 지나가는 웃음 가득하고 행복해 보이는 젊은이들의 모습이 보도됐다. 그러나 의심할 여지없이 휴대폰은 지배 엘리트들이나 고위 당 간부들 사이에서나 널리 보급돼 있을 뿐, 모든 북한주민들이 휴대폰을 구입하여 사용할 수 있는 것은 아니다. 학생부터 노년층에 이르기까지 누구나 스마트폰을 소유하고 보편적으로 사용 할 수 있는 한국과는 다르다. 더욱이 서비스 지역은 시내전화로 한정돼 있다. 일반적으로 대다수의 '엘리트' 주민들은 공중전화를 이용한다. 평양시내 거리 오렌지색 거품모양의 구조물 앞에서 많은 사람들이 줄을 서서 무엇인가를 기다리고 있는 모습을 보면서 이에 대해 확신할 수 있었다. 하루에 허락되는 한 건의 통화를 위해 주민들이 줄을 서서 기다리고 있는 것이다. 북한을 방문하는 사람들은 가끔씩 교회의 일요 예배에 초대받기도 한다. 안내원들은 의무적으로 종교의 자유가 북한 헌법에 명시돼 있다고 설명하기는 하지만 이는 북한에도 어느 정도 종교의 자유가 있다는 것을 믿게 하려는 의도에 불과하다. 실질적으로는 북한 당국에 의해 통제·관리되는 세 개의 교회, 즉 개신교회 두 곳과 천주교회 한 곳만이 존재한다. 북한 당국은 어떠한 형태의 조직화된 종교적 예배도 반혁명적이라고 금하고 있으며 국가에 대한 반역죄로 취급한다. 아시아에 널리 퍼져 있는 불교의 경우, 북한에서는 종교가 아닌 하나의 철학으로써 제한적으로 허용되고 있다. 북한에서 기독교가 지하에서 조직화되어 활동한다는 사실은 김일성을 제외한 어떠한 대상도 숭배의 대상이 될 수 없음을 반증하고 있다.

평양을 방문하는 사람들이 흔히 볼 수 있는 잘 정돈되고 질서정연한 거리는 교통량이 거의 없기 때문에 가능한 것이다. 북한에서 자동차는 특권과 신분을 나타내는 또 다른 지표라고 할 수 있다. 평양을 방문하고 돌아온 여행객들은 거리에서 BMW나 렉서스, 벤츠를 봤다고 주장하면서 북한은 꽤나 괜찮은 국가라고 생각한다. 그러나 이런 종류의 자동차들은 일반 주민들이 소유하고 있는 것이 아니라 귀빈이나 고위 관리들을 위한 것이다. 평양에서 기사가 딸린 승용차를 타고 돌아다닐 때 나는 귀빈 전용 자동차나 군용차량 이외의 자동차를 본 적이 없다. 어느 날인가 오렌지색에 녹이 슬고 창문이 없는, 낡고 오래된 문 네 개 달린 소형 자동차 한 대를 목격한 적이 있는데, 바로 '택시'였다. 고위 관리나 중국 사업가들을 태웠을 법한 공무 차량은 획획 지나가게 마련이지만, 아이를 통학시키기 위해 운전하는 엄마들이나 회사에 출근하는 직장인들의 차량은 볼 수 없었다. 일반 주민들은 걸어 다니거나 위험천만하게도 초만원인, 낡은 1960년대 구형 버스를 이용한다. 지하철은 지하 터널의 연결망이기도 하지만 방공호로도 이용된다. 달리던 차가 유일하게 정지했을 때는 늦은 오후에 교복을 입은 수백 명의 학생들이 간선도로에서 행진할 때뿐이었다. 몇 시간 전에는 학교에서 집으로 신나게 걸어가던 아이들이 이제는 지정된 작업반 표지판을 앞세우고 무표정한 모습으로 일사불란하게 행진하고 있었다. 학교 교육과정의 33 퍼센트가 '위대한 수령 김일성대원수님 혁명활동', '친애하는 지도자 김정일동지 혁명력사' 등의 교과목으로써, 김씨 일가의 개인숭배를 위해 할당되고 있다. 아이들은 옷이나 장난감, 책을 준 것이 김정일이며 부모보다도 김정일을 더 많이 사랑해야 한다고 배우고 있다. 또한, 부모 없이는 살 수 있으나 김일성에 대한 불멸의 충성심과 사랑 없이는 살 수 없다고 배우고 있다.

　북한의 수도 평양 밖의 상황은 절망적이게도 급속도로 악화되고 있다. 북한에서 두 번째로 큰 도시인 개성은 한국에 의해 건설된 새롭게 떠오르는 복합 산업단지로써, 서방세계에도 잘 알려져 있다. 하지만 개성 외곽은 심각한 궁핍 상태에 처해있다. 아파트는 난방이 되지 않을 뿐만 아니라 창문조차 없다. 개성 외곽에 거주하는 농부들의 소는 늙고 병들어 있다. 농촌 기계화의 흔적은 아예 찾아볼 수도 없다. 포장도로는 거의 사용되지 않았음에도 불구하고 자전거조차 타고가기 힘들 정도로 군데군데 갈라져 있거나 움푹 패여 있다. 주변을 둘러싸고 있는 산은 오랫동안 나무를 거의 심지 않은 상태로 방치되어 흙색으로 황량하기 짝이 없다. 앙상한 염소 떼 사이로 지저분한 옷을 입은 채 맨발로 뛰어 놀고 있는 아이들이 눈에 띈다. 대형 군용 구급차량들이 울퉁불퉁한 길 위를 덜컹거리며 달린다. 이 지역은 2007년부터 2008년 후반까지 한국으로부터 버스관광을 유치했으며, 관광객들은 이 광경이 마치 1960년대 한국을 연상시킨다고 말하곤 했다.[1] 내가 가장 흥미로웠던 것은 어느 누구도 바빠 보이지 않는다는 점이었다. 김씨 일가를 위해 피자를 만들었던 경험이 있는 이태리 요리사는 "마치 무릎 굽혀펴기

운동을 하고 있는 것처럼, 다리를 접어 쪼그리고 앉아 있는 사람들을 목격했다. 얼마나 오랫동안 기다렸는지, 또 얼마나 오랫동안 기다릴 작정이었는지 모르겠지만, 계속해서 무언가를 기다리면서 빈둥거리고 있는 것처럼 보였다."[2]라고 말했다. 대부분의 아시아 주요 도시들은 모임 때문에 바삐 움직이는 사람들, 데이트에 늦은 사람들, 경적을 울려대는 차량들로 빠르게 움직인다. 하지만 북한은 그렇지 않다. 어둠의 왕국에서 만나게 되는 모습은 다른 아시아 도시들과는 상당한 차이가 있다.

북한의 절대 빈곤률은 전체 인구의 30퍼센트를 웃돌고 있다. '전반적 무상치료제'를 제공하는 의료보험제도는 재정비의 단계를 넘어 무너진 지 오래 됐으며, 있다 하더라도 일반 주민이 아닌 지배 엘리트, 군인, 그리고 당 간부들을 위한 것일 뿐이다. 세계보건기구는 2006년 보고서에서 북한의 의료보험을 대략 1인당 1달러로 세계에서 가장 낙후됐다고 평가했다. 의료기관은 전기뿐만 아니라 기본적인 장비마저도 부족한 실정이다. 깨끗한 물은 물론이고 정화장치조차 갖추지 않고 있다. 병원은 주사바늘까지 재사용하도록 강요받고 있으며, 마취 없이 수술이 진행되고 있다. 의사들의 임금은 국가에 의해 삭감된 지 오래됐으며, 의사들은 의료행위에 대한 대가로 의료비 대신 환자들로부터 담배, 술 등을 받고 있다. 약품은 구할 수도 없으며, 일부 부유층들은 암거래로 산 약품을 직접 가져와서 치료를 받는 형편이다. 또한, 북한 사회에는 아직도 폐결핵, 콜레라, 말라리아, 장티푸스, 뎅기열 등의 질병이 만연해 있다.[3] 이 모습이 인권존중을 충실히 수행하는 소위 '좋은 정부'의 모델은 아닐 것이다.

지구 최악의 장소

오늘날 북한을 세계 최악의 인권침해국가라고 비난할 수 없는 단 한 가지 이유는 그 심각성의 정도를 자세히 들여다 볼 수 없기 때문이다. 정작 인권 피해자들은 김일성주의 학습이 강요되거나, 수용소로 유배되거나, 또는 탈북을 시도하다 고문당하고 처형되어 얼굴도 이름도 알려지지 않는다. 따라서 인간 본연으로서의 존엄성에 따라 정당하고 평등한 처우를 주장하는 사람은 존재할 수가 없다. 북한에서 인간의 권리와 의무는 집단주의에 근거하고 있기 때문에 개인주의는 규범적으로 나쁜 습성이라고 세뇌된다. 북한은 내부적으로 주민들을 손에 꽉 움켜쥐고 조종하기 때문에 인권문제를 공론화할 수 있는 사람은 찾아 볼 수가 없다. 예를 들어, 북한에는 미얀마의 아웅 산 수 치(Aung San Suu Kyi)나 한국의 김대중과 같이 자신의 이름을 걸고 인권침해의 문제에 맞서는 사람이 없다. 자신의 이름이나 얼굴을 걸고 나서지 않는 한, 북한의 인권침해 문제는 추상적인 정책의 문제로 남을 수밖에 없다.

미국 조지 W. 부시 대통령은 인권침해 문제를 인도적으로 해결하기 위해 노력했다. 2006년 4월 28일 부시 대통령은 김한미라는 6살짜리 탈북자 꼬마아이를 백악관의 대통령 집무실로 초대했는데, 탈북 당시 한미 어머니는 한미를 임신한 지 5개월째였다. 아이의 가족은 중국에 숨어 지냈으며, 중국 북동부의 랴오닝성 선양(瀋陽)에 있는 일본 영사관에서 탈출을 시도했다. 한미 어머니는 일본 영사관 출입문을 통해 탈출을 시도했기 때문에 중국 공안에 의해 저지당하는 모습을 전 세계가 지켜 볼 수 있었다.

당시 땋은 머리를 하고 있던 4살 한미는 일본 영사관 문 앞에 서서 중국 공안에게 매를 맞는 어머니를 보면서 울고 있었다. 한미를 만나기 전 대통령에게 올린 사전보고에서 우리는 한미는 현재 6살이고 영어를 전혀 못하며, 가족들은 탈북자로서의 삶을 접고 일상으로 돌아온 지 얼마 되지 않았기 때문에 백악관 방문[인권보호를 위해 애썼던 수잰 숄티(Suzanne Scholte) 덕분에 급하게라도 한미 가족은 워싱턴 DC를 둘러 볼 수 있었다]에 경외감이 있다고 설명했다. 부시 대통령은 한미 가족의 탈북 당시의 끔찍했던, 그러나 한편으로는 용감했던 당시의 순간을 포착한 사진 한 장을 응시하면서, 깊은 생각에 잠긴 채 아무런 말도 하지 않았다. 대통령은 사진을 응시하면서 집무실로 들어오는 손님을 맞기 위해 문 쪽으로 걸어갔다. 드디어 집무실 문이 열리고 머리를 단정하게 땋고 분홍 옷을 입은 한미가 첫 번째로 들어왔다. 대통령은 환하게 웃으며 마치 손녀딸을 대하듯 그녀를 꼭 끌어안았다. 그 순간 방안의 모든 긴장감은 녹아 없어졌다. 대통령은 한 팔에 한미를 안은 채 그녀의 부모를 따뜻하게 맞아 의자에 앉도록 권한 다음, 북한을 탈출하게 된 경위와 한국에서의 새로운 삶에 대해 이야기를 나누었다. 신나서 밝게 웃고 있는 한미는 대통령 옆자리(통상적으로는 주지사를 위한 자리)에 앉아 다리로 장난을 치기도 했다. 그러고는 대통령과의 만남을 위해 준비한 카드를 보여주었다. 마치 할아버지처럼, 부시 대통령은 이야기를 중단하고는 잠시 주머니에서 돋보기를 꺼내 쓰고서는 카드의 그림을 함께 보면서 한미의 예술성에 대해 칭찬을 아끼지 않았다. 한미의 아버지가 탈북에 대한 이야기를 마치자 대통령은 어떻게 지내냐고 물었다. 그녀의 아버지가 현재 한국에 살고 있다고 답하자, 대통령은 그에 대해서는 이미 알고 있다며, 한국에서 어떤 일을 하냐고 되물었다. 한미 아버지는 질문을 잘못 이해했다고 사과하고는 "아, 기아 자동차에서 차를 팔고 있습니다."라고 대답했고, 대통령은 멋지다고 응답했다. 그런 다음 대통령은 한미의 어머니를 보며 아이들에게 더 나은 삶을 열어주고자 했던 그녀의 강인함과 용기에 존경을 표했다.

이러한 만남은 보기 드문 일이었고, 한미 가족의 마음속에 어떤 생각이 오갔는지에 대해서는 여전히 궁금할 수밖에 없다. 기자들이 집무실로 들어오자 부시 대통령은 본인의 심중을 다음과 같이 밝혔다.

> 오늘 만남은 제가 대통령이 된 이후 가장 감동적인 만남 중의 하나였습니다 … 저는 자유롭게 살기 위해 독재의 압박으로부터 탈출한 북한의 한 가족과 이야기를 나누었습니다. 이 젊은 부부는 한 아이의 부모였으며 중국으로 가기 위해 강을 건널 당시 아이의 엄마는 임신 5개월이었습니다. 부부는 아이가 더 나은 환경에서 제대로 자랄 수 있을지에 대한 확신도 없이 무작정 중국을 떠돌아 다녔습니다. 부부는 아이의 미래에 대해 매우 걱정하고 있었습니다. 모든 어머니와 아버지가 자녀에 대해 하는 생각일 것입니다 … 세계는 인권을 존중하지 않는 사람들에게 정면으로 맞설 용기를 요구합니다. 이러한 크나큰 용기를 가진 사람들이 백악관을 방문하는 것은 제게 영광스러운 일입니다. 우리[미국]는 당신들이 여기에 있는 사실이 자랑스럽습니다. 저는 미국이 인권을 매우 존중하고 있다고 확신합니다. 우리는 북한 사람

들이 자유롭고 희망 찬 세계에서 아이들을 키울 수 있도록 자유를 위해 열심히 노력할 것입니다.⁴

한편, 2005년 부시 대통령은 탈북자 강철환을 초대한 적이 있다. 탈북 전 강철환의 가족은 평양에서 아주 평범하고 안정된 삶을 살고 있었다. 강철환의 할아버지는 일제강점기 때 일본으로 강제 징용된 수천만 한인 노동자들 중 한 명이었다. 강철환의 할아버지는 일본에 거주 중인 소수 한국인 집단의 대표로서 중요한 자리에 있었으며, 전쟁이 끝난 후에는 평양으로 돌아와 정착했다. 그러던 어느 날 밤, 공안들이 들이닥쳐 집을 불태우고 강철환과 그의 가족들을 정치범 수용소로 끌고 갔다. 일제 강점기에 일본에 협력하여 반역행위를 저질렀다는 죄목이었다. 눈 깜짝할 사이에 10살짜리 어린 소년의 삶은 뒤죽박죽 엉망이 돼 버렸다. 달랑 어항 하나 챙겨간 그는 10년간 정치범 수용소에서 살아야했다. 1987년 풀려난 강철환은 1992년 중국으로 탈북했고 마침내 한국으로 갈 수 있었다. 그는 자신의 경험을 담은 《수용소의 노래: 평양의 어항Aquariums of Pyongyang: Ten Years in a North》(2001)이라는 책을 썼다. 내가 조지타운대학 강의에서 그 책을 사용하긴 했지만 그다지 알려져 있는 책은 아니다. 헨리 키신저가 대통령에게 이 책을 추천하기 전까지 나는 대통령이 이 책을 읽었으리라고는 (부시 대통령은 많은 사람들이 생각하는 것과는 달리 독서광이다. 학구적인 참모진들조차도 그의 독서량을 따라갈 수 없을 정도다) 전혀 상상하지 못했다. 대통령은 강철환의 이야기에 깊이 매료됐다. 대통령은 강철환의 이야기에 대해 너무나 잘 알고 있었기 때문에 브리핑 자료에 있는 그의 가족에 대한 나의 오류마저도 정정해주었다. 또한, 부시 대통령은 강철환과의 만남을 원했으며, 이번 만남은 미국 대통령과 탈북자 간의 첫 만남의 자리였다. 이는 대통령의 공식적인 활동이 아닌 사적인 자리였으며, 기자들에게는 몇 장의 사진만을 (만남 이후에는 여러 기사들을 제공하기는 했지만) 공개했다. 40여 분간의 만남 동안 대통령은 강철환에게 북한의 정치범 수용소에서의 생활에 대해 이야기해줄 것을 요청했다.[5] 현재는 한국에 정착하여 조선일보 기자로 있는 그는, 당시 열살이던 소년이 어떻게 강제 노역에 동원됐었는지에 대해 이야기했다. 부시 대통령은 북한에서 자행되고 있는 인권학대에 국제사회가 충분한 관심을 보이지 못하고 있으며, 군인들이 상대적으로 부유하게 사는 데 반해 임산부와 아이들은 굶주리고 있다는 이야기를 들었을 때는 가슴이 무너지는 듯했다고 말했다. 대통령은 만일 그가 미국의 대통령을 만났다는 사실이 북한에 알려질 경우 북한에서 어떻게 얘기할지에 대해 궁금해 했고, 강철환은 "수용소에 있는 사람들은 박수를 칠 것"이라고 대답했다. 부시 대통령은 아직도 재임기간에 읽었던 중요한 책들 중의 하나로 여기고 있는 강철환의 자서전에 친필 서명을 청했다.[6]

한미의 가족과 강철환, 그리고 인권을 유린당한 수많은 탈북자들은 지구 최악의 장소로부터 백악관까지의 여정을 상상할 수도 없었던 꿈같은 일이었다고 증언했다. 또한, 그들은 미국이야말로 북한주민에게 일어나고 있는 일에 대해 귀 기울인 유일한 국가였다고 말했다. 나는 강철환이 대통령과 만날 때 그를 수행했기 때문에 그와 함께 서관(West Wing, 백악관 서쪽에 위치한 대통령의 집무공간)의 정문을 통해 백악관 안으로 들어갔다. 그날은 날이 흐리고 비가 왔다. 그는 경비요원이 문을 열어줄 때까지 문 앞에 잠시 멈춰서 있었는데, 그는 문을 힐끗 쳐다보더니 순진하게도 이곳이 정말로 백악관인지 내게 물었다. 나는 이곳이 대통령 집무실이 있는 백악관의 서관이며, 백악관의 다른 어느 곳보다 규모가 큰 중요한 장소라고 말해주었다. 강철환은 경외감을 갖고는 "하느님은 정말 계시네요."라고 속삭이듯 말했다.

탈북자와의 만남은 전 세계 인권운동가들의 관심을 이끌어내기 위한 부시 대통령의 노력 중 하나였다. 이 같은 만남은 북한의 인권문제에 이름과 얼굴, 그리고 감동적인 이야기 등을 덧붙이는 효과가 있었다. 부시 대통령은 탈북자들과의 일련의 만남이 북한의 인권문제를 단번에 해결할 수 있을 만큼 큰 효과가 있을 것이라고는 결코 생각하지 않았다. 하지만 그는 북한주민의 인권문제를 인도적으로 만들어 범세계적인 관심을 이끌어내기 위해 '미국 대통령이라는 위치(tallest soapbox in the world)'를 이용했다. 이는 불투명성을 이용해 인권문제를 비인도적으로 만들려고 하는, 그리고 인권문제를 추상적이고 현실과 괴리된 문제로, 핵무기 프로그램보다 덜 중요한 문제로 치부해 버리려는 북한과 같은 국가에서는 특히 중요했다. 미국은 당시 진행 중이던 핵협상 과정에서 북한의 인권문제가 방해가 되는 것을 원치 않았기 때문에, 북한은 미국을 포함한 6자회담 참가국들의 인권문제에 대해 압력을 단념시킬 수 있는 일종의 원동력을 얻고자 했다. 그러나 부시 대통령은 이 같은 논의를 결코 받아들이지 않았다. 그는 탈북자 이야기에 감동받았고, 다른 국가 지도자들과의 만남에서 이에 대해 이야기를 나눔으로써 북한 인권문제에 대한 세계의 관심을 고취시키고자 했다.

정치범 수용소

> 정치범 수용소에서의 삶은 죽음보다 못하다 … 당신은 [수용소가] 얼마나 거칠고 열악한 상태인지 상상도 못할 것이다. 그들[수용자들]은 들쥐와 풀을 먹는다. 그들의 생활환경은 말로 형언할 수 없을 정도다.[7]
> – 전 정치범 수용소 교도관 김 모씨

　북한이 붕괴될 경우 정치범 수용소는 현대사에서 최악의 인권 재난 중의 하나로 밝혀질 것이다. 남녀노소 구분 없이 수백, 수천 명의 이름도 얼굴도 알 수 없는 사람들이 수용소에 버려진다. 많은 사람들이 사전 경고나 재판 없이 정치범 수용소에 보내진다. 김정일 사진 위에 앉는 것보다 더 큰 '범죄'는 존재하지 않는다. 중노동으로 처벌받는 또 다른 범죄는 김일성의 초상화에 먼지가 쌓이도록 놔두는 일이었다. 이 외 처벌 대상이 되는 다른 범죄들로는 한국의 유행가를 흥얼거리는 것, 국영 백화점에 물건이 부족하다고 불평하는 것 등이었다. 그리고 정치범 수용소에서의 6개월 구형 대상이 되는 범죄 중의 하나는 가정용 홈 비디오 플레이어(VHS)로 홍콩 액션영화를 보는 것이었다.[8] 세상의 어느 곳에서도 이와 같은 이유들로 형 집행이 이뤄져 격리 수용되지는 않는다. 일반적인 사회와 마찬가지로 북한에도 법률 집행이 필요한 사회적 일탈행동은 존재한다. 하지만 굶주린 아이들 때문에 배급창고에서 쌀을 훔치는 어머니, 할당 생산량을 낮게 신고하는 농부, 아픈 가족을 위해 병원에서 약을 훔치는 아버지 등 불법 행위의 대부분은 '생계형 범죄'에 해당된다.

 현재 북한에는 5개의 주요 정치범 수용소(원래 14개의 수용소가 운영됐으나 1990년대 후반에 5개로 통합됐다)가 존재한다. 각 수용소는 크기와 규모에 따라 5,000에서 50만 명의 죄수를 수용할 수 있으며, 가장 큰 수용소는 길이 50킬로미터, 폭 40킬로미터 규모다.[9] 수용소 1개를 제외한 나머지 수용소는 국가안전보위부(북한 내 활동 감시, 국경 통제와 이주, 국제 정보 수집 등을 담당)라는 정보기관에 의해 관리된다. 수감자들은 재판이나 어떠한 사법과정도 거치지 않고 임의로 체포되어 감금된 사람들이다. 그들은 당국에 의해 체포되어 바로 수용소로 보내져 '범죄'를 자백할 때까지, 때로는 자백하건 자백하지 않건 상관없이 혐의가 씌워져 고문을 당한다. 수용소는 가시철선과 레이저 와이어(razer wire. 면도날 같은 네모난 쇳조각이 달린 울타리용 철선)가 설치된 4미터 높이의 담장이나 전기 담장으로 둘러싸여 있다. 중간 중간에 설치된 감시탑에는 어느 누구라도 탈출을 시도하는 사람이 있으면 사살해도 좋다는 명령을 하달 받은 중무장한 경비병들이 배치돼 있다. 몇몇 수용소는 형량에 따라 여러 구역으로 나뉘어져 있다. '혁명화구역'은 무기징역 이하를 선고받은 사람들이 수감되어 혁명교리, 김일성의 사상과 혁명 역사 등에 대해 집중적인 재교육을 받는다. 반면, '완전통제구역'에 수감되는 무기수들은 '재교육'을 받지 않고 그저 통제되고 감시된다. 이들은 죽기 전까지 절대로 밖으로 나갈 수 없으며, 거의 죽기 일보 직전에 다른 곳에서 죽음을 맞도록 밖으로 내보내진다.

 수용소는 원래 제2차 세계대전 이후 지주, 친일 협력자, 종교지도자, 한국에 가족이 있는 자 등 국가의 적을 가두기 위한 감옥이었다. 한국전쟁 발발과 함께 미군과 유엔군에 협력하는 사람들까지 그 수용 범위가 확대됐다. 또한, 김씨 일가에 정치적인 위협이 될 가능성이 있다고 판단되는 사람들은 당이건 군이건 정이건 그 출신에 상관없이 수용소로 보내졌다. 강철환의 가족처럼 일본으로부터 북송된 한국인들도 결국에는 수용소에 감금됐다. 해외에서 공부한 유학생이나 외부 사상에 '오염' 됐다고 판단되는 외교관들 또한 예외는 아니었다. 수용소는 북한 정권만큼이나 오래됐으나, 탈냉전과 고난의 행군 시기를 거치면서 정권의 억압전략 속에서 그 중요성이 새롭게 부각됐다. 북한 당국은, 독재적이고 조직적인 통제에도 불구하고, 소련의 붕괴로 인한 지지기반 상실과 더불어 경제난과 식량난 등으로 인해 주민들 사이에 눈에 보이지 않는 일탈 행동들이 빈번히 일어나고 있는 것을 깨닫게 됐다. 최근 들어 무단이주나 암거래, 보이지 않는 불평, 그리고 중국으로의 탈북 등 일탈 행동들이 더욱 확산됐으며, 이에 따라 체포되는 사람도 급증했다. 오늘날, 북한의 수용소는 김정일의 전체주의 통치에 없어서는 안 될 탄압과 정치적 통제전략의 대표적 산물이라고 할 수 있다. 오늘날 총 20~30만 명 정도의 사람들이 수감돼 있으며, 어림잡아 100만 명 이상의 사람들이 과거 정치범 수용소에서 목숨을 잃었다.

정치범 수용소에서는 인간 이하의 취급을 받는다. 이는 수용소의 일상을 살펴보면 더욱 확실해진다. 일상적으로 수감자들은 새벽 4시에서 6시 사이에 일어나 노역에 동원된다. 수감자들은 다양한 작업을 수행하는데, 때로는 채광이나 벌목, 벽돌제조, 건설작업 등과 같이 어린 여성 수감자들은 물론 남성들도 하기 힘든 육체노동을 할 때도 있다. 탈북자들의 증언에 따르면, 수용소에서의 작업은 굉장히 위험해서 수많은 사람들이 작업 도중 사망하거나, 노역에 시달리다가 사지 절단, 불구, 꼽추, 기타 여러 장애를 입게 되는 경우가 헤아릴 수 없이 많다고 한다. 남녀의 구분 없이 나이 들고 병약한 사람들은 옷을 꿰매거나 벨트와 신발을 만드는 등 비교적 힘들지 않은 제조 작업장으로 보내지기는 하지만 어리고 힘이 센 짝을 만나 함께 똑같은 강도의 일을 해야만 한다. 작업은 끝도 없이 계속되며 수감자들에게는 매우 엄격한 할당량이 가차 없이 부과된다. 너무 느리거나 할당량을 채우지 못한 수감자들에게는 안 그래도 적은 배급의 식량을 추가적으로 삭감하는 것부터 시작해 독방 수감기간을 연장해 육체적인 학대를 가하는 고문까지 다양한 처벌을 받게 된다. 작업은 점심시간도 없이 진행되는데, 운이 좋다면 뼈 빠지게 일한 대가로 주변의 잡초나 잔디를 먹을 수도 있다. 수감자들이 공식적으로 쉴 수 있는 시간은 공개 처형을 할 때다. 탈출을 시도하다 붙잡힌 수감자들은 공개적으로 처형된다. 처형에는 다양한 방법이 동원되는데, 교수형, 총살형, 투석형(수감자들에게 돌을 던지도록 강요한다)뿐만 아니라, 엽기적으로 생긴 상자에 수감자를 넣어 차에 매달아 끌고 달리는 등 교도소 밖 북한 사회에서 행해지는 여러 방법들과 다를 바 없다.[10]

   작업은 오후 6시경에 끝나게 되며, 수감자들은 저녁을 먹기 위해 숙소로 돌아간다. 수감자들에게는 지배 엘리트, 군인, 고위층, 그리고 평양과 다른 도시의 주민들에게 배급되고 남은 음식들이 제공된다. 따라서 수감자들에게 주어지는 식량은 매우 적은 양의 옥수수와 한 숟가락 정도의 곡물, 약간의 배춧잎이 전부며, 이로 인해 수감자들은 곤충류나 딱정벌레, 뱀, 들쥐, 풀, 나무껍데기 등 일하는 동안 몰래 모아놓은 야생 식량으로 허기를 채워야한다. 수용소에서 4년을 보냈던 젊은 청년 김 모씨는 정치범 수용소의 음식에 대해 다음과 같이 묘사했다.

> 영양실조는 삶을 매우 궁핍하게 한다 … 우리는 언제나 배가 고팠다. 봄에는 풀을 먹었다. 서너 명은 영양실조로 죽었다. 사람이 죽게 되면 당국에 보고를 미루고서는 동료 수감자들이 죽은 사람의 아침을 배급받았다.11

수감자들은 궁핍과 끊임없이 이어지는 노동, 그리고 말도 못하게 빈약한 식사로 근근이 살아가고 있다. 북한 인권 전문가인 데이비드 호크(David Hawk)는 이 같은 상태를 "의도적으로 기획된 영구적인 반(半)기아 상태"라고 말한다.12 탈북자들은 정치범 수용소에서 지내는 동안 체중이 엄청나게 감소했으며, 어느 한 탈북자의 경우에는 수용소의 실태를 증명이라도 하듯이 약 30킬로그램이 빠진 상태로 탈북하기도 했다.13 새로운 수감자들이 처음 강제수용소에 도착하게 되면, 수척한 사람들과 허물고 퇴색된 건물 때문에 미군과 연합군이 독일과 폴란드에 있던 나치 수용소를 처음 발견하고 느꼈을 때 느낀 감정과 유사한 충격에 빠지게 된다.14

저녁식사 후에 수감자들은 자신들의 잘못된 행동에 대해 '자아비판'을 해야만 한다. 이들은 2~3시간에 걸쳐 그날 자신들이 저질렀던 잘못된 행동들을 고백한다. 비록 자신들의 행동에 잘못된 것이 없다고 하더라도, 그들은 반항 또는 반대하는 태도로 인해 발생하게 될 무서운 체벌을 피하기 위해서 어떠한 잘못이라도 만들어 내야만 한다. 그것이 사실이든 꾸며낸 것이든 자신들의 죄를 모두 자백하게 되면, '집단책임제'로 인해 전체 작업단위에 더 가혹한 할당량과 작업시간이 주어지게 된다. 자아비판 후에 수감자들은 담요도 없는 딱딱한 침상의 잠자리에 들게 된다. 어떤 경우에는 80~90명이 5×6미터(수감자 한 사람당 약 0.3제곱미터) 정도의 방에 수용된다.[15] 수용소에서는 공개 처형이나 기타 '중요한' 집단 활동을 제외하고는 일반적으로 남성과 여성들은 철저히 분리된 상태에서 작업하고 잠을 자며 생활하게 된다. 이는 통제와 성적 접촉 금지, 즉 새로운 '반혁명' 세대의 발생을 막기 위한 노력의 일환이다. 만일 수감자들이 수 년간의 온갖 고생에도 불구하고 밤새 살아남게 된다면, 다음 날 또 다시 같은 일상이 반복되는 것이다.

가장 잘 알려진 수용소 중 하나는 요덕 강제수용소다. 이 수용소는 평양에서 북동쪽으로 약 115킬로미터 떨어진 함경남도 지방에 위치해 있으며, 네 개의 산으로 둘러싸여 있는 계곡 부근에 자리 잡고 있다. 그 길이와 폭이 각각 32킬로미터로 수많은 건물들이 위치해 있다. 수용소의 담장은 가시와 전깃줄로 덮인 벽돌로 이뤄져 있으며, 탈출을 막기 위해 지뢰로 둘러싸여 있다. 1킬로미터 간격으로 설치되어 있는 감시탑에는, 1974년에 단 한번 발생했다고 전해지긴 하지만 어떠한 폭동이라도 막기 위해 무장한 군인들이 보초를 서고 있다. 외부의 공격에 대비해 대공포 또한 갖춰져 있다. 담장 주위를 지키는 수천 명의 경비병들은 수류탄과 자동소총으로 완전무장하고 있으며, 때로는 훈련된 경비견들과 함께 보초를 서기도 한다. 요덕 수용소는 수감자를 정치범, 범죄자, 또는 이들의 자손들로 분류하여 약 5만 명을 수용하고 있다. 3대 이전의 조상이 지은 죄로 인해 수용소에 보내질 수도 있기 때문에 어떠한 북한주민도 수용소 감금으로부터 안전하지 않다. 여기에는 이들의 감금을 정당화할 수 있는 어떠한 법적 절차도 존재하지 않는다. 어떠한 사전 경고도 없이 수용소로 보내질 수 있으며, 무기수로 평생을 이곳에서 보낼 수도 있다.

    요덕 수용소의 업무는 재교육과 강제노동 두 가지로 집약된다. 수감자는 (때로는 장비나 안전설비 없이) 석탄광산에서 석탄을 채굴하거나, 도로와 교량 건설, 직물 제조, 기타 간단한 제조업 등에 투입된다. 이 수용소에서는 수출용으로 옷가지와 조화를 포함한 몇 가지 제품을 만든다. 수용소 내 공장은 북한체제 유지를 위한 경화(화폐)의 원천이 되기 때문에 할당량을 맞추기 위해 수감자들은 오랜 시간 일하도록 강요당한다. 한 예로, 한 공장에서 일본으로부터 뜨개질 스웨터를 주문 받은 적이 있었는데, 수용소의 비위생적인 환경으로 인해 오염된 실로 만들어진 스웨터 때문에 항의가 들어온 적이 있었다. 물론 수감자들이 일부러 그런 것은 아니었지만, 그 더러워진 스웨터 때문에 담당자들은 심하게 매를 맞았다고 한다. 다른 예로, 폴란드에 수출하기 위해 수감자들이 도일리(doily, 가구 위에 덮는 작은 장식용 덮개 또는 케이크나 샌드위치를 놓기 전에 접시 바닥에 까는 작은 깔개)를 만든 적이 있다. 초보자들이 흰색 재료에 복잡한 패턴을 바느질하는 것은 어려운 일이었다. 그럼에도 불구하고 저급의 제품을 만든 것에 대한 책임으로 담당자들은 심하게 매를 맞고 식량 배급량마저 삭감됐다. 반면에 기술이 좋은 수감자들은 제품 할당량을 맞추기 위해 더 오랜 시간 일하도록 강요당해야 했다. 또 다른 예로, 프랑스에 수출할 종이꽃을 만들어야만 했던 수감자들에게는 각각 하루에 천개의 꽃이 할당됐으며, 이를 맞추기 위해서는 시간당 평균 60개(분당 1개)씩 만들어야만 했다. 만일 수감자들이 이 할당량을 맞추지 못하거나 질이 좋지 않은 제품을 만들었을 경우에는 체벌의 대상이 됐을 것이다.

수용소의 경비병들은 수감자들을 인간 이하로 취급하도록 교육받는다. 폭동을 방지하고 탈주자들을 사살할 때에는 이에 상응하는 보상이 주어지기 때문에, 어떤 경우에는 보상을 받기 위해 마구잡이로 수감자들을 사살하는 형편없는 경비병들도 있었다. 전직 경비병이었던 안 모씨는 "경비병들은 수감자를 인간으로 취급하면 안 됐다. 만일 그랬다면 처벌을 면치 못한다. 만약 한 사람이라도 저항하거나 도망치려하면, 그들을 죽일 수도 있었다 … 수용소는 사람들이 잔인하게 죽어나가는 끔찍한 장소였다. 사람을 죽이는 어떤 방법은 너무 끔찍해서 반복하지도 못한다."[16] 안 모씨는 경비병들이 장벽을 넘으려 시도하는 수감자들을 오락하듯, 또는 사격연습을 하듯 총으로 쏴서 떨어뜨렸다는 보고서 내용이 진실임을 확인해 주었다. 또 다른 전직 경비병이었던 이 모씨는 그가 일했던 정치범 수용소에서 수감자들을 다뤘던 일에 대해 설명했다.

> 수용소 건물 안에 있던 사람들은 매일 주먹이나 막대기로 매를 맞았다. 저녁에는 '사상투쟁'을 위한 시간을 가져야 했다 … 이는 수감자들이 서로 싸우는 공식적인 시간이었으며, 경비병은 간접적으로 폭행을 유발했다. 수감자들은 신체적 형벌을 참아야만 했다 … 여기에는 수많은 방법의 매질이 존재했다. 탈출을 시도한 사람들은 … 손을 등 뒤로 묶인 채 3~7일 동안 벽에 매달렸다. 경비병은 수갑을 채운 수

감자들을 발로 짓밟았다 … 나는 이러한 잔혹행위들을 자주 목격했다.[17]

많은 수감자들이 겪는 신체적 학대와는 별도로, 특히 여성 수감자들은 성적학대로 고통과 굴욕을 당해야 했다. 중국에서 북한으로 송환되어 감금된 54세의 지 모씨는 그녀의 경험을 다음과 같이 이야기했다.

사전심리 구금기간 동안에 나는 굴욕과 학대를 당했다. 남성이었던 경비병들은 빗자루로 나의 성기와 가슴을 만졌다. 사전심리 기간 중 모든 경비병들은 남성들이었다. 심문당할 때 나는 혼자였다. 다른 사람들과 마찬가지로 크게 소리를 냈다는 이유로 두들겨 맞았다.[18]

북한의 가장 끔찍한 행위 중 하나는 정치범 수용소에서의 영아살해 정책이다. 만일 한 여성이 붙잡혔을 때 임신 중이거나 또는 수용소에 감금됐을 동안 임신하게 되면, 낙태를 강요 당하거나 태어난 아이는 바로 살해당한다. 심각한 영양실조로 인해 여성 수감자들의 생리기간이 매우 불규칙하기 때문에 산달이 거의 다 될 때까지 임신 사실을 알지 못하는 경우가 허다하다. 함경북도 청진시 소재 정치범 수용소에 있었던 한 여성 탈북자는 이러한 끔찍한 실상을 폭로했다.

만일 어떤 여성이 임신했다는 사실을 알게 되면, 그들은 낙태를 시키기 위해 약을 먹인다. 만일 그 여성이 아기를 낳으면 그들은 아기를 비닐로 싸서 엎어놓아 죽인다. 7명의 여성이 그 수용소에서 아기를 낳았고, 그들은 아기를 죽였다. 임신한 여성들은 수용소 감방에서 노동을 하고 있었는데, 다른 여성 수감자들 모두가 출생을 도왔다. 나는 2000년 4월 1일에 체포됐고, 5월과 6월 사이에 태어난 7명의 아기가 모두 살해되는 것을 목격했다.[19]

중국에서 체포되어 송환된 여성 탈북자의 경우, 영아살해 정책은 북한 민족을 '오염시키는' 한·중 혼혈을 방지한다는 민족적인 이유가 부가된다. 그러한 경우가 아니라면, 여성 탈북자들은 단순히 자궁에 '배신자의 아이'를 잉태하고 있는, 받아들일 수 없는 일로 치부된다.[20] 함경북도 출신의 '부끄러움을 많이 타고 목소리가 부드러운' 25세 최용화의 경우는 기근에 음식을 찾아 국경을 넘었다가 발각되어 수용소로 보내졌다. 감금되어 있는 동안 그녀의 의무 중 하나는 만삭의 여성 수감자들을 도와주는 일이었다. 어느 날 그녀는 교도관과 분만유도 주사기, 그리고 망연자실한 채 누워있는 산모와 그녀의 오른쪽에 질식사한 채 젖은 수건에 싸여있는 태아를 목격했다.[21] 66세의 또 다른 여성 탈북자는 이와 유사하지만 더 끔찍한 경험을 했다. 힘든 육체노동을 할 수 없었기 때문에 그녀 또한 북한 동부지방 신의주에 위치한 수용소에서 산모를 돌보는 일을 했다. 수용소에서 이 여성은 28세 산모 임 모씨의 출산을 도운 일이 있었다. 아기가 태어난 직후 경비병들은 아기의 다리를 잡고 옆에 있던 플라스틱 상자에 던져 넣었다. 이는 이 수용소에서 행해지는 관행으로써 다른 아기들과 마찬가지로 죽을 때까지 그 상자에 방치됐다. 플라스틱 상자가 가득 채워지면, 아기들을 묻기 위해 밖으로 가지고 나갔다. 북한인권보고서는 그 여성이 목격한 내용을 다음과 같이 적고 있다.

> 이틀이 지난 후, 조산아는 모두 사망했으나 2명의 남아 신생아는 여전히 살아있었다. 비록 피부는 누렇고 입술은 퍼렇게 변했지만, 아기들의 눈은 여전히 깜빡이고 있었다. 담당자는 박스 안에 있는 아기 두 명이 아직 죽지 않은 것을 확인하고서도 아기들의 두개골 위의 부드러운 부분을 겸자로 찔렀다.[22]

정말 끔찍한 장소인 요덕 수용소이기는 하지만 몇몇 수감자들은 풀려날 수도 있다. 평양 외곽에 위치한 승호리는 위성사진에서도 볼 수 있는 또 다른 주요 강제 수용소인데, 살아남았다고 알려진 사람이 없기 때문에 '구제불능'으로 간주된 사람들이 이곳에 버려진다는 것을 제외하고는 거의 알려진 바가 없다(강철환의 할아버지가 이곳으로 보내졌다). 탈북자들에 따르면 이곳이 북한에서 가장 악명 높은 강제수용소라고 한다. 북한에는 다른 여러 수용소가 있는데, 요덕보다는 덜하다. 다른 수용소들은 감옥이나 노동수용소이기는 하지만 법적 처리과정이 존재하고 유기수들을 가둔다는 점에서 앞서 언급된 강제수용소들과는 구분된다. 하지만 아직까지도 다른 수용소들의 실상 또한 너무 열악해서 비록 무기수는 아니지만 많은 사람들이 질병이나 영양실조로 죽는다.

강제송환

르플망(Refoulement)은 정치난민들의 강제송환을 말한다. 그동안 중국은 자국에 들어온 탈북자들을 적극적으로 찾아내서 강제적으로 북한으로 송환해왔다. 1951년 유엔난민협약(유엔 난민지위에 관한 협약. 일명 제네바 협약)과 1967년 유엔난민의정서(유엔 난민지위에 관한 의정서. 일명 뉴욕 프로토콜)의 조인국으로서 중국은 정치적 탄압을 피해 탈출한 정치난민들을 인정할 의무가 있다. 유엔난민기구(UNHCR)는 한 개인이 난민으로 간주될 경우, 이에 따르는 권리와 재원, 안전을 반드시 보장받을 수 있도록 도와주는 기구다. 중국을 포함한 협약 당사국들은 '협약 체결국은 어떤 방식으로도 인종, 종교, 국적, 특정 사회집단 소속 또는 정치적 견해를 이유로 그의 생명이나 자유가 위협받을 우려가 있는 지역으로 난민을 추방하거나 돌려보내서는 안 된다'는 농 르플망(non-refoulement, 강제송환금지) 원칙을 준수할 의무를 지닌다.[23] 중국은 1986년 북한과의 양자협정에 따라 탈북자들을 난민으로 인정하지 않고 있으며, 이들을 강제적으로 북송시켜왔다.

압도적으로 많은 수의 북한 난민들이 중국을 통해 탈출한다. 이에 대해 체계적인 조사를 시행할 수 있는 기관이 없기 때문에 그 수를 확인하기는 매우 어렵다. 중국은 공식적으로는 약 1만 명 정도로 추산하고 있다. 그러나 사회운동가나 언론, 다른 국가들은 그 수를 10만에서 30만 명 정도로 추산하고 있다. 물론 북한은 어떠한 인구이동 통계도 보고하고 있지 않으며, 다만 1993년 시행한 인구조사에서 '우리나라를 출입하는 이주자 수는 무시할 정도로 적다'고만 언급하고 있다.[24] 2008

년의 인구조사에서는 국외 이주에 대한 언급은 빠져있다. 단지 유엔은 그 수를 3만~5만 명 정도로 추산하고 있다(북한의 인구는 약 2,200만 명이다).[25] 이 중 대다수인 약 75~80퍼센트가 여성이다(남성의 수는 중국의 '소탕작전'에 의한 강제송환을 피해 은신하기 때문에 훨씬 적게 추산됐을 것이다). 또한, 대부분의 이주자들은 경제적 박탈감과 만성적인 식량 위기로 공식적인 서류도 갖추지 않은 채 국경을 넘는 '골칫거리 이주'로 분류된다.[26] 1990년대 중반에 시작된 중국으로의 탈북은 지속적으로 증가하여 1990년대 말에 최고조에 달했다. 베트남과 태국과 같은 동남아시아 국가들과 몽골을 통해 탈북하는 경우도 있지만 소수만이 성공한다. 베트남 정부가 탈북자 480명을 한국으로 보낸 유명한 일화가 있기도 하지만 이는 일회성에 불과했다. 제3국에 정착하기 위해 약 2만 명의 북한주민이 중국을 통한 탈출을 시도해 왔다. 압도적으로 많은 대다수의 탈북자들은 다른 국가에 비해 재정착 지원이 많은 한국에 정착한다.[27] 북한 난민들은 한국 시민권을 부여받고, 빠르게 변화하는 한국사회에 적응할 수 있도록 교육과 직업 훈련을 위해 '하나원(북한 이탈주민 정착 지원 사무소의 약칭)'이라는 임시거주지에서 3개월 동안 생활한다.[28] 2010년 미국 정부의 보고서에 따르면, 북한주민 1,211명이 영국, 독일, 캐나다에 망명하고자 했으며, 미국은 새로운 재정착 프로그램에 따라 96명의 난민들을 받아들였다.[29] 강제송환의 두려움 때문에 약 14퍼센트만이 중국에 정착하고자 했다.

대부분의 탈북자들은 북한에서 가장 가난한 지역인 함경북도 출신이다. 그들은 중국-북한 국경의 여러 경로를 통해 200만 명의 조선족이 살고 있는 길림성 옌볜(延邊) 자치구로 탈출한다.[30] 일부 탈북자들은 열악한 조건의 막노동판에서 일거리를 찾지만, 이 또한 북한보다는 나은 편이다. 또 다른 탈북자들은 (대부분이 여성들이지만) 새로운 삶을 시작하는 방법으로 중국 농부나 노동자들과 결혼한다. 자식들에게는 더 좋은 삶의 기회를 주고 자신들 또한 먹고 살기 위해 중국인에게 소를 받고 딸을 파는 북한 가족들의 이야기도 전해진다.[31] 귀화가 허용되지 않은 북한 여성과 중국 남성사이에 태어난 아이들의 수가 1만 명 이상 되는 것으로 추정되고 있다. 이러한 역학적 구조는 인신매매를 부추기고, 현재 중국 내 주요 사회문제가 되고 있다. 여성들은 강간, 강제 성매매, 신부 매매의 피해자가 되고 있으며, 탈북 여성들의 90퍼센트가 이러한 다양한 형태의 인신매매의 희생물이라고 보고되고 있다(미 국무부의 인신매매보고서에 따르면, 북한은 가장 낮은 등급의 3단계 국가로 분류된다). 한 예로, 료 모양은 2001년 20대 초반의 나이로 탈북하여 중국에 왔다. 그녀는 두만강을 건넌 직후 지역 북-중 인신매매 집단에 납치되어 삼촌과 헤어지게 됐다. 결국에는 탈출에 성공하여 60여 명의 탈북 아이들이 숨어 지내던 옌지(延吉) 소재의 한 한국 교회로 숨어들었다. 교회 집사는 료 모양에게 어느 시골집의 가정부 겸 그 집 손자들을 위한 한국어 교사로 일자리를 추천했다. 그러나 일하러 간 첫 날 그녀는 자신이 매우 위험한 처지에 놓였다는 것을 깨달았다. 교회의 집사는 그 가족의 서른 살 된 아들의 신부로 그녀를 5,000위안(약 700달러)에 팔아넘긴 것이었다. 료 모양은 그녀의 경험을 다음과 같이 이야기 했다.

> 그 아들은 정신장애가 있었다 … 그는 항상 내 옆에 있었으며, 그가 원하는 것은 단 하나, 성관계였다. 내가 우울해지

기라도 하면, 그는 나를 때렸다. 맞는 날은 일주일 동안 걸
을 수조차 없었다. 그는 내 얼굴과 몸을 때렸으며, 몸 전체
는 시퍼런 멍으로 가득했다.[32]

　이로부터 4개월 후, 료 모양은 필사적으로 탈출을 감행했다. 그 아들은 그녀를 그곳에 붙잡아 두기 위해, 일하러 나가거나 잠을 잘 때에는 그녀의 옷가지를 전부 숨겼다. 그러던 어느 날, '심하게 매 맞은' 후 그녀는 새벽 다섯 시에 '속옷차림에 실내화만 신고' 몰래 집을 빠져나왔다. 그녀는 다른 한국 교회로 숨어들었는데, 다행스럽게도 그 교회 사람들은 그녀가 한국으로 갈 수 있도록 도와주었다.[33]
　국제적인 비난 여론에도 불구하고 중국 정부는 탈북자들을 정치난민으로 인정하길 거부하고 있으며, 오히려 국외 추방이 요구되는 불법체류 경제 이주자로 분류하고 있다. 중국에서는 탈북자들의 난민 자격 여부를 판정하기 위한 유엔난민기구의 활동이 허가돼있다. 유엔난민기구는 베트남으로부터 유입되는 난민들을 관리하기 위해 1995년 중국에 사무실을 개설했으나, 아직까지 탈북자들에 대한 평가는 이뤄지지 않고 있다. 실제로 중국은 모든 탈북자들을 일일이 송환하지는 않고 있으며, 도의적인 이유에서라도 1986년 협정[북–중 간에 체결한 '변경지역의 국가안전과 사회질서 유지업무를 위한 상호협력 의정서'로 1998년 개정. 주민의 불법월경 방지업무(제4조), 범죄자 처리문제 상호 협력(제5조), 범죄인, 불법월경인 등의 인계 절차(제9조 2항) 등을 규정하고 있다_옮긴이]을 매번 강제 시행하기는 어렵다. 그러나 중국은 이슈가 되는 사건이 발생하거나 국제사회의 압력이 거세질 때는 월경행위를 법에 위반하는 행위로 간주하여 불법이

민자에 대해 단호하게 법적 대응할 것이라고 주장한다. 중국이 생각하는 향후 최악의 시나리오는 홍수처럼 밀려드는 수많은 북한 난민들로 인해 가중될 실업문제와 이로 인해 발생하게 될지도 모를 북한의 불안정이다. 사실상 탈북자들을 광범위한 난민으로 인정하는 것은 이러한 홍수의 시발점이 될 수도 있을 것이다.

2001년 이후 중국은 탈북자들을 더욱 가혹히 엄중하게 단속하기 시작했다. 중국 공안은 국경 순찰과 본국 송환, 그리고 외무공관 주위에 대한 보안을 더욱 철저히 강화했다. 외교공관에 대한 보안 강화는 유엔 난민기구가 난민자격 여부를 결정한다는 점에 희망을 걸고 탈북자들이 제3국 외교공관으로 밀려들기 시작한 것이 발단이 됐다. 중국 당국은 탈북자들이 제3국으로 탈출하는 것을 막기 위해 베이징 주재 미 대사관 주위에 초록색 철책선을 세웠다. 이 새로운 철책선은 기존의 담으로부터 몇 미터 떨어진 곳에 세워졌으며, 철책선 위에는 가시철망을 설치했다. 탈북자를 고발할 경우 중국인들은 500달러를 상금으로 받게 되는 반면, 어떤 난민이라도 도와주다 적발될 경우 3,600달러를 벌금으로 물어야만 한다.[34] 중국 공안들은 탈북자들, 특히 젊은 남성들을 체포해서 본국으로 송환하기 위해 주기적으로 탈북자 색출 작업을 실시한다. 탈북자의 수가 증가하면서 중국은 이를 저지하기 위해 지린성(吉林省)에서 탈북자 색출작업을 강화했으며, 난민 사업에 연루된 탈북자 수천 명과 옌볜지방 중국인들을 체포했다. 대부분의 연구에 따르면 이러한 중국의 노력은 효과가 있었다. 중국에 불법 체류하는 탈북자의 수는 1998년 7만 5,000명에서 2009년 1만 명으로 그 수가 감소했다.[35]

북한 주민들은 일반적으로 자국 내 여행이 허가되지 않으며, 필요할 경우에는 특별 여행 허가증을 받아야만 한다. 이러한 이유로, 탈출을 시도하는 것은 북한 형법상 최소 7년에서 사형까지도 처벌 가능한 중대 범죄다. 한번 송환되면 중국과 북한의 국경지역에 있는 노동·심문 감옥으로 보내진다. 일반적으로 송환자는 왜 북한을 떠나려고 했는가? 한국 사람들과 접촉했는가? 교회에 갔는가? 등 세 가지 기본적인 질문을 받는다. 단지 먹을 것을 구하기 위해 북한을 떠났다고 대답한 사람들은 비교적 관대하게 처리 된다(또한, 송환자들은 중국에서 번 돈으로 북한 관리들을 매수할 수 있다). 그러나 한국 사람들이나 선교사들을 만난 적이 있는 사람들은 '재교육'이라는 명목하에 가혹한 고문을 당한다. 임신한 여성들은 낙태를 강요당한다. 중국에 의해 강제 송환된 24세의 박충일은 청진 소재의 지하 감옥으로 보내졌는데, 각 방에 10명씩 수감되는 복도식 감옥이었다. 그는 그 곳에서 말하거나 움직이는 것조차 허락되지 않았다. 몇 주간에 걸쳐 그는 쇠사슬, 허리띠, 막대기 등으로 매를 맞으며 심문 당했다. 그가 받은 먹을 것이라곤 옥수수 알갱이, 짜디 짠 죽이 전부였으며, 어떠한 도구도 없이 화장실을 청소해야만 했다.[36] 1990년 이래 수많은 탈북자들이 강제송환 됐기 때문에, 이들이 중국에 체류하는 동안 보고 들은 정보를 퍼뜨리는 것이 두려워진 북한 당국은 그들을 일반 죄수들과 분리하여 수용하기 시작했다.

또 다른 예는 함경북도 출신의 전직 군영 라디오 방송요원에 대한 이야기다. 그는 제대 후 북한과 중국 간에 제품을 운반하는 일을 하게 됐다. 하지만 그는 단 한 번의 불법 여행으로 중국의 옌지에서 체포된 후 바로 북한으로 송환됐다. 그는 중노동 강제수용소로 보내질 때까지 수 주간에 걸친 고문과 심문에 시달려야만 했다. 심문을 받는 동안 그는,

사실 여부를 떠나, 군 생활 동안 한국 라디오를 청취한 일과 그동안 한국으로 가기를 원했다는 혐의를 받았다. 수용소에서는 벽돌을 만들고 가장 기초적인 영양 공급만을 받으면서 고되게 일해야만 했다. 그가 풀려나기 직전에는 계단을 오르거나 벽돌을 들 수 없을 정도로 '뼈와 가죽'만 남아 너무나 수척해진 상태였다. 또한, 그곳에서는 목욕을 하거나 옷을 갈아입을 수 없었기 때문에 온몸이 이와 상처로 가득했다. 결국 북한 당국은 감금된 동안 죽게 놔둘 수 없다는 이유만으로 그를 석방시켰다.[37]

인권 유린과 관련된 이러한 일들은 단편적인 예에 불과하다. 탈출을 시도한 이들의 용기와 강인함에 대한 국제사회의 철저한 무시는 매우 비극적인 일이 아닐 수 없다. 강제송환 당시 중국은 신분을 숨기기 위해 커튼이 처진 버스에 탈북자들을 태워 북한으로 돌려보냈다. 탈북을 시도했던 수백 수천 명의 사람들이 송환 이후 고문이나 죽임을 당했지만, 송환의 실태를 국제사회에 알릴 수 있는 단 한 사람의 이름이나 얼굴조차 확인할 수 없다. 현재 알려진 것보다 더 많은 탈북자들이 극심한 고통에 시달리고 있지만, 그들의 이야기는 단지 소규모의 전문가 단체들이나 NGO 활동가들 간에 산발적으로 회자될 뿐이다. 이들은 중국 내 유엔난민기구가 탈북자들을 정치난민 희망자들인지 아닌지를 분류할 수 있도록 중국 정부를 압박하기 위해서 조직됐다. 그러나 아직까지 대중의 상상력과 정의감을 사로잡을 수 있는 넬슨 만델라(Nelson Mandela)와 같은 유형의 인물이나 이야기는 존재하지 않고 있다.

부시 대통령은 2006년 3월 30일 백악관 성명을 통해 탈북자들의 북한 송환에 대한 사회적 관심을 이끌어내고자 했다.

미국은 김춘희에 대한 중국의 처우를 깊이 우려하고 있다. 30대의 난민 희망자였던 김춘희는 미국과 한국, 그리고 유엔난민기구가 중국과 그녀의 향후 거취에 대해 논의하고자 했음에도 불구하고 그녀가 중국에 있는 두 군데의 한국 학교에서 은신처를 찾던 중 12월에 체포되어 북한으로 강제송환 됐다. 우리는 김춘희의 건강과 안녕에 대해 깊이 우려하고 있다. 미국은 1951년 유엔난민협약과 1967년 유엔난민의정서의 조인국으로서의 중국의 의무에 주목하고, 중국이 반드시 이러한 의무를 다할 것이라고 믿어 의심치 않는다. 우리는 또한 북한의 난민 희망자들과 유엔난민기구 간의 접촉 없이 이들을 송환하지 말 것을 중국 정부에 요구한다.

31세의 김춘희 가족 중에는 한국으로 망명한 사람이 있다. 그녀는 가족의 '불충'으로 8개월 동안 북한의 강제수용소에 수감됐으며, 5살 된 그녀의 아들은 수감기간 중에 사망했다. 석방된 후 그녀는 2005년 9월 중국에 밀입국하여 2개월간 숨어 지냈다. 그 후 그녀는 가족과의 상봉은 물론 난민 희망자로서의 자격이 부여되기를 바라며, 다롄(大連)에 위치한 한국 학교에 입학하고자 했다. 그러나 그녀의 입학은 허락되지 않았으며, 그녀의 행보는 강제송환을 색출 중이던 중국 당국에 보고되기 때문에 체포의 두려움으로 또 다시 숨어 지낼 수밖에 없었다. 그녀는 은밀히 베이징으로 돌아와 그 다음 달에 또 다른 한국 학교를 통해 탈출을 시도했으나, 미리 준비하고 있던 중국 공안들에게 곧바로 붙잡히고 말았다. 한국에 있던 김춘희의 가족은 그녀의 처지를 세상에 알리기 위해 정치인들과 NGO에 연락을 취했다. 그녀의 가족은 강제송환이 곧 고문과 죽음이라는 것을 알고 있었기 때문에 그녀의 송환을 몹시 두려워했다. 주중 미 대사관 측과 한국, 유엔 측 모두 그녀를 북한으로 송환하지 말고 유엔난민협약 서명국으로서의 의무에 따라 그녀를 잠재적인 정치난민 희망자로서 고려해 줄 것을 중국 정부에 요청하는 조치를 취했다. 중국 당국은 검토 중에 있다는 답변만을 할 뿐이었다. 유엔난민기구 유엔난민고등판무관인 안토니오 구테레스(António Guterres)는 2006년 3월 19부터 23일까지 중국을 방문하여 김춘희를 석방할 것을 요구했으나 아무런 성과를 거둘 수 없었다. 구테레스가 떠난 다음 날인 3월 24일, 중국은 주중 미 대사관을 통해 김춘희를 북한으로 송환했다는 사실을 전달했다. 한국과 미국은 세간의 이목이 집중됐던 사건을 송환이라는 극단적인 방법으로 마무리한 중국에 대해 격분했으나, 중국은 사적인 창구를 통해 기본적으로 추후의 어떠한 압력도 거부한다는 의사를 전달했다. 북송된 후 그녀의 운명은 알려진 바 없다. 틀림없이 그녀는 북한을 떠나 더 나은 삶을 찾으려 했다는 이유로 수감되어 고문 당했을 것이다.

김춘희에 대한 백악관의 성명 발표는 이러한 종류의 사례에서 처음 있는 일이었지만, 김춘희는 북한을 탈출하고자 하는 수많은 사람들의 처지와 크게 다르지 않다. 어느 국가도 한 사람의 북한 난민을 정부차원에서 도우려고 하지 않는다. 김춘희와 관련된 백악관의 성명은 중국 후진타오(胡錦濤) 주석의 백악관 방문이 있기 불과 몇 주 전에 보도 됐으며, 부시 대통령은 후진타오 주석과의 면담에서 특별히 김춘희 사례에 대해 언급한 것이었다. 비평가들은 부시 대통령이 북한 김정일을 경멸하고 있기 때문에 정권 붕괴 전략의 일환으로써 북한의 인권문제를 다루고 있다고 비판했다. 또한, 부시 대통령은 북한과의 협상에는 관심이 없었기 때문에 대화의 가능성을 차단시키기 위해 북한 내 인권문제를 비난하는 것이라고 비판했다. 그것은 전혀 사실이 아니다. 전 국가안전보장회의 아시아담당 국장이었던 마이클 그린은 부시 대통령이 북한 지도자를 좋아하지 않는 것은 확실하지만 21세기에도 여전히 자행되고 있는 인권학대와 자립이 불가능할 정도로 탄압받는 국민이 존재하는 끔찍한 현실에 대해 자극을 받았다고 설명하고 있다.[38] 김춘희에 대한 백악관의 성명은 불특정 다수의 대표로서 개인의 목소리를 높여 북한의 인권유린 문제를 인도적으로 만들어 국제사회의 관심을 이끌어냈다는 데서 그 의의를 찾아볼 수 있다.

북한 주민들은 인권학대의 가장 큰 피해자다. 그러나 이러한 잔혹행위가 반드시 '국경' 내에서만 이루어지는 것은 아니다. 앞장에서 다뤘던 테러리즘, 초국가 범죄, 그리고 무기밀매와 같은 불법 행위들과는 별도로, 북한은 1948년 정권 수립 이후 18만 명 이상의 외국인 납치에 대해서도 의심받고 있다.[39] 초기에는 북한의 국가건설에 도움을 줄 수 있는 한국과 일본에서 고등교육을 받은 한국계가 대부분이었다. 그러나 시간이 흐름에 따라, 그리고 정보력을 강화시키기 위한 언어와 문화에 대한 전문성의 필요성이 증가함에 따라 북한은 납치의 범위를 크게 넓혔다. 프랑스, 이탈리아, 기니, 일본, 레바논, 마카오, 말레이시아, 네덜란드, 루마니아, 싱가포르, 대만 등 세계 여기저기에서 어느 날 갑자기 사라진 외국인들은 얼마 후 북한에 나타났다. 납치되는 몇몇에게는 말 그대로 폭력까지 사용됐으며, 나머지는 더 나은 삶과 직업을 보장받는 북한의 약속을 믿고 유인됐다. 그러나 그들의 모든 소유는 '은자의 왕국(Hermit Kingdom)'에 들어가는 즉시 공동으로 분배되며, 친애하는 지도자와 국가의 이름하에 노예생활을 강요당할 뿐 대다수는 다시는 국경 밖으로 발을 내디딜 수 없다.

그렇다면, 어떤 사회가 북한에서 자행되는 비인간적 처우의 수준을 감당할 수 있을까하는 의구심이 들 것이다. 이러한 현상은 사회적인 저항을 어렵게 만드는 전지전능한 정부의 존재와 연관돼 있다. 또 다른 하나는 국가에 대한 의구심 자체를 용인하지 않는 주체사상과 관련이 있다. 그러나 정부의 부당한 처우에 관대한 사회 자체에도 그 원인이 있다. 한국은 아시아에서 가장 계급화 된 사회 중 하나로 제2차 세계대전 중에 국제무대에 출현했다. 일제 강점기 이전의 조선왕조는 사회계층 맨 위쪽부터 양반(학자, 관료, 지주), 평민, 그리고 천민이 존재하는 3단계 계급으로 구성된 신분제 사회였다. 이 사회에서는 귀족과 천민의 권리가 철저하게 구별됐다. 천민은 인간 이하로 취급됐으며 인간으로서의 존엄성을 지키기 위한 어떠한 기본적인 권리도 가질 수 없었다. 또한, 이러한 노예 신분은 자손들에게도 대물림되는 것이 일반적이었다. 공산주의 사회에서는 계급이 존재하지 않음에도 불구하고, 북한은 '성분' 제도라고 알려진 매우 유사한 계급제도를 도입했다. 1946년경에 시작해 1960년대에 이르러 체계를 완전히 갖추게 된 성분제도는 북한 사회를 핵심계층, 동요계층, 그리고 51개의 하부 계층으로 구성된 적대계층 등 총 세 개의 계층으로 나누었다. 핵심계층은 조선로동당원, 정치인, 군 고위간부로 구성된다. 이 계층은 교육, 취업, 주택, 음식, 결혼에 우선적인 특혜를 받을 수 있는 '권리'를 누릴 수 있다. 동요계층은 소작농과 노동자들로 구성된다. 불순분자 또는 적대계층은 일제 강점기에 일본에 협력한 사람, 범죄자, 전 지주, 상공업자, 그리고 탈주자 가족 등으로 구성된다. 모든 북한 사람들은 이 계급 중 어느 하나에 속하게 되며, 자신의 행동에 따라 명목적으로 결정된다. 또한, 신분은 조상에 의해 결정된다. 만약 당신이 이러한 계급제도를 신뢰하고 열심히 일하는 북한의 젊은 남성이라도, 할아버지가 일본 조력자였고 이 때문에 적대계급으로 분류되어 영원한 낙인이 찍히게 되면 당신의 노력과 성실성은 아무 의미가 없다. 조선왕조나 현 북한 사회의 3단계 계층구조는 고위계층에 비해 하위계층에 훨씬 적은 권리가 부여되는 것이 당연하다는 것을 의미한다. 더욱이 천민계층에 대한 인간 이하의 대우는 부당한 것이 아니라, 단지 계층의 문제에서 기인한 것이기 때문에 자연스러운 것으로 받아들여진다. 이러한 점은 북한 사회가 인권학대를 묵인하고 있는 것이 아니라, 적대계층을 학대하는 것이 합법적인 것이고 정부가 만든 사회의 하나의 자연스러운 현상임을 의미한다. 이것이 '사회주의 천국'의 단면이다.

대기근

넝마를 걸치고 얼룩진 피부에 주름이 쪼글쪼글해 나이 들어 보이는 얼굴의 조그만 아이들이 진흙을 헤치며 암시장 상인들이 흘리거나 버린 옥수수 알갱이와 곡물의 씨앗을 줍고 있다. 아이들의 발은 더러운 잿빛 회색을 띠었으며 오물이 덕지덕지 붙어있었고 심지어 몇 년째 신발을 신지 못한 것처럼 보였다. 옷은 몇 년째 빨지도 못해 때가 묻어 더럽기가 이를 데가 없었으며, 누더기처럼 찢어져 있었다. 만성적인 단백질 부족과 영양실조로 인해 가늘고 군데군데 변색된 머리카락 사이로 머리통의 윤곽이 보일 정도였다. 아이들은 움푹 들어간 충혈된 눈으로 비틀거렸으며, 야윈 얼굴 위의 광대뼈는 더 도드라져 보였다. 상당수의 아이들은 장기의 이상증세로 생긴 부종 때문에, 꼬냑(cognac)과 질 좋은 유럽산 치즈를 너무 먹은 그들의 친애하는 지도자처럼, 배가 앞으로 툭 튀어나와 있었다. 이 아이들은 1990년대 초 기근이 시작될 때부터 생기기 시작한 북한의 '꽃제비'로 불리는, 고아 또는 버려져 배회하는 집 없는 수천 명의 아이들이다.[40] 1960년대 김일성이 주민들에게 했던 "모든 인민들이 이밥[쌀밥의 북한말. '이밥'은 '이(李)씨 밥'으로, 조선시대 벼슬을 해야만 임금이 내리는 흰 쌀밥을 먹을 수 있다 하여 붙여진 이름이다_옮긴이]에 고깃국을 먹고 비단옷을 입으며 기와 등 같은 기와집에서 살게 해 주겠다"는 작은 약속은 북한의 현실과는 너무나도 동떨어져 있는 풍경이다.

2011년 2월 미국의 한 NGO가 평양 외곽의 식량부족 상황을 파악하기 위해 북한을 방문했다. 방문자들은 몸무게가 겨우 7킬로그램밖에 되지 않는 7살 된 아이를 발견했다. 또한, 이 지방 주민 중 60퍼센트가 유엔이 권장하는 최저 섭취량보다 낮은 하루 1500칼로리를 섭취하기 위해 옥수수 죽에 나무껍질과 풀을 갈아 넣어 만든 '대체음식'에 의존하고 있는 사실을 알게 됐다. 이러한 대체식량으로 인해 많은 사람들이 소화 장애를 겪고 있었다. NGO 방문단은 이 지역에서 만난 사람들을 인터뷰하면서 고기나 물고기, 콩 등의 단백질을 마지막으로 먹어본 것이 언제인지에 대해 물었다. 면접자들의 대부분은 마지막 섭취 날짜를 기억하고 있었다. 어떤 사람은 자신의 생일이었던 6개월 전에 고기 한 조각을 먹었다고 답했으며, 또 다른 사람은 새해를 맞아 한 달 전에 계란 한 개를 먹었다고 답했다.[41]

만일 북한주민들의 탈북을 막을 수 있는 만능키를 선택할 수 있다면, 그것은 분명 식량 상황과 관련된다. 북한주민들은 당국의 식량배급제가 어려움을 겪기 시작하던 1990년대 중반부터 본격적으로 중국으로 탈출하기 시작했다. 탈북자 인터뷰에서 탈북자들의 9퍼센트만이 정치적 이유로 북한을 탈출했다고 답한 반면, 55퍼센트는 생존을 위해 북한을 떠나왔다고 답하고 있다.[42] 1995년부터 1998년까지 북한 전역을 휩쓸었던 대기근은 그동안 단 한 번도 겪어본 적 없었던 혼란과 파괴력으로 북한을 황폐화시켰다. 비록 그 수치는 여전히 논란이 되고는 있지만, 식량부족으로 인해 전체 북한주민의 3~5퍼센트에 해당하는 60만~100만 명 정도가 목숨을 잃은 것으로 추정된다.[43] 식량 부족은 가장 끔찍한 인도주의적 위기 중 하나다. 북한주민들은 대기근 시기에 식량부족으로 인한 고통을 겪어야 했다. 가족 내 식구들의 식량 배분을 결정해야만 하는 일, 자식을 유기하는 일, 한두 끼의 끼니를 위해 몸을 파는 일, 자살을 선택해야만 하는 일, 배고픔과 질병으로 사랑하는 이들이 점점 쇠약해지는 것을 바라볼 수밖에 없는 일 등이다. 이는 굶주림뿐만 아니라, 형제간에 또는 부모자식 간에 등을 돌리는 가족의 상실마저 초래했다.

'식량권'은 인권에서 절대 떼어 놓을 수 없는 기본권이다. 1948년 유엔세계인권선언 제25조는 모든 사람은 '먹을거리, 입을 옷, 주택, 의료, 사회서비스 등을 포함해 자신과 가족의 건강과 행복에 적합한 생활수준을 누릴 권리'가 있다고 기술하고 있다.[44] 또한, 1981년 북한이 가입한 '경제적, 사회적 및 문화적 권리에 관한 국제규약'의 제11조는 '당사국은 모든 사람이 적당한 식량, 의복 및 주택을 포함하여 자기 자신과 가족을 위한 적당한 생활수준을 누릴 권리와 생활조건을 지속적으로 개선할 권리를 인정한다'고 기술하고 있으며, '기아로부터의 해방이라는 모든 사람의 기본적 권리'를 인정한다.[45] 대기근 시기에 열렸던 1996년 세계식량정상회의(World Food Summit)에는 북한을 포함하여 185개국이 참가 했으며, '모든 사람에게는 안전하고 영양가 있는 식량을 이용할 수 있는 권리뿐만 아니라, 적절한 식량을 얻을 권리와 기아로부터 해방되어야 할 기본적 권리가 있음(세계 식량 안보에 관한 로마 선언)'을 재차 확인했다.[46] 따라서 자국민 전체에 대해 기초적 영양물질의 제공을 꺼리거나 또는 보장할 수 없다고 판단되는 국가는, 북한이 지난 수년간 자행 해왔던 것처럼, 인권에 대한 심각한 위협을 저지르는 것이다. 식량에 대한 권리는 그저 인도주의적 관심에 그치는 것이 아니라, 그 자체가 바로 기본적인 인권이다.

분명히 말하건대, 심각한 식량위기에 고통 받는 중앙통제식 사회주의·전체주의 국가는 북한 이외에는 존재하지 않는다. 정치경제학자 에버스타트는 "사실, 단편적이기는 하지만 극심한 식량부족은 20세기 마르크스 레닌주의 국가들의 경제운영과 경제개발 접근법의 특징이고 분명히 예견된 결과물이다."라고 말하기까지 했다.[47] 소련은 1921~1922년과 1946~1947년의 대기근으로 각각 900만 명과 200만 명이라는 엄청난 수의 사망자가 발생했다. 소련의 통제하에 있던 우크라이나는 1932~1934년 사이의 대기근으로 700만 명이 사망했다. 중국의 경우에는 1958년부터 1961년까지 '대약진정책'으로 인해 3,300만 명이 사망하는 충격적인 결과를 초래했다. 크메르 루즈(Khmer Rouge) 집권시기의 캄보디아는 1977년부터 1979년까지 대기근을 겪었으며, 당시 200만 명의 캄보디아인이 사망했다. 에티오피아에서는 공산주의 군사정권인 데르그(Derg. 혁명위원회)가 집권하는 동안, 1983년부터 1985년까지 대기근을 겪었으며, 이로 인해 100만 명이 사망했다.[48] 또한, 공산 통치하의 몽골과 북베트남은 공산주의 집권 초기 10년 동안 극심한 식량부족을 경험했다.[49] 이러한 끔찍한 사건들은 "세계역사상 민주주의 국가에서는 기근이 존재한 적이 없었다."라는 노벨 경제학상 수상자인 아마르티아 센(Amartya Sen)의 주장에 무게를 실어준다.[50]

북한의 기근과 과거 소말리아 같은 지역에서의 기근을 비교함에 있어 이들의 질적 차이를 인정하는 것은 중요하다. 소말리아는 1991년부터 1993년까지 기근을 겪었으며 이로 인해 50여만 명이 사망했다. 이 기근은 가뭄, 분쟁뿐만 아니라, 모가디슈에 수도를 두고 단지 도시 내 몇 개의 블록만을 자의적으로 통제했던 중앙정부가 복합적으로 맞물려 만들어낸 결과물이었다. 소말리아의 경우 정부의 무능력이 그 원인으로 지목되지만, 여전히 북한에서는 지도부가 훨씬 강력한 국가 장악력을 갖고 있었으며, 국민 전체를 엄격히 통제하기 위해 애썼다. 또한, 1996년 김정일의 담화내용에서 "현 시점에서 제일 긴급하게 풀어야 할 과제는 식량문제다 … 식량문제로 무정부상태가 조성되고 있다."라고 한 것처럼 북한은 일찌감치 위기를 인식하고 있었다.[51] 그밖에도 김정일 정권은 무능력으로 인해 위축되기 보다는 사치품 구입, 현대화된 방어기술 도입에 지속적으로 막대한 비용을 지출했으며, 주민에게 돌아갈 식량을 군인들에게 배급했다. 1990년대 초에 걸쳐 대기근이 더욱 심각해졌음에도 불구하고 북한은 GDP의 25퍼센트를 국방비로 지출한 것으로 추정된다.[52] 대기근으로 인한 황폐화가 막바지에 이르렀던 1999년에 대규모의 식량지원을 받았음에도 북한은 카자흐스탄으로부터 미그-21 전투기(미코얀 구레비치 MiG-21. 소련의 주력전투기) 40대와 군용헬기 8대를 구입했다.[53] 더욱이 1996년 식량지원이 들어오자 상용 식품의 수입을 줄이고, 이를 부족한 식량을 보충하는 데 사용하기보다는 물건교환을 위한 재화로 사용함으로써 기근은 가중됐다.

원인

북한 대기근의 원인은 여러 가지가 있지만, 그 중에서도 북한 정권의 잘못된 정책이 주요 원인이다. 비록 북한이 1940년대 중반과 1950년대, 그리고 1970년대 초반에 단기적으로 식량부족을 겪었지만, 진짜 문제는 냉전의 종식과 함께 발생한 소련의 붕괴로 발생하기 시작했다. 1987년 초 소련은 자국경제의 혼란으로 북한에 대한 모든 형태의 원조와 무역, 투자를 중단했으며, 이로 인해 북한의 국제 경제적 위상에 구조적인 변화를 야기했다. 1993년까지 러시아로부터의 수입은 1987~1990년 수준의 10퍼센트에 불과했으며, 결국 이마저도 무의미하게 흐지부지 됐다.[55] 북한이 절대적으로 수입에 의존했던 연료, 비료, 살충제와 제초제 수입의 엄청난 감소는 정부의 농작물 수급 능력에 즉각적이고도 부정적인 영향을 초래했다. 이로 인해, 국가주도의 식량배급제는 점차적으로 와해됐으며, 이는 재난으로 치달았다.

1950년대 초 이후 전체 북한주민의 60~70퍼센트가 전적으로 식량

배급제에 의존했다.⁵⁶ 식량배급제는 집단농장에서 수확되는 곡물을 집하하여 도시인구에게 배분하고, 복잡하고 다층적으로 구성된 계급에 따라 일정량을 할당한다. 북한 경제 전문가 스테판 해거드와 마커스 놀랜드는 가장 최근의 북한 계급 형태는 주민들을 총 51가지로 구분하여, 나이, 직업, 가족환경, 정권 충성도 등에 따라 각 계급에 권리가 부여된다고 지적했다.⁵⁷ 영양 전문가들은 어른의 경우 건강을 유지하기 위해서는 하루 최저 500그램의 음식이 필요하다고 말한다. 이론상으로 북한의 특수부대원들이나 중노동자들은 하루 800그램의 식량을 배급받을 수 있으나, 실제로 특수부대원들은 7:3, 중노동자들은 6:4의 비율로 쌀과 옥수수가 할당된다. 다른 한편으로 미취학 아동이나 노인들, 장애인들에게는 하루 300그램 정도를 배급한다.⁵⁸ 한국 통일부는 북한 정치범 수용소의 수감자들이 평균적으로 두 살에서 네 살 아동의 할당량에 해당하는 200그램 정도를 배급받는다고 추정하고 있다.⁵⁹ 개인에게 돌아가는 배급량은 가정환경과 정권 충성도에 의해 결정되는 '핵심', '동요', 또는 '적대' 계층 중 어느 계급에 속하는지에 따라 달라진다. 북한 지도부는 식량 배급과 의료 서비스 및 교육의 기회 접근 권한을 독점하여 충성하는 사람들에게는 혜택을 주고 반대하는 사람들은 처벌하여 정치적 통제력을 행사한다.

　식량배급제는 시행 초기부터 미세한 와해의 징후들이 나타나기 시작했다. 예를 들어, 1960년대 사무직 근로자들은 하루 700그램의 식량을 배급받았다. 하지만 실제 이 수치는 1973년에 608그램으로, 1987년까지 547그램으로 점차 감소했다.⁶⁰ 1992년에 이르러서는 식량배급제를 위기로 몰아넣은 식량부족 현상을 극복하기 위한 궁여지책으로 '하루

두 끼 먹기 운동'을 실시했다. 북한 전역에는 사설시장이 만연했으며, 시장과 시내 중심에는 앞에서 언급했듯이 음식을 찾아 헤매는 꽃제비들로 득실거렸다. 또한, 중국으로 가기 위해 압록강과 두만강을 헤엄쳐 건너는 탈북자의 수는 급등하기 시작했으며, 이들 중에는 사형수와 정치수감자들도 상당수 포함돼 있었다. 함경남도와 함경북도 지방에서는 식량 폭동까지 발생했으며,[61] 이는 극도로 체계화된 전체주의 국가에서 사상초유라고 할 만한 것이었다. 죽은 자들을 내버려둔 채 식품이나 식량원을 찾아 집단적으로 이주한 주민들은 거의 죽기 일보직전까지 완전히 탈진했으며 마을은 완전히 황폐화됐다. 이주자들 중 일부는 먹을 것을 찾아 평양으로 밀려들었으나, 평양에서는 식량부족을 자체적으로 해결해왔기 때문에 정부는 물리력을 동원해 이들을 쫓아냈다.[62] 국제사회가 제1차 북한 핵 위기를 우려하던 1994년 5월 중국 소식통들은 북한에서 '역사상 최악의 식량위기'가 발생했다고 보도했다.[63] 북한 정권의 통제 도구로 알려진 식량배급제는 1997년까지 인구의 단 6퍼센트에만 식량을 공급했으며, 1998년 대부분은 누구에게도 식량을 공급하지 못했던 것으로 추정된다.[64]

식량배급제를 통한 점진적인 식량분배 감소는 북한에 불어 닥친 일련의 비극적인 대재앙과 맞물렸다. 1995년과 1996년 북한에는 성경에서 나오는 대홍수에 버금가는 홍수가 발생했다. 황해북도 지방은 단 7시간 만에 미국 북동부에 위치한 버몬트 주의 연강수량(855.7밀리미터)보다 많은 양인 877밀리미터의 강수량을 기록했던 날도 있었다.[65] 이 홍수 직후인 1996년과 1997년에는 심각한 가뭄이, 1997년 8월에는 태풍이 불어 닥쳤다. 북한에 몰아친 홍수, 가뭄, 그리고 태풍은 수확 전의 농작물을 완전히 쓸어버렸을 뿐만 아니라, 수력발전의 약 85퍼센트를 파괴했으며 석탄을 이용한 화력발전을 황폐화했다.[66] 이로 인해, 국가의 전기 생산력은 심각한 수준으로 하락했으며, 자연재해에 살아남은 몇몇의 집단 농장들도 농작물 생산력을 거의 상실했다. 북한 정권은 충분한 비상식량을 비축했지만, 비효율적이었던 식량배급제와 다년간의 식량배급 감소는 극도의 식량부족현상을 막지는 못했다.

마지막으로, 북한의 지형 역시 기근을 악화하는 원인 중 하나가 됐다. 북위 38도에서 40도에 걸쳐있는 북한은 북반구에서도 비교적 북쪽에 위치해있어, 겨울은 매우 춥고 농작물이 성장할 수 있는 기간은 비교적 짧다. 또한, 전체 국토의 단 20퍼센트 정도에서만 농작물 재배가 가능할 정도로 경작지가 많지 않다.[67] 역사적으로 한반도의 북쪽은 사양화된 공업지대였으며 남쪽은 농업생산의 중심부였다. 하지만 이러한 지형적 현실과는 정반대로 북한은 체제수립 직후 농작과 식량생산을 포함한 생활에 필요한 모든 부분에서 자급자족을 강조하는 주체사상을 유지했다. 북한주민의 대부분이 집단농장에서 일하고 지형적으로 비교적 짧은 농작물 생장기를 가질 수밖에 없었던 북한은, 체제수립 이후 비료와 농약을 남용하면서까지 농작물 생산수요를 높이는 데 광적으로 매달렸으며, 이는 시간이 흐름에 따라 토양 침식을 유발했다. 또한, 남쪽과 비교해 북쪽에 산이 많이 분포돼 있으며, 국토의 약 80퍼센트가 고산지대다.[68] 자급자족에 대한 열망과 수요를 따라잡기 위한 필요성 때문에 북한 정권이 내놓은 해결책은 토양 침식을 오히려 가중시키는 벌채를 통한 산비탈 경작이었다.[69] 소련의 막대한 후원을 상실한 1980년대 후반, 비료와 농약에 대한 의존도가 높았던 북한으로서는 이를 충당할 길이 없어 이 또한 크나큰 재해로 다가왔다. 다시 한 번 말하지만 만일 북한이 경제개방을 추진하고 국제시장과의 무역을 통해 식량을 수입했더라면 이러한 지형적 현실은 문제가 되지 않았을 것이다. 그러나 북한 정권의 중앙집권적 통제 경제와 완전한 자급자족에 대한 고집스러운 믿음은 그 시작부터 기본적으로 불행한 결과를 맞이할 수밖에 없는 운명이었다.

식량 없는 생활

북한 정권의 그릇된 정책, 엄청난 지정학적인 변화, 자연재해, 그리고 불리한 지형조건 등의 조합은 궁극적으로 주민 100만 명이 사망하는 결과를 초래했다. 그 규모와 범위는 탈북자 김 모양이 증언한 것처럼 정말 끔찍한 수준이다.

> 나는 개인적으로 굶어 죽은 사람 15명을 알고 있다. 내가 알고 있는 한 지인은 가족 모두를 잃었다. 사망자가 너무 많아 기차역이나 길 위 어디서든 시체를 볼 수 있었다.[70]

앞서 언급한 사회 계급화와 엄격한 중앙통제로 인해 북한 내 특정 지역, 특정 계층이나 특정 직업을 가진 사람들이 더 많이 사망했다. 1998년 1,700여 명의 난민을 조사한 결과, 응답자의 85퍼센트는 함경남도와 함경북도 지방이 가장 타격을 많이 입었으며, 88.7퍼센트는 시골지역보다는 도시지역이 더 끔찍했다고 증언했다.[71] 또한, 실업자나 건설현장의 잡역부같이 막일을 하는 사람들이 대기근으로 큰 고통을 받았다. 그러나 기근에 가장 취약한 대상은 유아와 아이들, 그리고 노인들이었다. 1993년부터 1997년 5년간 북한의 영아 사망률은 인구 1,000명 당 45명에서 58명으로 25퍼센트 이상 증가했다.[72] 또한, 1998년 유엔세계식량계획에서 생후 6개월에서 7세까지의 아동 1,800명을 대상으로 조사한 결과, 60퍼센트 이상이 영양실조로 인해 성장이 부진한 것으로 나타났다.[73]

기근으로 인해 앞서 언급한 특정 취약 계층과 지역이 가장 큰 타격을 입은 것은 사실이지만, 사실 김정일 일가와 내부 핵심세력들을 제외하고는 그 누구도 기근의 참화로부터 완전히 안전하지 못했다. 예를 들어, 황해도 지역에서 온 군인 임 모씨는 영양실조로 죽은 부대원들에 대해 이렇게 회상했다.

> 당신이 어떤 가족이 굶주렸다는 것을 알게 됐다. 그리고 그 가족이 한동안 모습이 보이지 않는다면, 결국 집에서 죽어 있는 모습을 발견하게 된다. 이러한 일은 흔히 있는 일이었다. 많은 사람들이 식량을 찾아 여기저기 헤매다 결국 길 위에서 죽어갔다. 너무나도 많은 사람들이 죽었기 때문에 당국에서는 생존 가족조차 찾지 못할 정도였으며, 관조차 없어 5~10구의 시체를 함께 묻었다.[74]

최악의 기근이 발생했을 때, 굶주림의 고통과 이에 대한 공포는 계급제도와는 무관했다. 1996년부터 1998년까지 북한의 수용소에 있었던 탈북자 김용은 통곡하며 북한의 비극적 실상에 대해 다음과 같이 요약했다. "너무나도 비극적이다. 사람들은 소똥에서 소화되지 않고 나온 콩을 주워 먹었다. 시체의 옷을 벗겨 서로 입으려고 싸웠다. 그곳은 인간 세계가 아니다."[75]

대기근 시기에 대다수의 사람들을 죽음으로 내모는 것은 배고픔 그 자체가 아니라, 영양실조로 인해 면역 체계가 약해지면서 사람들 사이에 질병 감염이 만연하기 때문이며, 이와 같은 현상은 북한도 예외는 아니었다. 극심한 호흡기 질환인 폐결핵과 혈류 산소 농도 문제로 발생하는 빈혈이 북한주민들 사이에 만연했다. 더러운 물에 의해 감염되기도 하는 콜레라는 북한 전역에 반복된 홍수로 더욱 극심해 졌으며, 이로 인해 수많은 군인과 주민이 영양실조로 사망했다.[76] 그리고 기생충에 의한 질병인 말라리아는 대기근 시기에 믿을 수 없을 만큼 증가했다.[77] 이러한 질병뿐만 아니라 단순한 건강문제들, 예를 들어 아이들 사이에서는 지속되는 설사나 실명에까지 이르게 하는 눈병들이 발발해 결국에는 생명까지 앗아가기도 한다. 더욱이 만성적인 영양결핍으로 인해 장기적으로 건강에 영향을 미치는 장애, 예를 들어 주요 소화기능 장애, 심부전, 뇌기능 감소, 트라우마(trauma)를 일으키는 장기간의 심리적 손상 등도 있다. 또한, 유산 및 미숙아 출산이 늘고, 사산율이 증가하며, 영양실조로 출산율이 감소하는데, 이는 인구통계학적으로 중요한 의미가 있다.

이러한 모든 건강 위기들은 국가 자체의 의료체계가 제대로 작동될 경우 감당이 가능하나, 북한의 의료체계는 대기근의 시기에 완전히 마비된 상태였다. 함경북도 출신 26세의 탈북자 김 모씨는 다음과 같이 증언했다. "병원에는 약품이 없어서 가도 소용이 없다. 시장이나 중국

상인한테 직접 약을 구입하는 게 훨씬 낫다."[78] 또한, 함경북도 출신의 56세 송 모씨는 북한에는 의료품이 턱없이 부족하기 때문에 마취제도 없이 맹장수술을 받았다고 진술했다.

> 수술은 1시간 10분가량 걸렸다. 나는 엄청난 고통으로 소리를 질렀고 거의 죽는 줄 알았다. 그들은 움직이지 못하게 나의 손과 발을 묶었다. 나는 1주일 동안 입원한 다음 집에서 한 달간 요양했다.[79]

불행하게도 이보다 더 안 좋은 경우도 있다. 26세의 황 모씨는 비슷한 이유로 고통을 겪었다. 열차사고를 당한 그는 애드빌(Advil, 항염증제의 대표적인 상품)도 없는 상황에서 다리 하단을 절단해야 했다.

> 5명의 간호조무사들이 내가 움직이지 못하도록 팔과 다리를 잡았다. 나는 너무 아파 비명을 질렀고 결국에는 기절했다. 나는 1주일 후에 병원 침대에서 깨어났다.[80]

북한주민의 생활은 정권에서 말하듯이 '고난의 행군'처럼 고난의 연속인 삶을 살아가고 있다. 광범위한 식량 부족으로 대다수의 북한주민들은 살기위해 갖가지 비장한 대처 방법을 찾아야만 했다. 예를 들어, 앞에서 언급했듯이 수많은 꽃제비 중 하나였던 황 모씨는 대처 방법을 다음과 같이 기술했다.

나는 보통 하루에 한 끼를 먹었다. 항상 배가 고팠다. 만일 먹을 것이 생기면 배가 부르더라도 모두 먹어치웠다. 언제 다시 먹을 기회가 생길지 알 수 없기 때문에 나는 계속해서 먹었다. 나는 집이 없어 식량을 들고 다닐 수 없어 한번에 먹어치운다.[81]

다른 사람들은 괴롭고도 끈질기게 파고드는 배고픔을 또 다른 방법으로 대처했다. 일반적인 방법은 식용 가능한 야생의 먹을거리로 '더 오래가는' 음식을 만들어 보충하는 것이었다. 영양학적인 문제는 중요치 않았다. 단지 포만감을 위해 식량배급제에 의해 할당된 쥐꼬리만 한 식량에 뿌리나 풀, 나무 껍데기 등 여러 종류의 줄기와 알뿌리 등을 합쳤다. 유엔은 1996년까지 북한주민이 섭취하는 음식 중 약 30퍼센트가 이러한 대체식량이 차지한다고 추정했다.[82] 거의 소화가 되지 않는 대체식량은 북한주민의 소화기 계통에 막대한 장애를 일으켰다. 황 모씨는 '대체식량'에 대한 그의 경험을 이렇게 이야기 했다.

나는 초원에서 자라는 야생 식물인 능재(능쟁이. 능쟁이는 는장이, 는쟁이, 개비름이라고도 하는 명아주를 일컫는다_옮긴이)를 포함해서 여러 종류의 야생 목초를 먹었는데, 이것은 독성이 있어 먹은 다음날에는 얼굴이 붓곤 했다. 어떤 풀과 버섯은 독성이 있어서 잘못 먹을 경우 죽을 수도 있다. 나는 가끔씩 옥수수 가루와 소나무 껍데기를 섞어 먹었는데, 이 때문에 소화기나 장기에 문제가 있었지만 배고픔을 이겨내기 위

해서는 어떤 것이라도 더 먹어야만 했다 … 이러한 음식들
이 거의 영양가가 없다는 것을 알고는 있었지만 배를 채우
기 위해서 여전히 먹을 수밖에 없다.[83]

함경북도 출신인 27세의 박 모씨는 "어떤 잡초나 뿌리는 위험하거나 소화가 안 될 수도 있다."라고 말한다. 그는 얼마나 자주 "위장 장애나 설사에 시달렸는지" 그리고 "엄청 힘들 때는 … 돼지 사료까지 먹었다."라고 말했다.[84] 최악의 기근시기에 북한은 옥수수나 옥수수 찌꺼기 30퍼센트에 풀이나 알뿌리, 해초 등의 야생풀을 섞어 만든 영양가 없는 '푸드 바(food bars)'를 배급하기도 했다.[85]

이 시기에 북한에서는 유례없는 범죄들이 더욱 공공연하게 자행됐다. 겨우 4,000위안에 8세 된 딸을 팔아넘기는 등 자신의 자식을 파는 행위까지 벌어졌다(현재는 600달러 정도에 거래된다).[86] 또한, 인육과 돼지고기를 섞어 판 죄로 사형을 당한 사람들에 대한 기록도 찾아볼 수 있다. 세계식량계획은 충분한 자료를 토대로 '특별한 고기'를 파는 시장에 대한 접근을 북한 정권에 요청했으나 거절당했다.[87]

많은 사람들은 희망을 잃었을 때, 삶의 극심한 고통에 시달리기보다는 오히려 죽음을 선택한다. 한 남성 탈북자가 증언했던 것처럼, 함께 고통을 당하는 가족이 있다면, 혼자 남아 고통을 감내하기보다는 함께 죽는 편이 낫다고 생각한다.

많은 사람들이 매일 굶주림으로 죽었다 … 나는 어느 다리
아래에서 일가족 모두가 죽어 있는 것을 보았다. 그 아버지

는 아마도 사는 것보다는 죽는 편이 낫다고 생각했을 것이
다. 결국 가족은 함께 밖으로 나와 얼어 죽었다.[88]

본국 송환에 대한 두려움은 놀라운 일이 아니다. 몇 년 동안의 기근으로 인해 공개 처형은 북한주민들의 삶에 필수불가결한 일부가 돼 버렸다. 기근이 악화됐을 때, 공개 처형은 눈에 띄게 증가했으며, 1996년과 1998년 사이에 절정을 이뤘다.[89] 사형에 처해지는 전형적인 중범죄는 도둑질, 식량을 마련하기 위한 도축, 그리고 탈북이다. 아이들을 포함해 해당 지역 주민들은 사형에 증인으로 서길 강요당하며, 심지어 어떤 초등학교 선생은 공개 처형에 학급 아동 모두를 데리고 갔다는 기록까지 있다.[90] 터무니없는 공개 처형이 진행되는 동안 상점들은 영업을 할 수 없다. 탈북자들은 교수형, 총살형, 교살형(사슬이나 철사, 밧줄로 앉아있는 사람의 목을 졸라 죽임) 등을 목격했다고 증언한다. 충격적이게도 사형수의 친척에게 장작더미에 불을 붙이도록 하여 화형시키는 경우도 있었다.[91] 북한의 정치범 수용소에는 주민들과 아이들까지 참여를 강요당하는 사형 방법도 있다. 강철환은 아이들까지 동원해 사형수들에게 돌을 던져 죽이도록 강요당했던 경험을 이야기했다.

> 만일 돌 던지기에 참여하지 않는다면 사상적으로 의심을 받는다. 다른 선택은 없었다 … 던져진 돌들은 사형수의 발아래에 수북하게 쌓였으며, 사형수의 피부는 벗겨져 여기저기 피가 흘렀다. 사형수는 숨이 끊어질 때까지 약 3분간 돌을 맞는다 … 이런 장면을 자주 보게 된다면 돌 던지는 행위에

자신도 모르게 익숙해지게 된다.[92]

지속되는 파장

1999년까지 최악의 대기근이 지속되면서 국가적인 차원에서 만성적인 식량 위기가 자리 잡았다. 그 기간이 그리 길지 않았음에도 불구하고, 세계식량계획의 산재한 식량부족 국가들에 대한 원조로 인해 더 이상의 원조는 거의 불가능한 상황이었으며, 북한 정권은 말 그대로 아무것도 수입하려 하지 않았다. 대기근으로 인해 가장 피해를 본 대상은 '성장저하세대'라고 불리는 북한의 차세대들이었다. 2003년에 세계식량계획과 세계식량농업기구(FAO)의 합동조사에서는 북한 청소년들의 39퍼센트가 '매우 심각한' 수준의 만성적 영양실조 상태라고 평가했다.[93] 2004년의 함경남도와 양강도 지방의 성장저하율이 각각 47퍼센트와 46퍼센트로 평양의 26퍼센트에 비해 상태가 심각한 것으로 나타났다.[94] 유엔아동기금은 2003~2008년 보고서에서 5세 이하의 북한 어린이 중 45퍼센트가 저성장한 것으로 발표했다. 9퍼센트는 소모성 질환으로 고통 받고 있으며, 25퍼센트는 저체중, 그리고 7퍼센트는 상태가 매우 심각한 것으로 나타났다.[95] 2009년에 세계식량계획은 5세 이하의 북한 어린이 중 37퍼센트가 지속적인 영양실조에 걸려있으며, 여성 3명 중 1명은 빈약한 음식으로 인해 영양실조와 천식으로 고통 받고 있다고 추정했다.[96] 영양부족으로 인한 문제는 남북한 어린이들 간의 단순비교 수치가 그 슬픈 현실을 말해주고 있다. 한국의 7세 남아의 평균키는 125센티미터이고 몸무게는 26킬로그램 정도 된다. 같은 또래의 북한 어린이들의 경우 키 107센티미터, 몸무게 16킬로그램으로 비교 된다.[97] 오랜 시간이 흘러 이 세대는 북한의 계속되는 인권학대가 남긴 서글픈 유산의 흔적으로 남게 될 것이다.

정 책

국제사회는 북한의 인권학대를 종결시키기 위해 어떤 노력을 기울여 왔을까? 북한의 정치범 수용소는 1974년 이래 시민단체와 국제사회의 관심의 대상이 되어 왔다. 그 시작은 북한에 감금돼 있던 베네수엘라 출신의 알리 라마다(Ali Lamada)와 프랑스 출신의 쟈끄 엠마뉴엘 세딜로(Jacques-Emmanuel Sédillot) 등 두 서양인의 석방을 위한 국제사면위원회(Amnesty International) 캠페인을 통해서였다. 원래 이 두 사람은 김일성의 업적을 각각 스페인어와 불어로 통역시키기 위해 북한 외교성이 고용한 사람들이었다. 라마다는 잘 알려진 시인인 동시에 베네수엘라 공산당의 일원이었다. 세딜로는 언어학자이자 스페인 내전과 알제리 독립전쟁 기간 중 스페인과 알제리에서 군복무 했던 프랑스의 전직 대령이었다. 이 둘은 임시직 생활이 끔찍한 악몽으로 바뀌는 경험을 해야만 했다. 공산주의자들이었던 이들조차 김일성에 대한 선전이 지나치다는 것을 깨닫고서는 북한체제에 대해 비판적인 발언을 한 것이 화근이 됐다. 라마다는 불복종에 대한 죄로 처음엔 자택에 감금됐으나, 처벌에 대해 불복하자 간첩활동 죄가 부가되어 강제수용소 20년형을 선고받았다. 라마다는 몹시 추운 날씨에도 침대나 모포도 없는 독방에 수감됐다. 세딜로 또한 마찬가지 신세였다. 베네수엘라와 프랑스 정부는 김일성과 친밀한 관계에 있던 루마니아 대통령의 도움을 받아 이를 해결하고자 했다. 결국 세딜로는 북한에서 석방되기 전에 죽었다. 라마다는 살아남아 북한에서의 경험을 글로 썼다. 그는 북한에서의 삶이 상상할 수 없을 정도로 최악이라고 털어 놓았다. 말 그대로 수용소에서 동상으로 쓰러져 거의 죽기 일보직전까지 추위에 떨어야만했다.

 탈북자들의 증언을 토대로 정치범 수용소의 끔찍한 실상은 1980년대 후반과 1990년대를 거쳐 수면 위로 떠오르기 시작했다. 1988년 12월 미네소타 변호사 국제인권위원회와 아시아인권감시기구가 발행한 최초의 시민단체 보고서에는 수용소 시스템에 대해 개괄적으로 설명돼있다. 수감자들의 실상은 탈북자인 강철환의 증언으로 생생히 전해졌으며, 이 외 다른 실상들은 1992년 중국으로 탈북했던 안혁과 전직 교도관이었던 안명철에 의해 세상에 드러났다. 대기근으로 인해 더 많은 주민들이 북한을 탈출했기 때문에 북한주민들의 실상은 한국의 신문에 기사화되기 시작했으며, 마침내 국제사회의 관심을 끌게 됐다. 2002년 12월 〈극동경제리뷰 Far East Economic Review〉는 최초로 함경북도 정치범 수용소의 위성사진을 지면에 실었다. 북한의 실상에 대한 인식을 향상시킬 수 있었던 중요한 수단은 프리덤하우스에 의해 개최돼온 일련의 연례회의였다. 미 의회의 지원으로 2005년 시작돼 그동안 서울, 브뤼셀, 로마, 워싱턴 DC 등지에서 개최된 이 회의는 북한의 실상을 공유하기 위한 자리를 매년 제공하고 있다.

 북한이 식량위기라는 대재앙에 처해있다는 사실이 국제사회에 알려지자 주민들의 고통을 덜어주기 위한 식량지원이 발 빠르게 시작됐다. 세계식량계획은 1995년과 1996년 각각 50만 톤 이상의 식량을 지원했으며, 1997년과 1998년에는 각각 약 90만 톤과 80만 톤을 지원했다. 또한, 1999년부터 2002년까지는 매년 100만 톤 이상의 식량을 북한에 전달했으며, 2001년에는 150만 톤으로 절정을 이루었다. 이러한 대대적인 식량지원을 통해 1995년 이후 북한주민과 군인들에게 총 1,220만 톤 이상의 식량이 전달됐다. 대규모의 식량지원으로 북한은 에티오피아(1,920만 톤)와 방글라데시(1,430만 톤)에 이어 세계식량계획 사상 세 번째로 큰 규모의 식량지원 수혜국이 됐다.[98] 하지만 북한 정권은 이러한 국제사회의 노력을 지속적으로 방해했다. 세계식량계획은 식량이 가장 필요한 사람들에게 혜택이 돌아갈 수 있도록 확실한 접근과 감시의 권한을 요구했다. 초기 북한은 11개 도(道) 중 7개 지역에만 세계식량계획 직원의 출입을 허용하는 등 공세적으로 접근을 축소시켰다. 2000년대까지 접근의 범위는 다소 확장됐으나, 함경남북도와 자강도, 량강도, 강원도 등 광범위한 지역이 여전히 접근이 금지된 채 남아 있다.[99] 또한, 북한 정권은 입출국할 수 있는 세계식량계획 직원 수를 최대 50명으로 제한했다. 게다가 북한의 실상에 대해 정보를 퍼뜨릴 수 있다는 두려움 때문에 한국어에 능통한 직원의 출입을 금지시켰다. 지원된 식량의 30퍼센트는 군대로 보내졌던 것으로 추정된다.[100] 이로 인해 북한은 접근성, 투명성, 무차별성, 취약계층에 대한 집중성 등 인도주의적 원조에 대한 네 가지 기본규범을 위반했다.

세계식량계획을 통해 매년 북한을 원조하고 있는 미국과 일본으로부터 가능한 낮은 투명성으로 될 수 있는 한 많은 양의 식량지원을 얻어내려고 하는 북한은 인도주의적 딜레마였다. 미국은 1996년 이래 매년 북한에 200만 톤 이상을 지원해 온 가장 큰 지원국 중 하나로서 북한이 접근과 감시를 허용할 경우 연간 지원량의 50퍼센트를 추가로 제공하겠다는 뜻을 전달했다.[101] 그러나 북한이 미국의 제안을 거절하자, 2006년 여름, 미국은 식량지원을 중단했다. 이후 2008년 5월에 미 국제개발처(USAID, 미국의 대외 비군사원조를 취급하는 국무부 내의 부서)는 북한에 대한 식량지원 프로그램을 재가동했다. 이 프로그램을 통해 50만 톤의 식량지원이 이뤄졌으며, 40만 톤은 세계식량계획을 통해, 나머지 10만 톤은 글로벌 비전(Global Vision), 머시코(Mercy Corps), 한국기독친우회와 같은 대북지원 시민단체 컨소시엄을 통해 전달됐다. 북한으로의 정면 돌파는 자강도와 량강도를 제외하고는 이전에는 접근이 허용되지 않았던 지역까지 출입이 허용되어 이전보다 훨씬 더 많은 북한 지역을 둘러볼 수 있게 됐다. 또한, 지원식량의 배송과 사용처에 대해 더욱 확실히 감시할 수 있게 됐으며, 한국어 능통자가 식량지원팀의 일

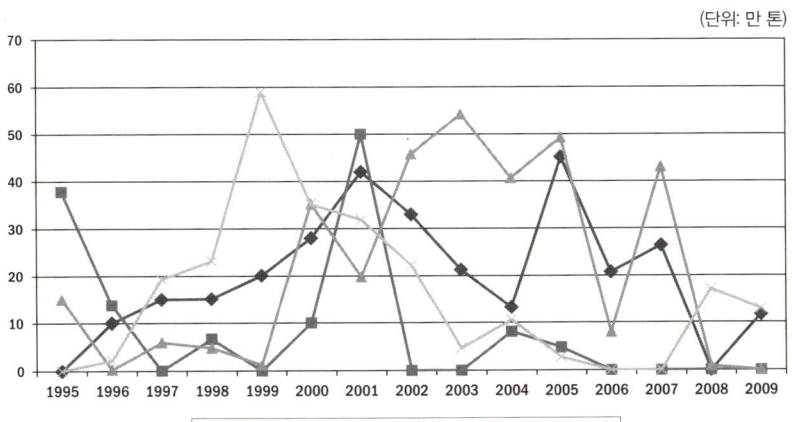

[그림 5-1] 세계식량계획의 대북한 식량지원

출처: The World Food Programme (2011)

원으로 포함될 수도 있었다. 하지만 2009년 3월 북한은 접근과 감시, 그리고 투명성과 관련된 합의를 지키지 않기 시작했으며, 이로 인해 그해 9월부터는 세계식량계획의 요청에도 불구하고 미국의 지원은 점차 줄어들었다.[102]

일본 또한 1970년대 북한의 일본인 납치에 대한 의구심이 2001년 사실로 드러나기 전까지 주요 원조국 중 하나였다. 중국은 대북 식량지원의 총량을 공개하지는 않았으나, 1995년 이후 매년 약 50만에서 100만 톤이 국경을 통해 유입된 것으로 알려져 있다. 한편, 중국과 한국은 북한에 영향력을 행사하지 않으면서도 북한 접경을 통해 양측에서 식량을 지원함으로써, 앞서 미국과 일본이 갖고 있는 인도주의적 딜레마를 해결하기 위한 노력은 거의 하지 않았다. 이에 따라 많은 양의 식량지원을 조건으로 대북한 접근과 감시를 더욱 강화하고자 했던 세계식량계획의 수차례 시도는 위축될 수밖에 없었다. 김대중 전 대통령의 '햇볕정책'과 노무현 전 대통령의 '평화번영정책'하에서 한국의 대북 연간 식량지원은 세계 1~2위를 차지했다. 그럼에도 감시체계는 거의 존재하지 않았으며, 식량지원의 대부분은 한국과 중국을 통해 양자적으로 이뤄졌다. 2001년과 2007년 사이 지원된 식량의 양은 평균 40만 톤이었으며, 2004년에는 50만 톤으로 최고치를 나타냈다.[103] 세계식량계획에 따르면, 중국은 1996년 이래 총 300만 톤 정도를 지원했으며, 평균적으로 연간 약 23만 톤을 북한에 지원한 것으로 나타났다.[104] 하지만 이러한 공식 통계가 전체 원조의 양을 반영하는 것은 아니다. 중국은 세계식량계획에 지원량을 보고할 때, 의도적으로 불투명하고 애매모호한 방법을 이용하여 식량지원과 상품 수출의 구별을 불가능하게 했으

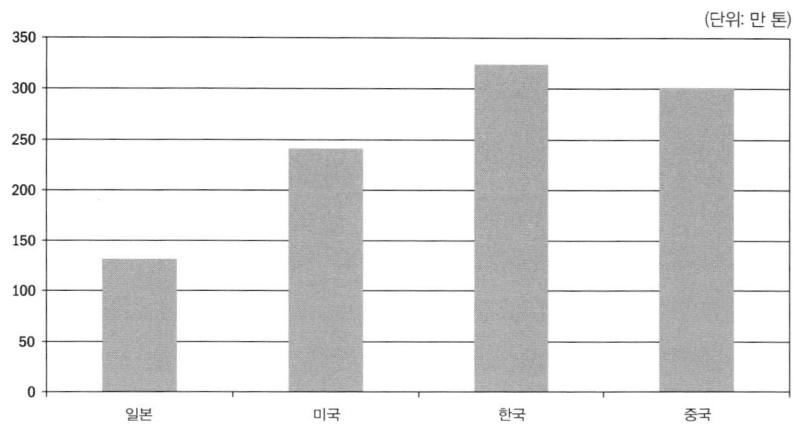

[그림 5-2] 세계식량계획의 대북한 식량지원 총량(1995~2009)

(단위: 만 톤)

출처: The World Food Programme (2011)

며, 이에 따라 대북한 실질적인 원조 규모는 파악이 어려웠다. 하지만 1997년부터 2008년 사이의 공식적인 수치에 따르면, 곡물 한 종목에 대한 수출(대가를 지불한 것이 아니기 때문에 '지원'이라고 할 수 있음)은 2004년과 2006년 단 두 해에만 10만 톤 이하였던 것으로 나타났다.[105] 여기에는 중국이 정기적으로 지원하는 옥수수와 쌀, 기타 식량들은 포함되지 않은 것으로, 이는 중국이 세계식량계획과 다른 주요 국가들이 지원하는 총량보다도 훨씬 많은 양을 지원한다는 것을 의미한다.

미국의 정책

지난 몇 년간 북한에 대한 미국의 정책은 일반적으로 인권문제보다는 안보문제가 우선이었다. 1990년대 중반 북한의 인권에 대한 잔혹한 침해행위가 세상에 알려졌을 때, 미국의 정책전문가들은 이러한 행위를 북한 정권이 은밀히 추진하던 핵무기 프로그램에 버금가는 위협이라고 판단했다. 클린턴 행정부의 대북정책은 1994년 이후 핵 프로그램 동결 합의를 위한 노력에 초점을 맞췄으며, 이러한 도전은 계속됐다. 2001년 이후 미 의회와 부시 행정부는 북한의 인권문제 해결을 위해 더욱 활발히 움직였다. 부시 대통령은 북한문제에 대해 적극적인 사고방식을 갖고, 그가 자주 인용하는 문구[밥 우드워드(Bob Woodward)의 《부시는 전쟁 중Bush at War》(2003)에 나오는 "나는 김정일을 혐오한다! 나는 본능적으로 반응할 수밖에 없다. 김정일이 국민을 굶주리게 하기 때문이다."][106] 보다 더 주도적이고 적극적으로 이 문제를 대처하고자 했다. 사적인 자리에서 부시 대통령은 그 어느 국가도 북한문제에 대해 별로 중요하게 생각하고 있지 않기 때문에 미국은 곤경에 처해있는 북한 사람들에게 관심을 기울여야 한다고 자주 이야기했다. 그는 불투명한 북한 정권하에서 취할 수 있는 것이 한정적이라는 것을 알고 있었지만, 그럼에도 불구하고, 북한 사람들의 삶을 눈에 띄게 개선하기 위해 노력한 대통령으로 기억되기를 원한다고 이야기하곤 했다.

2004년 미 의회는 부시 대통령의 기대에 부응하여 북한인권법(NKHRA)을 통과시켰다. 더불어 강제송환을 멈추고 탈북자들에 대한 유엔난민기구의 접근을 허용할 것을 중국 측에 요청했다. 이 법에는 미국의 대북 식량지원이 빈곤 주민들을 대상으로 이뤄진다는 것을 보장하기 위해 충분한 접근과 감시가 이뤄져야한다는 방침을 고수하고 있다. 또한, 정보의 흐름에 대한 북한 정권의 통제를 허물고 주민에게 자율권을 부여하기 위해 북한으로의 라디오 방송 송출과 정보 전파를 요구했다. 이 법을 통해, 북한 난민 지원에 매년 2,000만 달러, 북한에서의 인권 추진을 위해 200만 달러, 그리고 북한 내 정보의 자유를 추진하기 위해 200만 달러를 배정했다. 또한, 합법적인 자격을 갖춘 탈북자의 경우에는 난민의 신분을 허가했으며, 난민 재정착 프로그램 설립을 요청했다. 마지막으로, 북한에서의 인권추진을 위한 담당특사 파견을 허용했다.

   부시 대통령은 북한 인권을 추진하기 위한 사상 첫 번째의 포괄적인 정책을 마련하기 위해 이 법을 이용했다. 2005년 8월 부시 대통령은 첫 임기 시절 국내정책 자문가이자 측근이었던 제이 레프코위츠(Jay Lefkowitz)를 대북인권특사로 지명했다. 레프코위츠 특사는 탈북자들(강철환과 여섯 살 한미의 가족)의 백악관 집무실 방문을 이슈화하고 국제사회의 관심을 이끌어내고자 힘썼다. 부시 대통령은 국무부와 국토안보부에 북한난민 재정착 프로그램 설립을 지시했으며, 이로 인해 2006년 5월에 난민 6명이 처음으로 미국에 정착했다. 2010년까지 이 프로그램을 통해 총 북한 난민 96명이 미국에 정착했으며, 현재 15건이 심사 중이다.[107] 대부분의 탈북자들이 최종 정착지로 한국을 선택했던 반면, 이 프로그램은 한국이 아닌 외국을 정착지로 선택할 수 있었던 선례로 남았다. 더욱이 이 프로그램은 미국에 정착할 수 있는 난민의 수를 제한하거나 할당하지 않았다. 대통령의 지시하에 행해졌던 것으로, 2005년 9월 한반도 비핵화 관련 제4차 6자회담을 통해 발표한 9.19 공동성명에는 간접적이기는 하지만 인권문제에 대한 언급이 포함돼 있다. 선언문 2항은 다음과 같이 기술하고 있다. "조선민주주의인민공화국과 미 합중국은 상호 주권을 존중하고, 평화적으로 공존하며, 각자의 정책에 따라 관계 정상화를 위한 조치를 취할 것을 약속했다."[108] '각자의 정책'

에 대한 언급은 미국이 정치적 정상화를 인정하기에 앞서 해결해야 할 여러 가지 중요한 사안을 위한 외교적 발언이었다. 해결해야 할 중요 사안에는 북한의 공격적인 재래식 전력의 위협과 미사일 문제, 그리고 인권 등이 포함됐다.

2008년 부시 행정부는 전기 공급을 개선하고 의료 장비와 의료 수련을 제공함으로써 북한의 여러 지방과 지역의 병원들을 도울 수 있도록 국내 NGO에 400만 달러를 지원했다. 지원에 포함된 항목들은 북한주민의 생활이 개선되기를 희망하는 대통령의 바람에 부합될 수 있도록, 그리고 원조의 그 어떤 부분도 군사용으로 전환되는 것을 막기 위해 신중하게 선택됐다. 또한, 2006년과 2007년 레프코위츠 특사는 '미국의 소리(Voice of America)'와 '자유아시아방송(Radio Free Asia)'의 새로운 방송프로그램이 북한 전역으로 더 많이 전파될 수 있도록 북한에 압력을 가했다. 2008년 5월 미 국제개발처는 NGO 컨소시엄과 세계식량계획 참여국들의 충분한 접근과 감시가 반드시 허용돼야 한다는 조건하에 북한에 50만 톤 규모의 식량지원 프로그램을 개시했다. 이에 따라 9개 분야 75명의 감독관들의 출입이 전례 없이 허용됐으며, 특히 이중에는 한국어 능통자도 포함됐다. 하지만 앞서 언급한 것처럼, 핵문제로 인한 긴장상태가 더욱 악화됐기 때문에 북한은 13만여 톤의 식량만을 지원받고 2009월 3월 갑작스럽게 이 프로그램을 중단시켰다. 이 프로그램에는 북한주민의 인권문제를 다루고자 하는 미국 정부의 다른 기관들, 특히, 국무부의 인구 난민 이주국(PRM)과 민주주의 인권 노동국(DRL)이 참여했지만, 대통령이 지속적으로 강조한 것처럼 그 어떤 것도 국제사회의 관심을 끌지 못했다. 부시 대통령은 차기 정부가 북한주민의 인권문제에 지속적으로 관심을 갖도록 하기 위해 2008년 10월 북한인권법을 재승인했다.

 부시 행정부가 다른 어떤 행정부보다도 북한의 인권문제에 대해 더 많은 일을 했다고 편견 없이 말할 수 있다. 북한인권법의 실행이 지연된 바 있는데, 이는 찬성론자들을 실망시키기에 충분했다. 앞서 언급했던 것처럼, 비평가들은 부시 대통령의 이러한 행동들이 북한 정권을 전복시키거나 김정일에 대한 대통령 개인의 혐오감을 표명하기 위한 은근한 노력이라고 주장했다. 또한, 많은 부시 반대자들과 클린턴 행정부 시절 협상가들 사이에서는 어떤 한 사람이 인권학대 문제로 북한을 비평할 수는 없으며, 오히려 '진짜' 이슈인 북한 핵문제에 대해 신뢰할 만한 협상안을 내놓기를 기대하는 인식이 만연했다. 따라서 부시 행정부 내 강경파가 성공하지 못할 것이라 주장했던 북한 핵문제에 대한 현 외교적 협의를 잠재우기 위한 방법으로 부시 대통령이 인권문제를 제기한 것이라고 주장했다. 대통령의 의도를 정확하게 파악할 수 있는 사람은 없지만, 나는 북한 인권에 관련된 부시 대통령에 대한 이러한 비난들을 절대 믿지 않는다. 고난을 겪고 있는 북한 사람들에 대한 그의 관심은 인간이라면 누구나 가질 수 있는 순수한 것이었다. "당신은 자유를 믿거나, 그리고 자유를 원하거나, 인간이 처한 상황에 대해 걱정하거나 혹은 관심이 없거나 양자택일의 문제다."[109]라고 우드워드에게 말했던 것처럼 인권문제에 대한 부시 대통령의 확신은 결코 얕지 않았다. 이러한 그의 소신은 비단 북한에만 한정된 것은 아니었다. 그간 부시 대통령은 자유에 관한 의제 중의 하나로 미얀마, 중국, 쿠바, 러시아, 시리아, 베네수엘라 같이 국민을 억압하는 국가의 반체제 인사들을 초청해왔다. 그러나 북한의 경우, 탈북자들의 사연은 그를 감정적으로 행동하도록 했다. 부시 대통령은 모든 사연들을 자세히 기억하고, 양자 정상회담이나 G8과 같은 행사에서 만나는 세계 각국의 정상들에게 탈북자들의 사연을 전했다. 이는 그 어떤 NGO도 할 수 없었던 일이었으며, 정부 고위급 수준에서 인권문제를 국제화하는 효과를 가져왔다. 사실상 북한 인권에 대한 국제사회의 관심을 끌기 위해 부시 대통령 개인이 혼자서 고군분투 했다고 해도 과장은 아닐 것이다.

오바마 행정부는 2010년 4월에 새로운 대북인권특사로 로버트 킹(Robert King)을 지명함으로써 전임 정부의 책임을 이어받았다. 전업인 법률업무에 겸업으로 특사직을 수행하던 레프코위츠와는 달리, 킹은 전적으로 특사직을 수행하게 됐으며, 그는 특사직을 법률로 제정하는 미 의회에서 이미 유명인이었다. 북한은 폐쇄된 체제였기 때문에 인권을 위한 싸움은 북한 밖에서 이뤄졌다. 여기에는 부시 대통령이 그랬던 것처럼 국제사회에서의 자각 증진, 난민들에 대한 재정착 지원, 그리고 '시민적, 정치적 권리에 관한 국제규약(ICCPR)'이나 '경제, 사회, 문화적 권리에 관한 국제규약(ICESCR)'과 같이 북한이 참여하고 있는, 그리고 북한의 인권 학대에 대해 문제를 제기할 수 있는 국제규약에 대한 지원 등이 포함된다. 그러나 조만간 인권문제에 대한 진전이 있다면, 북한 정권과 직접적인 협의가 이뤄져야 할 것이다. 이러한 점에서 킹 특사는 인권문제로 북한과 믿을만한 대화가 가능한 유일한 미국인이 틀림없다. 킹은 오랜 동안 고(故) 톰 랜토스(Tom Lantos, 선거구: 캘리포니아) 하원의원의 수석보좌관 생활을 하면서, 여러 번 랜토스 의원과 그의 아내를 수행하여 북한을 방문한 바 있다. 언젠가 랜토스 의원과 킹이 북한을 다녀온 후에 나에게 만남을 요청한 적이 있다. 당시 77세였던 랜토스 의원은 자신이 평양에 도착했을 때 후한 환대를 받았으며 북한 측이 매우 예의를 갖춰 정중하게 대했다고 얘기했다. 하지만 실질적인 첫 만남에서 북한 측 대화 상대는 자리에 굳은 표정으로 앉아 있다가는 보고서를 꺼내 한민족에 대한 미국의 제국주의적 침략에 대해 길고도 자세하게 읽기 시작했다. 랜토스 의원은 몇 분 동안 참을성 있게 들은 후에 정중하게 손을 들어 북한 측의 일방적인 대화를 멈추고자 했다. 홀로코스트 생존자였던 랜토스 의원은 연륜이 묻어나는 목소리로 정중하게 말했다. "젊은이, 나는 당신 정부와 국민의 융숭한 대접에 너무나도 고맙게 생각합니다. 감사합니다. 하지만 이번 회의에 대해 한마디 하자면, 나는 늙은이고 솔직히 당신들의 이야기를 모두 들을 수 있을 만큼 시간이 그리 넉넉지 않습니다. 당신이 지금 하고 있는 이야기는 그만 접고, 본격적인 대화를 시작한다면 정말 좋겠습니다." 처음에 북한 측 당사자는 깜짝 놀라 어떻게 대처해야 하는지 몰라 당황했으나, 잠시 후 보고서를 덮고 회담을 진행했다고 한다. 그동안 랜토스 의원은 북한과의 협상에서 주요 돌파구를 찾지 못했으나, 당시에는 그 어떤 미국인도 할 수 없었던 인권에 대한 실질적인 대화를 할 수 있었다. 시기적절하게도 2011년 5월 북한을 방문하는 최초의 인권특사가 바로 랜토스 의원을 수행했던 킹이 됐다. 비록 북한과의 협의 대부분이 인권학대보다는 식량지원 등 인도주의적 문제에 초점이 맞춰져 있었으나, 그가 북한을 방문했다는 사실 자체가 미국의 작은 승리였으며, 이는 인권문제와 관련해 극히 드문 일이었다.

북한 인권문제에 대한 한국의 정책은 복잡하며 굉장한 정치적 논란거리다. 한국이 난민의 재정착과 그들을 한국사회의 일원으로 동화시키기 위해 세계의 어떤 국가보다도 많은 일을 한다는 것은 부정할 수 없는 사실이다. 또한, 한국은 인도주의적 차원에서 여성과 아이들을 돕기 위해 식량지원과 비료를 매년 일정부분 제공해왔다. 하지만 미국은 북한의 인권문제를 국제사회에 알리기 위해 북한에서 자행되는 인권학대를 이슈화하고자 했던 반면, 한국은 조용하게 접근하고자 했다. 이는 한국에 정치적 진보세력이 집권했던 시기(1998~2008년)에는 틀림없는 사실이었으며, 이 시기 한국은 북한 정권과 체제에 대한 공개적인 비난 또한 피하고자 했다. 이 시기 동안 한국은 새로운 미국 대북인권특사인 레프코위츠와의 공조를 피했으며, 유엔의 대북인권결의안 투표에도 기권했다. 10년 동안 한국 정부는 상대방에 대한 맹렬한 비난이 남북관계를 불필요하게 악화시킬 뿐이라고 믿었다. 따라서 2000년과 2007년 남북정상회담에서는 경제협력 강화와 정치적 화해에 초점을 맞추는 대신 인권문제는 의제에서 제외됐다. 반면, 한국에서의 정치적 보수 세력은 북한과의 협상테이블에 전쟁포로 송환, 1,100만 이산가족 상봉, 그리고 납북자 송환 등의 인권문제를 최우선 협상항목으로 올려놓고자 했다. 그들은 북한 정권과의 정치적 화해란 불가능하다고 봤으며, 북한의 의도를 파악할 수 없는 상황에서, 북한 핵문제에 협력한다는 전략적이고 일시적인 꼼수와는 대조적으로, 실질적인 개혁의지를 엿볼 수 있는 척도가 인권이라고 생각하지 않았다. 보수 세력은 김정일을 국제사법재판소에 회부하라고 요구했으며, 인권 존중에 대한 요구로 북한에 '불쾌감'을 주는 행동을 그리 걱정하지 않았다. 이명박 정부(2008~2013년)는 인도주의적인 차원에서의 식량과 비료의 지원을 거부한 것이 아니라, 인권문제(그리고 비핵화)와 실질적인 경제협력을 연계시켜 북한이 개선의 의지를 보일 것을 주장했다.

북한의 인권학대와 관련해서 근본적으로 풀리지 않는 질문은 '왜 북한사람들은 이러한 상황을 받아들이는가?'라는 것이다. 세상으로부터 얼마나 고립돼 있는지와 무관하게 주민들은 기본 식량과 최저생활권조차 허용하지 않는 북한 정권의 정통성을 이해하고는 있는가? 혁명은 언제 일어날 것인가?

아직은 아니다. 그 이유에 대해서는 다음의 몇 가지로 추측해볼 수 있다. 첫째는 북한 정권의 강력한 군사력과 관계가 있다. 북한에는 집회의 자유가 없으며, 오직 집행의 도구로써 조직화되고 무장된 사회기관들이 국가에 속해있을 뿐이다. 어떠한 반란의 조짐이라도 포착된다면 경찰, 내부치안부대, 그리고 군대가 무자비하게 이를 진압한다. 조심스럽게 말하자면, 각 사회 제반시설에서 일하는 북한의 소작농들은 체제에 항의하여 들고 일어나기 위한 쇠스랑조차 지니고 있지 않다.

주민들이 순응할 수밖에 없는 두 번째 이유는 체제의 폐쇄성과 관계있다. 북한 정권은 사람들에게 외국의 생활수준에 대한 어떤 정보도 허용하지 않는다. 예를 들어, 북한 사람들은 한국은 가난한 국가이고 북한보다 훨씬 더 궁핍한 생활을 하고 있다고 배운다. 또한, 그들은 한국 사람들이 들쥐를 먹고 연명하고 있으며, 곳곳에는 범죄가 들끓고 있는 미개발된 사회에서 살고 있다고 배운다. 이렇듯, 북한주민들이 생각하는 세상은 어디나 비슷하게 척박할 것이 틀림없기 때문에 반란을 일으키지는 않을 것이다.

그러나 정보 장악에 대한 북한 정부의 철권통치도 급속히 허물어지고 있다. 1980년대에 북한은 당시 한국의 학생 운동 현황을 주민들에게 알림으로써 한국이 혼란 상태에 빠져 있고, 군중의 반란이 들끓고 있다고 선전하곤 했다. 그러나 얼마 후, 북한 주민들은 뉴스단편을 통해 서울의 현대적이고 선진화된 고층빌딩과 거리를 눈으로 직접 보게 됐고, 북한 정부의 과거 선전 내역이 거짓이었음이 드러났다. 이에 대한 대응책으로 북한 정권은 뉴스단편에 나오는 한국의 도시적 배경을 흐릿하게 만들어 버린 채, 아나운서가 할 말만 해버리기에 이르렀다. 그럼에도 불구하고 북한 주민들은 갈수록 중국으로부터 비디오를 밀반입하여 아시아 전체에서 인기 폭발인 한국의 드라마와 대중음악을 감상하며 한국이 이룩한 놀라울 만한 경제번영에 눈을 뜨고 있다. 중국으로부터 입국하는 북한 국민들은 외부세계의 실상을 주변인들에게 알리기 시작했으며, 갈수록 많은 이들이 단파 라디오를 통해 북한 정부의 허위 선전에 대한 대체 정보를 습득하고 있다. 이러한 정보 유통의 증대 현상으로 미래에는 북한 정부의 종말이 예상될 수 있으나, 현재로서는 전국적인 혁명이 일어나기에 부족하다고 할 수 있다.

앞서 언급한 이유도 그럴 듯하지만 나는 아직까지 북한 주민들에게는 이 혁명이란 것이 너무나 요원한 환상과도 같다고 생각한다. 북한과 같이 가난할 대로 가난한 국가에서 사는 주민들의 주요 관심사는 체제 전복이 아니라 하루하루 연명하는 것이다. 부모들은 자신들의 실패한 정부를 각성시키고자 하는 노력보다는 오히려 당장 오늘 자녀들이 먹을 수 있는 음식을 찾고, 영하의 날씨에서 따뜻하게 취침할 수 있는 방법을 강구하는 데 혈안이 돼 있다. 혁명은 이들의 삶에 있어 고려 대상이 아니다. 아이러니하게도 북한 주민들이 자신들의 삶을 짓누르는 사슬을 벗어 던져버릴 수 있는 시기는 그들의 생활수준이 어느 정도 제고 됐을 바로 그때다. 몽테스키외(Charles De Montesquieu)에 의하면, 탄압 받는 국민의 혁명은 그들이 최악의 상태에 빠져 있을 때가 아니라 오히 려 생활 여건이 개선되기 시작하는 시점에 시작된다. 이 때 불어 닥치 기 시작하는 '기대감의 소용돌이'가 변화에 대한 주민들의 열망에 의하 여 증폭되기 때문이다. 즉, 실질적인 경제 개혁을 통해 주민들의 식탁 이 어느 정도 풍성해지고 주머니가 두둑해지는 과정이 지나야 이러한 '기대감의 소용돌이'가 혁명이라는 행동을 촉발할 수 있다는 것이다. 바 로 이러한 기대감의 소용돌이에 대한 두려움 때문에 주민들에 대한 북 한 정권의 탄압과 학대가 지속되는 것이고, 진정한 개혁이 실행되지 못 하는 것이다.

북한에 조직적이고 정치적인 반체제 집단이 존재하지 않는 것은 흥 미로운 사실이다. 과거 동유럽에서는 역동적인 반체제 조직 단체들이 자국의 내부 변화를 유발하는 데 큰 기여를 했다. 그러나 전문가들에 의하면 북한의 경우 이러한 변화의 움직임은 사실상 존재하지 않는다 는 평가다.[110] 그렇다고 아예 없었던 것은 아니다. 과거 북한의 정치 수 감자들의 주도하에 2003년에 설립된 북한민주화운동본부[http://www. nkgulag.org/, 2014년 5월 1일 엔케이워치(NKWATCH)로 변경]와 2000년 탈 북한 황장엽에 의해 설립된 북한민주화위원회 등이 있긴 하다. 그럼에 도 불구하고, 탈북자들이 북한에 대해 느끼는 정서는 우리가 예상하 듯 그리 적대적인 편은 아니다. 그 이유는 이들 탈북자 공동체가 주로 한국 사회와의 통합이라는 도전에 사로잡혀 있어 다른 생각을 할 겨를 이 없기 때문이다. 탈북자들은 혈통적으로 한국인에 속하면서도, 그들의 억양, 낮은 교육 수준, 그리고 불량한 영양섭취로 인한 신체적 왜소함으로 인해 아직도 한국 사회에서 종종 편견의 대상이 되곤 한다. 결국 이들은 한국에서 저임금 허드렛일 노동직에 종사하게 되며, 사회 통합에 곤란을 겪을 뿐만 아니라, 여타 기회의 문도 매우 협소한 운명에 처하게 된다. 탈북자 청소년들의 학교 자퇴율은 13퍼센트에 달하는데, 이는 한국 동급생들의 10배에 달한다. 실업률은 14퍼센트에 달하고 이는 4퍼센트의 한국 실업률에 비하여 턱없이 높은 수준이다. 2011년 한국 국책연구소의 보고서에 따르면, 한국에 정착한 탈북민들의 50퍼센트 이상이 한 달 수입 100만 원(893달러) 이하로 생계를 유지하고 있는데, 이는 한국 인구조사표가 제시하는 최저 임금(가정 식모)보다도 더 낮은 수준이다. 이에 반해 평균적인 한국 국민의 수입은 한 달에 250만 원(2,232달러) 이상이다.[111] 많은 탈북민들은 자신을 코리안 또는 한국인보다는 북한인(33퍼센트)이라고 인식하고 있으며, 비록 북한 정권에 대해서는 적대적인 입장일지라도 북한이라는 국가 자체에 대해서는 애착심을 유지하고 있다. 또한, 많은 이들이 김일성에 대한 애정을 간직하고 있는데, 이는 그들의 탈북을 초래한 악조건과 하위공무원들의 만연한 부패에 대한 개탄과 분노를 생생히 기억하는 와중에도, 여전히 작동하고 있는 주체사상의 영향력을 새삼 실감하게 한다.

앞서 언급한 내용은 결국 국제사회가 계속해 북한 인권상황의 개선이라는 어려운 짐을 져야 한다는 뜻이다. 많은 사안을 짚고 넘어가야 하겠으나, 다음의 다섯 가지는 그 중에서도 핵심이다. 첫째, 중국은 탈북자들의 강제송환을 당장 중단하고, 중국주재 유엔난민기구에 정치난민 자격심사 권한을 부여해야 한다. 둘째, 향후 한국 정부는 (보수정권이든 진보정권이든 관계없이) 남북 당국자 회담에 '인권 존중'을 의제로 올려야 한다. 특히, 아동에게 지급되는 식량 등 인도주의적 지원은 지속돼야 하겠으나, 대규모 경제 지원은 남북이산가족 상봉 및 강제 피랍된 한국 국민들의 귀환과 연계해 진행돼야 한다. 셋째, 앞으로도 미국 행정부는 계속해서 자격요건을 갖춘 북한 탈북자의 미국 영토내 귀화를 허용해 타 국가에 귀감을 보여야 한다. 넷째, 북한 정부로 하여금 국제사회로의 편입을 위한 최우선적 요건은 자국의 인권 상황 개선임을 인식시켜줘야 한다. 이는 비단 인도적 지원 단체들에 적절한 감독권 및 접근권한을 허용하는 것뿐만 아니라, 국제사회가 공인하는 바 현재 북한에서 자행되는 강제노동 및 노예생활 등의 악습을 중단하기 위한 대책 마련을 의제로 한 국제기구 단체들과의 대화를 개시하는 것도 포함된다. 이 대화체를 통해 궁극적으로는 북한이 강제수용소를 국제 조사단에 개방하고 자국 영토 내 주민들의 자유로운 이동을 법적으로 보장하는 데까지 나아가야 한다. 이러한 정책적 건의는 간단명료해 보이나, 이를 달성하는 일은 결코 쉽지 않을 것이다.

마지막으로, 많은 정책전문가들이 오해하는 부분이 있는데, 북한 인권문제를 주요 정책의제로 삼는 것이 반드시 북한의 핵과 군사적 도발에 대한 미국과 아시아 국가들의 우려를 경시하는 것이 아니라는 사실이다. 그동안 미국 행정부 관료들은 (부시 대통령을 제외하고) 북한의 강제수용소 문제를 강력하게 비난하는 것을 망설였는데, 이는 행여나 북한과의 비핵화 협상 분위기를 깰까 두려워했기 때문이다. 그러나 이와 반대로, 북한은 자국 시민들에 대한 처우가 개선돼야만 전 세계로 하여금 북한의 국제사회와의 관계개선 욕구가 진정성 있게 받아들여질 수 있다는 사실을 자각해야 한다. 비핵화문제를 책임지는 당국자들은 협상 매단계마다 정해진 절차(protocol)를 상호검증하며 협의를 진척시켜 나가는데, 이는 미국과 북한과 같이 수십 년간 상호신뢰가 결여된 국가 간 협상에 필요한 과정이다. 북한이 핵협상이 제시한 조건을 이행하려는 절차를 취하기만 해도, 사람들은 과연 북한의 이러한 행동이 진실인지 단순한 전술적 조치에 불과한 것인지 고개를 갸우뚱한다. 만약 북한이 핵협상을 이행하기 위한 작은 걸음을 내딛는 동시에 자국의 인권 상황에도 개선의 움직임을 보인다면, 그들의 비핵화 협상에 대한 진정성에 훨씬 큰 신뢰감을 줄 것이다. 그리고 그제야 비로소 사람들은 북한의 비핵화에 대한 의지가 진실임을 알 수 있을 것이다. 물론 현재로서 나의 이런 기대는 북한의 강경함을 고려할 때, 실현가능한 정책이라기보다는 개인적 희망에 머물게 될 것이라는 것을 인정한다. 그럼에도 북한 인권문제는 반드시 미국의 대북정책 의제로 남아야 한다. 언젠가 한 탈북자가 나에게 "만약 미국이 북한의 인권학대에 당당하게 맞서지 않는다면, 세계 어느 나라가 관심이라도 갖겠는가?"라고 이야기 했듯 말이다.

제6장

전쟁 억제의 논리

동트기 전 특수작전부대는 낙하산을 이용한 공중 침투와 해안 상륙을 통해 한국의 방어벽을 돌파한다. 이 특수작전부대는 도시와 주민들을 무력화하기 위해 전력발전소와 유무선 전화, 인터넷 망, 다리 등을 파괴하는 전술(sabotage)을 구사한다. 시간당 수백, 아니 수천 발의 포탄이 2,400만 인구의 서울시 상공으로 비가 오듯 쏟아진다. 침략에 대응하기 위해 북쪽으로 이동하는 병력과 공포에 휩싸여 도시를 탈출해 남쪽으로 이동하기 위해 모여든 수백만의 인파가 주요 고속도로와 간선도로들을 점령한다. 화학무기가 장착된 600여 기의 스커드 미사일이 한꺼번에 한국의 주요 공항과 기차역, 항구로 발사되면서 주민들의 탈출은 힘들기만 하다. 화학무기가 장착되어 일본을 목표로 발사된 100여 기의 노동미사일은 전장 상황을 더욱 복잡하게 했다. 그리하여 2만 8,500여 명의 주한미군을 지원하기 위해 투입되는 50여만 명의 미 증원군의 한국 진입이 지연된다. 북한의 잠수함과 잠수정들은 일본으로부터 지원되는 미군 병력과 군수품을 운반하는 미국 선박을 격침하기 위해 쓰시마 남쪽으로 이동한다. 이것은 단지 대규모 침략의 준비 단계에 불과하다. 미국과 한국이 대응병력을 증강하기 전까지 서울을 엄습하기 위해 병력 70만 명 이상, 탱크 2,000대, 기계화된 무장 병력들이 한국의 방어선을 돌파하여 남쪽으로 80킬로미터(대략 워싱턴 DC에서 볼티모어에 이르는 거리)를 재빠르게 진격한다. 서울을 점령하게 되면 최소한 북한은 한국의 수도를 인질로 잡을 수 있으며, 나머지 지역으로 진격하기 위한 작전과 군수 공급기지로 서울을 이용할 것이다.

전쟁이 진행됨에 따라 한반도에는 상상도 못할 끔직한 상황이 전개될 것이다. 적군과 연합 병력을 합쳐 200만 명이 넘는 무장병력들이(북한 병력 100만 명, 한국 병력 66만 명, 미군 병력 50만 명)이 워싱턴 DC에서 보스턴에 이르는 거리와 맞먹는 전장으로 빽빽하게 모여들 것이다. 해병과 육군, 10개의 공군 항공단과 4~5개의 해군 항공모함 전투단을 포함하여 추가 미군 병력이 4~6개 지상전투지원단으로 투입될 것이다.[1] 연합 병력은 북한의 포격과 공습에 대항하여, 그리고 5,000미터톤(metric ton. 주로 무역에서 사용하는 단위로 1,000kg=1미터톤)의 화학작용제로 오염된 시가전 환경에 대응하여 맞서 싸우게 될 것이다. 이 전쟁의 결과는 명약관화(明若觀火)하다. 미국과 한국이 승리하겠지만, 4~6개월 동안의 매우 격렬한 전투로 인해 수많은 사상자는 피할 수가 없을 것이다. 제2차 한국전쟁은 100만 명의 사상자와 1조 달러의 산업피해는 물론 미국에 1,000억 달러의 비용을 야기할 것이라는 클린턴 행정부 시절 주한미군사령관인 게리 럭(Gary Luck)의 말은 유명하다. 이러한 전쟁의 발발은 사실 법적으로 아직 종료되지 않은 1950~1953년 한국전쟁의 속편일 수 있다. 조그마한 나무 탁자와 의자 네 개 외에는 어떤 장식품도 없는 DMZ 북쪽의 작은 오두막에서 양 진영은 추가 유혈사태를 막기 위한 정전 협정서에 서명했다. 270만 명 이상의 한국인과 3만 3,692명의 미국인, 그리고 80만 명 이상으로 추정되는 중국인이 사망했다.[2] 오늘날까지도 한국과 북한은 세계에서 가장 중무장된 경계선을 중심으로 둘로 나뉘어 사실상 전쟁상태로 남아있다. 북한 육군의 70퍼센트(약 51만 명)와 해군과 공군의 50퍼센트(약 8만 5,000명)가 100킬로미터의 경계선을 따라 배치되어 있는 것으로 추정된다.[3] 이 병력 중의 대다수가 800개 이상의 지하 벙커와 DMZ 내 또는 DMZ 가까이에 위치한 갱도 포병진지에 나뉘어져 잘 은폐돼 있다. 각각의 벙커는 박격포와 무기, 탄약, 심지어는 한국 침략 시 조선인민군이 위장할 수 있도록 한국군의 군복과 이름표까지 약 2,000명을 무장시킬 수 있는 충분한 군사 장비를 갖추고 있는 것으로 알려져 있다.[4]

이러한 불안정한 배경에도 불구하고 한반도는 놀라울 정도로 안정적이다. 양측의 경비정 간에 가끔 해상경계선을 따라 소규모 충돌이 있었고, 심지어는 피비린내 나는 충돌(예를 들어, 1976년의 판문점 미루나무 도끼 만행사건)도 있었지만, 전체적으로는 교착상태를 유지하고 있다. DMZ는 한반도의 허리를 가로지르는 경도 38도선에서 남과 북으로 각각 1.6킬로미터(공식적으로는 휴전선으로부터 남과 북으로 각각 2킬로미터)씩 더 넓힌 지역으로, 동서로 240킬로미터 정도에 이른다(휴전선 또는 군사분계선의 길이는 동서로 약 250km이며, 200미터 간격으로 설치된 황색 표지판으로 구성돼 있다. 남쪽에서 북쪽으로 향한 표지판은 한글과 영어로, 북쪽에서 남쪽으로 향한 표지판은 한글과 한자로 각각 표기돼 있으며, 총 1,292개 중 유엔사가 696개, 북한이 596개를 관리한다_옮긴이). 지구 한 모퉁이 이 지역은 철조망으로 저지선이 쳐져 있고 수많은 지뢰가 부설돼 있으며 1,000개가 넘는 경계초소와 벙커가 있는, 양측에 각각 농촌 한 마을씩(한국 주민 거주의 '자유의 마을'과 북한 주민 거주의 '평화의 마을')을 제외하고는 어떠한 활동도 금지돼있는, 1953년 휴전의 산물이다. 이 마을의 주민들은 엄격한 통행 통제하에서, 결코 종료되지 않은 끔찍한 전쟁의 한복판에서 오히려 평화롭게 살아간다. 내가 2007년에 한국전쟁 중에 사망한 미 군인들의 유해를 가지고 돌아오기 위해 평양에서 DMZ로 이동할 당시, 북쪽에서 좁은 지뢰지대통로(single-lane. 차량 한 대가 편도로 다닐 수 있을 정도의 폭 8미터로 설치된 안전통로)를 통해 DMZ로 들어가던 때가 기억난다. 평양에서부터 DMZ까지의 길은 길고 쭉 뻗은, 자연 풍경이라고는 거의 볼 것이 없는 도로였다. 불모지 같은 논밭, 나무가 없어 헐벗은 언덕, 중간중간의 기관총 진지가 전부였다.

차로 2시간 반 정도 걸려 영화에서 바로 튀어 나온듯한 DMZ의 검문소에 도착했다. 먼지 날리는 길 위에 무장한 군인들, 콘크리트 장벽과 기관총 진지가 있고, 철조망이 흩뿌려지듯 가로질러 있는 육중한 금속으로 지어진 문 앞에 도착했다. 녹슨 금속 철조망 문 너머로 지뢰지대 통로를 통해 산골짜기를 넘어 DMZ 안으로 들어갈 수 있다. 이 지역에 들어서면 오아시스가 펼쳐진다. 지난 60여 년간 말 그대로 전혀 사람의 손이 타지 않은 땅에 들어서는 순간 풍경은 아름다운 녹색으로 바뀐다. 이 지역의 자연은 전쟁의 파괴에서 벗어나 상상 이상으로 번성해왔다. 150종이 넘는 희귀 새와 야생화, 2,900종의 식물들, 16종의 희귀 포유류와 67종의 멸종위기 포유류 등 자연적인 야생동물의 서식지가 돼왔다. 말 그대로 군사적인 교착상태 한 가운데 있는 에덴동산의 한 부분이다. 이 지역은 자연폭포로 장식돼 있으며, 관광객들은 대암산으로 이어지는 DMZ 인접지역을 하이킹하며 희귀 품종의 꽃들과 희귀 메뚜기들, 야생 사슴, 그리고 무당개구리들을 볼 수 있다. 전형적이지만 잊을 수 없었던 광경은, 지뢰밭이 그대로 남아 있기 때문에 말 그대로 반세기 동안 사람의 손이 닿지 않은, 노란 야생화가 피어있는 들판 한 가운데 놓여있던 탄피들과 녹슨 군모였다. 평화협정의 부재와 중무장한 교착상태에도 불구하고 50년이 넘는 동안 DMZ는 어떻게 평화롭게 남아 있는 것일까?

오랜 평화

비록 최근 들어 북한의 위협에 대한 공론은 대부분 핵문제에 초점이 맞춰졌지만, 전통적인 군사력이야말로 1953년 이후 오랜 평화의 시기 동안 한반도 문제의 핵심이었다. 지금까지 평화가 유지될 수 있었던 이유는 전쟁 억제가 가능했기 때문이다. 한반도에 주둔하는 2만 8,500명에서 22만 5,000명 사이인 주한미군 병력과[5] 한국과 미국 간의 강력한 동맹관계는 제2의 전쟁을 도발하려는 북한의 계획을 무산시키기에 충분했다. 역으로, 한국에 많은 사상자를 낼 수도 있는 북한의 공격력은 한국의 타격 가능성을 억제했다. 결국 양측의 이러한 힘의 배분은 한반도에서 방어전은 유리하지만 공격전은 부적절하다는 인식을 형성하기

[표 6-1] 한반도의 전통적인 군사력 비교

	한국	북한
현역 병력	655,000	1,190,000
예비군 병력	4,500,000	6,489,000
육군		
탱크	2,414	4,060
병력수송장갑차	2,880	2,500
포	11,038	21,000
대공포	330	11,000
지대공미사일	838	3,400
육군 헬기	424	0
해군		
잠수함	23	70
수상 전투함정	47	3
연안 경비함정	111	383
상륙 주정 및 장갑차	71	290
해군 전투기	8	0
해군 헬기	29	0
공군		
전투기	490	620
헬기	56	441
무인항공기	103	0

출처: *The Military Balance, 2011* (London, UK: IISS, 2011).

에 충분했다.

　전방 전개 태세에도 불구하고, 공격적으로 한국을 밀어붙이더라도 얼마 가지 못한다는 것을 북한은 알고 있기 때문에 한반도에서 전쟁은 억제됐다. 한반도에서 충돌의 징조가 보일 경우, 미국은 수십만의 병력을 보내 주한미군을 증강시킬 것이다. 또한, 한국의 군사력은 1950년대의 열악한 상태에서 급성장하여 현재는 세계 순위권에 드는 군사력으로 성장했다. 북한은 이러한 사실들을 익히 알고 있다. 한국의 군사력은 수(數)에 있어서는 그 규모가 북한의 절반 수준이지만 장비와 훈련 수준 등 질적 수준은 훨씬 우위에 있다. 수치로 보면 한국의 국방비 지출(연간 276억 달러)은 북한(연간 70~86억 달러)보다 약 네 배 가까이 많으며, 이는 한국의 높은 GDP에 기반하고 있다. 즉 한국의 국방비 지출은 상대적으로 경제에 부담을 주지 않으면서 그 이상의 비용을 집행할 능력이 있다[북한은 GDP(280억 달러)의 25~30퍼센트를 국방비로 사용한다].

다리를 굽히지 않은 채 높게 들어 걷는 군인들과 탱크들의 행진 장면. 이는 CNN에서 자주 볼 수 있는 모습이지만 실상 북한의 군사장비는 열악하다. 무기의 절반 정도는 1960년대에 생산된 구형 모델이고, 나머지 절반은 그보다 더 오래 됐다. 북한의 조종사들은 빈번하게 발생하는 연료 부족으로 인해 비행 훈련 시간 또한 매우 적은데(연간 20시간에 불과), 이는 한국의 조종사들이 운전하는 보잉 F-15K 슬램 이글 전투기와는 비교가 되지 않는다. 대부분의 북한 전투기는 1950년대 중반에서 1960년대 중반에 출시된 J-5, J-6, J-7 기종이다. T-34, T-55, T-62, PT-76과 같은 북한의 대다수의 주력 탱크와 경전차들 역시 1940년대 중반에서 1960대 중반 사이에 생산이 시작됐다. 또한, Type-531과 BTR 시리즈와 같은 병력수송장갑차의 대부분은 1950년대에서 1960년대 후반 사이에 생산되기 시작했다. 반면, 한국에서는 절반 이상의 탱크가 현대적인 디자인으로 최근에 생산된 것들이며, 병력수송장갑차 또한 마찬가지다. 속도, 정확도, 민첩성, 단위당 화력은 북한을 쉽게 압도한다. 언뜻 보기에 북한의 상륙 주정 및 장갑차가 한국 것보다 월등하게 보이는 것과 달리, 북한의 10대의 대형 상륙 주정(한태급)은 탱크 3대와 병력 350명만을 수용할 수 있다. 반면, 한국은 탱크 10대와 700

명의 병력을 수용할 수 있는 1대의 독도급 상륙 화물 대형수송함, 16대의 탱크와 200명의 병력을 수용할 수 있는 세 대의 운봉급 상륙 화물 대형수송함, 20대 정도의 탱크와 300명의 병력을 운반할 수 있는 두 대의 악어형 상륙 돌격 장갑차를 보유하고 있다.[6]

북한 군대의 상층부는 매우 정치적인 집단이다. 수많은 장군들이 있지만, 전투부대의 핵심을 구성하는 중간급 장교들의 조직력은 강하지 않다. 게다가 실제적인 연합 군사 훈련의 부재는 북한의 다른 군사 조직들이 실전에서 얼마나 상호 운용이 가능한지를 불확실하게 만든다. 전 미 국가정보국(DNI) 국장 데니스 블레어(Dennis Blair)는 《Annual Threat Assessment》(2010)에서 북한의 전통적 군사능력은 "오래된 무기 재고, 군 전투 체계의 낮은 생산성, 병사들의 악화된 신체, 축소된 훈련, 기반시설 지원업무로의 병사 투입 증가 등으로 제약을 받고 있다. 융통성 없는 리더십, 부정부패, 낮은 도덕성, 노후한 무기들, 취약한 물류 시스템, 명령과 지휘체계의 문제점 역시 조선인민군의 전투능력과 준비태세를 불가능하게 한다."라고 말하고 있다.[7] 북한의 군 장비가 노화됐고 훈련이 열악하다는 사실이 그들이 온전히 무해하다는 뜻은 아니다. 낙후된 총이나 포 사격 체계로도 여전히 서울을 타격하여 피해를 입힐 수 있기 때문이다. 그러나 이는 결과적으로 북한이 한미연합군에 승산이 없음을 의미한다. 북한 또한 이를 잘 알고 있다.

한반도의 험준한 지형도 북한의 공격을 어렵게 한다. 북한 병력이 반드시 통과해야만 하는 침공가능 경로가 몇 개 있기는 하지만 이 또한 미 전술항공기의 대대적인 타격을 통해 북한의 공격 속도를 떨어뜨리기에 충분하다. 서울에서 DMZ로 향하는 모든 북향 도로는 거대한 콘

크리트 장벽으로 꾸며져 있어 북한 탱크의 남진을 막기 위해 유사시 폭파시킬 수 있도록 돼 있다. 강과 습지, 논과 같은 지형 또한 북한 지상 병력의 진군을 어렵게 한다[또한, 1990년대 초반까지 미국은 북한의 진군에 대응하여 해당 지역을 오염시키기 위해 핵 장착이 가능한 280밀리 대포, 핵탄두를 장착한 어네스트 존(Honest John), 핵 지뢰 등을 한국에 배치시켰다].[8] 그러나 이러한 지형과 더불어 전개 배치돼 있는 한미연합군의 밀도가 북한의 진군을 더욱 어렵게 할 것이다. 전개 배치돼 있는 한미연합군 병력의 밀도는 거의 10킬로미터 당 한 개 사단 꼴이며, 이는 평상시보다 세 배나 높다. 전쟁 초기 단계에서는 주한미군 제2보병사단의 두 개 여단만이 한반도에 배치돼 있지만, 10일 만에 일본, 괌, 하와이에 배치된 병력으로부터 군사력을 세 배로 증강시킬 수 있다. 미국은 북한의 군사력을 뛰어 넘는 현대화 무기로 중무장한 병력들을 즉시라도 한국으로 데려 올 수 있다. 미국은 북한과 한국의 공군력을 합친 것보다 세 배가 넘는 공군력을 가져올 수 있다. 전쟁이 최고조에 달할 때는 괌으로부터 전개 배치되는 300대가 넘는 고정익기, F-117 스텔스 폭격기, F-15e 타격 전투기, B-1과 B-52 폭격기 등 총 병력이 약 50만에서 60만 명이 될 것이다. 또한, 북한과는 다르게 미국과 한국은 준비태세 점검과 정보처리 상호운용의 보장을 위해 연합훈련을 정기적으로 진행하고 있다.

 북한은 5,000톤의 화학무기를 축적하고 있는, 세계에서 가장 많은 화학무기를 갖고 있는 국가 중의 하나다. 전쟁 시나리오는 북한이 미국 군사력의 대응을 둔화시키기 위해 화학무기들을 교통 중심지(기차역, 항구, 공항)와 한국과 일본의 미군 기지에 투입시킬 것이라고 예측하고 있다. 그러나 대부분의 전문가들은 미국이 화학전에서도 작전을 수행하고 적응할 수 있는 능력이 있다고 판단하고 있다.[9] 단 한 가지 예외는 북한이 지속적으로 강력한 화학무기를 보다 넓은 지역에 대량으로 살포하는 경우인데, 이 경우 오히려 화학전에 대비돼 있지 않은 북한 군대 스스로 애를 먹을 것이다.

또한, 북한이 재공격을 할 경우에는 한미연합군이 단순히 이를 방어하고 남진을 막는 데서 끝나지 않고, 반격하여 북한을 끝까지 밀어붙일 것이라는 것을 북한 스스로도 알고 있다. 한반도에서의 전쟁에 대비한 한미연합 전쟁수행계획인 작전계획(OPLAN) 5027은 1990년대 초 이전까지 북한의 공격에 대한 한국의 대응을 방어전으로 제한했다. 그러나 개정을 거듭한 후 현재에는 공격적으로 북쪽 경계선을 넘어 공격을 감행하여, 전하는 바에 따르면 40만의 병력을 투입시켜 효과적으로 북한 김씨 정권을 무너뜨리는 계획으로 전환됐다.[10] 클린턴 대통령은 북한에 의해 시작된 핵전쟁은 (북한도 잘 알고 있겠지만) 북한의 종말을 뜻한다고 명확히 했다.[11] 이라크와 아프가니스탄에서의 전쟁, 그리고 일본에서의 쓰나미 재해와 원전사고에서 허우적거린 미국이 북한의 공격에 대응하지 못할 것이라고 믿는 사람들은 크게 착각하고 있는 것이다. 주한미군 장교들은 전투계획에 따른 미 공군력의 대응은 완벽히 수행될 수 있으며, 병력 증강이 조금은 지체되더라도 군사적 급변사태에 대비한 충분한 지상군을 가용 가능하다고 말하고 있다.[12]

따라서 북한은 두 번째 침략 시에는 고도로 훈련되고 무장한, 그리고 철저하게 조직된 만만치 않은 미국과 한국의 군사력을 마주하게 될 것이기 때문에 신중히 고려해야만 할 것이다. 북한은 패배하리라는 것을 알고 있기 때문에 대규모의 침략을 억제하고 있으며, 이러한 합리적인 계산이 50년이 넘는 DMZ 평화의 핵심이다. 그렇다면 미국과 한국은 어떠한가? 이미 증명된 미국과 한국의 능력은 북한 선제공격을 충분히 고려할만 하지 않은가? 간략히 답하자면 '그렇다'이다. 그러나 더 실질적이고 복잡한 문제는 유혈사태라는 측면에서 군사작전의 평가액이 엄두도 못 낼 만큼 비싸기 때문에 한국전쟁 이후 미국 행정부는 이러한 위험을 감수하려 하지 않는다는 것이다.

가장 중요한 전통적인 억제는 북한의 포병이 DMZ를 따라 배치돼 있다는 것이다. 1만 3,000대 중 일부가 화학 무기로 무장된 2,300대의 다연장로켓발사기를 보유한, 세계에서 가장 큰 규모의 포병이 한국을 조준하고 있다. 전술핵무기를 전장에 떨어뜨리지 않는 이상 북한이 개전 초기 서울에 주요 타격을 입히기 전에 미국과 한국이 이를 무력화하는 것은 불가능하다. 여기에 매우 간단한 예가 있다. 북한 포대는 1초에 0.5킬로미터를 이동한다. 심지어 한국의 대포병 사격 레이더가 10킬로미터 밖에서 날아오는 포탄을 감지할 수 있다 하더라도, 그 발사지를 추적해서 대응 사격하는 데는 아무리 빨라도 1~2분이 걸린다. 그 사이 북한의 포대는 무력화되기 전에 5~12회를 더 발사할 수 있다. 북한 군사 전문가 나루시게 미치시타(Narushige Michishita)에 따르면, 2001년 이후 북한은 서울에 한 시간에 약 50만 발의 포탄(거의 1초에 140발)을 쏟아 부을 수 있으며, 이는 서울 면적의 1/3을 초토화할 수 있는 정도라고 한다.[13] 이는 수십만 명은 아니더라도 최소한 수만 명의 죽음을 의미한다. 이를 미국과 한국이 충분히 무력화할 수는 있지만, 적어도 3~4일 정도가 소요된다. 또한, 이러한 공격에 민간인이 대비하기란 거의 불가능하다. 날아오는 북한의 포탄에 대비해 서울 주민들에게 대피령을 내리는 경고시간은 포탄이 떨어지기 몇 시간 전도, 몇 분 전도 아닌 불과 몇 초 전(약 45초)에나 가능하다. 만약 북한이 화학무기를 사용하게 되면 사망자의 수는 훨씬 더 증가하게 될 것이다. 북한은 효과적으로 서울의 주민들을 한국의 공격 억제 인질로 잡고 있는 것이다. 국제정치에서 이러한 상황은 선제공격의 믿을만한 억제책으로 가장 많이 인용된다.

포병 이외에도 북한 병력의 70퍼센트가 DMZ 100킬로미터 이내에 집중돼 있다. 모든 지상 병력은 완전히 기계화되어 있다. 심지어 북한은 1980년대 중반 제3세계로부터 출처가 불분명한 80대 정도의 미국제 휴즈(Hughes) MD-500 헬리콥터를 들여왔다. 북한의 공군은 11만 명 정도지만 그리 강하지는 않다. 대부분의 폭격기가 50년이 넘었고, 한반도에서의 공중전은 포드 Model-T(J-시리즈)가 포르셰(F-15s)를 대응하는 격이다. 해군에서 가장 위험한 요소는 잠수함이다. 북한이 잠수함 약 50대와 잠항정 약 20대를 가지고 있는 것으로 추정되는데, 2010년 3월 매복을 통한 한국 해군 함정 격침, 즉 천안함 사건에서 그 위험성이 증명된 바 있다.

북한의 특수부대는 엄격하게 훈련됐으며, 장비가 잘 구비돼 있을 뿐만 아니라 군에 헌신적이다. 침투와 비밀공작은 물론 포크와 숟가락 등의 주방기기를 무기로 쓸 수 있도록 혹독한 훈련을 받고 있는 것으로 알려져 있다.[14] 엄격한 훈련을 거친 이 특수부대는 군장 40킬로그램을 메고 50킬로미터의 산간지역을 24시간 내로 진군할 수 있다고 전해진다.[15] 북한 군사 전문가 조 베르무데즈(Joe Bermudez)에 따르면, 이러한 모든 훈련의 결과는 "명령에 절대 복종하고 타군의 반란을 일으키기 위해 어떠한 고난과 고통도 견딜 수 있게 … 엄격하게 집중 훈련된 전사들"[16]을 양산하는 것이다.

전투지형은 북한이 남쪽으로 나아가는 일을 어렵게 할 뿐만 아니라 북쪽으로 진군하기도 어렵게 한다. 예를 들어, 평양으로 가는 길은 미군이 바그다드로 진격하기 위해 이용한 넓은 사막과 같은 쉬운 길이 아니다. 서울에서 평양까지는 165킬로미터 정도로 여섯 개의 침공가능 경로가 있지만, 포장된 주도로는 DMZ 북쪽으로 열린 도로 하나뿐이다. 이 길을 따라 이뤄지는 미국과 한국의 군수지원은 북한의 노후한 공군력에 의해서도 쉽게 무력화될 수 있을 것이다. 주도로에서 약간 벗어나면, 구릉지대, 산악지대, 지뢰밭이 있는 지형이며, 부드러운 습지와 논과 같은 넓고 평탄한 지형은 대규모 기계화 공격을 수행할 수 없게 한다. 또한, 북한은 이라크에서 미국의 고전을 지켜본 후에 급조폭발물 제작에 대규모로 투자해왔다고 한다. 게다가 워싱턴 DC에서 보스턴에 이르는 거리와 맞먹는 세로 965킬로미터, 가로 210킬로미터의 한반도는, 냉전기간 동안에 중부 유럽에 집중됐던 것보다 많은, 200만이 넘는 북한인민군과 한미연합군으로 가득찰 것이다. 대부분의 전문가들은 북한 병력의 장비가 취약하더라도 한반도에서 전쟁이 발발할 경우 북한의 선전(善戰)을 점친다. 미국의 마지막 군 대 군(軍對軍) 전쟁이었던 이라크전쟁에서 이라크 군의 수가 단지 25~40만 명 수준이었던 반면, 북한 육군은 110만 명에 육박한다. 북한은 중국, 미국, 그리고 인도에 이어 세계에서 4번째로 상비군이 많은 국가로서 750만 명의 예비군을 보강할 수 있는 수준이다. 또한, 교화와 세뇌로 인해 북한인민군이 이라크 군보다 더욱 선전할 것이라고 대부분의 전문가들은 판단하고 있다. 미 국방부는 아군에 가장 유리한 전쟁 시나리오에서조차 몇 십만 명이 죽을 것이라고 예측하고 있다.[17]

참수공격(decapitation strike, 적진의 수장을 죽이거나 통신 및 군사 통제 능력을 무력화하기 위한 군사공격)은 어떠한가? 미군과 한국군이 별개의 군사작전이나 혹은 선제공격의 일부로서 이를 실현할 수 있을까? 북한 지도자의 소재를 파악하는 것은 현지 인맥이나 엘리트 내에서 활동하는 정보원들의 부족으로 인해 매우 어려운 상황이다. 일반적으로 북한 상황을 파악할 수 있는 주된 방법은 항공위성사진인데, 개인을 목표로 할 때는 결코 도움이 되지 못한다. 미국이나 한국이 북한의 차기 지도자로 지명된 김정은의 사진을 2010년까지도 입수하지 못했다는 사실은 참수공격을 이끌어 내기 위한 필수적인 정보수집에 문제가 있음을 보여준다. 이는 북한이 지난 몇 십 년간 취해 온 수많은 예방조치보다 더 심각한 문제가 될 수 있다. 김정일의 알려진 공식 거주지들은 여전히 완전히 (전기가 없는 지역 내에) 숨겨져 있고 지극히 개인적인 곳이어서 어느 누구도 그곳의 정확한 위치를 알 수가 없다. 또한, '친애하는 지도자'가 테러리스트의 공격이나 암살을 두려워한 나머지 그와 꼭 닮은 수많은 대역을 활용하고 있다고 보고된 바 있다.[18] 평양에는 1만 1,000개가 넘는 지하시설이 있다. 모든 주요 빌딩과 궁(宮)은 땅속 깊이 지하로 연결돼 있어서 공격을 받을 경우 빠르게 탈출할 수 있도록 해준다. 핵 벙커는 90미터 아래에 있는 지하철 지하 깊숙이 존재한다고 전해진다. 한국전쟁 시기에 미국의 폭격이나 네이팜탄을 경험한 북한은 세계 어느 국가보다 더 깊게 지하 대피소를 만듦으로써 어느 곳에나 동굴과 터널로 연결되는 스위스 치즈 조각과 같은 모양의 국가를 만들고자 했다.[19] 모든 지휘본부와 공장, 군수창고들은 지하 깊숙이 지어졌으며, 비행장과 활주로들은 산마루에 세워졌다. 음식과 연료공급 창고는 6개월간 생존할 수 있도록 지하 깊숙한 곳에 충분하게 숨겼다. 들리는 바에 의하면, 김일성 광장 지하에는 깨끗한 물과 통풍 장치를 비롯하여 수십만의 사람들을 수용할 수 있는 벙커 전투사령부가 자리 잡고 있으며, 도시에서 빠져 나와 가까운 산으로 이동할 수 있도록 30킬로미터 정도의 터널을 갖추고 있다고 한다.[20] 김정일은 '2-16 유닛'(김정일의 생일을 따서 명명)에 보안업무를 맡도록 했는데, 이 부대는 대부분이 최고의 특수부대에서 차출된 1,000명 정도의 남성으로 구성돼 있다. 구성원들은 김정은에 대한 엄격한 충성심을 고취시키기 위해 외부와의 접촉이 전혀 없으며 가족관계로 서로 얽혀있지 않다. 수용소행을 선고받고 탈출한 전직 경호원의 증언에 따르면, 경호원들은 누구도 뚫고 지나갈 수 없도록 원형을 유지하여 김정일을 보호한다고 한다.[21]

　김정일은 또한 자신만의 '비밀 은신처' 네트워크가 있다. 미국이 이라크를 침공한 후에 자신이 다음 차례라고 겁을 먹은 김정일은 6주 동안 중국과 러시아의 국경 가까이에 있는 은신처 중 한 곳으로 피신해 있었다는 소문이 있다. 오사마 빈 라덴의 죽음과 사담 후세인의 체포는 확실히 미국이 참수작전을 수행하는 데 특별한 수단과 기술을 가지고 있다는 것을 증명하지만 이는 결코 쉽지 않으며 매우 세밀한 정보가 요구된다.

뭐, 내가 걱정한다고?

남북한이 합리적인 판단에 근거해 전쟁을 억제하고 있다면 걱정할 것이 무엇이겠는가? 이는 한국에 투자하는 펀드 매니저들의 생각이다. 김정일이나 그의 아들 김정은의 돌발행동에 민간자본들이 크게 흔들리지 않는 가장 큰 이유는 한반도에서 전쟁 억제가 잘 유지되리라는 믿음 때문이다. 북한은 전략적인 이익을 위해 산발적인 돌발행동을 자행하곤 하지만 결국 대대적인 군사공격은 자살 시도에 불과하며 독재자들의 생존을 위한 몸부림에 불과하다. 따라서 시장의 오름세는 영향을 받지 않고 지속될 것이며, 북한의 어떠한 도발도 일시적인 현상으로 무시되고 있다.

이러한 전통적인 억제력은 1953년 이후 반세기 동안 유지돼 왔으며, 앞으로도 북한의 재 남침이 억제될 것이라는 데는 의문의 여지가 없다. 그러나 한반도에는 전면전 외에도 이와 버금가는 전쟁의 위험성이 도사리고 있는데, 이는 양측의 무기체계 개발계획, 그리고 그릇된 정보에 기반을 둔 남북한의 전략적 사고가 포함된다. 이러한 변수들 중의 하나가 1950년 6월과는 다른 방식으로 한반도를 전쟁으로 몰아넣을 수도 있을 것이다.

손을 뻗어 도달하다 …

북한의 계속되는 핵무기 개발과 대륙간탄도미사일의 발전으로 북한은 미국에 직접적인 위협이 되고 있다 … 나는 이것이 현재 당면한 위협이라고는 생각하지 않는다 … 그렇다

고 5년 정도의 중기적인 위협이라고도 생각하지 않는다.[22]
- 2011년 1월 국방부 장관 로버트 게이츠(Robert Gates)

북한 미사일은 성능이 좋다. 사실, 국제 시장에서 북한의 미사일은 미국과 동맹을 맺지 않은 국가에는 가장 유용한 물건일 것이다.[23]
- 시카고대학교 브루스 커밍스(Bruce comings) 교수

미국은 지난 20년 동안 북한의 탄도미사일 개발과 시험발사를 억제하는 데에는 실패했다. 냉혹하게도 이러한 실패는 북한의 무장침공을 억제하는 데 성공하고 있다는 점과 뚜렷하게 대조된다. 북한의 미사일은 핵무기 개발 프로그램을 보완하는 데 전략적으로 매우 중요하다. 제2차 세계대전처럼 비행기로 운반하여 투척해야 하는 크고 다루기 불편한 핵무기는 장거리 미사일의 끝부분에 장착되어 미국이나 일본에서 발사되는 소형화된 탄두만큼의 전략적 위력을 발휘하기 쉽지 않다. 북한은 지난 수 십 년간 전략적인 '투사능력'을 치밀하게 발전시켜오고 있다.

오늘날 북한은 여전히 미국에 탄도미사일을 발사하는 데 세 가지 장애에 봉착하고 있다. 1998년과 2006년, 그리고 2009년의 세 차례 시험발사에도 불구하고, 완전한 3단계 변형 미사일 발사는 아직까지도 미흡하다. 미사일에 핵탄두를 장착하는 능력 또한 아직까지 검증되지 않았다. 게다가, 장거리 탄도미사일의 재진입 열 차단 장치 제조 능력 또한 검증되지 않았다(탄도미사일이 발사 후 대기권 밖으로 나갔다가 다시 대기권 안으로 들어와 목표물에 도달하기 전까지 폭발하지 않기 위해서는 강력한 열을 견

더내야만 한다).²⁴ 그럼에도 불구하고 이러한 사실은 북한이 미사일 및 핵 개발 프로그램을 꾸준히 진행해 왔다는 것을 말해준다. 또한, 앞서 로버트 게이츠 국방부 장관의 지적처럼 북한은 이러한 장애물들을 극복할 수 있는 상당한 수준의 궤도에 올라와 있다. 표 6-2는 미국과 한국

[표 6-2] 북한의 탄도미사일 시험발사(1984~2011)

날짜	유형	세부내용
1984년 4월/9월	화성 5호(스커드-B)	스커드-B 미사일
1990년 6월	화성 6호(스커드-C)	스커드-C로 업그레이드
1991년 7월	화성 6호	스커드-C 시험발사 성공
1992년 6월	노동 1호	시험발사 실패
1993년 5월 29~30일	화성 5호, 화성 6호 노동 1호(ND-I)	• 국제사회에 예고 없이 발사 • 노동 미사일은 일본 쪽으로 발사
1998년 8월 31일	대포동 1호(TD-I)	• 최초의 3단계 변형 미사일 시험발사 • 1, 2단계 추진체는 발사지점에서 각각 300킬로미터, 1,380킬로미터 지점에서 분리 • 일본 열도를 넘어 비행
2006년 7월 4~5일	대포동 2호	• 대포동 2호 미사일을 포함, 단거리 및 중거리 미사일 시험발사 • 대포동 2호는 발사 40초 만에 실패 • 3,600~4,300킬로미터를 비행한 것으로 추정
2009년 4월 5일	대포동 2호	• 북한 사상 가장 큰 규모의 로켓 시험발사 • 1, 2단계 분리에 성공한 3단계 변형 미사일 • 위성을 궤도에 올리는 데는 실패. 성공했다면 미국 대륙에 도달하는 것도 가능
2009년 7월 2~4일	KN-01 단거리 미사일 Scud-C, Scud-ER 노동 미사일	• 7월 2일과 4일에 각각 4기의 단거리 미사일과 7기의 추가적인 미사일 시험발사 • 7월 2일 발사된 KN-01 미사일은 바다에 떨어지기 전까지 약 100킬로미터를 비행 • 7월 4일 시험발사한 스커드-C 미사일 2기와 신형 스커드-ER 미사일 2기, 중거리 노동 미사일 3기는 387~496킬로미터를 비행한 것으로 보도
2011년 6월 초	KN-06 단거리 미사일	북한의 서해안에서 단거리(약 150킬로미터) 지대공 미사일 시험발사

주: 'KN-**'은 '20**년에 발견된 미사일'을 의미한다. KN-01은 2001년에 발견된 북한판 실크웜 미사일, KN-06은 2006년에 발견된 북한판 패트리엇 미사일이다_옮긴이

이 북한의 미사일 시험발사 억제에 무참히 실패했다는 사실을 잘 보여준다.

　북한은 일찍부터 안보와 사업적 측면 모두에서 미사일 비즈니스에 큰 관심이 있었다. 북한의 핵 프로그램은 1960년대 소련으로부터 엔진 가이던스와 디자인 기술을 도입하면서부터 본격화됐다. 북한은 단기적으로 소련으로부터 탄도미사일 기술을 제공받는 대신에 지대지 프로그 미사일(FROGs), 지대공 미사일(SAMs), 해안방어 대함 미사일을 도입했다.[25] 소련과의 협력은 1970년대 중국으로부터 대대적인 후원을 받기 전까지 지속됐다. 1971년 중국은 협정을 통해 북한에 미사일 엔진 및 기체 디자인 등의 기술 이전과 더불어 탄도미사일, 순항 미사일, 대함 미사일의 개발 지원에 합의했다. 무엇보다 중요한 것은, 중국에서 덩샤오핑의 세력이 커지면서 결국에는 취소됐지만, 액체 연료를 사용하는 중거리 탄도미사일 시스템 DF-61의 공동개발 프로그램이다.[26] 전문가들은 북한 미사일의 우수성이 소련의 기술지원에 기원을 두고 있지만, 이 중 상당수는 모스크바에서 수입된 것이 아니라는 데 의견을 같이한다. 즉 상당한 양이 중동을 거쳐서 북한에 왔다는 것이다. 소련의 북한에 대한 미사일 기술 이전이 멈춘 지 한참 후인 1976년과 1984년 사이에 이집트와 시리아는 스커드 미사일 제작을 위한 소련식 미사일 기술을 북한에 제공했다. 북한은 이를 조각조각 분해하고 다시 조립(소위 역설계 또는 분해공학)하여 스커드 미사일 제조 방법을 터득했다. 가장 먼저 분해하여 모방한 것은 1984년 4월과 9월에 성공적으로 시험 발사된 스커드-B 미사일인 화성 5호로 알려져 있다. 북한은 미사일 생산을 곧바로 개시했는데, 당시 이란은 이라크를 상대하기 위해 북한의 미사일을 필요로 했다. 그리고 이를 위해 미사일 생산 재정의 일부를 북한 정부에 지원하는 데 동의했다. 1990년 북한은 500에서 600킬로미터로 사정거리를 늘린 업그레이드 버전의 스커드-C 미사일인 화성 6호를 성공적으로 시험 발사했다. 시험발사 후 북한은 미사일 생산에 총력을 기울였다.

북한은 장거리 노동 미사일 개발에 착수했다. 이를 위해 4개의 화성 미사일 엔진을 같이 묶었고, 최초의 원형은 1991년에 완성됐다. 노동 미사일은 탄두의 크기에 따라서 사정거리가 1,000~1,500킬로미터에 달했고, 1993년에 처음 시험 발사됐다. 이란과 파키스탄 고객이 있는 곳에서 시험 발사된 미사일은 500킬로미터를 비행했다고 전해진다.[27] 시험 발사된 미사일은 국제사회에 어떤 경고도 없이 무수단리 지역에서 일본 방향의 해상 부표를 목표 삼아 발사됐고, 이로써 처음으로 북한의 미사일 위협에 대한 국제사회의 실질적인 관심을 불러일으켰다. 노동 미사일이 원래의 최대거리를 비행하지 못했음에도 불구하고, 몇몇의 전문가들은 시험발사 자체가 주목적이었으며 미사일이 일본에 너무 가깝게 떨어지는 일을 피하기 위해 일부러 연료를 덜 채워 사거리를 제한시킨 성공적인 시험발사라고 평가하고 있다. 이러한 추측은 시험 발사 직후에 노동 미사일의 생산에 착수하여 10년이 지난 후에는 100여 기를 축적한 것으로 보아 일리가 있어 보인다. 현재 일본의 어느 지역이라도 조준할 수 있는 약 200여 기의 노동 미사일이 북한 내에 배치돼 운용 중인 것으로 추정된다.[28]

노동 미사일에 완벽을 기한 이후에 북한은 사정거리가 1,500에서 2,000킬로미터에 달하는 대포동 1호(TD-I)로 알려진 장거리 탄도미사일 개발에 착수했다. 이것은 노동 미사일을 1단계로, 화성 미사일을 2단계로 사용한 최초의 3단계 변형 미사일 개발 시도였다. 1998년 8월에 이뤄진 대포동 미사일의 시험발사에 대해 북한은 위성 발사라고 정당화했다. 대포동 미사일은 일본 열도 상공을 가로질러 비행함으로써 스푸트니크 위성 발사(1957년 10월 4일 소련은 세계 최초로 지구 궤도를 도는 인공위성인 스푸트니크 1호 발사에 성공했다_옮긴이)만큼 일본 대중에게 큰 충격을 줬으며, 북한의 미사일이 일본의 국가 안보를 위협하는 실체라는 사실을 일깨웠다(이후 일본은 탄도미사일 방어에 많은 투자를 했다). 비록 위성을 궤도에 올려놓는 데는 실패했지만, 다단계 미사일 개발의 초보적 기술 능력을 증명하기에는 충분했다. 1단계 추진체는 약 300킬로미터에서, 2단계 추진체는 약 1,380킬로미터 지점에서 분리됐다. 북한은 한국과 일본, 미국으로부터의 대량 원조를 위해 1998년에서 2006년 사이 미사일 시험발사를 중단하겠다고 발표했음에도 불구하고, 북한의 로켓 과학자들은 공개적인 시험발사 없이 미사일 개발을 지속했다. 목적은 3,600~4,300킬로미터를 가는, 미국 대륙에 도달하는 완벽한 장거리 미사일 대포동 2호(TD-II)를 완성하는 것이었다. 2006년 7월 북한이 시험 발사한 일련의 단거리 및 중거리 탄도미사일 중 대포동 2호도 포함됐었는데, 당시 대포동 2호는 발사 후 40초 후에 실패한 것으로 판명이 났지만, 북한의 명백한 미사일 성능 향상을 눈으로 본 국제사회는 우려를 표명했다. 2009년 4월에 같은 미사일을 다시 테스트 했고, 한층 높은 성공률을 보였다. 위성 발사라고 합리화된 (하지만 탄도미사일 테스트와 같은 요소를 사용하는) 은하 2호는 대포동 1호의 세 배 크기로 (첫 단계로 노동 네 개가 함께 묶여 있고 둘째 단계로 노동 한 개가 있는) 북한에 의해 테스트 된 것 중 가장 거대한 발사용 로켓으로 구성돼 있었다.²⁹ 그 발사는 하와이를 향한 동쪽 방향으로 이루어 졌는데 일본의 혼슈 섬 상공을 날았다. 평양은 그것이 광명성 2호의 위성 궤도 안으로 성공적으로 9분 안에 들어갔다고 주장했으나,³⁰ 미 북부사령부는 다른 단계들의 잔해가 그들의 탑재 장비를 따라 태평양으로 떨어진 반면에 마지막 단계가 동해에 떨어졌다고 보고했다.³¹ 그럼에도 불구하고 전문가들은 당시 미사일 기술이 이전의 원형(prototype)을 능가하고 있었다고 판단했고, 완성된다면 잠재적으로 하와이, 알래스카, 심지어 미국 서부 대륙까지 도달할 수도 있을 것이라고 추정했다.

의심할 여지없이 이것은 매우 성공적인 미사일 프로그램이고 위협임에 틀림없다. 어쩌면 4년 후 북한은 중국과 러시아를 제외하고 대포동 미사일로 미합중국의 주요 도시를 타격할 수 있는 최초의 국가가 될 수도 있다. 게다가 오늘날의 북한은 미사일을 세계에서 가장 많이 수출하는 국가 중 하나이고, 따라서 탄도미사일의 수평적 확산의 (다른 쪽에 파는) 가장 큰 주범이다. 미사일 판매는 북한이 현금(또는 중동으로부터의 원유)을 벌어들이는 주된 근원이다. 북한은 사정거리가 300~500킬로미터인 스커드 타입 미사일을 100여 기 이상 매년 생산할 수 있다. 이것은 저품질이 아니다. 화성 6호는 680킬로그램의 종전의 포에 딱 맞고 480킬로미터까지는 상당히 정확하게 미사일을 내보낸다. 그리고 이것은 미국 혹은 미국의 동맹국들과 악감정이 있는 대부분의 고객들의 필요를 충족시킨다. 파키스탄은 북한과 1980년대 후반부터 지속적으로 관계해 왔다. 가우리 미사일은 기본적으로 노동 미사일을 모델로 삼고 있다. 두 국가는 무기 교역을 통해 1990년대를 거치며 더 긴밀한 협력을 이어갔는데, 2002년 파키스탄 폭탄의 아버지이자 핵 과학자 압둘 콰디어 칸(Abdul Qadeer Kahn)에 의해 북한의 우라늄 농축 프로그램이 시작됐다는 혐의가 있은 후 국제사회에 경종을 울렸다.³² 이란 또한 북한의 큰 고객이다. 1987년에 이란은 화성 스커드 100기를 500백만 달러에 구매하고, 이를 1988년 이란-이라크 전쟁 때 사용했다. 이란의 셰합(Shehab) 3호 미사일 역시 노동 미사일을 털어 만든 것이다. 이란의 공학자들은 수차례에 걸쳐 진행된 북한의 획기적인 미사일 테스트를 신뢰하며, 과거 북한의 미사일, 포 시스템, 잠항정, 그리고 여타 무기를 원유 지불을 통해 구입해왔다. 북한은 또한 타의 추종을 불허하는 터널 굴착 기술로 이란이 벙커버스터 화력을 견뎌 낼 수 있는 지하 벙커와 터널 구축을 도왔다. 2003년 사담 후세인은 축출 당하기 전에 1,000만 달러를 이라크 내 미사일 생산 시설 구축에 대한 계약금으로 북한에 지불했다. 시리아 역시 5억 달러의 스커드-C 미사일을 1990년에 구매했으며, 북한과 지난 몇 년간 공동으로 더 업그레이드 된 스커드를 디자인하기 위해 협업을 지속하고 있다. 다른 고객들로는 아랍에미리트연합, 리비아, 예멘, 그리고 이집트가 있다.³³

한국전쟁 후 북한의 제2차 남침을 억제하는 와중에 우리는 이 미사일들의 개발, 테스트, 혹은 도발을 억제하는 데는 실패했다. 2006년부터 국제사회는 유엔안전보장이사회 제재를 위시한 경제적 제재, 그리고 미사일과 미사일 부품들의 운송 봉쇄를 목적으로 하는 대량살상무기 확산방지구상(Proliferation Security Initiative, PSI)을 포함한 핵 확산을 위해 협력했고, 비록 제한적이기는 하나 성공했다. 탄도미사일 방어에 5,000억에서 8,000억 달러를 투자한 것은 미 대륙을 미사일로부터 방어하겠다는 의지 테스트에 성공했지만 아직 북한의 미사일 발사에 대응하는 시험은 거치지 않았으며, 그러므로 앞으로의 실험과 발전에 대응하는 억제책으로 작용하지는 않고 있다. 사실 그의 아버지의 죽음 후에 김정은의 공로로 돌아간 첫 번째 정책강령은, 만약 미국이 미사일 테스트 중 하나라도 억제하려 한다면 전쟁을 수행한다는 결정이었다.

'매파(hawk)'는 인정하기 싫겠지만 북한의 미사일 위협을 멈출 수 있는 가장 효과적인 방법은 현재로서는 협상밖에 없다. 이스라엘은 이를 1993년에 처음 시도했다. 이란이 150기의 노동 미사일을 사려고 했을 때, 이스라엘 외무장관 시몬 페레스(Shimon Peres)는 만약에 그들이 이 거래를 취소한다면 평양에 북한 금광을 개발하고 기술적 지원금으로 10억 달러의 투자금을 제안할 준비가 돼 있었다. 그 후 1993년 3월 북한이 NPT에서 탈퇴하겠다고 선언하자 미국이 개입하여 이스라엘과 북한의 거래는 8월 경에 중단됐다.[34] 가장 최근에 미국과 북한의 핵협상이 진전을 보였던 시기는 클린턴 행정부 시절이다. 미국은 1996년부터 2000년 사이에 북한의 장거리 탄도미사일 프로그램을 막기 위한 목적으로 수차례에 걸쳐 양자협상을 열었다. 클린턴 대통령은 만약 북한이 미사일 개발과 판매를 포기한다면 이에 대한 보상으로 매년 10억 달러를 제공할 준비가 돼 있었다. 그 조건으로 북한은 무기 사정거리 300킬로미터, 탑재화물이 500킬로그램 이하로 제한되어야 한다는 미사일기술통제체제(Missile Technology Control Regime, MTCR)의 가이드라인을 지켜야 했다. 결국 이 거래는 실패로 돌아갔다. 그 이유는 북한 자신이 무기체계를 폐기할 의지가 없었고, 북한의 미사일 폐기 과정을 검증할 수 있는 투명성 절차가 부재했으며, 협상 완성 전 단계에서 북한이 희망하던 미북 정상회담에 대한 미국의 거절이 주원인이었다. 그 후 부시 행정부는 클린턴 행정부의 대북정책을 이어가기보다는 북한 핵개발 방지에 정책적 초점을 맞췄다. 오바마 행정부 또한 초기 집권 3년간 북한 미사일 문제에 대해 신경 쓰지 않았다. 이는 결국 지난 십 년간 북한 미사일 프로그램이 조금도 수그러들지 않고 계속됐음을 의미한다. 아무도 북한이 완전한 미사일 공격력을 갖게 된다면 불시에 미국을 향하여 발사할 것이라고 생각하지는 않는다. 그러나 이러한 북한의 능력 신장은 전략적 균형의 관점에 있어서는 중요한 의미를 지니며, 타 국가와의 관계에 있어서도 북한의 강압적 행태가 더 증가할 것이다.

앞으로 한국 정부가 북한과의 미사일 협상을 효과적으로 풀어나가기 위해서는 무엇보다 북한이 더 이상 시험발사를 하지 못하게 함으로써 기술적 향상을 방지하는 조치가 최우선돼야 한다. 이와 더불어, 북한으로 하여금 미사일 발사체 개발 억제, 배치된 미사일 철수, 그리고 미사일 재고를 제거하는 것을 포괄하는 협정을 맺어야 한다. 또한, 러시아 전문가들과 지속적인 기술협력 시도를 막아야 한다. 북한이 그동안 보인 높은 미사일 테스트 성공률은 대부분 러시아 과학자들의 기술적인 지원에 의한 것으로 알려져 있다(이들 과학자들은 러시아 정부의 통제 밖에서 활동하고 있다). 물론 북한은 자국의 미사일 프로그램 개발을 제한하는 대가로 이스라엘과 미국에 요구했던 것처럼 많은 돈을 요구할 것이다. 한때 국제사회에서는 북한이 지구궤도에 통신위성을 쏘아 올릴 수 있도록 지원하여 전화와 텔레비전 시청을 하게 해주자는 아이디어를 낸 적이 있다. 카자흐스탄(2006년), 베트남(2008년), 그리고 한국(1998년)에도 이와 유사한 선례가 있었다. 북한은 자국의 장거리 미사일 테스트를 위성 발사라고 계속 정당화 해왔다. 국제사회의 통신위성 발사 지원은 북한에 미사일발사 기술을 제외한 나머지, 짐작건대 북한이 원하는 것을 주는 일이 될 것이다(북한은 마지막 두 차례의 대포동 2호 테스트를 위성 발사라고 주장했다). 가능성은 낮으나, 북한이 이러한 아이디어에 동의할 경우에도 현존하는 미사일 재고와 향후 계획 중인 미사일을 제거할 수 있는 검증 가능한 협정이 체결돼야 할 것이다. 물론 이는 쉽지 않은 작업이 될 것이다.

테러

두 비밀요원은 일본 국적의 부녀(늙은 아버지와 귀여운 딸)로 위장한 후, 1987년 11월 29일 이라크 수도 바그다드 공항에서 대한항공 858편에 탑승했다. 그들은 이 임무를 수행하기 위해 4년간 함께 훈련했다. 감시를 피하기 위해 그들은 평양에서 출발하여 모스크바, 부다페스트, 빈, 베오그라드를 거쳐 방콕까지 멀고도 긴 여정을 감수했다. 이 여자 요원이 바로 26세 김현희씨로 북한 외교부 관료의 딸이었고, 1980년 정보부에 입부했다. 남성은 평양 출신의 70세 김성일씨로, 7명의 자녀를 둔 한 가정의 아버지이기도 했다. 둘은 비행기에 탑승 후, 아부다비 경유에 맞춰 폭발하도록 설계된 도시락폭탄 C-4를 설치했다. 그 후, 두 요원은 아부다비에서 내렸고, 비행 9시간째에 대한항공 858편은 안다만해 상공에서 폭발하여 탑승자 전원이 사망하는 대형사건이 발생했다. 폭발이 비행기 결함에 의한 사고가 아님이 알려진 후, 경유지에서 내린 15명의 승객을 쫓기 시작했다. 2주일 후, 북한 요원 두 명의 도주 행각이 바레인 공항에서 발각됐다. 이런 상황에 훈련이 잘 돼 있던 남자 요원은 즉시 청산가리 알약을 삼킨 채 자살했다. 그러나 김현희는 재빠르게 대처하지 못했고 생포됐다. 1개월에 걸친 한국 정부의 심문 끝에 김현희는 작전을 자백했고, 또 일본정부에 의해 납북자로 확인된 일본 국적의 여성에게 훈련받았다는 사실도 밝혔다. 후에 김씨는 한국에서 연예인과 같은 인기를 누렸다. 그녀는 수감 중에 수많은 대한민국의 젊은 총각들에게 청혼 편지를 받았다. 그녀는 베스트셀러가 된 자서전 《이제 여자가 되고 싶어요: 제1부-내 영혼의 눈물》(1991)을 집필하고 수익금을 대한항공 858편의 피해자들에게 기부했다. 김씨는 전직 대한민국 정보 요원인 자신의 보디가드와 결혼했고, 현재 한국의 공개되지 않은 장소에서 지속적인 보호를 받으며 살고 있다.

그동안 북한의 한국에 대한 무력 사용은 테러공격 등 비대칭적인 수단을 통해 자행됐다. 이러한 위협에는 재래식 억제책이 잘 통하지 않기 마련이다. 제2장에 언급한 것처럼, 북한은 여러 차례에 걸쳐 치명적인 테러 행위를 시도했다. 1982년 한국의 전두환 대통령이 캐나다에 공식 방문 당시 암살 시도가 있던 것을 캐나다 경찰이 막았다. 전 대통령은 일 년 후 미얀마 양곤에 방문했을 때에도 가까스로 폭탄 테러를 피했다. 1986년 김포 국제공항에 폭탄 테러가 일어나 5명이 사망하고 30명이 부상당했다. 1970년대에 북한 정부는 한국 사람들과 (일본인과 유럽인을 포함한) 외국인을 납치하여 자국 간첩을 훈련시키는 데 사용했다.

오늘날 북한과 국제테러단체와의 연결고리는 알려져 있지 않다. 2005년 6자회담 당시 협상의 일환으로 부시 행정부는 북한을 2008년에 테러지원국 명단에서 제명했다(테러 조직에 기획, 훈련, 수송, 물질 방면에서 지원을 하거나, 재정적 혹은 다른 형태의 지원을 제공하면 테러지원국 명단에 포함될 수 있다). 그렇다고 해서 북한이 비국가조직 게릴라 단체 및 여타 국제적 범죄인들과의 연결고리가 없었던 것은 아니다. 1970년대에 북한은 아르헨티나, 볼리비아, 브라질, 칠레, 과테말라, 멕시코, 니카라과, 파라과이, 페루, 베네수엘라를 포함한 남미 지역의 게릴라 조직들에 무기와 훈련을 제공했다. 김일성은 짐바브웨의 독재자 로버트 무가베(Robert Gabriel Mugabe)와 우호적인 관계를 유지했고, 무가베의 군대에 탱크, 철갑 예광탄, 포탄, 소총 등을 지원했다. 1970년대에 북한은 일본의 적군파와 일하면서 이들 요원들에게 피난처를 제공했고, 특히 이들이 일본 민항 여객기를 납치했을 때 보호해 줬다. 어떤 학자들은 북한이 제3세계의 혁명가들과 유사단체[예컨대 아프리카 민족회의(ANC), 팔레스타인해방기구(PLO), 팔레스타인해방인민전선(PFLP), 헤즈볼라, 타밀 타이거즈 등]를 위한 테러리스트 캠프를 운영했다고 주장하기도 한다.[35] 1971년에 스리랑카는 북한 외교관들을 주재국 반정부 활동을 모의하는 인민해방전선을 지원한 혐의로 추방시켰다.

 그 당시 이런 활동의 대부분은 사회주의자이자 제3세계의 지도자로서 자기 스스로를 내세우고자 했던 김일성의 열망에서 비롯됐다. 1980년대에 평양은 이란-이라크 전쟁에서 이란에 기금을 지원해줬고, 탄약과 포병, 스커드 미사일, 그리고 해군정을 제공했다. 전쟁 이후에는 이라크의 사담 후세인과 미사일 거래를 했다. 1988년에 미국은 북한을 테러국가로 지정하면서 세계은행(WB)이나 국제통화기금(IMF)과 같은 국제금융기관의 지원을 금지시켰다. 1990년대와 2000년 초반에 들어 북한의 범죄활동이 조금 수그러진 듯해 보였으나, 시리아와 미얀마와의 핵 협력은 계속됐다. 지난 몇 년간 북한이 미얀마의 북부 지역에 핵무기 개발 프로그램의 설치를 도모했다고 알려져 있었는데, 이러한 사실관계는 2009년 여름에 북한의 화물선 강남1호가 무기를 탑재하고 미얀마로 향하던 도중 발각되어 국제사회의 압력에 직면하면서 끝내 북한으로 되돌아가는 과정이 이슈화되면서 주목을 받았다. 또한, 최근에는 필리핀의 이슬람 테러 단체에 소규모 병기 수만 대를 판매했다.[36] 심지어 〈워싱턴포스트〉의 기사에 의하면, 북한은 2005년 알카에다(Al Qaeda) 계파에 무기를 판매한 혐의를 받고 있다.[37]

생화학 무기

북한이 북한 도심에 거주하는 수백만 명의 시민들에게 끼치는 보다 치명적인 위협은 그들의 파괴적인 화학 무기와 생물학적 무기에 있다. 생화학 무기에 대해 북한이 처음으로 알게 된 것은 제2차 세계대전 중 일제가 한반도를 점령했을 무렵이다. 당시 일제 군대는 함경남도 흥남에서 생화학 및 핵무기 연구개발 센터를 운영하며 전쟁포로에 인체 실험을 일삼았다. 또한, 북한과 중국 경계선에 생화학 무기를 비축하기도 했다. 연구에 따르면 북한은 1950년대 초에 화학무기 개발을, 1960년대에 생물무기 개발을 시작했다. 1987년에 북한은 생물무기금지협약(Biological and Toxin Weapons Convention, BTWC)에, 1989년에는 생화학무기의 사용을 금하는 제네바 의정서에 가입했지만, 여전히 화학무기금지협약(Chemical Weapon Convention, CWC)에 서명하지 않은 5개국가 중 하나로 남아있다.[38] 이미 공개된 자료에 의하면, 북한 화학 무기의 비축량은 2,500에서 5,000톤이며, 매년 4,500톤을 추가 생산할 수 있는 역량이 있다.[39] 북한은 사린과 VX가스 같은 신경가스, 머스터드 가스와 같은 수포작용제, 포스진과 같은 질식작용제, 그리고 구토작용제를 보유하고 있는 것으로 알려진다. 북한은 또한 국제규범의 위반에도 아랑곳하지 않고 전염병, 콜레라, 탄저병 등 잠재적으로 무기화될 수 있는 세균전 역량을 개발하고 있다는 혐의를 받고 있다. 또한, 생화학무기 개발 기술 및 재고를 시리아를 위시한 타 국가에 판매한 의심까지 받고 있는데, 그로 인해 현재 시리아는 중동에서 가장 많은 화학무기를 비축한 것으로 알려져 있다.[40] 여기서 특히 한국에 중요한 사실은 DMZ에 배치된 북한의 장거리 포격부대에 화학무기가 탑재돼 있어, 마음만 먹으면 언제든지 서울로 발사될 수 있다는 점이다.[41]

오판의 소용돌이

북한의 대남 침공 억제전략이 잘 작동 중이고, 그들의 미사일이 아직 미국본토에 도달할 능력이 부재한 것으로 판명되며, 더 이상 테러사업에도 연계된 것으로 보이지 않는다면, 우리는 왜 계속해서 북한에 대해 걱정해야 할까? 금융계의 자신감처럼 우리도 불안해할 이유가 없을까?

북한 정권이 본질적으로 위험한 이유는 그들이 국제사회와 괴리돼 있을 뿐만 아니라, 불투명한 독재국가이며, 외교보다는 폭력으로 세계와 소통하는 경향성을 지닌 소위 벼랑 끝에 내몰린 정권이라는 데 있다. 이런 요소와 더불어 날로 발전하는 무기 능력(미사일, 핵, 기타 대량 파괴 무기 등)이 결합될 때, 불행하게도 북한은 언제든지 공격적으로 나올 가능성이 농후하다.

두 배로 따느냐 전부 잃느냐

특별히 두 가지가 나를 염려하게 한다. 첫 번째는 북한의 합리성이다. 그들이 미쳤다는 차원에서 이야기하는 것이 아니다. 북한에 대한 일반적인 평가는 김정일을 '플루토늄 미치광이'로 묘사하지만, 나는 김정일이든 김정은을 중심으로 한 현재의 리더십이든 그들이 대단히 합리적이라고 믿는다. 그들은 외부 세계에 관해 잘못된 정보를 습득하고 있지만 그들은 합리적이다. 전쟁이 억제되고 있는 사실 자체가 어느 정도 평양의 합리성을 증명해준다. 그러나 가장 염려되는 것은 때로는 합리적인 주체들이, 특별히 스트레스를 받을 때에는 돌발 행동을 할 수 있다는 점이다. 국가가 벼랑 끝으로 몰릴 때에는 수세보다는 공세적으로 나오는 경향이 있다. 즉, 압력에 굴복해 스스로 붕괴되는 것이 아니라 오히려 절박한 대응조치를 고려하게 되는 것이 합리적인 계산이 된다는 뜻이다.

사회과학 용어에서 전망이론은 이러한 현상을 잘 설명한다.[42] 전망이론에 의하면 인간은 상황이 악화될수록 위험을 더 잘 감수하고, 상황이 잘 풀릴수록 위험을 회피한다. 도박을 생각해보자. 당신이 애틀랜틱 시티에서 블랙잭 테이블에 앉아서 불타는 밤을 보내고 있다고 하자. 일반적으로 당신은 위험을 회피하는 유형이고, 당신이 딴 상금을 보호하기를 원한다. 즉 '두 배를 따거나 전부 잃는' 식의 내기를 합리적으로 간주할 가능성이 적다. 그러나 당신이 그날 밤 따라 운이 좋지 않고 계속해서 지고 있다면, 당신은 점점 위험을 받아들이게 된다. 즉, 잃은 돈을 만회하려고 몰입하면서 '두 배를 따거나 전부 잃는' 내기가 매력적으로 느껴질 수도 있다. 이런 아주 간단한 생각을 북한의 도발에 적용할 수 있다. 북한이 현재 손해를 보고 있다면 평화적인 현상유지를 깨는 행위, 즉 '두 배를 따거나 전부 잃는' 도박을 통해 손실을 만회하고 다른 국가들까지 이용할 가능성이 높다. 북한은 현재 아시아의 번영과 평화적인 환경으로 타 국가들과 대비하여 상대적으로 낮은 이득을 보고 있기 때문에, 현상을 유지하려는 열망도 그만큼 적다. 더욱이, 이런 현 상태가 북한에 오히려 손해를 끼친다면, 북한의 리더십은 그 손실의 발생을 막기 위해 모든 방법을 찾아 나설 것이다. 이러한 '피를 멈추기 위해서 어떤 것도 하는' 정신은 비정상적인 것으로 볼 수 없다. 오히려 절박해질수록 더 합리적인 선택이다. 따라서 북한이 위험하다는 것은, 위험감수에 기반을 둔 그들의 합리성이 도발 행위로 이어질 수 있다는 것이다. 물론 전면전을 선포하는 단계까지는 아니겠지만 말이다.

2010년에 북한은 연평도에 포탄 180개를 발사했다. 11월 23일 아침 정기적인 실탄 연습이 한차례 이뤄졌는데(북쪽을 피해 겨냥했다), 북한은 이른 오후에 포탄을 섬 주변에 마구 발사했다. 이 포격으로 한국 해군 두 명과 건설 노동자 두 명이 사망했고, 19명의 부상자와 수많은 재산 피해가 났다. 이 포격으로 인해 한국 정부는 섬의 모든 주민들을 대피시켰고, 불과 75킬로미터 떨어진 아시아 항공 여행의 주요 허브인 인천국제공항을 임시로 폐쇄했다. 무엇으로 보나 이것은 전쟁행위였고, 1953년 한국전쟁 당시 체결된 휴전협정 위반이었다. 더욱이 이는 1968년 북한 특공대의 청와대 기습사건 이후 북한이 단행한 가장 심각한 재래식 공격이었고, 한국 영토와 민간인을 목표로 한 최초의 화력 공격이었다. 불과 몇 달 앞서 북한에 의해 격침된 한국의 천안함 사건과는 달리 납득할만한 포격 이유도 없었다(북한 옹호론자들은 천안함 폭침이 과거 남북한 간 해양분쟁 지역에서의 마찰로 인한 북한의 반발이라고 주장한다).

　북한은 왜 불안정을 유발하는 도발을 단행했는가? 전면전으로 확산되는 것을 걱정하지는 않았을까? 당시 북한의 예측 불가능했던 도발에 대해 언론은 건강이 악화된 아버지의 자리를 꿰차기 위해 김정은이 국내 지지기반을 확보하는 목적으로 단행한 것으로 분석했다. 그러나 이런 위협적인 행동은 수세에 몰려 있는 한 국가가 취할 수 있는 지극히 합리적인 행위로 볼 수 있다. 지난 10년간 북한에 필요한 자원을 자유롭게 흘려보냈던 진보적인 한국 정부에 익숙해진 결과, 이명박 보수정권이 식량 등의 자원을 단절하자 평양은 점점 더 절박해졌다. 전 세계에서 식량을 가장 많이 기부하는 일본 또한 지원을 중단했다. 미국은 2009년 이후로 식량지원을 끊었다. 계속되는 흉작과 국제사회의 각종 제재조치, 그리고 시리게 추운 겨울이 다가오는 상황에서, 현상유지를 파괴할 수 있는 제한적인 형태의 재래식 도발을 감행하여 다른 국가들이 현상 복원, 즉 평화를 유지하기 위해 비용을 지불하도록 하는 것이 합리적이라고 북한은 판단했을 것이다. 이는 터무니없는 계산이 아니다. 오히려 수세에 몰려있다고 인식하는 상황에서 대단히 합리적인 반응이다. 전면전은 비합리적인 선택이었을 것이다. 왜냐하면 전면전이 일어나면 미국과 한국이 신속하게 대응했을 것이고, 북한 정권이 무너지는 결과를 초래했을 것이기 때문이다. 그러나 전면전 바로 전단계인 실제적이고 제한적인 형태의 재래식 도발을 통해 북한은 국제사회의 관심과 이목을 집중시키고, 한반도 및 아시아 지역 전체의 평화와 번영을 위협함으로써 다른 국가들로 하여금 현상유지책을 모색하게 했다. 그러나 평양의 이러한 전략이 통하지 않았다는 사실이 (한국 정부는 북한에 원만하게 타협을 보자고 사탕을 주는 식으로 대응하지 않았다) 내가 틀렸다는 것을 반증하는 것은 아니다. 북한의 도발은 사실상 '둘 다 따거나 전부 잃는' 식의 도박이며, 지금껏 이런 도박이 몇 번이고 계속해서 통했던 것이다.

워싱턴 DC에 위치한 국제전략문제연구소에서 필자가 지도했던 연구는 1984년 3월부터 현재까지 단행된 북한의 도발 행위를 1주일 단위로 추적하는 일이었다. 그리고 매 도발 사건을 미국과 관련된 협상기간과 연관하여 기록했다. 연구 결과에 의하면 지난 30년간 있었던 북한의 모든 도발 행위는 북한이 필요한 것을 얻기 위한 대화 및 협상기간 후에 (평균적으로 미국과 5.9주, 한국과 6.3주) 발생했다. 북한의 2006년 10월 핵실험으로 국제사회 규탄 및 유엔안전보장이사회의 제재가 가해졌지만, 이 시기에 북한은 미국과 치열한 협상을 벌이고 있었다. 비슷하게, 클린턴 행정부 시기인 1998년 8월 말 북한은 일본 방향으로 3단계 변형 미사일인 대포동 1호를 발사했고, 10월에는 뉴욕에서 미사일 회담을 열었다. 나쁜 패를 들고 묘수를 둔 것으로 볼 수 있다. 여기서의 논점은 이 일이 연평도 포격의 주요 원인이었다고 주장하고자 하는 것이 아니다. 오히려, 북한의 도발적 행동에는 일정한 규칙이 있으며, 우리가 흔히 사용하는 전통적인 수단으로는 억제할 수 없음을 보여준다.

동일한 논리로 북한은 미래에도 제한적인 도발을 감행할 수 있으며, 화력 공격뿐만 아니라 테러, 탄도미사일, 심지어는 제한적 생화학 무기까지 사용할 가능성이 있다. 만약 북한이 하와이 방향으로 탄도미사일을 발사했는데 미국의 미사일방어체계가 그것을 탐지만 하고 요격하는 데는 실패하여, 북한 미사일이 목적한 대로 미 서해안 본토에서 1,450

킬로미터 떨어진 태평양 섬에 도달하여 발사에 성공하고 유도 장치를 입증하면 어떻게 될 것인가? 혹은 북한이 이번에는 연평도의 살짝 동쪽으로 더 많은 포탄을 발사하여, 인천국제공항에서 50킬로미터 내로 떨어져, 아시아 비행의 허브를 강제로 폐쇄해야 한다면 어떻게 될 것인가? 미국과 한국은 북한의 이런 행위로 전쟁을 감수할 것인가? 줄어들고 있는 국방 예산과 여타 국제문제로 인해 미국이 전쟁을 불사할 가능성은 매우 낮다. 혹시나 북한 미사일발사대 혹은 화력부대를 겨냥한 미사일 타격을 시도할 것인가? 가능한 이야기지만, 서울에 거주하는 수많은 미국 국민들의 안전을 고려했을 때, 북한의 포탄 세례를 전면전으로 확대하는 결정은 어느 미국 대통령이라도 심사숙고할 문제다. 그러나 동시에 우리는 이 문제를 다루지 않고 넘어갈 수 없다. 우리는 북한의 도발을 처벌해야 하겠지만, 동시에 긴장이 확대되는 상황을 방지하여 대통령이 보다 중요한 국제문제에 눈을 돌릴 수 있도록 도와야 한다. 역사적으로 볼 때, 북한이 계속해서 하와이 방향으로 미사일을 발사하는 상황에서, 미국과 한국의 대응은 언제나 (북한이 견딜 수 있을 정도의) 제재를 가하다가, 그 이후에 북한이 원하는 것을 줘서 추가 도발을 억제하는 외교를 수행하는 것이었다. 북한 입장에서 도발을 감행하는 것은 반드시 위험을 감수해야 하는 결정이지만, '둘 다 따거나 전부 잃는다'는 측면에서 온전히 합리적인 결정임이 분명하고, 따라서 우리로서는 마땅히 억제하기 힘든 부분이다.

핵 억제에 대한 오해

북한의 위협 중에 우리가 재래식 억제 수단으로 관리할 수 없는 또 하나의 위협은 북한이 자신의 핵무기 보유가 국제질서에 미치는 전략적 의미를 오판하는 데서 비롯된다. 최근에 북한의 행동은 점점 도발적으로 변해가고 있다. 2009년에만 북한은 4월에 장거리 탄도미사일을 시험발사했고, 5월에는 제2차 핵실험을 감행했으며, 6월에는 미국인 기자 2명에게 10년 이상의 강제 노동을 선고했고, 7월에는 미사일 시험발사를 수차례 강행했으며, 11월에는 대한민국 해군과 해상에서 소규모 접전을 벌였다. 2010년 3월 북한은 한국 해군 군함을 폭침하기 위해 잠수함을 파견했고, 11월에는 연평도를 포격했으며, 한국과 체결한 기존 합의 및 NPT를 위반하면서 우라늄 농축 프로그램을 추진하고 있음을 전 세계에 공표했다. 오히려 돌발의 규모보다 빈도수가 더 큰 염려를 자극한다. 1953년 정전협정 이후 북한의 공세에 대항하여 효과적인 억제가 작동하고 있음에도 불구하고 이러한 도발이 계속해서 일어나는 이유는 무엇인가? 재래식 억제가 실패했다는 사실보다 나를 근심하게 하는 점은 북한이 도발의 보상을 철저하게 염두에 둔 합리적인 계산을 하고 있다는 점이다. 이 계산이 '둘 다 따거나 전부 잃는' 식의 계산과 다른 점은 도발 기저에 자국의 핵무기가 타국의 보복으로부터 충분한 억제력을 제공해 주리라는 심리에 있다.

지난 3년간 있었던 북한의 호전적 도발 행위가 특히나 신경 쓰이는 이유는 도발의 횟수가 점점 증가하고 있을 뿐만 아니라, 핵무기를 등에 업고 떵떵거리는 북한의 태도에 있다. 2006년에 첫 핵실험을 감행한 며칠 뒤, 북한 관리들은 북한이 "완전한 핵보유국 신분을 갖게 됐다."[43]라고 발표했다. 2009년에 있었던 제2차 핵실험 후 북한은 "핵무기 보유국이 핵실험을 수행하는 것은 전혀 이상한 일이 아니며 자연스러운 일이다."⁴⁴라고 태연하게 발표했다. 제2차 핵실험 이후에 이러한 태도는 지속됐고, 2009년 말 논설을 통해 자신들이 "완전한 자격을 갖춘 핵보유 국가로서 … 품위와 영광, 위신과 힘"⁴⁵을 보여줬다고 공표했다. 이 와중에서 북한은 스스로 자신들이 "책임 있는 핵 보유 국가"⁴⁶라고 주장했다. 북한은 또한 자국의 무기 체계를 빗대어 '전능한 보물 검', 또는 '천하무적 힘'⁴⁷이라는 애칭까지 붙였다. 2010년 10월 열린 조선로동당 65주년 행사에서 차기 지도자 김정은의 핵심 군 참모인 리영호 인민군 총참모장(차수)은 열병 보고에서 만약 "미제와 추종 세력들이 우리의 자주권과 존엄을 건드린다면, 핵 억제력을 포함한 모든 물리적 수단들을 총동원해 무자비한 정의의 보복 타격으로 침략의 본거지들을 송두리째 날려보내고 조국 통일의 역사적 위업을 반드시 이룩할 것"⁴⁸이라고 했다. 2010년 말에 조선중앙통신은 북한 군대가 "임의의 시기에 핵 억제력에 기초한 우리식의 보복성전을 개시하게 될 것"⁴⁹이라고 발표했다.

   북한의 이러한 언행은 자신들이 핵보유국의 지위를 얻었으므로 다른 국가들로부터의 보복에서 안전하다고 판단한 지도부의 심리를 반영했을 것이다. 6자회담 과정에서 우리는 종종 사적으로 북측 대표단과 대화를 주고받았는데, 당시 이들은 미국이 북한의 비핵화라는 꿈에서 깨어나 그냥 자신들을 핵보유국으로 받아들여야 할 것이라 당당하게 주장했다. 핵무기 보유는 미국의 공격으로부터 안전을 확보할 수 있는 유일한 수단이었다. 북한 대표단 중 한 사람이 한 말 중에 내가 절대 잊지 못할 말이 있다. "당신들이 아프가니스탄을 공격한 이유는 그들이 핵을 갖고 있지 않기 때문이다. 당신들이 이라크를 공격한 것은 그들이 핵을 갖고 있지 않기 때문이다. 당신들은 우리를 공격하지 않을 것이다. 이란 또한 공격하지 않을 것이다." 2011년 반정부 반란군들의 대량 학살을 막기 위해 미국과 북대서양조약기구(NATO)가 이끌었던 리비아 공습은 이러한 논리를 재차 확증해주는 역할을 했다. 북한의 눈에 카다피가 범한 실수는 다름 아닌 2003년 미국의 요구에 핵개발 프로그램을 포기한 것이었다. 당시 조선중앙통신의 보도가 이를 명확히 보여준다.

> 현재 리비아 사태는 국제사회에 심각한 교훈을 준다. 세상에 환히 밝혀졌고 미국이 극찬했던 '리비아의 핵 해체'가 침략의 방법으로 드러났고, 미국은 리비아를 '안보의 보장'과 '관계의 개선'과 같은 달콤한 말로 구슬려 무장해제 하도록 한 뒤, 무력으로 삼켜버렸다. 이 사태는 세상에 독단적이고 임의적인 행위들이 계속되는 한, 스스로가 힘을 길러났을 때에 평화가 보존될 수 있다는 역사적 사실을 다시 한 번 증명했다. 북한은 선군의 길을 따랐을 때 꽤 정의로웠고, 이 과정에서 길러진 방어를 위한 군사적 능력은 전쟁을 피하고 한반도에 평화와 안정을 수고하는 매우 귀중한 전쟁 억제책이 될 것이다.[50]

이 때 느끼는 위협은 절박함에 기초한 '둘 다 따거나 모두 잃는' 도발과는 정확히 상반된다. 북한은 대신 자신들이 한반도에서 전략적 우위를 점했다고 믿는다. 이제 타국의 보복에 대해서 안전하다고 느끼기 때문에, 제한적이면서도 현상유지에 타격을 줄 수 있는 위협적인 도발을 통해 미국인과 한국 국민들을 흔들어 놓는 데 전혀 거리낌이 없다. 자신들이 개발한 핵 억제책으로 한국이 항복할 때까지 괴롭히는 방식으로 계속해서 도발을 할 수 있는 것이다. 결국에는 북한이 이런 공격을 할 때마다 한국의 첫 번째 걱정은 공황 상태를 방지하고, 초조해하는 투자자들에 의해 자본이 유출되는 것을 막는 일이다. 그리고 이런 도발의 목적은 한국으로 하여금 북한에 현금, 음식, 에너지를 주어 도발을 그만하게끔 하는 것이다. 이것은 다르게 말하면 강탈이고, 핵 억제책이 올바르게 작동하는 상황에서 북한에 이보다 더 효과적인 방법은 없을 것이다.

그러나 북한의 시각은 잘못됐다. 그들의 상호확증파괴능력(적의 침공을 받고 핵 공격으로 반응할 수 있는 능력)은 아직 검증되지 않았다. 그들이 핵탄두를 소형 무기화하는 데 성공했다는 증거도 없다. 그러므로 미국과 한국은 북한의 도발에 충분히 보복할 수 있다. 그러나 중요한 것은 우리의 생각이 아니라 그들의 계획이다. 자신들의 핵무기 능력에 대한 끊임없는 엄포는 이전에 없었던 자신감을 반영한다. 혹은 알려진 것보다 더 선진화된 군사력이 그들의 자신감의 밑천일 수도 있다. 물론 자신들의 핵과 장거리 탄도미사일 시험발사가 충분한 핵 능력을 입증하여 여타 국가가 공격하지 못할 것이라고 오판하고 있을 가능성 또한 다분하다. 다시 말하면, 만약 북한이 이러한 오판을 계속한다면, 한국전쟁의 재발을 억제하는 데 성공적이었던 그동안의 방법으로는 천안함 폭침이나 연평도 포격과 같은 제한적인 형태의 추가 도발을 막는 데는 불충분할 수도 있다. 그리고 이 때 단행되는 도발은 북한의 정신 나간 행동이 아니라, 오히려 완벽하게 합리적인 결정이 될 것이다.

이러한 북한의 전략적 사고의 변화는 한국 내부에 일어나고 있는 변화와 그 시기를 같이하고 있다. 2010년 연평도 포격 이후, 한국 민중의 분노와 저항의 분위기가 한국을 덮었다. 이전에 북한이 도발했을 때는 한국은 으레 있는 일로 받아들이고 침착하게 대응했다. 전 세계인들이 보는 앞에서 다락방에 사는 정신 나간 삼촌의 행동인 것처럼 부끄러워하고, 다시 자신들의 삶으로 돌아가려고 했다. 관대하려 했고 사태가 불필요하게 확대되는 것을 피하려는 움직임이 다분했다. 그러나 연평도 포격사건으로 한국 국민들은 자신들이 전략적 악순환 속에서 살고 있음을 강력하게 인지하게 됐다. 바다 한 가운데서 한밤중에 목격자도 없이 일어난 천안함 폭침과는 달리, 대낮에 일어난 연평도 포격사건은 주민들의 휴대폰 카메라로 촬영되어 삽시간에 전 세계에 퍼져 나갔다. 한국 사회는 한 목소리로 차후 동일한 도발이 반복된다면 정부가 더 이상 북한의 공격을 묵인하지 말고 즉각 반격하라고 주문했다. 사건이 있은 며칠 후 이명박 대통령은 연설을 통해 한국의 인내심이 한계에 이르렀고 "앞으로 북의 도발에는 반드시 응분의 대가를 치르게 할 것"이라고 선포했다.[51] 2010년 3월 한국 정부는 국방 전문가이자 학자인 이상우씨의 주도하에 국가전략을 재검토하는 작업에 착수했다. 이어 2011년 3월 국방부는 교전규칙을 '소극적 억제 정책'에서 '적극적 억제 정책'으로 발전시켰다. 이에 대한 세부사항은 공개되지 않았지만, 근본적으로 이전 교전규칙이 사태의 안정유지 및 긴장 확대를 방지하는 데 '선(先) 보고, 물리적 대응 금지'에 주안점을 뒀다면, 개정된 교전규칙은 '선(先) 조치, 후(後) 보고'에 기초하며, 북한의 임박한 도발에 선제타격을 포함한 모든 수단을 가용하는 것을 골자로 한다. 이는 차후 북한의 도발이 재차 단행됐을 경우 한국 정부는 더 이상 수수방관하지 않을 것이고, 오히려 북한을 향해 전투기를 파견하고 미사일을 발사할 것이라는 것을 의미한다. 이러한 한국의 적극적인 군사정책으로의 변화는 미 행정부에 다소 걱정으로 다가왔다. 한편으로 미국은 북한의 추가 도발을 억제할 필요를 절감했고, 또 다른 한편으로는 동맹국가인 한국이 과민반응하는 것을 원치 않았다. 한국이 스스로 사태를 관리할 수 있다고 확언하는 자신감은 역으로 불안을 야기했고, 두 국가 모두 오판의 위험 속에서 미국을 원치 않는 전쟁에 연루시킬 수 있는 가능성을 태동시켰다.[52]

전쟁?

이상 열거한 전략적 문제들이 복잡하게 결합되어 한반도에 불안정한 상황을 불러일으킨다. 이는 필자가 2011년 3월 미국 의회 공청회에서 강조했던 점이다.[53] 그동안 한국은 북한의 도발 행동에 효과적으로 대응할 수 있도록 근본적인 방향 전환을 꾀했다. 한편, 북한은 자국의 핵 능력이 다른 국가들로부터의 공격을 억제한다고 믿는다. 이에 따라 북한은 이익을 취하기 위해 평화로운 현재 상황을 깨고 한국을 공격하는 전략을 실행하는 데 거리낌이 없다. 북한이 또 다른 공격을 감행하면, 한국은 군사공격으로 대응할 것이다. 그 과정에서 위기는 악순환처럼 증가한다.

이런 오판의 순환은 자칫 전쟁으로 이어질 수 있다.

2010년 12월까지만 해도, 상당수의 관계자들은 이러한 가능성을 염려했다. 한국은 북한의 연평도 폭격에 대응하기 위해 동 장소에서 자체적인 실탄 사격 훈련을 실시했다. 북한은 그러한 행동이 선전 포고와 유사한 것이며 한국이 감히 대응하지 못할 것이라는 자신감으로 서울을 '불바다'로 만들겠다고 경고했다. 갑작스레 공격받아 보복의 기회를 호시탐탐 노리는 권투 선수처럼, 이명박 정부는 훈련 기간에 북한이 하는 어떠한 도발에도 반응할 만반의 준비를 갖추고 있었다. 중국은 악화되고 있는 상황에 대해 걱정하기 시작했고, 미국에 접촉하여 대한민국이 대응하려고 하는 것을 막을 수 있는지 여부를 살펴보려고 했으나 별 수확이 없었다. 러시아는 한국이 조치를 취하기로 예정된 시간에서 수 시간을 앞두고 유엔안전보장이사회에 긴급회의를 요청했다. 안전보장이사회에서 8시간에 걸친 비공개 회의가 진행됐으나 진전이 없었다. 그 와중에 중국은 북한이 연평도를 포격했다는 사실을 포함한 모든 성명의 채택을 가로막았다. 회의 기간, 유엔주재 신손호 북한대사는 공개적으로 한반도의 전쟁이 언제라도 전 지구적 전쟁으로 확대될 수 있음을 협박했고, 한국의 훈련을 "깡패 같다."라고 질타했다. 그럼에도 불구하고, 한국은 북한이 보복할 경우, 북한 연안을 강타할 수 있는 공대지 미사일을 탑재한 전투 함대의 훈련과 출동을 준비했다. 북한도 공대지 미사일과 함대공 미사일을 해안에 배치함으로 자체적인 방어책을 강구했다. 훈련 전날, 겁먹은 연평도 주민들은 가족들과 재산을 챙겨, 최악의 상황에 대비해 대부분이 전면 대피했다. 어떤 주민들은 한국 본토로 넘어오기 전, 인근 교회에 들러 최후의 기도를 드렸다. 다른 이들은 그들이 평생을 살아왔던 고향에 잔류하기를 희망하며, 이동하기를 완강하게 거부했다. 한국은 하루 동안 훈련을 보류했으나 결국 훈련을 실시했고 이에 북한은 별다른 행동을 취하지 않았다. 90분간 이어진 훈련에서 북한은 그 훈련이 "대응할 가치가 없다."라고 일축했지만, 막후에서는 쉴 새 없는 외교전이 일어나고 있었다. 이 잠깐의 위기를 넘길 수 있었던 이유는 중국이 자신의 동맹국인 북한에 긴급하게 연락하여 북한에 의해 상황이 악화됐을 경우 지지하지 않겠다고 했기 때문이다. 미국 또한 공식 루트를 통해 청와대가 북한을 향한 화력 발사를 최소화하고, 북한이 어떠한 경우에도 오판하지 않도록 서쪽으로 조준하여 발사할 것을 설득했다.[54] 이를 통해 한반도의 전쟁 발발이 억제된 것은 사실이지만 그렇다고 현재 한반도의 전쟁 억제 동학 관계가 균형적이라고 자신할 수는 없다.

국제관계이론에서 국가의 무력은 방어, 억제, 그리고 압박(처벌), 이 세 가지 경로를 통해 사용된다. 방어는 공격에 저항하는 행위다. 억제는 적의 잠재적인 공격을 차단하기 위한 목적으로 가차 없는 보복을 위협하는 행위다. 압박은 적의 행동이 변화될 때까지 처벌의 일환으로 무력(제재) 행위를 계속하는 행위다. 요컨대, 한미 양국은 60년이 넘는 기간 동안 북한의 재침을 억제하는 데 성공해왔다. 두 동맹국은 방어에도 능통하다. 설령 북한의 재침을 억제하는 데 실패하더라도, 양국은 북한의 공격을 격퇴할 수 있는 능력을 갖추고 있으며, 언론에 공개된 소위 작계 5027[55]이라는 작전계획을 통해 북한 정권을 무력화할 수 있다.[56] 또한, 미국과 한국은 지난 몇 십 년간 북한을 변화시키기 위한 목적으로 유엔안전보장이사회 결의안, 무역제재, 대량살상무기 확산방지, 금융제재 등 다양한 압박책을 구사해왔다. 그러나 정책결정자들을 골치 아프게 하는 원인은 다름 아닌 북한의 미사일과 핵실험 및 개발을 막지 못하는 무력함이다. 더욱이 현재까지 한반도의 평화와 안정의 근원이 됐던 한미 양국의 대북전략은 북한의 치명적인 소위 제한적 군사적 도발을 억제하는 데는 실패했다. 이러한 북한의 행태가 벼랑 끝 전술이든 핵무기 보유에서 온 과대한 자신감에서 파생된 것이든 간에 한반도를 근본적으로 위협하는 행동은 행여나 북한이 폭력을 이성적이고 유익한 수단이라고 간주할 수도 있다는 의미고, 만약 그렇다면 한반도에 먹구름이 낄 수밖에 없다.

우리는 이 문제를 어떻게 해결할 수 있을까? 첫 번째 단계는 지속적인 군사훈련을 통해 전쟁을 억제하는 것이다. 한미 양국이 연합으로 즉각적인 전투준비태세를 갖추는 일이 억제의 핵심 요소임은 두 말할 필요가 없다. 이 때 북한군이 직접 도발을 감행할 가망성은 눈에 띄게 줄어들 것이다. 일반적으로 북한은 상대방의 취약점을 공략해 도발하는 경향이 있다. 이러한 사실은 매번 북한의 도발 이후 증명됐다. 예를 들어, 북한의 천안함 폭침 사건은 한국의 대(對)잠수함 전투 수행능력의 한계를 여실히 드러냈고, 한국과 미국은 곧바로 합동훈련을 통해 취약점을 보완해나갔다. 연평도 포격은 대한민국의 대포병사격 레이더의 한계를 드러냈고, 그 후에는 향상되고 있다. 이러한 연합훈련의 질적, 양적 증가는 북한의 '치고 빠지기' 도발전략을 무력화하는 데 도움이 된다. 이는 많은 노력을 요구하며 완벽하지는 않아도 없어서는 안 되는 과정이다. 북한은 한 개의 취약점만 찾으면 되지만, 한국은 잠재적인 비상사태 및 국방체계의 전반적인 역량을 검토하고 이에 걸맞은 훈련을 실시해야 한다. 이의 일환으로 한국 정부는 국방개혁을 위한 71~73개의 권고사항을 채택했고, 여기에는 군사정책과 새로운 무기체계 도입에 관한 문제가 포함됐다. '국방개혁307'로 알려진 동 보고서는 재정 확보를 통해 한국 정부가 향후 도발에 대해 시기적절하게 무력으로 대응할 수 있도록 하는 것을 골자로 한다. 한국은 이러한 조치를 자국의 억제 능력을 향상시키는 데 필수적으로 간주하지만 향후 북한이 재차 도발을 감행할 경우 긴장고조는 불가피해 보인다.

군사훈련과 국방개혁 이외에도, 가능성은 상당히 낮지만, 북한의 도발위협에 대응할만한 정책대안이 없는 것은 아니다. 먼저, 북한이 만약 벼랑 끝 전술의 일환으로 도발을 감행하는 것이라면, 국제사회는 '두 배를 따거나 전부 잃는' 것을 이성적인 선택사항으로 간주하는 북한의 인식을 바꿀 수 있는 조치를 취해야 한다. 이는 현재의 평화 상태를 유지하기 위해 북한에 더욱 많은 유인책을 주는 것을 의미한다. 식량, 경제지원 등을 제공하여 도발의 기회비용을 증가시킬 수 있을 만큼 북한이 필요한 것이어야 한다. 물론 미국과 한국의 이러한 정책은 상당한 비판에 직면할 것이며, 북한의 도발을 오히려 보상하고, 북한의 호전적인 정책에 굴복하는 임시방편책으로 보일 소지가 충분하다. 게다가 북한은 이러한 과정에서 평화를 유지하는 비용으로 수시로 자신의 협상가치를 높일 가능성도 있다. 이는 어느 국가 행정부도 받아들이기 어려울 것이다.

만약 북한이 자신의 핵무기에 대한 과도한 자신감으로 우위를 점했다고 판단해 도발을 단행하는 것이라면, 이에 대한 적절한 대책은 그들의 잘못된 인식을 고쳐주는 것이다. 북한의 전략가들은 핵 억제이론을 충분히 이해하지 못하고 있을 가능성이 농후하다. 따라서 한 가지 방법은 북한군에 억제이론, 2차 보복능력, 그리고 무기체계의 효율적인 관리에 대해 이론적 교육을 제공하는 것이다. 미국은 냉전시기에 오판의 가능성을 최소화하기 위해 소련과 동일한 교류협력을 실시했다. 중국이 핵보유국이 된 후에도 미국과 중국은 동일한 교류협력을 실행했다. 북한으로 하여금 자신의 한계와 미약함을 깨닫게 해, 허세와 집착을 수그러들게 하는 것도 한 가지 방법이다.

물론 이 또한 국제사회의 광범위한 반대에 직면할 것이다. 일본, 호주, 한국과 같은 미국의 동맹국들은 미북 간 전략적 핵 대화의 필요성에 대해서는 공감하겠지만, 미국과 북한과의 정치적인 교류는 자칫 동맹국에 대한 의무방치로 비춰질 소지가 있다. 왜냐하면 이는 미국이 스스로 북한의 비핵화라는 목표를 폐기하고 북한을 핵보유국으로 명백하게 인정해버리는 정치적인 신호를 주게 될 것이기 때문이다. 설상가상으로 이러한 미북 간 정치적 접촉은 NPT 체제의 종말을 의미하는 신호를 전 세계에 줄 가능성도 있다. 왜냐하면 동 체제의 최대의 골칫거리인 북한을 사실상 인정하는 결과를 초래하기 때문이다. 어느 정권도 이러한 결과를 초래할 경우 그 책임에서 자유롭기 어려울 것이다.

북한이 정책 세계에서 '형편없는 옵션의 국가(다루기 어려운 국가)'라고 불리는 것은 놀랄 일도 아니다.

제7장

완전하고 검증가능하며 불가역적인 폐기

그 군사시설은 북쪽으로 유프라테스 강을, 동쪽으로 광활하고 황량한 사막을 낀 협곡 깊숙한 곳에 자리 잡고 있었다. 2001년부터 시작된 은밀하고 정밀한 작업 끝에 서서히 완성 단계에 진입하고 있었다. 외부의 도움이 없었다면 결코 완성 될 수 없었을 것이다. 연료를 채우기 시작했다면 핵무기에 필요한 플루토늄을 생산할 수도 있었을 것이다.

하지만 알키바르에 위치한 이 핵시설은 아마도 정상적인 가동을 하지 못하게 될 것이다. 2007년 9월 5일 오후 11시, F-15 전투기 10대가 이스라엘 라맛 다비드 공군기지를 출발했다. 일상적 비행훈련으로 보였다. 물론 시간이 저녁이었다는 점이 달랐지만 이스라엘 공군의 69 비행중대에게는 이례적인 상황이 아니었다. 전투기는 하이파 항구 남쪽에서 이륙하여 지중해 방향으로 이동했다. 하지만 공식훈련이 종료된 후 진짜 임무가 시작됐다.

극히 일부에게만 알려진 오챠드 작전(Orchard Operation)의 일환으로 F-15 전투기 10대 중 7대가 레이더망을 이탈해 시리아의 동쪽 사막을 향해 저공비행하기 시작했다. 시리아 영공 도달 후, 시리아군에 포착되어 AA미사일의 습격을 받았으나, 이리저리 피해가며 비행을 계속했다. 첫 번째 목표물이었던 토르 알부아드 주변 레이더 기지가 포착되자 레이저 정밀유도탄으로 파괴시켜 버렸다. 곧이어 전투기 부대는 데이르에즈조르 지역에 도달하여 이라크 국경에서 130킬로미터 떨어진 알키바르 군사시설을 조준하기 시작했다. 이는 지난 2개월간 올메르트(Ehud Olmert) 이스라엘 총리가 직접 지시한 두 번째 비밀작전이었다. 첫 번째 시도는 토양 샘플을 취득하여 원자로를 측량하는 것이었지만 중도에 무산되고 말았다. 이스라엘은 알키바르 군사시설이 잠재적 위협임을 여전히 확신하고 있었다.

자정 무렵, 데이르에즈조르 주민들은 검은 하늘을 밝게 비추는 폭발음에 놀라 깼다. 하루 전 사전 침투한 이스라엘 샬다그(Shaldag) 특수부대가 군사시설의 중앙 선체를 포위했고, F-15 전투기가 상공에서 시설을 폭격하기 시작했다.[1] 당시 투하된 AGM-65 메버릭 미사일과 500킬로그램 폭탄 세례는 시설을 잿빛 더미로 만들었다. 전투기 부대는 '임무 완성'을 선언하며 부대로 복귀했다. 올메르트 총리는 레제프 타이이프 에르도안(Recep Tayyip Erdogan) 터키 총리에게 전화를 통해 상황을 설명하면서, 전투기가 행여나 '우연히' 터키의 영공을 침범했다면 이에 사과한다는 메시지를 전했다(전투기의 연료탱크가 터키에서 발견됐다). 이를 통해 올메르트는 시리아 지도자 아사드(Bashar al-Assad)에게 포격의 유일한 목표는 알키바르 군사시설 파괴라는 점을 전달하면서, 시리아가

이에 협조한다면 이스라엘도 추가적인 공세를 가하지 않겠다고 말했다. 결국 2007년 10월 10일 시리아는 타고 남은 군사시설의 잔해를 모두 파괴한 후 지하에 묻어버리며 흔적도 없이 치워버렸다.

폭격을 받은 알키바르 비밀기지는 흑연감속로인 것으로 밝혀졌는데, 이러한 원자로는 지난 35년간 오직 북한에서만 건설된 적이 있다. 폭격 이후 정보기관이 입수한 영상을 보면, 시리아 군사시설은 2007년 8월에 이미 완성단계에 진입한 것으로 판별되며, 따라서 이스라엘은 원자로에 연료가 가동되기 전에 시설을 파괴하려고 결심한 것이다. 영상은 또한 "여러 정보를 볼 때, 우리는 북한이 시리아의 비밀 핵무기 개발을, 시설물 폭격 이전과 이후에도, 줄곧 지원한 사실을 확인했다 … 우리는 시리아와 북한이 지난 10년간 핵무기 개발에 공조했다는 신뢰할만한 정보를 갖고 있다."라고 전하고 있다.[2]

그런데 미국과 이스라엘 양국 모두 이 확연한 전쟁행위에 대해 침묵을 유지했다. 정부 차원의 보도 자료도 배포되지 않았으며 관계자들은 이번 사건을 덮는 데 급급했다. 그럼에도 동 사건이 지닌 함의는 지대했다. 알키바르 원자로시설은 여러모로 미국에 악몽, 즉 30년간 계속된 북한의 핵무기 개발이 새로운 차원으로 진화하고 있음을 의미했다. 이제 북한은 단순히 자국의 핵무기를 증강시키는 데 그치는 '수직적 확산위협' 뿐만 아니라, 미국을 위시한 동맹국을 해치길 원하는 여타 정권에 핵무기 개발 원료와 방법을 전수하는 '수평적 확산위협'을 갖추기 시작한 것이다. 그동안 미국과 국제사회가 북한 핵을 '완전하고 검증가능하며 불가역적'으로 제거하는 데 총체적으로 실패한 것이다. 어떻게 이런 일이 일어났을까?

핵 불행의 근원

한반도에서 가장 먼저 핵 기술에 관심을 둔 것은 일본이었다. 한반도 강점기에 일본은 한반도 북부에 우라늄과 흑연이 매장돼 있음을 발견했고, 이를 이용하여 핵기술 실험에 사용했다. 제2차 세계대전 이후, 북한은 소련(소련이 없었다면 핵 프로그램을 진행할 수 없었을 것)과 핵에 관해 상호 호혜적인 관계를 누렸다(1964년 중국이 첫 핵실험을 진행했을 때, 김정일은 마오쩌둥에게 핵 협력을 제안했지만 퇴짜를 맞았다). 소련은 핵무기 개발을 위해 대량의 우라늄 광석이 필요했고, 북한은 그것을 갖고 있었다. 그리고 북한은 핵연료 사이클에 지대한 관심을 가지고 있었다. 그리하여 김일성은 모스크바 교외의 더브나 핵 연구소에 백여 명의 과학자들을 파견해 기술을 배우게 했고, 이후 이들이 북한으로 귀국하여 국립과학원 산하에 최초의 핵물리연구소를 출범시키는 데 앞장섰다. 또한, 김일성은 우라늄 광석을 포함한 모든 광물자원의 보유현황에 대한 전국적인 조사를 실시했고, 1960년대 중반에는 영변에 핵연구복합단지를 건설하여 소련유학 출신 과학자들을 연구인력으로 배치했다. 소련의 도움으로 지어진 소련식 IRT-2 메가와트 급 연구전용 원자로는 농축 우라늄을 연료로 사용했고 정확히는 1967년에 가동되기 시작했다. 당시 북한은 핵 분야에서 창조성과 전문성을 쌓는 데 혈안이 돼 있었다. 1973년에는 핵물리학과와 방사화학과가 김일성종합대학에 설립됐고, 김책공업대학은 핵물질, 핵원자로, 핵공학을 전문적으로 다루는 학과를 개설했다.

1970년대 말에서 1980년대, 북한은 핵무기 개발에 관심을 갖기 시작했다. 소련과의 원자로 협력에 더하여 1970년대 중반에는 독자적으로 영변 5메가와트 급 원자로를 이용한 비밀 핵 프로그램을 시작하게 된다. 핵 분야에서 협력을 지속하는 조건으로 모스크바는 북한이 원자로에 관한 국제조사단의 검열을 수용할 것을 요구했는데, 이는 북한이 핵물질을 핵무기 개발로 전용하는 것을 방지하기 위함이었다. 1977년에 북한은 국제원자력기구(International Atomic Energy Agency, IAEA)와 협정을 통해 소련과 합작하여 만든 연구용 원자로 사찰을 수용했지만 '두 번째 원자로'는 제외했다. 1985년 소련은 김정일에게 NPT 서명국이 될 것을 압박했지만, 북한은 조약국의 필수 의무사항인 핵안전조치협정에 서명하길 거부했다. 한편 1980년대 초 미국은 북한이 은밀하게 핵무기 프로그램을 개발하고 있다는 사실을 알게 됐고, 1985년 미 정보기관은 북한이 고폭탄 실험을 한 사실과 핵무기를 개발하기 위해 비밀리에 관련 시설을 건설하고 있다는 사실을 최초로 대외에 공개했다.[3] 북한의 핵시설은 5메가와트 급 원자로와 사용후 연료봉으로 무기급 플루토늄을 재처리할 수 있는 가로 180미터, 6층 높이의 방사화학실험실로 이뤄져 있었다. 5메가와트 급 원자로는 1986년, 1987년 즈음에 가동을 시작했고, 연간 폭탄 1개의 생산에 필요한 플루토늄 6킬로그램을 생산할 수 있는 것으로 알려져 있다. 북한은 자국의 핵시설이 민간 연구용이라고 항변했으나, 위성사진을 보면 전력 생산에 필요한 전기선 등 유관 체계가 부재함이 명백했다. 또한, 위성사진을 통해 적어도 1984년부터 기존보다 규모가 더 큰 50메가와트와 200메가와트 급 원자로가 비슷한 장소에서 건설되고 있음이 밝혀졌다. 열거한 핵시설이 전부 건설됐다면 200킬로그램의 플루토늄 생산이 가능하여 연간 30

개의 폭탄 제조도 가능했을 것이다. 1990년에 북은 이미 자체적인 기술로 핵연료 사이클의 독자화를 이룬 것으로 보인다.[4]

동시에 북한은 핵무기 관련 협정에서 종종 심각한 언행 불일치를 드러냈다. 예를 들어 북한은 1985년에 NPT에 서명을 했지만 1992년까지 7년이라는 긴 시간 동안 핵안전조치협정에는 서명을 하지 않았다. 또한, 1992년 초에는 한국과 남북비핵화선언을 맺고 핵관련 활동을 금지하기로 했으나, 이에 대한 사찰 및 검증 방법에 대한 합의를 이루는 데는 실패했다. 미 외교계가 이를 알아차리는 데는 그리 오랜 시간이 걸리지 않았다. 1990년 7월 〈워싱턴포스트〉는 북한의 플루토늄 재처리 시설의 모습을 담은 위성사진을 공개했다. 1991년 4월 뉴욕타임스 레슬리 겔브(Leslie Gelb) 기자는 이라크의 쿠웨이트 침공 이후 미국이 직면한 최대 안보위협으로 북한의 핵개발을 꼽았다.[5] 핵안전조치협정에 서명한 북한은 이제 국제감시단의 사찰을 수용해야 한다는 사실을 의미했고, 1992년 여름 북한은 마지못해 승낙했다. 영변 핵시설 방문 직전, IAEA의 한스 블릭스(Hans Blix)는 미 정보당국으로부터 북한 핵시설에 대한 지형과 쟁점사항을 보고 받았다. IAEA 관계자들은 1977년 단 한 차례만 영변을 방문한 경험이 있었기 때문에 현장 경험은 거의 없는 것이나 매한가지였다.

블릭스의 방북 당시 북한은 플루토늄 파우더가 담긴 작은 병을 보여주면서 1989년 89개의 파손된 연료봉으로 소량의 플루토늄을 실험을 목적으로 재처리했다고 밝혔다. 하지만 그해 여름 일련의 사찰을 통해 북한의 거짓이 밝혀졌다. 영변 핵시설 관계자들은 IAEA 사찰단이 플루토늄 생산에 사용된 장비와 폐기물 저장탱크에서 샘플 수집을 허락했다. 이는 당시 IAEA의 핵과 관련된 과학적 수사 능력을 북한이 과소평가하고 있었다는 사실을 말해준다. 미 공군 기술자들의 도움으로 IAEA는 농도가 서로 다른 입자표본들을 발견했다. 또한, 그들은 장비와 폐기물 샘플에서 이질적 동위 원소를 발견했다. 이 모든 것이 북한이 1989, 1990, 1991년 적어도 세 차례에 걸쳐 플루토늄을 재처리했다는 사실을 말하는 것이었다. 물론 이는 북한이 블릭스에게 보고한 것과는 상반되는 사실이었다. 북한이 핵 물질을 군사적 목적으로 전용하고 있다는 우려가 점점 대두되기 시작했다. 1993년 2월 IAEA는 플루토늄 생산에 대한 정확한 검증을 위해 북한에 있는 2개의 폐기물 시설에 대한 '특별사찰'을 요구했다. 북한은 IAEA가 미제의 꼭두각시이며, 다른 NPT 회원국은 '특별사찰'을 요구받은 적이 없었다며 이러한 요구를 조롱했다. 이때부터 각종 언론을 통해 북한의 핵문제에 대해 조금이라도 주의를 기울인 사람들은 모두 알만한 일련의 사건들이 전개된다.

끝없는 순환(Groundhog Day)

뉴스를 통해 북한을 접하는 일반 국민들은 아마도 진전 없는 북한 핵문제에 대해서 식상해 하고 있을 것이다. 맞는 생각이다. 북한 핵문제는 영화 '사랑의 블랙홀(Groundhog Day, 1993년 한국 개봉)'의 줄거리처럼 끝없는 일상의 반복과도 같다. 내용은 대략 다음과 같다. IAEA가 북한이 NPT에 위배되는 행동을 범했다고 발표 한다; 북한은 NPT에서 탈퇴한다고 위협한다; 미국을 위시한 국제사회가 북한의 도발에 대해 규탄하고 제재조치를 취한다; 북한이 더 많은 플루토늄과 핵실험을 통해 보복한다. 이러한 과정에서 북한은 어느덧 5~8개의 핵폭탄 제조가 가능한 30~50킬로그램의 플루토늄을[6] 추출하고, 두 개의 국제적인 비핵화 협정을 훼손한다.

첫 번째 위기: 제네바기본합의서

제1차 북한의 핵위기는 1994년에 발생했다. 그해 1월 미 CIA 국장은 북한이 1~2개의 핵무기의 제조가 가능한 플루토늄을 축적했다고 공개했다. 특별사찰 불수용에 대한 북한의 완강한 입장은 여전했고, 당시 IAEA 사찰단은 북한 영토 안에 있었지만 북한의 거부로 인해 온전히 직무를 수행하지 못하고 있었다. 한스 블릭스는 국제연합 앞으로 보낸 서신에서 북한이 국제의무를 준수하지 않고 있다고 보고했고, 미국은 대북 제재조치를 검토하기 시작했다. 1994년 5~6월 경, 북한이 IAEA 사찰단을 피해 영변 원자로에서 사용후 연료봉을 이전하고 있다는 사실이 밝혀졌다. 이는 당시 북한이 취할 수 있는 행위 중 가장 도발적인 행위였다. 이는 원자로에 연료를 재공급하는 첫걸음이자 무기용 플루토늄을 생산할 수 있는 조치였고, 미국을 위시한 국제사회가 규정한 선을 넘는 도발적 행동이었다. 그 이후 북한은 국제원자력 사찰기구인 IAEA와의 모든 관계를 단절하겠다고 발표했다. 이것은 기본적으로 NPT를 탈퇴하고 핵무기를 제조하겠다는 의지를 공표하는 것이었다.

이에 대항하여 미국은 군사작전으로 핵시설 파괴를 고려하기 시작했다. 이것은 한반도에서의 전쟁의 위험성을 내포하고 있다. 사태가 심각해지자 최악의 상황에 대비하여 한국에서는 사재기 현상이 일어났고,

미국은 재한미국인들의 귀국을 종용했다. 1994년 6월 북한은 지미 카터 전 대통령을 평양으로 초대했다. 카터와 김일성은 과거에 타결된 합의를 기초로 새로운 협상을 도출하기 위해 머리를 맞대었다. 당시 한 개인의 자격이었지만 전 대통령이라는 특수한 권위를 동시에 갖추었던 카터는 평양에서 백악관으로 전화를 걸어 북한이 고조된 위기에서 한 발 물러나 IAEA 사찰단을 재수용할 의지가 있음을 밝혔다. 그러나 미국 입장에서는 사찰단 재수용이 문제의 핵심은 아니었다. 사찰단은 줄곧 북한에 잔류하고 있었다. 다만, 북한 당국이 사찰 자체를 할 수 없도록 손을 묶은 것이었다. 미국은 북한이 사용 후 연료 재처리와 원자로 연료 공급 등의 두 가지를 하지 않는다고 동의할 경우에만 협상을 재개할 의사가 있다고 카터에게 전달했다.

  카터 전 대통령의 방북에서 합의된 미북 '제네바(기본)합의서'로 1994년 10월의 제1차 북한 핵위기는 종료될 수 있었다. 당시 미 국무부 차관보이자 조지타운대학 학장이었던 로버트 갈루치(Robert Gallucci)와 강석주 북한 외교부부장은 4개월에 걸친 협상 끝에 에너지 지원, 관계 정상화, 경제적 혜택을 제공하는 대가로 북한은 1개월 안에 모든 핵 프로그램을 동결하고 점진적으로 폐지하는 것으로 합의됐다. 여기서 동결의 대상은 영변의 플루토늄 생산 시설 및 대천의 50메가와트, 200메가와트 급 원자로 두 개를 지칭했다. 북한은 협정의 준수를 검증하기 위한 IAEA의 특별사찰 권한을 수용했으며, 8천여 개에 달하는 사용 후 연료봉을 밀봉하고 영구 폐기처분하기로 결정했다. 또한, 영변 원자로를 포기하는 대가로 발생하는 에너지 손실을 보충하기 위해 미국은 2,000메가와트 급 최신식 경수로 2대를 북한에 제공하기로 합의했다. 경수로가 정상적으로 가동되기 전에는 매년 5억 달러 상당의 중유 50만 톤을 북한에 제공하며, 합의서 체결 3개월 이내에 수송하는 조건이 덧붙여졌다.[7] 경수로의 건설비용은 한국, 일본, 미국 그리고 여타 국가들로 이루어진 한반도에너지개발기구(Korean Peninsula Energy Development Organization, KEDO)의 책임 아래 충당하기로 계획됐다.[8] 비용분담 면에서는 한국이 32억 달러로 가장 컸고 일본이 10억 달러로 그 뒤를 이었다.[9] 이 외에도 제네바합의서는 점진적 관계 정상화를 위한 로드맵으로 미국의 무역 및 투자 장벽 완화, 연락사무소 설치, 그리고 대사급 외교관계 복원이 포함됐다. 또한, 미국은 북한에 핵무기의 사용 및 위협을 하지 않겠다고 표명했다. 제네바합의서는 호혜성에 기초하여 양측 모두 의무를 준수할 때 최선의 결과가 나오는 것으로 설계됐다. 궁극적으로는 이러한 상호성을 바탕으로 세 개의 원자로를 완전히 폐기하는 것이 목적이었다. 이 외에도 당시 도출된 미북 간의 비밀협의서는 2개 경수로의 완공 시간표를 2004~2005년 경으로 잡았고, 영변을 포함한 모든 핵시설을 동결할 것과 추가 핵시설을 짓지 않겠다는 북한의 약속이 담겨있었다.

제네바합의서는 비록 한반도에서 군사충돌을 막는 데는 성공했으나, 협의의 이행과정은 시작부터 그리 순탄하지 않았다. 양측 모두 상대방이 협정 내용을 이행하지 않는다며 상호 비방이 오고갔다. 더욱이 1999년에는 북한이 금창리 지하시설에서 핵실험을 진행하고 있다는 의혹이 제기됐다. 북한은 미국이 제재를 완화하지 않고 석유를 지원하지 않으며 경수로를 제시간에 건설해 주지 않는다고 불평했다(중유 배송은 비록 정해진 시간보다 약간 지연됐지만 결국에는 이행조건대로 수송이 완료됐다). 합의서가 체결되고 얼마 되지 않아 미국에서 공화당이 중간선거에서 승리한 후, 협정의 유효성에 대한 재검토가 이뤄졌다. 클린턴 행정부는 흑연감속로보다 경수로가 핵의 확산을 방지하는 데 효과적이라고 주장한 반면, 공화당은 북한 자체가 신뢰할 수 없는 대상이므로 그러한 주장을 반박했다. 또한, 핵 프로그램의 동결은 언제라도 뒤집을 수 있는 가능성이 농후하기 때문에 잘해야 차선책밖에 될 수 없다는 주장이었다.

그러나 이러한 공화당의 주장은 억지에 불과했다. 모든 협상대표는 언제나 최선의 이익을 보장받기 위해 고군분투하기 마련이다. 하지만 상대가 비협조적으로 나오면 챙길 수 있을 만큼만 챙기고 포기해야 하는 것이 현실이다. 동결 조치가 영변 원자로의 재가동을 막지는 못했다. 그러나 연간 30개의 폭탄을 제조할 수 있는 50메가와트와 200메가와트 급 원자로 시설의 건설을 중단하는 데에는 성공했다. 아마도 이것이 제네바합의서가 성취한 가장 큰 업적이 아닐까 싶다.

두 번째 위기: 6자회담

제2차 북한 핵위기는 2002년 10월에 일어났다. 바로 얼마 전에 있었던 2000년 6월 남북정상회담과 2002년 9월 일본의 고이즈미 총리(2001~2006년)와 김정일 간 북일 정상회담으로 전문가들은 냉전의 적대감이 동아시아에서 사라지고 새로운 시대가 열릴 것이라고 호언장담했다.[10] 남북정상회담은 한국의 전폭적인 대북 포용정책과 이에 따른 긴장완화정책의 성공을 입증하는 듯 보였다. 북일 간에 채택된 '평양선언'은 오랫동안 서로 적대시하던 두 국가의 관계 정상화와 대규모 지원의 길을 열어주는 듯했다. 하지만 기쁨도 잠시, 북한이 두 번째 핵 프로그램을 비밀리에 개발하고 있었고 이번에는 플루토늄이 아닌 우라늄에 기반한 핵시설을 건설하고 있다는 우려가 제기되기 시작했다. 이는 한미 양국과 맺은 모든 유효한 협정의 위반을 의미했을 뿐만 아니라 NPT에 위배되는 처사였다. 당시 9.11 테러사건의 충격 속에 허덕이던 부시 행정부는 북한을 이라크, 이란과 함께 테러조직에 대량살상무기를 확산할 수 있는 불량국가군인 '악의 축(axis of evil)'으로 지정하기에 이르렀다. 2002년 10월 제임스 켈리(James Kelly) 국무부 차관보가 이끄는 미 대표단은 평양을 방문하여 최근 유효협정에 위반하면서 고강도 알루미늄 및 우라늄 농축 프로그램에 필요한 여타 재료를 구매하는 것에 대해 진실을 규명해 줄 것을 요청했다. 이에 북한 측에서는 자신들이 그러한 무기를 소유할 권리가 있다고 말했다가 나중에는 그런 프로그램이 있다는 사실 자체를 부정했다.

　이로부터 제2차 북한 핵위기가 시작됐다. 미국은 북한이 제네바합의서를 충실히 이행하는지에 대해 의회에 담보할 수 없다는 이유로 중유지원을 중단했다. IAEA는 북한에 비밀 우라늄 프로그램을 투명하게 공개하라는 결의안을 채택했다. 북한은 켈리 차관보와의 회담에서 말한 것과는 반대로, 우라늄 프로그램의 존재 자체를 부인했고, 합의된 제네바합의서에서 이탈하는 조짐을 보이기 시작했다. 북한은 핵 원자로를 재가동했고, 국제사찰단을 추방했으며, 핵시설의 밀봉을 해제했고, 감시카메라를 파기했다. 또 2003년 1월에는 6~7개의 핵무기 제조가 가능한 플루토늄을 생산할 수 있는 연료봉을 영변 원자로에 공급했고, NPT 탈퇴를 선언했다. 2005년 2월, 때마침 백악관 관료였던 마이클 그린과 윌리엄 토비(William Tobey)가 베이징, 서울, 그리고 도쿄를 순방하며 2004년 무렵 리비아가 2톤 가량의 육불화우라늄(uranium hexafluoride. 육불화우라늄을 이용해 우라늄 235와 우라늄 238을 분리해 농축우라늄을 만든다_옮긴이)을 북한으로부터 수입한 것으로 추정된다는 미 정부의 우려를 전달하고 있을 때였다. 북한이 핵무기 보유사실을 전 세계에 선포하면서, 우려하던 북한의 핵확산 위협이 현실로 드러났다. 육불화우라늄은 재료만으로는 자체적인 핵분열의 가능성이 없었지만, 원심분리기를 이용할 경우 얼마든지 무기용으로 농축될 수는 있었다. 1개월 후, 북한은 자국이 장거리 미사일을 시험발사 할 수 있는 주권이 있음을 선포했고, 그해 4월에는 만약 미국이 계속해서 압박할 경우 테러단체에 핵무기를 전용할 수도 있음을 암시했다. 2003년과 2005년 사이에 북한은 대규모의 핵 재처리를 통해 8천 개의 연료봉으로 영변 원자로에 연료를 공급하고 제거하기를 반복하며, 이를 통해 플루토늄을 압출했다. 전문가들은 당시 북한이 5~8개의 폭탄을 만들 정도의 플루토늄을 추가로 추출했다고 예측했다.[12] 그 후, 부시 행정부는 북한 핵의 '완전하고 검증가능하며 불가역적인 폐기(complete, verifiable, and irreversible dismantlement, CVID)'가 의제로 올라오지 않으면 북한과 대화하지 않겠다는 입장을 고수했다.

양자회담이 아닌 6자회담

언론의 보도와는 반대로, 부시 대통령은 한번도 자신이 그렇게 혐오한 북한 정권을 몰락시키려는 계획을 세운 적이 없다. 그는 북한의 비핵화를 위한 최선의 방법이 평화적 외교에 있다는 것을 알았지만, 이를 실행하는 데에 있어 보다 참신한 방법을 원했고, 이것이 6자회담이 탄생하게 된 배경이다. 1994년 제네바합의서가 파기된 후, 부시 대통령은 대북제재의 원칙을 고수하면서도 한편으로는 어떤 형식으로든 외교적 접근이 필요함을 인정했다. 이전의 양자 간 협정이 수포로 돌아간 것은 북한 책임이었지만, 당시에도 미국은 협상의 주도권을 온전히 쥔 것이 아니었다. 북한 핵 위협을 완화하기 위해 미국이 역내의 모든 국가를 대표하여 북한과 협상을 진척한 것이었기 때문에 미국의 부담은 그만큼 더했다. 미국의 협상대표였던 갈루치는 북한과 매 협상을 마칠 때마다 한국과 일본 정부 대변인의 질문을 받아야 했고, 당시 한국 정부로부터 "그래서 오늘은 북한에 무엇을 주었나요?"라는 냉소적인 질문만을 삼켜야 했다. 역내 국가들은 미국에 북한과 협상을 잘 마무리해 핵 프로그램을 종료시켜야 한다고 보채는 한편, 지역을 불안정하게 만들 수 있는 군사적 위협은 하지 말아달라고 당부했다. 더 나아가 미국의 대북 영향력은 북한의 동맹국인 중국이 지속적으로 북한에 식량 및 에너지 지원을 공급하며 북한의 불안정성을 자국의 국익을 위해 이용하는 처사로 인해 어려움에 직면하곤 했다.

이러한 협상은 부시 대통령이 원하던 것이 아니었다. 북한 핵의 가장 직접적인 위협 아래 있는 국가들이 미국에 무임승차하며, 심지어 주변에 앉아 미국에 문제를 떠맡기는 처사는 용납할 수 없었기 때문이었다. 북한과의 양자협상에서 미국은 주도권을 가질 수 있다는 장점이 있지만, 한국과 일본을 포함한 동맹국들이 불평불만을 호소할 경우 행동의 제약이 생기게 마련이고, 더욱이 중국이 뒤에서 은밀하게 북한을 지원할 경우에는 기존의 대북 영향력마저 상실할 수 있기 때문이었다. 이에 대한 처방으로 부시 대통령은 북한 핵과 직접적인 이해관계가 있는 국가들이 포함된 새로운 대화창구의 설립을 촉구했다. 협상력을 제고하기 위하여 이들 국가들은 북한에 어느 정도의 정치적인, 그리고 경제적인 영향력이 있어야 했다. 또한, 협상이 수포로 돌아가 유엔안전보장이사회에 회부될 가능성에 대비해 국제사회에서도 어느 정도 영향력을 행사하는 국가여야만 했다. 또한, 무임승차를 하는 국가는 없어야 했다.

이러한 후보군 중 한국은 당연한 선택이었다. 김대중, 노무현 대통령의 햇볕정책은 일면 북한과의 협상에서 당근으로 작용하기도 했고, 경우에 따라서는 지원을 보류함으로써 효과적으로 북한을 제재할 수 있는 채찍으로 사용할 수도 있었다. 또한, 한국의 일방적이고 무조건적인 양자적 대북지원보다는 어느 정도 핵협상의 큰 틀 안에서 대북지원의 규모와 속도를 조절할 수 있다는 장점이 있었다. 일본 또한 당연한 선택이었다. 북한 핵 프로그램의 직접적인 위협을 받고 있던 강대국 일본은 북한에 대규모 경제지원을 해 줄만한 역량을 갖추고 있었다. 더 나아가, 어느 다자협상에서건 이 두 나라의 존재는 미국에 천군만마(千軍萬馬)와도 같은 아군이었다.

중국 또한 주요 이익상관자로 고려됐다. 냉전 후 북한의 유일한 후원자였던 중국은 북한에 경제적인 지원과 당 및 군사관계를 통해 막대한 영향력을 행사하고 있었다. 그러나 북한 핵의 확산은 중국의 지역 불안정을 의미하므로 그들도 결과에 있어 직접적인 영향력하에 있었다고 할 수 있다. 과거 미북 간의 협정에서 중국은 될 수 있는 한 최소한의 개입만을 추구했다. 동시에 중국은 미국 비핵화 협상의 열매인 북한 핵의 안정성에 편승할 수 있었을 뿐만 아니라 동시에 북한 정권을 유지시켜 완충지대를 구축할 수도 있었다. 그러므로 중국을 단순히 참여국이 아닌 회담의 의장으로 추대하자는 의견이 대두됐다. 중국의 체면과 명예를 비핵화 협상의 성공 및 실패와 연계시키고자 하는 노력이었다. 다자협상에서 중국에 쏠릴 국제적 관심으로 북한에 대해 그들이 전통적으로 지니고 있는 편협한 시각이 넓어지길 바라고 있었다.

마지막으로 러시아가 유용한 참가국으로 고려됐다. 그들은 북한과 핵 협력 전례가 있었고, 동북아시아 지역의 여느 대체에너지 문제에 있어서도 공헌할 수 있는 영향력 있는 참가자였기 때문이었다. 회담 준비 초기, 푸틴은 미국이 직접 북한을 상대하라고 촉구한 반면, 시간이 지나면서 러시아는 입장을 바꾸었다. 무엇보다 러시아와 중국 모두 북한이 도발할 경우 작동되는 유엔안전보장이사회의 상임이사국인 사실도 중요하게 작용했다.

단순히 협상의 형식을 바꾸는 것만으로 북한의 비핵화를 달성할 수 없음은 명백했다. 하지만 새롭게 '5대1'의 6자회담을 도입함으로써 이전의 형식보다는 진보했다는 자신감이 있었다. 미국, 중국, 러시아, 일본, 그리고 한국 등 다섯 개 나라가 함께 북한을 설득하여 핵 포기에 대한 대가로 각종 혜택과 국제사회로의 진출을 보장하는 방법이 한 개의 국가가 노력하는 것보다 훨씬 효과적일 것이기 때문이었다. 또한, 5개국의 공조를 통해 북한이 각국에 전혀 엉뚱한 얘기를 하는 (한 예로, 북한은 2002년 켈리 차관보에게 우라늄 농축 프로그램의 존재를 인정했으나 다른 국가들에게는 부정한 사실) 잘못된 습관을 차단시킬 수 있었다. 미국은 일본과 한국과의 3국 공조를 기초로, 중국과 러시아를 포함한 5개국 협력의 수렴을 목표로 삼고 협상에 임했다.

2003년 공식적으로 출범한 6자회담은 작지 않은 도전에 직면했다. 미국은 중국이 의장국인 다자협상에 참여해 본 적이 없었다. 이는 협상 결과에 있어 중국의 입김과 영향력이 클 것을 의미했다. 3~5개국의 정책 입장을 조율하는 일은 쉽지 않았다. 언젠가 켈리 차관보는 이를 '고양이를 기르는 것'과 같다고 비유했다. 초기 계획과 다른 방향으로 협상이 진행될 때도 있었다. 대북 유화적인 노무현 정부는 때로 미일 양국의 강경한 입장에서 한 발 떨어져 중국 쪽에 서서 미국의 유연성을 호소하기도 했다. 미국과 중국은 협상의 방향성에 대해 자주 의견 대립을 보였다. 어쨌든 6자회담은 1945년 이래 안보문제를 다루면서 동북아시아의 주요국들이 참여하는 최초의 다자주의 기제였고 이 자체만으로도 이미 절반의 성공을 이룬 셈이었다.

그러나 성공의 척도는 단순히 회담의 출범이 아닌 결과가 말해주기 마련이다. 그나마 확실한 것은 북한 비핵화 문제에 있어 6자회담이 이전 협상 기제들에 비해 소정의 성과를 거뒀다는 것이다. 영변 핵 프로그램을 동결시켰을 뿐만 아니라, 주요 시설의 불능화, 궁극적으로 핵 프로그램의 부분적인 폐기를 이끌었다. 이러한 내용의 주요한 합의가 2005년 9월 6자회담 공동성명이었다. 동북아시아 최초 다자간 비핵화 문서로서 이 공동성명은 '핵무기 및 안보', '정치관계', '경제 및 에너지 지원', '지역안보'라는 네 가지 주요 요소를 포함했다.

참여한 모든 국가는 6자회담의 목표가 '한반도의 검증가능한 비핵화'라는 데에 뜻을 모았다. 이 점에 있어 미국은 한반도에 핵무기가 없음을 재확인해 줬고, 한국은 핵무기를 소유 및 개발 또는 이전하지 않을 것이라는 내용으로 북한과 맺은 1992년 한반도비핵화공동선언(북한은 이미 불이행한 협정) 이행을 재확인 했다. 위의 두 책무는 기본적으로 현 상태에 대한 재확인이었지만, 이것은 북한이 "모든 핵무기와 현존하는 핵 프로그램을 포기하고, NPT와 IAEA 핵안전조치협정을 맺던 당시의 상태로 회귀"[13]한다는 가장 중요한 선언을 받기 위해 필요한 절차였다. 이것은 북한이 지역 국가들에 핵무기를 보유하고 있다는 사실 인정과, 핵무기를 포기하겠으며, 관련 핵 프로그램을 중단하겠다고 한 첫 공식 문서였다. '현존하는 핵 프로그램'이라는 언급이 중요한데, 왜냐하면 모든 국가들이 이를 북한이 영변에서 진행되고 있는 플루토늄 프로그램 외에 우라늄 농축 역량을 늘리려는 노력도 포기하겠다는 북한의 약속으로 이해했기 때문이다.

   북한은 그들이 평화적으로 핵에너지를 사용할 권리가 있다고 했으나, 아무도 영변 원자로가 북한 주민을 위한 에너지를 목적으로 사용되고 있다는 것을 믿지 않았기 때문에[미국 측 수석대표이자 동아시아태평양담당 차관보 크리스토퍼 힐(Christopher Hill)은 공식적인 협상자리에서 영변 시설이 폭탄에 사용되는 플루토늄을 생산할 수 있으나 전구를 밝힐 수 있는 전력조차 생산할 수 없다는 말을 자주 했다], 북한의 이러한 주장은 그저 협상 당사자를 달래기 위한 미끼로 여겨졌다. 북한은 1994년 제네바합의에서 약속했던 경수로 제공을 고집했다. 이에 대해서는 미국이 강하게 반대했는데, 그 이유 중 하나는 이러한 양보가 클린턴 행정부 때의 협정을 파기하는 것이기도 했지만 더 중요하게는 우라늄 농축을 사용하는 핵 역량에 있어 북한을 신임할 수 없었기 때문이었다. 결국 미 국무부 대변인은 가까운 미래에 적절한 때에 '경수로 공급에 관한 사항'을 논의한다는, 모호한 의지를 담은 장황한 문장을 채택했다. 이러한 문장은 어떠한 당사국에도 (1994년 합의에서 제안된 두 개의 경수로는 고사하고) 경수로를 제공한다는 약속과 같은 의미로 여겨지지 않았다. 이는 그 문제를 논의하겠다는 모호한 약속일 뿐이었으며, 원자로의 규모나 이것이 어떻게 제공될 것인지, 누가 재정적 지원을 할 것인지에 대한 세부사항을 기술한 기밀 회의록이나 기밀 항목들이 없었다. 게다가, 모든 당사국들이 경수로에 대해 논의할 적절한 때는 북한이 모든 핵무기를 버리고 NPT와 IAEA 안전조치를 모두 준수한 이후라고 이해하고 있었다.

공동성명에 담긴 내용들 중 정치와 관련된 조항들은 관련 국가들이 유엔헌장을 준수하는 데 맞춰졌다. 이는 겉으로 보기엔 모호한 언급 같았지만, 북한이 유엔헌장에 걸맞은 인권상황 개선의 필요를 인정하도록 하기 위한 노력의 결과였다. 미국은 북한과 평화적으로 공존하기로 약속했고 외교관계 정상화를 위한 양국 실무단의 궁극적 설치에 동의했다. 그리고 일본 역시 북한에 대해 동일한 약속을 했다. 또한, 미일 모두 핵과 관련 없는 이슈들은 (일본의 경우 납치자 관련 사항, 미국의 경우 북한의 인권유린이나 미사일관련 계획) 이러한 외교채널을 통해 다뤄져야 한다는 것에 동의했다.

공동성명의 세 번째 부분은 북한이 핵개발을 중단하는 대가로 미국 및 다른 당사국들이 에너지 지원을 약속하는 문제를 다뤘다. 그리고 공동성명의 마지막 부분은 한반도와 지역안보를 위한 광범위한 평화 메커니즘을 논의하자는 데에 할애했다.

공동성명은 의도적으로 세부사항에 대해 자세히 언급하지 않았는데, 이는 규모가 큰 다자간 협상에 있어 세부사항을 확정하려는 시도가 자칫 모두를 세부사항의 늪에 빠지게 한다는 논리 때문이었다. 미국 측 수석대표인 힐이 언급했듯이, 이 성명의 목적은 모든 당사국이 협상에서 이루려는 이상적인 최종상태를 제시하는 넓은 의미의 비전에 대한 합의를 통해 '이른 추수'를 거두는 것이었다. 미국, 북한, 중국 간 불신의 정도를 감안한다면 이는 협상을 시작하기 위한 효율적인 방안이었다.

그 당시 6자회담 공동성명은 제2차 핵위기를 다루는 데 중요한 돌파구로 여겨졌다. 많은 이들이 부시 행정부가 북한과 어떠한 합의도 도출하지 못할 것이라 생각했는데, 이러한 관점은 이 문제를 평화적 외교를 통해 다루려는 대통령과 국무장관 콘돌리자 라이스의 노력을 잘 이해하지 못한 것이다. 국가 최고 외교관으로서 라이스 국무장관은 임기 초부터 북한과 이란에 관련된 '심층' 논의 세션을 금요일 오후마다 마련했다. 이는 라이스 장관의 바쁜 일정에도 불구하고 이 문제를 고려하기 위한 고육지책(苦肉之策)이었다. 라이스 장관은 국무부 7층에 있는 집무실에서 앞으로의 협상에 대해 많은 질문과 의견들을 주고받으면서 마치 그녀가 스탠퍼드대학의 교수였을 때처럼 세션을 진행했다. 아시아에서는 공동성명이 지역 안보와 번영을 위한 중요한 돌파구로 여겨진다. 그들은 6자회담 공동성명을 비단 북한의 비핵화 협정일 뿐만 아니라 미국과 중국이 협조적 자세로 지역안보를 위해 협력하는 것의 일면으로 이해했다. 아시아에 NATO와 같은 안보기구가 필요하다는 의견을 제시하던 학자들은 6자회담의 중요성을 피력했다. 우리가 베이징에 있는 댜오위타이(釣魚臺) 영빈관 그랜드홀에서 북한 측 대표단과 사진 촬영을 하는 도중 북한 측 수석대표가 나에게 한국어로 "끝까지 갑시다", 즉 끝까지 이 합의를 성공적으로 이끌자는 말을 건넸다. 한국 측 수석대표는 이 공동성명을 핵위기에 대한 최종해결이라며 언론에 선전했다(한편으로는 그를 국가안보 보좌관으로 승진시킨 일이었다). 중국인들은 그들이 6자회담 회담장에서 필요한 연필, 폴더, 부채(티셔츠는 없었다)를 만들었다는 후문에 아주 즐거워했다.

하지만 일반인들은 이 공동성명의 의미를 일본의 나리타공항에서 알게 됐다. 베이징에서 회담을 마친 이후, 그 당시 국가안보 보좌관이던 해들리는 관례적으로 나를 회담을 위해 일본에 보냈다. 물론 일본은 6자회담 대표단이 있었지만, 나는 일본 내각에 강한 동맹의 표시로 관습적인 보고를 하러갔다. 일본 내각은 자국 외교부 체계에서 올라오는 보고 외의 미국의 개인적인 입장도 듣고 싶어 했다. 나리타공항에서 나는 휠체어를 준비한 공항요원을 만났다[나는 6자회담 전에 체비 체이스(Chevy Chase, 미국 메릴랜드 주 몽고메리 카운티에 있는 타운)에서 조깅하다가 발목이 부러졌다]. 며칠 동안 진행된 16시간의 끊임없는 협상과 그 합의에 대한 언론의 밤샘 인터뷰로 매우 피곤했던 나는, 그 공항요원이 나를 휠체어로 터미널을 통과해 대기 중이던 차까지 밀어주는 동안 깨어있기가 힘들었다. 휠체어에서 일어났을 때 그 공항요원이 나에게 북한의 공격으로부터 자신의 나라를 구해 준 것에 대해 미국에 감사하다는 이야기를 계속해서 했다는 것을 알게 됐다. 차에 타면서 이 공항요원이 믿고 있는 것들을 이루기 위해서 우리에게 아직 더 많은 일들이 남아 있음을 알고 있었지만 이상하게도 그들에게 고마운 마음이 들었다.

세 번째 위기: 2006년 핵실험

"내가 이런 성명서를 읽어야 하다니." 미국 측 수석대표 크리스토퍼 힐이 6자회담 본회의장에서 중얼거렸다. 세 번째 북한 핵위기는 2005

년 6자회담 공동성명이 완성되자마자 시작됐다. 공동성명을 기념하며 열린 6자회담 본회의에서 각 나라가 최종 성명서를 전한다는 맥락에서 힐의 발표가 있었다. 미 정부는 힐에게 상당히 강한 어조의 성명서를 전하게 했는데, 이 발언은 공동성명에 대한 언론의 흥분을 가라앉혔고, 진지하게 북한 정권의 모든 문제점과 완전하고 검증가능하며 불가역적인 핵 폐기의 필요성을 언급했다. 이를 위해 요구되는 모든 세부사항들에 미국은 "자국과 동맹국을 북한의 불법 핵 확산 활동으로부터 보호하기 위해 필요한 구체적 행동을 취할 것"이며 북한의 "인권유린, 생화학 무기 프로그램, 탄도미사일, 테러리즘, 불법행위"에 대해 논의하고자 하는 바람을 최종성명서에 명시했다.[14] 나는 힐 수석대표 옆에 앉아서 북한 측 수석대표 김계관이 미국의 성명을 듣는 모습을 잘 지켜볼 수 있었다. 그는 미국의 강경한 성명을 들으면서 발표를 위해 준비했던 문서를 서류가방에 다시 집어넣었다. 대신에 그의 차례가 되자 즉흥적으로 짧은 마무리 성명을 했다. 그는 6자회담이 공동성명을 이루기 위해 '산을 넘었지만' 넘어야 할 더 큰 산이 있다고 이야기 했다. 그의 말은 틀리지 않았다.

 2005년 9월의 역사적인 합의에도 불구하고, 그 공동성명의 이행을 위한 첫 단계까지 무려 17개월 이상이 걸렸다. 문제는 즉각적으로 발생했다. 공동성명 다음날 북한 외무성은 경수로에 대한 공동성명의 모호하고 애매한 측면에 대한 국제 언론의 보도를 부인하고, 미국은 북한에 경수로를 제공해야 한다고 요구하며 자신들이 경수로를 받기 전까지 핵무기를 '포기하는 일은 꿈도 꾸지 말아야' 한다고 발표했다.[15] 심지어 북한은 미국이 2005년 9월에 가한 방코델타아시아(BDA)에 대한 제재 조치에 대한 대응으로 1년 동안 협상을 보이콧했다.

"우리는 2,500만 불을 돌려받길 원한다." 이것이 2005년 공동성명 이후 1년 동안 북한이 유일하게 주장한 것이다. 이는 미 재무부와 사법 당국이 돈세탁, 달러화 위조 및 그 외의 불법행위와 관련된 북한의 금융활동을 수사해왔기 때문이다. 6자회담 나흘 전인 2005년 9월 15일 재무부는 애국자법[Patriot Act. 정식명칭은 테러대책법(Anti-terrorism legislation)] 제311조에 의거해 미 금융기관에 마카오은행 BDA와의 거래에 주의를 요할 것을 당부했다. 미 재무부는 BDA에서 북한의 '슈퍼노트(굉장히 잘 만든 미화 100달러 위조지폐)'가 유통되고 있다는 근거를 들었다. 그 당시 BDA에 대한 애국자법 제311조는 악의 없는 법집행으로 보였다. 우리는 6자회담 시 북한 대표단에 재무부의 이런 입장을 전했고, 그들은 그것이 무엇을 뜻하는지 인식하지 못한 상태에서 읽어 내려갔다. 하지만 금새 BDA라는 약자가 그들의 머리에 새겨졌다.

마카오 규제기관은 그들의 은행 중 하나가 미 재무부에 의해 돈세탁 기관으로 지정된 것을 알고, 즉시 은행을 통제하고 2,500만 달러 규모의 북한 계좌를 수사를 위해 동결했다. 더욱이 각국 은행장과 은행 규제기관들이 애국자법 제311조에 대해 알게 되자, 그들 역시 그들의 은행에서 북한 자금을 동결하거나 퇴출하고자 했다. 비록 이런 조치들이 해외계좌나 경화를 갖고 있지 않는 일반 북한 주민들에게는 별 영향을 끼치지 못했지만, 해외에 숨겨둔 돈이 동결된 것을 알게 된 엘리트 집단에는 아주 큰 영향을 미쳤다. 북한 지도층은 핵무기를 잃는 것보다 잠재적으로 더 큰 타격이 존재한다는 것을 알게 됐는데, 그것은 바로 그들의 재정적 신용도를 잃는 것이었다. 계좌는 동결됐다. 만약 은행에서 북한에 그들의 계좌를 없앨 것을 요구한다면 북한은 현금을 어디에도 예치할 수가 없었다. 북한 정권의 유령회사(front company)는 송금할 곳을 잃었다. 대부분의 은행들은 그 행동에 큰 의미를 부여하지 않았다. 그들은 은행의 총 예치금 중 극소량인 북한 자산을 유지하는 것보다 부정적인 계좌를 지니고 있지 않음으로써 은행의 재정 신용도를 유지하는 일이 먼저였다.

북한은 공동성명 이후 두 달 만인 2005년 11월 6자회담에 다시 참가했다. 한국과 일본은 공동성명을 이행하기 위한 계획을 준비한 상태로 참가했지만 북한은 "우리는 BDA에 묶여 있는 2,500만 달러를 돌려받길 원한다."라는 단 한 가지만을 생각하며 회의에 참석했다. 회담은 이틀 이상 지속되지 못했으며, 2,500만 달러라는 돈이 국제적으로 북한이 직면한 재정문제를 대변한다는 것이 분명해졌다. 미 재무부 관계자는 그들의 재정문제가 이 얼마 안 되는 자금을 돌려주는 것으로 해결되지 않음을 설명했다. 현재 북한 은행계좌가 잠재적 마약 밀매, 위조, 돈세탁의 촉매제로 여겨지기 때문에 그들이 2,500만 달러를 돌려받는다 해도 그 돈을 원하는 은행은 없을 것이었다. 이 문제를 해결하기 위해서 북한은 재계에 자신들이 이러한 불법 활동에 더는 관여하지 않을 것임을 알려야 했는데, 이는 북한 경제의 33퍼센트를 차지하고 있었기 때문에 쉬운 일이 아니었다. 북한 대표단은 반항적인 동시에 망연자실했다. 그들은 미국이 주도하는 음모로 인해 북한의 신용이 떨어졌다고 떠들어댔다. 하지만 그들은 이것이 지금까지 보지 못했던 대북 제재이며 그들의 리더십 또한 취약하다는 것을 알게 된 계기가 됐다. 6자회담 주최 측인 중국은 공동성명에 서명한 지 몇 주도 안 돼 6자회담이 무너지는 것을 보고 당황하는 동시에 거북해 했다. 한국의 진보정권은 미국의 주장을 받아들이길 거부하며 미국의 위조 혐의가 정당한 것인지를 물었다(이는 부시 대통령을 매우 화나게 했다). 그러나 그날 밤 중국 외교부장 주최 연회에서 북한은 이 사안의 중대성을 드러냈다. 중국술인 바이주(白酒)로 건배를 한 후 취한 북한 대표단 사람이 우리에게 와 기대며 "너 … 너희 미국인들이 드디어 우리를 해코지 할 방법을 찾았구나."라며 중얼거렸다. 그날 저녁 대사관 차를 타고 세인트 레지스 호텔로 돌아오는 길에 나는 대표단 중 하나가 자신의 아내에게 전화로 "여보, 곧 집에 곧 갈거야 … 한 동안 여기서 할 일이 없을 것 같아."라고 하는 말을 우연히 들었다.

많은 비평가들은 BDA 사건을 2005년 9월 공동성명을 방해하기 위한 부시 행정부 강경파의 고의적인 시도로 묘사한다. 그들은 미 재무부의 행동(2005년 9월 15일)이 공동성명(2005년 9월 19일) 나흘 전에 일어났다는 묘한 우연성을 지적한다. 미 정부의 신보수파는 우리의 협상을 약화시키기 위해 BDA를 선동했다고 고발됐다. 그러나 이 관점은 여러 가지로 잘못됐다. 첫째, BDA 조치에 관여한 만큼이나 베이징에서의 6자회담에 관여한 협상가들 역시 신보수파였다. 둘째, BDA 수사와 6자회담 협상은 별개로 진행됐다. 전자는 수년간 계속된 법의 집행이며 첩보활동이었고, 그에 대한 결론은 6자회담의 어떠한 합의보다 먼저 나왔다. 사실 협상을 약화하려 했다기보다는, 2005년 여름에 하려 했던 BDA 조치가 그해 7월에 시작하는 6자회담을 고려해 미뤄진 것이었다. 하지만 2주간 진행된(7월 26일부터 8월 7일) 회담에서 우리가 합의를 도출하지 못하고 휴식을 위해 8월에 워싱턴 DC로 돌아왔을 때, BDA 조치를 더 이상 미룰 수 없다는 결론이 내려졌다. 게다가 관계부처들이 BDA 조치를 취하기로 결정했을 때 우리가 가까운 미래에 6자회담에 복귀할 것을 알았지만, 아무도 우리가 공동성명에 합의를 이끌어 낼 수 있을 거라고 생각하지 못했다. 따라서 BDA 조치에 대한 결정은 아직 실현되지 않았던 합의를 방해하기 위해 내려진 것이 될 수 없다. 마지막으로, 부시 대통령은 북한의 불법행위들, 특히 대통령이 전쟁 행위라고 여기는 미화 위조를 더 이상 지켜볼 수 없었다. 그는 미래의 행위들을 막기 위해서 BDA 조치가 진전되길 바랐다. 하지만 그 동시에 그는 6자회담이 비핵화에 관한 합의를 이끌어가길 원했다. 부시 대통령에게 이 두 가지는 양립 가능한 일이었다.

BDA에 대한 북한의 반응은 제3차 핵위기를 촉발했다. 이 새로운 금융 제재의 실효성에 대한 북한의 불만은 그들이 2005년 4월 한국 대표단에게 한 발언에서 분명히 드러났다.[16] 도쿄에서 열린 6자회담의 학술적 버전인 동북아시아협력대화(Northeast Asian Cooperation Dialogue, NEACD) 중 '트랙2' 회의(정책 전문가들의 비공식 회의로 정부 관계자들 역시 참석한다)에서 북한 관계자가 술에 취해 한국 측 대표인 천영우에게 이제 회담이 중단됐으니 그들이 이제 "미국 원숭이의 엉덩이에 불을 지필 것"이라고 말했다.

북한의 이러한 위협이 현실로 나타난 것은 2006년 7월이었다. 북한은 최장거리 대포동 2호와 스커드-C, 그리고 노동 미사일을 포함한 7개의 탄도미사일을 발포하며 지금껏 보지 못한 규모의 미사일 시험발사를 진행했다. 미국 본토에 핵을 보낼 잠재력이 있다고 미 국가정보국이 평가했던 대포동 2호는 실패했다.[17] 나머지 6개의 시험발사는 모두 성공적이었는데, 이것은 기태령 군사기지에서 발포됐으며 단거리와 중거리 스커드-C, 그리고 노동 탄도미사일을 포함했다. 그리고 2006년 10월 9일 북한은 풍계리 근처에서 지하 핵실험을 진행했다. 탄성파 자료로는 1킬로톤의 파장력에 못 미쳤지만, 미 국가정보국에 의해 다음 날 획득된 공기 샘플에는 지하 플루토늄 기반 핵폭발 시 잔해와 일치하는 방사능 잔해가 발견됐다.[18] 북한은 중국에 적어도 4킬로톤의 파장이 예상된다고 했는데, 이것은 당시 실험이 성공적이지 못했다는 것을 의미하며, 전문가들은 실험을 위해 북한이 6킬로그램의 플루토늄을 사용했을 것으로 예측했다.[19] 이러한 전례 없는 행동에 대한 대응으로 유엔 안전보장이사회는 두 개의 결의안(UNSCR 1695, UNSCR 1718)을 통과시켜 북한을 규탄하고 여러 제재를 가했다. 또한, 이는 북한과 역사적으로 긴밀한 동맹관계를 맺고 있는 중국과 러시아가 북한 정권에 반하는 결의안에 처음으로 동의한 것이었다.

게임 체인저?

2006년 10월 핵실험은 대내외적으로 '게임 체인저(game changer, 어떤 일에서 결과나 흐름의 판도를 뒤바꿔 놓을 만한 중요한 역할을 하는 인물이나 사건)'로 여겨진다. 군사공격을 취하진 않았지만 핵으로 도발을 감행했고, 이러한 북한의 뻔뻔한 행동은 다시 한 번 도를 넘어섰다. 비록 실험이 완벽하게 성공적이진 못했지만, 핵실험은 우리를 그동안 경험하지 못한 곳에 서게 했다. 한국의 진보정권은 미국이 외교적 접근을 취하하고 군사적 접근으로 돌아서게 될까봐 두려워했다. 게다가 한국의 노무현 대통령은 부시 대통령과 북한의 핵실험 이후 가진 첫 통화에서 강력한 결의안을 위해 유엔안전보장이사회에 이 문제를 회부하자는 부시 대통령의 침착하고 체계적인 요청을 제대로 듣지도 않고, 왜 미국이 한국에서 전쟁을 벌이면 안 되는지에 대한 설명만을 고집하고 있었다. 또한, 일각에서는 핵실험이 중국에 모욕을 준 것으로 보고 중국이 결국에는 북한을 단속할 것이며, 북한이 핵무기를 포기하도록 물리적 영향력을 행사할 것이라는 예측이 난무했다.

   결국 이런 예측들은 모두 빗나갔다. 중국은 북한 핵실험에 대해 강경한 입장을 취했는데, 대부분은 비공식적으로 진행됐다. 북한 핵실험에 대응하는 유엔안전보장이사회 결의안에 서명하는 이례적인 모습과 더불어, 보이진 않지만 당 대 당(黨對黨) 채널, 그리고 중국인민해방군과 조선인민군 간의 채널을 통한 경제적, 정치적 협력을 축소시켰다. 그럼에도 불구하고 중국은 북한 정권을 완전히 버리진 않았다. 미국의 경우, 부시 행정부는 공격을 통한 대응은 고려하지 않고, 보다 나은 결과를 도출하기 위해 노력했다. 2006년 10월에 그랬듯이, 상황이 좋지 않을 때의 즉각적 외교대응이란, 긍정적인 장기목표를 달성하기 위한 방편으로써 이를 이용할 수 있는 방법을 찾는 것이다. 따라서 라이스 국무장관은 북한을 제재하기는 했지만, 결국 북한의 핵실험은 공동성명의 이행에 있어 미국을 유리한 외교적 입지로 이끌 것이라고 생각했다. 따라서 제3차 핵위기 이후 2007년부터 2008년 사이에 북한 비핵화에 이례적 진일보를 가져다준 외교적 기간이 도래하게 된다. BDA 조치로 1년이 넘게 돈세탁 활동에 대해 북한 지도부의 간담을 서늘하게 한 다음, 미국은 2,500만 달러를 돌려주기로 결정했다.[20] 무엇보다도 2007년 2.13 합의의 초기 이행조치를 통해 비핵화를 위한 첫걸음을 제시했다. 북한은 5만 톤 상당의 중유를 조기 납품받는 대가로 60일 내에 영변 원자로를 중단하는 것에 동의했다. 그 후 북한은 추가분인 95만 톤의 중유와 이에 동등한 가치를 지닌 물품을 받는 조건으로 모든 핵무기와 핵 프로그램에 대한 완전하고 검증가능한 보고서를 제공하고, 현존하는 모든 시설을 불능화 시키기로 약속했다. 또한, 공동서명을 이행하기 위한 다섯 개의 실무그룹(한반도 비핵화, 경제 및 에너지 협력, 북일 관계 정상화, 미북 관계 정상화, 동북아시아 평화안보체제)을 설치했다. 북한은 특히, 미북 간 실무그룹은 미국의 테러지원국 명단에서 북한을 제외하도록 최선을 다해야 한다고 강조했다. 미국은 북한이 질질 끄는 습관이 있기 때문에 이를 피하기 위해 2007년 말까지라는 정해진 기간 안에 핵시설의 완전한 불능화를 강조했다. 협상하는 동안 우리는 2007년 말까지라는 시간적 제한을 강력하게 주장했고, 이는 북한 대표단을 굉장히 불편하게 했다. 지연되긴 했지만, 중국, 러시아, 한국, 일본, 미국 전문가들은 2007년 9월부터 영변 원자로 불능화를 위한 구체적인 단계별 실행 계획을 그리며 북한으로 향했다.

2007년 9월에 영변 원자로 불능화를 위한 11단계 프로그램이 시작됐다. 북한은 미국 특사인 성 김(Sung Kim)에게 우라늄 농축 프로그램에서 미국이 가장 우려하는 고강도 알루미늄 튜브 샘플과 1986년부터 기록된 1만 8,000여 페이지 분량의 영변 원자로와 핵 재처리 시설의 운영 기록을 제공했다. 2008년 6월 북한은 CNN과 국제 언론사들을 증인으로 영변에 초대해 냉각시설의 해체를 진행함으로써 원자로 해체의 첫 단계를 이행했다. 북한은 또한 6자회담의 의장국인 중국에 핵 프로그램에 관한 보고서를 제공했다. 그 보고서에는 북한이 30킬로그램의 플루토늄(미 국가정보국 추산보다는 적은)²¹을 가지고 있다고 기술하고, 우라늄 기반 프로그램은 따로 명시하지 않고서, 단지 우라늄 프로그램이 북한에 존재할지도 모른다는 미국의 우려를 인식하고 있다고 기술했다. 또한, 북한은 시설의 완전한 해체를 위한 시간을 준수할 것에 동의했고, 검증을 위한 과정으로서 앞으로의 시설 방문, 문서 검토, 핵 기술자들과의 인터뷰를 허락했다.

물론 이러한 것들이 공짜로 얻어진 것이 아니었다. 북한은 지속적으로 중유를 받아갔고 부시 정권은 북한을 테러지원국 명단에서 제외하기로 합의했는데, 이는 더 이상 북한을 테러지원국으로 여길 수 있는 법적요건(직전 6개월 동안 테러조직을 돕거나 테러를 저지르는 것)에 해당하지 않았기 때문이었다. 테러지원국 제외 문제는 1970년대 일본인 납치문제에 민감한 일본 정부에는 많은 논란거리를 남김에도 불구하고, 이는 북한 비핵화를 위한 결정임과 동시에 북한과의 협상을 진전하기 위한 조치였다. 결과적으로 이 기간은 북한의 영변 핵시설을 불능화하는 전례 없는 성과를 거둔 기간이었다. 부시 행정부의 모든 대북정책을 비판하는 뉴욕타임스조차 2007년 2월 협정에서 시작된 절차들이 1994년 클린턴 행정부가 협정한 조항들을 넘어서고 있음을 인정했다.²²

네 번째 위기: 오바마와 2009년 핵실험

"우리는 이와 관련해 몇 가지 문제가 있다."

북한의 핵 보고서 검증 절차에 대한 미국의 초안과 관련, 북한의 6자회담 대표가 위와 같은 발언을 하면서 2008년 말 또 다시 위기가 도래했다. 북한이 자국의 핵보유와 관련한 명백하고 '포괄적인' 보고서를 제공하기를 거부 했을 때 6자회담은 흔들리기 시작했다. 2008년 가을, 크리스토퍼 힐은 회담이 결렬되는 것을 막고자 혼신의 힘을 다해 핵 보고서와 관련한 합의를 이끌어내려 했다. 이 합의는 북한이 핵 프로그램의 특정 부분은 명시하여 보고서에 포함시키는 반면, 다른 6자회담 참가국에 제재를 받을 수 있는 부분에 대해서는 명시하지 않고 암묵적으로 인정한다는 특이한 형식이었다. 이러한 비정통적인 형식은 논란이 많았다. 게다가 북한에서 가지고 온 고성능 알루미늄 튜브들과 운영 기록으로부터 미국 법의학자들이 농축 우라늄의 흔적을 발견하면서 우라늄 프로그램에 대한 우려가 현실로 나타나기 시작했다. 그런데 합의서는 단지 플루토늄에만 초점을 맞추면서 우라늄에 대한 미국의 우려를 모호하게 표현하고 있었다. 너그럽게도 이 합의서가 받아들여진 것은 검증과정을 통해 모든 의문사항들이 해결될 것이라는 기대 때문이었다. 미국이 지닌 의혹을 검증하도록 국제 실사단이 시설에 방문하여 '과학적 샘플링'을 하도록 허락하는 IAEA 기반 검증 프로그램에 북한이 '구두'로 합의했다고는 전해진다. 북한의 지도층은 이런 합의를 서면으로 남기길 원치 않았지만, 백악관은 힐의 이러한 애매모호한 형식의 합의를 받아들일 수 없었다. 북한이 IAEA 기반 검증 절차를 꺼려한다는 것은 북한이 노후한 영변 원자로를 해체할 의사는 있었지만, 그들의 무기와 핵 관련 기밀은 포기할 의지가 없는 것으로 여겨졌다. 많은 이들이 협상결렬의 또 다른 주요 변수로 김정일이 2008년 8월에 쓰러진 일을 드는데, 그 이후 북한의 협상 반응성이 급격히 떨어졌기 때문이다. 2008년 12월 6자회담은 합의점을 찾지 못한 채 마무리 됐고 다시 한번 관계는 악화됐다. 이후 3년이 넘게 협상은 진행되지 않았다.

> 부패와 기만으로 정권을 유지하며 반대자들을 침묵하게 하
> 는 자들은 현재 그들이 역사의 그릇된 쪽에 서 있다는 사실
> 과 더불어, 그럼에도 불구하고 그들이 주먹을 펼 의지가 있
> 다면 우리는 기꺼이 손을 내밀어 도와줄 것이라는 사실을
> 알아야 할 것입니다.[23]
>
> — 2009년 1월 20일 오바마 대통령 취임식 연설

오바마 행정부는 취임과 동시에 북한과의 관계를 개선하기 위해 준비했다. 대선 캠페인 중에 오바마 대선 후보자는 전 대통령들보다 고립된 정권들에 대해 좀 더 적극적인 외교를 할 것임을 약속했다. 그의 말대로 그는 북한에 대한 편파적 편견 없이 부시 행정부의 6자회담 결과를 받아들였으며, 수준 높은 쌍방 및 다각적 협의를 통해 공동선언의 실행이 가속화되길 바랐다. 2009년 2월 대통령 취임 후 미 정부는 경험이 많은 외교관이자 플레처스쿨의 학장인 동시에 전 주한미대사였던 스티븐 보즈워스를 대북정책 특사로 지명했다. 보즈워스는 평양에 학술방문차 다녀온 직후 이를 알게 됐다. 6자회담의 부대표로 나의 뒤를 이었던 외무공무원 출신 성 김은 그의 공로를 인정받아 대사로 임명됐으며 6자회담 특사는 그대로 유지됐다. 새로 동아시아 태평양 담당 차관보가 된 커트 캠벨(Kurt Campbell)은 그와 아주 친밀한 국무차관 짐 스타인버그(Jim Steinberg)의 적극적 지원 아래, 국가안전보장회의 아시아담당 선임보좌관 제프 베이더(Jeff Bader), 아시아담당 보좌관 대니 러셀(Danny Russel)과 함께 대북정책을 담당하게 됐다. 이로써 미 정부는 북한 문제를 다룰 강력한 팀을 만들어 냈다.

하지만 그들은 대부분의 시간을 북한의 도발에 대응하는 데 소비했다. 2007년 12월 대선 이후, 한국은 10년 만에 보수정권이 집권을 하면서 한반도의 정치적 상황은 급격하게 변했다. 실용적 사업가에서 정치인으로 변모한 이명박 대통령은 햇볕정책 중단을 선언했고, 대북정책이 더 이상 무조건적인 선물로 포장된 것이 아닌, 인권문제 또는 비핵화의 진전이 있을 경우에 한해서 대북지원이 이루어질 것이라고 돌아선 것이다. 이명박 대통령은 당선 두 달 전에 이전 정부가 약속한 수십억 달러의 지원에는 관심이 없었으며, 2009년 1월 6자회담 부대표인 황준국을 평양으로 보내 한국이 원하는 남북관계에 대한 입장을 밝혔다. 황준국 부대표의 임무는 아주 세부적이었다. 북한에 아직 남은 8,000개의 연료봉을 한국에 판매하여 북한이 더 이상 영변 원자로를 가동할 수 없게 하는 것이었다. 북한이 엄청난 액수를 부르자 이명박 대통령은 불합리하다며 황준국을 귀국시켰다.

헤아릴 수 없는 혜택을 준 10년 동안의 햇볕정책에 익숙했던 북한은 강압적이라고 느껴지는 이명박 대통령의 강경한 접근에 불쾌해 했다. 그래서 1년 후에 오바마 대통령이 당선 됐을 때에 북한은 이미 도발을 준비하고 있었다. 2009년 2월 조선중앙통신은 북한이 장거리 탄도미사일 기술을 기반으로 위성 발사를 준비하고 있다고 발표했다. 그 이후 예상 가능한 패턴을 따라 위기가 고조 됐다. 오바마 행정부는 이런 시도가 유엔안전보장이사회 결의 제1718호에 위배되는 사항임을 경고하고 위성을 발사하면 유엔안전보장이사회에 회부하겠다고 했다. 이명박 정부도 미국의 입장을 지지했고 2009년 3월에는 이전 정부가 거부해오던, 북한 무기거래를 막기 위한 대량살상무기 확산방지구상(PSI. 90여

개국이 대량살상무기와 부품들의 이동을 수송 중, 그리고 항구에서 차단하기 위한 다국적 제도) 가입을 고려하겠다고 발표했다. 이러한 경고를 완전히 무시한 채 북한은 2009년 4월 5일에 대포동 2호를 발사했다. 미사일은 이전에 시험발사 했던 미사일 중에서도 가장 멀리 날아갔는데, 1단계는 동해에 떨어졌고 그 폭발력은 태평양까지 미쳤다. 유엔안전보장이사회는 즉각 북한의 미사일 시험발사를 규탄했다. 북한은 공식적으로 6자회담에서 탈퇴했음을 밝히면서, 더 이상 6자회담에 얽매이지 않게 됐으며 "다시는 회담에 참여하지 않을 것"[24]이라고 발표했다.

북한의 6자회담 부대표인 리건은 뉴욕 출장 중 모든 6자회담 당사국들이 북한의 로켓 발사를 규탄하는 유엔 성명을 요청하는 것을 보고서는 "그들은 자신들의 믿음을 저버렸다."며 화를 겨우 참으며 이야기했다. 그 후 4월 16일에는 영변에 있는 모든 국제 및 미국 감사단을 추방하고 8,000개의 연료봉을 재처리할 것임을 발표했는데, 이는 6자회담에서 이뤘던 협정들이 무효로 돌아가는 것을 의미했다.

2009년 미국 메모리얼 데이(5월 25일)에 북한은 두 번째 지하 핵실험을 감행했다. 첫 실험보다 더욱 강력해졌으며, 미 지질연구소에 의하면 리히터 척도로 4.7규모의 지진이었다고 한다. 미 국가정보국 국장은 그 폭발력이 수 킬로톤에 이른다고 발표했다(전문가들은 2~8킬로톤으로 생각한다).[25] 북한은 실험이 성공적이었으며 '핵무기의 강도를 높이는 데 있어 제기됐던 과학적 기술적 문제를 해결하는 데 도움이 됐다'[26]고 발표했다. 유엔안전보장이사회는 세 번째 결의안(UNSCR 1874)을 통과시키며 북한에 대한 제재를 강화했고, 한국은 대량살상무기 확산방지구상에 가입하겠다고 발표했다. 북한은 한국과 미국이 전쟁을 촉발시키고 있다고 주장하면서 자신들은 더 이상 1953년 휴전협정에 얽매이지 않는다고 으름장을 놓았다. 북한은 2010년 3월에 한국 군함에 어뢰를 발사하고, 이후 한국의 작은 섬 연평도에 약 180차례의 포격을 하며 두 번의 재래식 군사도발을 감행했다.

2009년 9월에 북한은 유엔안전보장이사회에 서면 보고서를 제공했는데, 기본적으로 그들이 부시 행정부에는 부인해왔던 우라늄 농축 프로그램을 가지고 있다는 내용이었다. 주요 내용은 '우라늄 농축 실험은 완성단계에 성공적으로 다다르고 있다'[27]는 것이었다. 그리고 2010년 11월 북한을 방문하고 있던 미 과학자에게 영변 핵시설에서 가동 가능한 우라늄 농축 시설을 보여주었다. 이것은 모든 협정을 위배하는 행동이었고 부시 행정부에 부인해온 프로그램이었다. 이런 뻔뻔한 행동은 부시 정권이 2002년부터 주장해 온, 그러나 〈뉴욕타임스〉와 같은 비평가들로부터 '선정주의'며 외교를 방해하기 위한 행동이라며 조롱받았던 부시 정권의 우라늄 농축에 대한 대북 고발을 입증시켜줬다.[28] 유명한 비평가인 리온 시갈(Leon Sigal)은 우라늄에 대한 고발에 대해 부시가 북한 정부를 혐오해서 한 '부정확한 사실의 전파'라고 비평한 바 있었다.[29]

이젠 아무도 이러한 비평을 믿지 않는다. 국제사회는 북한의 행동을 규탄했고 관련국들은 유엔에서 제재를 강화하고 핵확산에 대한 강력한 조치를 취할 것을 요구했다. '전략적 인내(strategic patience)'로 알려진 오바마 행정부의 정책은 그 이후 북한에 '완전하고 검증가능한' 비핵화를 요구했고 부시 행정부의 6자회담 합의로 돌아올 것을 요구했다. 오바마는 북한의 행동이 나아지기 전까지, 그리고 한국에 대한 도발을 멈추고 미사일 시험발사와 핵실험을 그만두기 전까지는 의미있는 외교는 없을 것이라고 약속했다. 제3차 핵실험을 포함한 북한의 추가적 도발 위험에도, 오바마는 북한이 진정한 행동의 변화를 보일 때까지 자신의 입장을 확고히 유지했다(북한은 2013년 2월 12일 풍계리에서 제3차 핵실험을 감행했다_옮긴이). 북한의 행동이 변하기 전까지, 오바마의 정책은 오바마의 지지자들이 비판하던 부시 행정부의 완고한 입장과 크게 다르지 않았다.

쯧쯧, 문제는 미국이 아니야

〈뉴욕타임스〉의 사설을 샘플 조사해보면, 2003년부터 2008년까지 부시 정권의 대북정책을 지속적으로 비판해 온 것을 알 수 있다. 많은 영향력 있는 기자들이 북한과 직접적으로 회담을 하지 못한 부시 행정부를, 즉 6자회담을 비난했다. 그들은 제재를 크게 '불필요한 장애물'과 '부차적인 일'로 여겼다. 부시 행정부가 북한의 은밀한 우라늄 핵 프로그램 이슈를 언급하면 '피할 수 있는 에러'로 치부해버리며, 정부가 모든 협상의 전제조건으로 영구적이며 불가역적 비핵화를 드는 것이 '핑곗거리'라며 폄하했다. 당시 대부분의 사설들은 북한의 핵과 관련된 탈선이 미국의 협상 거부 때문이라고 주장했다. 한 사설가는 "6년 동안 부시 대통령은 북한과의 진정한 외교를 거부했다. 이러한 고집이 세계를 더 위험한 곳으로 만들었다."라고 표현했다.[30] 신문은 만약 딕 체니(Dick Cheney)와 신보수주의자들이 외교를 방해하지 않았다면 2005년과 2007년의 6자회담 합의가 4~6년 전에 이뤄졌을 수도 있었다는 주

장을 사실인 양 보도했다.[31]

    2009년 8월로 넘어가보자. 북한이 오바마의 취임을 미사일 시험발사와 핵실험으로 반긴 이후, 미국 기자인 유나 리(Euna Lee)와 로라 링(Laura Ling)을 북중 접경지역에서 납치했을 때 〈뉴욕타임스〉의 사설은 부시 행정부에는 비난을 퍼부었던 정책요소들을 사용하여 오바마 행정부를 지지했다. 그 정책들은 북한과의 양자회담을 거부하는 것, 검증가능하고 불가역적인 비핵화를 회담의 전제로 두는 것, 그리고 북한에 유엔안전보장이사회 결의안과 다른 제재를 가하는 것이었다. 결국 그 신문은 지난 3년간 북한과 아무런 대화도 없었던 오바마 행정부를 '단호하고 인내하는' 정책(부시 행정부에서는 맹목적인 정책이라고 평가했던)을 추진한다고 평가했다.[32] 이러한 현실에서 신문 사설의 모순을 지적하기보다는 어떻게 정치 관점이 정반대인 두 대통령이 결국 북한에 비슷한 강경정책을 취하게 됐는지를 살펴봐야 한다. 적어도 나에게는 지난 20여 년 동안 북한 핵과 관련된 반복되는 외교적 위기의 주요 원인은 미국의 대북정책이나 전 대통령들의 결함에서 비롯됐다기보다는 북한 정권 자체에 있음을 느끼게 한다. 이것이 원인과 결과를 꾸준히 모두 지켜본 관찰자에게는 당연히 잘 보이지만, 저명한 기자나 학자, 그리고 뉴스미디어에는 그렇지 않은 것이다.

미국에 대한 비난

    북한과의 핵 외교와 관련된 이야기 중 놀라운 점은 그 실패를 북한의 고위관료 탓으로 돌리는 것만큼이나 미국에 돌린다는 것이다. 몇몇 인사가 이런 주장을 펼쳤는데, 대부분은 베트남전쟁의 아픔으로 자신의 정부를 믿지 않는 이들이었으며, 그들은 북한 핵문제에 대한 책임을 미국이 짊어져야 한다고 주장한다. 그들은 학자 또는 정책 '전문가'로 여겨져 뉴스 프로그램이나 신문의 기고면에 북한 현안과 관련된 코멘트를 하게 되며, 결국 이는 대중이나 정치 당파들이 매달리게 되는 지배적인 담론을 형성한다. 그들의 주장은 대략 이렇다. 국제사회와 관계를 맺길 원하는 약하고 고립된 나라로서 도움을 구하는 북한의 '요청'에 귀를 기울일 의지가 없는 미국 때문에 북한의 최근 핵 도발이 비롯됐다. 미국이 이런 북한의 불안에 귀 기울이지 않는 이유는 냉전종식 후 자신들의 군사 프로그램과 탄도미사일 방어 예산에 대한 정당화가 필요하기 때문이다. 더 나아가 공화당이든 민주당이든 '매파'는 북한과 협상을 원하는 것이 아니라 북한의 몰락을 원한다. 그렇다면 우리는 왜 북한이 핵을 포기하지 않는 것에 놀라야 할까?

예를 들어, 〈뉴욕타임스〉의 전 기자 리온 시갈은 북한의 핵과 관련된 그릇된 행동들에 대해 클린턴 행정부를 정면으로 비난했다. 그가 주장하기로는 1994년 11월 공화당 주도의 의회에 가로막힌 클린턴 대통령은 1994년 10월 제네바합의를 유지하기 위해 정치적 자산을 늘리기보다는 이를 '후퇴'시켰다고 한다. 이것이 협정 이행의 지연을 불러일으켰고 북한이 비밀리에 두 번째 핵 프로그램을 진행하며 협정을 깰 수 있는 구실을 줬다고 했다. 그는 북한의 이러한 행동은 미국의 잘못에 대한 대응이기 때문에 협정 위반행위가 아니며, 오히려 미국에 대적하기보다는 협력하고 싶어 하는 불안한 정권에 의한 비뚤어진 외교적 '화해의 제의(olive branch)'로 여겼다.[33]

북한이 비밀리에 핵무기 프로그램을 진행함으로써 1994년 제네바합의를 위반했다고 주장하면서 미국이 북한을 맞섰을 때인 2002년 10월, 회담과 관련해서 러시아 아시아담당 외교관 게오르기 톨로라야(Georgy Toloraya)는 공식적으로 미국이 제기한 혐의가 '거짓'이며 북한은 결백하다고 주장했다.[34] 2008년 4월 〈뉴욕타임스〉 사설 '이제 그는 협상할 준비가 됐다(Now He's Ready to Deal)'는 변덕스러운 핵협상의 재개에 갈채를 보냈지만, 정작 제목의 '그'는 김정일이 아닌 미 대통령을 의미하는 것이었다. 편집장은 기본적으로 북한의 핵 발발에 대해 조건을 내건 미국을 비난했다. "6년 동안 부시 대통령은 그 어떤 유의미한 협상도 거부했다. 그 결과는? 북한은 8개 이상의 폭탄을 만들 수 있는 플루토늄을 축적했고 핵실험을 단행했다."[35]

샐리그 해리슨(Selig Harrison)은 초당파 전문가로 북한의 핵 야심에 대한 많은 비난을 내놓고 있는 사람이다. 나는 그가 초당파라고 생각하는데, 이는 그가 공화당이든 민주당이든 북한과의 협상을 잘 이뤄내지 못한 모든 정부를 동일하게 비판하기 때문이다. 2009년 4월 북한이 탄도미사일을 시험발사하고 2009년 5월 두 번째 핵실험을 했을 때, 해리슨은 이는 "북한이 핵과 미사일 프로그램을 포기하도록 압박한 오바마 행정부의 순진한 시도 때문"이라고 했다. 2009년 3월 북한이 커런트 TV(Current TV)의 로라 링과 유나 리를 납치하고 3개월 후에는 강제노동 12년을 선고했을 때, 오바마 대통령이 그들의 석방을 위한 협상을 거부한 것을 두고 해리슨은 미국인의 생명을 '완전히 무시'한 행동이라며 비난했다. 북한이 협상할 준비가 돼 있다고 보고, 북한의 거친 행동이 미국의 협상 거부에 의해 생겨났다고 생각하는 해리슨을 비롯한 몇몇 학자들에게는, 이러한 협박하에 미국이 협상하도록 촉구하는 것은

큰 문제가 되지 않았다.[36]

 이러한 주장들은 대중적인 정책토론에서 종종 주요 안건으로 다뤄진다. 이런 주장은 두 가지 이유로 크게 잘못됐다. 첫째, 그들은 미국이 마음만 먹으면 어떤 문제도 고칠 수 있다고 생각한다. 이러한 생각은 결국, (북한문제의 경우에도) 제멋대로인 북한과 단순히 협상테이블에 함께 앉아 서로 존중하면서 협상을 진행하면 핵폐기를 위한 합의에 도달할 것이라는 결론에 이르게 된다. 그러나 그와 반대로 현실적인 문제는 이보다 훨씬 복잡하다. 또한, 어떤 문제들은 해결하기에 매우 힘이 들 수도 있다. 핵문제의 해결점으로 북한 정권의 몰락을 선호하는 '신보수주의자'의 한 사람으로 명성이 높은 부통령 체니는 실제로는 보이지 않는 곳에서 가장 사려 깊은 생각을 하는 사람 중 하나였다. 그는 임기 동안 다양한 외교 정치문제를 처리해 봤지만 북한과 같이 어려운 문제를 다뤄 본 적은 별로 없었다. 먼저, 이 문제는 군사적으로 풀 수도 없었는데, 그 이유는 전쟁에 들어가는 과도한 비용과 북한 지도부의 예측 불가능성 때문이었다. 그리고 어떠한 외교적 관점에서 보더라도 모든 잠재적 해결방안이 중국, 미국, 또는 한국 중 적어도 한 관계자의 주요 이해에 반하기 때문이다.

 둘째, 이런 '미국을 비난'하는 주장은 단순히 지난 정부가 쏟아 부은 힘겨운 외교의 노력들을 정당하게 평가하는 것이 아니다. 명백히 미국의 외교정책에는 (9.11 테러 이후와 같이) 호전적인 상태에서 북한을 신경쓸 겨를이 없는 시기가 존재했다. 하지만 이러한 시기들은 북한의 비핵화를 위한 평화적 해결책을 찾기 위한 미국의 지속적인 노력이 들어간 20년 전체를 놓고 볼 때 잠시 뿐이었다.

나는 이러한 사실들을 독자들에게 보여줌으로써, 과연 북한의 핵무기 위협이 악의 축인 북한 정권과의 협상을 꺼려한 미국의 탓인지를 스스로가 판단해 보는 것이 중요하다고 생각한다. 물론 미국의 지난 여러 대통령들이 김정일의 작은 손에서 핵무기를 가로채는 데 실패한 일을 비판할 수는 있다. 하지만 이것 또한 주의 깊게 분석해보면, 미국이 노력하지 않았다고 비판할 수는 없을 것이다.

레이건: 온건책

미국의 외교적 지원 활동은 로널드 레이건으로부터 시작됐다. '온건책(Modest Initiative)'으로 알려진 이 외교정책은 북한의 행동을 국제 기준에 맞게 유인하기 위한 포용정책의 기초적인 형태였다. 1983년부터 차츰차츰 국무부에 의해 시작된 일련의 소규모 외교활동들은 대화의 채널을 여는 데에 그 목적이 있었다. 이러한 기제는 당시 비슷한 의도로 추진되던 한국의 외교적 노력과도 부합했고, 핵위협뿐만 아니라 동북아시아 내에 불안정을 가져오는 잠재적 위협 요인인 북한의 경제문제 및 국제적 고립에 대한 우려를 바탕으로 한 것이었다. 따라서 이러한 외교활동의 궁극적 목적은 북한으로 하여금 국제사회에 좀 더 다가올 수 있는 환경을 마련하기 위해 북한을 독려하는 것이었다. 하지만 이러한 시도는 매번 북한의 호전성에 의해 좌절됐다.

1983년 2월 26일 국무부는 미 외교관들의 '조선민주주의인민공화국' 외교관과의 '정상적인 대화'를 허락한다고 공표했다. 악의 없는 조치로 보이는 이 공표는 실로 대단한 것이었다. 국무부가 북한을 '북한'이 아닌 외교적 존중의 의미를 함축한 공식적인 이름으로 지명한 것이었다.

제7장 완전하고 검증가능하며 불가역적인 폐기 399

이전까지는 미 외교관들이 북한 외교관들과 공식적인 형태로든지(예를 들어, 유엔과 같은 다자적 모임) 비공식적인 형태로든지(예를 들어, 제3국 대사관에서의 칵테일 파티) 대화하는 것이 허용되지 않았는데, 이는 두 국가 간의 정세가 엄밀히 말하면 아직 전시였음을 반영하는 것이었다. 레이건의 온건책은 한국과의 6개월간 논의 끝에 미국이 북한과 어떤 접촉이라도 하게 되면 동맹국인 한국에 알리는 것으로 조율됐다. 하지만 북한 요원들이 1983년 10월 미얀마의 양곤에서 전두환 대통령의 암살을 시도하여 정부 관료 절반을 죽이면서 북한과의 접촉은 금지됐다.

5개월 후 레이건 행정부는 외교관들에게 비공식적인 접촉을 통해 북한과 또 다시 '대화를 시작'하라고 지시했다. 추가적인 조치로 미국은 일부 여행비자 제한을 풀어줬다. 하지만 1987년 11월 북한 테러리스트들은 한국의 민간항공기인 대한항공 858편을 폭파시켰다. 레이건은 또 다시 북한과의 접촉을 차단시켰다. 그 후, 1988년 8월 예정돼 있던 서울 올림픽을 공동주최 하자는 북한의 요구를 국제올림픽위원회가 거절하면서 올림픽 개최를 방해하기 위한 북한의 추가적인 테러공격이 우려됐다. 특히, 1980년 모스크바 올림픽과 1984년 LA 올림픽에 연속적인 보이콧 이후 소련을 포함한 동구권 국가들이 서울 올림픽에 참여하겠다고 밝히면서, 역대 가장 많은 국가들이 참여하는 올림픽이 된 이후에는 북한의 추가적인 테러 가능성이 더욱 고조됐다. 그렇기에 미 국무장관 조지 슐츠(George Shultz)는 공식적으로 레이건의 '온건책'은 원칙적으로 지속할 것이나, 미국은 서울 올림픽을 성공적으로 마칠 때까지 북한과의 재접촉은 없을 것이라고 발표했다.

레이건은 이를 지켰다. 1988년 10월 레이건은 대북한 인도주의적 물품에 대한 수출 검토를 허락하고 무역에 대한 포괄적 금수조치를 완화했다. 또한, 경우에 따라 미국 시민들의 북한 방문을 허락했다. 미 국무부는 북한에 비공식적인 문화, 스포츠, 학술분야의 교류 활성화를 제안했다. 미 국무부는 북한과의 정치적 의견 교환을 위해 '실질적 문제'에 대해 '중립적' 형태로 뉴욕이나 (미국 내 유일하게 유엔에 북한 대표가 있었다) 타국 수도에서의 진행을 허락했다. 더 나아가 미북 사이에 직접적인 소통을 위해 반(半)공식적 통신 라인을 베이징에 위치한 미 대사관과 북한 대사관에 각각 설치했다. 물론 이 일이 그다지 감격스럽게 보이지는 않을 수 있으나, 그 당시 '베이징 채널'은 서로를 인정하지 않고 정기적인 외교적 대화가 없었던 양국 간의 관계에서는 매우 중요한 진전이었다. 이 온건책으로 양국은 베이징 소재 국제클럽에서 실무자급 회담까지 진행했다. 미국에서 쓰인 초안을 주중 미 대사관에 송부해 주중 북한 대사관에 면담을 요청하는 식이었다. 또한, 레이건 대통령은 경우에 따라 비정부적, 비공식적 문화, 스포츠, 학술 교류를 위한 북한 사람들의 미국 방문을 허락했다. 베이징 채널을 통한 첫 회담은 1988년 12월 6일 진행됐는데 그 당시 외무상이었던 김영남의 서한이 슐츠에게 전달됐다. 1991년 8월 미 국무부는 한국전쟁 이후 처음으로 북한 사람인 강대영에게 비자를 내주었는데, 강대영은 한국계 미국인이었던 어머니의 임종을 지켜보기 위해 미국에 온 것이었다. 1991년에는 북한에 식료품을 수출하려는 한 뉴저지 사업가에게 처음으로 인도주의적 물품에 대한 수출 허가도 이뤄졌다. 결국 1993년 북한이 대금을 지불하지 않아 온건책이 중단될 때까지 대략 1억 달러 규모의 곡물이 전달됐다.[37]

부시 41: 고위급 양자대화의 시작

['부시 41'은 미국의 43대 대통령 조지 W. 부시(부시 43)의 아버지인 41대 대통령 조지 부시(George Herbert Walker Bush)를 의미한다_옮긴이]

레이건 대통령의 후임은 북한에 대해 더욱 대담한 포용책을 펼쳤다. 조지 부시 행정부의 첫 15개월 동안 미국은 북한과 양자회담을 15차례 진행했다. 이러한 사실은 오늘날 공화당 정권이 북한과 같은 불량국가와 협상테이블에 앉는 것을 혐오하며 포용정책을 반대한다는 일반적인 통념을 넘어선다는 점에서 놀라운 일이었다. 첫 회담은 부시가 당선된 지 4일 만에 진행됐다. 이 회담에서 미국은 당시 북한의 외무상 김영남의 서신에 대한 답변을 전달했다. 북한은 이 사실에 기뻐하며 회담 후 흔치않은 기자회견을 열었다. 중국의 외교부장 첸치천(錢其琛) 또한 이른바 베이징 채널이 가동되는 것에 만족감을 표출했다. 이후 미북 간의 양자회담은 한 달에 한 번 꼴로 진행됐고, 양국 간의 정치적 관계 정상화를 위한 필요조건들에 논의의 초점을 맞추고 있었다. 미국에는 북한 테러리즘의 종식, 한국전쟁 전사자 유해 발굴, 남북회담의 재개, 그리고 북한의 인권 향상이 중요한 과제였다. 부시 행정부의 핵심 요구사항 역시 북한이 IAEA 안전조치를 준수하게 하는 것이었다. 1988년 미국 첩보위성은 북한에 핵폭탄 제조를 위한 플루토늄 재처리 시설이 존재하며, 영변의 실험용 5메가와트 급 원자로 말고도 두 개의 플랜트(50메가와트 급과 200메가와트 급 원자로)를 만들고 있다는 증거를 발견했다.

북한의 입장에서는 한반도에 있는 주한미군의 철수, 전쟁의 종결을 알리는 평화협정의 공식 체결, 한미 합동군사훈련의 종결, 그리고 미북 양자회담의 격상에 초점을 두고 있었다. 북한은 이 채널을 통해 정기적으로 미국인들을 비난했다. 1989년 11월 1일 제5차 회담에서 북한은 미국과 한국의 팀스피릿(Team Spirit) 훈련을 비난했고, 1990년 1월 19일 제7차 회담에서는 팀 스피릿에 대한 시위로 미국과의 대화를 거부했다. 북한은 핵문제에 대해서는 IAEA와 논의할 문제라면서 미국과의 논의를 거부했다(이런 입장은 핵문제는 6자회담 당사국 중 미국과만 논의할 수 있다는 현 주장과는 정반대되는 것이다). 북한은 또한 남북회담 재개를 위한 미국의 요청에 대해 뚜렷한 입장표명을 거부했다. 노태우 정부(1988~1993년) 시절 한국은 소련을 비롯한 동유럽 국가들과 성공적인 북방포용정책을 펼치며, 친북 공산국가들과 관계 정상화에도 성공했다. 미국의 온건책은 한반도의 냉전 장벽을 허무는 것이 주목적이었다. 하지만 노태우 대통령의 외교적 성공, 즉 동유럽 국가들과의 관계 정상화는 김일성에게 안도감을 주기 보다는 위협으로 다가왔다. 한번은 제5차 회담(1989년 11월) 당시 북한은 김일성의 친필 제안서라며 '국가를 살리는 획기적인 계획'이라는 희한한 제안을 가져오기도 했다.[38] 김일성은 레이건 대통령의 그 유명한 "고르바초프 서기장, 이 벽을 무너뜨리시오(Mr. Gorbachev, tear down this wall)." 발언을 모델삼아, 남북한을 가로막고 있는 (실존하지 않는) 240킬로미터의 '장벽'을 허물어야 하며 국경의 완전한 개방을 위해 협의해야 한다고 주장했다. 이 제안서를 받고 어리둥절해 하면서 독일과는 다르게 한반도에는 이러한 '장벽'이 없다고 대답하자, 북한 측 대표단이 생각해 내기를 북한의 침략을 막기 위해 한국 측에 쌓아놓은 대(對)탱크 장벽을 들먹였다.

이런 회담들은 의제에 관한 외교적인 씨름은 차치하고, 몇 개의 긍정적 조치를 가져왔다. 우호적 제스처로서 북한은 한국전쟁 당시 전사한 다섯 구의 유해를 미국으로 송환했고, 이에 1990년 5월 15일 제9차 회담에서 미국은 감사의 뜻을 전하며 나머지 유해의 향후 송환을 부탁했다. 결국 미 전사 및 실종자 처리국(Defense Prisoner of War/ Missing Personnel Office, DPMO)과 함께 정기적으로 유해 송환이 이뤄졌다. 1991년과 1994년 사이 북한은 추가로 한국전쟁 미국인 전사자 유해 203구를 송환했지만, 미 전사 및 실종자 처리국은 이것이 203구의 시체가 아닌 시체 400구가 혼합된 것이라고 결론을 내렸다. 1994년 카터 전 대통령의 평양 깜짝 방문으로 김일성은 북한에 남아 있는 미국인 전사자 유해 송환을 위한 정기적 미북 연합현장활동 제안을 받아들였다. 그리고 1996년부터 2005년까지 37차례의 활동이 진행됐고, 추가적으로 사체 233구가 송환됐다.[39] 2005년 중단될 때까지 미국은 현장활동에 들어가는 비용으로 약 2,800만 달러를 북한에 제공했다. 또한, 미국은 북한의 7명으로 구성된 대표단이 미 전사 및 실종자 처리국과의 연간 협상을 위해 방콕에 머무는 일체의 비용 연간 2만 5,000달러를 제공했다.[40] 이 비용은 말 그대로 현금으로 지급하기로 되어있다.[41]

하지만 당시 부시 행정부는 북한과의 대화 진전을 위해 그동안 전례가 없었던 세 가지 조치를 내렸다. 1991년 9월 미국은 북한이 한국과 동시에 유엔에 가입하는 것을 지지한다고 발표했다. 또한, 같은 달 27일 부시 대통령은 한국을 포함하여 전 세계에 있는 지상 및 해상 전술 핵무기를 철수하겠다고 발표했다. 그리고 1992년 1월 미국은 북한이 매우 불평했던 한미 팀스피릿 훈련을 중지하겠다고 선언했다.

위의 세 가지 조치는 중요한 진전이었다. 남북한 유엔 동시가입에 대한 지지는 동맹국인 한국에 이익이 될 뿐 아니라, 북한이 미국에 그토록 원했던, 북한을 사실상 자주적이고 독립적인 국가로 인정하는 것이었다. 비록 미국이 공식적으로 한국의 핵무기 존재를 인정하진 않았지만, 1991년 핵 선언을 통해 북한의 우려에도 답을 보낸 것이었다. 더 나아가 미국은 1991후반부터 1992년 초에 있었던 정치 및 비핵화 관련 주요 남북합의의 일환으로 북한의 한국 내 미 군사기지 사찰을 허락한다는 의지를 표명했다.

이러한 미국의 노력이 정점에 도달한 것은 1992년 1월 22일 당시 미 국무부의 정무차관 아널드 캔터(Arnold Kanter)와 북한 김용순 조선로동당 국제담당 비서의 고위급 회담이 있을 때였다. 미 국무부에서 세 번째로 지위가 높은 캔터는 김용순을 유엔본부가 있는 뉴욕 맨해튼 동부에서 만났다. 김용순은 이것이 첫 미국 방문이었기 때문에 가장 좋은 양복을 입고 검은 리무진을 타고 나타났다.⁴² 캔터는 이 전례없는 고위급 회담이 얼마나 정부 내 보수세력의 속을 쓰리게 했는지, 또 북한 사람들에게 어느 정도까지 이야기해도 되는지를 놓고 정부 부처 간 논쟁이 얼마나 뜨거웠는지를 기억한다고 했다. 캔터와 함께 국무부 동아시아태평양 차관보인 리처드 솔로몬(Richard Solomon), 국가안전보장회의 아시아담당 선임보좌관 더글라스 팔(Douglas Paal), 국방부 국제안보담당 차관보인 제임스 릴리(James Lilley)가 동행했다. 6시간 동안 진행된 이 회담에서 캔터는 김용순에게 미국의 주요한 관심사항을 전달했는데, 북한이 IAEA에 가입하고 핵시설에 대한 국제사찰을 허락하는 것이었다. 또한, 캔터는 '미북 관계개선'의 '장애물'들을 열거했는데, 이것은 기본적으로 베이징 채널을 통해 논의된 항목들이었다(캔터에 따르면, 정부 내 강경파는 그에게 '외교관계 정상화'라는 말을 사용하지 못하도록 했기에 '관계개선'을 위한 '장애물'이라고 우회적으로 언급했다).**43** 김용순은 관계 정상화를 위한 북한의 전제조건들을 읽어 내려갔는데, 여기에는 미국의 대북 적대시정책의 중단, 한국에 있는 핵무기와 군대의 철수를 포함하고 있었다. 그리고 김용순은 뜬금없이 일본의 재무장화를 억제하기 위한 미북 협력을 제안했는데, 아마도 당시 미일 무역관계 마찰을 이용하려고 했던 것 같다.

부시 행정부에서는 캔터와 김용순의 회담이 마지막 고위급 회담이 됐고, 1992년과 1993년 관계는 점차 악화되어 결국 첫 핵위기에 도달하게 된다. 많은 이들이 캔터와 김용순의 회담을, 불량국가에 대한 외교적 관여를 둘러싼 관점 차이가 뚜렷한 미국의 관계부처가, 외교관들의 손을 묶어버림으로써 결국에는 승리의 문턱에서 패배를 맛보게 된 사건으로 보고 있다. 많은 학자들과 기자들은 김용순이 원하던 공동성명을 미국이 거부한 일을 예로 들며, 이는 진일보된 북한의 준비된 모습과는 상반된 미국의 고집을 보여준다고 평했다.**44** 미 국무부는 이 회담이 '유용하며 건설적'이었다는 다섯줄의 간결한 성명만을 발표했다. 그들은 북한과 단순히 회담하는 것이 '당근'이며 그 내용은 '채찍'이었던 지난 미국 외교방식의 내면화로 인해 추가적인 진전을 내지 못했음을 비난했다. 하지만 미 외교관들에게 주어진 주의사항에도 불구하고, 캔터와 김용순 간의 공식 및 비공식적인 대화를 통해서 사실상 미국의 의도는 확실히 전달됐다. 더 나아가, 비록 공동성명은 없었지만, 북한의 협조를 이끌어내는 데 성공했다. 뉴욕 회담 8일 후, 북한은 빈에서 IAEA의 핵안전조치에 서명했고, 그 다음 해 4월에 북한 최고인민회의에서 이를 통과시켰다. 1992년 5월 4일 북한은 IAEA에 핵 보고서를 제출했고, 여기에는 당시 IAEA 사찰 대상이 되는 시설 7개가 포함됐다. 회담이 잘못됐거나 미국의 포용정책이 부족했다면 이러한 결과는 도출될 수 없었을 것이다. 상황이 악화되기 시작한 것은 북한이 IAEA의 사찰 조항을 거부하고, 핵 보고서 내용의 의혹에 대해 얼버무리며, 남북한 합의 이행을 거부하면서부터였다. 부시 대통령은 어쩔 수 없이 차기 대통령에게 포용정책의 책임을 남기고 떠날 수밖에 없었다.

클린턴: "비(非)적대적 의지"

"백만, 천억, 일조."

당시 주한미군사령관인 게리 럭 장군에게 이 말의 의미를 물었을 때, 그는 제2차 한국전쟁이 100만 명의 사상자, 1,000억 달러의 비용, 그리고 1조 달러의 산업 피해를 낳게 될 것이라고 설명했다. 클린턴 대통령은 이 예측치를 듣고 움찔했다. 그는 1994년 6월 15일 백악관 집무실에 앉아 미국이 한국에서 전쟁을 할 수 있게 하는 결정을 내릴 참이었다. 당시 국방장관 페리와 합참의장 존 셜리캐시빌리(John Shalikashvili)는 북한의 도발적 행동에 대한 세 가지 대안을 제안했다. 북한은 1994년 5월 8일 (핵무기에 사용되는 플루토늄을 만드는 첫 단계인) 영변 원자로에서 핵 연료봉을 빼지 말라는 미국의 경고를 무시하고 핵 연료봉을 추출했다. 그들은 국제사찰단이 핵시설에 출입하지 못하게 했고 6월 13일에는 IAEA에서 탈퇴하겠다고 선언했다.

클린턴 행정부는 북한이 IAEA 사찰단에 제출한 핵 프로그램 관련 허위 보고서 내용으로 인해 전쟁까지 가지는 않겠지만, 북한에 핵무기가 늘어나는 것을 막기 위한 모든 수단을 고려하리라는 점을 분명히 했다.

페리는 북한이 핵폭탄을 만들 목적으로 90×5센티미터 크기의 연료봉 8,000개에서 플루토늄을 추출하지 못하게 하기 위해, 영변 원자로를 국부 공격하는 내용의 비상계획을 만들 것을 지시했다. 이 임무를 위해서는 F-117 스텔스기를 이용한 크루즈 미사일이 해결 방법이 될 것이었다. 페리는 비밀 임무가 방사선 유출의 위험을 최소화한 상태에서 성공할 수 있을 것이라고 설명했지만, 그는 이 선제공격을 통해 전쟁을 치를 수 있다고 덧붙였다.

두 번째 대안은 유엔안전보장이사회에서 강력한 결의안을 내는 것이었다. 하지만 이러한 외교적 방법 또한 전쟁 발발을 초래할 수 있었다. 미국 측 수석대표였던 갈루치는 집무실에서 열린 회의에서, 유엔을 통해 제재를 가하려는 미국의 움직임을 전쟁 행위로 간주할 것이라고 북한이 지난 협상에서 했던 주장을 전했다. 북한은 6월 5일 성명에서 "제재는 전쟁을 의미한다. 그리고 전쟁에 자비란 없다."라고 반복했다.

클린턴은 세 번째 대안에 대해 신중히 생각했는데, 그것은 주한미군의 대대적인 증원이었다. 이는 1만여 명의 교전 가능한 병력 추가, F-117 스텔스기, 장거리 포병, 그리고 추가적인 항공모함 배치를 의미했다. 한반도 주변 미군의 증원에 대해 북한은 분명 전쟁을 준비하는 것으로 판단하고, 군대를 동원하거나 최악의 경우에는 선제공격도 가능했다(1991년 걸프전을 보며 북한이 배운 중요한 교훈 중 하나다). 페리 장관은 모든 대안이 좋지 않다고 평가했다. 하지만 세상에서 가장 이해하기 힘들고 어디로 튈지 모르는 북한 정권이 핵무기를 획득하는 것을 보고만 있을 수는 없었다. 클린턴은 점차 세 번째 대안으로 기울고 있었다. 미군이 북한에 제재나 선제공격을 하려면 그에 걸맞은 군사력이 있어야 했기 때문이었다.

하지만 준비는 조용히 진행되지 않았다. 위기상황인 만큼 한국의 김영삼 정부는 몇 해만에 가장 대대적인 민방위 훈련을 실시했다. 증권시장은 이틀사이 25퍼센트나 하락했고, 잠재적 위기에 대비하기 위해 시장의 물품들은 동이 나고 있었다. 〈워싱턴포스트〉의 브랜트 스코크로프트(Brent Scowcroft)와 캔터는 '미루기는 이제 끝났다(The Time for Temporizing Is Over)'라는 사설을 통해 북한이 사찰단을 다시 받아들이지 않으면 영변의 핵 재처리 시설을 파괴해야 한다고 주장했다.[45] 주한 미대사 제임스 레이니(James Laney)는 대사관 직원들과 그 가족들에게 '이른 여름휴가'를 고려하라고 지시했다. 페리 장관은 현재 고려되고 있는 대대적인 부대 증원에는 미국 시민들의 대피 명령 또한 필요하다는 것을 알고 있었다. 이러한 사실이 대중들에게 알려지면 혼돈이 일어날 것임은 자명했다.

이러한 상황에서 북한은 카터 전 대통령에게 전화를 걸었다. 김일성은 1991, 1992, 1993년에 걸쳐 카터 전 대통령을 북한에 초청한 바 있다. 하지만 외교를 복잡하게 만드는 것을 피해달라는 국무부의 요청에 따라 카터는 북한의 초청을 거절해왔다. 하지만 상황이 악화되자 카터가 직접 나설 수밖에 없었다. 갈루치는 미 조지아 주에 거주하는 카터에게 평양 방문 1주일 전에 찾아가 짧은 브리핑을 했다. 브리핑 동안 카터는 북한과 직접적인 고위급 접촉라인이 없다는 것을 우려했고, 클린턴에게 자신이 이런 사안을 갖고 북한을 방문하겠다고 제안했다. 클린턴은 이에 반대했지만 앨 고어(Albert Arnold Gore Jr.) 부통령의 조언으로, 카터 전 대통령이 미국의 공식적인 특사가 아닌 민간인 신분으로 갈 것을 허락했다. 카터는 서울에 1994년 6월 13일 도착해 6월 15일 평양으로 들어갔다.

백악관 관계자가 집무실의 회의 참석자들에게 평양에서 카터의 전화가 왔다는 사실을 알리자, 클린턴 대통령은 전화를 받으러 일어났지만 카터가 갈루치와의 통화를 원한다는 소리를 들었다. 갈루치는 전화를 받기 위해 밖으로 나가면서 클린턴의 따가운 눈초리를 받아야만 했다. 갈루치가 집무실로 돌아와 카터의 제안에 대해 설명하자, 처음에는 다들 믿지 못하는 듯하다가 나중에는 분노를 표출했으며, 어느 한 사람은 카터의 행동이 반역에 해당한다고 말했다.[46] 카터 전 대통령의 발언이 기정사실임이 밝혀지자, 고어 부통령은 이 어려운 상황에서도 최선의 방법이 존재할 것이라고 주위 사람들을 다독였다.

전쟁의 벼랑에서 벗어나 부시 행정부 시절 캔터-김용순 회담 이후 가장 오래기간 대북 포용이 이어졌다. 자기잘못을 떠나 클린턴 행정부는 북한과의 정치적 관계를 완화하고 신임을 얻기 위한 외교를 지속했다. 이러한 관점에서 그 당시 외교의 핵심 사건은, 앞에서도 언급했던 1994년 제네바합의였다. 하지만 이것만이 전부는 아니었다. 1993년 6월 북한의 NPT 탈퇴를 막기 위해 미국은 북한에 군사적으로 위협(1993년 6월 11일)하거나, 그와는 반대로 무력을 사용하지 않겠다는 원칙에 동의한다는 불가침 확약을 제공했다. 더 나아가 제네바합의의 일환으로 클린턴은 1994년 10월 20일 김정일에게 42억 달러 규모의 경수로 건설과 재정지원, 그리고 중유공급을 위한 자금조달 등과 관련한 약속을 가속화하기 위해 미 정부가 최선을 다할 것이라는 내용이 담긴 아주 특별한 서한을 북한 측에 전달했다. 미북 양국 간에 외교관계가 없을 때 이러한 서신에 미 대통령이 북한의 지도자를 어떻게 호칭하느냐는 매우 중요한 문제다. 예를 들어, 부시 대통령은 북한의 지도자가 원하는 명칭을 쓰는 데 불편함을 느꼈다. 하지만 클린턴 대통령은 그의 서신에 김정일을 '북한의 위대한 지도자 김정일 각하'라고 칭했다.

클린턴은 북한과 핵 외교만 진행한 것이 아니라 현재까지도 진행되고 있는 미사일 협상에도 진지하게 임했다. 1996년 4월 베를린에서 시작된 미사일 협상에서 미국의 목적은 탄도미사일 프로그램의 거리와 폭발력에 제한을 두는 미사일기술통제체제 조약을 북한이 준수하는 것과 더불어(300킬로미터 이내에서 500킬로그램 규모의 폭발력 이하의 미사일로 제한한다), 미사일을 비롯한 부품과 기술의 판매를 제한하는 데 있었다. 1998년 8월 일본을 넘어 날아간 대포동 1호 장거리 미사일 시험발사와 같은 북한의 군사적 도발에도 불구하고 미국은 미사일 회담을 수차례 더 진행했다. 1998~1999년 북한이 금창리에 비밀 지하시설을 만들어 제네바합의를 위반하고 있다는 우려가 일자, 미국은 금창리 시설을 감찰하기 위해 북한에 식량지원을 제공하기로 합의했다.

1999년부터 클린턴 행정부는 고위급 교류를 시작했다. 1998년 대북정책조정관으로 임명된 전 국방장관 윌리엄 페리는 1999년 5월에는 대통령 특사로 평양을 방문하여 비핵화를 조건으로 한 미북 관계의 정상화, 대북제재의 철폐, 대북지원 및 안전보장을 약속하는 클린턴의 서신을 김정일에게 직접 전달했다. 페리의 외교로 인해 처음으로 북한의 국방위원회 제1부위원장 조명록이 김정일의 특사로 2000년 10월 백악관을 찾았다. 조명록은 특별대우를 받으며 북한 관계자 최초로 대통령 집무실에서 클린턴과 대면했다. 2000년 10월 12일, 조명록의 방문으로 작성된 공동성명은 미북 관계의 진정한 돌파구로 묘사 됐다. 이 성명에서 2000년 남북정상회담 직후 미북 관계가 근본적으로 변화하기 위해서는, 그리고 한국전쟁을 종결하기 위해서는 미북 간 평화협정이 필요하다고 표현됐다. 미국은 비적대적 의지가 담긴 성명을 통해 북한과 함께 '과거의 원한에서 벗어나 새로운 관계를 쌓아 나가기 위해 모든 노력을 기울이겠다'고 약속했다.[47] 국무장관 매들린 올브라이트는 조명록의 방문에 화답하기 위해 일주일 뒤 김정일을 만나기 위해 미 대사의 자격으로 첫 방북 길에 올랐다. 올브라이트의 방북은 텔레비전을 강타했다(북한은 거의 모든 외신들의 방북을 허용했다). 올브라이트 국무장관은 북한의 한 초등학교를 방문하여 초등학생들과 같이 춤을 추기도 하고, 수많은 사람들이 플랜카드를 사용하여 대포동 미사일 발사를 표현하는 공연에 참석하기도 했다. 올브라이트 장관은 김정일과 6시간 동안 함께 했다. 북한의 입장에서 만남의 주된 목적은 클린턴 대통령의 방문을 확실하게 하는 것이었다. 올브라이트 장관은 평양의 아름다움과 '영웅상(像)'에 대해 보도진에게 말했다. 그녀는 김정일을 "상대의 말을 경청하는 좋은 대화상대다. 내가 보기에 그는 결단력 있고 실용주의자며 진지한 사람으로 보였다."라고 묘사했다.[48] 그녀는 공산당 정권에 대해 '낙관적' 견해를 갖고 있지 않다는 사실을 언급하면서 이야기했지만, 김정일에 대한 그녀의 긍정적인 묘사는 계속됐다. 올브라이트의 방북은 전례가 없는 것이었다. 방문 목적이 클린턴 대통령의 평양 정상회담 가능성을 타진하기 위한 것이라고 분명히 밝혔기 때문이었다. 결국 미북 간의 정상회담은 실현되지 못했다. 미북 간 미사일 협상 실패(북한은 장거리 탄도미사일 프로그램의 축소를 보상으로 수십억 달러를 요구하면서도, 일본과 한국에 직접적 위협이 되는 노동 미사일과 단거리 미사일에 관련해서는 아무런 의지를 보이지 않았다)에서도 원인을 찾을 수 있었지만, 백악관의 관심이 미 대통령 선거에 집중돼 있었기 때문이었다. 8년 동안 클린턴 행정부는 세 개의 합의(1993년 미북 공동성명, 1994년 제네바합의, 2000년 미북 공동코뮤니케)와 거의 이뤄질 뻔한 미사일 협상을 치렀다. 역대 정부와는 확연한 차이였다. 클린턴 행정부는 최정예 외교관들과 한국 전문가들을 통해 커다란 성과를 얻어냈다. 클린턴 행정부의 대북정책에 대한 찬반과는 상관없이, 북한의 도발과 협정 위반에 대한 우려, 그리고 미국 내의 여야(與野) 할 것 없는 정치인들의 강력한 비판에도 불구하고, 당시 미국이 이뤄놓은 대북한 외교적 진전에 이의를 제기하는 사람은 거의 없을 것이다.

부시 43: 기대 이상의 포용

클린턴 행정부의 1993, 1994, 2000년 합의들을 한꺼번에 보면 비핵화를 위한 보상 모델을 제시하고 있다. 북한의 비핵화를 위한 에너지 지원, 경제 지원, 식량, 안전 보장, 정치적 관계 정상화, 평화협정이 그것이다. 물론 이러한 보상 모델이 클린턴 행정부 이전에도 암묵적으로 존재하고 있었으나 클린턴 행정부를 통해 명백해 졌다. 부시 대통령도 결국 비핵화에 대해 비슷한 보상을 북한에 제공하고자 했다.

이러한 평가가 클린턴 행정부 시절 합의에 대한 부시 행정부의 불쾌감 [ABC(Anything but Clinton) 신드롬으로 통용되는] 때문에 믿기지 않을 수도 있다. 부시는 북한 정권과의 외교에 큰 흥미가 없는 것처럼 보인다는 것이 〈뉴욕타임스〉 사설과 같은 주요 여론 주도자들의 대체적인 의견이었다. 당시 국무장관이었던 콜린 파월(Colin Powell)이 2001년 3월 초 언급했던 정부의 계획(클린턴 행정부가 진행해 온 대북 포용을 이어나갈 것)을 철회한 일을 그 근거로 삼고 있다.[49]

그러나 이러한 판단은 정확하지 않다. 몇몇 사람들은 북한의 정권 교체를 통하지 않고서는 비핵화를 실현할 수 없다고 믿고 있었지만, 내부적으로 자체 회의에서부터 외부적으로 동맹국과의 회의에서조차 정책적으로 북한의 '정권 교체'가 거론된 적은 없었다. 따라서 몇몇이 북한의 정권 교체에 대한 생각이 있었을지는 모르지만 정책이나 전략으로 옮겨지지는 않았다고 보는 것이 타당할 것이다. 부시 대통령이 여러 차례 공표했듯 미국의 전략은 3단계로 진행됐다. 검증가능하고 불가역적인 비핵화의 방법을 찾는 것, 평화적으로 해결하는 것, 6자회담을 통해 외교적으로 해결하는 것. 부시 대통령은 북한과의 협상테이블에서 군사력 사용을 내려놓은 적이 없었으며, 이를 2003년 중국 장쩌민 주석에게 알리기도 했지만,[50] 현실적으로 군사력을 사용하는 대안 중에 한반도에 전쟁 가능성이 전혀없는 대안은 없었다. 더 나아가 군사공격으로 영변 핵시설을 파괴하는 것이, 비밀리에 있을 또 다른 시설들을 고려했을 때, 북한의 핵 프로그램 중단을 보장하지는 않았다.

부시 행정부 초기 대북한 외교에 전념한 것을 보여주는 증거가 정부의 정책검토 내부보고서에 나타나있다. 참석자들에 의하면, 결론을 내는 데 복잡하고 오랜 시간이 걸리긴 했지만, 원칙적으로 1994년 제네바합의를 지지하고 그 이행사항을 진행하는 것으로 최종 결론을 내렸다. 하지만 그 전제조건으로 제네바합의에 반하는 북한의 대안적 우라늄 정제 프로그램에 대한 미국의 우려를 해결해야 했다.[51] 2002년 북한이 제네바합의를 위반했을 당시 부시는 다섯 개 주변 국가들과의 다자적 외교를 통해 북한을 보다 나은 궤도에 올려놓고자 노력했다. 특히, 중국과의 공통 목표를 찾는 데에 초점을 맞췄다. 중국은 북한의 가장 큰 후원자이자 가장 큰 물리적 영향력을 행사할 수 있었다. 양국 간의 관계는 무역수치에서뿐만 아니라 양국의 당과 군 관계에서도 찾아 볼 수 있다. 다이빙궈(戴秉国) 국무위원과 같은 중국의 지도층 역시 북한의 지도자와 긴밀한 사적 관계를 유지하고 있다. 부시는 국제사회에서 책임감 있는 강대국으로서 중국의 부상을 고려할 때, 북한의 비핵화를 위한 양국의 외교적 협력을 미중 파트너 관계를 위한 시험대로 삼았다. 미국과 중국 사이에는 대만 무기거래 문제, 인권문제, 그리고 티벳 문제와 같이 시각 차이를 나타내는 사안들이 많았지만, 한반도의 비핵화에 대해서만큼은 양국 지도자가 의견을 같이했다. 북한문제에 대한 중국의 동참과 더불어 부시는 한국을 섬세하게 다루어야 한다는 점도 계산하고 있었다. 당시 햇볕정책과 무조건적인 대북지원에 치우쳐 있는 진보정권 아래에서, 한국의 대북정책과 6자회담의 전반적인 흐름을 조율하는 것이 과제였다. 그렇지 못하면 규제되지 않은 한국의 대북지원으로 6자회담 내 다른 참가국들의 영향력을 약화시킬 것이 뻔했기 때문이었다. 이러한 외교의 전략적 목적은 북한을 고립시켜 몰락시키는 것이 아니라, 다섯 주변국들이 '핵무기를 포기하여 이웃국가들과 더불어 더 나은 삶을 사는 것'이라는 동일한 메시지를 북한에 전달하는 것이었다.

부시의 인권 관련 어젠다는 어떠한가? 그의 회고록인 《결정의 순간들Decision Points》에서 부시 대통령은 북한에서 100만 명이 굶어 죽어가고 있는데도 '김정일은 코냑, 벤츠, 외국 영화를 즐겼다'고 전하고 있다.[52] 따라서 부시 대통령이 북한의 문제들을 알리고 북한 사람들의 삶을 개선시키길 원했다는 사실을 부정할 수는 없을 것이다. 하지만 이러한 목적을 추구하는 것이 비핵화 정책과 상충되는 것은 아니다. 부시 대통령은 두 부문(인권과 비핵화)을 동시에 진행할 수 있다고 보았고, 따라서 미국과 북한이 관계 정상화를 이루게 된다는 것은 이 두 부문에 대한 상당한 진전이 있음을 의미한다고 보았다. 그는 북한 인권에 대한 비판이 비핵화 외교에 힘을 실어주지 못한다고 우려하는 외교관들의 말을 듣지 않았다. 이러한 북한의 게임에 놀아나지 않겠다고 부시는 말했다.

따라서 부시 대통령의 외교는 북한 인권에 중점을 둔 외교였다. 많은 이들은 이것이 결과적으로 더 파괴적이었다고 비판하는데, 그 이유는 클린턴 행정부와 비교하여 더욱 거세진 미국의 태도에 당황한 북한은 이내 핵무기 제조를 위한 플루토늄을 더 생산했기 때문이었다. 하지만 이러한 주장은 두 가지 판단을 가정하는데, 첫 번째 판단은 반증불가능한 것이었으며 두 번째 판단은 잘못된 것으로 밝혀졌다. 첫 번째 판단은 미국이 1994년 제네바합의를 준수했다면 북한이 더 이상의 플루토늄 추출이나 핵실험을 하지 않았을 것이라고 가정한다. 그러나 이것은 입증할 수 없다. 미국이 1994년 제네바합의를 준수했을 때조차도 북한은 끊임없이 이를 위반하겠다고 위협했다. 두 번째 판단은 북한이 비밀리에 진행한 우라늄 프로그램에 대한 미국의 고발이 왜곡된 정보에 기반을 둔 것이라고 가정한다. 이는 2002년 10월 밝혀졌다. 당시 북한은 우라늄 프로그램이 있음을 시인했을 뿐 아니라 이를 미국 과학자에게까지 보여줬다.

　결국 6자회담의 합의내용들은 부시 행정부의 외교적 노력의 결과로 이룩된 것이었다. 2005년과 2007년 합의내용은 약간 다르게 포장되기는 했지만, 여기에는 미국이 지난 20여 년간 북한과의 협상테이블에 올려놓았던 많은 어젠다들을 포함하고 있었다. 즉 경제 및 에너지 지원, 안전 보장, 그리고 관계 정상화에 대한 확약 등이었다. 각각의 어젠다에 대해 실무그룹들이 구성됐다. 미북 간 정상화를 위한 실무그룹은 결국 북한을 테러지원국 명단에서 제외시키고 몇몇 경제제재를 철회하는 데 기여했다. 다자외교의 특성상 새로 추가된 사항은 북한에 동북아시아 평화 및 안보 메커니즘을 소개하는 것이었다. 이 실무그룹은 대화와 특정 수단을 통해 북한이 핵을 포기함으로 얻을 수 있는 동아시아지역의 비전을 공유하길 원했다. 참가국들의 목적은 북한의 주변국으로서 상호 안보와 협력을 제공하는 규범과 규정, 일련의 과정에 대해 합의를 이루는 것이었다. 2008년 부시 행정부는 북한에 보내는 역대 최고 식량지원에 합의했다. 세계식량기구와 미국 NGO를 통해 북한에 50만 톤의 식량이 제공됐다. 이 합의는 지원된 식량이 군사적인 목적이 아니라 가장 필요한 주민들에게 제공되도록 감시하는 절차를 포함하고 있었다.

　부시 대통령의 대북 외교정책에 대해 마지막으로 언급하고 싶은 요소는 유연성이다. 대부분의 사람들은 유연성과 부시 행정부 간에는 어떠한 상관도 없을 것이라고 생각한다. 하지만 외교적 진전을 위해 유연성이 필요할 때, 부시 행정부는 유연함을 보였다. 2007년 초 부시 행정부는 두 개의 문제, 즉 BDA 북한 계좌의 2,500만 달러를 풀어줄 것인지, 그리고 6자회담 틀에서 벗어나 북한과 직접 대화를 할 것인지에 대해 중대한 결정을 내려야 했다. 이전까지 부시 행정부는 협상력을 최대화하기 위해 위의 두 결정을 보류한다는 원칙을 고수해왔다. 하지만 북한이 핵시설을 해체하는 등 비핵화 협정을 이행할 의지를 보이자, 미국 또한 유연성을 보여야 하는지에 대해 고민할 수밖에 없었고 그 결정 또한 대통령만이 할 수 있는 일이었다. 결국 부시 대통령은 동결된 북한 계좌를 풀었고, 2007년 1월에는 독일 베를린에서 북한과의 양자회담을 승인했다. 그 결과 미국은 북한 핵문제를 다룬 지 20여 년 만에 핵사찰, 핵시설 해체라는 성과를 이뤄낼 수 있었다. 비슷한 경우가 또 있다. 2007년 말 북한의 핵보유에 대한 보고서 마감기한(12월 31일)이 얼마 남지 않은 상황에서, 미국은 북한과의 관계 정상화를 위한 과정을 진행하겠다는 서신을 전달했다. 북한에 확신을 주기 위해서였다. 한 시사평론가는 이에 대해 "김정일은 부시가 혐오하는 사람 중 하나다. 부시는 김정일을 혐오하며 소인배(pygmy)로 부른다. 마치 난 악마와는 대화하지 않는다는 태도다 … 그런 그가, 이 시점에서, 김정일에게 개인 서신을 전달한 것은 놀랄만한 반전이다."라고 말했다.[53]

오바마: 전략적 인내

질문: 분열된 국론을 통합하기 위해서 대통령이 된 첫 해에 미국이든 다른 곳에서든 이란, 시리아, 베네수엘라, 쿠바, 북한 등의 지도자들과 개별적으로 아무 조건 없이 만날 용의가 있습니까?

오바마 상원의원: 만날 뜻이 있습니다. 대화하지 않는 것이

벌을 주는 것이라는 말은 터무니없다고 생각합니다.[54]
— 2007년 7월 24일 오바마 대통령의 상원의원 시절

그들과의 대화를 단절하여 그들을 벌한다는 생각은 통하지 않았습니다. 이 방법은 이란에도 북한에도 통하지 않았습니다. 그들을 고립시키려 했던 우리의 노력은 오히려 그들의 핵무기 보유 노력을 가속시켰습니다. 제가 미국의 대통령이 된다면 이를 바꿀 것입니다.[55]
— 2008년 9월 26일 오바마 대통령의 대통령 후보 시절

    2008년 대선 캠페인의 고문들과의 면담, 그리고 2009년 초 정책 담당 백악관과 국무부 관계자들과의 면담을 통해 나는, 그들이 부시가 고위급 양자회담을 꺼려했다고 주장하는 것으로 자신들의 입장을 보호하면서도, 다른 한편으로는 부시 행정부가 시작한 일을 지속하여 북한과의 협상을 가속화하길 원한다는 사실을 알 수 있었다. 오바마는 처음부터 미국은 북한에 대해 어떠한 악의적 의도가 없음을 확실히 했다. 더 나아가 그는 불쾌하고 불편한 상황에서 북한과 대화나 대면협상을 진행할 생각이 없음을 명확히 했다. 오바마는 다자회담과 2005년 9월 공동성명을 진전시키기 위한 의지가 있음을 6자회담 참가국인 일본, 중국, 러시아, 그리고 한국에 알렸다.[56]
    북한이 2009년 봄에 미사일 시험발사와 핵실험을 감행하고, 2010년 비밀리에 진행한 우라늄 정제 프로그램이 밝혀진 이후에도 오바마 행정부는 적대정책으로 전환하지 않고 대화할 의사가 있음을 고수했다.

오바마는 납치된 두 여기자 (로라 링과 유나 리) 송환을 위해 전 부통령 앨 고어의 방북을 제의했다. 북한이 고어는 "지위가 낮다."라며 거절하자 오바마는 클린턴 전 대통령을 보내기로 합의했다. 클린턴은 평양에서 이틀을 보내면서 대부분의 시간을 김정일과 보냈다. 클린턴의 임무는 두 미국인들의 송환이었지만, 그는 김정일에게 오바마 행정부는 북한의 미사일 시험발사와 핵실험에도 불구하고 진지하게 협상할 준비가 돼있다는 자신의 견해를 전달했다. 2009년 12월 미국은 보즈워스 특사를 평양에 보냈고, 보즈워스는 김정일에게 오바마 대통령의 서신을 전달했다. 부시와 클린턴도 서신을 보냈지만 이는 긴 협상을 끝내고 마무리 짓기 위한 것이었다. 그러나 오바마 대통령의 서신은 정권 초기에 보낸 것이었으며, 언론의 압박이 있기 전까지 백악관은 이를 비밀로 했다. 서신의 내용은 공개되지 않았지만(부시와 클린턴 행정부에서는 모든 서신을 공개했다), 미국은 협상을 할 준비가 돼 있으며 6자회담이 재개될 경우 북한에 돌아갈 혜택에 대한 내용이라고만 보도됐다.[57]

오바마의 서신에 대해 북한은 2010년 3월 천안함 폭침과 2010년 11월 연평도 포격사건으로 대답했다. 오바마 행정부는 '전략적 인내'로 알려진 정책을 추진하기 시작했다. 이 정책은 미국은 항상 외교를 열어둘 것임을(한반도의 비핵화를 위해 미국은 평화적인 외교적 방법으로 해결할 것임을), 그리고 6자회담과 2005, 2007년 비핵화 합의를 이행할 것임을 의미하는 것이었다. 하지만 2009년과 2010년 북한의 연속적 도발에 직면하자 미국은 북한이 긍정적이고 건설적인 행동과 진정성 있는 협상에 임할 수 있도록 시간을 주기로 했다. 그러는 동안에 일본, 한국과의 긴밀한 정책 조정과 더불어, 핵확산 방지 조치, 유엔안전보장이사회 제재, 금융 제재 등을 포함하는 강압외교 조치에 우선순위를 뒀다. 전략적 인내는 북한에 보상을 하지 않음으로써 북한이 관심을 끌기 위한 수단으로 도발을 이용하는 행동을 평가절하 했다. 더 중요한 것은, 북한이 고위급 회담(6자회담)에 돌아오기 위해서는 도발을 중단하는 것보다는 긍정적 행동(비핵화 또는 인권관련 조치)이 필요하다는 사실이다.[58] 2011~2012년 오바마 행정부는 김정일의 사망 여파로 인해 북한의 제3차 핵실험 가능성이 높아지고 도발의 수위가 높아지는 것을 우려해 중단되고 지연되기는 하지만 6자회담으로 서서히 돌아서게 됐다.

외교적 행보는 분명하다. 미국은 20년 넘게 북한의 비핵화를 위해 외교적 노력을 기울였다. 서로 다른 외교정책과 이념을 가진 여러 정부들이 내키지 않아하면서도 북한과 협상해왔다. 정부마다 각기 다른 주안점이 있었지만, 종합적으로 보면 그들 모두 채찍보다는 당근에 중점을 뒀다. 조금씩 다르게 포장됐지만 각 정부 모두 북한이 경제를 복구해서 자국민을 먹여 살리고 풍요롭게 사는 데 도움을 주고자 했다. 두 명의 전 미 대통령(카터, 클린턴)이 북한 지도자를 만나 이러한 미국의 비전을 전달하고자 했다. 최근 세 명의 미 대통령(클린턴, 부시, 오바마)은 김정일에게 자신들이 협상을 위해 힘쓰겠다는 내용이 담긴 사적인 서신을 전달했다. 불행하게도 이 모든 것이 실패했지만 노력의 부족 때문은 아니었다.

북한의 핵 프로그램을 미국의 탓으로 돌리는 행동은 대단히 잘못된 것이다. 냉혹한 비평가들은 미사일 시험발사, 핵실험, 플루토늄 재추출 등의 북한의 도발이 미국이 북한의 합의 요구사항을 맞추는 데 실패했기 때문이라고 주장할 수도 있다. 하지만 합의 이행에 차질이 생겨 늦

취지는 것과 불신으로 핵심 합의사항을 깨는 것에는 명확한 차이가 있음을 알아야 한다. 미국 정부는 확실히 전자에서 실수를 범했다. 많이 늦어지긴 했지만 결국 모든 물품(경유 제공)을 전달했다. 비밀리에 새로운 핵시설을 짓는 것과 같이 핵심 합의사항을 어기는 것과는 질적으로 다르다. 이 두 개는 확연히 다른 것이다.

그렇다면, 북한이 진정 원하는 것은 무엇일까? 20년이 넘는 동안 세 명의 미 대통령의 개인적인 호소를 비롯한 미국의 여러 제안들이 (주변국들이 하나된 목소리로 독려하면서) 세계에서 가장 부유한 지역으로부터 혜택을 받도록 북한을 설득하는 데 충분하지 않았다면, 과연 북한은 무엇을 원하는 것일까? 그 대답은 실망스럽고 한심하다.

그렇다면, 북한이 진정으로 원하는 것은 무엇인가?

우리는 합의문의 특정 문단에서 교착상태에 빠졌다. 맞은 편 북한 측 대표단은 우리가 받아들일 수 없다고 생각하는 문구를 요구했다. 하지만 이미 무너지고 있는 협상을 어떻게라도 진전시키기 위해서 백악관에 보내 승인을 기다렸다. 2005년 9월 제4차 6자회담에서의 일이다. 회담은 지난 1년간 지연됐었고 부시 행정부 1기에 시작한 회담은 2기에 들어서야 겨우 다시 진행되고 있었다. 북한의 문제는 미국이 서면으로 북한에 대해 비적대적 의지를 나타내야 한다는 것이었다. '북한에 대해 핵 또는 재래식 무기로 공격하지 않겠다'는 문구가 합의문에 포함돼야 한다는 것이다.[59] 놀랍게도 다음날 아침 백악관에서 그 문구가 승인

됐음을 알려왔다. 승인된 문구를 가지고 댜오위타이 영빈관의 회의장에 다시 돌아오자 북한을 포함한 참가국들은 놀란 표정을 지었다. 그때 갑자기 러시아는 의장국인 중국에 각국 수석대표들이 참여해 진행하는 합의문 초안 세션의 휴회를 신청했다. 러시아는 북한과 따로 양자회의를 진행했다. 러시아 카운터파트가 알려주길, 러시아는 북에 "미국은 진지합니다. [미국이 받아들인] 이 문구가 보입니까? 이것을 소극적 안전보장[NSA(Negative Security Assurances). 핵비보유국에 대한 핵무기 불사용 보장. 1968년에 채택된 적극적 안전보장(PSA. 핵비보유국이 핵보유국으로부터 핵공격을 받을 시 유엔이 개입한다는 내용)이 상임이사국이 모두 핵보유국이라는 점에서 실효성이 없다는 비판이 제기되자 상임이사국의 핵보유국들이 개별적으로 소극적 안전보장을 선언했다_옮긴이]이라고 합니다. 우리는 냉전시기 내내 미국에 이걸 받아내려고 했지만 결국 실패했습니다."라고 말했다고 한다.

당시 나는 북한이 드디어 안전보장을 받았으니 미국에 대한 '적개심'을 내려놓을 줄 알았다. 하지만 북한은 미국의 서면 안정보장을 협상 진전을 위한 전제조건으로 내건 이후에도, 이후 협상에서는 서면은 별 의미가 없으며 북한의 안전을 보장하는 것은 아니라고 주장했다. 현재 이 문구는 미국의 비적대적 의도를 명확하게 나타냄에도 불구하고, 2005년 공동성명에 그저 조용히 묻혀 있다.

북한과의 협상은 모두 모순이다. 어느 날 중요했던 것이 그 다음날에는 전혀 중요하지 않게 된다. 북한이 몇 주 또는 몇 달간 계속 고집했던 것이 한 순간에 사라지기도 한다. 하지만 이러한 모순은 오히려 몇 해 동안의 북한의 말과 도발적 행동 저변에 깔린 그들의 핵심목표를 보여준다. 게다가 이러 핵심목표를 이해하는 것은 북한에서 김정일에서 김정은으로의 권력세습을 위한 준비가 제대로 이뤄지지 않았음을 이해하게 한다.

다음으로 나는 도발적 행동으로 북한이 원하는 것이 무엇인지에 대한 나름의 평가를 제공할 것이다. 이는 북한이 정책목표를 언급한 공식적인 성명이나 증거만으로 도출된 것은 아니다. 외교 관계자들을 통한 주장이나 말들은 그저 북한의 광범위한 목표 중의 하나일 뿐이다. 나의 평가와 판단은 지난 7년간 북한 정권과 협상을 담당해 온 전문가들의 '직감'과 경험을 통해 내려졌다.

2009년 6월 11일 미 상원 외교위원회에서 북한문제에 대해 논의될 때, 한 질문자가 북한의 2009년 핵실험을 미국의 무대응과 협상 부족의 탓으로 돌리는 진부한 주장을 하고 있었다. 평상시 과묵하고 합리적인 성격의 리처드 루거(Richard Lugar) 의원은 그 질문자에게 단호한 어조로 이렇게 대답했다. "존경하는 교수님, 물론 우리도 협상을 원합니다. 우리가 말씀드리고 싶은 것은 북한이 의도적으로 협상에서 빠져나갔다는 것이고, 일본을 가로지르는 미사일을 발사했으며, 핵실험을 했다는 것입니다. 물론 [미국 정부는] 협상을 원하지만 우리가 진정으로 국제공동체의 일원으로서 무엇인가를 할 수 있을 때까지 협상의 진전은 어려워 보입니다."[60] 루거의 말대로 협상은 김정일과 김정은에게 계속 제안됐다. 하지만 그들은 계속해서 위협하며 협상테이블로 돌아오지 않고 있다.

그렇다면, 북한은 진정으로 무엇을 원하는 것일까?[61]

북한은 핵무기를 원한다 … 영원히

　사회과학을 전공하는 학생들은 '오컴의 면도날(Ockham's razor)'이라는 용어를 배운다. 14세기 프란체스코회 수도사 윌리엄 오브 오컴(William of Ockham)에 의해 제안된 것으로, 그 원칙은 'Pluralitas non est ponenda sine necessitate'로써 의역하자면 '불필요하게 다수를 가정해서는 안 된다'는 것이다. 사회과학 이론에서 이 원칙은 '가장 좋은 이론이나 설명은 가장 간단한 것이다'라고 해석된다. 오컴의 면도날을 적용해 북한의 핵실험과 도발을 가장 단순하게 설명하자면, 그들은 핵무기와 탄도미사일 역량을 향상시키려 한다고 할 수 있다. 일반적으로 국가는 단순히 협상카드를 쌓아두기 위해서 대륙간탄도미사일이나 핵무기를 추구하지는 않는다. 북한이 극히 제한된 자원을 핵과 미사일 프로젝트에 쏟아 붓는 이유는, 북한이 이러한 역량을 갖길 바라고 있으며 핵보유국으로 인정받길 원한다는 것을 말해준다. 따라서 북한이 핵과 미사일 역량을 국제사회의 수용이나 미국과의 평화협정 체결과 맞바꿀 가능성은 매우 낮다. 2006년부터 현재까지 진행된 미사일 시험발사와 핵실험은 북한의 핵무기와 미사일 역량을 입증하기 위한 기회였던 것이다. 2009년 4월 미사일 시험발사의 경우를 보자. 이는 장거리 대포동 미사일의 실험으로 알려졌고, 2006년 7월 4일 탄도미사일 실험에 비해 성공적이었다. 2006년 7월 4일 동해로 480킬로미터 정도 날아간 7차례의 탄도미사일 실험은 북한의 단거리 또는 중장거리 미사일의 정확성 향상에 초점을 둔 것으로 보인다. 비슷하게 2009년 5월의 핵실험은 규모 4.7의 지진, 3~8킬로톤의 무기로 2006년 용두사미로 끝난 0.5~0.8킬로톤의 핵실험에 비해 증가했다.[62] 북한의 핵실험에 대해 많은 사람들은 북한이 미국의 관심을 끌거나 '판돈을 올리려' 했다기보다는,⁶³ 더 나은 핵무기와 탄도미사일을 만들기 원하기 때문에 직접 실험하는 것이 가장 좋을 방법이었을 것이라 분석했다.⁶⁴

북한 지도부가 핵무기를 원한다 치더라도 그것이 원하는 전부일까? 무엇보다도 플루토늄은 먹을 수 없지 않은가. 이러한 논리로 많은 이들이 북한은 단지 식량, 에너지, 국제 사회와의 새로운 관계를 제공받기 위한 더 나은 거래 거리가 없기 때문에 핵무기를 추구한다고 주장한다. 이 논리의 문제점은 김씨 일가가 이러한 거래를 두 번이나 제안 받았다는 것이다. 클린턴 행정부에서 합의된 1994년 제네바합의는 미국이 북한에 중유를 제공하는 조건으로, 북한은 영변의 핵시설을 동결하고 비핵화를 위한 평화적 정권에 대한 비전, 미국과의 관계 정상화, 그리고 경제 및 에너지 지원을 약속하는 것이었다.⁶⁵ 또한, 이미 언급했듯이, 2005년 6자회담 공동성명은 비핵화를 위해 제네바 합의사항을 포함해 더 많은 혜택을 제안했었다. 상황이 이러하니 미국이 다시 같은 방법을 쓰지 않는 것이 당연하지 않은가.

북한은 '인도식 협약'을 원한다

나는 북한이 결국엔 거래에 응하겠지만, 이 일이 완전한 비핵화를 의미하지는 않는다고 생각한다. 부시 행정부의 6자회담에서 북한 측은 클린턴이 1994년 제네바합의에서 약속한 민간 에너지용 경수로를 제공할 것을 요구했다. 북한은 표면상으로는 핵에너지를 위한 조치이자 영변 핵시설을 포기하는 대가라고 주장했지만 실제로는 핵무기를 위한 플루토늄을 추출하고 있었다. 회담이 격해질 때면, 북한은 크리스토퍼 힐 대사에게 인도나 파키스탄처럼 미국이 그냥 북한을 핵보유국으로 인정해 줄 것을 주장했다. 가능할 것 같지 않다고 말하면 북한은 6자회담이 북한의 비핵화만을 위한 회담이 되어서는 안 된다고 반격했다. 이것은 상응하는 대가없이 북한을 '발가벗기는' 것과 같다는 것이다. 대신에 북한은 회담이란 핵무기를 가진 두 국가가 상호 핵무기 감소를 위한 협상이 돼야 한다고 주장하면서, '냉전 때 당신들이 소련과 했던 것처럼'이라고 말하곤 했다.

'비둘기파(dove)' 대북 포용론자들은 계속해서 북한이 안보를 위해 핵무기를 포기할 것이라 주장했다. '매파' 강경론자들은 북한은 핵무기를 전적으로 안보와 동일시한다고 주장한다. 하지만 협상기록을 보면 김씨 일가의 진정한 목표는 서방세계와 거래하는 것이지 포용론자들이 생각하는 것처럼 협상은 아닌 것 같다. 북한은 최근 몇 달간 미국의 학자들과 전문가들에게 미 정부가 그저 북한을 핵보유국으로 인정해야한다고 솔직히 이야기한다.[66] 이는 북한이 바라는 회담의 형태는 6자회담이 아니라 미국과 북한 간 핵무기 축소 회담이며, 이를 통해 핵보유국의 지위를 얻게 되는 것을 말한다. 북한이 생각하는 협상의 이상적 결말은 '인도식 협약(India Deal)', 즉 '미국-인도 간 핵협정'과 비슷하다. 북한이 IAEA의 핵 안전보장조치와 감시를 다시 준수한다는 약속이 있어야겠지만, 민간용 핵에너지, 즉 경수로 기술과 이를 뒷받침할 에너지 그리드(energy grid) 능력도 보장받으려는 것이다. 가장 중요한 것은 북한이 국제사회의 감시 밖에서 핵 프로그램의 일정 부분을 통제함으로써 본인들 스스로가 핵억제를 담당할 수 있다고 생각한다는 것이다. 당연히 미국-인도 간 민간용 핵에너지 협약에서도 이 부분은 가장 논란이 많았다. 북한은 이러한 '양보'를 대가로 에너지 지원, 경제 지원, 미국과의 관계 정상화, 한국전쟁의 종결을 알리는 평화협정 체결 등을 포함하는 완벽한 거래를 원한다. 그러면서도 핵과 관련해서는 인도의 경우처럼 NPT 체제가 북한에 맞춰 처음부터 다시 쓰이기를 원한다.

북한은 미국과의 양자회담이나 6자회담에서 인도와 같은 협상 위치에 있어보지 못했다. 상대적으로 국제사회에서 고립돼 있긴 하지만 북한은 이런 위치가 그들에게 좀 무리라는 것을 알고 있을 것이다. 그리고 이것을 공식적으로 제안한다는 것이 심지어는 중국에까지 웃음거리가 될 것이라는 것도 알고 있을 것이다. 하지만 북한은 장기간 지속되는 협상에서는 상황이 계속해서 바뀌기 때문에 현재 불가능한 것도 후에는 가능해질 수 있다는 것 또한 잘 알고 있다. 북한은 이미 부시 행정부의 1기 때 대화를 거부하다가 2기 때 와서 부시의 개인 서신을 받은 경험이 있지 않은가.

하지만 이것이 북한이 원하는 전부는 아니다. 2011년 김정일의 죽음을 지켜 본 전문가들은 최근 핵실험 및 미사일 시험발사가 일석이조(一石二鳥)가 될 수 있음을 알게 됐다. 핵실험은 북한의 정권교체가 성공적으로 이뤄질 수 있도록 북한의 핵 위상을 세우고 외부 위협으로부터 안보를 다졌다. 또한, 핵실험과 미사일 시험발사는 강성대국을 이룩하여 모든 적군을 물리칠 수 있는 궁극의 무기를 후대에 물려준 '친애하는 지도자' 김정일의 역사적 지위를 확고하게 했다. 어찌됐든 독재자들도 자신의 유산을 좋게 보이게 할 필요가 있다.

하지만 좀 더 면밀히 분석해 보면, 최근 도발이 김정은의 확실한 권력승계를 위한 하나의 수단이나 방편 같아 보이지는 않는다는 점이다.

게다가 2009년의 핵실험 및 탄도미사일 시험발사는 북한의 핵 역량을 보이려 했다기보다는, '인도식 협약'과 같은 야심찬 목표를 최소한이라도 얻으려는 노력으로 보인다. 만약, 인도식 협약이 김정일의 최종목표였다면 실패한 것이다. 김정일의 성공적인 핵실험과 이를 막아내지 못한 우리의 실패를 통해 국제사회가 목격한 것은, 아마도 제2의 인도가 되고자 하는 장기적 목표의 첫 단추를 끼우려 노력하면서, 물질적으로 그리고 이념적으로는 고갈되어 죽어가던 정권의 가쁜 마지막 날숨이었을 수도 있다. 막판에 시험을 마무리하기 위해 서두르는 불쌍한 학생처럼, 김정일은 자신의 유산을 극대화하기 위해서가 아니라 아들이 최소한의 것은 이루도록 하기 위해 낡은 협상테이블에서 맞서 싸웠다.

북한은 김씨 일가가 영원하길 바란다

북한 옹호자들은 북한의 핵 프로그램이 불안정으로부터 비롯된다고 주장한다. 냉전시대 당시 소외되고 작은 국가였던 북한은 동맹국이 별로 없었고 소련과 동독이 무너지자 그마저도 줄어들었다. 1992년 중국이 한국과의 관계를 정상화하자 한국전쟁을 통해 '피의 동맹'으로 엮였던 북한과 중국의 관계는 이전과 같지 않았다. 북한은 부시의 '악의 축' 발언이나 오바마의 유엔제재를 적대정책의 일환이라며 미국의 적대정책이 끝나길 바란다고 말하면서 북한 옹호론자들의 논리에 힘을 실어줬다. 미국인들은 (혹은 국제사회는) 어떤 미 대통령도 북한을 공격할 의도가 없다고 생각하지만 북한처럼 작고 피해망상적인 국가는 당연히 하게 되는 우려라는 것이 옹호자들의 주장이다.

위의 주장은 어느 정도 일리가 있다. 그래서 미국은 수도 없이 북한에 적대정책을 펴지 않겠다고 선언했다. 크리스토퍼 힐은 미국이 북한에 적대정책을 펴고 있지는 않지만, 북한 핵무기에 대해서는 그렇다고 즐겨 말했다. 하지만 미 대통령 수준의 확언까지 받아낸 북한의 반응은 말로는 부족하다는 것이었다. 즉, 미국이 대북 비(非)적대정책을 공식화해야만 한다고 주장했다. 그래서 북한은 2005년 9월 소극적 안전보장을 받아냈다. 2000년 10월 클린턴 행정부 당시의 미북 공동코뮈니케에서 "첫 중대조치로서 쌍방은 그 어느 정부도 타방에 대하여 적대적 의사를 가지지 않을 것이라고 선언하고, 앞으로 과거의 적대감에서 벗어난 새로운 관계를 수립하기 위하여 모든 노력을 다할 것이라는 공약을 확언했다."(북한 측 원문)라고 명시한 것보다 더 구체화됐다.[67] 본 장 초반에 언급했듯이, 러시아와 중국을 포함한 6자회담 참여국 모두가 이 선언에 감명을 받았다. 하지만 북한은 이것을 한낱 쪽지로 치부해 버렸다. 결국 조지 부시 행정부부터 현재까지 미 대통령, 국무장관 또는 국가안보 보좌관에 의해 북한에 전달된 모든 안전보장 선언은 폐기처분된 셈이다. 본 장 후반에 관련 자료들을 표로 정리했다. 표를 보면 알 수 있듯, 미국이 북한의 불안에 민감하게 반응하지 않았다고 누가 이야기할 수 있겠는가.

그렇다면 북한이 진정으로 원하는 것은 무엇인가? 나는 북한이 미국으로부터 특별한 형태의 '정권 안전보장'을 원한다고 생각한다. 이는 소극적 안전보장과는 완전히 다르다. 북한은 김씨 일가와 그 족벌에 대한 좀 더 근본적인 형태의 보호를 원하는데, 이것은 미국에 소극적 안전보장보다 더 어려운 문제다. 이러한 개인적 형태의 안전보장을 위한 열망은 북한이 당면한 근본적 개혁 딜레마에서 기인한다. 북한은 생존을 위해 개방이 필요하지만 개방의 과정에서 정권의 몰락을 야기할 수 있기 때문이다.[68] 따라서 북한은 핵공격에 대한 미국의 안전보장이 아니라, 북한이 비핵화와 개혁개방 과정 중에 발생할지 모를 김씨 일가의 몰락을 보호한다는 미국의 보장이 필요한 것이다.

김정일의 갑작스런 죽음을 고려해 볼 때, 이러한 형태의 안전보장은 너무 앞서가는 우려일 것이다. 김정일의 세 아들 중 막내인 김정은은 경험이 부족할 뿐 아니라 김일성이 갖췄던 혁명적 자질 또한 부족한데, 김정은으로의 정권교체는 타이밍이 아주 좋더라도 불안정한 과정이 될 것이다. 개혁에 대한 요구와 김정일의 급작스러운 죽음이 가져온 가변성 증가로 북한은 정권 안전보장을 가장 우선순위에 둘 것이다.

만약 개혁의 진퇴양난에서 벗어나는 일이 북한 지도부의 목적 중 하나였다면, 그 역시 크게 실패했다. 김정은은 경제 개혁도 제대로 이루어지지 않은, 또한 현 상태의 개선을 위한 그 어떠한 국제적 호의도 얻지 못한 정권을 물려받았다.

미국의 난제

이러한 점들은 오바마 행정부와 향후 미 정부에 무엇을 남기는가? 만약 위에서 열거한 사항들이 북한이 진정으로 원하는 것이라면, 향후에 협상이 설사 이뤄진다 하더라도 아무런 성과 없이 끝날 가능성이 높다. 미국은 북한의 인권환경이 좋아지지 않는 한 김정은 정권에 인도와 같은 민간용 핵 사용권을 제안할 확률도, 정권 유지를 도와줄 확률도 낮다. 그러나 이런 비관적인 예측 때문에 협상 가능성을 배제해서는 안 된다. 만약 제멋대로 핵 프로그램을 이용하는 독재자를 다루는 일과 국제사회의 감독하에 진행되는 핵 프로그램을 가진 독재자를 다루는 일 중 하나를 선택해야 한다면, 분명 후자가 미국과 동북아시아 국가들의 이익을 반영하는 것일 것이다. 물론 명시된 최종 목적은 완전한 비핵화로 남아있겠지만, 6자회담이나 여기서 파생될 수 있는 다른 형태의 대화 기제들은 모두 북한의 핵 능력을 동결시키고, 해체시키고, 약화시키기 위해 활용돼야 한다.

오바마는 보즈워스나 성 김 특사를 통해 북한과 협상하고자 하는 의지를 표출하고 미국의 협상 및 제재 전략을 수립했다. 미국은 2009년 5월 북한 핵실험 이후 통과된 유엔안전보장이사회 결의안 1874호를 시행하고, 북한의 대량살상무기를 억제하는 다자 핵확산방지체제를 제도화하는 데 주안점을 뒀었다. 많은 이들이 초기에 유엔 결의안을 이빨 없는 공격이라 비난했는데, 이는 결의안에서 핵물질이 있다고 의심되는 북한 선박을 검열하기 위한 무력 사용권한을 부여하지 않았기 때문이다. 그러나 미얀마 정부가 유엔 결의안 이행에 대한 의지를 표명하고 북한 선박에 대한 검열을 공개적으로 발표했을 때, 북한의 강남1호가 뱃길을 돌리는 사건이 발생했다. 이후 비판가들은 효율적인 핵확산 방지 메커니즘에 대한 잠재성을 긍정적으로 평가하기 시작했다. 역설적으로 이 결의안은 부시 행정부의 대량살상무기 확산방지구상을 좀 더 효율적이고 포괄적으로 만들며 제도화시키는 데 일조했다. 오바마 행정부가 지속적으로 당면하게 될 과제 중 하나는 북한이 협상테이블로 돌아올 의향을 내비쳤다 하더라도 중국이 유엔 결의안을 계속해서 정직하게 이행하게 하는 것이다. 비록 중국에는 북한의 회담 복귀가 매우 매혹적이기는 하겠지만, 북한의 핵확산에 대응하는 제재들을 철회하는 것이 다자 혹은 양자협상 재개를 위한 희생물이 되어서는 안 된다.

오바마나 향후 미 정부들이 기피해야할 협상의 함정은 '상대적 논리성'의 딜레마다. 이는 6자회담 협상과정의 모든 합의는 참가국들이 정해놓은 각 단계와 시간표에 맞춰 협상대표들이 구체적인 결과물을 내고, 그에 상응하는 보상과 벌칙 등은 상당한 심사숙고의 과정을 거쳐 이뤄짐을 의미한다. 그러나 어찌된 일인지 북한은 벼랑끝 전술(brinkmanship)을 사용하여 이전에 약속했던 것보다 더 많은 것을 요구하거나 이행해야 할 것보다 덜 실천하는 태도를 보인다. 물론 모든 참가자들은 북한의 비이성적인 행동에 동의하지만 협상의 실패는 6자회담의 실패를 의미하고 이는 또 다른 문제를 일으킬 수 있다는 사실에도 동의한다. 이를 피하면서 실질적인 변화를 꾀하기 위해 참가국들은 신뢰할 수 없는 북한보다는 미국을 압박하기 시작한다. 결과적으로, 미국의 유연성은 다른 국가들에는 미국의 지역 리더십의 증거로, 자국에는 간절함과 연약함으로 비춰지게 됐다.

이것이 현 상황이다. 만약 대화가 다시 재개된다 하더라도, 대화를 통해 미국 혹은 북한이 원하는 것을 절대 달성하지는 못할 것이며, 단지 문제를 관리하고, 핵확산의 위협을 억제하고, 정권의 남은 시간을 낭비하는 차원이 될 가능성이 높다. 2012년 초 오바마 행정부는 3년의 '전략적 인내'를 거쳐 북한과의 대화를 재개할 방법을 강구할 것이라고 밝혔다. 미숙하고 경험이 부족한 북한의 새로운 지도자가 아버지의 죽음 이후 국가를 어떻게 관리할지에 대한 궁금증과 함께, 3번째 핵실험이나 한국에 대한 도발 가능성을 우려하는 행정부 관리들은 6자회담의 재개를 '위기의 관리' 또는 '선행적 위기관리'의 한 형태로 정의했다.

북한의 제왕적 김씨 일가가 무너지는 날에는 재앙이 닥칠 것은 분명하다. 그러나 한국과 일본, 그리고 중국이 북한의 정권 붕괴를 미리 대비한다면, 오히려 이를 관리할 수도 있을 것이다. 오바마와 향후 행정부들은 한국 및 중국과의 양자적 혹은 다자적 대화를 고려할 가능성이 높다. 김정은의 미래는 아직 불투명하며, 만약 내부에서 리더십의 문제가 발생한다면 북한에 어떠한 일이 벌어질지 아무도 모른다. 비록 최근에 미국과 한국이 북한 붕괴 이후 38선 상에서 벌어질 수 있는 일들에 대한 대비계획을 재개했지만, 한미 양국은 중국과도 조용히 대화를 시작해야 한다. 이 3자 대화의 목적은 북한에 정치적 불안정의 징후가 나타날 때를 대비하여 세 국가들의 우선순위와 잠재적 행동계획에 대해 서로의 입장을 나누고 공유하기 위함이다. 아마도 미국은 대량살상무기와 그 재료 확보에, 한국은 국내 안정에, 그리고 중국은 자국으로 들어올 수 있는 대량의 난민에 관심이 많을 것이다. 한국은 북한이 붕괴될 경우 생길 중국의 의도를 불신하고 있는데, 이는 중국이 북한의 지하자원에 막대한 투자를 하고 있기 때문이다. 그러나 이러한 3자 대화는 북한 유사시 중국이 유엔안전보장이사회 결의안을 지지하는 데 매우 중요한 역할을 할 것이다. 선도적 협력은 유사시 오해와 착오를 최소화할 수 있기 때문이다.

[표 7-1] 북한에 대한 미국의 안전 보장 내용(1989~2011)

날짜	행정부	성명	비고
1989년 2월 27일	조지 부시	나는 북한과 실용적이고 평화적이며 건설적인 대화를 위해, 그리고 우리의 정책을 보완하고 효과적으로 강화하기 위해 노태우 대통령과 보다 긴밀히 협력할 것이다.	한국 국회에서의 미 대통령 연설
1992년 1월 6일	조지 부시	북한이 의무를 지켜 핵 사찰을 이행한다면, 노 대통령과 나는 올해 팀스피릿 훈련을 재고할 준비가 돼 있다.	미 대통령과 노태우 대통령과의 기자회견
1993년 6월 11일	조지 부시	북한과 미국은 다음에 합의한다: • 위협 및 핵무기를 포함한 무력 불사용 보장 • 포괄적 핵안전조치의 공정한 적용을 포함한 한반도의 비핵화 및 평화와 안전, 상호 주권 존중, 상호 내정 불간섭 • 한반도의 평화적 통일 지지 이 원칙에 입각하여 양 정부는 평등하고 공정한 조건에서 대화를 계속하기로 합의했다.	1993년 미북 공동성명
1993년 7월 10일	클린턴	우리는 무력사용 방지를 위해 노력하자는 것이지 싸우자는 것이 아니다. 북한이 유엔헌장과 국제적인 비핵화 약속을 준수하는 이상 미국을 두려워할 이유는 전혀 없다.	한국 국회에서의 미 대통령 연설
1994년 6월 5일	클린턴	나는 평화를 염원하며 북한에 접근했다 … 나는 북한과의 정상적인 관계를 원할 뿐이다 … 우리는 북한을 도발하려는 것이 아니다. 우리는 북한이 이미 약속한 것을 이행하기만을 바랄 뿐이다.	미 대통령의 CBS와의 인터뷰
1994년 6월 22일	클린턴	우리의 문은 항상 열려 있다. 언제나 우리는 갈등을 원하지 않았고, 북한에 국제공동체의 일원이 될 수 있도록 길을 제시한다는 말을 해 왔다. 나는 김일성과 개인적으로 대화하기 위한 다른 수단들을 강구했고, 미국의 열망과 이익 그리고 정책이 한반도의 비핵화와 북한이 국제사회로 진출함과 동시에 고립에서 벗어나게 해 줄 길을 제시한다고 이야기했다.	미 대통령의 북한 관련 기자회견
1994년 10월 21일	클린턴	미국은 북한에 위협을 가하거나 핵무기를 사용하지 않을 것을 공식적으로 약속한다.	1994년 미북 제네바 기본합의
1996년 4월 17일	클린턴	4자 회담은 43년 전과 같이, 한국과 북한이 최종적으로 평화적 결실을 맺을 수 있도록 틀을 제공한 수단일 뿐이다. 이 틀 내에서 미국이 긍정적 역할을 할 수 있다면 우리는 이를 이행할 것이다.	미 대통령과 김영삼 대통령과의 기자회견
1999년 9월 17일	클린턴	긴장을 완화하고 불안정한 발전을 방지하고자 하는 우리의 정책은 북한과의 차별화되고 개선된 관계의 가능성을 확인하게 한다. 또한, 이는 우리 동맹국들의 입장을 충분히 반영하고 있다. 미북 핵 동결 협약을 향한 우리의 확고한 지지 또한 북한의 핵개발을 동결하려는 우리의 노력 중 하나다.	올브라이트 국무장관의 북한 브리핑

날짜	대통령	내용	출처
2000년 10월 12일	클린턴	양국이 적대적 관계가 되는 일은 필연이 아니며, 우리 국민들이 바라는 바도 아니요, 미국의 이익에도 부합하지 않는다 … 따라서 우리는 더 개선된 관계를 열어가기 위한 확실한 단계들을 밟아가야 한다.	올브라이트 국무장관의 북한 조명록 특사 참석 만찬 연설
2000년 10월 12일	클린턴	미국과 북한은 아태지역의 평화 및 안보를 증진하기 위해 양자 간 관계를 근본적으로 개선하기로 결정했다 … 이를 위한 중요한 첫 단계로 양국은 적대적 의도를 갖지 아니하며 앞으로 과거의 적대감에서 벗어난 새로운 관계를 만들기 위한 노력을 다할 것을 확인했다 … 이러한 관점에서, 양측은 양국의 주권존중 원칙을 바탕으로 관계를 맺어갈 것과 양국의 내정간섭을 하지 않을 것, 그리고 양자 간 및 다자간 정상외교 연락망의 중요성을 재확인했다.	2000년 미북 공동코뮤니케
2002년 2월 20일	조지 W. 부시	우리는 평화를 사랑하는 사람들이다. 우리는 북한을 공격할 의사가 없다. 한국은 북한을 공격할 의사가 없다. 미국도 마찬가지다. 우리는 순전히 방어적 의도만이 있으며, 우리가 방어적이어야 하는 이유는 DMZ에 위협적인 상황들이 일어나고 있기 때문이다. 우리는 평화를 염원한다. 한반도의 평화야말로 미국의 국익과 부합한다.	미 대통령과 김대중 대통령과의 공동기자회견
2002년 5월 1일	조지 W. 부시	대통령께서는 북한과 언제 어디서든 전제조건 없이 대화하길 원한다는 것을 명백히 하셨습니다.	파월 국무장관의 공청회
2002년 10월 22일	조지 W. 부시	미국은 북한과 새로운 미래를 만들어나가길 희망한다. 올해 2월 한국을 방문해 명백히 밝혔듯이, 미국은 북한을 공격할 의도가 전혀 없다. 이 사실은 오늘도 변함이 없다.	미 대통령과 NATO 사무총장 로버트슨 경과의 회의
2002년 10월 27일	조지 W. 부시	우리는 북한을 공격하거나 위협할 의사가 전혀 없다.	파월 국무장관의 APEC 참석 기자회견
2003년 2월 7일	조지 W. 부시	우리는 북한을 공격할 의사가 없다 … 우리는 그들과 대화할 준비가 돼 있다.	파월 국무장관의 상원 국제관계위원회 증언
2003년 10월 20일	조지 W. 부시	대통령께서 말씀하시기를, 북한을 공격할 의사가 없다고 했다. 또한, 대통령은 6자회담에 매우 큰 열정을 보이고 있으며, 6자회담이 한반도의 핵문제에 대한 만족할만한 해답을 줄 수 있는 대화 창구라 믿고 있다. 따라서 대통령은 6자회담 진전을 강조했다 … 우리는 양자택일을 하라는 강압적 태도로 협상에 임하지는 않을 것이다.	라이스 안보 보좌관의 언론 브리핑
2003년 10월 27일	조지 W. 부시	대통령께서는 북한을 침입하거나 공격할 의사가 전혀 없음을 명확히 하셨습니다.	파월 국무장관의 언론대담
2005년 2월 11일	조지 W. 부시	북한은 부시 대통령으로부터 미국이 북한을 침입하거나 공격할 의사가 없음을 들었다.	라이스 국무장관의 룩셈부르크 기자회견
2005년 7월 12일	조지 W. 부시	북한이 대화 재개를 원한 이상, 우리는 북한이 주권국가라는 것과 북한을 공격할 의사가 없다고 언급한 것을 기억해야 한다.	라이스 국무장관의 서울 SBS 인터뷰

2005년 9월 15일	조지 W. 부시	미국은 한반도에 핵무기를 배치하지 않았으며, 핵무기나 재래식 무기로 북한을 침입하거나 공격할 의사가 없다.	2005년 6자회담 공동성명
2006년 10월 10일	조지 W. 부시	미국은 북한을 공격하거나 침입할 의사가 없다 … 미국이 북한을 침입하려 한다는 말은 있을 수 없다.	라이스 국무장관의 CNN 울프 블리처와의 인터뷰
2006년 10월 11일	조지 W. 부시	미국은 한반도 내에 핵무기가 없음을 명백히 말했다. 또한, 우리는 북한을 공격할 의도가 없음을 단언했다. 미국은 계속해서 외교에 전력할 것이다 … 북한과 이란, 그리고 양국의 국민들에게 보내는 미국의 메시지는 그들의 문제들을 평화적으로 해결하길 원한다는 것이다.	미 대통령 기자회견
2006년 11월 18일	조지 W. 부시	우리는 북한문제를 평화적으로 해결하기를 원한다. 또한, 이틀 전 싱가포르에서의 연설을 통해 명백히 밝혔듯이, 우리는 북한 지도자들이 핵무기를 포기할 때, 안보 협상을 진전시킬 수 있으며 북한 사람들에게 새로운 경제적 보상을 제공할 것이다.	미 대통령과 노무현 대통령과의 회담
2008년 6월 26일	조지 W. 부시	먼저, 나는 북한에 대한 경제 제재안 해제를 선언한다. 두 번째로, 나는 의회가 45일 내에 북한의 테러 지원국 지위를 철회해줄 것을 요청한다. 향후 45일은 북한이 협력에 대한 진지함을 보여줘야 할 매우 중요한 기간이 될 것이다. 우리는 6자회담을 통해 포괄적이고 엄격한 검증 의정서를 발전시킬 것이다. 또한, 이 기간 동안에 미국은 북한의 활동을 면밀히 살필 것이다. 그리고 그에 따라 대응할 것이다 … 다자 외교는 북한의 핵문제를 평화적으로 해결할 수 있는 가장 좋은 방법이다. 오늘날까지의 발전상은 심도 있는 다자외교가 어떻게 결과물들을 이끌어내는지를 증명한다.	미 대통령의 북한 관련 기자회견
2008년 7월 31일	조지 W. 부시	나는 6자회담의 기반과 틀, 그리고 회담 당사자들의 신뢰를 약화시킬 어떠한 행동도 취하지 않겠다.	미 대통령의 해외 신문사 라운드 테이블 인터뷰
2009년 2월 15일	조지 W. 부시	우리는 북한이 검증가능하고 완전한 비핵화 과정을 진행할 때, 그들과 개방적으로 협력할 것이라는 입장을 견지한다 … 이는 비단 외교뿐 아니라 … 미국은 북한 주민들을 도울 의사가 있으며, 이는 식량과 기름과 같은 좁은 의미의 원조가 아닌 포괄적 에너지 원조를 의미한다.	클린턴 국무장관의 아시아 순방
2009년 4월 5일	오바마	미국은 동북아시아의 안보와 안정을 유지하는 데 힘을 기울일 것이며, 6자회담을 통한 한반도의 검증가능한 비핵화를 위해 지속적으로 노력할 것이다. 6자회담은 비핵화를 이행하고 긴장을 완화시키며 북한과 주변 4개국, 그리고 미국과의 여타 문제들을 해결할 수 있는 대화의 장을 제공한다.	북한 미사일 시험발사에 대한 미 대통령의 성명

2009년 4월 5일	오바마	미국과 유럽연합은 북한이 대량살상무기를 제거하고 이웃국가들을 향한 위협적 정책을 포기하며 자국 국민들을 보호함으로써 국제 사회에 편입되는 것을 환영하기 위한 준비가 돼 있다. 그러면 북한은 최근 동북아시아가 누리고 있는 번영과 발전을 공유할 수 있을 것이다.	미-유럽이사회 공동성명
2009년 6월 16일	오바마	나는 북한에 다른 길이 있음을 명백히 이야기하고 싶다. 그 길은 평화와 경제적 기회를 북한 사람들에게 부여할 것이며, 국제사회의 완전한 편입을 포함한다. 이러한 목표는 한반도의 완전하고 검증가능한 비핵화를 이룰 수 있는 평화적 대화를 통해서만이 가능하다. 이는 북한에 존재하는 기회와 국제사회와 함께 이명박 대통령과 내가 북한에 권유하는 길이다 … 우리는 북한이 번영의 길을 택하길 원하며, 주변국가들과 함께 평화적 공존을 위한 협상 준비가 충분히 돼 있다.	미 대통령과 이명박 대통령과의 공동언론회동
2009년 11월 14일	오바마	아직 택할 수 있는 다른 길이 하나 있다. 미국은 북한에 다른 미래를 제공할 준비가 돼 있다. 이는 우리의 파트너들과 나란히 협력하며 직접 외교로 지원함으로써 이룰 수 있다. 자국민들을 향한 끔찍한 압박을 불러일으킨 고립 대신에 북한은 국제 통합의 미래를 선택할 수 있다. 처절한 가난 대신, 경제적 기회를 얻을 수 있는 미래가 있다. 무역과 투자, 관광은 북한 사람들에게 더 나은 삶을 제공할 수 있다. 또한, 증대되는 불안정 대신 안정적인 안보와 존중을 보장 받을 수 있다.	미 대통령 일본 도쿄 연설
2009년 11월 19일	오바마	우리의 메시지는 명백하다. 만약 북한이 핵무기 폐기 의무를 이행하는 구체적이고 진보적인 행동을 보인다면, 미국은 경제적 지원과 함께 국제사회의 완전한 편입을 도울 것이다. 이러한 기회와 존중은 위협과 함께 오지 않는다. 북한은 스스로의 의무를 이행해야 한다.	미 대통령과 이명박 대통령과의 공동기자회견(서울)
2010년 11월 11일	오바마	나는 한국과 세계 각국의 동반자들과 함께 강조하고 싶다. 북한이 그들의 의무를 지키면 미국은 경제적 지원은 물론 국제공동체의 편입을 도울 준비가 돼 있다.	미 대통령과 이명박 대통령과의 공동기자회견(서울)

제8장

주변국

북한의 주변국들은 그 존재 자체로 골칫거리인 동시에 북한체제를 묘하게 회복시키는 원천이다. 일본은 2002년까지 북한의 가장 큰 식량지원국이었지만 현재는 1970년대 북한이 납치한 자국민들의 운명과 관련해 사생결단도 불사하는 상황이다. 중국은 오늘날 북한체제를 지원하는 외부의 유일한 국가지만, 동시에 약탈적 경제정책을 추구하며 자국의 경제성장을 위해 북한의 자원을 착취하고 있다. 북한은 중국의 지원을 필요로 하긴 하지만 중국이 북한을 가난한 자치구 중 하나로 취급하는 것에 대해서는 분노하고 있다. 냉전시기에 북한체제를 지원했던 소련은 1990년대 한국과의 관계가 정상화 되면서 논란의 중심에 서게 됐다. 그 이후로 소련은 한반도에 자국의 이익을 유지하는 일이 그리 필요하지 않게 됐다. 김일성은 한때 경쟁적인 관계의 두 공산주의 라이벌들로부터 이익을 극대화하기 위해 양국의 대결구도를 이용하는 방식으로 수익성 있는 거래를 해 왔다. 그리고 양국을 이용해 자국 내에서 일어나는 가혹한 통제와 피포위 심리를 단순히 정당화해왔다. 그러나 현재 북한은 별다른 대안 없이 중국에 의존하는 현실에 불만이 많은 상태로 지역 내에서 허우적거리고 있다.

중국: 상호 간의 속박

2011년 2월 김정일의 칠순 생일에 중국은 북한에 특사를 파견했다. 특사는 외교부장이 아니라 국무위원 겸 공안부장인 멍젠주(孟建柱)였다. 멍젠주는 김정일이 성공적으로 권력승계 과정을 마치길 기원했으며, 김정일에게 그의 장수를 기원하는 의미에서 복숭아(서우타오) 모양의 커다란 고동 빛깔 도자기를 선물했다. 전통적으로 노인들에게 주는 선물인 서우타오는 장수를 상징하는 동시에 김정일의 무병장수라는 중국인들의 염원을 반영한다.

이 에피소드를 통해 오늘날 국제체제하에서 북한과 유일한 후원자인 중국 간의 관계에 대해 다섯 가지 기초적 사실을 알 수 있다. 첫째, 다른 국가들이 김정일이 병약한 가운데 얼마나 오래 살지 추측하는 것과 반대로, 중국은 가능한 한 오랫동안 김정일이 권력을 유지하길 바라는 속내를 공공연하게 내비쳐왔으며, 심지어 권력승계 과정도 전적으로 지원하고 있다는 점이다. 둘째, 중국의 대북정책은 다른 국가들에 대한 대외정책과는 다르다는 점이다. 중국은 북한과의 관계를 종종 '순치(脣齒, 입술과 치아와의 관계)'처럼 친밀하다고 묘사하며 강조해왔다. 중국의 대북정책은 다른 국가와 달리 대외적 이익과 정책에 관련된 주무부처인 외무성에서 입안되거나 추진되지 않는다. 대신에, 양국관계에 관한 정책은 중국공산당 대외연락국, 인민해방군 및 상무부 등이 입안하고 관리한다. 중국에서 양국관계는 거의 국내 이슈로 여겨지는데, 이는 북한과 중국 동북지역의 가난한 성(省)들인 지린성 및 랴오닝성 간의 상업적 연결고리 때문이다. 세 번째 사실은 공언된 특별한 관계에도 불구하고 양국 간의 실질적 우호관계는 없다는 점이다. 공개석상에서 양국은 서로에 대해 진부한 이야기만을 하고 있다. 나는 베이징 6자회담 만찬 자리에서 종종 중국과 북한의 대표들이 양국 간의 영원한 우정과 오래된 역사에 관해 길고긴 아부성 건배사를 끝까지 나누는 것을 들어왔다. 외신들이 사진을 찍을 때마다, 북한 대표는 다른 6자회담 국가들보다 중국 옆자리를 잡으려고 어색하게 발걸음을 옮겼다. 그리고 항상 미소지으며 서로를 끌어안았다.

  그러나 이러한 공적인 이미지는 그들의 사적인 관계와는 삭막한 대조를 이룬다. 중국에 대한 북한의 불신은 뚜렷하게 감지된다. 반대로 중국은 북한을 냉전 이후로 항상 골칫덩이로 여긴다. 중국이 묵인해야만 하는 북한의 나쁜 행동은 중국에 대한 국제적 평판을 엉망진창으로 만드는 데 일조해왔다. 중국인들은 때때로 완고한 이웃(북한)과 거래하며 발생하는 불만을 우리에게 표출한다. 6자회담의 무대 뒤에서는 심심치 않게 북한과 중국 간에 고성이 오가는 것을 들을 수 있다. 그러면 댜오위타이의 직원들은 이 장면을 흥미롭게 바라보는 사람들을 다른 곳으로 안내하느라 진땀을 빼곤 한다.

  네 번째 기본적 사실은 아마도 가장 중요하고 실망스러운 일인데,

중국은 가난하고 불쌍한 이웃인 북한에 대해 불만이 있지만 그들을 절대로 포기하지는 않을 것이라는 점이다. 거의 틀림없이, 중국이 북한에 대한 지원을 재고한 적이 세 번은 있었다. 한국전쟁이 끝났을 때, 중국의 지도부는 김일성의 침공으로 중국이 지불한 비용에 대해 분개했다. 냉전이 종식된 시기에, 즉 중국이 한국과의 관계를 정상화 한 1992년에 중국은 역동적이고 새로운 경제적 파트너인 한국과의 관계로 인해 대북관계에 있어 균형을 유지해야했고, 이는 긴장을 조성했다. 그리고 2006년 제1차 핵실험이 진행된 이후에, 중국은 북한의 행동에 대해 분개하며 몇 가지 보복조치를 취했다. 그러나 이런 일들은 북한에 대한 지속적인 지원 정책에 비하면 짧은 에피소드로 끝나버렸다. 북한체제에 관한 이러한 보증은 2011년 김정일 사후 더욱 분명해졌으며, 그의 가장 어린 아들인 김정은에게 권력을 이양하는 과정에서 가속화됐다. 궁극적으로, 중국의 지원은 시대착오적인 사회주의권 국가 간의 동맹 때문이기 보다는 그들이 서로를 속박한다는 사실에서부터 오는 것이라 할 수 있다. 북한은 생존을 위해 중국이 필요하다. 북한은 이런 사실을 싫어하며 그들의 방식을 바꾸라는 중국의 충고에 저항한다. 중국에는 북한이 붕괴하지 않아야 할 이유가 있다. 중국도 이 사실을 싫어한다. 그리고 중국의 지도부는 오늘날 이 노쇠한 체제를 지원하는 유일한 후원자로서, 전지전능할 정도의 힘을 갖고 있다기보다는 역설적이게도 매우 무기력한데, 이는 북한체제의 생존이 전적으로 중국의 손에 달려 있기 때문이다. 즉, 중국이 북한의 악질적인 행동에 동의할 수밖에 없는 이유는 북한에 대한 경미한 처벌마저도 체제를 붕괴시킬 수 있기 때문이다. 북한은 이러한 사실을 알고 있으며 생존을 유지하고 외교적 지원을 얻는 동시에 한국과 미국의 '침략자'들에 맞서 이 애증이 섞인 큰 형으로부터 보호를 받기 위해 교묘하게 그들의 취약점을 이용하고 위험한 행동을 취한다.

내 목줄을 당기지 마라

얼마나 오랫동안 북한이 이와 같은 방식으로 중국의 목줄을 당겨 왔을까? 그리고 중국은 어떻게 이렇게 이상적이지 못한 관계에 처하게 됐을까?

양국 관계의 형성에 중요한 사건은 한국전쟁이었다. 중국은 이 전쟁으로 한반도에서 반드시 보호해야만 하는 동북지방 국경의 전략적 완충지대로써 북한 지역이 지닌 전략적 중요성을 깨달았다. 북한은 교역 상대나 사회주의의 모델 혹은 군사적 동맹으로서는 그리 가치가 있지 않았다. 그보다 북한의 가장 중요한 가치는 다른 적국의 영향으로부터 지켜야하는 자산의 성격이 강했다. 마오쩌둥이 중국 혁명에서 승리했을 때, 그는 일제 식민지배자들에 대항하여 함께 싸운 모든 한국독립군을 북한군으로 편입시키고 1949년 10월에 지체 없이 북한을 국가로 인정함으로써 북한과의 강한 우호관계를 보여줬다. 한국을 침공하겠다는 김일성의 성급한 결정 이후에, 그의 치명적인 실수로 인해 미군이 초기 침략을 막아내고 38선 이북으로 북한을 압박해 압록강까지 진격할 것을 목표로 반격해오자 마오쩌둥은 이를 매우 우려했다. 새롭게 성립된 공산주의 국가인 중국은 대만 국민당 정부의 동맹국인 미군이 자신의 국경과 맞닿아 있는 통일된 한반도에 주둔하는 것을 감당할 수 없었다.

1950년에 마오쩌둥이 겪은 고충은 종종 대북관계에서 반복됐다. 얼마나 북한의 행동이 문제가 있는지는 상관없이, 중국은 순전히 전략적인 관점에서 그들을 지원해야만했다. 1950년 7월에 마오쩌둥은 김일성, 스탈린에게 만약 미군이 북한을 지속적으로 압박해 중국과 북한의 1,400킬로미터에 이르는 국경선을 위협할 경우 전쟁에 개입할 것이라고 말했고, 1950년 10월 20만 명의 지상군을 동원하여 그 약속을 지켰다. 스탈린이 오로지 공습만을 지원했던 반면에, 마오쩌둥은 국경을 지키기 위하여 미국과의 전쟁에 최대 80만 명의 군인이 희생될 수도 있다고 생각했다. 전쟁의 대가는 참혹했다. 군인 145만 명이 참전했고 13억 달러 가량의 부채가 발생했다.[1] 목숨을 잃은 중국 청년 수천만 명 중에는 마오쩌둥의 아들인 마오안잉(毛安英)도 있었다. 전쟁의 대가는 인명피해나 물질적인 것에서 그치지 않고, 1949년 중국 혁명에도 불구하고 미국 내에서 상당수가 기대했던 미중관계 개선에 대한 희망도 사라지게 했다. 더욱이, 전쟁으로 인해 미국이 대만을 지원함으로써 중국은 회복할 수 없는 손실을 입었다. 미국은 대만해협에 제7함대를 주둔시켰고 대만과의 동맹협정에 서명했다. 중국은 또한 그 이후 20년간 미국의 금수조치와 무역제재를 경험했으며, 서구와의 적대적 관계역시 북한의 선택에서 비롯됐다.

전쟁 이후에 중국은 김일성을 포기하기보다는 그들과 밀접한 관계를 맺었다. 전후 5년간 30만의 군대가 북한에 주둔했고 1953년 11월에는 최초의 경제협정을 맺었다. 이는 향후 4년간 북한의 전후 복구비용 3억 2,000만 달러를 지원한다는 내용으로 석탄, 의류, 섬유, 곡류, 건축자재, 통신수단, 기계류 및 농기구도 공급해준다는 약속이었다. 중국은 또한 북한 재건과 주민들을 교육할 목적으로 숙련공과 엔지니어를 파견했다.[2] 1961년에 중국은 북한과 우호협정, 협력조약 및 상호원조 협약을 맺고 관계를 공고히 했다. 이 협정은 양국이 침략을 당할 경우 군사적 지원을 확대한다, 상대에 반하는 어떠한 동맹관계라도 서로 개입하지 않는다, 다른 국가의 내정에 개입하지 않겠다, 상호 이익에 관련된 국제적 사안에 대해 공동으로 논의한다는 등의 사안을 통해 두 당간의 관계를 공고히 함으로써 이미 북한에 지원되던 사실상 안전보장을 명확하게 했다.

김일성은 중국의 경제적 어려움에도 불구하고 냉전시기 내내 중국의 지원을 꾸준히 교묘하게 보장받았다.

[표 8-1] 북중 경제관계

(단위: 백만 US달러)

기간	교역량	중국의 대북지원
1950~1954	-	508.5
1955	9.5	
1956	14.5	
1957	58.6	
1958~1960	-	
1961~1964	-	105.0
1965	180.3	
1966~1967	-	
1968	100.0	
1969	110.0	
1970	115.1	
1971	116.7	
1972	283.0	
1973	336.0	
1974	390.0	

1975	481.9	
1976	395.0	1.6
1977	374.4	258.7
1978	454.3	
1979	647.2	
1980	687.3	
1981	540.4	
1982	586.1	
1983	531.8	
1984	528.0	
1985	473.0	
1986	514.3	
1987	513.3	
1988	579.1	
1989	562.8	
1990	506.1	

출처: 1955~1957년 교역자료는 다음을 참조: Joseph S. Chung, The North Korean Economy: Structure and Development (Stanford, Calif: Hoover Institution Press, 1974), p. 110; 1950~1969년 및 1976년 지원자료와 1965년 교역자료는 다음을 참조: Eui-Gak Hwang, The Korean Economy: Comparison of North and South (Oxford, UK: Oxford University Press, 1993), pp. 200~201, 204; 1968~1969년 교역자료는 다음을 참조: Youn-Soo Kim, The Economy of the Korean Democratic People's Republic, 1945~1977 (Kiel, Gremany: Kiel German-Korean Studies Group, 1979), p. 120; 1970년 교역자료는 Chae-jin Lee, China and Korean: Dynamic Relations (Stanford, Calif: Hoover Press, 1996), p. 140; 1971~1990년 교역자료는 다음을 참조: Pong S. Lee, "The North Korean Economy: Challenges and Prospects," Sung Yeung Kwack eds., The Korean Economy at a Crossroad (Westport, Conn: Praeger, 1994), p. 173.

미국의 주도로 추진되는 일본, 한국, 대만 간의 '철의 삼각(iron triangle)'에 대항하여 사회주의 블록의 단결을 강화할 필요성이 있었기 때문에 이러한 협력 추진이 가능했다. 그러나 김일성은 공산주의 블록 내부에서 발생하는 중소 간의 경쟁에서 이익을 뽑아내는 데 능숙했다 (이에 관해서는 제2장의 중소분쟁 내용을 참조). 중국과 소련의 갈등 때문에, 중국은 점진적 사회주의 혁명의 소련 모델에 대항하여 농민중심의 아시아-아프리카 혁명 운동을 완성하기 위해서 북한과의 동맹이 취약해지는 것을 원치 않았다. 따라서 중국은 김정일의 정책이 설사 못마땅하더라도 그와 관계없이 북한에 대한 지원을 지속할 수밖에 없었다. 중소분쟁의 맥락에서, 북한은 분명 중국의 가장 중요한 파트너였으며, 중요성은 소련보다 더 컸다. 무엇보다 중국이 가장 가까운 아시아의 공산주의 형제의 동맹을 지키지 못한다면, 어떻게 나머지 아시아와 아프리카의 공산주의자들을 이끌겠다는 주장을 할 수 있겠는가? (반면, 소련은 이미 동구권을 이끌고 있었다) 다시 한 번 강조하지만 중국에 북한의 가치는 그 자체에 있다기보다 북한을 소련으로부터 떼어놓는 것과 같은 전략적인 것이었다. 이 모든 정황은 김일성이 중국에 걸어 놓은 목줄을 잡아당길 수 있는 빌미를 제공했다. 그는 두 공산주의 후원국 사이에서 한 쪽으로 기울어지는 것처럼 함으로써 다른 쪽으로부터 자신의 필요를 충족하는 방식으로 밀고 당기기를 했다. 중국은 1956년 소련에서 흐루쇼프의 스탈린 비판이 전개된 이후 이러한 상황이 김일성의 지배를 위협할 수 있다는 사실을 알리며 북한의 환심을 얻고자했다. 그러나 이로 인해 오히려 문화대혁명 시기 김일성이 다시 소련으로 기울어짐에 따라 중국은 북한의 지지를 얻지 못했다.³ 중국 정치가 안정된 1970년대에 북한과 중국관계는 다시 한 번 진전됐고 북한과 소련의 관계는 냉랭해졌는데, 1971년과 1978년 사이에 북한을 방문한 소련의 정치관료가 한 명도 없었다는 사실이 이를 반증한다.⁴ 이와 반대로 마오쩌둥과 저우언라이는 양쯔강 위 크루즈에서 만찬을 여는 등 김일성을 성대하게 대접했다. 덩샤오핑이 1978년에 권력을 잡고 중국이 개혁개방 시기에 접어들자, 중국은 북한과의 관계 진전을 지속적으로 추진했고, 북한에 개혁개방 모델을 따를 것을 제의했다.

다양한 평가에도 불구하고 제2차 세계대전 종전 시기부터 1984년까지 북한에 전달된 47억 5,000만 달러의 지원 중 중국이 20퍼센트 가량을 제공했다는 점은 분명하다. 중국은 북한이 산업과 에너지 분야에 능력을 육성할 수 있도록 도왔는데, 이는 북한의 여러 수력발전시설 건설에 1만 명이 넘는 노동자를 동원했고 지속적으로 석유와 비료를 저가로 지원했다는 사실만 봐도 드러난다.[5] 공식적으로 지원의 대다수는 '차관'의 형태로 전달됐으나, 중국은 사실상 상환기간을 명시하지 않았다. 비록 양국 간의 관계가 한국전쟁의 시기에는 '혈맹'이었지만, 거기에는 어떠한 사랑도 공유되지 않았다. 중국은 김일성의 지나친 개인숭배에 대해 당황했고 이를 혐오했다. 김일성은 중국으로부터 이득을 얻었을 때에는 하고 싶은 말을 이를 악물고 참았지만, 예외적으로 무언가를 잃었을 때에는 제3자에게 중국에 대해 상스러운 표현을 써가며 비난했다. 예를 들어, 1958년 중국인민해방군의 철수는 적어도 부분적으로는 김일성과 마오쩌둥 간의 사적인 논쟁 때문에 촉발된 것으로 알려져 있다. 소련을 필두로 하는 공산주의 세계가 배경이던 1957년 김일성은 마오쩌둥에게 조선로동당 내에서 발생한 반동적 대량 숙청으로부터 도주한 소수의 탈주자를 넘겨줄 것을 요청했다. 마오쩌둥은 이를 거절했으며, 소문에 따르면 김일성에게 반대파의 시각을 수용할 필요가 있고 당 내의 다양한 관점으로부터 배우라고 충고했다고 한다. 이는 김일성을 자극했으며 인민해방군의 북한 주둔을 주권 침해라고 주장하며 불평하기 시작했다. 동요한 마오쩌둥은 일말의 주저함도 없이 김일성에게 모든 군대가 1년 안에 철수할 것이라고 통보했고 실제로 그렇게 했다.[6] 이러한 사례는 문화대혁명 기간에도 관찰할 수 있는데, 북한의 지도부는 북중 접경지대에서 확성기를 통해 반중국적인 선전뿐 아니라 지속적으로 중국을 맹비난하는 일을 용인했으며, 이 문제로 인해 양측은 심지어 각자의 대사를 소환하기도 했다.[7] 1966년 10월의 조선로동당 회의에서 김일성은 공공연하게 중국의 '좌경 기회주의'와 '초 혁명적 슬로건 아래서 인민을 극단주의자적 행동으로 선동하는 교조적 방식의 맑스 레닌주의'의 왜곡을 조롱하듯 언급했다.[8] 1966년 12월 블라디보스토크에서 김일성은 소련의 서기장 브레즈네프에게 문화대혁명을 '엄청난 바보짓거리'라고 비난했으며, 북한이 중국으로부터 독립해 자주적 노선을 갈 것이라고 발표했다. 이와 비슷하게, 북한은 쿠바에 마오쩌둥의 '노망'이 얼마나 중국을 잘못된 길로 끌어들였는지에 대해 경멸적으로 이야기하며, 아마도 고려인삼이 그의 분별력을 되돌려줄 것이라는 등의 농담을 했다.[9]

앞서 말한 대로, 이러한 감정은 중국도 마찬가지였다. 중국은 북한의 뒤치다꺼리에 신물이 났고, 동시에 말도 안 되는 개인숭배에 자금이 낭비되는 것을 참을 수 없었다. 한국전쟁 이후, 중국은 김일성이 중국을 미국과의 끔직한 전쟁에 끌어들임으로써 그들을 얼마나 힘들게 했는지 불평했다. 문화대혁명 시기에, 베이징 시내의 벽보에는 김일성은 뚱뚱한 수정주의자며 흐루쇼프에게 세뇌당한 자라고 언급됐고, 홍위병(Red Guard, 급진좌파)들의 글 사이에는 그의 존재를 '반혁명분자', '대부호', '귀족', '자본가' 등의 묘사가 광범위하게 유포됐다.[10] 그리고 김일성이 문화대혁명의 과도함을 비판했을 때, 덩샤오핑은 김일성의 우상숭배를 개탄했다. 1978년 9월 평양방문 중 북한의 30주년 행사에서 덩샤오핑은 김일성 동상에 참배할 것을 강요받았다. 마오쩌둥의 개인숭배를 중국에서 뿌리 뽑은 덩샤오핑은 동상 앞에서 기겁을 하고 '분노한 채로 동상을 쳐다보았다'고 전해진다. 그는 그 동상이 자신이 지금까지 살아오면서 본 것 중 가장 낭비적인 일이었으며, 김일성이 중국으로부터 받은 원조를 그와 같은 사업에 낭비하는 일에 대해 심히 불쾌하다며 사적인 자리에서 북한 사람들에게 불평했다.[11] 중국은 또한 한국에 대한 북한 테러리스트들의 공격을 경멸했다고 전해진다. 가령 덩샤오핑은 1983년 10월 한국의 전두환 대통령을 암살할 목적으로 자행돼 수행원 다수가 살해당한 아웅산 테러사건에 대한 보고를 듣고 분개했다. 이는 관계가 진전된 한국에 대한 우호적 감정에서 비롯된 것이 아니라, 중국이 일찍이 미국에 북한을 대신하여 레이건 행정부와 남북한을 포함한 회담을 제안했기 때문이다. 북한에 의해 전개된 이러한 괴상한 사태들은 국제무대에서 중국을 바보로 만들었다.

심경의 변화?

중국이 북한 지원을 재고한 적이 세 번은 있었다. 첫 번째 시기는 한국전쟁의 여파가 있을 때였다. 중국은 김일성의 어리석음으로 인해 거의 80만 명에 달하는 인명의 희생, 미국과의 골육상잔(骨肉相殘)의 전쟁, 대만의 상실이라는 대가를 지불한 것에 대해 분개했다. 한국전쟁 당시 중공군의 사령관이었던 펑더화이는 강력하게 김일성의 축출을 주장했는데, 이 일이 만약 성공했다면 중국 지도부의 미움을 받아 결과적으로 그를 퇴진까지 시킨 마오쩌둥의 대약진운동에 대한 비판도 없었을 것이다. 두 번째 시기는 1992년 10월 중국과 한국이 외교관계를 정상화 한 때였다. 관계 정상화가 이뤄지기 전까지 중국은 북한만을 인정하며 교류했고, '하나의 한국'이라는 관점을 엄격하게 고수했다. 한국 정부는 합법적으로 인정되지 않았으며, 중국에 한국 정부는 미국의 안보 위협을 대신하던 체제에 불과했다. 그러나 1980년대 초부터 한국과의 교역이 증가하기 시작했고 이로 인해 중국의 관점이 점차 변화했다. 교역은 초기에는 홍콩이나 일본과 같은 제3국을 통한 비공식 무역이었으나, 꾸준하게 증가하여 1979년 4,000만 달러에서 1984년에는 2억 2,200만 달러로 증가했고 1985년에는 5억 1,800만 달러에 달했다. 양국 간 관계의 결정적인 전환점은 1983년 5월이었는데, 납치된 중국의 민항기 조종사가 한국에 착륙할 것을 요구받은 사건이 발생한 때였다. 한국과 중국은 항공기와 승무원들의 안전한 귀환을 위해 비공식적으로 협상을 벌였고, 이를 통해 양국의 관계는 한층 부드러워졌다. 이 사태에 대한 결의안은 양국 간 친선이 형성되는 계기였고 문화와 스포츠 방면의 교류가 증가했다. 한국 정부는 1986년 서울 아시안 게임을 통하여 중국과의 관계 진전을 도모했다. 이 대회는 2년 후에 서울에서 열릴 올림픽에 대비한 리허설 격의 지역 올림픽 게임이었다. 초기에 한국 정부는 중국에 1986년 아시안 게임 참가를 요청했다. 한국 정부는 중국이 1980년 모스크바 올림픽과 1984년 LA 올림픽에 연이어 보이콧했기 때문에 그들이 아시안 게임에 참가한다는 확답을 듣길 원했다. 한국의 계획은 중국 대표팀과 정부 관계자들을 호의적으로 대해서, 중국을 아시안 게임에 참여하게 해 우수한 성적을 거두기를 희망하며(실제로 중국은 가장 많은 메달을 획득했다), 이를 통해 양국 간 관계를 진전시키는 것이었다. 이 모든 사항들이 2년 후에 있을 서울 올림픽에서 중국의 참가를 확증해 줄 뿐 아니라, 또한 1985~1986년 사이 15억 달러 이상의 교역량 증대를 촉진할 것이었다. 당시 이러한 교역량은 한국의 대사회주의 국가 무역량의 80퍼센트를 차지했다. 1989년에 한중 교역은 북중 교역량의 10배가 됐으며, 한국의 중소기업들이 중국에 투자하는 비중은 전체 투자국 중 두 번째였다.

 1990년 중국은 한국 스포츠 외교의 또 다른 부분에서 굴복하고 말았다. 1988년 올림픽 이후 연이어 아시아에서 열린 메이저 대회인 1990년 베이징 아시안 게임 때였다. 중국은 아시안 게임의 성공적인 개최를 올림픽 개최의 발판으로 삼고자했다. 그러나 문제는 중국이 국제적인 대규모 스포츠 행사를 주최한 경험이 없다는 것이었으며, 심지어 지역적 규모의 대회 개최 경험도 전무했다. 더욱이, 1989년 톈안먼 사태에서 정부의 가혹한 진압이 있은 이후 국제적인 비판이 들끓고 있었기 때문에 국제사회의 도움 또한 거의 없었다. 이때 한국 정부가 중국을 도와주기로 결정했다.

 노태우 대통령은 개별적으로 아시아 각국의 정상들에게 베이징 아시안 게임에 참여할 것을 제안했다. 노태우 대통령은 중국을 방문하는 2만 2,000명이 넘는(아직 외교적 관계가 수립되지 않은 두 나라의 관계를 생각하면 큰 숫자다) 한국 관광객들에게 아시안 게임을 관람해 달라고 독려했다. 한국의 현대자동차와 다른 자동차 기업들은 차량 400여 대를 게임 기간 내내 선수들의 수송을 위해 써 달라며 기부했다. 다른 국가들이 중국과의 경제적 교류를 중단할 동안 한국은 광고수입으로 1,500만 달러가 넘는 돈을 지원했다. 혹자는 한국이 공적인 부분과 사적인 부분을 총망라해 베이징 아시안 게임에 지원한 규모가 1억 달러 이상이라고 평가한다.[12] 중국은 성공적으로 대회를 개최했으며, 넉 달 후에는 국제올

림픽조직위원회에 2000년 올림픽 개최지 선정에 참여하겠다고 통보했다.[13]

중국인들은 한국의 지원을 끊임없이 고마워했다. 1990년 아시안 게임의 결과로 두 국가는 무역연락소를 설치했다. 다음 해에, 중국은 한국의 유엔 회원국 자격 신청에 대해 오랜 기간 반대해왔던 입장을 철회했으며, 이는 한국이 몇 십년간 노력해 온 국제조직 가입을 허락하는 것과 같았다. 이러한 흐름은 이미 정해진 결론대로, 2년 후 한국과 중국의 국교 정상화로 이어졌다. 1992년 10월 24일에 한국의 이상옥 외교부 장관과 첸치천 중국 외교부장이 한중수교 공동선언에 서명했으며, 이는 양국이 '주권과 단일 정부의 인정에 관한 상호 존중, 상호 불가침, 내정 불간섭, 평등과 상호 이익 및 평화적 공존의 원칙에 기초하여 … 협력과 친선, 우정의 건실한 관계'를 세우는 것에 동의한다는 내용을 담고 있다.[14] 수교협정이 체결되자 양국은 열광했다. 노태우 대통령은 양국관계 정상화 회담을 '세계 역사의 중대한 전환점'이라 표현했으며, '동아시아에서 냉전이 종식되는 시발점이 될 것'이라고 했다.[15] 비록 북한이 한중수교에 대해 적대감을 드러내지 않도록 하기 위해 중국은 보다 더 감정을 억눌러야 했지만, 강경노선의 리펑(李鵬) 총리마저도 "중국과 한국 간의 관계에 매우 중요한 사건이며, 아시아와 세계의 발전과 평화에 매우 큰 중요성을 갖는다."라고 했다.[16]

1992년 중국의 '하나의 코리아' 정책에서 '두 개의 코리아'라는 양면정책으로의 전환은 1950년대 한국전쟁 참전을 결정하던 당시의 입장에서 다른 단계로 나아가는 분수령이었으며, 이에 수반되는 정책 또한 변화하기 시작했다. 다른 무엇보다 먼저, 한국에 대한 지원은 1980년대 덩샤오핑의 근대화 개혁이 없었더라면 불가능했을 것이다. 이 개혁 방침은 본질적으로 중국에 경제적 골칫거리만 안겨주는 북한보다 한국이 교역과 투자자산으로의 가치를 갖고 있다는 인식을 심어줬다. 두 번째로, 공산주의 국가와의 호혜적 경제관계 건설에 관심을 뒀던 한국의 북방정책은 덩샤오핑의 경제적 근대화 계획을 위한 우호적 환경을 제공했다. 이러한 덩샤오핑의 개혁개방에 대한 의지와 한국의 대북정책의 결합은 각국의 정치적 지도부가 양국 간 관계개선이 도움이 된다고 믿는 크나큰 바탕이 됐다. 가장 중요한 세 번째 사항은, 중국과의 데탕트(긴장 완화)를 추구하고자 하는 고르바초프의 의지가 1989년에 중소분쟁을 종식시켰다는 것이다. 1989년 5월에 중소관계를 회복하고자 하는 다년간에 걸친 노력이 결실을 맺어 고르바초프와 덩샤오핑 간의 역사적인 정상회담이 베이징에서 성사됐고, 이는 흐루쇼프가 1959년에 괴팍하게 베이징을 방문한 이후 최초였다. 이러한 진전은 중국에 대한 북한의 전략적 가치를 급격하게 감소시키는 결과를 가져왔으며, 더 이상 중국이 소련의 영향력으로 인해 북한을 '잃을까' 걱정할 필요가 없게 됐음을 의미했다. 중국은 2년 먼저 한국과의 관계 정상화를 추진한 후 북한에 대한 지원을 급격하게 끊어버렸던 소련보다는 신중하게 처신했다. 그러나 한중관계의 정상화는 중국이 더 이상 한반도 문제와 관련해 북한에 우호적인 역할만을 하지 않게 됐음을, 즉 손실을 예방(예를 들어, 북한을 유지시키는 것)하기보다는 이익을 얻는 데(예를 들어, 한국과의 무역과 투자) 정책의 초점을 맞추게 됐음을 의미했다. 때문에 북한이 한중 간 경제교류에 유감을 표명했을 때, 중국은 주저없이 북한을 무시했다. 게다가 김일성이 1990년 아시안 게임에 파견하는 한국 대표단 규모에 제한을 뒤야 하며, (아직은 공식적으로 한국과 외교적 관계를 수립하지 않았기 때문에) 개막식에 한국 국기(태극기)를 사용하지 못하도록 해야 한다고 개인적 불만을 토로했을 때, 중국은 이 두 가지 요청을 모두 정중하게 거절했다. 그리고 한국 기업의 옥외 광고를 허락해선 안 된다고(당시 아시안 게임을 위해 수천만 달러가 광고 지원비로 지불됐다) 북한이 요구했을 때도, 중국 정부는 간단하게 요청을 무시했다. 중국은 '두 개의 코리아' 정책을 자국의 이익을 위한 최선의 방안으로 이해했다. 중국은 한국과의 새로운 관계를 꽤나 성공적으로 관리했다. 이후 15년간 한중관계는 사실상 매우 우호적이었다. 이는 경제적 기회에 바탕을 둔 양국관계만큼이나 유교적 동질성, 양국 간 대화 없이 지속됐던 30년 만의 화해 움직임도 한 몫을 했다. 이 때문에 서방에서는 한국이 중국의 영향권에 들어가 미국에 기초한 동맹체제로부터 멀어질지도 모른다는 우려까지 제기됐다.[17]

이 시기에 중국은 북한을 포기하지는 않았지만, 대북관계의 관점은 보다 경제적이고 합리적인 것을 추구하는 방향으로 변화했다. 한국과의 관계 정상화 이후 중국은 소위 우호가격으로 북한에 제공하던 원유, 석탄 및 비료 지원을 중단했고 무이자로 지원하던 차관도 끊었다. 북한이 가격을 지불할 능력이 없었기 때문에 북중 간 교역규모는 1993년 9억 달러에서 1995년 5억 5,000만 달러로 급감했다.[18] 북한으로의 식량 수출은 1993년에서 1994년 사이에 절반 이상 하락했다. 비록 북한이 소련 붕괴 이후 중국에 대한 종속이 심화됐어도 중국이 한국과의 국교 정상화를 결정한 것에 대해서는 깊은 유감을 표명했다. 북한은 중국이 관계를 배신하고 이를 포기한 것에 대해 맹렬히 비난했다. 그 후 거의

10년간 양국 간 대화가 단절됐다. 심지어 중국이 최소한의 안정을 유지하도록 조금이나마 북한을 지속적으로 지원했음에도 1992년에서 2000년 사이에 북한을 방문한 중국의 고위 관료는 한 명도 없었다. 그리고 김정일도 중국이 한국과 수교를 맺은 이후 근 10년간 중국을 방문하지 않았다. 중국이 쥐꼬리만큼(510만 달러) 북한에 투자한 기간인 1992년에서 2001년 사이, 한국의 대중국 투자는 130억 달러 이상이었다. 한중 교역액은 2001년 359억 달러 이상이었으며, 반면 중국과 북한의 경우는 동 기간에 3억 2,500만 달러 수준이었다.

오늘날 몇몇 중국학자들은 정책 전환이 실수였다고 주장한다. 한국과 중국이 관계 정상화를 도모하는 것은 불가피했으나, 일부 연구자들의 주장에 따르면, 중국의 대북정책 전환은 지나치게 갑작스러웠으며, 북한과의 관계를 유지함으로써 얻을 수 있는 보다 더 큰 전략적 이익을 무시한 채 한국에 대한 중국의 경제적 이익에만 초점을 맞췄다는 것이다. 이 때문에 보조금 교역에 대한 감소 조치 이후 북한이 1990년대 중반 최악의 시대에 접어들었다고 주장한다. 이들은 한반도의 불안정성이 심화됨으로써 중국 내에 실질적인 공포감을 촉발했던 1994년의 핵위기와 1995년 이후의 기근을 그 근거로 들고 있다. 중국에 기근으로 인해 국경선을 넘어오는 탈북자들은, 북한의 붕괴가 동북쪽 국경으로 난민이 대량으로 넘어오는 사태를 촉발할지도 모른다는 악몽과도 같은 시나리오를 상기시켰다. 1995년에서 2001년 사이 중국의 입장은 망하기 직전인 북한과 전통적인 관계를 복원하는 것이었다. 1995년 초, 중국은 북한과의 보조금 교역을 재개했고, 120만 톤 이상의 석유와 150만 톤의 석탄을 지원했다. 또한, 같은 시기에 식량은 연간 55만 톤 가량이 지원됐고, 이는 북한의 연간 필수식량의 10퍼센트에 달하는 양이었다. 세계식량계획의 대북 긴급구호 지원이 추가적으로 함께 북한으로 투입됐다(중국은 대북 식량과 연료 지원 수치를 비밀에 부치고, 식량의 총 지원규모에 관한 정보는 세계식량계획의 국제식량지원체계 데이터베이스에 제공하지 않고 있다. 또한, 지원된 식량이 취약계층에 적절하게 전달됐는지에 대한 어떠한 감시 요구도 하지 않았다).[19] 중국은 1994년 김일성 사후 집권한 김정일과의 정치적 유대를 재건하기 위해 노력했으나, 김정일은 매우 화가 난 상태였기 때문에 1999년까지 양국 간의 화해는 이뤄지지 않았다. 1999년 6월과 2000년 5월 김정일의 중국 방문, 2001년 7월에 있었던 1961년 우호조약 체결 40주년 기념행사, 2001년 9월 장쩌민 주석의 북한 방문 이후에야 북중 간의 관계 정상화와 공산주의 아우 국가인 북한을 끌어안는 중국의 정책이 정상으로 되돌아왔다.

2006년 10월 8일 일요일 저녁, 나는 저녁을 먹고 난 후 주방에서 설거지를 하고 있었다. 아내가 아이들을 재웠고 나는 저녁 바람을 맞으며 가벼운 조깅을 할 참이었다. 그때 전화가 울렸다. 백악관 상황실에서 온 전화였고 백악관에서는 내 비화전화기(Secure Telephone Unit)로 전화가 올 테니 준비하고 있으라고 했다. 누구든 국가안전보장회의에서 일하면서 일요일 저녁에 비화전화기로 연락을 받는다면 이는 결코 좋은 소식은 아니다. 전화가 울렸고 나는 수화기를 들었다. 담당자가 전하기를, 베이징에 있는 주중미대사관으로부터 보고가 올라왔는데, 중국에 의하면 북한의 핵실험이 임박했다는 것이었다. 나는 시간이 얼마나 걸릴지를 물었다. 상황실 담당자는 북한이 평양주재 중국 대사에게 정보를 전한 것이라고 말했다. 중국은 미 대사관에 알렸고, 미 대사관을 통해 백악관 상황실로 보고가 올라온 것이었다. "그럼, 보고가 올라온 지 얼마나 됐습니까?"라고 물어보자 "예, 약 45분 정도 됐습니다."라는 대답이 돌아왔다. 대충 상황이 완료돼 집에 돌아올 때까지 최소 이틀은 걸릴 것 같아 나는 양복을 급히 걸쳐 입고 여벌의 옷을 챙겨 나갔다(부시 대통령 당시 백악관에서는 집무시간 이후에도 일종의 예의 차원으로 서관에서 청바지를 입고 돌아다니는 것을 허락하지 않았다). 국가안전보장회의 소속의 동료인 데니스 와일더(Dennis Wilder)와 내가 상황실에 도착해 해들리 국가안보 보좌관의 지시에 따라 현 상황을 상부에 보고할 준비를 마치자마자 북한이 핵실험을 감행했다. 지진 모니터는 우리가 몇 달 전부터 주시하던 풍계리에서 발생한 폭발을 감지했다. 풍계리는 평양에서 북동쪽으로 380킬로미터 정도 떨어져 있으며 러시아 접경지대와 130킬로미터 밖에 떨어져있지 않은 곳이다. 폭발은 진도 4.2 가량의 미진(微震)이었다. 이는 TNT폭탄 500톤 정도 규모의 작은 실험이며 고성능 폭탄을 실험하는 것과 유사한 효과를 내는 정도였다. 반면, WC-135 '탐지기(대기 성분을 수집하는 무인비행선)'가 핵실험 결과를 판단할 수 있는 원소인 크립톤85의 상태를 조사한 바에 따르면, 비록 부분적이지만 결과가 성공적이었던 것으로 판단됐다.[20] 우리가 백악관 상황실에서 밤새워 일하면서 (합동조사단 구성, 대통령 발표 준비작업, 국가안보 보좌관과 라이스 국무장관, 대통령에게 보고할 정책적 대안 준비) 나는 이번 핵실험이 중국의 대북 지지에 어떤 영향을 미칠지 자문해봤다.

핵실험에 대해서 중국보다 더 분개한 나라는 없었다. 중국은 이 사태가 있기 몇 주 전에 (다른 나라들과 마찬가지로) 모든 대화창구를 통해 핵실험을 하지 말 것을 북한에 경고했다. 중국은 북한이 핵실험을 감행할 경우, 이는 NPT를 거부하는 전례 없는 행동일 뿐만 아니라 동시에 북한의 핵보유 여부에 관한 국제사회의 우려와 애매한 입장을 확정시키는 것으로 봤다. 핵실험이 있기 전 중국 대표단은 종종 "북한이 단지 소량의 플루토늄만을 갖고 있는지, 아니면 진짜 핵폭탄을 갖고 있는지 어떻게 알 수 있겠소?"라면서 북한에 대한 우려를 일축하곤 했다. 이제는 달랐다. 핵실험은 그 자체로는 중국에 위협이 되지 않지만, 한반도의 불안정과 위기상황을 피해야한다는 중대 원칙을 어긴 것이었다. 중국이 생각할 때 북한이 이를 모를리 없었다. 따라서 북한의 핵실험은 제2차 한국전쟁이 일어나지 않는 한 중국에 보이는 무책임하고 무례한 행동이었다. 이는 마치 북한이 중국에 '우리를 포기하려면 포기하라'고 하면서 결국에는 '우리를 지지하고 문제를 해결해 줄 것'이라는 자신감으로 중국의 약점을 이용한 것과 같았다. 또한, 이 핵실험은 결국 북한을 향해 해야 하는 것과 해서는 안 되는 것을 말할 수 있는 자는 아무도 없다는 것을 (심지어 중국까지도) 명백히 보여주었다.

중국의 초기 대응은 분노를 반영한 북중관계에 대한 근본적인 재검토였다. 핵실험 직후에 중국 외교부는 핵실험을 강하게 규탄하는 성명을 발표하고, 북한의 핵실험을 '뻔뻔한' 행동이라고 표현했다. 이런 표현은 중국이 적대관계에 있는 국가에만 사용하기 위해 아껴두는 것이었다. 후진타오 주석은 부시 대통령과 전화로 의견을 나눈 후, 북한 핵실험에 대해 깊은 유감을 표명하는 동시에 외교부장 리자오싱(李肇星)을 평양에 파견하기로 했다. 시(詩)를 낭송하며 외국 방문자들을 환한 미소로 반기기를 좋아하는 리자오싱은 아무 특색 없는 간편한 복장으로 평양에 내려갔다. 그는 일전에도 김정일이 김일성의 유훈을 받들어 비핵화를 지지한다고 했음에도 불구하고 핵실험을 감행했으므로 김정일을 거짓말쟁이라고 불렀다. 결국 북한은 또 다시 핵실험을 감행했다. 리자오싱은 분명하고 직설적인 어조로 북한에 유감을 표명했다. "당신들은 선을 넘었고, 이는 전적으로 용납될 수 없는 행동입니다. 김정일 위원장은 우리에게 재발 방지를 약속해야만 합니다."[21] 양국 간 관계에서 '실질적이고' 중대한 영향력을 행사하는 인민해방군 또한 핵실험 전에 일말의 상의도 없었다는 사실뿐만 아니라 핵실험 자체로도 잘못된 행동이라고 유감을 표명했다. 중국은 북한이 이 같은 경솔한 행동을 중국과의 사전 협의 없이 진행해서는 안 된다고 여겼다. 실제로 북한의 핵실험 이후 후진타오와 매우 친한 장군이 이끈 인민해방군 대표단은 일정에 따라 미국을 방문했다. 장군과 대표단은 국가안보 보좌관인 해들리와 백악관 서관에서 핵실험에 관한 사안을 논의하기 위해 비공식적 모임에 초대 받았다. 회담은 절대 공개될 수 없었고 흔치 않은 행사였지만, 상황이 상황인 만큼 우리는 인민해방군의 입장을 듣고자 했다. 장군은 인민해방군이 북한에 대해 매우 실망하고 있다고 전했다. 그는 인민해방군이 핵실험을 하지 말라고 북한에 경고하기를 그만뒀다고 전했다. 군에서 (인민해방군의 일이 아니었음에도) 북한에 현 상황이나 동정을 알려달라고 요청했으나 바로 무시됐다면서 심히 불쾌해했다. 핵실험 후에도 어떠한 일이 있었는지 간략한 브리핑을 요청했으나 이 또한 무시당했다고 했다. 그는 넌더리가 난다는 듯 손을 내저으며, 북한은 누구의 말도 들으려 하지 않으며 중국도 예외는 아니라고 했다. 그때 부시 대통령이 보좌관 사무실에 흔치 않게 '얼굴을 내밀었다'. 이는 인민해방군에 대한 대통령의 존경의 표시였으며, 중국인민해방군 대표단은 이를 상부에 보고했다(외견상 대통령이 간단한 메시지를 전달하기 위해 우연찮게 방문한 것처럼 보였지만 사실은 국가안전보장회의에서 사전에 내부적으로 각본을 짠 것이었다. 장군을 비롯한 대표단은 모두 예상치 못한 방문에 반가워하며 일어났다). 대통령은 대표단에 방문에 대한 감사의 뜻을 전했다. 인민해방군 장군이 전하기를, 일련의 정황을 고려할 때 "[북한은] 통제 불능입니다. 완전히 통제 불능입니다."라고 했다. 중국과 관련해서는 "관계가 예전 같지 않습니다."라고 했다.[22] 이 말에 부시 대통령은 심각해졌다. 대통령은 장군에게 자신이 전화로 후진타오 주석에게 한 말을 전했다. 2002년 10월에 부시 대통령은 텍사스 주 크로포드에 있는 자신의 농장에 앉아 장쩌민 주석과 얘기한 적이 있는데, 그들은 북한의 핵보유를 용납하지 않을 것이라는 데 합의했다. 이제 북한은 중국의 뒷마당에서 핵실험을 했다. 중국은 이제 무엇을 할 것인가? 이는 중국에 있어 하나의 도전이자 질문이다.

   북한 핵실험은 중국 내에서 근본적인 정책 전환에 대한 심각한 논쟁을 촉발시켰다. 중국 지도부 일각, 특히 대부분의 젊은 세대는 북한의 괴팍함에 질리고 지쳐버렸다. 대부분의 수치로 볼 때, 중국의 미래는 북한보다는 투자와 무역 규모가 수치상으로 북한의 100배 이상인 한국과의 관계에서 찾는 것이 더욱 풍부하고 긍정적이다. 더욱이 현 상태는 더 이상 안정적이지 않으며, 이는 북한의 핵실험을 통해 증명됐다. 최소한 핵실험은 일본과 같은 국가에 더 적극적인 미일 미사일 방어체계에 대한 고려나 극단적으로는 재무장을 할 수 있는 일련의 빌미를 제공해 줬다. (이러한 견해를 가진 사람들에게) 이제는 중국의 손실을 줄이고,

이 노쇠하며 죽어가는 체제인 북한을 포기해야 할 시간이 다가왔다. 다른 입장에서는, 북한 핵실험에 대한 중국인들의 분노 여부와는 상관없이, 중국의 장기적인 이익은 여전히 완충국인 북한에 의해 보장된다고 믿었다. 한반도의 현상유지에 영향을 끼치는 모든 변화는 한국(미국의 영향력과 군사력을 대변하는)의 영향력을 중국 국경에 직접적으로 미치게 하며, 다음에는 북동쪽의 성들에도 영향을 미치게 만들어 결국에는 중국의 국익에 대한 근본적인 위협이 될 것이다. 따라서 가장 좋은 방법은 상황을 침착하게 관망하면서 북한과 미국이 위기를 넘기고 협상테이블에 다시 나오기를 기다리는 것이다.

중국 내부의 논쟁 결과, 첫 시현은 강경대응이었다. 2006년 10월 15일 중국은 러시아가 그랬듯 유엔안전보장이사회 대북제재 결의안 제1718호에 서명했다. 이 결의안은 북한의 핵실험을 국제사회의 평화와 안전보장에 대한 명백한 위협으로 규정하고, 북한의 대량살상무기 프로그램, 미사일 및 무기에 연관된 수송이나 지원, 판매 금지를 회원국에 요청하는 내용이었다. 또한, 무기, 사치품의 북한 반입을 금지하고 북한으로의 수출 화물에 대한 사찰을 허가하는 내용도 담고 있었다. 더욱이 중국이 서명한 이 결의안은 유엔헌장 제7장 41조의 내용을 담고 있었는데, 이는 제재가 의무사항이라는 의미며, 이로써 중국은 한국전쟁 이후로 유엔안전보장이사회가 북한에 취할 수 있는 가장 엄중한 대응과 조치에 참여했다.[23] 중국은 또한 비공식적으로 조용하지만 상당한 대북 조치를 취했다. 혹자에 따르면, 이는 군사적 조달의 삭감, 유류 수화물의 선적 정지, 중국 은행으로부터의 송금 정지 등을 포함한다.[24] 우리가 중국에 어떠한 조치를 취했는지에 대한 구체적 설명을 요청했을 때, 중국 측 담당자는 만약 중국이 모든 지원을 삭감한다면 북한체제는 단지 몇 달 만에 무너질 수 있기 때문에 실행해서는 안 되는 조치라고 시인했다. 대신에 중국은 북한과 랴오닝성을 잇는 단동대교 건설 작업을 포함해 몇 가지 협력 프로젝트를 중단했으며, 이를 통해 진행 중이던 경제협력의 많은 부분을 중단했다. 크리스토퍼 힐 대사는 핵실험에 대한 보복성 조치로써 취했다는 행동의 의도를 북한이 충분히 이해했는지 중국 측에 의문을 제기하며 더욱 강하게 중국을 압박했다. 자세한 설명 없이 중국은 북한이 핵실험 이후에 연락을 취해왔다고만 이야기하며 즉답을 피했다.

그러나 예전처럼 중국의 강경조치는 오래 지속되지 못했다. 중국은 곧 한반도의 안정을 보장하기 위한 최소한의 조치들을 취했다. 중국의 초기 강경대응은 추가 핵실험을 제재하기 위한 의도에서 진행됐을 뿐이며, 비핵화를 달성하기 위한 강력한 압박정책을 지속적으로 취한 것은 아니었다. 이는 유엔 대북제재 결의안 제1718호의 통과 몇 주 후 라이스 국무장관과 중국 국무위원 탕자쉬안(唐家璇) 간의 회동에서 분명해졌다. 라이스의 한국, 일본, 중국 및 러시아 순방은 동맹국들을 안심시키고 향후의 외교적 대응방안을 논의하기 위한 것이었다. 서울과 도쿄에서 라이스는 미국의 핵우산과 방어체계를 동맹국에 재차 확인시켜 줬고 이에 양국에서 호평을 받았으나, 진보적 성향의 노무현 대통령과의 서울회동은 순탄치 못했다. 노무현 대통령은 핵실험에 대한 미국의 입장에 대해 비판적이었는데, 이는 마카오의 북한자산 동결을 불러 온 미 재무부의 BDA 제재조치 때문이었다. 노무현 대통령은 북한의 추가적인 핵실험 방지를 위해 미국이 북한과의 대화에 나서야 한다고 주장했다. 나는 방 저편에 있는 한국 측 외교부 관계자들을 '진담은 아니겠지?'라는 식의 눈길로 바라봤다. 그들은 노무현 대통령의 언급에 대해 분명 불편한 기색이었다. 라이스의 눈에는 날이 섰다. 그녀는 화가 났음에도 침착한 어조로 미국은 이 같은 (북한의) 극단적인 정책에 굴복하지 않을 것이며, 현 시기에서 적절한 대응은 한국의 대북 경제협력을 핵실험에 대한 보복조치로써 중단시키는 것이라고 답했다. 중국에서의 회담은 더욱 실망스러웠다. 후진타오 주석과 원자바오(溫家寶) 총리와의 면담을 마친 후에, 라이스가 중요하게 여긴 회담은 국무위원 탕자쉬안과의 자리였다. 탕자쉬안은 북한에서 김정일과 면담하고 그 자리에서 후진타오 주석의 단호한 메시지를 전달한 후에 북한에서 막 귀국하는 차였다. 때문에 우리는 그 메시지가 무엇인지, 김정일의 반응이 어떠했는지, 그리고 중국과 미국이 북한의 비핵화에 대해 공동으로 압력을 가할 방안이 무엇인지에 대해 들을 수 있으리라 기대했다. 그러나 이러한 기대 대신에 돌아온 것은 따분하고 전형적인 중국식 '그럭저럭 시간 끌기'였다. 탕자쉬안은 핵실험에 대한 중국의 분노를 전달하는 데 필요한 언급만을 하고는 곧바로 한발 물러서 소극적인 외교자세를 보였는데, 북한에 대한 추가적인 압박을 중국에 요구하고자 했던 미국의 의도와는 반대되는 것이었다. 탕자쉬안의 말을 따져보면, 중국이 상당한 내부 논쟁을 거친 이후에 위험과 부담이 덜한 방법을 다시 한 번 선택했다는 것을 알 수 있는데, 이는 곧 북한과의 회담에 좀 더 적극적인 모습을 보이는 동시에 유연한 대처를 보여줄 것을 미국에 요청하는 것이었다. 중국의 향후 대응에 대해 물었을 때, 대부분의 중국 측 담당자들은 6자회담 재개에 중국은 언제든 응할 준비가 돼있으며, 북한이 추가적인 핵실험을 하지 않을 것이라는 지속적인 확신이 있다고 전했다(그러나 이는 2009년 5월에 분명히 실패한 것으로 판명 났다).[25] 앞선 북한의 돌발행동은 중국의 인내심에 대한 최종 시험대였으나 정책의 변화는 없었다. 북중간 교역 총량은 2006년 후반기 북한의 핵실험 이후 2년간, 즉 2007년에서 2008년 사이에 41퍼센트 가량 증가했다. 경제학자 마커스 놀랜드는 유엔 대북제재 결의안 제1718호 이후에 중국의 사치품목 수출이(이는 분명 대북제재 결의안에서 금지 품목이었다) 2007년에서 2008년 사이 140퍼센트 증가했다는 사실을 찾아냈다.[26] 수치는 거짓말하지 않는다.

중국의 포식

2010년 3월 26일 어둠이 깔린 아침에 한국 해군소속 천안함이 서해안에서 순찰 중 침몰했다. 천안함의 선체는 수중폭발에 의해 갑자기 충격을 받았으며, 배는 두 동강이 났다. 선원들이 할 수 있는 것은 없었다. 그 배에는 104명의 젊은 한국인 선원들이 승선해 있었으며, 그 중 46명이 생명을 잃었다. 한국전쟁 이후 최악의 군사공격이었다. 천안함 침몰에 대해 한국, 미국, 영국, 호주, 스웨덴이 참가한 합동조사단이 6개월간 조사했다. 9월 13일에 조사단은 배의 잔해에서 발견된 법의학적 증거와 가능한 18가지의 시나리오에 대한 연구를 토대로 천안함이 북한 측 어뢰에 의해 수중공격을 당했다고 결론지었다. 이후의 언론보도에 따르면 다수의 북한 측 잠수정이 천안함이 침몰할 당시 그 근처에 있었으며, 공격 이후에 북한 잠수정의 승무원들을 대상으로 한 포상이

있었다고 한다.[27]

　전 세계 각국이 북한의 극악무도한 행동에 대해 비난하고 있을 당시, 중국은 분명 침묵을 유지했다. 중국은 합동조사단의 결과에 동의하지 않았으며, 이 공격이 중국이 협약 당사자인 1953년 휴전협정에 대한 명백한 침해라는 사실도 인정하지 않았다. 게다가 미국이 제출한 연구 브리핑 결과에 대해서도 동의하지 않았다. 이명박 대통령이 천안함 침몰 사건 직후 몇 주가 지난 뒤 후진타오 주석을 만났을 때, 전하는 바에 따르면 후진타오 주석은 최근의 '우연한 사고'에 대한 애도를 표하며 이명박 대통령을 맞이했다고 한다. 이명박 대통령은 혼란스러웠다. 후진타오 주석은 중국 역시 최근의 쓰촨성(四川省) 대지진(2008년 5월 12일)의 희생자들로 인해 심각한 고통을 겪었다고 말을 이었다. 청와대 공식 브리핑에 따르면, 이는 극도로 분노한 이명박 대통령에게 위로의 뜻을 전달한 것이다. 북한을 비난으로부터 보호하기 위해 후진타오 주석은 천안함에 가해진 계획된 공격과 자연재해를 동등하게 평가한 것이다.[28] 중국은 또한 천안함 침몰로 북한을 비난하는 모든 유엔안전보장이사회 결의안을 제지했다. 중국의 이러한 방해 행동은 그 해 말까지도 지속됐다. 천안함 사건 이후 2010년 11월에는 북한이 서해안에 위치한 작은 섬인 연평도에 포격을 가했다. 야밤에 진행된 천안함 사태와는 달리, 연평도 포격사건은 대낮에 발생했으며, 텔레비전 방송을 통해 전 세계에 실시간 보도됐다. 그러나 중국은 다시금 잠자코 있었으며, 중국은 (북한을 보호해야 한다는 명목상의 이유로) 오로지 안정과 진정을 요청한다는 식의 시늉만 했다. 중국의 이러한 행동에 대해 한국 내에서는 불만의 목소리가 매우 높았다. 1992년 수교와 함께 경제협력을 통해 20년간 긍정적이고 우호적이던 한국인들의 중국에 대한 시각은 대부분 부정적으로 돌아섰다. 연평도 포격사건 이후 91퍼센트의 한국인들이 중국의 대응에 불만을 표시했으며, 대략 60퍼센트 가량은 심지어 중국과의 경제적 관계에서 손해를 입더라도 강력하게 항의해야 한다고 했다.[29] 한 청와대 관계자는 나에게 "중국이 드디어 진짜 얼굴을 드러냈다."라고 털어놨다.

광물 채굴

2010년 북한의 도발에 대한 중국의 대응은 다른 국가들과의 공조와는 매우 거리가 있어 보였다. 대체 왜? 나는 이것이 중국이 북한에 대한 경제적 포식을 위해 의도적으로 추구하는 전략이라고 생각한다. 이러한 경제적 포식은 2007년부터 시작됐으며 중국공산당과 인민해방군, 외교부가 공동으로 광범위하게 추진해 왔다. 중국 국경에서 70킬로미터밖에 떨어져 있지 않은 곳에서 북한의 핵실험이 있은 지 겨우 넉 달이 지난 후인 2009년 10월 원자바오 총리가 양국 외교관계 수립 60주년 기념차 북한을 방문했다. 김정일과 원자바오 총리는 교육, 관광, 경제적 발전에 관한 다수의 협약에 서명했으며, 이는 조선로동당 국제부와 중국공산당 대외연락국 간의 긴밀한 관계를 반영한다. 중국 내에서 대북정책에 관한 논쟁은 2006년 10월 (그리고 2009년 5월) 핵실험 이후 종결됐다. 2010년 3월에 김정일 위원장이 베이징을 방문했다. 이는 천안함 침몰 사건 이후 1주일 뒤에 일어난 일이었고 사전에 예정된 것이었다. 이명박 대통령이 회담을 연기해 달라고 개인적으로 중국에 부탁까지 했음에도 진행됐으며, 후진타오 주석은 김정일 위원장을 백악관의 방문과 동등한 수준으로 격식을 갖추어 (냉전시대 이후에 볼 수 없었던) 거창한 의식을 통해 맞이했다. 북한 외교단은 그 규모 면에서 상당했으며, 조선로동당과 중국공산당 간의 회담 규모 역시 전례가 없던 것이었다. 김정일 위원장은 후진타오 주석, 원자바오 총리, 시진핑(習近平) 부주석, 리커창(李克强) 중앙정치국 상무부 총리 및 중국공산당 중앙정치국 9명의 상무위원들과의 회담 내내 호탕하게 웃었다. 전 세계적으로 천안함 사태에 대해 분노하고 있다는 사실은 중국이 북한과의 관계를 공고화하려는 체계적 전략을 수행하는 데 별반 영향을 미치지 못했다.

양국관계의 공식적인 원칙은 2010년 8월 김정일 위원장의 두 번째 중국 방문 시 동북부의 장춘에서 구체화 됐는데, 그곳에서 양국은 고위급 접촉 유지, 전략적 협력 강화, 국내 및 외교적 이슈들에 관한 의견 교환, 인적 교류 강화, 국제 및 지역적 사건에 대한 협조 강화에 합의했다. 회담 동안 원자바오 총리는 김정일 위원장에게 중국이 북한과의 전통적인 관계를 절대로 포기하지 않을 것이며, 항상 북한의 경제적 상황을 향상시키기 위해 노력할 것이라고 전했다. 중국 외교부의 한 소식통은 회담에서 외교부가 배재된 데다가 핵실험 및 천안함 사태, 연평도 포격사건 등에 대한 국제사회의 흐름에 역행하고 있기 때문에 북한과 함께 중국공산당과 인민해방군이 주도한 이 회담은 '재앙'이 될 수도 있다고 말했다.

원자바오 총리가 언급한 북한의 경제적 상황 발언은 북한의 천연자원을 채굴하기 위한 중국의 전략적 의도를 반영한다. 미국평화재단의 존 박(John Park), 톰슨(Drew Thompson), 닉슨센터와 국방부 등의 연구에 따르면, 이러한 전략은 중국이 두 곳(무산 철광산과 혜산 동광산)에 중요한 투자를 시작한 2007년 이후에 추진됐다고 한다.[30] 중국의 성장을 위한 자원수요는 지난 10년간 두 배 이상 증가했으며, 지금은 전 세계 광물소비의 20퍼센트를 차지하고 있다. 2009년에 중국은 전 세계 철강생산의 거의 50퍼센트에 달하는 양을 소비했다. 중국은 지속적인 성장을 위해 다른 여러 가지 광물 중에서도 석탄, 철, 동, 금, 함석, 니켈 등을 필요로 한다. 북한은 중국에 인접한 풍부한 천연자원 매장지다. 이전에 언급했듯, 미국 지질학 연구팀은 북한의 석탄, 철광, 석회석 매장량이 세계적으로도 상당한 수준이며, 일단 채굴되면 세계시장에 큰 영향을 미칠 것이라 평가한 바 있다.[31] 권구훈이 작성한 골드만삭스의 연구에 따르면, 북한이 가진 광물 매장량의 가치는 북한 GDP의 140배에 달하는 것으로 평가된다.[32]

중국에는 절호의 기회인 셈이다. 2004년 이전까지 중국이 북한의 광물에 투자를 한 적은 없었다. 현재는 중국의 대북 투자협정의 41퍼센트가 넘는 부분이 채굴산업에 관련한 것이다.[33] 중국의 대북 투자협정의 대다수가 중소기업에 의한 것인데 반해, 중국의 100대 기업 중 두 곳[우한(武漢)철강 및 탕산(唐山)철강]이 채굴산업에 손을 대고 있다. 북한의 대중국 광물 수출이 2003년 1,500만 달러 수준에 그쳤던 반면, 2008년에는 2억 1,300만 달러를 넘어섰다.[34] 2010년 북한의 수출 품목 중 가장 많은 것은 철광, 석탄, 동이었다. 북한은 이미 희토류 광물자원의 잠재적 원천지로 알려져 있다. 가령 희토류와 유사한 몰리브덴이 북한에 다량 매장된 것으로 알려졌다. 몰리브덴은 강철을 만들기 위한 핵심적인 성분인데, 이는 파이프라인이나 수벽이 고온과 침식에 견딜 수 있도록 강도를 유지하는 데 필요하며, 이 같은 광물은 매우 희귀하다.[35] 중국 국내에서도 몰리브덴을 채굴할 수는 있으나, 북한에서 채굴할 경우 가격을 마음대로 정할 수 있고 또한 보건관련 법규가 없기 때문에 보다 저렴하게 얻을 수 있다. 중국이 북한에서 벌이는 합작사업 56개 중 8개는 몰리브덴에 관한 것이다. 희소 광물 중에는 중국이 비공식적이며 불법적인 방식으로 추가적인 채굴이 행해지고 있다고 한다.[36] 북한은 이러한 협약에 모두 동의했으며, 심지어 중국의 의도가 침탈적인 것임을 알고 있음에도 불구하고 의도적으로 허용하고 있다. 이는 북한이 가진 자체적 기술력으로는 그러한 광물들을 채굴할 수 없으며, 경화(달러 또는 위안)와 광물 채굴을 통한 이익을 원하기 때문이다.

최근 북한에서의 자원 채취는 합작사업 증가와 맞물려 있다. 1997년에 비료공장이 설립된 이후로 중국은 북한의 노동력과 규제로부터 자유로운 환경이 보장되는 합작사업을 시작했다. 2003년에는 단지 4개의 사업이었지만, 2005년 20개로 증가했고, 2006년에 40개, 2007년 24개, 2009년 14개가 추가돼 현재는 총 140여 개에 이른다.[37] 합작사업의 중국 측 파트너들은 거대 국영기업이 아니라(우한철강과 탕샨철강을 제외하고) 중소기업이 대부분이다. 중국의 이러한 신(新)중상주의적 전략은 현재 북한의 권력승계를 지원하는 셈이다. 중국은 김정은을 2009년 6월('비밀 방문')과 그 다음해 8월(대표단 방문) 등 적어도 두 번은 초대한 것으로 확인된다.[38] 다른 국가들이 김정일의 죽음을 불안정한 권력승계로 보는 반면, 중국은 북한의 일부를 소유하고 있다는 생각에 지속적으로 북한 정권을 지원하여 새로운 지도자가 중국의 정책에 순응하도록 했다.

북중관계는 공산주의 국가 간의 형제애에서 비롯되는 서로 간의 충성이라기보다는 전반적으로 서로를 속박한다. 중국의 사기업들은 북한과의 사업을 진행하는 와중에 비롯되는 불확실성에 대해 지속적으로 불만을 표시하고 있으며, 사업관행의 부족과 법제적 기초의 부재에 대해서도 불평한다. 역으로 일부 연구자에 따르면, 북한의 반중 정서는 더 빈번하게 표출되고 있다.[39] 중국은 북한에 경제적 개혁을 요구하는데, 이는 북한의 미래에 대한 염려 때문이 아니라 개혁을 통해 북한에서 사업하는 중국 기업에 이익을 돌려주기 위해서다. 북한을 먼지처럼 여기고 양국관계를 마음대로 좌지우지(左之右之)하는 중국에 대한 종속이 심화될수록 북한은 상처를 입게 된다. 이는 공산주의적 형제애가 아닌 단순한 협력일 뿐이다. 중국은 북한에 영향력을 행사할 수 있기 때문에 북한의 비핵화를 우선순위에 두고 함께 노력할 것이라는 미국과 한국의 믿음은 환상에 불과하다. 중국에는 미국과 한국이 생각하는 우선순위보다 더 우선하는 것들이 있으며, 중국은 그것들을 달성하기 위해 북한을 상대로 그들만의 길을 갈 것이다.

우둔한 국내정책

앞서 말한 중국의 우선순위 중에 일반적으로 알려진 것처럼 북한이 붕괴하면 국경을 통해 수백만의 난민들이 물밀 듯 밀려올 것이라는 강박관념이 포함돼 있지는 않다. 물론 중국은 북한의 붕괴를 원치 않는다. 그러나 북한체제가 안정됨으로써 얻는 가장 큰 이익은 난민들의 유입을 막는 것이 아니다. 가장 큰 이익은 북한과 1,400킬로미터의 접경지대를 갖고 있는 중국 동북부의 지린성과 랴오닝성의 발전이다. 전통적으로 계획경제 시기 지린성과 랴오닝성은 꽤나 부유한 지방이었는데, 이 지역에 비교적 많은 중공업 국영기업이 자리 잡고 있었기 때문이었다. 그러나 덩샤오핑 시대의 경제 개혁과 재구조화로 인하여 경쟁력이 떨어지는 회사들은 문을 닫게 됐고, 대규모 해고와 실업 사태가 발생했다. 부유한 연안지역에 비해 갈수록 가난해지는 동북부 지역을 목격한 중국은 이러한 불균형을 바로잡기 위해 취업률과 소득수준을 끌어올리고 경제 발전을 도모하기 위한 '동북지역 진흥운동'을 추진해왔다. 이러한 중국의 국내정책 추진에도 북한은 중요한 역할을 담당한다. 지린성과 랴오닝성은 채굴산업 외에, 특히 북중 간 교역의 출발점이자 무역통로인 랴오닝성은 북한으로부터 큰 이익을 거둬왔다(전체 교역의 75~80퍼센트가 단둥을 통해 이뤄진다). 또한, 내륙에 위치한 지린성을 통해 북한의 나진항으로 들어갈 수 있으며, 이를 통해 중국의 교역과 수출을 증대시킬 수 있다. 나진항은 이 지역에서 최북단에 위치한 부동항이며, 중국은 지린성의 교역을 통해 지역 GDP를(현재는 10퍼센트 정도) 다른 성과 비슷한 수준(평균 70퍼센트)으로 끌어 올리려는 야심을 갖고 있다. 지린성에는, 특히 옌볜 자치구에는 세계에서 가장 많은 조선족이 살고 있기 때문에(대략 200만 명 정도), 지린성과 북한과의 사업을 더욱 수월하게 할 수 있다. 중국은 장기적으로 장춘, 지린, 두만강 주변 도시와 이로부터 50킬로미터 밖에 떨어져 있지 않은 나진항을 연결함으로써 경제발전을 도모하려는 것이다.[40] 북한과의 합작사업 중 62퍼센트가 지린성과 랴오닝성에서 이뤄지는 점을 고려한다면, 중국의 대북정책은 비핵화를 위해 북한의 팔을 비틀기보다는 북한을 통해 국내 경제발전을 더욱 도모하는게 낫다. 불행하게도, 슬프게도 이것이 현실이다.

이러한 국내 경제발전에 우선을 둔 중국의 국내정책은 대북지원과도 맞물린다. 중국 대북지원의 핵심목표는 '형제애'를 강화하는 것도 아니며, 탈북 난민들이 국경을 넘어오는 것을 막으려는 것도 아니다. 중국은 그들의 침략적 경제정책을 지속할 수 있도록 북한에 최소한의 안정과 최저 생활을 보장해주려는 것이다. 중국은 여타 대북지원 국가들과는 달리 식량(세계식량계획과 관련 없는)이나 연료 지원에 관한 공식통계를 발표하지 않고 있다. 중국 대북지원의 일부는 무조건 증여의 형태로 제공되며, 또 다른 일부는 상당액의 보조금을 '우호'가격으로 지원하는 교역의 형태로 '위장하여' 지원되는데, 대부분의 지원이 이에 속한다. 경제학자들은 중국이 북한에 보조금을 지원하는 증거로 높은 수준의 교역적자를 예로 들어 설명하곤 한다. 중국의 대북지원과 북한의 대중 의존도는 2002년 이후 급격히 증가해왔다. 이명박 대통령의 당선과 함께 햇볕정책이 끝이 나고 대북지원의 주요 창구가 폐쇄됨으로써, 중국만이 유일한 대북지원 당사자가 됐다. 더욱이 정부의 고위층에서 대북지원 결정이 이뤄지는 한국과는 달리, 중국의 지원은 당이나 군, 또는 다른 창구를 통해서도 이뤄진다. 때문에 중국의 지원은 보다 제도화, 분산화 돼있으며 따라서 상대적으로 정치적 변화에 영향을 덜 받는다. 또한, 중국의 대북지원은 허술한 감시로 인해 지원의 대부분이 저소득층보다는 지배층에 전달된다고 한다. 세계식량계획에 따르면, 중국은 1995년 이후 북한에 옥수수와 쌀을 가장 많이 지원하는 국가이며, 이는 유엔의 식량지원을 통한 것이 아니라 직접 북한에 지원한다. 세계식량계획이 식량지원 기간 동안 수행한 감시와 설문조사를 통해 확인한 결과에 따르면, 중국의 식량지원이 북한 마을에 도달한 경우는 하나도

제8장 주변국 475

[그림 8-1] 북중 교역 현황(1995~2008)

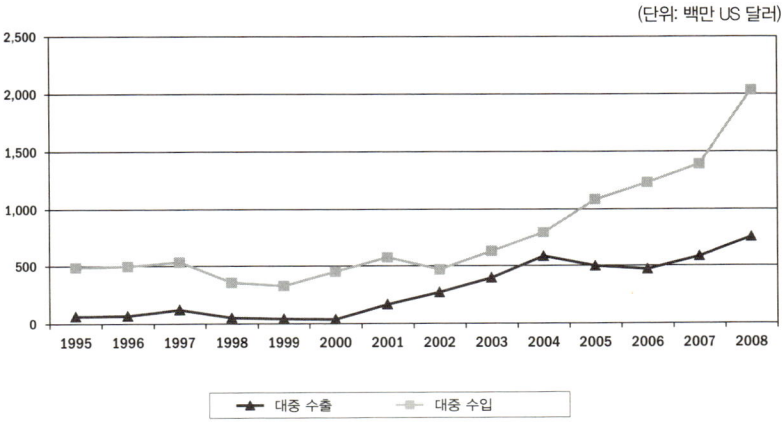

출처: Global Trade Atlas, Using Chinese Data (data); Manyin in Kyung-Ae Park, eds., p. 81 도표.

[그림 8-2] 북한에 대한 중국의 에너지 지원(1995~2008)

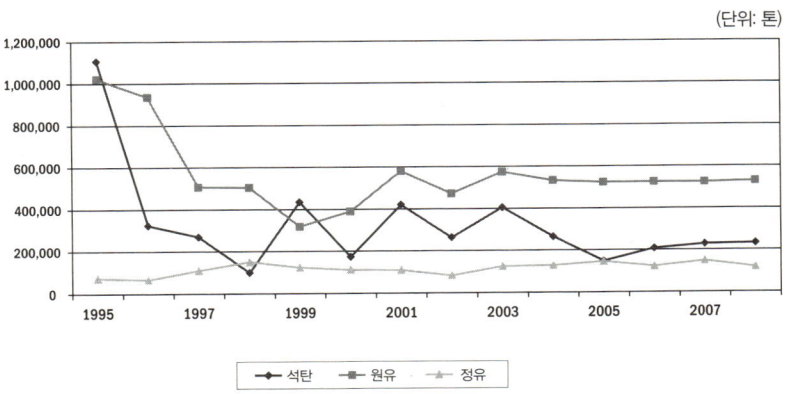

출처: Global Trade Atlas, Using Chinese Data (data); Manyin in Kyung-Ae Park, eds., p. 81 도표.

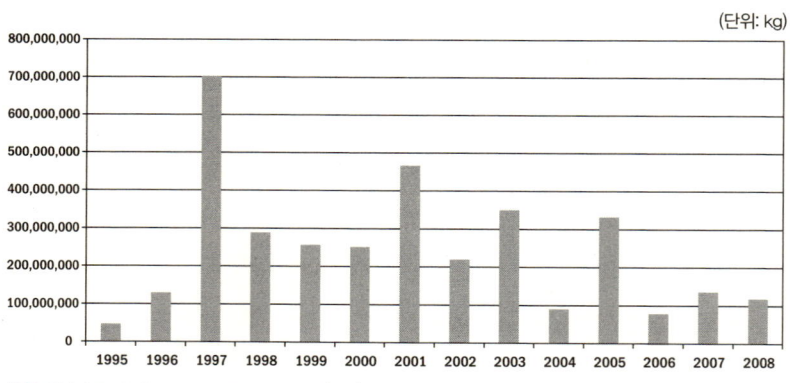

[그림 8-3] 중국의 대북 곡류 수출

출처: Global Trade Atlas, Using Chinese Data (data); Manyin in Kyung-Ae Park, eds., p. 83 도표.

없었다. 이를 통해 볼 때, 중국의 대북 식량지원의 대부분이 북한 주민에게 전달된 것이 아니라는 추측이 가능하다.

중국의 지원은 식량과 연료에만 국한되는 것이 아니다. 중국은 북한에 공장과 기반시설 설립을 지원했으며, 이러한 지원은 중국기업에 이익이 되는 단둥과 나진항을 중심으로 이뤄졌다. 중국이 얼마나 지원했는지는 정확히 추산하기 힘들지만, 미 의회조사국의 마크 마닌(Mark Manyin)은 2000년 이후 중국이 매년 80만 톤의 원유와 정유, 20만 톤의 석탄을 지원해왔다고 추정한다.[41] 해거드와 놀랜드는 중국의 보조금 교역 적자에 기초해 1980년대 중반 이후부터 70억 달러가 넘는 지원금을 북한에 보낸 것으로 추정한다. 중국은 여전히 북한이 수입하는 소비재의 80퍼센트와 최소 45퍼센트 이상의 수입식품을 지원하고 있다.[42] 물론 중국은 수많은 탈북 난민이 국경을 넘어 자국에 들어오는 것을 달가워하지 않는다. 반면에 중국은, 미국의 영향하에서 풍요롭고 부강하며 민주화되고 통일된 한국보다는 그들에게 우호적이고 때때로 남측을 당황하게 하는 북한을 더 선호한다. 이러한 중국의 전략적 요인들은 의심할 것도 없이 북한에 대한 중국의 지원에 큰 영향을 미친다. 그러나 전 미 하원의장 오닐(Tip O'Neill)의 말처럼 '모든 정치는 지역적'이다. 따라서 중국의 우선순위는 이러한 현실을 반영할 수밖에 없을 것이며, 이는 그들의 똑똑한 아우 국가인 북한에 대한 지원에서도 마찬가지일 것이다.

영원한 안정

오늘날 북한의 최소한의 안정을 바라는 중국의 선호는 경제적인 동기에만 국한된 것이 아니라, 역사적인 측면이나 미국의 입장과는 다른 중국의 국경에 대한 인식에서도 찾아볼 수 있다. 미국은 죽은 독재자 김일성과 김정일, 침체된 경제, 경험 없는 권력승계자 김정은 등의 요인으로 인해 북한을 유동적인 상황으로 판단하고 있다. 이러한 요인들이 북한의 체제 불안정을 구성하며, 따라서 이에 대한 대비가 절실하다고 생각한다. 그러나 중국에 북한은 결코 지역 불안정 요소가 아니며, 북한 상황 또한 유동적이지 않다. 중국과 북한은 10세기경부터 지금까지 동북부 지역과 국경을 접하고 안정적인 상태를 유지하고 있다. 중국에 압록강과 두만강은 몇 세기 동안 이어온 굳건한 국경일뿐만 아니라 평화와 안정의 공간이다. 1962년 중국은 북한과의 국경을 획정하는 조약에 서명했다. 데이비드 강(David Kang)이 주장해왔듯, 1962년 조약을 통해 중국은 북한과 분쟁했던 영토 중 60퍼센트를 마지못해 넘겨줬지만, 자국의 동북부 국경지역에 영구적인 안정을 유지한다는 분명한 목적이 있었다.⁴³ 중국은 지난 여러 세기에 걸쳐 주변국들과 영토분쟁을 벌이고 있지만, 북중 국경에 대해서만큼은 불변의 것으로 평가하고 있다.

때문에 중국은 북한과의 국경선이 유동적이라 보지도 않으며 이를 바라지도 않는다. 반대로, 국경이 변화 없이 안정을 유지하는 것이 중국에 장기적인 이익이 될 것으로 판단한다. 미국은 중국의 사고에 내재되어 있는 역사적 사실의 중요성을 과소평가하고 있다. 미국은 중국이 북한(문제만 일으키는 말썽꾸러기이자 가망없고 참담한)을 포기하는 일이 뭐 그리 어려울지 궁금해한다. 중국의 입장에서 보면, 과거 한반도 북쪽지역이 유동적이었을 때마다 중국에는 좋지 않은 결과를 가져왔다. 19세기 일본군이 한반도 북쪽으로 진군하면서 발생한 불안정은 제1차 중일전쟁(1894~1895)에서 중국의 패배로 이어졌다. 제2차 세계대전 시기 일본의 만주 침공은 한반도의 북쪽에 불안정을 야기했다. 그리고 한국전쟁 당시 북한군을 격퇴시킨 미군이 38선 이북으로 진군함으로써 중국은 거의 80만 명이 전사하는 대가를 치러야만 했다. 북한을 바라보면서 미국은 불안정과 이에 따른 잠재적 기회를 생각하지만, 중국은 현 상태를 유지해야만 위험한 상황을 모면할 수 있다는 역사적 경험을 떠올린다.

이러한 중국의 시각에 대해 비판론자들은 중국이 아직 북한의 잘못된 행위에 대한 심각성을 직시하지 못하고 있다고 주장할 것이다. 심지어는 중국이 장기적으로는 북한의 안정을 바란다고 해도, 경제적 압력을 사용해 북한이 협조하도록 이따금씩은 다그쳐야 한다고 주장할 것이다. 이러한 주장이 상식적이기는 하지만 실제로 증명된 일은 하나도 없다. 물론 2003년 봄(며칠간 대북 석유지원을 중단)이나 2006년 핵실험 이후 등 중국이 대북한 제재 조치를 취했다는 보고서를 발간한 경우는 예외의 경우이긴 하다. 더욱이 일부 수정주의자들이 1994년의 제1차 핵위기 당시 중국이 북한에 대해 강경한 태도를 보였다고 주장한다는 점을 고려한다면, 당시의 자료를 통해 중국의 시각을 판단하는 데는 세심한 주의가 필요하다. 1993년 봄 북한이 NPT를 탈퇴한다고 발표(그때까지 북한이 처음이었다)했을 당시, IAEA 이사회는 북한에 대한 제재안을 통과시켰으며 유엔안전보장이사회에 북한의 NPT 탈퇴를 의제로 올릴 것을 요청한 바 있다. 중국은 제재안에 반대했던 두 국가 중 하나였다(찬성 28, 반대 2였으며, 중국을 제외한 나머지 국가는 리비아였다). 그로부터 두 달 후, 북한은 영변 원자로에서 연료를 제거했으며 이를 통해 무기급 플루토늄(weapon-grade plutonium, 90퍼센트 이상으로 농축된 Pu239)을 얻기 위한 연료봉을 추출했다고 IAEA에 통보했을 때, 유엔안전보장이사회는 대북제재 방안을 모색했지만 중국이 기권했다. 1994년 6월 핵위기가 최고조에 달했을 때 중국은 북한에 대한 모든 지원을 중단한다는 IAEA의 결의안 투표에서 다시 한 번 기권했으며, 대북 제재에 반대한다는 입장을 유엔안전보장이사회 회원국에 계속 전달했다. 각각의 사례에서 중국은 북한의 호전적 태도에 대해 국제사회가 분노를 표출한 것과는 대조적으로 독단적인 모습을 보였다. 그러나 북한에서 최소한의 안정이 유지되길 바라는 중국의 입장에서는 전혀 놀랄 일이 아니다. 중국의 시각에서는 누가 옳고 그름은 별로 중요하지 않으며, 북한이 궤도에서 이탈하지 않고 현 상황이 유지되기 위해 필요한 정책에 우선순위를 매기는 일이 위험을 피하는 저비용 전략인 셈이다.

문제는 중국이 북한에 대해 전능하면서도 또한 무력하다는 것이다.

중국은 북한에 막대한 물질적 영향력을 행사할 수 있는 유일한 후원자다. 그러나 유일한 후원자인 중국이 일시적인 보복성 조치로써 대북지원을 중단한다면 북한체제의 붕괴를 촉발할 수 있으며, 이는 중국에도 매우 위협적인 문제가 된다. 중국은 어느 정도의 대북 압력이 적당한지, 체제의 붕괴를 초래할 수 있는 압력은 어느 정도인지, 이를 가늠할 수 있는 수단이 없다. 결과적으로 이 상호적인 속박관계는 점차 정형화되고 있다. 중국은 융통성 없는 북한의 이념과 북한의 최대 후원자로서 국제사회에서 쏟아지는 비평을 감수하더라도 북한체제가 망하지 않도록 유지시켜야만 한다. 그러나 종이로 만든 집처럼 불안정한 북한체제의 붕괴에 대한 두려움으로 중국은 대북 영향력을 제대로 사용할 수가 없다. 북한은 이러한 중국의 입장을 잘 알고 있다. 오히려 북한은 자신들의 취약성과 예측 불가능성을 이용해 중국으로부터 원하는 것을 얻고 있다. 북한은 중국의 침략적 경제정책을 증오하면서도 경화를 필요로 하기 때문에 별 다른 선택의 여지가 없는 것이다.

　김정일의 죽음 또한 중국의 대북정책의 변화에 별 영향을 미치지는 않는 것 같다. 오히려 2011년, 친애하는 지도자(김정일)가 심장마비를 겪은 후 중국은 북한을 세 번째 동북지방으로 편입시키려는 듯 행동했다. 중국은 북한이 김정일의 죽음을 가라앉는 배로 여겨 포기하거나 최소한 자신들의 항로를 조정할 기회로 삼기보다는, 북한이 근근이 유지해 나갈 수 있도록 했다. 2011년 12월 19일 충격적인 발표(김정일의 사망) 이후, 소문에 따르면, 중국은 한국, 일본, 러시아와 다른 국가들에 긴급회담 개최를 위한 대표단을 요청했다고 한다. 이 회담에서 중국의 한 고위관료는 김정일의 죽음과 젊은 아들에게로의 권력승계에 대해 경의를 표할 것, 제약이나 현 상황을 부당하게 이용하지 말 것, 북한의 자율성을 해치는 어떠한 행위도 하지 말 것 등을 요청했다고 한다. 중국은 북한 지도자의 사망에 가장 먼저 애도를 표했으며, 김정은을 정당한 권력승계자로 가장 먼저 인정했고, 김정은을 가장 먼저 중국에 초청했다. 한국 대표단은 중국의 행동에 대해 깊은 유감을 드러냈으며, 그 중 한 명은 나에게 "한반도가 지들(중국) 땅이야 … 우리 땅이지."라고 속내를 털어놨다. 어떤 이들은 김정일의 죽음이 북한체제의 민주화를 가능케 하리라고 기대하지만 중국은 그러한 가능성에 강력하게 대항할 것이다. 특히, 한국이나 미국이 북한의 민주화에 조금이라도 개입하려고 한다면, 중국의 대응은 더욱 거세질 것이다. 더욱이 중국만이 북한의 내부사정을 제대로 살필 수 있는 반면, 미국이나 한국에는 이에 대응할만한 다른 수단이 거의 없다.

  중국이 북한의 행동이나 문제를 해결하는 데 적절한 도움을 줬다고 국제사회가 여길 수 있는 날이 행여 있었다면, 그런 날들은 이미 지난 지 오래다. 중국은 북한의 핵이 아시아에 '핵 도미노 현상(nuclear domino effect)'을 불러오는 데 얼마나 영향을 미칠지 걱정하지 않으며, 이로 인하여 특히 일본과 같은 국가들이 핵을 갖게 됨으로써 전쟁억지력을 가질지 고민하지도 않는다. 중국에 있어, 이와 같은 우려를 낳을 시나리오는 두 가지 요소에 의해 완화된다. 첫째, 중국은 북한의 제2차 핵실험이나 탄도미사일 시험발사가 있을 때보다 일본의 국내정치가 우경화될 때 아시아의 핵 확산 우려가 더 커질 것이라고 여긴다는 점이다. 아베 신조나 아소 다로(麻生太郎)와 같은 보수 세력들은 앞서 북한의 위협을 일본이 보다 적극적인 방어 태세를 취하는 기회로 삼았으며 이는 중국의 우려를 낳았다. 그러나 일본 자민당과 아베 신조, 아소 다로와 같은 보수 세력이 정권을 잡지 않는 한, 중국은 이러한 시나리오를 크게 신경 쓰지 않아도 된다고 본다. 둘째, 역설적이지만 중국은 미국의 핵우산이 일본의 부활하는 군사주의에 대한 소위 병마개(cork in the bottle. 일본의 재무장 억제를 위한)로써 충분한 역할을 하고 있다고 본다. 대신에 중국은 그들의 고유하고 지역적인 이유를 들어 북한체제를 끝까지 지원하고 북한의 나쁜 행동 및 핵 능력을 키우는 것을 지지하는 선택을 해 왔다. 당과 군의 지도층에 있어 북한은 NPT 체제의 신성함이나 비핵화에 관한 염려를 키우는 원천이 아니라 동북지역의 국내적 발전을 위한 대상의 성격이 강하다. 심지어 공산주의체제에서도, 모든 정치는 지역적이다.

러시아: 잊힌 플레이어

6자회담은 자체만으로도 '매우 중요하다'는 분위기를 풍긴다. 〈워싱턴포스트〉, 〈월스트리트저널 *Wall Street Journal*〉, 〈파이낸셜타임즈 *Financial Times*〉와 같은 주요 언론들을 포함하여 해당 국가의 주요 언론인들은 베이징의 외교 사절단이 머무는 호텔에서 그날의 협상결과라든가 현 상황 등에 관한 한두 마디의 정보를 얻기 위해 잠복근무를 한다. 일부 야심찬 기자들(대부분 일본 기자들)은 헐리웃의 파파라치처럼 졸졸 따라다니기도 하고, 스타벅스나 세인트레지스 호텔 체육관에 운동하러 나올 때를 놓치지 않고 따라붙는다(실제로 어떤 기자는 필자가 수영장에 있는데 따라온 적이 있다). 댜오위타이의 영빈관에서는 수많은 텔레비전 중계 카메라들이 필름을 보충해가며 기다리고 있었고, 각국에서 온 자동차 행렬이 계속 이어진다. 보안요원은 정문에 서서 사절단들이 도착하기를 기다렸다. 우리(미 대표단)는 회담장 메인홀로 안내를 받았다. 메인홀 협상테이블은 녹색 테이블보가 깔려 있는 육각형 모양으로 각국의 대표들이 배석하면, 그 뒤로 수행원들이 일렬로 앉았다. 통역원들은 장비가 제대로 작동하는지 점검을 하느라 바쁘다. 모든 대표단의 착석이 완료되자, 의장국인 중국 측 대표가 개회를 선언하고 문을 열 것을 주문했다. 수많은 보도 카메라들이 촬영을 위해 쏟아져 들어왔다. 여러 카메라들이 한꺼번에 회담장 곳곳을 찍어대자 여기저기서 쏟아지는 플래시 때문에 눈이 멀 지경이 된다. 이 와중에 누군가가 이 회담이 제2차 세계대전의 종전 이후 동북아시아 최초로 열리는 진정한 다자간 안보협상이라는 점을 상기시켜줬다. 6자회담은 실로 아시아에서 가장 큰 뉴스거리다.

배제된 러시아

카메라 보도진들이 다른 대표단, 특히 북한이나 미국 대표단에 몰려 있을 때, 러시아 대표단은 협상테이블 끝자리에 앉아서 몇몇 보도진이 무리에서 떨어져 나와 자신들을 바쁘게 찍고 돌아가는 모습을 지루하게 쳐다보고 있었다. 개회 선언과 본회의가 끝난 후에 각국 대표단은 보도진들을 남겨둔 채 양자회담을 위해 각각 분리된 회의실로 향한다. 양자회담 중 미국과 북한 간, 그리고 미국과 중국 간의 회담이 가장 중요하며, 이 회담으로 미국이 일본이나 한국 등 다른 국가들로부터 회의 내용을 보고받는 식의 다양한 양자회담이 다시 개최된다. 당시 회의실에서 다른 회의실로 이동할 때마다 모두들 정신이 없었다. 점심시간에는 각 대표단들이 옹기종기 모여 다음에 이어질 일정을 소화하기에 무리가 없도록 든든히 챙겨야한다는 듯 뷔페 음식을 우적우적 먹어댔다. 예외적으로, 미국과 동맹국들은 댜오위타이를 나와 밖에서 점심식사를 하기 때문에 파파라치들이 따라다니곤 했다. 그러나 러시아 대표단은 예외였다. 러시아 대표단은 대기실에 앉아 다른 국가로부터 양자회담 요청이 들어오길 기다렸고, 어떤 일이 진행되고 있는지 정보를 얻어가기만 하는 부류가 됐으며, 유유자적(悠悠自適)하는 듯 보였다. 점심시간에도 러시아 대표단은 자기들끼리 앉아 자유롭게 뷔페 음식을 즐겼다. 내 기억에 러시아 대표단 중 한 사람은 1층 라운지에 있는 거대한 텔레비전 앞에서 자리를 잡고 하루 종일 중국 방송을 시청했다.

　러시아는 한반도 문제에서 잊힌 플레이어다. 미국 대표단이 6자회담 파트너로 논의를 위해 찾아갔을 때, 러시아는 자리를 피하곤 했다. 오바마 행정부 6자회담 수석대표인 스티븐 보즈워스 대사가 아홉 번이나 러시아를 찾았으나, 한 번의 예외를 제외하고는 전부 자리를 피했다.⁴⁴ 기껏해야 우리는 러시아 대표단에 추가적인 회담 중단을 피하기 위해 베이징에서 만나줄 것을 요청하는 정도였다. 2005년 8월에 개최된 6자회담에서 미국과 북한 간의 양자회담이 성사 됐을 때, 미 대표단 중 국무부 소속 몇몇은 주요 동맹국인 일본에 절차에 따라 보고받는 일반적인 관행이 그다지 필요하지 않다고 느끼고 있었다. 이는 일본 측 수석대표를 화나게 했다. 나와 내 동료인 윌 토비(Will Tobey)가 양국 대표단 사이를 화해시키기 위해 일본 대표단으로 찾아갔을 때, 그들 중 한 명이 불쑥 이렇게 말했다. "우리를 러시아처럼 취급하지 마시오! 우리를 러시아처럼 대한다면, 우리도 러시아처럼 행동할 겁니다. 우리는 러시아처럼 배제되지 않을 겁니다!"

그렇다고 러시아가 중요하지 않은 것은 아니다. 어떠한 거래도 러시아 없이는 성사될 수 없기 때문이다. 향후 북한과의 다자간 에너지 협상에서 러시아가 매우 중요한 역할을 수행할 수밖에 없기 때문에 북한과 협상하는 모든 대표단은 러시아의 동의를 구해야만 한다. 또한, 러시아는 대북제재 결정 등에서 투표권을 행사하는 유엔안전보장이사회 상임이사국이다. 그러나 러시아는 북한문제가 수면 위로 떠오를 때마다 과소평가되며 무시 당했다. 중국과 달리 러시아는 북한과의 접경지대가 19킬로미터로 그리 길지 않고, 또한 중국처럼 북한의 운명과 접경지역 문제나 국내 지역의 경제발전 문제를 서로 연관시키지 않는다. 아직까지는 북한이 러시아에 영향을 끼치는 사건이 없었지만, 러시아는 한반도 정세가 불안정하게 들끓는 것을 바라지 않는다. 이를 고려하면, 러시아는 북한문제에 일정 정도의 역할을 추구하기는 하지만 두 가지의 딜레마에 직면해있다. 하나는 러시아가 지리적 인접성으로 인해 북한의 잘못된 행동이 자국에 불균형적인 영향을 줄 수 있다는 사실을 알고 있음에도, 상대적으로 다른 국가들에 비해 가장 적은 영향력을 행사해왔다는 점이다. 북한의 탄도미사일 시험발사가 미일 간의 탄도미사일 방어체계(BMD) 공조를 추동시킨 원인이 됐을 때, 이는 러시아에도 영향을 미쳤으나 러시아는 북한을 통제할 수 있는 수단이 없었다. 다른 또 하나는, 북한문제와 관련된 러시아의 영향력은 관련국들에 절대적으로 최악의 상황에서만 크게 발휘된다. 회담이 교착상태에 빠져 관련국 간에 일체의 대화가 없을 때, 러시아가 협상에 시동을 걸고 모두를 교착의 심연으로부터 끌어올림으로써 회담의 재개를 이끌어내는 역할을 하게 된다. 러시아의 딜레마는 결국 회담이 성공적으로 재개되더라도 각국 대표단들은 러시아가 아닌 다른 대표단들을 찾아다닌다는 점이다. 그 결과 러시아는 또다시 주변에서만 서성이게 된다. 때문에 (예를 들어) 러시아가 핵위기에 대한 해결책으로 북한의 경제개혁을 지원하더라도, 실제로 개혁이 진행되면 자신들은 북한의 관심에서 멀어지고 북한은 한국과 중국을 주요 사업파트너로 삼을 것이라는 사실이다. 따라서 러시아의 역할을 가장 잘 설명할 수 있는 말은 단역배우(bit player)다. 가끔씩 도움을 주고, 항상 중요하지만 절대로 전면에 나설 수는 없다.

물론 매번 그런 것만은 아니었다. 역사적으로 러시아 제국은 그들 스스로가 한반도에서 중요한 역할을 담당했다고 생각했으며, 한반도를 태평양으로 진출하기 위한 교두보로 여겨왔다. 1884년 제정(tsarist) 러시아는 조선과 외교관계를 수립하고 다음 해에 한양에 외교공관을 설치했다. 초기 한반도에 대한 러시아의 관심은 태평양으로 진출할 수 있는, 1년 내내 얼지 않는 부동항을 얻는 데 있었다. 가까운 항구인 블라디보스토크는 한반도의 접경지대로부터 북동쪽으로 115킬로미터 정도 떨어져 있었다.[45] 19세기 말에는 아관파천[1896년, 명성황후가 시해된 을미사변(1895년) 이후 신변에 위협을 느낀 고종과 왕세자가 왕궁을 떠나 러시아 공관에 피신한 사건]으로 인해 한반도는 전쟁에 휩싸이게 됐다. 일본은 아관파천에 대한 보복으로 랴오둥(遼東) 반도 아서 항[Port Arthur. 중국 항구도시인 뤼순의 별칭으로 현재는 다롄(大連)과 통합돼 뤼다시(旅大市)가 됐다_옮긴이]을 공격했고, 이는 1904년 러일전쟁으로 이어졌다. 러일전쟁(아시아 국가가 서구 열강을 이긴 최초 사례)에서 일본이 승리함으로써 러시아는 한반도에서 밀려났다.

제2차 세계대전 당시 만주 항일 독립군의 게릴라전에 대한 소련군의 산발적인 지원을 제외하면(이는 전적으로 일본군이 시베리아에 접근하지 못하도록 하기 위함이었다), 러시아는 일본이 1945년 패망하기 이전까지 반세기 동안 한반도에서 영향력을 행사하지 못했다. 소련군은 한반도 북쪽을 차지하기 위해 신속히 진군했고, 미군과 유엔이 각각의 점령지역을 분할하기로 결정하지 않았다면 이 또한 달성할 수 있었다. 냉전이 한반도의 분단을 반영구적으로 만드는 동안 소련은 대리인인 김일성을 내세워 1948년 10월 공식적으로 북한에 정부를 수립했으며, 1949년 3월에는 북한과 공식적으로 첫 번째 경제지원 조약을 체결했다. 소련은 1950년 6월 김일성이 남침하기 7개월 전인 1949년 12월까지 소련군 12만 명을 북한에 주둔시켰으며, 대리인으로써 전쟁에 참전했다. 또한, 한국전쟁 시 침공계획을 도운 동시에 중국을 지원했으며, 지상군을 투입하지는 않았으나 공중지원을 제공했다.[46] 1961년 7월 소련은 '체약 일방이 어떠한 국가 또는 몇 개 국가들의 연합으로부터 무력침공을 당함으로써 전쟁 상태에 처하게 되는 경우, 체약 상대방은 지체 없이 군사 및 기타 원조를 제공한다'는 조항을 핵심으로 하는 '조소 우호협조 및 호상원조에 관한 조약(조선민주주의공화국과 소비에트 사회주의연방공화국 간의 우호협조 및 호상원조에 관한 조약_옮긴이)'을 체결했다. 중국과 마찬가지로 소련은 이 조약을 북한에 대한 안전보장 조약으로 확장시켰으며, 냉전시기 수십 년간 물질적 지원과 보조금 교역을 통해 북한의 발

[표 8-2] 북소 경제관계

(단위: 백만 US 달러)

기간	교역량	소련의 대북지원
1950~1954	–	713.25
1955	84.9	
1956	105.0	
1957	122.5	
1958	105.1	
1959	125.7	
1960	114.1	
1961	156.1	196.68
1962	168.9	
1963	170.2	
1964	163.6	
1965	178.1	
1967	218.3	
1968	293.1	
1969	328.2	
1970	373.2	87.0
1971	502.4	250.0
1972	458.3	150.0
1973	485.2	109.0
1974	453.2	120.0
1975	496.1	186.0
1976	375.8	4.0
1977	446.0	–
1978	552.5	35.0
1979	749.8	75.0
1980	880.4	250.0
1981	601.7	145.0
1982	774.3	130.0
1983	667.8	40.0
1984	915.8	55.0
1985	1,349.2	93.0
1986	1,828.5	6.0
1987	2,074.1	–33.0

1988	2,634.3	−41.0
1989	2,531.8	−16.0
1990	2,715.3	0

출처: 1955~1969년 교역자료는 다음을 참조: J. S. Chung (1974), p. 112; 1970~1975년 교역자료는 다음을 참조: C. O. Chung (1978), p. 157; 1976~1983년 교역자료는 다음을 참조: Pong S. Lee, Kwack eds. (1994); 1984년과 1986년 교역자료는 다음을 참조: Joseph S. Chung, "The Economy," Andrea Matles Savada ed., North Korea: A Country Study (Washington, D.C.: Library of Congress, 1993), 부록; 1987, 1989년 교역자료는 다음을 참조: Country Profile: North Korea, South Korea, 1994/94 (London, UK: Economist Intelligence Unit, 1993), p. 74; 1985, 1988, 1990년 교역자료와 1950~1976년 지원자료는 다음을 참조: E. G. Hwang (1993), pp. 200~201, 204; 1978~1979년 지원자료는 다음을 참조: Handbook of Economic Statistics, 1984 (Langley, V.A.: Central Intelligence Agency), p. 117; 1980~1990년 지원자료는 다음을 참조: Marcus Noland, "The North Korean Economy," Peterson Institute for International Economics Working Paper, 95-5 (1995), p. 73.

전을 도왔다.

김일성은 두 공산주의 후원국 간의 경쟁관계를 교묘하게 이용했으며, 이를 통해 각국으로부터 얻어내는 지원을 극대화하고자 했다. 소련은 이를 인지하고 있었다. 그럼에도 지속적인 대북 퍼붓기(물자, 무기 체계, 천연자원 등)를 통해 가능한 한 북한을 중국으로부터 떨어뜨리고자 했으며, 동시에 중동, 동남아시아, 라틴아메리카에 위기가 발생할 때 미국을 향한 압력을 유지하기 위한 수단으로 활용하고자 했다.[47] 그러나 1989년 중소분쟁이 종식되고 나서는 (중국과 마찬가지로) 급격하게 성장하며 번영일로에 있는 한국과의 경제협력의 가능성이 기하급수적으로 증진된 것과 대조적으로, 북한의 전략적 가치는 감소하기 시작했다.

페레스트로이카와 북한 포기

수십 년간의 대화 단절을 끝내고 소련과 한국이 외교관계를 정상화한 1988년에서 1990년의 시기는 북소관계의 중요한 전환점이 됐다. 소련은 냉전과 중소분쟁에 입각한 종래의 전통적인 시각에서 벗어나, 북한과의 관계를 더 넓은 맥락에서 보기로 결정했다. 당시 고르바초프는 소련의 근본적인 문제를 해결하기 위해서는 안보위협보다는 동북아시아의 경제적 중요성에 투자하여 국가이익을 창출해야 한다고 판단했다. 그는 페레스트로이카(소련의 사회주의 개혁 이데올로기)를 통해 낭비적인 군사지출을 감소시키고 러시아 극동지역을 발전시키기 위해 대외정책을 재정립하기 시작했다.[48] 고르바초프는 세 단계를 통해 이를 명확히 했다. 첫 번째는 1986년 7월 블라디보스토크 연설을 통해서였다. 이 연설을 통해 고르바초프는 동아시아에서 새롭고 보다 역동적인 소련의 역할을 천명하고, 우주공간의 군사화를 금지하기 위하여 핵무기 선제 불사용 보장(소극적 안전보장)부터 무역관계를 확대하기 위한 우주군사화 금지에 이르기까지 지역의 긴장을 완화하기 위한 일련의 포괄적인 안을 제시했다.[49] 그는 중국과의 관계 정상화를 위해 '세 가지 장애물(아프가니스탄의 소련군 주둔, 중소 간 국경지대에 배치된 50만 명의 소련적군, 캄보디아를 점령 중인 베트남에 대한 소련의 지원)'에 대한 두 가지 부분적 해결책(6,000명의 소련군을 아프가니스탄에서 철수시키고, 가능한 한 '몽골 주둔 소련군의 상당 부분'도 철수)을 제시했다.[50] 이 안은 초기 중국의 냉대로 천대를 받았으나, 결국 지난 40여 년간 지속돼온 중소분쟁의 종식을 알리는 서막을 장식했다.[51] 두 번째는 1988년 9월 크라스노야르스크 연설을 통해서였다. 이 연설에서 고르바초프는 소련과 한국 간의 관계 개선과 발전을 위해 양국 간의 이념적 차이는 개의치 않을 것이라고 선언했다. 또한, 소련은 자국 영해 인근에서 조업을 하다 나포된 한국 어선에 대해 보다 관대한 조치를 취할 것임을 덧붙였다. 소련은 사할린 섬에 살고 있는 한인들의 송환문제 관련 정책들 또한 완화했다. 과거 소수민족에 대해 매우 엄격한 법이 적용되던 스탈린 시대에 다수의 한인들이 사할린으로 이송됐는데, 1980년대 후반 이후 이들의 한국 방문을 위한 비자정책은 현저히 완화됐다. 크라스노야르스크 연설 이후 소련과 한국의 학술, 문화 교류 또한 확대됐다. 세 번째는 1989년 2월 당시 소련 외무장관인 예두아르트 셰바르드나제(Eduard Shevardnadze)의 중국 방문 중에 일어났다. 중소 간의 긴장 완화를 위해 소련은 1969년 중소 간의 군사적 충돌이 발생했던 접경지대에서 소련군의 추가적인 철수를 극적으로 발표한 것이다. 이에 따라 석 달 후 이뤄질 덩샤오핑과 고르바초프 간의 역사적인 정상회담 이전 최대 장애물이었던 25만 명의 군대가 철수했다.[52]

이러한 소련의 새로운 외교는 한국의 북방정책과 시기적으로 맞아떨어졌다. 서독의 동방외교(Ostpolitik)를 본 딴 한국판 동방외교인 셈이다. 1988년 노태우 정부의 북방정책은 한국이 이념을 떠나 실용주의와 경제적인 관점에 기초하여 공산주의 국가들과도 정상적 관계를 추구할 것임을 선언한 것이다. 한국은 핵심적인 세 가지 정책기조를 유지하면서 북방정책을 추진했다. 새로운 외교정책은 첫째, 국내 정치의 안정적인 상황에 기초한다, 둘째, 전통적인 우방국들(예를 들어, 미국)과의 튼튼한 관계에 기초한다, 셋째, 강한 경제력에 기초한다. 북방정책은 당시 한국의 자신감이 명백하게 표출된 사건이었다.[53] 정치적으로 한국은 1987년에 민주화로의 평화적인 이행을 도모했다. 그뿐만이 아니었다. 경제는 연간 12퍼센트의 경제성장률을 기록하며 승승장구했으며, 경쟁관계에 있는 북한체제와의 경제적 격차는 극복할 수 없는 수준으로 벌어졌다. 물론 북방정책의 명시되지 않은 목적 중 하나는 한국의 유엔 가입을 승인 받는 것이었다. 공산주의 진영은 북한과 한국이 유엔에 이중으로 가입하는 것에 반대했으며, 이는 한반도의 분단 고착화를 의미한다고 봤기 때문이었다. 당시 북한과 한국은 모두 유엔 참관국(observer) 자격이었지 가입국은 아니었다. 1980년대 후반 이후 국내 경제뿐만 아니라 국제사회에서의 역할이 급증한 한국 입장에서는 당시 상황은 상당히 모욕적이었다.

북방정책은 매우 성공적이었다. 한국은 헝가리(1989년 1월 29일)를 시작으로 폴란드(1989년 11월 1일), 체코슬로바키아(1990년 3월 1일), 불가리아(1990년 3월 23일), 루마니아(1990년 3월 30일) 등 동구 사회주의권의 일부 국가들과 관계를 정상화했다. 이후 동구권의 나머지 국가들과도 관계를 진전시켜 에스토니아(1991년 9월 6일), 벨라루스와 우크라이나(1992년 2월 10일), 크로아티아(1992년 11월 18일)와도 외교관계를 정상화했다. 북방정책을 통한 동구 사회주의권 국가들과의 관계 정상화는 동구권 국가들의 한국 유엔 가입 반대 철회로 이어졌으며, 그 결과 한국은 1991년 9월 그렇게 바라던 국제사회의 일원으로써 유엔에 가입할 자격을 얻게 됐다. 노태우 대통령은 대단한 자신감을 얻었으며, 1991년 10월 유엔총회에서 연설한 최초의 한국 대통령이 됐다. 북방정책은 소련이 1988년 서울 올림픽 참가를 결정하는 데에도 기여했다. 한국은 냉전의 최전선에 위치했기 때문에 아시아에서는 두 번째로 열리는 서울 올림픽이 강대국들 간의 긴장으로 인해 그 빛나는 순간이 손상될 수 있다는 우려가 깊었다. 때문에 한국은 소련에 올림픽에 참가할 것을 요청하는 로비를 지속적으로 펼쳤고, 그 결과 1988년 서울 올림픽에는 8년 만에 세계의 모든 국가가 참가하게 됐다. 서울 올림픽은 한국과 소련 간 커다란 친선을 만들어 준 계기가 됐으며, 일련의 경제 협약과 준공식적인 정치회담이 1988년에서 1990년 사이에 이어졌다. 이러한 경제 협약들은 한국 정부의 지원을 받는 대한무역투자진흥공사(KOTRA)의 무역사무소 설치를 촉진시켰고 소련의 상공회의소 또한 1989년 여름에 설치됐다. 1990년 2월에는 무역사무소에 영사관의 기능이 추가됐다. 이러한 양국 간 협약의 급성장은 결과적으로 1990년 6월 샌프란시스코에서 최고위층 간의 회담으로 이어졌다. 냉전시기 역사상 처음으로 노태우 대통령과 고르바초프가 각각 한국과 소련의 정상 자격으로 호텔방에서 만나 양국 간의 외교관계 수립을 위한 기초적 원칙에 합의했다. 이후 1990년 9월 양국 간의 외교관계가 수립됐다. 이어 1990년 12월에는 모스크바에서, 1991년 4월에는 제주도에서 두 번의 추가적인 정상회담이 개최됐다. 각각의 회담에서 두 정상은 양국 간의 관계를 재확인했다. 소련은 1983년 KAL기 격추사건에 대해 처음으로 공식적으로 사과했고, 양국은 30억 달러에 달하는 차관을 포함한 중요한 경제 협약을 체결했다.

 예두아르트 셰바르드나제 외무장관은 이 좋지 못한 소식을 북한에 전달할 임무를 맡았다. 셰바르드나제는 1990년 9월 평양을 방문해 오랜 시간 우방이었던 북한에 소련이 한국과 외교관계를 정상화할 예정이라고 설명했다. 평양으로 출국하기 전에 그는 기자들에게 북한과 "솔직하게 토론을 할 것"이라고 전하기는 했으나, 실상 이를 어떻게 솔직하게 전달해야 할지 좋은 생각이 나질 않았다.[54] 북한은 셰바르드나제의 방문 목적을 알고 있었으나 이 소식을 받아들이고 싶지 않았다. 공식적으로는 존중하는 듯했으나, 소련의 외무장관은 찬밥대우를 받았다. 그는 김일성 주석의 부름이 있을 때까지 장시간 기다려야했고, 그럼에도 결국 김일성을 만날 수 없다는 말을 들었다. 대신 김일성의 아들인 김정일을 만났으나, 김정일은 경멸적인 어조와 예의 없는 행동으로 그를 대했다. 셰바르드나제는 결국 당시 정무원 부총리겸 외교부장인 김영남을 만나 소식을 전했다. 김영남은 소련이 북한을 버린 것에 분노를 표출했고, 소련에 북한의 후원자로 돌아올 것을 다시 한 번 고려해 달라 청하기도 했다. 셰바르드나제가 그것은 불가능하다고 답했을 때, 김영남은 소련의 지원이 없다면 북한은 더 이상 소련 외에 다른 어떠한 국제적 파트너들도 믿을 수 없다고 응대했다. 김영남은 덧붙여 "이후 우리는 그간 동맹국에 의존해왔던 몇 안 되는 무기류[핵]를 우리 스스로 자급하는 단계를 밟을 수밖에 없습니다."라고 말했다.[55] 개인적으로는 화가 났음에도 냉철한 외교관답게 셰바르드나제는 생각할 시간이 필요하다고 하며 다음 날 아침까지는 답신을 주겠다고 답했다. 다음 날 아침에 그는 모스크바에 어제의 일을 보고하고 김영남의 호전적인 반응과 다시금 마주했다. 이 상황을 타개하기 위해 셰바르드나제는 김영남에게 북한이 이 상황을 수긍해야하며, 핵무기를 개발하겠다는 위협은 좋은 생각이 아니라고 경고했다. 둘 간의 만남은 퉁명스럽고 무뚝뚝하게 끝이 났고, 셰바르드나제는 예정보다 몇 시간 일찍 평양을 떠났다. 모스크바에 돌아온 그는 너무나 혐오스러운 나머지 북한에 대한 존중의 차원에서 한국과의 정상화를 천천히 진행시킬 아무런 이유도 찾지 못했다고 보고했고, 가능한 한 빨리 한국과의 관계 정상화를 진행시키라는 승인을 받았다. 셰바르드나제는 후일에 김영남과의 이 대화를 "내 생애 가장 불쾌하고 가장 힘들었던 대화"였다고 회고했다.[56]

한국과의 외교관계를 정상화하기로 한 결정에 대해 계속 조바심을 내면서 자기를 버린다고 두려워하는 북한을 달래기에 바빴던 1992년의 중국과는 달리, 소련은 나쁜 습관을 버리듯 북한을 떨쳐버렸다. 한국과의 외교관계 정상화로 소련은 30억 달러 가량의 차관을 지원받았으며, 이는 소련이 지속적인 대북지원에 자금을 소모하지 않을 것임을 뜻했다. 소련은 북한의 존속을 위해 짊어져야하는 경제적 부담에서 빠져나오는 데 일말의 주저도 없었으며, 보다 풍요로운 한국과의 거래로 경제적 이익을 얻고자 했다. 소련은 북한에 후원자로서의 지원을 즉각 중단할 것임을 전했다. 이는 곧 군사적 협력의 중단을 의미했다. 소련의 북한 포기로 인한 영향력은 즉각적인 동시에 엄청났다. 소련은 1990년 당시 북한의 전체 교역량에서 53.1퍼센트를 차지하고 있었다. 1993년까지 그 수치는 충격적이게도 8퍼센트로 떨어졌다. 이는 소련 상품에 대해 북한이 시장가격을 지불해야했기 때문이며, 북한은 그럴 형편이 되지 못했다.[57] 소련과의 총 교역은 1990년 약 32억 5,000만 달러였지만 1994년에는 1억 달러 이하 수준으로 떨어졌다.[58] 소련의 기계류, 운송장비, 제조장비의 대북한 수출은 1992년까지 10분의 1 이하 수준으로 떨어졌다.[59] 더욱이 이전까지 북한이 시장가격 대비 75퍼센트 가량 싸게 구매할 수 있었던 에너지와 이에 대한 소련의 지원이 끝나면서, 북한의 석유 수입은 한 해에 50퍼센트 이상 급감했고, 특히 정제유 수입은 거의 10분의 1 수준으로 떨어졌다.[60] 전면적이라고 밖에 할 수 없는 소련의 조치는 (호전적이고 낙후된 북한보다는) 경제적으로 근대화되고 빠르게 성장하며 전 세계적으로 통합화된 한국과 거래하는 것이 더 낫다는 고르바초프의 진취적인 대외정책인 '신 사고(new thinking)'의 분명한 표현이었다. 샌프란시스코에서 노태우 대통령과의 첫 회담 몇 시간 전에 고르바초프는 스탠퍼드대학의 한 강연에서 "새로운 바람이 아시아에 불고 있다."라고 언급하면서 소련이 이 바람을 타고 항해할 것이라 연설했다.[61] 노태우 대통령이 '획기적'이라고 표현한 이 회담의 여파로, 고르바초프는 취재진에게 자신이 노태우 대통령을 만난 것이 양국 간의 급증하는 경제적 협력과 동북아시아의 정세 때문이라고 밝히면서, "우리는 그곳[동북아시아]의 모든 국가들과 관계를 진전시켜야한다. 이는 필연적이다."라고 덧붙였다.[62] 고르바초프는 1991년 제주도에서의 정상회담 이후에는 한국 찬가를 부르며, "우리는 세계 경제에서 이제 막 유망주로 떠오르기 시작한, 그러나 세계 정치에서는 보다 건설적이고 보다 능동적이고 중요한 역할을 담당하게 될 국가와 우호적이고 건실한 관계를 구축했다."라고 자신있게 언급했다.[63] 북한과의 병존은 황량해 질 수 밖에 없었다.

소련이 붕괴된 이후 러시아와 북한은 더욱 멀어졌다. 러시아 보리스 옐친(Boris Yeltsin) 대통령은 고르바초프보다 한발 더 나아가, 북한과의 관계에 대해서는 철저하게 무관심하면서 반대로 한국과의 관계 구축에는 애정을 쏟았다. 옐친은 김일성 체제에 대해 감정적으로 반응했으며, 10년 후 조지 W. 부시와 다를 게 없었다. 옐친은 북한을 혐오했으며, 북한의 지도력을 약하고, 퇴보적이며 독재적인 것으로 봤다.[64] 옐친 대통령과 안드레이 코지레프(Andrei Kozyrev) 외무장관을 중심으로 한 러시아 정부 내 서구주의적 분파들에 북한과의 관계는 스탈린 시절 냉전의 시대착오적 산물이었다. 그들에게 한국과 북한을 사이에 둔 선택은 구소련과 새로운 러시아 간의 선택을 의미했으며, 따라서 선택에는 주저함이 없었다. 러시아 외교차관인 게오르기 쿠나제(Georgy Kunadze)와 아시아담당 부국장인 게오르기 톨로라야(Georgy Toloraya)와 같이 여전히 남북한 간의 관계 유지에 있어 균형을 주장하는 세력도 없진 않았다. 그들과 더불어 코지레프의 후임자인 예브게니 프리마코프(Yevgeny Primakov) 외무장관은 남북한과의 균형적인 관계를 미국 일방주의의 가능성을 감소시킬 수 있는 수단으로 봤다. 그러나 북한과의 관계를 재정립하려는 옐친의 염원은 1961년의 '조소 우호협조 및 호상원조에 관한 조약'을 재협상하는 과정에서 급격하게 분명해졌다. 냉전시기 양자동맹의 핵심인 이 조약은 북한이 공격 받았을 경우 소련의 개입을 명시하고 있다. 이 조약은 30년 동안 유효했으며, 따라서 1991년에 만료됐다. 소련의 붕괴로 인해 옐친 대통령은 더 이상 이 조약이 유효하지 않다고 선언했다. 옐친은 자동적인 개입을 철회하길 원했으며 1992년 1월에 이 사실을 북한에 전달했다. 그 이후 서울을 방문한 옐친 대통령은 노태우 대통령에게 1961년 소련과 북한 간의 조약이 더 이상 유효하지 않으며 '명목상으로만' 존재한다고 설명했다. 북한은 해당 조항에 대한 재협상 거부에 대해 깊은 유감을 표명했다. 그러나 러시아는 이에 신경 쓰지 않았고 결국 정당한 이유 없는 공격에 국한된 (자동적인 개입이 아닌) 상호 협의에 의한 대응으로 조약의 제1조를 대체했다.

옐친 대통령 재임기간은 북한과의 양국관계에 최악의 시기로 회고된다. 교역은 연간 5,000만 달러라는 쥐꼬리만 한 수준으로 떨어졌으며, 러시아는 모든 상품의 대가를 신용구매나 물물교환이 아닌 현금으로 지불할 것을 요구했다. 같은 기간에 한국과의 경제관계는 한 단계 도약했다. 1992년 한국과의 총 교역량은 1억 9,300만 달러나 됐으며, 1996

년까지 이는 20배가량 증가하여 38억 달러에 달했다. 1990년대 후반에 양국 간 교역은 푸틴 정부 직전까지 연간 20억 달러에 육박했고, 꾸준히 증가해 연간 평균 44억 이상이 됐으며, 2008년에는 180억 달러를 달성했다.[65] 정치적 측면에서도 옐친은 한국과의 우호적 관계를 보다 진전시켰고, 이는 피격된 KAL 007기의 블랙박스를 반환한 사례에서도 드러난다. 1983년 뉴욕발 서울행 대한항공소속 비행기가 항로를 이탈하여 소련 영공에서 격추된 사건으로 승객 269명 전원과 승무원들이 사망했다. 이 사건에 대해 레이건 대통령은 당시 소련의 행동을 '인류에 대한 범죄'라고 규정했으며, 한 인도 신문은 이 사건이 '우리가 아는 민간항공의 마지막'이 될 수 있다고 걱정스러운 어조로 보도했다.[66] 1992년 9월 옐친 대통령은 사고 여객기의 블랙박스가 있었음에도 소련과 러시아 연방의 지도층들이 이를 부인해왔음을 인정했다. 그리고 두 달 후 서울 방문 당시 옐친은 노태우 대통령을 만난 자리에서 충격으로 인해 훼손된 블랙박스를 넘겨줬다.[67] 엎친 데 덮친 격으로 북한은 러시아와의 군사동맹이 무력화되는 동시에 한국과 러시아 간의 군사관계가 돈독해지는 것을 지켜봐야만 했다. 이는 러시아가 최종적으로 북한을 포기했음을 의미했다. 소련이 북한에 무기를 팔지 않았던 것과 대조적으로, 러시아는 1990년 외교 정상화를 통해 한국으로부터 지원받은 30억 달러의 차관에 대한 추가적 보상 차원에서 전투기와 T-80 전차, 장갑차, 대공미사일 등을 한국에 팔았다(전통적으로 한국의 군수품 공급을 담당했던 미국으로서는 별로 달갑지 않은 일이었다). 1997년 11월에 양국은 상호 방위협력을 증진시키기 위한 협정에 서명했다.

양국 간의 군사적 협력은 푸틴 시대에도 지속되어 2002년 초에는 위험한 군사행동 방지 협정을 체결했다. 그 다음 해에는 세르게이 이바노프(Sergei Ivanov)가 국방장관으로서는 처음으로 서울을 방문해 노무현 대통령을 접견했다. 한국 해군과 공군은 2003년 러시아의 태평양 함대와 해양 조사 및 구조 작전에 관한 협력을 약속했다. 2005년에는 윤광웅 국방장관이 모스크바를 방문해 무기이전 협약에 서명했으며, 기술 발전 및 항공 관련 핫라인 개설에도 합의했다. 그 다음 해에는 러시아의 공군사령관이 서울을 방문했고 이에 대한 답방 역시 이뤄졌다. 2003년에서 2006년 사이에 한국은 여섯 가지의 상이한 무기 체계를 러시아로부터 제공받았으며, 이는 헬리콥터와 호버크라프트를 포함해 시가 5억 달러에 이르는 규모였다.[68] 2007년에는 한국의 해군참모총장이, 2008년에는 공군참모총장이 러시아를 예방했다. 2009년에는 이상희 국방장관이 북한의 제2차 핵실험 직후에 러시아를 공식적으로 방문했으며 러시아와의 협력관계를 강화했다. 그리고 2010년에는 니콜라이 마카로프(Nikolai Makarov) 참모총장이 한민구 합참의장, 김태영 국방장관과 서울에서 회담을 했다.

옐친 대통령 시기 러시아의 대북정책은 기본적으로 대남정책과 같았다. 옐친은 북한을 동맹이나 전략적 자산으로 고려하지 않았다. 한 가지 질문이 떠오른다. 오늘날 러시아가 대남관계의 파생물이 아닌 북한에 원하는 것은 무엇인가?

넓게 보자면, 러시아의 국익은 미국이나 여타 다른 국가와 마찬가지로 비핵화된 북한이고, 이를 위해 평화적이고 외교적인 해결방안을 추구하고 있다. 러시아는 북한의 미사일 위협과 함께 자국의 이익을 위협하는 동아시아에서의 미국의 탄도미사일 방어체계도 사라지기를 원한다. 일례로 푸틴은 2000년 7월 평양 방문(G8의 회원자격으로 북한과 정기적으로 대화하는 국가는 러시아 하나뿐이다) 한 달 후 일본 오키나와에서 열린 G8 정상회담에서, 만약 미국과 러시아가 북한이 일년에 2~3개의 인공위성을 발사하는 것에 동의한다면 북한은 장거리 탄도미사일 프로그램을 유예한다는 내용으로 김정일과 합의했다고 발표했다. 푸틴은 이어 북한의 미사일 위협이 없어지면 아시아의 탄도미사일 방어체계는 그 근거를 잃을 것이며, 따라서 미국이 ABM 조약(1972년 미국과 러시아가 체결한 요격 미사일망 규제 조약)을 포기할 필요도 없을 것이라고 주장했다. 러시아는 극동지역 국경을 위협하면서도 한반도에 지배력을 행사하는 적대적인 세력이 부상하는 것을 원치 않는다. 러시아는 북한이 갑작스럽게 붕괴하거나 불안정한 상태에 빠지는 것이 국익과는 무관하다고 봤으나, 중국과 마찬가지로 수백수천의 난민들이 모스크바 중앙정부의 통제력이 취약한 해양지역으로 유입될 가능성에 대해서는 우려하고 있었다.[69] 러시아는 북한의 경제특구인 나선지역(나진-선봉)의 발전에는 관심을 보인다. 러시아가 태평양으로 진출하기 위한 부동항으로서 나진항은 중국의 북동부지역과 상호 경제관계를 맺을 수 있는 출구인 동시에, 극동지역의 재건에 필요한 지역이었다. 궁극적으로는 북한을 경유하여 자원이 부족한 한국과 일본, 동아시아의 여러 나라에 걸쳐 가스관과 석유관을 설치하고, 시베리아 횡단철도를 연결해 유럽에서 러시아에 이르는 화물수송이 가능하기를 희망하고 있다. 러시아 교섭 당사자들은 파이프라인의 설치와 시베리아 횡단철도 연결을 거의 맹목적으로 지지해왔다. 6자회담 시기에 우리가 핵문제로 인하여 북한과 교착상태에 빠질 때마다 이를 타개하기 위해 러시아가 꺼내는 해법 또한 '가스관과 시베리아 횡단철도'였다.

1990년대 러시아는 남북한 양국과 모두 관계를 맺은 최초의 동북아시아 주요 강국이었지만, 한반도에서의 영향력에 있어, 특히 북한에는 부채문제가 걸림돌로 작용했다. 러시아는 다른 사안들과 관련해서 북한의 협력을 이끌어내고자 협상력을 제고하는 데 부채문제를 이용할 수 있었지만, 2002년 북한이 정치적 제스처로 선처를 구한 이후 정작 부채문제에 대한 논의는 유예됐다. 당연히 러시아는 부채를 탕감해주기보다 88억 달러에 이르는 빚을 갚으라고 요구하고 있다.

푸틴의 개인적 접근

블라디미르 푸틴 러시아 대통령은 남북한과의 관계에 있어 옐친 시대의 일방향 정책에서 일대 전환을 이룬 인물이다. 푸틴은 러시아가 아시아의 강국으로 다시 우뚝 서기를 원했고, 극동지역과 시베리아의 발전을 위해 아시아와 연계하고자했다. 러시아는 자국의 북쪽지역에 대한 영토분쟁으로 인해 일본과 교착상태에 빠지고, 중국인의 극동지역 이주문제로 중국과도 교착상태에 빠지자 자연스레 한반도로 관심을 돌리게 됐다. 푸틴 대통령은 에너지를 통해 축적한 부를 이용해 동아시아에서의 미국과 러시아의 영향력 간에 균형을 맞추고자했다. 특히, 역내 미국의 공격에 대한 억지력을 약화시킬 수도 있는 미사일 방어체계 계획을 저지하고자했다.

앞서 제시한 목표를 이루어내기 위해 푸틴은 '개인외교(personal diplomacy)' 방식을 통해 북한과의 관계를 확대하기 시작했다. 1999년 여름 그는 1961년 체결된 안보조약의 개정을 둘러싼 양국 간의 오랜 입장 차이를 해결하고자 북한에 사절단을 파견했다. 북한은 조약에 명시된 동맹국의 방위에 대한 책임에서 손을 떼고자 한 옐친의 의도에 동의할 수 없었지만, 양국은 수개월에 걸친 협상 끝에 2000년 2월 9일 개정안을 도출했다. 새로운 조약은 철강, 전력, 수송, 산림, 석유 및 가스를 포함한 다양한 산업분야에서 양국의 협력에 대한 '거대한 계획'뿐만 아니라,[70] 양국이 미국의 탄도미사일 방어체계 계획에 대해 공동으로 대응한다는 내용을 담고 있었다.

조약 개정에 이어 푸틴은 정상회담을 위해 평양을 방문했다. 2000년 푸틴 대통령의 북한 방문은 1948년 북한 건국이후 최초의 러시아 지도자 방문일 뿐만 아니라, 푸틴에게는 최초의 아시아 국가 수도 방문이었다. 따라서 1992년 옐친 대통령이 아시아 국가의 수도 서울을 최초로 방문했던 것과 같이, 김정일에게는 러시아의 행보가 꽤나 만족스러웠다.[71] 푸틴은 김정일과의 개인적 친분관계를 진전시키고자 노력했고, 그가 김정일을 '완전한 현대인', '박식한' 지도자라고 언급했던 점에서도 드러난다. 2000년 6월 남북한 간의 역사적인 정상회담에서 남북한 사이의 철도를 재연결 하기로 합의한 데 이어, 푸틴 대통령은 한반도의 철도를 시베리아 횡단철도와 연결하는 30억 달러 규모의 사업을 제안했다. 이는 한국 햇볕정책의 대변자이자 대통령인 김대중의 상상력을 자극했다. 김대중 대통령은 유럽 상품이 바다를 통해서는 30~40일이 걸리는 데 반해, 철로를 통하면 13~18일 밖에 걸리지 않는다는 사실을 강조하면서 철로의 필요성에 대해 열변을 토했다. 러시아와 북한은 이를 통해 통행세뿐만 아니라 더 큰 상업적 이득을 볼 수 있었다. 당시에 이 내용은 수지맞는 계획으로 공감을 얻었고(비록 낙후된 북한의 철도 시설 재정비 사업이 규모가 큰 사업이었고, 남북한과 러시아 사이의 철도 관련 법규들이 이질적이었음에도 불구하고), 김정일은 이에 대해 긍정적인 답변을 제시했다. 평양 방문 이후 푸틴은 오키나와에서 열린 G8 정상회담에 참석해 미국과 러시아가 북한의 인공위성 발사에 대해 협력할 것을 제안했다(김정일은 후에 '농담'이었다고 하면서 제안에 동의했다는 사실을 부인했다).[72]

푸틴의 방문은 북한과 러시아의 군사관계를 재정립하는 계기가 됐다. 양국 공군 간의 회담과 접경지역 사령관 간의 회담에 이어 2001년 4월에는 국방장관 간의 회담이 이뤄졌다. 이러한 회담을 통해 1991년 12월 소련의 붕괴 이후 최초로 실질적인 군사 교환이 이뤄졌고, 두 가지의 새로운 군사협력 협정이 체결됐다. 첫째는 군사기술 및 훈련의 공유에 관한 정부 간의 협정이었고, 둘째는 양측 국방부 간의 군사협력에 대한 협정이었다. 북한은 러시아의 정교한 군사기술에 대단한 관심을 보였으며, 5억 달러에 현대 무기류[핵]에 관한 군사기술을 전매할 것을 요구했으나, 거래는 성사되지 못했다.[73]

김정일은 푸틴의 방문에 대한 답방으로 2001년 7~8월 사이 24일간 9,299킬로미터에 이르는 거리를 전용열차(leadership train)로 여행하며 모스크바를 방문했다(김정일은 비행기 타는 것을 싫어한다). 김정일의 방문으로 북한의 전력 발전소와 철도의 현대화를 위한 기술적 지원에 관한 합의와 88억 달러에 이르는 부채에 대한 이자를 갚는 방식으로 러시아의 극동지역에 북한의 노동력을 투입하는 사항에 관한 합의들이 도출됐다. 그러나 푸틴 대통령은 정치적 제스처를 통해 부채를 탕감하는 데는 동의하지 않았다.[74] 그럼에도 불구하고 푸틴의 개인외교는 바삐 움직였다. 2001년 정상회담 동안 푸틴은 공식만찬에 김정일과 함께 했으며, 비공식적으로 김정일을 크렘린 궁에 초대하기도 했다. 김정일은 이에 만족해했으며 즉흥적인 만찬은 그에게 깊은 인상을 남겼다. 만찬에 참석했던 러시아의 한 관계자는 당시 '속마음을 잘 드러내지 않는' 김정일이 그 곳에서는 '보다 개방적이고, 신뢰를 주며, 신사적'인 사람으로 변했다고 말했다. 김정일도 이를 인정하는 말을 했다고 한다. "나를 외교적으로 대한다면, 내 스스로 외교관을 자임했을 것입니다 … 푸틴 대통령은 나를 진정으로 대해줬으며, 때문에 내 마음을 그에게 터놓을 수 있었습니다."[75] 김정일은 푸틴을 '허심탄회하게 대할 수 있는', '정직한 사람'이라고 묘사했다. 그리고 푸틴은 김정일을 뛰어난 유머 감각과 학식, 지성을 겸비한 사람이라고 평가했다. 이 여행을 통해 두 정상은 8개 항의 '모스크바 선언'에 서명했다. 그러나 보다 중요한 것은, 최소한 김정일에게는, 방문을 통해 개인적 유대가 구축됐다는 것이다. 평양으로 돌아오는 여행길에 김정일은 다음과 같이 말했다고 한다.

> 오늘날 외교관계를 표현할 때 '동반자'관계 내지는 '전략적 동반자'관계라는 말을 사용한다. 나는 푸틴 대통령에게 우리의 관계를 설명하는 데 그런 용어를 쓸 필요가 없다고 전했고, 그도 동의했다. 모든 것이 외교지만, 우리에게 필요한 것은 진심이다. 나는 '동업자'가 되고 싶지 않다. 친구에게 '동업자'라고 하지는 않는다.[76]

양국 간의 관계는 매우 진전되어 김정일은 6자회담을 구체화하는 데 푸틴의 지원을 고려했다. 애초에 부시 행정부가 2003년 6자회담에 대한 아이디어를 내놓았을 때 러시아는 포함되지 않았는데, 이는 푸틴이 미국과 북한의 양자회담을 주장했기 때문이었다. 그러나 김정일은 미국이나 중국을 믿지 못하기 때문에 개인적으로 푸틴에게 연락해 러시아가 회담에 참여해 주기를, 더 나아가 회담을 주선해주기를 요청했다고 한다. 푸틴은 이를 정중히 거절했다.[77]

2008년 5월 드미트리 메드베데프(Dmitry Medvedev) 대통령의 취임은 러시아 정치에 있어 중대한 변화라는 희망을 몰고 왔다. 전임자인 푸틴 정부의 일원이었던 그는 내부인인 동시에 외부인의 성격도 갖고 있었다. 그는 13년 동안 푸틴 대통령의 후임자로 일하며 43세의 젊은 나이에 권력층에 올랐다. 법조인 출신으로 상트페테르부르크 국립대학에서 법을 가르쳤으며, 옐친과 같이 노멘클라투라(Nomenklatura, 소련의 특권적 지배계층)라든가 혹은 푸틴처럼 KGB(소련의 국가보안위원회) 출신이라는 배경은 없었다. 메드베데프의 성공적인 등장은 현대적이고 온건하며 실용주의적인 동시에 국제무대에서 개혁지향적인 모습을 추구하는 러시아를 대변하는 것으로 비춰졌다. 그러나 현실은 장밋빛이 아니었다. 메드베데프는 임기 동안 전임자이자 전직 상관인 푸틴 총리의 감시하에 있었으며, 이로 인해 러시아 대통령 자리에는 커다란 그림자가 드리워져 있었다. 메드베데프가 취임한 지 정확히 석 달이 지난 시점에 러시아는 인접국 조지아(Georgia) 사이에 위치한 남오세티아 자치공화국 분쟁지역을 침공했으며 조지아인의 자존심에 상처를 준 뒤 철수했다. 북한의 입장에서는 메드베데프하의 러시아가 유용했다. 러시아는 2009년 북한 핵실험 이후 통과된 유엔안전보장이사회 결의안

1874호를 지지했으나, 중국과 함께 사안을 질질 끌어 천안함 사건 이후에는 결의안 대신 의장성명(결의안은 구속력을 갖는 데 반해 의장성명은 구속력이 없다)을 채택했다. 결과적으로 중국과 러시아의 반대로 인해 북한의 행동을 규탄하기는 했으나, 어느 누구도 북한을 문제의 장본인으로 지목하지는 않았다. 연평도 포격사건과 2010년 11월 북한이 비밀에 붙여 온 우라늄 농축프로그램이 공개된 이후 러시아 메드베데프 정부는 북한을 재빠르게 규탄했다. 그러나 기본적으로는 6자회담으로의 조속한 복귀를 요구하는 동시에 주변국에 안정을 요구하는 성격을 갖고 있었다. 결과적으로, 젊은 탈공산주의 기술 관료들이 등장했음에도 불구하고[78] 러시아는 여전히 냉전의 잔재를 벗어나지 못한 듯하다.

부수적인 피해

러시아는 그동안 동아시아 문제에서 배제돼 왔기 때문에 6자회담에 참여하게 된 것은 성공적이라 할 수 있다. 중재자로서 중국보다 러시아가 더 정직하다는 김정일의 시각으로 인해, 북한문제를 다루면서 러시아는 그들의 근본적인 딜레마 중 하나를 극복할 수 있는 중요한 계기가 됐다. 북한의 행동이 실제로도, 그리고 외교적인 측면에서도 러시아에 부수적인 피해를 입혔음에도 불구하고, 그동안 러시아는 북한의 행동에 영향력을 행사하는 데 상대적으로 자유롭지 못했다. 러시아가 비록 북한 영변에 있는 연구용 원자로를 제공한 당사국이긴 했으나, 북한의 핵무기 야심으로 인해 초래된 위기를 통제할 수 있는 능력이 없다고 느꼈을 뿐만 아니라 러시아의 핵심 국익에 직접적으로 연관된 결정에도 영향을 미치지 않는다고 느꼈다. 그러나 북한의 탄도미사일 시험발사는 러시아에 잠재적 위협으로 다가왔다. 앞서 언급했듯, 러시아의 입장에서 북한의 미사일 시험발사는 자국의 장기적인 안보이익에 위협적인 미일 탄도미사일 방어체계를 정당화 시켜주는 구실을 했다. 비록 러시아가 철저히 구경꾼의 입장이었음에도 불구하고, 더욱이 북한의 행동이 비록 일본이나 한국, 미국을 겨냥한 것임에도 불구하고, 다른 어느 나라들보다 러시아에는 위협적인 사안이었다. 예를 들어, 2006년 7월 4일 북한에서 시험발사된 7발의 미사일 중에는 대포동 2호가 포함돼 있었다. 대포동 2호는 발사 40초 후에 실패로 끝났으나, 미사일의 탄도는 동쪽, 즉 미국을 향하고 있었다. 많은 이들이 모르고 있는 것은, 이 미사일의 잔해가 블라디보스토크에서 불과 250킬로미터 밖에 떨어지지 않은 곳에 떨어졌다는 점이다. 덧붙여, 다른 미사일 중 3개는 나홋카에 인접한 러시아의 배타적 경제수역(Exclusive Economic Zone, EEZ)에 떨어졌다. 이 시험발사 이후, 러시아 전략로켓부대의 수장이던 빅토르 예슬린(Viktor Yeslin)은 북한이 미사일의 탄도 이탈에 대비한 자폭 메커니즘을 갖추지 않았다며 미사일 시험발사를 강도 높게 비판했다. 2006년의 핵실험 시에는 실험장소가 불과 러시아 국경으로부터 150킬로미터 밖에 떨어져있지 않음에도, 핵실험 바로 직전에야 러시아에 알려왔다. 러시아는 특히나 부시 행정부 시기에, 만약 미국이 영변의 핵시설에 공습을 가한다면 자신들이 핵으로 인해 발생하는 낙진의 피해자가 될 것이라는 공포에 휩싸였다.

    러시아는 북한의 행동으로 인해 부수적인 피해의 희생자가 되지 않으려 노력해왔다. 예를 들어, 2003년에 김정일이 6자회담에 참석해 줄 것을 러시아에 요청했을 때, 러시아는 북한의 핵무기를 제거하고 동아시아의 안보이슈를 제기하려는 다자적 노력의 일환으로 북한 측에 몇 가지를 제안했다. 1994년 제1차 핵위기 시에는 러시아가 북한에 미국, 일본, 중국, 남북한, 러시아, 그리고 IAEA 및 유엔 사무총장이 참석하는 8자회담을 제안한 바 있다. 러시아는 비핵화, 내정불간섭, 신뢰구축 수단, 평화조약과 미국, 북한, 일본 간의 관계 정상화를 포함하는 광범위한 로드맵을 제시했다. 1997년에는 동아시아 안보를 위한 10자회담을 제안하기도 했다. 여기에는 8자회담의 참가국 외에 유엔안전보장이사회의 다른 상임이사국인(미국, 러시아, 중국을 제외한) 영국과 프랑스를 포함하고자 했다.[79] 2003년 1월에 북한의 비핵화조약 위반사항이 표면 위로 떠오르자 러시아가 가장 먼저 다자적 신뢰구축을 위한 아이디어들을 쏟아냈다. 전 러시아 외교장관이었던 게오르기 톨로라야에 따르면, 이는 공허한 정치적인 제스처가 아니라, 북한의 핵 동결과 미국의 중유 제공을 동시에 천명하는 것부터 시작하는 동시적인 12단계의 구체적인 사안들을 포함하는 세부적인 계획이었다. 이에 이어 1994년 기본합의서를 보완하는 방법에 대해 양자회담이 이뤄지는 형식이었다. 러시아의 계획에 따르면, 북한의 NPT 복귀, 미국의 북한 내정 불간섭, 주권에 대한 상호존중 등 제시된 목표를 달성하기 위해, 다른 참가국들은 협상이 가능하도록 조정자이자 정직한 중재자로서의 역할을 다해야 한다.[80] 그리고 2004년 6월 6자회담에서는 한반도 비핵지대(Nuclear Weapons-Free Zone, NWFZ)를 제안했다. 여기에는 국제법적으로 구속력을 갖는 광범위한 지역에서의 핵무기 사용과 개발, 배치를 금지하는 상호 간의 합의와 검증 및 통제 메커니즘을 포함하고 있다(이는 현재 우주공간, 해저, 남극, 아세안 국가들, 남태평양, 몽골, 라틴 아메리카 및 지중해, 아프리카 대륙에서 유효하다).

　모두가 진지한 제안들이었다. 제안을 보면 러시아의 이익은 현 상황을 타개하기 위한 진지한 희망에서 비롯된다는 점을 알 수 있다. 러시아는 스스로를 미국-일본-한국 진영과 중국-북한 진영으로 나뉜 협상집단 내에서 공정하고 정직한 중재자라고 보았다. 또한, 제안들은 어떠한 협상에서도 러시아가 배제되지 않기 위한 전략적 계산을 바탕에 두고 고안됐다. 러시아의 전 외교장관에 따르면, 러시아는 1994년 합의를 이끌어낸 미북 간 협상에서부터 거의 대부분의 사안에서 자신들이 배제돼있었다는 점에 불평했다.[81] 1997년의 10자 평화회담에 대한 제안 역시, 한국을 통해서야 겨우 알게 된 미국-한국-북한-중국 간의 한반도 평화조약 체결을 위한 '4자회담'이 막 시작되려는 시점에서 자신들이 배제되는 것을 피하기 위한 희망이 반영돼 있었다.[82] 이는 2002년 후반과 2003년 초 기본합의서가 파기 위기에 처한 시점에서, 왜 러시아가 정교한 제안을 준비했는지를 설명해준다. 러시아는 현재 6자회담 협상 당사국일뿐만 아니라 산하 동북아시아 평화안보체제 실무그룹 의장국이기도 하다. 내가 이 실무그룹의 미국 측 대표로 활동한 경험에 비춰볼 때, 러시아의 전문적인 그룹 관리와 회담 준비를 인정하지 않을 수 없다. 결과적으로 볼 때, 러시아의 모든 제안들은 그들이 많은 지분을 갖는 여러 안보관련 문제들에 있어 통제력을 얻기 위한 것이라고 할 수 있다.

　이러한 노력에도 불구하고 러시아는 6자회담 내 다른 참가자들에게 환영받기보다 자주 무시받는 편이었다. 지난 20년이 넘는 동안에 체결된 여러 합의와 협상기구들이 초기 러시아의 제안처럼 보일지는 몰라도, 미국이나 중국과 같은 주요 협상대상국들이 이를 지지하거나 옹호하지 않으면 현실화될 수 없었다. 이러한 좌절감을 유발하는 상황만큼이나, 이는 러시아가 난국을 개선하고자 하는 데 있어 진퇴양난의 딜레마(Catch-22)에 봉착해 있음을 반영한다. 즉, 러시아는 역내 다른 국가들 간의 상태가 최악일 때는 가장 도움이 되지만, 일단 관계가 진전되면 급격히 밀려나고 만다. 바꾸어 말하면, 러시아가 원하는 공정한 중재자의 역할은 핵협상이 절망적으로 난국에 봉착했거나 북한의 부정행위로 인해 모든 외교적 진입로가 차단됐을 때 현실화된다. 회담의 당사국들은 대화를 재개하기 전에 과도하게 선결조건을 내세움으로써 스스로를 교착상태로 몰고 간다. 이러한 순간이 (대체로 당사국들은 교착상태에 이를 때까지 노력을 덜 하기 때문이다) 러시아가 중요한 역할을 할 수 있는 시기이다. 따라서 러시아는 상황을 진전시킬 몇 가지 방안을 통해 거래를 시작한다. 이는 얼어붙은 정국을 깨는 데 큰 도움이 된다. 그러나 다른 참가국들은 '고난의 시기'를 지나 대화를 재개하게 되면서 협의를 도출하기 위해 더 많은 노력을 기울이게 되며, 러시아는 다시 냉대 받게 된다. 예를 들어, 러시아가 제안한 다자간 평화회담은 러시아가 주변으로 밀려날 경우에만 성공적인 결과를 도출할 수 있는데, 이는 휴전 당사국들(미국, 중국, 남북한)이 러시아를 제쳐두고 자신들끼리 교섭하기 때문이다. 한국과 소련의 관계가 정상화 된 1990년 이후로, 러시아는 남북한과 동시에 외교관계를 수립한 최초의 주요 강국으로써 중심적인 역할을 담당할 수 있다는 가능성을 봤으나, 실제로는 급격히 주변화 됐다. 러시아가 체제 생존에 도움을 줄 수 있을만한 지원을 북한에 해줄 의향이 없었기 때문에 더 이상 대북 영향력 또한 발휘할 수 없었다. 결과적으로 러시아가 여전히 북한에 매력적인 대상일 것이라는 한국의 기대는 수그러들었다. 2006년 10월의 핵실험이 외교상황을 최악으로 몰고 갔을 때, 미국과 일본, 한국, 심지어 중국마저도 북한과 대화할 상황이 아니었으며, 유엔안전보장이사회에서 취해질 기본적인 조치들만을 기다리고 있었다. 이때 러시아의 외무부 차관인 알렉세예프(Alxandr Alekseyev)가 곧바로 평양으로 달려갔으며, 다음날 북한의 의중이 여전히 평화적이라는 사실을 확신시켜줬다. 하루가 걸린 방문을 통해 그는 방문결과가 '긍정적'이라고 하면서, 결과적으로는 북한이 6자회담에 복귀할 것이라는 데 대해 '조심스럽게 낙관적인' 전망을 취했다.[83] 알렉세예프의 방북은 핵위기 기간에 대화채널을 유지하는 데 도움이 됐으며, 결과적으로 2007년 2월에 6자회담이 재개되는 데 큰 역할을 했다. 그러나 협상이 본궤도에 올라 가열되기 시작하면, 협상의 주요한 사항들은 한국과 중국의 지원과 함께 미국과 북한 사이에서 다뤄질 뿐, 러시아는 제외됐다. 결론적으로, 러시아가 가장 도움이 될 때라는 것은 역으로 그 시점에 상황이 최악으로 치달아 간다는 것을 보여주는 징후인 것이다.

조연 배우

결국 내 생각에는, 북한문제에서 러시아는 조연 배우라는 표현으로 가장 잘 설명된다. 러시아의 역할은 종종 주변적이지만 최악의 시점에서는 믿을 수 없을 정도로 도움이 된다. 내가 기억하기로는, 북한이 2006년 10월 제1차 핵실험을 감행하자 유엔안전보장이사회 회원국들이 북한의 뻔뻔한 행동을 규탄하는 결의안을 채택하고 제재조치를 취했을 때, 푸틴 대통령이 다른 회원국보다 먼저 선수를 친 적이 있다. 푸틴은 '대통령과의 직접통화(Hotline with the president)'라는 TV 쇼에서 미국의 '강경외교'에 대응한 북한의 핵실험을 비난하면서, 추정컨대 북한을 막다른 곳으로 몰았다. 또한, 2005년 BDA에 대한 제재가 취해진 시기에는 글레프 이바셴초프(Gleb Ivashentsov) 주한 러시아대사가 북한의 돈세탁 및 화폐위조, 핵확산 금융을 모두 '루머 수준의 이야기'라고 일축하면서 러시아가 이에 대한 증거를 갖고 있지도, 건네주지도 않았다고 말했다.

때때로 러시아는 협상의 진전과는 관계없이 자국의 편협한 이익만을 추구한다. 이는 회담 당사국들이 더 나은 협상결과를 위해 러시아를 필요로 한다는 점에서 전적으로 러시아의 잘못이라고 할 수는 없지만, 가끔씩 러시아의 특이한 행동으로 이어졌다. 예를 들어, 6자회담의 협상과정에서 미국은 대북 에너지 지원이 비핵화를 달성하기 위한 여러 수단 중의 하나라고 생각했다. 부시 행정부에서, 북한의 핵확산을 저지하고자 하는 사람들에게 에너지란 석유나 일반적인 전기를 의미하지 경수로 형태의 민간 핵에너지를 의미하지는 않는다. 미국은 경수로가 여전히 잠재적인 핵확산의 수단이라고 확신했다. 미국은 북한의 핵 프로그램 동결과 국제사회의 감시를 도입하기 위한 대북합의를 위해 장기적인 에너지 지원을 포함시킬 수는 없다고 다른 당사국을 이해시켰다. 미국은 중유와 전기 지원이 경수로 중단을 보상할 만큼 충분하다고 주장했다. 그러나 난데없이 러시아가 언론보도를 통해, 북한은 민간 원자력에 대한 권리를 갖고 있으며, 만약 북한이 요청한다면, 러시아는 원자로 공급계약에 도움을 줄 수 있다고 발표했다. 이 발표는 미국의 대

북한 협상 입지를 현저히 축소시켰다.

그러나 상황에 따라서는 러시아가 놀라울 정도로 중요하고 요긴했다. 러시아가 도움이 될 때 (러시아 정부를 비하하는 것은 아니다) 그들은 '포레스트 검프'였다(묘하고 가볍게 재미있다는 의미다). 6자회담 제4차 회의에서의 일이다. 본 장 초반에 언급했던 일에 대해 자세하게 다시 언급하는 것을 이해해주길 바란다. 북한은 비핵화를 구실 삼아 미국에 체제 안전보장을 요구했다. 당시는 모든 협상 대상국들이 오랫동안 결과를 도출하고자 노력해 이룩한 회담의 결정적인 순간이었으며, 협상이 탄력을 받을 수 있는 시점이었다. 중국은 의장국으로써, 그리고 협약의 입안자로써 북한의 핵 야욕을 떨칠 수 있도록 밀어붙일 수 있는 만족할 만한 문구를 만들어 내도록 우리를 압박했다.

우리는 이전과 크게 다르지 않은 문구를 작성하고자 노력했으나, 불가침에 관한 무조건적 문구가 동맹국인 일본과 한국에 대한 미국의 방위수행에 관한 조항을 약화할 수 있다는 점에서 우려하고 있었다. 그러나 단순히 이전의 문장을 반복하는 것 또한 충분치 않았다. 중국은 (물론 북한과 이야기를 나눴을 것이지만) 미국의 안전보장에 관한 수정된 문구를 갖고 돌아왔다. 그들이 제안한 문구는 미국이 이전까지 말해온 것과는 거리가 먼 것이었고, 따라서 우리는 백악관이 이에 동의하지 않을 것이라고 답변했다. 그러나 결국에는 밤늦게 백악관에 보고하고 지시를 기다리기로 했다. 우리가 워싱턴에 협상의 맥락을 설명하기는 했지만, 수정된 문구에 대해 승인이 떨어질까 의문스러웠다. 다음날 아침, 놀랍게도 백악관의 승인이 떨어졌다. 우리는 댜오위타이에 있는 회담실로 돌아와 제안한 문구가 승인 됐으며, 계속 진행하라는 백안관의 지시가 있었다고 중국 측에 알렸다. 나와 비슷한 의심을 품고 있던 중국 측 대표단 일원은 무심결에 "정말이오? 이 문구에 동의했다고요?"라고 내뱉었으며, 한국과 일본 대표단도 놀란 눈길로 "정말?"이라고 물어왔다. 심지어는 습관적으로 회의에 늦게 도착한 북한 대표단마저도 미국의 유연성에 놀라워하는 눈치였다. 문구의 핵심 구절은, '미국은 한반도에 핵무기가 없다는 사실을 확인하며, 북한에 대해 핵 또는 재래식 무기로 공격하거나 침공할 의도가 없음을 약속한다'였다.[84]

그때 협상기간 내내 잠자코 있던 러시아 대표단이 불쑥 의장국에 휴회를 요청했다. 추이톈카이(Cui Tiankai) 중국 측 입안자 대표는 당황해하면서 회의를 시작한지 얼마 되지도 않았는데 휴회를 요청한 이유를 물었다. 추이톈카이는 약간의 지연만 발생해도 미국이나 북한 대표단이 자신들의 의중을 바꿀까 염려하고 있었으며, 이로 인해 본궤도에 오른 협상이 지연되는 것을 원치 않았다. 그러나 러시아 측은 북한 대표단과의 양자회담을 요청했으며 중국은 이를 받아들였다. 나는 러시아 측 카운터파트에게 "우리의 마음이 바뀌기 전에 서둘러 잘 해보세요."라고 농담을 던졌다. 20분가량이 지나고, 양측 대표단이 회의장에서 나와 6자회담장으로 돌아왔다. 내 러시아 측 카운터파트가 복도를 걸어가면서 내게 빠르게 상황을 전했다. 그의 설명은 6자회담에서 러시아가 유용하고도 놀라운 역할을 가끔씩 담당한다는 사실을 뒷받침하는 전형적인 사례였다. 그는 먼저 미국이 '그 문구'를 승낙한 것에 매우 놀랐다고 전했다. 북한과의 양자회담에서, 러시아는 미국이 동의한 그 문구가 결과적으로 소극적 안전보장에 이를 수 있다(즉, 미국이 선제공격을 절대 하지 않을 것이라는 보장과 같다)고 북한에 설명했다고 한다. 또한, 이 조항이 소련이 냉전시기 내내 미국으로부터 받아내고자 노력했으나 결국 실패한 문구며, 따라서 미국이 매우 신중하게 비핵화 거래에 접근할 것이니 북한은 이에 응답해야 한다(즉, 안전보장에 대한 대가로 비핵화를 제시해야 한다)고 북한 측에 전했다는 것이다. 내 러시아 측 카운터파트는 진심어린 얼굴로 말을 전하고는 발길을 돌려 커피 바로 향했다. 나는 예상도 못한 일이었다.

  물론, 러시아의 이러한 간청에도 불구하고 북한은 이에 전혀 응답하지 않았다. 북한은 수년간 체제의 안전보장을 요구하고도 이에 대한 보상을 제시하지도 않은 채 소극적 안전보장을 챙겨갔다. 북한은 계속해서 다른 불만사항이 있었으며, 최소한 그 중 하나는 일본에 대한 것이었다.

일본: 영원히 화해할 수 없는 사이

"죄송합니다, 못 지나갑니다. 자동차 행렬이 먼저 통과해야 합니다." 처음에 우리가 택시에서 내려 중국 레스토랑이 있는 이스트 49번가로 걸어가려 하자 건장한 뉴욕경찰이 우리를 제지했다. 우리는 거듭해서 저 자동차 행렬 중 검은 GMC 밴에는 국무부 외교안보국의 안내를 받으며 북한 VIP 사절단이 타고 있으며, 우리는 미 정부 대표단 소속으로 택시를 타고 따라가고 있었다고 설명했다. 우리 일행의 한 젊은 친구가 경찰에게 우리가 오찬을 주최했기 때문에 먼저 가야한다고 전하면서, "이봐요, 우리는 저들과는 달리 좋은 사람들이에요."라고 불만스러워하며 나지막하게 내뱉었다. 그 경찰은 뉴욕 사투리로 "아, 예. 그럼 왜 나쁜 놈들은 저 망할 자동차 행렬 속에 있고, 당신들이 이 길 위에 있는 거요?"라며 응수했다. 북한의 VIP 사절단 행렬은 크리스토퍼 힐 대사의 허가를 받은 것이었다. 힐 대사는 6자회담의 미북 실무단 간의 첫 회담에서 북한 측 대표단에게 푸대접 할 수는 없었다. 때문에 김계관 북한 외무성 부상과 동행한 사절단이 뉴욕경찰의 호위를 받으며 빠르게 지나갈 수 있었던 반면, 우리는 경찰 바리케이드에 막혀 길거리 위에 서 있었다. 통행에 불편함에 대해서는 별 관심없어 보이는 행인들 하고도 구별되지 않는 처지가 돼 버렸다. 북한 측 사절단이 레스토랑에 들어가자 경찰이 차단선을 제거 했고, 우리는 그제야 급하게 뛰어 들어갔다. 다소 웃긴 해프닝이었지만, 북한 측에 우리가 겪은 일을 설명하자 아주 재미있어 했다.

그러나 오찬 이후 이어진 대화는 매우 심각했다. 우리는 아침 시간 내내 유엔주재 미 대사가 머무는 월도프-아스토리아 호텔에서 미북 간의 정치적 관계를 정상화 하는 데 놓여있는 다양한 난관들에 대해 토론하면서 시간을 보냈다(그 후 볼튼 유엔대사는 그곳을 떠나면서 우리가 언론의 시선을 피해 자신의 널찍한 아파트를 사용해도 좋다고 허락해줬다. 그러나 아이러니하게도 북한 측은 미북 정치화해 논의를 왜 볼튼의 이전 거주지에서 해야 하는지 이해를 하지 못했다). 그러나 점심 토론 때의 주제는 거의 일본에 관한 것이었다. 힐 대사는 북한이 어떻게 일본을 무시할 수 있는지 전혀 알 수가 없다면서 북한 측 대표단에 맞섰다. 북한 대표단에게 힐 대사는 북한은 경제적 도움이 필요하면서도 일본이라는 세계 제2위의 경제대국이 바로 문전에 있음에도 관계를 진전시키지 않느냐고 열변했다. 또한,

30년 전 발발해 아직도 해결되지 않은 납치사건이 양국 간 관계 진전을 가로막고 있는 현실이 이해되지 않는다고 말을 덧붙였다.

북한 측 김계관 부상은 젓가락을 내려놓고는 화를 내면서, "우리가 납치사건과 관련된 문제를 제쳐두길 원하나요? 이미 그랬습니다. 우리는 2002년에 이미 과거지사로 잊으려고 했습니다. 이 사건을 계속해서 꺼내는 건 일본이에요. 일본에 가서 멈추라고 하세요. 우리는 생존자나 사망자에 대해 모두 설명했습니다. 아베 신조는 압니다. 우리[북한과 일본]가 2002년 합의할 때 고이즈미 총리 옆에 아베가 있었습니다. 아베도 동의하면서 머리를 끄덕였어요. 그런데 이제 와서 아베가 정치적 이권 때문에 다시 이 사건을 꺼내고 있는 겁니다. 우리는 아베랑 같이 일할 수 없어요."

관방장관 자격으로 2002년 9월에 고이즈미 총리와 김정일 위원장 간의 정상회담에 동행했던 차기 총리 아베 신조에 대해 김계관 부상은 열변을 토했다. 방문 당시 김정일은 1970년대 일본인 납치 사실을 시인했고, 납치자들을 일본에 잠입시키기 위한 군 스파이로 훈련시켰다는 폭탄선언을 했다. 김정일의 사과는 납치문제를 마무리를 지으려는 의미였으며, 양국 간의 화해와 외교관계 정상화, 특히 지원을 받기 위한 사전작업이었다. 이 발표로 일본 여론의 분노는 거의 폭발 직전까지 갔다. 수십 년 동안 일본에서는 이 사건이 마치 미국의 가십 전문 주간지인 〈내셔널 인콰이어러National Enquirer〉의 외계인 납치 기사처럼 거의 묵살돼 왔기 때문에 여론의 분노는 죄책감에서 비롯된 부분도 있었으나, 대다수 여론의 표적은 북한이었다. 이로 인해 아베와 같은 보수 정치인들이 납치문제를 양국 관계개선의 사전조건으로 꺼내놓기 시작했다.

이성을 앞선 감정

이 에피소드는 우리에게 북일관계에 깔려있는 기본적인 딜레마에 대해 알려준다. 일단 이성적으로 생각하자면, 양국의 화해가 둘 다에 이득이다. 간단하게 말하면 북한은 경제 지원이 필요하며, 힐 대사가 적절하게 표현했듯이, 북한은 세계 제1의 공적개발원조 국가인 일본을 잠재적인 경제적 파트너로써 맞이해야한다. 더욱이, 일본은 (20세기 초의 식민통치기간뿐만 아니라) 1970년대 한국의 경제성장을 위한 기초를 닦는 데 일조함으로써 한국의 발전을 지원한 경험이 있다. 한일 간의 관계 정상화 때와 마찬가지로 북한도 100억 달러 가량을 저금리로 지원받을 수 있다(이 수치는 1965년 한일수교 당시 지원됐던 8억 달러 가량의 차관에 근거해 오늘날의 물가수준으로 계산한 것이다).[85] 북한의 GNP는 280억 달러 수준이다. 따라서 일본의 지원은 분명 북한에 이득이 된다.

일본의 입장에서, 양국 간 화해는 자국의 안보를 최단거리에서 위협하는 요인을 제거하는 이득을 얻을 수 있다. 중국의 부상과 성장이 일본의 장기적 우려라고 한다면, 북한이 배치한 노동미사일과 200개 이상의 수많은 미사일은 현 일본 안보의 가장 즉각적인 위협이다.[86] 게다가 이 미사일에 생물학적, 화학적 무기가 탑재된다면, 일본에 말할 수 없는 손실을 끼칠 수 있다. 북일 간의 정상화는 이러한 위협을 감소시키는 데 일조할 수 있으며, 제2차 세계대전 이전의 모든 적대국과 화해하려는 전후 일본의 정책과도 부합된다. 북한은 일본에 점령당했던 국가 중 외교관계가 정상화되지 않은 유일한 국가다. 북한문제나 쿠릴열도를 둘러 싼 러시아와의 분쟁은 제2차 세계대전 이후 아직까지도 해결 못하고 있는 문제들이며, 일본은 이러한 문제에 대한 전환점을 마련하고 싶을 것이다.[87] 관계 정상화는 또한 북한출신으로 구성된 단체인 조총련과 연관된 상당수의 재일한국인(대략 90만 명)을 안정화시키는 데에도 도움이 될 것이다.[88] 일본은 북한에서 철광석이나 구리와 같은 야금제품이나 제조품을 수입할 수 있다. 정상화를 통해 투자환경이 개선된다면 일본은 수조 달러에 이르는 광물자원 채굴을 두고 중국과 경쟁할 수 있는 기회를 얻을 수도 있다. 더욱이 공적개발원조의 기반시설 프로젝트는 수십 년간의 장기 침체에 시달리고 있는 일본 건설업계에도 크나 큰 힘이 될 수 있다. 북한과의 어떤 정상화 과정이든지 기반시설 발전에 대한 거래는 포함될 가능성이 매우 높기 때문에 일본의 침체된 건설경기에는 큰 도움이 될 것이다.[89]

그러나 뿌리깊은 역사적 적대감은 북일관계 정상화가 현실화되는 데 방해로 작용하고 있다. 이러한 감정적 요인은 양국 간 관계변화의 주된 요소로 작용하고 있다. 북한의 민족주의가 일본의 침략으로부터 비롯된 것처럼 북한에는 일본에 대한 깊은 증오심이 자리하고 있다. 또한, 스탈린이 김일성을 지도자로 지명할 때, 김일성의 공산주의에 대한 충성심보다는 항일 무장투쟁이라는 경력이 더 크게 작용했을 것이었다. 이후로 반일주의는 체제 이데올로기의 중심에 있었다. 북한의 군비증강을 선전하고 정당화하는 축(軸)중 하나는 바로 새롭게 부활하는 일본의 한반도 침략 위협이었다. 북한에 있어 일본은 그 누구보다도 '나쁘다.' 이전의 식민통치, 위협적인 미 제국주의의 동맹, 라이벌 한국의 경제발전을 지원한 당사국이기 때문이다.

북한이 일본에서는 이러한 종류의 감정적 반응을 끌어내지는 않는다. 북한은 일본과 교류하지 않는 몇 안 되는 국가 중 하나다(일본은 미얀마와도 관계를 맺고 있지만, 북한과는 그렇지 않다). 수십 년간 일본에서 북한은 무관심해도 될 만한 먼 위협으로 여겨졌다. 북한은 냉전시기에 적국이었으나 미중관계가 해빙기에 접어들 때의 중국보다는 아니었다. 1970년대 데탕트시기 일본은 북한과의 관계 개선을 도모했으며, 한국은 큰 실망감을 느꼈다. 하지만 이를 통한 소득은 없었다. 1990년대 북한의 노동미사일 배치를 통해 대두된 안보위협은 현실이 됐으며, 미사일은 일본을 사정권에 뒀다. 1998년 일본 영공을 침범한 장거리 탄도미사일 시험발사로 인해 정치인들과 여론은 위협의 심각성을 몸으로 느끼기 시작했다. 그러나 일본은 이 문제에 관한 한 북한과는 다르게 합리적이고 침착하게 접근했다. 단지 2002년 북한이 납치문제를 폭로하기 전까지는 그랬다. 김정일 위원장이 납치를 시인한 이후 분노한 여론의 반응은 상상 이상으로 고조됐으며, 일본은 북한을 '공공의 적 제1호'로 인식하게 됐다.

카우보이 가네마루

두 국가가 멍청해서 서로에게 이익이 무엇인지를 모른다는 말은 아니다. 1980년대부터 북한은 일본으로부터 식량과 자금을 얻어내고자 노력했다. 일본의 투자를 유치하기 위한 합작회사법이 1980년대에 통과됐다. 이후 북한 허담 외무상은 나카소네(中曾根康弘) 내각에서 보내온 특사를 접대하기도 했다. 1990년대에는 돌파구가 마련되어, 일본 자민당 원로 가네마루 신(金丸信)이 의회 사절단을 이끌고 평양을 닷새 동안 방문했다. 가네마루는 보수적인 자민당 내의 실세였으며, 일본 정치에서 킹메이커(kingmaker)로써 막후에서 큰 영향력을 행사하던 인물이었다. '닉슨이 중국으로 갔던' 순간을 따라하여, 75세의 가네마루는 일본 사회당의 의원들을 동행했으며 김일성과도 면담했다. 가네마루는 북한 방문 시 사회당 의원들을 포함시킴으로써 그들을 주류에 가깝게 편입시키길 원했고, 또한 북한과의 관계 정상화로 경제적 기회가 생기길 기대하는 조총련과 관련된 사업에서 양국 간의 이해가 증진되길 원했다. 또한, 1983년 북한 영해에 들어가는 바람에 '간첩활동'으로 북한에 억류된 두 명의 어부에 관련한 골치 아픈 문제 또한 해결해야만 했다. 김일성은 일본과 외교관계를 맺음으로써 한국 노태우 대통령의 성공적인 북방외교 기조에 대응할 기회를 찾았고, 이를 통해 막대한 양의 경제지원을 받을 수 있으리라 기대했다.

양자 간의 회담은 순조로웠고, 전하는 바에 따르면 가네마루는 김일성의 카리스마에 완전히 매료됐다고 한다. 북한의 지도자 김일성은 가네마루에게 사절단이 공식적으로 관계 정상화 회담 개최를 위한 발판이 되어달라고 제안했으며, 가네마루는 공식적인 지침없이 이를 수락했다. 또한, 관계 정상화 논의에는 식민 통치기간과 1945년 이후부터 당시까지의 피해보상 건을 포함하겠다고 약속했다. 평양에서의 기자회견에서 가네마루는 양국 간 화해의 필요성에 대해 이야기하면서 감상에 빠져 눈물을 보였다. 또한, 회담 기간에 그는 김일성이 얼버무리고 있던 북한의 비밀스러운 핵 프로그램에 관련된 미국의 우려를 언급했다. 김일성은 영변에 연구용 원자로 하나 만을 갖고 있으며 일본이 이를 걱정할 필요는 없다고 응답했다. 김일성은 가네마루에게 "나를 믿으시오."라고 했다고 한다. 외견상 우호적인 제스처를 취하기 위해, 두 명의 일본 어부는 가네마루의 방문이후 바로 몇 주 후에 풀려났다.

가네마루 사절단은 카우보이 외교(cowboy diplomacy. 미국인들이 자국의 독단 혹은 힘에 의존한 외교정책을 비아냥거릴 때 쓰는 말_옮긴이)의 전형이었다. 비록 가네마루는 집권당의 매우 강력한 원로였으나, 어떠한 외무성 관리와도 동행하지 않았다. 또한, 공동성명에 관해 자민당이나 사회당 의원들이 북한과 협상하는 것을 허락했는데, 이는 외무성 관리들을 공포로 몰아넣었다. 일본 정부는 즉각적으로 가네마루의 방문은 정부와는 무관한 비공식적인 것이라고 발표했다. 몇 년 후 가네마루의 자택에서 시가 5,100만 달러에 이르는 금괴와 현금, 여타 자산들이 발견되면서, 가네마루는 조세횡령 혐의로 투옥되어 신임을 잃었다.[90] 사건의 전말이 드러나는 와중에 발견된 금괴에 '북한'이라는 글자가 찍혀있었다는 사실이 대서특필됐다.[91] 그러나 이런 소란과 가네마루 방북의 배경에 대한 논란에도 불구하고, 사건 5주 후인 1990년 11월 북한과 일본 간에 외교 정상화를 위한 회담이 시작됐다. 양국은 1992년까지 8차에 걸쳐 회담을 열었다. 1994년 미북 기본합의의 결과로 일본은 1995년 여름부터 대북 인도적 지원을 시작했다. 그리고 세계식량계획에 의한 대북지원에 연간 가장 많은 식량지원을 하는 국가가 됐다. 1997년에는 관계 정상화에 박차를 가하기 위해 두 명의 의회사절단이 원조와 과거사에 대한 사과와 보상에 대해 협상하기 위해 북한을 방문했다. 이에 화답하기 위해 북한은 1998년, 일본에서 거주하다 북한으로 귀국한 북한인의 일본인 배우자들이, 일본에 있는 가족에게 연락을 취하거나 일본에 방문할 수 있도록 허락해 줬다.[92]

당시 북일관계가 정점에 올랐으나, 북한과 외교관계를 맺은 모든 국가들이 그러했듯이, 북일관계 역시 경색되고 풀리기를 반복했다. 1998년 8월 대포동 1호 시험발사는 가네마루 이후 시작된 북한에 대한 일본의 열정적 사랑이 끝나는 시기였다. 비록 시험발사는 실패했으나 일본은 이를 뻔뻔한 행동으로 봤다(미사일의 잔해가 안타깝게도 일본 영해와 가까운 지역에 떨어졌다). 또한, 이 시기에 1970년대 북한의 일본인 납치사건이 폭로됐다. 일본 정부는 미사일 시험발사의 여파로 식량지원을 중단했으며, 한국과의 방위협력을 강화했고, 미국과의 탄도미사일 방어체계에 대한 협력도 시작했다. 6개월 후, 일본 해안에 접근한 두 대의 북한 간첩선에 일본 군함이 추격·발포하면서, 일본 자위대는 태평양 전쟁 이후 최대 규모의 군사적 행동을 취했다. 이후 1999년 가을 윌리엄 페리 전 국방장관의 '페리보고서'에 나온 권고사항 중 하나는 북일관계 정상화을 통해 비핵화를 위한 핵심적인 재정적 인센티브를 북한에 제공할 수 있다는 것이었는데, 이 페리보고서와 김대중 정부의 햇볕정책은 일본이 2000년 봄에 대북 식량지원을 재개하는 데 일조했다. 그러나 이는 일본의 보수의원들에게는 논란거리로 작용했다. 그럼에도 2000년 4월에서 10월에 이르는 기간에 제9차, 10차, 11차 관계 정상화 회담이 개최됐다. 회담은 몇몇 의제 때문에 불안정하게 흘러갔는데, 그 중 가장 중요한 것은 1965년 한일수교 당시 한국 정부가 지원받은 것에 필적하는 경제지원 계획을 보장해주는 동시에, 35년의 식민 통치기간 경험한 피해에 대한 사과와 보상을 해 달라는 북한의 요구였다. 2001년 일본은 150만 톤을 상회하는 막대한 양의 식량을 지원했는데, 이는 역대 북한에 대한 식량지원 중 가장 큰 규모였다. 양국관계가 뒤죽박죽으로 얽힌 가운데, 북한은 2001년 11월 일본 경찰이 조총련 간부를 급습하여 자금횡령 혐의로 기소한 일에 대해 깊은 유감을 표시하고, 북한으로 강제 납치된 일본인들에 대해 진행 중이던 조사를 일방적으로 중단했다. 2001년 12월 일본 연안 경비정이 일본 영해를 침범한 북한의 해군 군함을 격침시켰고, 양국관계는 최악으로 치달았다.

고이즈미의 노림수

"그레이스랜드(Graceland. 엘비스 프레슬리가 살던 개인저택으로 미국 테네시 주에 위치_옮긴이)로 여행을 가보는 건 어때요?"

국가안전보장회의 직원들은 대통령과 외국 정상 간의 정상회담에 관한 세부적 일정과 전반적 윤곽을 관리하는 업무를 맡고 있다. 국가안전보장회의의 선임보좌관인 마이클 그린과 나는 부시 대통령과 고이즈미 총리의 만남에 관한 색다른 생각에 대해 의견을 주고받고 있었다. 이 두 사람의 관계는 독특하다. 부시 대통령과 고이즈미 총리는 국제관계에서 상상할 수 있는 범위 내에서 가장 기이한 한 쌍이다. 그들은 공감대도 거의 없고, 통역 없이는 대화도 할 수가 없으나(고이즈미는 영어를 거의하지 못하고, 부시도 일본어를 못한다), 두 정상은 국제사회에서 가장 친근한 교우관계를 맺고 있다. 부시 대통령은 고이즈미의 결단력과 특이한 스타일, 규제완화에 관련된 국내 정책들을 좋아하며 (말할 것도 없이) 야구를 좋아한다는 점에서도 호감을 느낀다. 고이즈미 총리는 대단한 전략가는 아니지만, 미 서부극을 좋아하며 일본의 외교정책이 절친인 카우보이 부시로부터 영향을 받는다고 생각한다. 고이즈미의 기벽 중에서도 특이나 독특한 것은 엘비스 프레슬리의 광팬이라는 사실이다.

그는 심지어 엘비스의 곡 중 자신이 가장 좋아하는 곡들을 뽑아 CD로 만들었는데, 커버 사진에 자신과 엘비스 프레슬리를 포토샵으로 합성하여 꾸미기까지 했다(판매수익은 기부했다고 한다). 그레이스랜드로의 여행에는 두 사람의 밀접하고도 독특한 동반자 관계의 상징적 의미가 담겨있었다. 이 의견은 처음에 백악관의 모든 수석비서관들로부터 가장 멍청한 생각이라고(특히나 현실감 없는 두 명의 교수로부터) 비난을 받았다. "그레이스랜드요? 우리가 지금 전쟁 두 개를 수행 중인데 대통령이 외국정상과 그레이스랜드로 갔으면 좋겠다는 겁니까?"

우리는 정상회담을 더욱 흥미롭게 하기 위해 직원들이 제출했던 제안서들과 함께 그 아이디어를 보류했다.[93] 2005년 뉴욕에서 열린 유엔 총회 장소에서 대통령이 고이즈미 총리를 만날 때까지 말이다. 양국회담이 끝나고, 부시 대통령은 내년에 고이즈미 총리가 미국을 방문할 때 그레이스랜드로의 여행과 같이 뭔가 재미있는 것을 하자고 언급했다. 말할 필요도 없이, 회담 후에는 모두가 그레이스랜드로의 여행이 멋진 생각일 뿐만 아니라 모두 자기 아이디어라고 생각했다. 리사 마리 프레슬리(Lisa Marie Presley. 엘비스 프레슬리의 외동 딸)의 놀라운 일본어 능력과 (해돋는 나라 일본에는 엘비스의 팬들이 수없이 많을 것이다) 고이즈미 총리가 보석 박힌 선글라스를 쓰고 몸에 맞지 않는 엘비스의 옷을 입고서 기타 치는 흉내를 내며 엘비스의 노래를 부르는 장면은 언론에 크게 보도됐고, 결과적으로 여행은 매우 성공적이었다.

조심스럽고 무능한 전 총리들의 단조로운 책략을 오랫동안 지지해오던 일본 대중에게 자신을 어필하기 위해 고이즈미는 절대로 평범하게 행동하는 일이 없었다. 그는 대내적으로 자신의 총리직을 걸고 규제

완화에 대해 공격적인 정책을 추진하고 있었다(개혁을 추진하기 위한 국민적 신임을 얻기 위해 그는 내각을 해산하고 자신의 재선을 적극 활용했다). 그는 전후 역사상 처음으로 아프가니스탄전쟁을 지원하기 위해 일본 해군 군함을 인도양으로 파병했으며, 이라크전쟁에 일본 지상군 상륙을 허가했다.

고이즈미는 북한에 대해서도 용감했다. 2001년 이후 그는 다나카 히토시(田中均) 외무성 아시아대양주 국장의 주도하에 외무성의 비밀협정을 승인했다. 다나카는 고이즈미로부터 직접 하달받았으며, 후쿠다 야스오[福田康夫. 필자는 후쿠다 다케오(福田赳夫)로 표기하고 있으나, 후쿠다 다케오는 후쿠다 야스오의 아버지로 67대 총리를 지냈다. 후쿠다 야스오 또한 91대 총리를 지냈다_옮긴이] 관방장관과 다나카 마키코(田中眞紀子) 외무대신이 베이징에서 비밀리에 북한 관리와 접촉하고 '미스터 엑스(Mr. X)'로 알려진 고위급 인사를 직접 만났다. 이 만남은 2002년 9월 17일에 있었던 고이즈미의 당일치기 방북과 전례 없던 정상회담을 위한 사전작업이었다. 양국 지도자는 두 시간 반가량의 회담을 통해 평양선언을 도출했으며, 이는 오늘날에도 여전히 북일관계에 있어 중요한 문서로 분류된다. 이 문서는 양국 간 다양한 의제를 다루었는데, 가장 중요한 사항은 서로 사과를 주고받은 것이었다. 일본은 식민 통치에 대해, 북한은 납치 문제에 대해 각각 유감을 표명했다. 일본은 정상회담이 시작되고 나면 북한이 보조금 형태의 경제지원과 장기 저금리의 차관, 국제기구를 통한 인도적 지원을 요구하리라는 것을 잘 알고 있었다. 핵확산방지에 관한 문제가 정상회담에서 다뤄질 것이라는 기대하에, 공동선언은 한반도 핵문제에 속하는 '모든 관련 국제협약'을 이행하는 것과 관련된 상호

합의에 관한 일반적인 내용을 담고 있다. 김정일은 또한 1999년 9월에 발표했던 것처럼 일본에 대한 미사일 시험발사를 중단하고 유예한다고 발표했다. 난해했던 양국관계를 해결한 고이즈미의 놀라운 성과는 북일 관계를 한 단계 도약시켰다. 이러한 성과는 전통적으로 미국의 정책에 의존하던 일본의 자세와는 사뭇 다른 것이었으며, 부시 행정부의 조심스런 접근법과도 다른 것이었다. 고이즈미의 몇 안 되는 과감한 행보 중 성공하지 못한 사례라고 할 수 있다. 양국의 관계 정상화 회담은 그 이후 크게 발전하지 못했으며, 화기애애한 분위기는 그 다음 달 급격히 악화됐다. 미국과 북한의 상호방문 시 북한이 국제적인 합의를 위반하는 농축우라늄 핵 프로그램 추진을 시인했기 때문이었다. 결국 양국이 화해를 할 만한 좋은 이유가 있었음에도 불구하고, 북일관계는 제자리로 돌아왔고 10년 전 가네마루의 방북 이후 계속해서 같은 문제를 껴안고 있다.

메구미 납치 사건

1977년 11월 일본 중부지방 니가타현(新潟縣)의 어느 쌀쌀한 저녁 요코다 메구미(橫田惠. 당시 13세)는 친구와 배드민턴 연습을 한 후 집으로 돌아오는 길이었다. 그녀의 어머니가 증언한 바에 따르면, '씩씩하고, 똘똘하며, 생기 넘치는'[94] 어린 메구미가 집에서 불과 250미터 정도 떨어진 거리 신호등에서 친구와 서 있었다. 책가방과 배드민턴 라켓을 들고 저녁 먹기 전 숙제를 마치기 위해 집으로 가는 길이었다. 그러나 어린 메구미는 집에 가지 못했고 마치 증발한 것처럼 사라졌다.

그 해 메구미 말고도 다른 사람들이 사라졌다. 메구미가 사라지기 두

달 전, 이혼한 후 혼자 살면서 경비원 일을 하던 구메 유타카(久米風. 당시 52세)가 도쿄에서 북서쪽으로 300킬로미터 떨어진 이시카와현(石川縣)의 우시츠(宇出津) 해안에서 하룻밤 새 사라져버렸다.[95] 같은 해 9월에는 재봉사인 마츠모토 쿄코(松本京子. 당시 29세)가 일본 남부에 위치한 돗토리현(鳥取縣) 요나고(米子)에서 진행되는 바느질 수업에 가기 위해 저녁 8시 경 집에서 나선 후 사라졌다.[96] 고베(神戶)에 있는 식당의 종업원이던 타나카 미노루(田中実. 당시 28세)는 1978년 6월 유럽여행 도중 실종됐다. 같은 달에, 미혼모인 술집 여성 다구치 야에코(田口八重子. 당시 22세)가 도쿄의 육아원에 자신의 아이를 맡겨두고는 사라져버렸다.[97] 다음 달에는 아버지가 야찬이라는 애칭으로 부르던 치무라 야스시(地村保志. 당시 23세)[98]와 그의 동년배 여자 친구 하마모토 후키에(浜本富貴惠)가 교토 북쪽에 위치한 고향 오바마(小浜)에서 데이트를 즐기던 도중 사라졌다. 그들의 차는 해안에서 가까운 전망대 위에서 시동이 걸린 채로 발견됐다.[99] 1978년 7월 31일에는 미용사인 오쿠도 유키코(奧土祐木子. 당시 22세)와 그녀의 남자친구인 대학생 하이스케 가오루(蓮池薫. 당시 20세)가 가시와자키(柏崎) 해안의 중심부에서 여름 불꽃축제를 보며 데이트를 한 후 사라졌다.[100] 다음 달에는 세 번째 커플인 이시카와 슈이치(石川秀一. 당시 23세)와 그녀의 여자 친구인 마스모토 루미코(增元るみ子. 당시 24세)가 일본 남쪽 끝 후쿠시마(福島)의 해안가에 일몰을 보러 갈 예정이었으나 사라졌다.[101] 같은 달에는 '조용하고 인내심있고 섬세한' 소가 미요시(曾我ミヨシ. 당시 52세)와 지방병원에서 간호조무사로 일하던 그녀의 딸 히토미(曾我ひとみ. 당시 19세)가 니가타현의 마노에 있는 집에서 나와 쇼핑을 하러 갔으나, 남편과 둘째딸을 남겨둔 채 돌아오지 않

았다.[102] 1980년 5월에는 두 명의 젊은 일본인 남성인 마츠키 가오루 (石岡亨. 당시 26세, 명문 교토대학의 대학원생)와 이시오카 도오루(石岡亨. 당시 22세, 수의과 대학원생)가 스페인 여행 중 갑자기 사라졌다.[103] 그 다음 달에는 오사카(大阪) 출신의 미혼 요리사인 하라 다다아키(原彪. 당시 43세)가 취업 면접을 보러 가고시마로 가다가 실종됐다.[104] 1983년 7월에는 어머니의 증언에 따르면 '허약하고, 매우 조용하며, 남 앞에 잘 나서지 않는' 성격의 아리모토 게이코(有本惠子. 당시 23세)가 런던에서 워킹홀리데이 도중 실종됐다. 그녀의 아버지는 성매매로 유괴된 건 아닐지, 혹은 "얻어맞고 눈이 멀어 끔찍한 일을 하도록 강요당하는 건 아닌지 … 더 이상 말을 못하겠어요 … 그런 생각을 할 때가 있었어요."라며 말을 잇지 못했다.[105] 가장 어린 메구미부터 게이코에 이르기까지 17명은 일본 정부의 조사에 의해 북한에 납치된 것으로 판명됐다.[106]

고이즈미는 2002년에 김정일과 협상하며 사과 이상의 것을 얻었는데, 북한이 1970~1980년대에 일본인 13명을 납치했다고 시인한 것이었다(북한은 여전히 자신들이 납치한 것으로 의심받고 있는 다른 일본인들에 대해서는 그 사실을 부인하고 있다). 일본인들은 정상회담을 통해, 예전처럼 "조사해보겠다."라는 식의 모호한 약속보다는, 김정일이 명백하게 밝혀주기를 원했다. 이후 김정일은 북한이 납치사건에 연루됐음을 인정했을 뿐만 아니라 메구미를 포함한 상당수가 사망했다는 것도 밝혔다. 메구미의 부모를 비롯한 납북자 가족모임이나 납북일본인 구조연맹과 같은 납치사건 관련 단체들은 그 사실에 동의하지 않았다. 아베 신조를 중심으로 한 일본 국회의 보수세력은 우익 대중운동을 통해 납치사건에 대해 압력을 행사했다. 이에 북한은 메구미의 유해를 보냈으나, 일본은

DNA검사 결과를 통해 가짜라고 주장했다. 그럼에도 불구하고 대북 정상화 회담을 통해 가장 큰 장애물은 제거됐다는 전략적 목소리가 정부 고위층 내에서 나돌았다. 그러나 일반 대중은 달랐다. 국내정치적으로는 김정일의 납치 인정에 대한 만족보다는 분노와 납북자들의 사망소식에 절망감이 지배적이었으며, 대중들은 북한이 납치를 인정하고 일본인들을 죽였을지도 모르는데도 불구하고 (관계 정상화에 따라) 수십만 달러의 경제지원을 받을 수 있게 된다는 사실을 받아들이지 못하고 있었다. 피랍된 일본인들의 운명에 대한 소식은 양국 정상회담 준비기간 직전까지 공개되지 않았고, 일본 내 여론은 분노하고 있었다. 숫자는 거짓말하지 않는다. 외무성은 거의 74퍼센트에 이르는 일본인들이 김정일의 '사과'에도 불구하고 이에 만족하지 못하며, 오직 7퍼센트만이 정상회담이 북한체제의 의도와 성격의 진정한 변화를 반영한다고 생각한다는 여론조사 결과를 발표했다.

김정일의 사과와 더불어, 고이즈미는 피랍 일본인 생존자 5명을 2002년 10월에 귀국시키는 업적을 달성했다. 대표단은 오랫동안 떨어져 지낸 가족 간의 상봉을 위해 노력한 총리의 성과와 더불어 이로 인한 감동의 물결이 분노한 여론을 일정 정도 가라앉힐 수 있을 것이라고 기대했다. 국내의 이목을 집중시킨 상봉의 장면과는 대조적으로, 오히려 여론의 분노는 높아져 갔다. 피랍 일본인의 '잠시' 귀환의 조건은 1주일간의 여행, 그리고 다섯 명 모두 북한의 가족에게로 되돌아가는 것이었다. 대량 탈북을 막기 위해, 북일 양국은 납북자 다섯 명의 자녀와 배우자들이 동행하는 것을 허락하지 않는다는 데 동의한 바 있었다. 이 조치들은 (어린 나이에 납치된 사람들은 일본어를 구사할 줄도 몰랐고, 대부분 북한에서 자라 결혼해서 그곳에서 아이를 키우고 있었다) 일본 내에서 격렬한 반응을 초래했으며, 혐오스런 북한인들이 피랍 일본인들 전원을 북한으로 다시 데려가기 위해 가족을 인질로 잡고 있다고 생각했다. 일본 정부는 선택의 여지가 없었다. 예정대로 다섯 명을 돌려보내 여론을 더욱 들끓게 할 수 없었기 때문에, 북한과의 협정을 위반하면서 그들을 붙잡아 둘 수밖에 없었다. 이는 양국 모두에 최악의 상황을 낳았다. 북한은 일본인들은 믿을 수 없다며 분노를 표출했고, 이는 일본 내 여론의 분노를 더욱 부채질했다. 그리고 다섯 명의 피랍 일본인들은 북한에 남아 있는 가족과 다시 헤어지면서 이전보다 더 불행해졌다.

고이즈미 총리는 이에 굴하지 않았다. 김정일 위원장과의 또 다른 정상회담을 통해 2004년 5월 결국 피랍자 다섯 명의 가족들이 풀려났다. 북한에서 풀려난 사람들 중에는 1965년 DMZ에서 야간수색 중 이탈해 북한으로 귀순했던 미군 병사 찰스 젠킨스(Charles Robert Jenkins)도 있었다. 젠킨스는 베트남전 파병이 두려워 북한으로 귀순했지만, 외국대사관에 망명을 신청해서 미국으로 돌아오려고 했다. 하지만 결국에는 북한에서 영어를 가르치고 선전영화에 출연하며 40년을 허비했다. 북한에 있을 때 그는 1978년 납치된 간호조무사 소가 히토미(2002년 일본으로 귀환)와 결혼했다. 2004년 가족들이 풀려날 당시 71세의 젠킨스와 두 딸은 일본에서 소가 히토미와 재결합하는 것을 원치 않았다. 젠킨스가 직무유기로 군사재판 받을 것을 두려워했기 때문이었다. 부시 행정부는 젠킨스를 용서해달라는 아내 소가의 탄원을 듣지 않았다. 처음에 젠킨스는 딸들과 함께 미국과 범인 인도조약을 맺지 않은 인도네시아로 가서 그곳에서 재결합했다. 이후에는 결국 일본에 딸들과 함께 들어와 직무유기로 1개월 형을 선고 받았다. 젠킨스 가족은 지금 소가의 고향인 니가타현에 살고 있다.

　2004년 5월의 정상회담에서 고이즈미 총리는 북한에 핵 프로그램을 포기할 것을 요구하면서, 1억 달러가량의 지원과 25만 톤의 쌀을 우호적 의미에서 지원할 것이라고 제안했다. 고이즈미는 핵 프로그램에 대한 본격적인 대북협상을 위한 돌파구를 마련했다고 믿었고, 영국이 리비아와 비공식 채널을 통해 협상했던 것과 같은 역할을 했다고 여긴 듯하다.[107] 그러고는 다음 달 조지아 주의 씨 아일랜드에서 열린 G8 정상회담에서 부시 대통령에게 북한이 거래할 준비가 됐다고 전했다. 고이즈미의 간청은 부시 대통령에게 설득력이 있었다[김대중 대통령이 부시 대통령으로 하여금 2004년 6월의 6자회담에서 초기 제안(북한의 비핵화를 위한 대가로써 에너지 지원과 그 외 다른 이익을 제공한다는 내용)을 승인하도록 한 간청보다도 더 설득력이 있는 것이었다]. 그러나 2004년 12월 DNA 검사 결과 북한이 일본에 반환한 납북자 유골이 가짜라고 판명되자 북일관계는 다시금 급경색됐다. 이로 인해 일본 여론은 다시 한 번 들끓었으며, 이후 일본은 북한에 대한 모든 지원을 중단했다. 이후 고이즈미의 후임인 아베 신조와 아소 다로 두 보수 정치인은 북한에 대한 재지원의 선결조건으로써 납북자 문제의 해결을 요구했다. 그러나 북한은 납북자 문제는 2002년에 이미 종결됐다고 주장하면서, 6자회담에서 일본이 제명되기를 바란다며 대응했다. 누구도 일본이 제명되는 것에 동의하지 않자, 북한 대표단은 일본 대표단의 회의참석을 인정하지 않았다. 북한은 일본이 회담에서 아무것도 요구할 권리가 없다고 하면서, 일본이 식민통치 기간을 포함한 과거사를 진심으로 바로잡고 보상해야 한다고 주장했다. 또한, 북한은 일본이 북한 인민의 불구대천(不俱戴天)의 원수라고 언급하면서 일본의 재무장을 규탄했다. 더불어 한국의 이명박 대통령을 친일파라고 공격했다(이명박 대통령은 일본에서 태어났다). 이후 일본은 2006년과 2009년 북한의 핵실험과 탄도미사일 시험발사에 대한 유엔 안전보장이사회 제재를 가장 강력하게 지지하는 국가 중 하나가 됐다. 2007년에 비핵화를 시작하는 대가로 중유를 지원한다는 협약을 체결했을 때, 일본은 나머지 국가(미국, 중국, 러시아, 한국)와 달리 납북자 문제에 대한 만족할 만한 해결 없이는 에너지 지원에 참여하지 않을 것이라고 명기했다. 동아시아 국가들 간의 교역이 급격하게 증가하던 이 시기에 북일 간 교역은 낮은 수준으로 계속 떨어졌다.

한편, 2006년 4월 부시 대통령은 피랍 일본인 메구미의 어머니와 남동생을 백악관 집무실로 초청함으로써 납북자 문제를 국제적인 인권문제로 만들었다. 흰 머리에 옅은 핑크색의 정장을 입은 요코다 사키에(橫田早紀江)는 딸에 관한 진실을 규명하려다 보니 이제는 국제적인 인사가 됐다. 모종의 경쟁관계로 갈라진 납북관련 단체의 다른 회원들과는 달리 요코타 여사는 '성스러운' 성격을 갖고 있다.

그녀는 부시 대통령에게 교복을 입고 있는 메구미의 액자사진과 메구미와 가족의 사진첩을 보여주었다. 대통령은 사진첩을 넘기며 공손하게 질문을 하고는, 요코타 여사와 남편 시게로(橫田滋)가 1970년대 당시에는 아주 근사한 한 쌍이었던 것 같다며 분위기를 가볍게 하려 애썼다. 이에 요코타 여사는 보기 드문 미소를 지어보였다. 취재진들이 대통령 연설을 취재하기 위해 집무실로 들어오기 직전에, 요코타 여사는 사진첩과 액자사진을 가방에 넣기 시작했다. 부시 대통령은 사진을 둘

사이에 있는 탁자 위에 올려 달라고 요청하면서, 카메라가 사진을 찍을 때 메구미의 모습이 우리 둘 사이에 남게 될 것이고, 메구미가 어떻게든 그 모습을 보게 될 것이라고 이야기했다. 방안에 있던 모든 이들의 눈을 적시는 감동적인 순간이었다. 부시 대통령은 언론과의 회동을 통해(백악관의 언론 기자단은 사진 촬영과 질의응답을 위해 집무실에 들어온다), 지금까지 본인의 재임기간 중 가장 감동적인 만남이었다고 이야기했다. 부시는 아무런 메모 없이 구체적으로 메구미 납치 사건의 배경에 대해 설명하고서는 요코다 여사가 딸을 다시금 품에 안을 날이 오기를 간절히 바란다고 마무리했다. 백악관 집무실의 임시 연단은 뉴스를 만들기에 가장 좋은 장소다. 일본인들과 아시아 전문가들만이 알고 있던 메구미 납치사건에 관한 이야기는 즉각적으로 전 세계로 퍼져나갔다. 부시 대통령은 요코다 사키에와의 만남을 유엔총회와 G8 정상회담 자리에서 세계 지도자들에게 셀 수도 없을 만큼 자주 언급했다. G8은 '납치사건과 같이 해결되지 않은 인도주의적인 문제들'에 대한 '포괄적인 해결책'을 마련하기 위한 지속적인 노력을 지지하는 성명을 발표했다.[108] 납치사건은 미국이 북한을 테러지원국으로 지정한 명백한 조건 중의 하나가 됐다.[109]

몇몇 전문가들은 납북자 문제로 인해 북일관계가 양국의 이익에서 벗어나 논의되는 것을 두고 한탄한다. 일부는 여론의 분노에 편승하며 납북자 문제를 이용해 정치적 우경화와 재무장을 촉진하는 극우 정치인들을 비판한다. 그러나 2009년 일본 자민당이 선거에서 패배해 민주당의 하토야마 유키오(鳩山由紀夫)와 간 나오토(菅直人) 총리가 내각을 구성함으로써 일본의 국내정치가 결정적으로 변화했을 때조차도, 북일관계는 어떠한 실질적 변화도 이루지 못했다. 따라서 가장 역동적인 일본 총리 중 한 명(고이즈미)에 의해 이뤄진 정상외교도, 수십억 달러에 달하는 지원 약속도, 지속적인 미국의 회유도, 일본의 진보 정부도 북일관계를 화해로 나아가게 하는 데 그다지 성공적이지 못했다. 6자회담 내 북일 양자 간 회담과 관련해 일본 측 카운터파트가 미 국무부 관리에게 전한 내용에 따르면, 북일 간의 대화는 초등학교 수준으로 후퇴했다.

> 일본 측이 요코다 메구미를 포함해 2002년 일본으로 귀환하지 않은 납북자들의 운명에 대한 설명을 요청함으로써 회담이 시작됐다.
> 북한 측은 "우리가 이미 얘기했듯이, 그녀는 죽었습니다."라고 답했다.
> 일본 측은 "아뇨. 당신네는 그녀가 죽었다고 하지만 우리는 그녀가 아직 살아있다고 생각합니다."라고 응답했다.
> 북한 측은 "아뇨, 그녀는 죽었어요."라고 재차 응답했고,
> 일본 측은 "아뇨, 그녀는 살아있습니다."라고 받아쳤다.
> 북한 측은 "아니오, 그녀는 죽었어요. 그들 모두 죽었어요."라고 또 응대했다.
> 그렇게 회담은 끝났다.

불행하게도 납북자 문제가 해결되기 전까지 북일 대화는 진전을 보지 못할 것이다.

제9장

통일을 향하여

모든 것은 소 떼로부터 시작됐다.

1998년 6월 현대그룹 창시자인 고(故) 정주영 회장은 트럭을 이끌고 DMZ를 지나 북한 땅을 밟았다. 그는 고향에 가는 길이었다. 북한 통천이 고향인 82세의 정주영 회장은 소 500마리도 함께 데리고 갔다. 오랜 세월 진 빚을 갚기 위함이었다. 그는 여덟 형제 중 맏이로 태어나 가족들의 생계를 책임지느라 초등학교도 마치지 못했다. 어린 나이에 철로와 공사판에서 일했고 다른 곳에서 성공의 길을 찾고자 마침내 집을 떠났다. 그 당시 그는 160킬로미터 떨어진 서울까지 걸어가기로 결심했다. 꿈을 이루기 위해 그는 아버지의 소 한 마리를 훔쳤다. 서울에 도착하고 얼마 안 되어 한반도는 분단됐고 그는 다시는 고향 땅을 밟을 수 없었다. 처음에 서울에 도착해서는 방앗간에서 일을 시작했으며 1940년에는 자동차 정비소를 개업했다. 그는 제2차 세계대전 이후 미군이 한국에 주둔하자 미국과 한국 정부로부터 건설 수주들을 따냈다. 부족한 예산과 촉박한 일정 때문에 불가능할 것이라고 세계은행이 예측했던 400킬로미터 길이의 서울-부산 간 고속도로 건설도 그 중 하나였다. 정 회장은 베트남과 중동에서 미국과 맺은 건설 계약에 힘입어 울산에 세계 최대의 조선소를 건설했고, 현대를 79개 지사를 가진 총 수익 800억 달러의 회사로 일궈냈다. 아시아에서 가장 부유한 사람 중 하나인 그가 이제 그 빚을 갚으러 가는 것이었다. 일반인으로서 사상 처음으로 DMZ를 통과하며, 정 회장은 남북관계에 새 물꼬를 텄다.

이 소때는 소위 말하는 햇볕정책 시대의 시발점으로 여겨졌다. 반정부 인사였으며 노벨 평화상 수상자인 김대중 대통령의 발명품인 이 정책은 자신과 노무현 대통령 임기기간인 1998년부터 2008년까지 약 10년간 지속됐다. 햇볕정책이란 명칭은 이솝 우화 《바람과 해님》에서 유래됐다. 바람과 해는 둘 중 누가 더 강한지 가리기 위해 지나가는 늙은 나그네의 옷을 누가 먼저 벗기는지 시합한다. 먼저 바람이 있는 힘껏 바람을 일으켰다. 하지만 늙은 나그네는 코트를 더욱 꽉 움켜쥐기만 할 뿐이었다. 그 다음 차례인 태양이 햇볕을 쨍쨍 비추자 나그네는 긴장을 풀고 옷을 벗고 냇가에 몸을 담근다. 이 우화에서 묘사된 힘겨루기를 통한 설득의 교훈은 한국과 세계 여러 나라에 북한을 다루는 새로운 방법을 은유적으로 가르쳐 줬다. 불안정한 북한을 안정시키고 도발 행위를 절제케 함으로써 결국 북한의 개혁과 남북한 간의 화해를 이끌어 낼 수 있도록 억압이 아닌 교류와 화합이 중점이 됐다. 당시 외교부 장관이었던 홍순영은 "도전 과제는 북한의 적대행위로부터 한국의 국가안보를 지키는 동시에 북한이 서방세계와의 교류를 넓히도록 하는 정책을 세우는 것입니다. 이 정책은 닫혀 있던 북한 사회가 국제사회의 '햇볕'에 노출되게 하고 궁극적으로는 북한 내부의 개혁을 촉진시킬 것입니다."라고 말했다.[1]

햇볕정책을 둘러싼 많은 논쟁이 있어 왔다. 한때는 한반도의 냉전시대를 끝낼 수 있는 방법이라며 세상의 관심과 찬사를 받았다. 그러나 북한의 연이은 도발행위와 핵실험 이후에는 이것이 매우 잘못된 정책이란 혹평을 받았다.[2] 돌이켜보면 햇볕정책에는 세 가지 특징이 있었다. 첫째, 거래가 아니라 변화를 꾀했다. 이는 햇볕정책이 남북관계를 완전히 새롭게 쓰고자 했다는 뜻이다. 주고받는 협상(즉, 네가 이것을 주면 나는 저것을 주겠다는 식의 협상)이 아닌 한국 정부의 대북정책의 대 변화로 장시간에 걸쳐 북한을 영구적으로 변화시킬 환경을 조성하겠다는 것이었다. 그러는 과정에서 한국 정부는 단기적 방편이 아니라 장기적인 목표를 인지하면서, 수십 년간 지속돼 온 불신과 반감이 당장 사라지지 않을 것이므로 북한에 의한 상호이익의 부족도 지지하겠다는 뜻이었다.

둘째, 햇볕정책은 적대가 아닌 관용의 정신을 표방했다. 북한이 선천적으로 악한 것이 아니라 (어쨌든 북한 주민들도 여전히 한민족이다) 그들의 잘못된 선택은 역사적 우연이라는 논리에 근거를 뒀다. 태평양전쟁의 참전국이 아니었음에도 강대국들의 외교전의 결과로 1945년 한반도는 분단됐고 이 분단으로 인해 결국 현재의 북한이 탄생했다. 이런 맥락에서 볼 때 북한의 결점들은 고래 싸움에 새우 등 터진 격으로, 피해를 입은 한반도 역사를 대표하는 것이었다.

마지막으로 햇볕정책은 규칙이 아니라 아량에 관한 것이었다. 이는

1948년 이래 계속된 남북 정권 간의 경쟁에서 한국의 '이겼다'는 자신감을 반영했다. 경제적 차이는 이제 극복할 수 없게 됐고, 삶의 질은 비교조차 할 수 없으며, 밝은 한국과 어두운 북한의 미래는 극과 극으로 나뉘었다. 우리가 잘 아는 한반도의 야경을 찍은 위성사진을 보면, 완전히 암흑으로 뒤덮인 북쪽에 비해 휘황찬란한 남쪽의 모습은 이런 사실들을 증명해 주는 최고의 사례다. 햇볕정책 지지자들에게 이 사진은 이제 승자가 약자를 도와줄 시간이 왔음을 의미하는 것이었다.

그래서 그들은 도왔다. 한국 정부의 추산에 따르면 북한은 10년간 햇볕정책으로 한국으로부터 총 30억 달러의 이익을 얻었다.[3] 이는 같은 기간 북한이 중국으로부터 받았다고 추정되는 19억 달러를 훨씬 뛰어넘는 액수다. 햇볕정책의 하이라이트는 2000년 6월에 평양에서 열린 김대중 대통령과 김정일의 정상회담이었다. 그러나 이 회담 역시 아무런 대가 없이 이뤄진 것이 아니었다. 한국은 이 만남을 성사시키기 위해 5억 달러를 지불했다. 표면상으로는 북한에서 경제협력 사업을 시작하기 위한 사업허가증에 대한 금액이었다. 바로 입금되지 않자 북한은 막판에 정상회담을 하루 연기했다. 2003년 1월 던 커크(Don Kirk)라는 미국 기자에 의해 처음 보도된 이 사실은 한국을 떠들썩하게 했고 김대중 대통령이 노벨 평화상을 돈을 주고 샀다는 주장이 제기됐다.[4] 검사들은 현대 정주영 회장의 다섯 번째 아들인 정몽헌을 희생양으로 지목하고 수사를 진행했다. 2003년 6월 정몽헌은 북한에 약 2억 달러에 달하는 은행 융자금을 직접 전달한 일로 기소됐다. 2003년 8월 그는 서울 현대 사옥 12층에서 뛰어내려 생을 마감했다.

따끈한 보상

　햇볕정책 비용의 대부분은 개성공업지구와 금강산 관광사업, 두 사업에 쓰였다. 개성공업지구는 남북 공동 공업단지로 남북 국경에 인접한 인구 약 30만 명의 도시인 개성 변두리에 위치하고 있다(DMZ에서 차로 약 10분 거리다). 한국 기업 100여 곳이 입주해 있고 북한 노동자 4만 7,000여 명을 고용하고 있다. 한국의 자본과 기술이 북한의 저렴한 노동력과 결합된 것이다. 주로 운동화, 시계, 젓가락 세트와 같은 소비재 제품들을 생산한다. 한국 정부와 기업들이 약 2,690만 달러를 북한에 투자했는데, 그 중 2,600만 달러는 노동자들에게 임금으로 주어지지 않고 북한 당국으로 직접 들어갔다. 북한 측이 모든 노동자를 선발하는데, 그 중 4분의 3이 개성 출신의 젊은 여성들이고 한국 경영인들이나 감독들과의 접촉은 최소한으로 제한된다. 높은 사회보험료와 사회문화시책비를 제하면 북한 노동자들은 주 48시간 근무하고 한 달에 약 45달러를 임금으로 가져간다. 그리고 매일 세 끼 식사가 주어지는데 북한에서는 이 자체만으로도 큰 보상이다. 개성은 북한 경제 전체로부터 워낙 격리돼 있어 평양의 지도자들이 선호하는 프로젝트다. 왜냐하면 자신들의 편리대로 자본가다운 발상을 할 수 있기 때문이다. 북한 정권의 가장 최근(2011년) 요구는 (한국 기업의 간부를 개성에 4개월 이상 구금한 후) 토지사용료를 부과하겠다는 것과 75달러인 임금을 300달러로 인상해 달라는 것이었다. 개성에 있음으로 해서 한국이 얻는 경제적 이점을 격감시키는 새로운 비용 구조였다.[5] 미 부시 대통령의 대북인권특사인 제이 레프코위츠는 〈월스트리트저널〉 사설에 개성공단 근로자들의 하루

일당이 2달러에 불과한 것을 지적하며 개성공단의 인권문제에 의문을 제기했다.[6] 다른 사람들도 북한의 노동법이 노동력 착취, 차별, 성희롱, 아동노동으로부터 개성공단 근로자들을 보호하지 않고 파업이나 단체교섭을 허용하지 않는다는 점을 강조하며 그의 의견에 동참했다.[7]

햇볕정책의 증진을 위해 김대중 대통령은 주로 두 개 조직에 의존했는데, 이는 돈을 대줄 한국의 재벌들(현대, 삼성, LG와 같은 대기업들)과 남북관계를 변화시킬 인사들을 제공해 줄 NGO였다. 금강산 관광사업이 이를 보여주는 가장 대표적인 사례였다. 금강산은 북한이 외부인들에게 경치를 구경할 수 있도록 허용한 특별행정구역이다. 금강산은 한반도에서 가장 빼어난 산으로 수천 년 전부터 예술과 문학의 주제로 다뤄져 왔다. 그 당시에는 금강산 관광이 북한의 정치현실을 다루지 않으면서 한국 사람들로 하여금 북한과 햇볕정책에 대한 낭만을 갖게 할 것이라 여겨졌다. 또한, 이 일이 한국의 위협에 대한 북한 지도자들의 불안감을 개선하면서 동시에 그들에게 남북화해의 지분을 주는 것으로 여겨졌다.

현대의 정주영 회장은 금강산 관광에 매우 중요한 역할을 했다. 1989년 초반에 정 회장은 북한을 방문해 김일성에게 한국이 금강산을 개발할 수 있도록 허락해 줄 것을 요청했다. 정주영 회장은 이 관광사업이 자신과 같이 북한에 가족을 두고 온 실향민들의 설움을 달래 주고 북한에는 엄청난 외화를 벌어 줄 것으로 봤다. 1991년 김일성은 통일교 창시자인 문선명을 만났다. 통일교는 세계적인 종교운동으로 문선명과 그의 아내가 수천 명의 커플들을 합동결혼 시키는 것으로 잘 알려져 있다. 북한이 고향인 문선명도 김일성에게 금강산을 휴양지로 개발하겠다고 제안했다. 문선명이 제안한 때는 마침 북한을 방문하는 일본 관광객이 줄어들고 있던 시기였고, 때문에 자금에 쪼들리던 터라 김일성은 이를 승낙했다. 그때부터 금강산 관광의 실행가능성에 대한 연구가 시작됐고 계획이 세워졌다. 하지만 모든 사람이 이를 찬성한 것은 아니었다. 한국 정부는 초기에 관광객들을 북한으로 보내기를 주저했고 북한인민군 역시 한국 관광객들이 자신들의 영토에 들어오는 것이 꼭 반가운 일만은 아니었다. 뿐만 아니라 통일교는 결국 이 사업에 대한 재정 지원을 할 수 없게 됐다. 그래서 김대중 대통령이 햇볕정책을 내세워 앞장섰을 때는 현대가 주도권을 잡을 수 있는 좋은 기회였다. 그리고 정주영 회장은 선의의 표시로 소 500마리를 DMZ를 통해 북한으로 보냈다.

1998년 11월 처음으로 한국 관광객들 900명이 금강산을 향해 출발했다. 2001년 말까지 40만 명의 한국 사람들이 방문했다. 초기에는 다시 한 번 고향 땅을 밟고자 하는 나이 많은 실향민들이 관광객의 주를 이뤘다. 또한, 사이판이나 괌보다 금강산이 결혼의 시작으로 더 의미가 있다며 신혼여행지로도 큰 인기를 끌었다.[8] 그렇지만 여전히 재정적으로 독자생존이 불가능했다. 현대는 계약상 명시된 최소한의 관광객을 채우기 위해 수개월 동안 엄청난 액수의 돈을 지불해야 했다. 더 많은 관광객을 유치하고 지출을 줄이기 위해 2002년에는 여객선이 아닌 버스를 타고 국경을 지나 관광할 수 있도록 육로를 건설했다. 남북한은 또한 서부에 서울과 관광단지를 잇는 철로를 놓기로 동의했다(끝내 철로를 놓지는 못했다). 관광객 수는 2000년에 25만 명으로 최고에 달했다. 2008년 7월에 관광이 중단되기 전까지 한국 관광객 190만 명이 방문했다.⁹ 2002년에는 한국전쟁으로 생이별 했던 이산가족들의 첫 상봉이 금강산에서 이뤄졌다. 50년이란 오랜 세월 동안 서로 생사도 모르던 형제, 자매, 사촌, 부부들이 상봉하여 눈물바다를 이뤘다. 그러나 금강산 사업은 여전히 현대그룹의 재정적 블랙홀이었다. 현대는 총 6억 달러를 금강산에 투자했으나 3억 달러의 영업손실이 발생했다. 금강산 사업은 지속적으로 자금난을 겪었고 계속 운영하기 위해서는 정부의 지원이 필요한 상황이었다.

현대가 북한에서 개성과 금강산을 포함한 여덟 건의 사업에 투자한 금액은 총 15억 달러에 달했다. 그리고 한국 정부와 현대가 이 손해를 감수하는 동안 북한은 엄청난 수익을 올렸다. 개성공단으로 북한 정권은 연간 3,400만 달러를 벌어들인 것으로 알려졌고 금강산 관광사업으로 한국 정부로부터 7,600만 달러의 원조를 받았다.¹⁰ 여기에 현대아산이 매년 북한 정부에 보낸 1억 5,000만 달러를 더하면 그 액수는 실로 엄청나다.¹¹ 경제적이 아닌 정치적인 이유 때문이었지만 결국 금강산 관광사업은 중단을 맞게 됐다. 2008년 7월, 한 아이를 둔 어머니이자 한국 경찰관의 부인이었던 53세 박왕자씨는 금강산 관광 중 아침 일찍 일어나 해돋이를 구경하러 바닷가로 나갔다. 구경하기 좋은 곳으로 걸어가던 그녀는 부지불식간에 통행금지구역으로 들어갔다고 한다. 증인들은 10초 간격으로 두 번의 총성을 들었는데, 총알 하나는 복부에 다른 하나는 둔부에 박혔고 그녀는 그 자리에서 생을 마감했다. 한 목격자에 따르면 세 명의 군인들이 숲에서 뛰어나와 시신을 발로 차며 그녀가 죽었는지 확인했다고 한다.¹² 이 일로 남북한은 정치적 위기에 봉착했으며 이명박 정부는 추후통지가 있을 때까지라는 조건을 달고 관광을 중단시켰다. 그 후로 한국 관광객 그 누구도 금강산 관광단지에 발을 들인 적이 없다.

김대중의 후임자인 노무현 대통령은 다른 명칭(평화번영정책)으로 햇볕정책을 이어갔다. 노무현 대통령은 2006년 핵실험과 같은 전례 없는 북한의 도발에도 김대중 정부의 포용정책을 유지했다. 북한의 적대행위는 그들 정권의 불안정과 피해망상에 의한 것이라고 믿었기 때문이다. 노무현 정부 대북정책의 하이라이트는 2007년 10월 2일부터 4일까지 역시 평양에서 열린 정상회담이었다. 북한은 한국으로부터 여러 주요 기반시설 프로젝트를 약속 받았다. 시범사업이었던 개성공단의 확장, 한반도의 북쪽을 잇는 개성-신의주 간 철도 건설, 개성-평양 간 고속도로 건설, 남포항 건설 등의 한국의 경제적 약속을 포함하는 것이었다. 이 지원들은 노무현 대통령 퇴임을 불과 몇 주 전에 결정됐다. 당시 몇몇 전문가들이 한국의 차기 대통령 후보를 지지하기 위해 진보정권(과 북한)이 의도한 것이라고 비판하기도 했지만, 나는 이 결정이 노무현 대통령의 정치적 의도라기보다는 그의 진심이었다고 생각한다. 대선운동 당시 노무현 후보는 국가의 존속과 번영을 위해서 햇볕정책은 전적으로 필요하며 그렇기 때문에 지속돼야 한다고 강조했다.[13] 그러므로 그가 약속한 프로젝트에 북한에 이미 투자된 30억 달러보다 훨씬 많은 금액이 투입됐을 것이다.

통일 회피

햇볕정책은 많은 한국인들과 국제사회의 지지를 얻었다. 2000년 6월 남북한 두 지도자의 포옹은 두말할 것 없이 남북한 모든 이에게 가슴 벅찬 순간이었다. 정상회담에서 공동선언이 발표됐고 양국은 통일 문제를 그 주인인 우리 민족끼리 서로 힘을 합쳐 자주적으로 해결해 나가자며 합의했다.[14] 이 선언문에 실린 내용들은 정상회담 자체가 미친 파격적인 영향만큼 중요하지는 않다. 한국의 젊은이들은 김정일을 더 이상 사악한 독재자가 아닌 귀여운, 안아주고 싶은 사람이라고 표현했다. 북한의 공격을 두려워하던 사람의 수가 40퍼센트에서 정상회담 바로 다음 날 10퍼센트로 떨어졌다. 한국의 군인들은 그들의 상관에게 정상회담이 열렸으니 더 이상 북한이 적이 아니지 않느냐는 질문을 했다. 당시 한국의 통계자료에 따르면 김정일의 인기는 15.1퍼센트에서 50.2퍼센트로 수직 상승했으며, 북한 호감도 역시 11.4퍼센트에서 46.5퍼센트로 올랐다.[15] 이 회담은 세계 각국의 신문들의 첫 면을 장식했고 김대중 대통령은 혁신적인 정책으로 동아시아 지역의 긴장을 완화시키고 평화와 협력의 새 시대를 열었다는 찬사를 받았다.[16]

그러나 햇볕정책 뒤에는 현실적이고도 말 못할 동기가 있었다. 바로 통일에 대한 두려움이었다. 1998년 김대중 정부가 들어섰을 때 이미 남북한 사이의 경제적 차이는 어마어마했다. 서독과 동독이 통일됐을 때보다 훨씬 컸다. 1989년에 독일이 통일됐을 때 서독의 경제는 동독보다 약 10배 더 컸는데 두 경제를 통합하기에 엄청난 차이였다. 그러나 남북한의 차이는 그보다 더 큰 32배였다.[17] 북한은 최대 100만 명의 아사자가 발생한 역사상 최악의 식량난에서 막 벗어난 참이었다. 난민 수천 명이 먹을 것을 찾기 위해 중국으로 흘러 들어갔고 중국은 북한 난민의 대량유입으로 이어질까 우려했다. 냉전시대 후원국으로부터 경제적으로 외면당하고 8년 후면, 북한 정권은 무너질 것이란 우려도 만연했다. 엎친 데 덮친 격으로 한국은 전후 역사상 최악의 금융위기를 겪고 있었다. 계속된 채무불이행으로 신용이 하락하면서 심각한 환금위기에 닥친 한국은 거의 파산할 지경이었다. 금융위기 초기 며칠 동안 한국 증시는 바닥을 쳤고 원화 가격도 하락했으며, 몇 개월 후 국제적인 신용평가기관인 무디스는 한국의 신용등급(총 21개의 등급)을 6등급이나 낮췄다.[18] 한국 정부가 생각할 수 있었던 마지막 사항은 통일의 막대한 재정 소요였다. 북한의 갑작스런 붕괴라는 경착륙은 한국 정부가 가장 원치 않는 결과였다. 북한이 붕괴한다면 사후 처리는 한국의 몫이고 이는 수억 달러, 어쩌면 수천억 달러에 달하는 통일비용이 들 것이었다.[19]

그러므로 햇볕정책의 숨겨진 목적은 이런 경착륙을 피하는 것이었다. 필요하다면 몇 대에 걸칠 때까지 통일을 최대한 미루는 것이었다. 햇볕정책은 북한의 개혁은 생존의 핵심이며, 햇볕정책이 이를 위해 북한의 긍정적인 변화를 독려하고 뒷받침할 것을 전제한다. 결국엔 이 완화책이 남북한을 천천히, 조심스럽게 통합하는 연착륙을 이룰 것이지만, 시간상 이는 수십 년 또는 반세기가 걸리지도 모르는 일이었고 따라서 통일은 가까운 미래에 일어날 일이 아니었다. 단기적으로 통일을 피한다는 햇볕정책의 관점에 남북한은 뜻을 같이 했다. 김대중 전 대통령은 1998년 취임사에서 이를 확실히 언급했다. 그는 북한과의 평화로운 공존이 자신의 목표이며 "장기적 목표인 통일은 기다릴 수 있다."라고 명확히 말했다. 노벨 평화상 수상 연설에서 "얼마나 오래 걸릴지 모르지만, 통일은 양측이 다시 하나가 되는 게 편하다고 느껴질 때까지 기다려도 된다고 생각한다."라고 재차 반복했다.[20] 이와 같이 햇볕정책은 노르웨이 노벨위원회의 극찬을 받았지만, 정책이 실행된 10년간 한국의 젊은이들 사이에서 통일은 비용이 많이 들고 위험하며 어려운 것, 즉 좋지 않은 것이므로 회피해야 한다는 보편적인 견해를 조성했다.

통일담론

물론 항상 그런 것은 아니었다. 지난 수십 년간, 통일은 민족의 염원이라는 것이 남북한 양측의 지배적인 관점이었다. 냉전기간 동안 통일은 어느 한쪽이 다른 한쪽을 꺾어야만 가능한 것이었다. 북한 사람들에게 이 담론의 요점은 한국 사람들을 미군과 미 제국주의 '꼭두각시'인 한국 정부의 착취로부터 해방시키는 것이었다. 한국의 통일담론을 가장 잘 대변하는 문구는 북진통일, 또는 승공(勝共)통일이었다. 북쪽으로의 행군 또는 공산주의 세력을 무찔러 이기는 통일을 뜻한다. 이 담론으로 인해 양측 모두 통일을 하루 속히 이뤄야 하는 목표로 여겼지만, 어느 쪽의 주도로 이뤄져야 하는지에 대해서는 분명한 견해차가 있었다. 남북관계에서 타협이란 무리수였고 이에 반해 북진통일은 궁극적인 제로섬(zero-sum) 게임이었다. 아무리 적더라도 한쪽의 이득은 다른 쪽의 손실이었다. 1960~1970년 DMZ를 따라 거의 매일 충격전이 일어나 총 900명이 넘는 군인과 민간인이 사망했으며, 남북관계는 상호 적대적이었다. 유일한 공식 대화채널은 군사정전위원회(Military Armistice Commission, MAC)였다. 군사정전위원회의 목적은 오로지 정전 유지와 정전 위반에 관한 것이었을 뿐 그 어떤 평화협상이나 남북한 간 화해의 수단은 아니었다. 다른 채널이 존재하더라고 그것은 아무 의미가 없었을 뿐 아니라 위법으로 간주됐다.

남북한 모두 새뮤얼 김(Samuel Kim)이 말하듯 '경쟁적 권위 실추의 정치'에 갇혀 있었다.[21] 이런 사고방식은 북한 정권을 인정하는 어떤 국가와도 수교를 맺지 않겠다고 규정지은 이승만 정부식의 '할슈타인 원칙(Hallstein Doctrine. 냉전시기 동독정권을 승인한 국가와는 외교를 단절한다는 서독의 외교노선. 이 정책은 1953년부터 1973년까지 계속됐다_옮긴이)'에 잘 드러난다. 콩고공화국과 같은 국가들이 1963년에 한국과 북한 모두를 인정하려고 했을 때 한국은 주한콩고대사를 쫓아내고 외교적 기피 대상(PNG)으로 선언했다. 이런 제로섬 사고방식은 한국의 유명한 국가보안법에도 나타난다. 북한 사람들과 연락하거나, 북한의 라디오 또는 텔레비전 방송을 청취 또는 시청하거나, 북한에 관련된 자료나 정보를 가지고 있을 경우 불법으로 간주했다. 실제로 북한과 화해를 언급하는 행동은 반역죄로 여겨졌고 고문과 투옥 사유가 됐다. 비슷하게, 비동맹운동에서도 두 나라의 경쟁은 분명히 드러났다. 북한은 1975년에 다소 허술하고 지엽적으로 조직된 이 운동의 회원이 됐다. 한국은 미군 주둔으로 인해 가입이 어려웠음에도 불구하고 북한에 지지 않으려고 가입을 신청했다(결국 가입을 거절당했다). 유엔 가입에 있어서도 북한은 두 나라가 함께 멤버가 되는 유엔 동시가입을 받아들이지 않았다. 한국이 유엔으로부터 합법적으로 인정받는 것이 참을 수 없었기 때문이었다. 북한 역시 똑같이 하나의 민족국가로써 합법성을 부여 받는 것임에도 불구하고 말이다. 북한이 받아들일 수 있는 단 하나의 공식은 '하나의 코리아', 즉 북한 지배하의 통일한국이었다. 이런 이유 때문에 남과 북은 1948년부터 1990년 9월 17일까지 유엔의 회원이 될 수 없었다.

남북관계에서 짧은 해빙기를 맛봤던 때는 햇볕정책 초기가 아닌 힘겨루기가 한창이던 냉전시대였다. 실례로, 북한은 한국과의 관계개선을 위해 여러 가지를 제안했다. 1950년 평화회의 제안(아이러니하게도 한국전쟁 바로 전 날), 1957년 5개 조항으로 이뤄진 평화협정 제안, 1960년 통일 제안, 1974년 정전협정을 평화협정으로 바꾸기 위한 미북 양자협상을 제안하는 서신을 미 의회에 보낸 것 등이다. 이 모든 제안은 두 체제가 공존하는 하나의 국가, 고려민주연방공화국 수립(짐작하건대 북한 주도하의)을 염두에 둔 것이었다. 그러나 모든 제안들은 오직 하나의 목표를 갖고 있었다. 바로 한국에 주둔하고 있는 미군을 제거하는 것이었다. 실제로 미군 철수는 모든 제안의 전제조건이었다.

냉전시대에 가장 중요한 남북 상호교류는 김일성의 동생 김영주와 한국 중앙정보부장 이후락 사이에 있었던 일련의 비밀 교섭이었는데, 이 교섭은 1972년 7.4 남북공동성명으로 이어졌다. 1972년 2월 닉슨의 중국 방문을 시작으로 남과 북은 자신들을 지원하던 강대국들의 긴장이 완화되자 다소 신경이 곤두섰다. 북한이 협상의 뜻을 내비쳤고 한국은 이를 적십자회담 제안으로 답했다. 적십자회담은 실질적인 공식 회담이었는데, 이는 그 대표단 내에 '착한 사마리안(Good Samaritans)' 만큼이나 정보기관 관계자들이 포함됐기 때문이었다. 적십자회담은

1971년 8월에 시작해 3개월간 지속됐는데 회담을 더욱 고위급으로, 그리고 더욱 비밀협상으로 격상시키자는 결정이 나기 전까지는 별 성과를 내지 못했다. 한국 측 적십자회담 대표이자 중앙정보부 실장이었던 정홍진은 예정대로 1972년 3월 적십자회담을 위해 판문점 중립지대로 갔다. 그리고 직접적인 대화를 위해 건물의 뒷문을 통해 북쪽으로 빠져나가 비밀리에 평양으로 이동했다. 이후 이후락 중앙정보부장이 몇 번에 걸쳐 은밀히 평양을 방문했다.

냉전의 절정에서 한국 최고위급 인사가 북한에 혼자 머무른다는 것이 그리 마음 편한 일은 아니었다. 이에 관한 도널드 오버도퍼(Donald Oberdorfer)의 흥미로운 기록에 따르면, 이후락은 평양에 도착한 지 2일째 되던 날 늦게 승용차에 태워졌다고 한다. 앞좌석의 두 건장한 남성들과 함께 이후락은 어디로 가는지도 모른 채 꼼짝없이 앉아 창밖으로 비가 내리는 캄캄하고 텅 빈 거리의 모습을 바라봤다. 그는 고문 받으러 가는 것이라 확신했다고 한다. 그러나 그는 한 별장으로 옮겨져 위대한 지도자 김일성을 만났다.[22] 이후락과 김일성 동생 김영주가 서명한 7.4 남북공동성명은 남북한 간의 세 가지 합의 원칙을 밝혔다. 첫째, 통일은 외세에 의존하거나 외세의 간섭 없이 자주적으로 해결해야 한다. 둘째, 통일은 무력이 아닌 평화적 방법으로 실현돼야 한다. 셋째, 두 정부는 사상과 이념, 제도의 차이를 초월하여 우선 하나의 민족으로서 민족 대단결을 도모해야 한다. 이 뜻밖의 합의는 한반도 평화의 중요한 돌파구로 널리 알려졌지만 한국과 북한의 동기는 그리 순수한 것이 아니었다. 남북한은 모두 자신들의 지원국인 미국, 중국, 소련 같은 강대국들이 서로 화해 국면에 들어서자 버림받을까 두려웠다. 그래서 한국과 북한은 논란이 많은 상호관계지만, 일단은 임시방편을 찾기로 한 것이었다.

그리고 얼마 지나지 않아 남북관계의 제로섬 본성은 명백히 드러났다. 김일성은 1972년 공동성명 첫 구절에서 남과 북이 한반도 문제에 대한 외세의 간섭을 뿌리쳐야한다고 언급하며, 그 공동성명을 한국을 미국으로부터 분리시키고자 한 자신들의 승리로 간주했다. 주동독 북한대사였던 이창수는 베를린의 교섭담당자들에게 박정희 정권이 이번 평화 공세에 결국 굴복했다며 북한의 이러한 전술적 조치가 한국과 미국의 동맹을 약화시켰다고 밝혔다.[23] 또한, 북한은 공동성명을 대단한 성공으로 간주했다. 남북관계가 누그러지는 것처럼 보이자 서방 진영의 몇몇 국가가 북한과 수교를 맺었고 이로써 한국의 할슈타인 원칙의 위상이 훼손됐기 때문이었다. 물론 공동성명에 대한 박정희 대통령의 해석은 다른 것이었다. 그는 공동성명을 북한을 묶어 '진퇴양난(進退兩難)'으로 만드는 수단으로 봤다.[24] 박정희는 적의 등에 손을 대고 있는 것이 적이 언제 공격할 것인지 알 수 있는 가장 좋은 방법이라고 말했다.

그 후로 양측이 실무회담에서 어떠한 합의도 도출할 수 없었던 것은 당연한 일이었다. 남북공동성명에 서명한 지 불과 2년 후 북한은 한국 대통령 암살을 시도했다. 이 일로 온 국민의 사랑을 받던 영부인 육영수 여사가 머리에 총알을 맞고 숨졌다.

10년 후, 한국에 발생한 기록적인 폭우와 산사태로 또 한 번의 남북 교류가 있었다. 이 자연재해로 총 190명이 사망했으며 20만 명이 살 곳을 잃었다. 한국의 재난조차 제로섬 게임의 승리로 본 북한은 선전 계략의 일환으로 보란 듯이 한국에 구호품을 보내겠다고 제안했다. 전두환 대통령은 예상을 깨고 제안을 받아들였다. 적십자는 이를 남북대화 재개의 기회로 삼았고 1984년 9월부터 1985년 9월까지 대화가 지속됐다. 이로 인해 소규모의 이산가족상봉도 이뤄졌다. 비록 이 기간 역시 남북관계의 해빙기로 간주되긴 하지만 내면 깊이 깔려있는 근본은 경쟁이었다. 전두환 대통령은 적십자회담과 함께 북한에 비밀 회담을 제안했다. 이 회담은 한국계 미국인인 임창영 교수에 의해 이뤄졌다. 임창영 교수는 한국을 대표하는 전 유엔 참관인이었는데, 1961년 박정희의 군사 쿠데타 이후 자신의 유엔 참관인 직분을 버리고 미국 뉴팔츠에 있는 뉴욕주립대학교의 교수가 됐다. 거기서 그는 박정희의 계엄령을 신랄히 비판했다(전두환은 1979년 박정희 대통령이 암살된 후 군사 쿠데타로 정권을 잡았다). 전두환 대통령의 비공식 사절로 고용된 임창영 교수는 김일성과 만났다. 이 만남에서 김일성은 정상회담에 대한 의견을 제시했다. 이후 중앙정보부 채널을 통해 협상이 이뤄졌고 북한 외무장관 허담의 비밀 서울 방문을 포함해 1985년 5월부터 약 42회에 걸쳐 남북한 간에 비밀 회담이 열렸다. 하지만 이 회담은 북한이 한미 합동군사훈련 중단을 촉구하며 결렬됐다. 거기다 북한의 구호물자가 도착하자 한국은 북한이 보낸 의류, 쌀, 건축자재의 질이 나쁘다며 조롱했다. 이는 당시 한국 사람들에게 한국이 북한보다 더 잘 살고 있다는 생각을 심어준 계기가 됐고 북한은 난처한 입장에 놓였다.

냉전이 종결되면서 통일담론은 일방의 흡수통일을 강조하게 됐고, 북한은 이를 회피하고 한국은 이를 이루고자 했다. 1980년대 말부터 시작된 한국의 성공적인 북방정책은 북한에 낯설고 달갑지 않은 지정학적 상황을 초래했다. 노태우 정부가 정치적 이념 대립을 초월한 북방정책으로 냉전의 장벽을 허물고 주변 공산주의 국가들과 경제 협력을 논할 당시에도 제로섬 사고는 어느 정도 내재돼 있었다. 북한의 주요 동맹국인 중국, 소련과의 관계 정상화는 한국은 경쟁상대인 북한을 완벽히 망신시키고 소외시켰다. 특히, 미국이나 일본은 북한을 인정하지 않았기 때문에 더욱 그랬다. 한국의 북방정책으로 북한은 주변국들에 포위되는 상황에 놓일까 두려워했다. 이런 이유로 남북한 간에는 현재까지도 유효한 두 개의 매우 중요한 합의가 이뤄졌는데, 하나는 남북기본합의서(1992년)이고 다른 하나는 한반도비핵화공동선언(1992년)이다. 전자는 적대적 국면을 중단하고 정치적 화해를 도모하는 포괄적인 틀을 제안했다. 화해에 관한 사안들을 처리하기 위해 판문점에 남북연락사무소를 설치했고, 불가침을 시행하고 확실히 하기 위한 남북공동군사위원회가 설립됐다. 남북기본합의서에는 상호 인정, 협력, 협의, 대화에 관련한 구절들과 내정간섭, 명예훼손, 방해공작, 침략을 반대한다는 구절들이 포함됐다.[25] 후자에서 양측은 핵무기 제조, 생산, 취득, 보유, 저장, 배급, 실험, 사용을 삼가 할 것을 약속했다. 또한, 플루토늄이나 농축 우라늄 가공시설을 설립하지 않을 것을 약속했다.[26]

    양측의 이상주의자들은 정치적 화해와 비핵화가 골자인 이 두 건의 획기적인 합의서로 인해 유럽에서처럼 남북한이 탈냉전시대를 맞이하길 바랐을지도 모른다. 그러나 양측 모두 이 합의들을 이행하지 않았다. 1990년 소련이 한국과 관계를 정상화하고 북한에 대한 지원과 무역을 인정사정없이 중단하면서 한국의 북방정책의 결과로 궁지에 몰릴 것이라는 북한의 걱정은 현실이 됐다. 그리하여 북한은 남북기본합의서를 통해 자신을 한국과 동등한 위치에 놓고 현상유지 차원에서 평화적 공존을 강화하고자 했다. 더욱이 합의서는 핵무기 개발에 은밀히 주력하고 있던 북한이 긴장완화를 위해 노력하는 듯 포장해 줬다. 한국에 이 합의서는 북한을 흡수하기 위한 계획의 시작이었다. 북한 경제가 위축되고 주민들이 굶는 동안 한국 경제는 10년간 두 자릿수 경제성장을 기록하고 있었다. 역사상 최대 규모의 하계올림픽을 성공적으로 주최함으로써 세계의 극찬도 받았다. 한반도에서 두 체제 간의 냉전시대 경쟁은 끝이 났다. 한국은 승리를 거뒀고 자신감이 넘쳤다. 한국의 김영삼 대통령은 흡수통일이야말로 남북기본합의서의 논리적인 다음 단계라고 공개적으로 언급했다. 독일이 통일되는 것을 보면서 한국은 한반도의 통일도 필연적이고 가까운 시일 내에 이뤄질 것으로 예상했다.

한국의 통일에 대한 자아도취는 오래가지 못했다. 그것은 소위 말하는 '독일 트리클다운 효과(German trickle down. 사회의 최고 부유층이 더 부유해지면, 더 많은 일자리 창출 등을 통해 그 부가 서민들이나 그 아래 계층으로도 확산된다고 보는 이론)'로 대체됐다. 우리는 1997년에 조지타운대학에서 한국의 통일부 관료들과 독일 통일에 직접 참여했던 독일의 관료들을 모아 회의를 했다. 이틀 동안 독일의 관료들은 화폐통합부터 취업문제에 이르기까지 그들이 겪은 많은 문제점에 대해 설명했다. 한국 관료들은 뉴스기사라도 쓰는 양 모든 내용을 정신없이 받아 적었다. 잠시 쉬는 시간에 무엇이 가장 중요할 것 같은지 한국 참석자들의 생각을 물었다. 그들은 그저 토론이 매우 흥미롭다고 흥분하며 답했다. 이런 모습에 처음 떠오른 생각은 '아직도 한국은 이런 문제들에 대해 연구가 이뤄지지 않았다는 것인가?'였다. 우리는 한국 정부가 아직 독일 통일의 사례를 제대로 습득하지 않았다는 불안한 생각을 떨칠 수가 없었다. 그 후 한국인들은 두 나라가 정치·경제·사회적으로 통합하는 일이 얼마나 어렵고 복잡한지 절실히 자각하게 됐다. 또한, 서독과 동독보다 훨씬 더 큰 남북한 간의 사회경제적 차이를 고려했을 때 통일의 어려움 또한 훨씬 더 심각하리란 것도 재빨리 인식하게 됐다.

두 경제를 통합할 때 가장 중요한 것은 인구 규모와 1인당 GDP다. 물론 과학기술적 토대, 천연자원 축적, 경제적 인프라 등 다른 중요한 요인들도 많이 있다. 그러나 북한과 같이 저개발 경제를 대할 때 정책입안자들이 당장 기본적으로 알고 싶어 하는 것은, 먹여 살려야 하는 사람들이 얼마나 있으며 이 사람들을 먹이기 위해 얼마가 필요한가다. 독일의 경우, 1989년에 동독과 서독이 통일됐을 때 서독의 인구는 6,170만 명으로 동독 인구 1,640만 명의 네 배였다. 개인별 평균 부(富)의 차이는 컸지만 아주 극심한 차이는 아니었다. 서독인의 평균 연봉은 2만 1,000달러를 약간 밑돌았고 동독인의 평균 연봉은 7,000달러를 웃돌았다.[27] 또한, 1970년대 초부터 두 독일은 꽤 큰 규모로 상호무역을 해 왔다. 서독은 소련 다음으로 동독의 제2의 무역 상대국(전체의 8퍼센트 차지)이었다.[28] 그리고 1970~1980년대에 걸쳐 사실상 수백 만 명의 동독, 서독인들이 국경을 넘나들며 여행을 했고 수만 명의 동독인들이 서독에서 재정착했다.[29] 여행이 불가능했던 동독 사람들 중 많은 수는 적어도 서독의 텔레비전 프로그램을 시청할 수 있었기 때문에 국경 너머의 삶에 대해 어느 정도 익숙함과 편안함이 형성돼 있었다.[30] 그러므로 풍요로운 서독에 있어서 통일은 서독 인구의 4분의 1, 평균 수입의 3분의 1, 폭넓은 규모의 무역과 방문, 그리고 이미 형성된 사회적 유대감과 더불어, 영향력이 크긴 했지만 번영한 서독에 통일의 영향이 즉각적인 해(害)는 아니었다. 그러나 한국의 햇볕정책 초기 청와대의 입장은 이와는 전혀 달랐다. 2000년도에 북한의 인구는 2,290만 명으로 한국 인구 4,700만 명의 거의 절반이었고 한국 사람들은 북한 사람들보다 평균적으로 15배나 더 부유했다.[31] 게다가 1953년부터 북한은 한국으로부터 완전히 소외되어 상호 방문도, 무역도, 그 어떤 사회적 접촉도 없었다. 여러 연구들은 통일에 드는 비용이 매우 높을 것이라고 추정했다. 비록 이런 수치들은 다양한 추정치를 보였지만, 한국 지도자들에게는 그 어떤 것도 그리 달갑지 않았다. 이를테면, 1992년 이코노미스트의 특별보도[이코노미스트 인텔리전스 유닛(Economist Intelligence Unit, EIU. 이코노미스트의 계열사로 국제적인 경제분석기관)]는 북한의 1인당 GDP를 한국의 70퍼센트까지 끌어올리려면 1조 900억 달러가 소요될 것이라고 추정했다. 그 다음 해, 한국개발연구원은 6,582억 달러로 추정했다. 1997년에 마커스 놀랜드 박사는 북한이 한국의 60퍼센트까지 따라잡으려면 최대 3조 1,700억 달러가 들 것으로 분석했다.[32] 비록 추정치들에 많은 차이가 있지만, 이런 수치들은 한국 지도부를 잠 못 이루게 하기에 충분했다. 최근 연구들도 역시 비슷하게 가지각색이다. 랜드연구소는 2005년 연구에서 5년간 최소 500억 달러에서 6,670억 달러가 소요될 것으로 발표했다.[33] 2009년에는 크레딧스위스가 통일비용을 1조 5,000억 달러로 추정했다. 그리고 2010년 한국 전국경제인연합회가 실시한 전문적인 설문조사로 3조 달러의 통일비용이 제시됐다.[34]

이런 사실들을 충분히 인지하기 시작했을 무렵 한국은 1997~1998년 외환 위기로 타격을 받았다. 자본의 제약으로 통일을 보는 관점에 한계가 주어졌다. 한때는 가능했던 일이 불가능해졌다. 그렇다고 한국인들이 통일을 부정했다는 뜻은 아니다. 다만 통일을 미룰 수 있는 만큼 최대한 미래로 미루기를 원했다는 뜻이다. 김영삼 대통령은 퇴임을 앞두고 이전에 주장했던 흡수통일보다 북한의 연착륙을 더 많이 언급했다. 후임자인 김대중 대통령은 금융위기 중 북한을 다루는 올바른 해결법으로 햇볕정책을 지지하며 자신의 이념을 현실적으로 불가피한 것으로 내세울 수 있었다. 주장하건대, 금융위기가 아니었다면 햇볕정책은 더 많은 저항에 부딪쳤을 것이다. 그러나 햇볕정책 반대자들은 당시 위기에 빠진 국가를 염려해 아무 소리 못하고 굴복할 수밖에 없었다. 정확히 말해, 통일은 너무 어렵고 큰 대가가 필요하다고 여겨졌기 때문에 북한과의 화해를 도모하고, 북한체제의 개혁을 돕고, 한국의 안보 부담을 덜어, 결국 연착륙에 이르는 것이 최상의 방법이었다.

앞서 북한 경제에 관련된 장에서 언급했듯이, 북한은 햇볕정책에 대해 거의 아무런 보답 없이 한국의 관대함을 착취하는 이른바 '달볕정책'으로 대응했다. 북한이 금강산 관광과 개성공단 등 경제협력 사업에 동참한 것은 순전히 이 사업들로 큰 개방 없이 경화를 벌어들일 수 있었기 때문이었다. 달볕정책은 특히 햇볕정책이 북한 핵문제의 중요성을 약화시킨 점을 교묘히 이용했다. 햇볕정책은 기본적으로 북한이 체제 불안정과 개혁 부족으로 핵 프로그램을 개발할 수밖에 없는 상황이었다고 치부하고 핵위협을 대수롭지 않게 여겼다. 북한의 불안정이 해소되고 개혁이 시작되면 핵문제는 스스로 해결될 것이라고 생각했다. 이에 대한 달볕정책의 대응은 두 마리의 토끼를 잡는 것이었다. 북한체제에 가해질 수 있는 위협을 최소화시키며 북한의 개혁을 도모하기 위해 햇볕정책으로 제공되는 모든 것을 받아 챙기는 것과 동시에 핵무기 개발을 지속하는 것이었다. 그러면 이 기간 동안 누가 더 이득을 봤을까? 달볕정책 기간이 끝날 무렵 북한은 예전보다 더 많은 핵무기를 보유하게 됐고, 체제붕괴를 모면했으며, 한국으로부터 현금 3조 원을 받아냈다. 한국은 햇볕정책 기간이 끝날 무렵 북한에 대한 진보적 시각을 정치적으로 정당화시켰고(과거에는 불법이었을 뿐만 아니라 반역이었다), 북한과 두 개의 경제협력 사업을 창출했으며, 한국 대통령에게 노벨 평화상을 안겨줬다. 독자들이 알아서 생각해 볼 일이다.

오늘날의 통일?

한국 대통령의 저택인 청와대는 아름답고 푸르른 산자락 아래에 자리 잡고 있다. 독재정권 시절에는 밖에서 볼 수 없도록 벽으로 둘러싸여 있었다. 그러나 1987년 민주화가 되면서 청와대로 이어지는 도로들이 대중에 개방됐다. 처음 들어서면 다소 작게 느껴지는 백악관의 내부와는 다르게 청와대의 입구는 높은 천장과 접견실로 이어지는 웅장한 계단으로 이뤄져 있다. 2011년 4월 우리 일행은 청와대의 넓은 현관을 지나 레드카펫이 깔린 우측의 긴 복도를 통해 응접실로 안내받았다. 오바마 행정부의 전 국가안보 보좌관이자 퇴역 해군장군인 제임스 존스(James Jones), 클린턴 행정부의 전 국방부 차관이자 국제전략문제연구소장인 존 햄리(John Hamre), 부시 행정부의 전 국무부 차관 리처드 아미티지(Richard Armitage), 조지타운대학 교수인 마이클 그린과 나는 이명박 대통령이 도착할 때까지 원탁에 둘러앉아 청와대 관계자와 이런저런 이야기를 나눴다. 이명박 대통령은 더 자세한 논의를 하자며 복도 중간에 위치한 호화롭게 꾸며진 유럽풍의 다이닝룸으로 우리를 안내했다.

한 시간 넘게 우리는 남북관계에 대한 한국 대통령의 견해를 들었다. 그는 햇볕정책과 다른 시각을 갖고 있다고 설명했다. 이명박 정부에 포용이란 북한으로부터 상호 응대가 있어야만 정당한 것이었다. 이는 지난 10년간 실행된 조건 없는 포용정책과는 확연히 달랐다. 이명박 대통령은 남북협력을 진행하기 위한 두 가지 주요 방안을 제시했다. 첫째는 '비핵, 개방, 3000구상'으로 북한이 핵을 포기하고 외부에 개방할 것을 동의하면 10년 안에 북한의 1인당 소득을 3,000달러까지 올리겠다는 약속이었다. 둘째는 2009년 9월 뉴욕에서 열린 유엔총회에서 발표된 '그랜드 바겐' 제안이었다. 이명박 대통령은 북한이 핵을 포기하고 인권문제를 해결하고자 한다면, 북한 인프라 건설에 막대한 투자를 하고, 한반도에 평화정권을 수립하고, 남북한 갈등에 종지부를 찍겠다고 약속했다. 정치계에 입문하기 전, 이명박은 현대건설에서 전설적인 존재였다. 그는 일개 사원으로 시작해 세계적인 현대건설의 사장자리에 올랐다. 기업가로 훈련된 그는 국민으로부터 걷는 세금이 남북화해에 투자된다면 그에 상응하는 수익을 내야 한다고 믿었다. 그는 남북한 간의 화해는 대화절차를 이뤄내는 것만으로 그 성과를 평가하는 것이 아니라고 말했다. 그가 북한에 무조건적으로 제공하기로 약속한 유일한 분야는 어린이들과 임산부들을 위한 인도적 지원이었다. 다른 모든 지원은 인권(전쟁포로, 납북자, 억류된 어부들의 귀환)과 비핵화와 연결됐다. 이명박 대통령은 북한을 기쁘게 하기 위해 애써왔던 지난 10년간의 햇볕정책처럼 한국이 애원하는 입장이 되면 안 된다는 소신이 있었다.

나는 남북관계 전반을 변화시키겠다는 이명박 대통령의 의도가 정권 초기부터 명백히 나타났다고 생각한다. 2008년 3월 김하중 통일부장관은 취임 후 첫 발언에서 남북관계에 대해 남북 경제협력의 속도와 범위는 북한의 비핵화 진행과정에 달려있다는 원칙을 내세웠다. 새로운 정책은 근본적으로 남북회담이 회담 자체만으로는 부족하고 반드시 결과가 있어야 한다는 것이었다. 이것은 햇볕정책의 가치는 결과뿐 아니라 과정에 있다는 선언에 반하는 내용이었다.[35] 북한의 지속적인 식량과 비료부족 문제에 대해 정부는 무엇을 할 것인가에 대한 질문을 받았을 때에도 이명박 정부는 앞으로 변화가 불가피함을 제시하는 매우 간단한 원칙을 설명했다. 그는 북한이 한국에 도움을 요청할 경우, 일정 정도(옥수수 5만 톤) 지원을 제공하겠다고 약속했다. 북한이 요청하지 않는다면 지원하지 않겠다는 것이다. 너무 형식을 따지는 것으로 보일 수 있지만, 이명박 정부는 더 이상 한국이 먼저 문을 두드리고, 먼저 제안하고, 북한이 요구하지도 않는데 식량과 비료를 대주던 시대는 지나갔음을 북한에 명백히 통보한 것이었다. 2009년 8월 북한은 햇볕정책 창시자인 김대중 전 대통령의 장례식에 조문단을 보내고 싶다고 요청했다. 한국은 내부 논의 끝에 북한 당비서 김기남과 통일전선부장 김양건을 대표로 한 6명으로 이뤄진 조문단의 방문을 받아들이기로 했다.[36] 조문단이 서울에 도착했을 때 그들은 햇볕정책 시절 때와 마찬가지로 한국 대통령 및 통일부장관을 만나고 VIP 대우를 받을 것으로 예상했다. 한국은 모든 외교적 예의를 갖춰 그들을 접대했다. 그러나 수많은 전 국가수반들이 장례식에 참석하는 관계로 이명박 대통령은 외교 관례상 북한의 사절단(국가원수가 함께 오지 않은)을 첫 번째로 만날 수는 없다고 통보했다. 가장 중요한 국빈으로 대우 받던 것에 익숙해진 북한 사람들에게 이 일은 매우 충격적인 사건이었고 이것은 한국의 새로운 정책의 전조였다.

이런 달라진 분위기로 인해 많은 사람들이 이명박 정부를 북한과 대화도 하지 않으려는 강경파들로 이뤄진 정부로 간주했다. 하지만 그것은 사실이 아니었다. 정부에 강경파들이 있었던 사실은 부정할 수 없지만, 이명박 정부의 북한에 대한 인색한 지원과 전반적인 강경노선은 이념에 관한 것이 아니라 2009년과 2010년에 연쇄적으로 발생한 북한의 도발행위에 대한 것이었다. 탄도미사일 시험발사, 핵실험, 천안함 침몰, 연평도 포격은 한국의 어떤 진보정권이었더라도 강경노선을 취하지 않을 수 없었을 것이다. 실용주의자인 이명박 대통령은 남북관계를 근본적으로 바꾸고 한국이 더 이상 북한에 애걸하는 입장이 아님을 확실하게 보여줄 수 있는 방법을 모색했다. 이명박 정부의 대북정책을 결정짓는 주요 요인은 결국 북한이 보여주는 호응의 정도였다. 북한이 아주 조금이라도 비핵화와 인권문제에 관심을 보이면 한국 정부는 조금 더 회유적인 자세로 화답했다.

이명박 대통령은 정상회담과 관련해 북한 지도자를 만나는 것은 부정적이지 않지만, 만남을 위해 북한에 돈을 지불하는 일은 없다는 원칙을 밝혔다. 이런 의미에서 그는 일본 고이즈미 총리를 본보기로 삼았다. 고이즈미는 정상회담이 어느 한 국가가 아닌 양국의 이해관계하에 이뤄져야 한다는 원칙을 내세워 김정일과의 만남을 위해 대가를 지불하기를 거절했다. 이명박 정부도 같은 시각을 갖고 있었다. 실제로, 우리와 만난 지 2주 후, 독일의 앙겔라 메르켈(Angela Merkel) 총리와 만나 북한이 비핵화에 착수할 경우 북한의 지도자를 2012 서울 핵안보정상회의에 초청할 것이라고 말했다(나중에 북한은 초청을 거절했다). 아이러니한 것은 이명박 대통령의 냉정한 태도가 남북한 간의 긴장을 고조시키고, 북한은 그를 폄하했음에도 불구하고, 이명박 대통령은 한국 대통령 중 김정일이 가장 만나고 싶어했던 인물이었다. 2007년에 노무현 전 대통령과 함께 북한을 방문했던 사람들은 당시 김정일이 노무현 대통령을 공손히 영접하긴 했지만 함께 간 기업인들과 더 많은 이야기를 나누고 그들의 마음을 사로잡고자 노력했다고 회상했다. 이런 맥락에서 한국 정치인들은 북한에 별 쓸모가 없는, 그저 한국 기업인들과 연결될 수 있는 통로일 뿐이다. 왜냐하면 기업인들이야말로 북한체제가 어떻게 해야 돈을 벌 수 있을지 잘 알고 있기 때문이다. 현대그룹 경영진은 한국의 다른 어떤 재벌그룹보다 북한으로부터 특별대우를 받는다. 남북한 모두 고향이 중시되는 사회인데, 현대그룹의 창시자인 고(故) 정주영 회장의 고향이 북한 통천이다. 현대는 또 햇볕정책 시대의 전리품인 개성공업지구와 금강산 관광단지를 건설했다. 현대는 6개월 만에 금강산 관광단지에 인접한 항만시설을 완공해 김정일의 신뢰를 얻었다. 현대 경영진은 어떤 일이건 확고부동한 김정일의 마음을 바꾼 몇 안 되는 사람들 중 하나란 소문도 났다. 김정일은 여러 번에 걸쳐 현대와 만나고 북한의 북서쪽에 위치한 신의주에 투자하도록 설득했다. 현대는 실행가능 여부에 대해 평가를 실시했으나 결과는 부정적이었다. 조사결과를 본 후 김정일은 신의주사업이 상업적으로 실행 불가능함을 인정하고 대신 개성을 개발하는 아이디어를 제안했다. 김정일은 북한의 경제 관료들은 비즈니스와 경제에 대한 이해가 없다며 불평을 토로한 것으로 알려졌다. 따라서 북한의 역설적인 발언과는 달리, 현대 건설의 전 대표이사이자 한국의 첫 CEO 대통령과의 정상회담이야말로 북한이 진정 원했던 정상회담이었음은 말할 것도 없다.

청와대에서 우리와의 만남을 마무리하며 이명박 대통령은 지금까지 자신이 제시한 남북협력 제안을 북한은 모조리 퇴짜를 놨다고 말했다. 그는 금강산에서 발생한 한국 관광객 피살사건, 천안함 침몰, 연평도 포격을 언급했다. 그리고 이 모든 사건들은 북한의 불안정으로 인한 절박함에서 비롯된 것이라 생각했다. 그는 북한체제가 곧 붕괴할 것이고 주민들 사이에서 이미 정권의 정통성을 잃었다고 믿었다. 북한에 스며들고 있는 외부정보가 많아지면서 불만이 더욱 팽배해 있다고 말했다. 북한 사람들이 더 많은 정보를 얻을수록 북한 정권의 미래는 더욱 어두워진다며 시간은 우리 편이라고 했다. 그리고 북한이 이런 정해진 운명을 피하도록 하지는 않을 것이라고 했다. 비록 공개적으로 언급하지는 않았지만, 이명박 대통령이 마음에 북한의 핵, 인권남용, 군사적 도발을 해결하기 위한 간단명료한 알고리즘을 품고 있음이 명백했다. 그것은 바로 통일이었다.

'역사의 종언'은 냉전시대 말 프랜시스 후쿠야마(Francis Fukuyama)가 한 유명한 말이다. 당시 미 국무부 정책기획국에서 그는 이 구절을 억압과 자유 사이에서 갈등하는 인류의 역사적 흐름을 묘사하는 데 사용했다.[37] 소련의 붕괴와 함께 공산주의와 민주주의의 갈등은 20세기에 막을 내렸다. 인류 역사의 끝은 최종적으로 자유민주주의 정부로의 진화를 시사했다.

나는 한반도가 서서히 역사의 종언에 다가가고 있다고 생각한다.[38] 오늘날 흥미로운 것은 한때 금기시됐던 통일에 대한 논의가 청와대뿐 아니라 아시아 이곳저곳에서 열리는 학회나 각국의 의회에서도 지난 햇볕정책 10년 동안보다 더욱 활발히 진행되고 있다는 점이다.

왜 이런 변화가 일어나는 것일까? 미국이 북한 정권을 무너뜨리려는 새로운 욕망에 눈을 뜬 것은 결단코 아니다. 오바마 행정부는 부시 행정부의 신보수주의 강경노선을 일축했다. 비록 오바마의 정책이 부시와 마찬가지로 절대적인 비핵화를 요구하고, 금융제재를 가하고, 군사훈련을 계속하고, 북한에 6자회담의 비핵화 의무를 재확인하고 복귀할 것을 요구하지만 오바마는 대화를 지향하고 적절한 시기에 북한에 손을 내밀겠다고 명백히 밝혔다.

통일에 대한 논의가 증가한 주요인은 한국이나 미국이 아닌 북한과 관련된 세 가지 사건 때문이다. 첫째는 김정일의 죽음이다. 김정일이 2008년 뇌졸중으로 쓰러진 후, 그가 완전히 회복돼 건강에 아무 문제가 없다는 중국의 발표에도 불구하고 2011년 12월 심장마비로 사망한 사실은 세계적인 충격이었다. 북한 내외 모든 사람들이 '친애하는 지도자'가 투병 중인 것을 알고 있었지만, 대부분 그가 5년은 더 살 것이라고 예상했었다. 모든 것이 순조로이 돌아가고 있었다고 해도 왕조시대에나 가능한 아들에게로의 권력승계는 의구심이 들기 마련이다. 그런데 김정일이 정권을 잡았던 1994년보다 상황은 훨씬 불안했다. 김정일은 김일성을 대신하기 위해 20년 넘게 준비한 반면에, 김정은에게는 준비할 시간이 20개월도 없었다. 이 어린 아들은 국가를 통치해 본 경험이 전혀 없었다. 아버지는 할아버지 김일성이 사망했을 때 이미 인민군 고위관료들과 돈독한 관계를 갖고 있었지만, 아들에게는 이미 형성된 관계 따위는 없었다. 이 어린 아들을 호위하고 있는 조력자 중 하나는 그의 고모(김정일의 여동생)였다. 그녀는 김정일의 유일한 혈육이다. 소문에 의하면 그녀 역시 건강이 꽤 위독하다고 한다. 그녀가 죽는다면 김정은 곁에 남는 연장자는 북한체제 내에서 이미 충복들과 권력을 구축해 놓은 고모부뿐이다. 우리는 이런 비슷한 권력구조를 조선왕조시대에도 봤다. 결과는? 왕좌에 앉은 어린 왕을 친척 어른이 제거하고자 한다.

통일에 대한 논의가 과거보다 활발한 두 번째 이유는 약 25년간의 미북 양자협상이 북한 비핵화에 별로 성공적이지 못했기 때문이다. 예전 같으면 협상이 교착상태에 빠진 것은 북한뿐 아니라 미국의 탓도 있다며 많은 이들이 이의를 제기했을 것이다. 그러나 2009년 4월 북한이 탄도미사일을 쏘고 바로 그 다음 달에 제2차 핵실험을 감행하면서 오바마의 손을 뿌리치자 미국을 탓하는 사람은 거의 없었다. 간단히 말하자면, 통일만이 진정한 비핵화를 이뤄낼 수 있다는 인식이 커진 것이다. 이것은 역대 미 행정부들이 지금까지 해 온 외교방식에 대한 비판이 아니다. 단지 북한 정권이 자신의 무게를 이기지 못해 무너지고 진정한 비핵화 절차가 시작될 때까지, 외교의 목표는 완전한 비핵화를 지향하는 동시에 북한의 무기 생산능력을 일시적으로 지연시켜 위기를 방지해야 한다는 인식이 생겼다는 것이다.

오늘날 통일에 대한 논의가 더욱 활발한 세 번째 이유는 북한의 새로운 지도부가 개혁을 통해 정권을 살릴 수 없을 것 같기 때문이다. 북한은 2009년 조선로동당 대회에서 서른 살도 안 된 김정일의 막내아들 김정은을 세계에 처음으로 공개했다. 그는 인민군 대장과 조선로동당 군사위원회 부위원장으로 추대되며 아버지를 이을 후계자로 지명됐다. 앞서 언급한 대로, 북한이 비록 지나치게 고립되고 외세를 배척하는 국가임에도 불구하고, '위대한 영도자'는 어느 정도 국제적인 교육을 받았다. 한동안 서유럽에서 학교를 다녀 독일어와 어느 정도의 영어를 구사한다. 북한은 나이를 초월해 21세기의 최첨단 지식을 겸비한 천재 중의 천재라고 그를 찬양하며 선전한다.

그러나 김정은의 생각이 깨어있다고 해도 그의 권력계승을 뒷받침하는 사상 때문에 진정한 개혁이 일어날 가능성은 적다. 북한과 같은 독재정권은 철권통치를 정당화하는 이념 없이는 생존이 불가능하다. 게다가 새로운 이념인 신주체 복고주의는 북한이 한국보다 비교적 더 잘 살던 1950~1960년대의 보수적이고 강경한 주체사상을 부활시키는 것이다. 신주체 복고주의는 북한을 핵무기 보유국(김정일의 유일한 업적)으로 특징 짓는 선군사상과도 엮여있다. 이 부활사상으로 개혁 가능성은 희박하다. 왜냐하면 과거 저조한 경제성과가 개혁 시도로 인한 사상 오염 때문이라고 책임을 전가하기 때문이다. 김정일 사후 시대에서 진정한 개혁이란 불가능하다. 철권통치의 핵심인 정치 통제시스템을 완화할 용기가 필요하기 때문이다. 이것은 냉전의 종결과 '아랍의 봄'이 북한에 남긴 가장 큰 교훈일 것이다. 김정은이 이런 개혁을 시도할 용기를 가진 깨인 지도자라 할지라도 그는 북한 역사상 가장 소외됐던 세대의 제도와 인물들을 상대해야 한다. 냉전시대의 장군들, 당 간부들, 관료들은 탈냉전시대의 관료들보다 훨씬 세상 경험이 많았다. 김일성의 세대는 동유럽 국가들을 자유로이 여행할 수 있었다. 김일성은 에리히 호네커, 니콜라에 차우셰스쿠와 휴가를 함께 보내곤 했다. 이와는 달리 김정일 세대는 중국공산당이 톈안먼 사태로 권력을 잃는 것을 봤고 최근에는 '아랍의 봄'으로 중동의 독재자들이 하나둘씩 제거되는 모습을 봤다. 게다가 엄청난 성공을 거둔 한국이 바로 옆에서 북한에 어떤 틈도 허용하지 않고 있다. 김정은이 물려받은 권력 세대는 바깥세상으로부터 위안을 삼을 것이 아무 것도 없다. 신주체 복고주의는 장기적인 호응을 얻기 어렵다. 개혁 없이 대중 동원이 가능하려면 엄청난 양의 식량, 연료, 장비가 투입이 돼야 하는데, 그러려면 중국에 크게 의존할 수밖에 없다. 당분간은 김정일이 사망한 후 중국이 형제국가인 북한을 기꺼이 지원하려는 듯 보인다. 그러나 결국 베푸는 것에 환멸을 느끼기 시작할 것이다. 중국의 도움 없이 북한체제는 1년밖에 버티지 못할 것이라 중국 당국자들은 확신한다.

이런 이유들로 오늘날 사람들은 통일에 대해 많은 이야기를 한다. 이 이야기가 너무 부정적으로 들린다면 다음과 같은 시나리오를 상상해 보기 바란다.

> 한반도가 핵무기, 탄도미사일, 비축됐던 화학무기들로부터 자유로워졌다. 이러한 조치가 아시아와 세계의 경제 네트워크에 통합되기 위한 대가임을 발전지향적인 지도자가 깨달은 것이다.
> 미국, 일본, 러시아, 한국, 중국이 공동으로 제공한 60억 달러 치의 경수로가 한반도의 북쪽에서 가동 중이다.
> 미국과 일본 대표단이 평양에서 외교관들과 함께 여행비자

발급과 의회 대표단들의 의전으로 분주히 일하고 있다.
한국은 DMZ를 가로질러 북한 전력망에 전기를 공급하고 있다.
4개국은 한국전쟁에 종지부를 찍는 평화조약을 체결했다.
일본은 국제 금융기관들의 지원을 받아 북한의 주요 공공시설 사업에 1,000억 달러를 투자했다.

결정적인 체제의 변화나 한반도 통일 없이 오늘날 이 시나리오가 가능하다고 보는가?

새로운 패러다임?

이 새롭고 최종적인 통일담론의 단계는 무엇에 이르게 할까? 나도 확실하진 않다. 이것은 서서히 전개되고 있고 아직 어떤 정치인이나 학자도 명확한 의견을 밝힌 바가 없다. 매우 저명한 전 주한미대사인 캐시 스티븐스(Kathy Stephens)는 언젠가 국제전략문제연구소 전문가들과의 토론에서 '분위기'라고 설명했다. 1980년대에 주한미대사관에서 정무팀장을 지냈고 그 이전에는 한국에서 평화봉사단으로 활동했던 그녀에 의하면, 대사 임기동안 그녀가 과거와 다르다고 느낀 점은 이전에는 사람들이 통일에 별로 관심이 없었는데 이제는 이에 대해 논의하고자 하는 의지가 새롭게 발견된다는 점이었다. 몇몇 비판가들은 이와 같은 분위기가 10년간의 햇볕정책 이후 나타난 보수정권 지배의 한 현상일 뿐이라고 주장한다. 그러나 나는 이런 현상이 몇 가지 요소들을 내포하고 있다고 생각한다.

첫째, 이 새로운 담론은 이념보다 '실용주의'에 근거한다. 앞서 말한 것처럼, 통일을 수용하는 것은 북한 정권을 붕괴시키려는 의도에서 비롯된 것이 아니라, 수십 년 동안 협상이 난항을 겪으며 핵무기나, 인권문제, 군사위협을 해결할 수 있는 유일한 방법이 통일밖에 없다는 사실을 깨달은 데서 비롯됐다. 거기다 북한의 불안정한 지도부에 대한 실질적인 우려도 있다. 한국은 북한 내부에서 일어나는 일들을 전혀 통제할 수 없다. 하지만 적어도 2011년 김정일의 사망이 북한을 더욱 불안정하게 했다는 것은 알고 있다. 그러므로 김정일이 살아있을 때는 없었던 조급함이 생겼다. 햇볕정책의 목표는 기아와 경제침체로 인한 북한 정권의 붕괴를 막는 것이었다. 그것은 돈과 식량만 가능하다. 하지만 지금의 문제는 돈과 식량이 김정일을 죽음으로부터 살려낼 수 없었다는 것이다. 그래서 한국이 준비돼 있어야 한다는 실질적인 이해가 조성됐고 2010년에 이명박 대통령이 이를 명확히 했다. 광복절 연설에서 그는 언젠가 반드시 이뤄질 통일을 경제적으로 준비하기 위해 통일세 도입을 고려해야 한다고 주장했다.

둘째, 이 새로운 담론은 냉전시대의 제로섬 경쟁에서 비롯된 '북진통일' 정책으로 귀환하는 것이 아니라 현실적으로 더욱 '국제주의적'이고 투명하며 개방적인 것이다. 과거 통일에 대한 한국의 관점은 매우 편협했다. 한국인들은 다른 국가와 통일에 대해 논의하기를 꺼렸다. 한반도의 운명이 다른 나라의 간섭에 의해 결정되는 것을 두려워했기 때문이다. 한국인들은 사투를 벌이고 있었고 그것은 그들만의 문제였다. 나는 백악관을 떠난 후 2008년 초에 한미일 3국의 전·현직 정부 관리들과 함께 몇 차례에 걸쳐 비공식 회의를 했다. 주제는 북한의 잠재적인 불안정과 이에 대처하기 위한 세 민주주의 동맹국의 방안이었다. 일본 외무성 관료들은, 특히나 중국은 말할 것도 없고, 세 동맹국 사이에 충분한 토론과 계획이 없음을 걱정했다. 한국 대표단의 대부분이 나의 오랜 친구이자 미국에서 박사학위를 취득한 국제적인 세계관을 갖고 있는 학자들이었음에도 불구하고, 다른 국가가 남북통일에 대해 논의하고 싶어 하자 완벽히 대화를 차단하는 모습을 보고 나는 놀라지 않을 수 없었다. 통일에 대해 거론하는 것 자체를 불쾌하게 느끼는 듯 했다. 누가 뭐라 해도 통일은 남북한의 문제고 다른 이들이 범접할 수 없는 신성한 구역이었다. 하지만 2008년 8월 김정일이 뇌졸중으로 쓰러진 후 큰 변화가 일어났다. 통일은 한국의 문제지만 성공적인 이행을 위해서는 실질적으로 국제사회의 도움이 필요하다. 그리고 한국을 위해서도 통일에 대한 논의를 최대한 빨리 시작하는 것이 세계를 한국식 통일관으로 사회화할 수 있는 최상의 방법이었다. 그리하여, 과거의 두려움이나 남의 일에 상관 말라는 식의 태도를 배제했고 통일에 대한 토론은 더욱 개방됐고 투명해졌다.

한반도 통일에 대해 세계를 '사회화한다'는 것은 무슨 뜻인가? 한국의 지도자들은 국제사회와 통일에 대해 논의하기를 원한다. 왜냐하면 통일이 되면 유엔안전보장이사회, 유럽연합 등 국제사회가 한국의 계획과 행동을 지지해주기를 바라기 때문이다. 이런 의미에서 한국이 현재 통일을 논의하자고 세계에 손을 뻗는 것은, 한국이 통일에서 주행위자로서의 우선권이 있음을 설명하기 위한 노력으로 여겨진다. 이것은 통일에 대한 과거 한국의 태도와 완전히 다른 것이다. 사회화 과정에는 한국의 20대와 그보다 더 어린 세대도 포함된다. 이 어리고 똑똑하고 부유한 젊은 세대는 햇볕정책 시대를 통해 통일에 대한 부정적인 견해를 갖게 됐다. 수 년 동안 통일은 위험하고, 골치 아프고, 어렵다고 배웠기 때문이다. 이제 햇볕정책 시절과 반대로 통일에 대한 고민, 준비, 논의가 이 젊은이들에게 권장되고 있다.

사회화 과정 중 가장 흥미로운 것은 2010년부터 한국에서 열리고 있는 국제회의다. 서울에서 열리는 많고 많은 국제회의에서 최근 들어 명쾌하고 예리한 의제들이 논의되고 있다. 햇볕정책하에서 통일부의 예산 집행은 주로 북한에 경제적 지원을 하는 것이었지만, 이 학회들은 통일을 주요 의제로 삼는다. 콜린 파월과 콘돌리자 라이스와 같은 세계적인 저명인사들이 이 주제를 놓고 토론하기 위해 초청된다. 이들은 모두 한반도의 분단은 역사적으로 비정상적인 것이며 자유롭고 통일된 한국이야말로 불가피하고 국제사회가 지지하는 바라고 말한다. 다보스포럼과 같은 회의들의 청중은 언론과 기업대표들이 주를 이루지만, 회의 주최 측은 특별히 한국의 대학생들과 고등학생들 중 온라인 신청을 받아 선별된 학생들도 회의에 참여할 수 있도록 기회를 주고 있다. 이러한 조치는 학생들 사이에서 인기를 끌었고 (어느 학생이 콜린 파월의 강의를 마다하겠는가?) 학생들은 세계가 통일을 지지한다는 것과 통일이 규범적으로 옳은 것임을 배우게 됐다. 더욱이 한국 정치인이나 학자가 통일에 대해 언급할 때마다 보수-진보로 나뉘는 한국의 정서와는 상관없이 이들은 외국인으로부터 이런 긍정적인 메시지를 받는 것이다. 최근 서울 시내의 신라호텔에서 열린 회의의 주최 측은 통일게시판이라는 큰 화이트보드를 준비했다. 회의에 참석한 학생들에게 통일에 대한 견해를 색색의 메모지에 써서 게시판에 붙이게 했다. 나는 수백 장의 메모지로 가득찬 이 게시판을 읽느라 오후 내내 회의에 불참했다. 많은 학생들이 통일에 대해 한 번도 생각해 본 적이 없었고, 통일은 자신들의 세대가 짊어지지 말아야 할 부정적인 것으로 생각했다고 적었다. 그러나 이번 회의를 통해 통일이 한국에 좋은 영향을 미칠 수도 있다는 가능성과 통일은 자신들이 준비하고 책임져야 한다는 사실에 눈을 떴다고 했다. 정말 놀라운 일이 아닐 수 없었다. 과거의 부정적인 관점이 뿌리 뽑히고 새 것으로 대체되는 사회화 과정이 이뤄지는 현장이었다.

셋째, 새로운 통일담론은 권력에 관한 것이 아니라 '사고방식'에 관한 것이다. 다시 말해서 냉전시대의 '북진통일' 정책은 상대적인 힘에 대한 것이었고, 무력에 의한 한 쪽의 승리를 통해서만 통일을 이룰 수 있다는 정책이었다. 그러나 새로운 관점은 이제 무력이 아닌 생각의 힘과 이 힘의 확산으로 결국 통일을 이룰 것이라고 이야기 한다. 사고방식은 자유, 민주주의, 개인의 기회, 인간의 존엄성과 연결된다. 이런 개념들이 북한 사회에 스며들기 시작하면 기본적으로 게임은 끝난 것이다. 이것이 우리가 이명박 대통령과의 만남에서 느낄 수 있었던 그의 생각이었다. 그는 단 한번도 북한 정권을 무너뜨리기 위해 군사적 무력이나 제재를 가해야 한다고 언급한 적이 없다. 대신 북한체제의 정당성에 가장 위협적인 것은 바로 외부로부터 조금씩 북한으로 유입되고 있는 정보라고 했다. 정보의 유입통로는 많이 있다. 중국에 거주하는 많은 북한 불법노동자들이 바깥세상에 대한 정보를 가지고 북한으로 다시 돌아가고, '미국의 소리'나 '자유아시아방송'의 라디오 방송은 중국 접경지역에서도 청취가 가능하다. 한국의 영화, 비디오, 음악은 USB, DVD, CD, 비디오 밀수를 통해 북한으로 유입·확산되고 있다. 또한, NGO들은 북한으로 중국 위안화, 식량, '아랍의 봄'에 관한 뉴스 기사 등을 넣은 풍선을 띄워 보낸다. 이명박 대통령은 북한 주민들이 천천히 바깥세상에 대해 배우고 있고 이로써 북한 지도부의 비정당성에 대해 깨우칠 것이라고 확신했다.

　마지막으로, 새로운 통일담론은 위협이 아닌 '기회'에 관한 것이다. 이전의 관점에서 통일은 비용이 많이 들고 위험한 것이었다. 그러므로 통일은 여러모로 위협적인 것이었다. 우선 풍족히 살고 있는 한국인들에게 위협이었고, 일본과 중국에는 국경을 넘어 밀려들어 올 수십만 명의 북한 난민들이 위협이었다. 미국에는 핵무기 통제불능과 중국과의 대립 가능성 때문에 위협이었다. 이 모든 요소들은 결국 불필요한 지역 불안정으로 귀결됐다. 무엇보다도 통일의 절차에는 불확실한 요소들이 너무 많았다. 많은 이들에게 '구관이 명관'이라는 속담이 더욱 설득력을 얻었다. 김정일과 핵무기가 해롭기는 하지만 견고한 지도부와 핵무기에 대한 통제 없이 체제가 무너지는 것은 더 해롭다는 것이 지배적인 견해였다. 그러나 새로운 관점은 이 전후시대에 통일이 세계와 한국에 최고의 기회가 될 수 있다고 해석한다. 이 관점은 전쟁의 위협으로 반세기가 넘는 기간 동안 한국인들이 지불해 온 비용이 결국 모두 회수될 것이라고 주장하며 현상유지에 만족해야 한다는 주장을 반박한다.

　비용 회수의 한 측면이 바로 유명한 '코리아 디스카운트'다. 국내외 투자자들이 투자를 목적으로 한국 증시의 주가를 상대적으로 낮게 평가하는 것을 뜻한다. 예를 들면, 무디스의 한국 신용등급은 미국과 영국의 신용등급보다 낮은 A2다. 한국의 주가수익비율이 10.8이고 일본은 21.6, 미국은 15.7이다. 이런 등급들은 한국의 경제적 상황뿐 아니라 전체적인 정치적 상황과 연결된 장기적, 단기적 리스크(risk)에 대한 우려가 반영된 지표다.[39] 대부분의 다른 투자상대국들은 전시상황(즉, 평화협정이 아닌 정전협정만이 존재하는)에 놓여있지도 않고 핵무기를 손에 쥔 예측불허의 독재자와 국경을 마주하고 있지도 않다. 천안함 침몰사건이나 연평도 포격사건은 다른 국가에는 존재하지 않는 정치적 리스크가 한국에는 존재함을 투자자들에게 재확인시켜줬다. 한국 증권 거래의 약 40퍼센트에 이르는 주식을 외국인들이 보유하고 있는데, 이는 작은 도발행위에도 뜻밖의 자본도피가 가능하다는 뜻이다. 북한이 2009년 5월에 탄도미사일과 핵실험을 단행했을 때 코스피 지수는 6.3퍼센트나 급락했다. 이보다는 적지만 비슷하게 천안함 침몰 후 달러에 대한 원화 가치가 하락했고 코스피 지수는 거의 0.4퍼센트 하락해 6포인트가 떨어졌다.[40] 연평도 포격 다음 날 아침에는 코스피가 전날 마감 가격보다 2.33퍼센트 낮은 가격에서 시작했다(금세 회복하긴 했다).[41] 북한 도발 시 한국 정부가 가장 먼저 취하는 조치는 긴장을 감소시키는 차분한 메시지를 내보내 투자자들이 겁먹지 않게 하는 것이다.

 요지는 50년이 넘는 세월 동안 한국 정부가 떠안은 이 모든 비용들이 더는 존재하지 않을 것이고, 통일과 연관된 수익의 일부로 편입되리라는 것이다. 게다가 이 지역에서 북한의 핵과 미사일 위협이 끝난다면 냉전의 종결을 시사하는 것이며, 이는 모두에게 평화 보장에 대한 자신감을 심어줄 것이다. 제대로 준비한다면 통일은 관련국 모두에 아시아에서 가장 큰 포지티브섬(positive-sum) 게임이 될 수 있다. 이 전체 지역에 긍정적인 지분을 가져다 줄 것이다. 제대로 준비한다면 통일은 또한, 두 나라를 다시 합치는 데 드는 비용보다 훨씬 높은 생산성 증가를 야기할 것이다. 에버스타트가 지적했듯이 단기적으로 통일은 한국의 노동력 부족을 해결하고, 임금과 생산비용에 대한 중압감을 약화시키고, 한국의 국제 경쟁력을 강화시킬 것이다. 장기적으로 보면, 북한의 산업 기반과 인프라 재건은 지속적인 건설업과 기술계의 호황과 낮은 생산 비용, 생산성 증가를 초래하고 새롭고 통일된 경제 설계자들에게 지속적인 경제성장을 위한 토대를 마련하는 기회를 줄 것이다.[42] 에버스타트가 언급했듯 "북한 경제의 현대화는 한국에 엄청난 혜택을 가져다 줄 것이다. 그렇다고 한국에만 국한된 혜택은 아니다. 이 모험의 성공은 동북아시아와 태평양 지역 전체의 번영을 위한 체계를 강화시킬 것이다."[43] 이는 통일에 대한 방어적이고 부정적인 시각이 아닌 긍정적이고 적극적인 시각이다. 결과적으로 통일은 이제 '우리 세대에서' 일어날 개념이다. 통일은 이제 더 이상 다음 세대로 미루거나 한반도의 운명에서 부인할 수 있는 개념이 아니다.

우리 세대에서

내가 위에서 설명한 마지막 통일담론은 순진한 생각이 아니다. 이 담론은 통일이 쉬워질 것이라는 헛된 기대에서 비롯된 것은 아니다. 나는 한국인이라면 누구든지 통일이 얼마나 힘든 과업일지 알고 있으리라 생각한다. 햇볕정책 지지자들이 바랐던 것처럼 통일이 점진적으로 이뤄질 가능성은 적다. 아마도 갑작스럽게 찾아올 것이다. 한국인들은 이 도전과 마주할 것이고 미국을 포함한 동맹국들의 상당한 지지와 도움을 받을 것이다.

그러나 운도 조금은 따라야 한다. 한국 역사를 들여다보면 그리 운이 좋은 편은 아니었다. 한반도는 2,000년의 역사 동안 900번 이상 침략 당했다. 반세기 동안 식민지배를 받았으며 일본으로부터 해방된 후에는 다른 나라와 전투한 것도 아닌데 갑자기 나라가 두 동강이 나버렸다. 그럼에도 불구하고 한국은 참 잘해왔다. 하지만 서울대학교의 백진현 교수가 언젠가 말했듯이 준비되지 않은 자에게는 행운이 따르지 않는다. 행운은 준비된 자에게 찾아온다.

이런 점에서 난 통일부가 국제회의나 여타 다른 방법으로 국제사회와 한국의 젊은이들에게 접근하는 것은 매우 훌륭한 준비방법이라고 생각한다. 포용이란 명목하에 전적으로 북한에 보내졌던 자금이 이제는 한국 젊은이들을 교육하고 한국의 통일관을 세계에 알리는 데 사용되고 있다. 이명박 대통령이 통일세를 추진한 것은 바로 한국 국민에게 이제 통일을 준비하자고 제시한 중요한 분수령이었다. 미 국제전략문제연구소에서 우리는 통일에 대한 장기적인 과제들을 다루는 프로젝트에 참여했는데, 이는 어떻게 북한의 전력부분을 소생시킬지, 어떻게 북한의 의료제도를 복원할지, 어떻게 북한의 사회보장부담을 관리할지, 어떻게 북한의 교육을 개혁할지, 어떻게 과거사를 다룰지에 대한 것이었다. 이 프로젝트는 앞으로 실제 경험하게 될 거대한 과제들에 비하면 정말 작은 샘플이었다.

마지막으로, 나는 새로운 통일담론은 한반도만의 문제가 아니라 그 이상의 것이라 생각한다. 점점 더 많은 국가들이 한반도에 대한 유일한 해결책이 통일이라는 결론을 내리고 있다. 예를 들면, 일본의 경우 오랫동안 한반도의 통일을 반대해왔지만, 북한의 핵실험과 자신들을 겨누고 있는 탄도미사일 때문에 현재 자국 안보에 드는 비용이 감당할 수 없으리만큼 높다. 실제로 일본은 미국과 한국에 만일의 사태에 대해 더 많은 진지한 대화를 나눌 것을 종용해왔다. 그것도 한국이 민감히 받아들이니 자신들은 참석하지 않는 조건하에 말이다. 러시아는 북한을 지지하지만 자신들이 한때 개발하도록 도와줬던 핵 프로그램이 통제불능이 되자 우려를 나타내고 있다. 그리고 미국은 이미 2009년에 한국과 함께 낸 공동성명에서 자유롭고 평화로운 한반도를 이룩하기를 열망한다고 명시했다.[44]

이런 관점에 동의하지 않는 유일한 국가가 중국이다. 북한의 첫 번째와 두 번째 핵실험 후 중국 내부에서 한반도를 통해 얻는 이익이 무엇인가에 대한 활발한 토론이 있었다. 그러나 한반도의 갑작스러운 변화에 대한 대처방안을 다른 국가들과 토론하는 것에는 우호적이지 않다. 천안함 침몰 후 중국이 취한 행동은 동아시아의 책임 있는 이해당사자이자 지도자로써 기대에 훨씬 못 미치는 것이었다. 북한이 동아시아 영해에서 항해의 자유를 위협하는 행동을 못하도록 하는 것이 특별히 중국만이 할 수 있는 공공의 이익을 위한 행동이었다. 만약 그렇게 했다면 중국은 큰 찬사와 존경을 받았을 것이다. 그러나 불행히도, 제8장에서 서술한 바와 같이 중국은 지금까지 한반도에 대해서만큼은 시대착오적인 견해를 고수해 왔다. 다른 국가들은 2011년 김정일의 죽음을 북한의 변화가 가능한 순간으로 간주했지만, 중국은 이를 북한체제를 지속시키고 권력승계를 확실하게 해주어야 할 소명의 순간으로 봤다. 미국, 한국, 중국 간의 더욱 폭 넓은 대화를 통해 중국 당원들이 통일된 한국을 전략지정학적 위협으로 보지 않기를 바랄 뿐이다.

소매를 걷어 올리고

통일의 날이 오면 실제 풀어야 할 과제들은 엄청날 것이다. 보통 한반도 통일은 두 가지 시나리오로 나뉜다. 점진적인 것과 갑작스러운 것, 다른 말로 하면 연착륙과 경착륙이다. 둘 중 어느 쪽이 더 확률이 높을지 평가하기는 어렵다. 비참한 경지에 이른 북한 경제와 주민들을 고려했을 때는 두 번째 시나리오가 더 그럴 듯하다. 이 시나리오는 적어도 1991년부터 예상됐었고, 토론됐으며, 논의돼 왔기 때문에 더 이상 쉬쉬할 이유가 없다. 한국과 미국, 그리고 이 지역의 다른 국가들이 선호하는 시나리오는 당연히 첫 번째다. 그렇다고 그렇게 결론 나리라는 것은 결코 아니다. 실제로는 한반도와 주변에 큰 재앙을 가져다 줄 정도의 경착륙도 아니고, 통일과 북한 재건이 쉽고 간단할 만큼 연착륙도 아닌, 두 시나리오의 중간쯤으로 결론이 날 것 같다. 어느 시나리오로 결론이 나든지 한국 정부가 풀어야 할 우선적인 정책들이 있으며 한국과 주변국들이 마주하게 될 잠재적인 문제점들이 존재한다. 이것이 최근 나의 동료인 서던캘리포니아대학의 데이비드 강과 내가 코리아 프로젝트에서 다루고 있는 내용이다.[45] 북한이 붕괴할 경우를 대비해 군사적 긴급대책에 관한 많은 학술적, 정책적 연구가 이루어져 온 반면에, 두 나라를 하나로 통합하는 장기적이고 불가피한 과제들에 대한 연구는 그리 많지 않다. 그래서 우리는 3년에 걸쳐 한반도 통일에 적용 가능한 사례들을 살펴보고 교훈을 얻기 위해 북한 전문가들과 다른 지역의 전문가들을 모으고 있다. 그 결과 아직 프로젝트의 초기단계임에도 불구하고 꽤 흥미로운 중간결론들을 얻었다.

가장 우선적이고 중요한 과제는 북한 주민들이 당장 필요로 하는 것들을 처리하는 일이다. 통일 시나리오가 경착륙에 가까울 경우, 이것이 야말로 가장 중요한 과제임이 입증될 것이다. 식량, 의료지원, 일용품, 대피소를 포함해 초기 긴급구조 등 매월 적게는 2억 5,000만 달러에서 많게는 12억 5,000만 달러가 소요될 것으로 추정됐다.[46] 초기 긴급구조가 어떻게 이뤄지는가는 충격으로 당황한 북한 주민들의 마음을 안정시키는 데 매우 중요한 영향을 미칠 것이다. 어린이, 임산부, 노인, 고아와 같이 가장 어려운 처지에 처한 사람들을 최우선으로 한 초기 대규모 인도적 구조활동은 북한 사람들로부터 정당성을 확보하고, 대규모의 반란, 불안, 집단 이주를 잠재울 수 있는 가장 중요한 첫 단계가 될 것이다. 그러나 긴급 인도적 구조활동이 북한 경제와 사회를 재건하는 데 장기적으로 가능한 일이 아니므로, 당장 단기적 필요를 공급하는 데 집중할 수 있는 시간과 비용에는 한계가 따른다. 그렇기 때문에 한반도 통일의 경우 가장 중요한 것은, 언제 어떻게 단기적 구조활동에서 장기적인 재건축 투자로 변환, 이행할지를 최대한 빨리 판단하고 결정하는 일이다. 그리고 거기에는 초기 구조활동만큼이나 큰 도전이 따를 것이다.

성공적인 한반도 통일을 위해 가장 중요한 전제조건은 북한의 사회기반시설 재구성일 것이다. 그 중에서도 교통이 최우선 사항이다. 한국보다 면적이 20퍼센트 더 크지만[47] 북한의 도로는 한국의 1/4에 불과하고, 포장된 도로만 봤을 때 북한의 총 도로 길이(724킬로미터)는 한국의 총 도로 길이(8만 642킬로미터)의 1퍼센트도 되지 않는다.[48] 뿐만 아니라, 북한에는 포장된 활주로가 있는 공항이 37개 있는 반면 한국에는 72개가 있고, 북한에는 158척의 상선이 있는 데 비해 한국은 819척을 보유하고 있다.[49] 북한의 7대 주요 항구인 청진, 해주, 흥남, 남포, 송림, 선봉, 원산도는 근래에 더욱 황폐해져 재정비가 필요하다. 북한이 비교적 이점을 갖고 있는 한 분야는 철도로, 한국은 총길이가 3,381킬로미터인데 비해 북한은 5,424킬로미터다.[50] 그러나 북한의 철도시스템은 매우 비효율적이고 일제 이후 현대화되지 않았기 때문에 재건이 우선적인 상황이다. 남과 북을 잇는 광범위한 도로, 철도 네트워크와 북한을 세계경제와 연결하는 운송, 항공 기반시설은 통일된 한국 경제에 장기적으로 대단히 중요한 강점이 될 것이다.

재건이 우선시 되는 또 다른 기반시설은 북한의 형편없는 통신망이다. 60년 동안 이어진 자율적인 고립으로 이 분야에서는 타의 추종을 불허한다. 예를 들어, 총 인구가 4,880만 명에 달하는 한국은 일반전화와 휴대전화를 모두 합쳤을 때 일인당 1.4개의 전화를 소유하고 있다. 이와 대조적으로, 북한에는 총 2,450만 명의 인구에 겨우 160만대의 전화가 사용되고 있다. 인구 15명 당 전화가 한 대라는 얘기다.[51] 뿐만 아니라 북한에는 거의 전무한 인터넷도 해결해야 한다. 전체적으로 한국에는 거의 30만 개에 달하는 인터넷 호스트가 존재한다. 반면, 북한은 겨우 세 개에 불과하고, 몇 안 되는 인터넷 유경험자들 중 대다수는 북한의 인트라넷(intranet)만 사용할 수 있을 뿐이다. 북한을 한국과 그리고 갈수록 더욱 상호 연결되고 있는 국제사회와 연결시키는 일은 재건의 주요 과제가 될 것이다.

세 번째 중요 기반시설은 전력과 에너지다. 현재 한국의 전기 출력 용량은 시간당 4,170억 킬로와트/h로 북한의 225억 킬로와트/h의 19배에 달한다. 이것은 북한의 발전에 제약이 되고 있다. 한국은 또한 하루에 218만 5,000배럴의 석유를 소모하는데 이는 북한의 1만 6,000배럴보다 137배 되는 양이다. 그리고 한국에는 북한보다 20배나 긴 석유와 가스 파이프라인이 있다.[52] 그러므로 북한의 교통, 통신, 에너지 분야의 기반시설을 재건하기 위해서는 상당한 자원이 필요할 것이다.

둘째로 우려되는 분야는 인구 통제다. 북한 정권이 붕괴되고 국경관리가 소홀해지면 엄청난 인구이동이 있을 것이다. 수년 전의 통계에 따르면 한국으로 망명할 북한 주민들의 수는 북한 인구 3분의 1에 이르는 최대 700만 명으로 추산됐다.[53] 오늘날에는 200만 명쯤으로 예상하는데 이 역시 엄청난 숫자다. 북한의 막대한 잉여 인력은 기회를 찾기 위해 이동할 것이고 이들의 이동은 한국에 부담을 줄 것이다. 또한, 한국 사람들이 선조의 땅을 찾는다는 명분으로 북한을 압박한다면, 이는 결국 북한의 불안정을 초래할 수 있음을 간과해서는 안 된다. 그러므로 별로 달갑지 않더라도 남북한 간의 왕래를 위한 출입국관리소와 현재 홍콩과 중국처럼 비자제도가 마련돼야 할 것이다. 북한에서 가장 타격을 입을 분야는 군대와 화학, 철강 산업이다. 현재 북한은 세계에서 네 번째로 많은 120만 명의 병력을 보유하고 있다.[54] 그러나 군대의 존재 이유인 한국과의 대결구도가 사라지면 북한군 대부분은 더 이상 필요하지 않을 것이다. 그렇다고 그들이 간단히 한국 군대에 편입될 수 있는 것도 아니다. 한국의 병력은 65만 5,000명에 달하는데 (북한군과 합치면 185만 명) 북한의 위협이 존재하지 않는 상황에서 그렇게 많은 병력은 필요하지도 않으며 유지할 수도 없다.[55] 그런데 조지타운대학의 엘리자베스 스티븐(Elizabeth Stephen) 박사는 자신이 실시한 인구통계학적 연구를 통해, 한국 군대는 낮은 출생률과 고령화로 인해 최대 20만 명의 병력이 감소할 것이라고 했다. 그러므로 북한군의 일부가 통일된 한국 군대에 편입될 가능성도 있다.

　북한 병력을 최대한 유지해야 하는 또 다른 이유를 이라크의 교훈에서 찾아 볼 수 있다. 이라크 연합군 임시행정처는 2003년에 '바스당 추방(de-Ba'athification)' 정책을 도입했다. 이라크로부터 사담 바스당의 오랜 잔재들을 근절하려는 노력은 이라크의 50만 명의 병력을 해제시켰다. 이 정책의 의도는 좋았지만, 이로써 분노와 환멸로 가득 찬, 직업을 잃고 무장한 50만 명의 젊은 이라크 남성들이 수십만 명의 목숨을 빼앗아 간 피비린내 나는 내전에 수년간 일정 부분 가담하는 결과를 낳았다. 그러므로 북한의 병력과 파산위기에 처한 철강, 화학 산업을 통일된 한국의 산업으로 빨리 편입시키는 것이 안정을 위한 최우선의 방법일 것이다. 이런 단체들을 위한 방법 중 하나는 위에 언급한 북한의 기반시설을 재건하는 일이 될 수도 있다. 역사(미국 포함)를 보면 큰 규모의 공공사업 프로젝트들은 과도기 사회에서 실업 문제와 사회보장 문제를 해결하기 위한 필요조건이나 마찬가지다. 북한도 예외는 아닐 것이다.

　그러나 북한 주민의 대부분이 통일된 한국 사회와 정부에 쉽고 간단하게 통합되지는 않을 것이다. 이런 변화가 일어나려면 거대한 교육 개혁과 재교육이 따라야 한다. 현재 북한이 주민의 99퍼센트가 글을 읽을 수 있고 초등학교와 중학교 취학률이 96퍼센트라(한국의 95퍼센트보다 1퍼센트 높다) 자랑하지만 북한의 교육 내용과 그 수준에는 의문을 품을 수밖에 없다. 동독과 서독이 통일됐을 때를 비교해 보건대, 동독 인구의 약 80퍼센트가 통일된 독일 경제에서 경쟁적으로 그 기능을 하기 위해 재교육을 받았다.[56] 그리고 앞에서 지적한 것처럼 동독과 서독은 한국과 북한보다 차이가 훨씬 덜 했다. 교육제도와 마찬가지로 북한의 건강 분야도 처음부터 다시 구축돼야 할 것이다. 아프리카와 아시아 국가들의 의료제도 실패의 예를 살펴보면, 재건의 주요 우선사항들은 크고 작은 병원들의 재활성화, 의료 전문가들의 기술 향상, 현존 의료 장비에 대한 세밀한 조사, 교육을 위한 비용분석이다. 그러므로 통일된 한국 정부는 적어도 한동안은 높은 교육, 실업, 의료 보조금을 공급하면서 사회복지제도 문제를 힘들게 다뤄야 할 것이다. 또한, 알코올중독, 마약중독, 도박, 범죄 등 증가할 수 있는 잠재적인 사회문제들에 대해서도 주의를 기울여야 한다.

문제가 발생할 수 있는 또 다른 사안은 한국과 북한의 화폐통합이다. 통일이 되면 통일 경제는 한국의 원화를 기본으로 할 것이 거의 확실하지만, 통일 정부는 통일 독일을 혼란에 빠뜨렸던 화폐통합과 관련한 문제들을 미연에 방지할 수 있도록 준비해야 한다. 독일은 통일하면서 동독 마르크의 가치를 서독 마르크에 맞춰 전환하기로 결정했다. 이렇게 함으로써 초기 통합 시기에 동독인들의 수입을 인위적으로 증가시켰고, 물가는 높이 상승했으며, 이는 40퍼센트에 이르는 실업률로 이어졌다.[57] 그러므로 한반도의 화폐통합은 여러 목표들을 한꺼번에 완수해 낼 수 있는 방법으로 이뤄져야 할 것이다. 환율은 독일에서 벌어진 물가상승과 실업과 같은 문제를 피할 수 있도록 설정해야만 한다. 그러나 두 화폐의 가치를 비슷하게 잡아 북한 사람들에게 충분한 재산을 허용함으로써 그들이 한국으로 대이동하는 일이 없도록 방지해야 한다. 그러면서도 북한 원화를 어느 정도는 낮게 책정하여 북한의 낮은 임금에 경쟁력을 실어줘야 한다. 그러면 외국투자를 유치할 수 있을 뿐 아니라 한국의 자본, 기술과 북한의 풍부한 저가의 노동력을 조화롭게 잘 활용할 수 있을 것이다. 이것은 통일된 한국 정부에 매우 활발한 토론 주제가 될 것이며, 정치인들은 여러 경쟁적인 이해관계들 사이에서 균형 잡힌 방안들을 강구해야 할 것이다.

마지막으로 짚고 넘어가야 하는 쟁점들은 한반도 통일의 사회적인 측면이다. 첫 번째 문제는 바로 과거사 정리다. 통일된 한국 정부는 북한 정권의 고위층 간부들을 어떻게 다뤄야 할까? 구(舊)유고슬라비아와 마찬가지로 국제재판이 진행돼야 할까, 아니면 남아프리카공화국에서 인종차별정책이 종식됐을 때처럼 진실화해위원회를 설치해야 할까? 집권 엘리트 중 몇 명이 재판을 받고 응당한 대가를 치러야 하는지, 또 그들 중 얼마나 많은 이들에게 '특별대우(golden parachute)'를 해줘야 하는지는 중요한 문제다. 과거의 경우를 보면, 논란의 여지가 많은 사안인 만큼 안정화하는 데는 합의가 필요하다. 그러므로 이해 당사자들과 전 정권의 기존 요소들이 포함돼야 한다. 코리아 프로젝트의 한 가지 제안은 과거사 정리는 최고위급 정치인들에게 집행하고, 하위급 인사들에게는 사면을 허락하는 대신 정보를 요구하는 것이다. 예를 들면, 핵 프로그램의 최고 책임자는 재판에 부치고 과학자들에게는 핵시설과 핵무기의 위치와 특성에 대한 정보를 받는 대신 사면해 주는 것이다. 비슷한 방법으로, 수용소의 최고책임자는 재판에 회부하고 간수들은 현지 상황에 대한 최대한의 정보를 캐내기 위해 재판을 면제해 주는 것이다. 이 사안들은 통일 한국의 사정을 고려했을 때 시한폭탄과 같을 수도 있다.

두 번째 사회적 문제는 남북한의 광범위한 지역적 정치분열이다. 한국인 대부분은 북한 노동력과 한국 자본의 결합이 통일 경제에 전체적으로 유익할 것이라며 반길 것이다. 하지만 한국의 노동단체들은 그다지 반가워하지 않을 수 있다. 북한과의 통합으로 한국의 임금 하락을 부채질한다면 한국 노동자들은 북한을 증오의 눈으로 바라볼 수 있다. 많은 한국 사람들이 초기에는 통일을 환영할지라도 북한을 떠안기 위한 세금과 사회복지 부담이 가중되면 그들 역시 점점 분개할 것이다. 그리고 한국의 강한 민족주의에도 불구하고 더 높은 교육수준의 부유한 남쪽 사람들은 북쪽 형제들에 대해 우월의식을 갖게 될 수도 있다. 반대로 북한 사람들은 한국 사람들을 비도덕적, 물질주의적, 돈밖에 모르는 이기주의자들로 볼 수 있다. 민주주의적으로 뽑힌 정치인들은 이런 분열을 없애고 각양각색의 이해관계들을 만족시키기 위해 눈코 뜰 새 없이 바쁠 것이다.

세 번째로 극복해야 할, 아마도 가장 중요한 고질적인 사회 문제는 북한 사람들 자신에 대한 것이다. 북한은 지난 60년간 지구상에서 '가장' 고립된 국가로 지내왔다. 통일이 되면 그들은 보나마나 정신적 혼란을 겪을 것이다. 왜냐하면 수십 년간 위대한 지도자의 지도로 세뇌받은 모든 것이 물거품이 될 것이기 때문이다. 한국에 살고 있는 2만 1,000명의 탈북자들이 이를 입증한다. 최근 통계에 따르면 탈북자들의 중학교와 고등학교 중퇴 비율이 한국 사람들보다 여섯 배나 높다. 실업률도 탈북자들의 경우 14퍼센트로 한국 사람들보다 네 배가 높고 월급은 평균 1,134달러로 서울 시민 평균 월급의 2분의 1도 안 된다.[58] 그러나 이 실업률조차도 적극적으로 직장을 구하는 사람들에 한해서이고 더욱 실망스러운 것은 41.9퍼센트만이 '취업 중'이라는 사실이다.[59] 탈북자의 3분의 1이 한국에서 수년간 살았음에도 불구하고 여전히 자기 자신들을 '한국인' 또는 '한국 사람'이 아닌 '북한 사람'으로 분류한다. 이런 시련들 때문에 탈북자들의 자살률은 한국 사람들의 세 배에 달하는 16퍼센트를 넘고 있다.[60]

결국, 통일에 따르는 어려움은 매우 크다. 어떤 이들은 가늠할 수도 없을 정도라고까지 말한다. 하지만 그런 부정적인 시각은 한국인들의 의지와 투지를 과소평가하는 것이다. 한국은 지속적으로 온갖 역경을 딛고 도전을 기회로 바꿔 온 나라다. 물론 한국은 통일을 성공적으로 이루기 위해 미국, 일본과 같은 동맹국들의 도움이 필요할 것이다. 또한, 그들은 성공을 향한 변함없는 의지로 통일에 접근해야 할 것이다. 그리고 나는 그들이 그렇게 할 수 있으리라 믿는다.

제10장

끝은 멀지 않았다

뉴욕 맨해튼에 있는 '21클럽'에서 저녁식사를 한다는 것은 특별한 일이다. 그것이 북한 사람들과 함께라면 더욱 더 그렇다. 오후에 열린 북한과의 양자회담 후 우리는 북한 측 대표단과 함께 이스트 52번가에 위치한 뉴욕의 명소인 이곳에 도착했다. 중소분쟁에 관한 영향력 있는 저서의 저자이자 나의 좋은 친구인 헌터칼리지 도널드 자고리아(Donald Zagoria) 교수는 미국과 동아시아의 관계에 대해 논하기 위해 학자들과 전문가들을 전미외교정책협의회(National Committee on American Foreign Policy, NCAFP) 주최 트랙2 회담에 소집했다. 비공식으로 열린 2005년 4월 회담에서는 협상 재개를 위한 북한 대표단과의 대화가 이뤄졌다.[1] 당시 북한은 콘돌리자 라이스 미 국무장관이 상원 인준 연설에서 북한을 '폭정의 전초기지'로 언급했다는 사실과 부시 행정부 2기에 들어선 미국이 북한에 대해 적대적인 의도를 가지고 있다는 의심에 근거하여 2004년 6월부터 6자회담을 보이콧해오고 있었다. 국무부 대북협상특사이자 전 CIA 요원이었던 조 데트라니(Joe DeTrani)와 국무부 한반도 과장 짐 포스터(Jim Foster)를 중심으로 한 우리 팀은 전미외교정책협의회 회의를 통해 6자회담 재개를 위한 돌파구를 마련하는 임무를 부여받았다. 점심시간에 우리는 북측과 회의실 옆방으로 장소를 옮겼다. 부시가 재선된 뒤 처음 열리는 양자 간 직접대화였다. 북한 측은 라이스의 발언에 불만을 표시하며 사과를 요구했다. 우리는 그렇게 할 수 없다고 답했다. 그들은 사과 없이는 협상도 없을 것이라며 라이스 장관이 무슨 뜻으로 '폭정의 전초기지'라고 말한 것이냐고 물었다. 나는 "무슨 뜻인 것 같습니까?"라고 반문했다. 부시 행정부가 협상에 대해 진지하지 않았다면 미 국무부가 북한 대표단에게 비자를 발급하지도 않았을 것이라는 발언이 있기까지 회담 두 시간 동안 이런 종류의 문답이 지속됐다. 북한 측은 "그렇다면, 라이스 장관 혼자만의 생각으로 간주해도 되겠습니까?"라고 물었다. 그러자 브루클린 출신 이탈리아인인 데트라니는 미국상원에서 나온 정부 고위 관료의 증언은 미국의 공식 입장을 반영하는 것이지만 해석은 알아서 하라고 답했다. 때마침 크리스 힐 신임 국무부 차관보가 회담이 어떻게 진행되고 있는지 묻기 위해 데트라니의 휴대폰으로 전화를 걸어왔다. 데트라니는 전화를 북한 대표단에게 넘겨줬고 그들은 비핵화 협상을 재개하기 위해 의지를 보인 힐의 행동에 매우 만족해했다.

우리는 저녁식사를 위해 장소를 옮겼다. 거기에는 핵무기가 정당한 방법이 아니라는 것을 북한 대표단에게 설득하기 위해 자고리아가 초청한 전 국무장관 등 저명한 외교 정책가들이 모여 있었다. 뉴욕에서 미북 공식회담이 열린다는 소식을 들은 일본과 한국의 기자들이 마치 레이디 가가(Lady Gaga)를 뒤쫓는 파파라치 마냥 21클럽 입구에 몰려 있었다. 우리가 택시에서 내리자마자 카메라 플래시와 기자들의 질문 공세가 이어졌고 지나가는 차들은 경적을 울려댔으며, 행인들은 이 낯선 사람들이 누구일까 하는 호기심 어린 눈으로 우리를 바라봤다. 기자들의 무리를 뚫고 클럽으로 들어간 우리는 VIP룸으로 안내됐다. 아일랜드 정책전문가부터 중국 정책전문가에 이르기까지 미국의 내로라하는 저명한 전문가들이 북한 대표단과 마주 앉았다. 북한 측은 월스트리트 CEO들에게나 걸맞는 대우와 자신들과 마주 앉은 고위급 참석자들에 매우 흡족해 보였다. 오후에 희망적으로 열렸던 미북 양자협상이 다시 이어진 가운데 나는 갑자기 낙담이 밀려왔다. 식사나 함께 한 참석자들 때문이 아니었다. 그저 그 저녁의 상황 자체가 그랬다. 나는 뉴욕의 이 최고급 식당과 비가 오는데도 밖에서 파파라치처럼 진을 치고 있는 기자단을 보며 이런 생각을 했다. '북한에 핵무기가 없었다면 이 북한 사람들이 과연 21클럽에 발이나 들여놓을 수 있었을까? 그들이 핵무기가 없는 그냥 가난한 국가에서 왔다면 미국의 이런 저명한 정책가들과 함께 건배를 들 수 있었을까? 그렇다면 그들이 왜 굳이 핵무기를 포기하겠는가?'

우리는 어쩌다 이 지경까지 왔을까? 북한은 국가 간 관계에서 학살에 준하는 정책을 펼치면서도 어떻게 계속 생존할 수 있었을까? 미 정부와 학계에 종사하는 정책입안자로서 북한의 역사를 공부하면서도 나는 여전히 이 국가가 연명하고 있다는 사실에 놀라지 않을 수 없다. 그토록 수많은 경제적 실패에도 불구하고 북한은 아직까지 건재하다. 김씨 일가에게는 사치품을 안기고 나머지 주민들은 굶주리게 하는 이념을 선전하는데도 북한 주민들은 (탈북자들마저도) 이 왕국에 애정이 있다. 군사적 도발과 핵무기 제조 등으로 동아시아의 안보를 위협하는데도 이 정권은 아직도 보복이나 선제공격 같은 처벌을 받은 역사가 없다. 특별히 빈틈없는 국정운영 능력이나 정책도 없이 매번 살아남는 것이다. 분명히 역사학자들은 북한을 국가 운영에 있어 최악의 사례로 기억할 것이다. 그렇지만 북한은 열악한 역사적·지정학적인 상황에서도 살아남았다. 북한과 중국이 국경을 마주한 것은 운명이었다. 이 국경은 중국으로 하여금 동북지방의 안정을 위한다는 명목으로 북한 정권을 보호하도록 이끌었고, 북한 주민들을 해방한다는 명목하에 미국과 한국과 같은 외부 세력이 북한 정권을 처벌할 수 없게 했다. 1950년 미국이 북한을 처벌하고자 했을 때 중국까지 개입해 전쟁은 더욱 악화됐다. 누구도 지금 똑같은 상황이 반복되는 것을 원하지 않는다. 1994년 7월 김일성이 갑자기 사망했을 때나 2011년 12월 김정일이 사망했을 때, 북한은 취약했지만 그 체제를 전복시킬 수 있는 기회는 없었다. 왜냐하면 국제적 규범으로 볼 때 주권과 관련해서는 외부 세력이 개입할 수 있는 권리가 없기 때문이다(예외로 막대한 논쟁거리가 된 이라크의 경우에서도 이런 규범의 유효성을 입증한다). 마지막으로 우리는 세계가 북한에 크게 신경을 쓰지 않았던 25년간 북한이 상당한 분량의 탄도미사일과 핵무기 프로그램을 구축한 것을 목격했다. 이러한 무기들이 미국과 동맹국에 매우 위협적인 것은 사실이지만 1981년 이라크와 2007년 시리아 침공 같은 사건을 북한이 경험하지는 않을 것이다. 왜냐하면 북한문제는 미국에 그만큼 중차대한 사안이 아니기 때문이다. 안타깝지만 미국인에게 (곧 미 정부에) 북한문제는 중동이나 아프가니스탄 문제와 별개다. 주목할 필요는 있지만 알카에다 지도부 색출이나 아랍-이스라엘 분쟁에 준할 만큼 우선순위에 포함되지 못한다. 북한의 위협에 가장 손쉬운 해결책은 문제를 보류하고 다른 중요한 안건들로 주위를 환기시키는 방법으로 군사적 대응을 피하고(싸울 가치가 없기 때문에), 차후 혹시 있을지 모를 위기를 방지하기 위해 협상을 재가동하는 것이다. 미국의 이런 상대적 무관심으로 북한은 수도 없이 살아남을 수 있었고 잘못에 대해 처벌을 받는 대신 협상으로 여러 이득을 볼 수 있었다. 북한이 생존할 수 있었던 이유는 북한 정권에 노련한 기술이 있어서가 아니다. 주권(외부 간섭으로부터 보호받는), 중국과 마주한 국경, 미국의 상대적인 무관심과 같은 물리적인 힘들이 복합적으로 얽혀 북한의 생존이라는 역사적인 사건을 초래한 것이다. 정말 불가사의한 민족국가다.

북한판 '아랍의 봄'?

북한의 생존이 얼마나 오래 지속될 수 있을까? 이 책 서두에 썼듯이, 그리 오래 가지 않을 것이다. 나는 차기 미 대통령(그리고 한국 대통령)의 임기가 끝나기 전에 북한은 위기 상황을 맞을 것이고 어쩌면 통일도 이뤄질 수 있으리라 믿는다. 여러 상황들이 결합하여 온갖 악조건 속에서도 북한이 살아남은 것처럼, 김정일의 죽음과 김정은의 경험 부족, 북한 사회에서 일어나는 시장화의 물결, 외부정보의 유입과 같은 새롭고 특수한 여러 물리적 상황들이 북한 정권의 입장에서 볼 때는 매우 불리한 조건들이다. 물론 회의론자들은 이러한 분석을 쉽게 납득하지 않을 수도 있다. 2010년 5월 나는 이 주제에 관해 정보기관에서 주최한 한 회의에 참석했다. 오랜 기간 북한을 분석해 온 전문가들은 북한의 안정된 기반을 송두리째 흔드는 변화는 없을 것이라고 예측했다. 그 증거로 북한의 지난 역사를 원용했다. 북한은 냉전이 종식됐을 무렵 지원국들로부터 버림 받았고, 기근을 겪었으며, 김일성이 사망했음에도 북한 정권은 건재한 모습을 보였다. 전문가들은 오늘날 북한이 여전히 강한 통제력 아래 김정은으로 순탄하게 정권이양을 이룩했다는 데 동의한다. 그리고 이들은 결국 북한에 혁명은 일어나지 않을 것이라고 전망한다. 이것은 사실이다. 그러나 중동과 북아프리카 지역에서 일어난 사건들로 우리는 두 가지 사실을 배웠다. 첫째, 어떠한 변화도 없을 것이라 예상하게 했던 수많은 근거가 있었음에도 변화가 일어날 수 있다는 사실이다. 그것도 매우 갑작스럽게. 둘째, 독재정권의 붕괴를 야기할 수 있는 여러 변수들이 존재한다 해도 언제 붕괴할지, 또는 과연 붕괴할지에 대해 아무런 단서도 제공하지 않는다는 것이다. 리비아, 이집트, 튀니지 독재정권이 무너진 가운데, 전문가들은 오랫동안 잠재해 오던 붕괴 원인들을 짚어냈지만, 한편으로는 왜 10년, 20년 전이 아닌 하필 2011년에 무너진 것인지 설명할 수 없었다. '아랍의 봄'의 격동적인 시위에 무너진 독재자들은 [예멘의 살레(Ali Abdullah Saleh), 튀니지의 벤 알리(Zine El Abidine Ben Ali), 이집트의 무바라크, 리비아의 카다피] 모두 북한의 김정일보다 오랫동안 집권했다. 과연 중동사태가 북한 정권에 아무런 영향이 없다고 단순히 추정할 수 있을까?

원인들[2]

이 질문에 답하려면 익히 잘 알려진 역사적 혁명과 반란의 근본적인 원인이 무엇이었는지 파악해야 한다. 2010년 말 중동과 북아프리카에서 불어 닥쳤던 혁명의 바람은 그 범위와 규모에 있어 가히 역사상 유례를 찾아보기 힘든 것이었다. 절망에 빠진 튀니지의 26세 과일 노점상 모하메드 부아지지의 분신자살이 정치적 변화의 바람을 이끈 대혁명의 시발점이었다. 그 지역은 약 90여 년 전 오토만 제국이 무너진 후 어떠한 정치적 변화도 없었다. 부아지지 사건 이후 수개월 동안 남녀노소 할 것 없이 모든 사람들이 폭력과 죽음도 아랑곳하지 않고 정권에 맞서 투쟁했다. 튀니지에서 시작돼 알제리로 확산됐고 또 리비아로 전이됐다. 그리고 리비아에서 이집트로 확산됐다. 단 수개월 사이 중동과 북아프리카 지역에 있는 거의 모든 국가들에서 어떤 식으로든 폭동이 일어났다. 그리고 그 여파는 아프리카의 사막에서도 멈추지 않았다. 중국 정부는 '이집트', '재스민 혁명(Jasmine Revolution)', '아랍의 봄'을 검색하지 못하도록 인터넷에 방화벽을 설치했다. 그리고 북한은 모든 공적 집회를 금지하도록 명령했으며 2011년 7월에는 모든 대학을 폐쇄하고 학생들을 노동 프로그램에 참여시킬 것을 결정했다.

표면상으로는 부아지지의 자살이 직접적인 원인이었지만 이 사건을 거대한 혁명으로 인도했던 보다 큰 힘이 있다. '아랍의 봄'이 발발하게 된 원인은 크게 다섯 가지로 분류할 수 있다. 현대화이론, 발전격차이론, 인구통계이론, 전염이론, 정권유형이론이다. 현대화이론[3]이란 이른바 사회경제적 현대화로 인한 인류사의 발전 과정은 민주주의 형태의 정부를 필요로 하고 유지하고자 한다는 이론이다. 아랍이건, 아시아건,

미국이건 여러 사회들에서 보편적으로 나타난 현대화 과정이 이러한 특징들을 수반했다는 사실이 그 증거다. 도시화, 식자율(識字率)과 교육수준의 상승, 시민단체들의 등장, 더욱 세속화된 대중들, 시장형 경제, 사유재산을 소유한 중산층의 출현, 계급 분화 감소 등은 대개 사회의 현대화를 동반한다. 이런 여러 발전들로 사람들은 먹고 사는 일에 더 이상 급급하지 않고 그 대신 정부가 어떤 성과를 내고 있는가에 더 관심을 갖게 된다. 간단히 말해, 부가 쌓이고 개인이 발전하기 시작하면 제도에 대한 이해관계가 그들에게 내재적으로 주어진다. 더 나은 삶을 한 번 맛보면 인간의 기대와 요구는 기하급수적으로 증가한다. 그러므로 궁핍이나 다른 유형의 불만족이 '아랍의 봄'을 가속화시킨 것이 아니라, 오히려 부분적으로는 인간의 발전이 그 이유였다고 할 수 있다.[4]

현대화는 사회적 부(富)의 정도로 측정된다. 석유 수출이 주 수입원인 석유국가가 아닌 이상 부유한 개인이 많은 사회일수록 민주화 운동의 경향성이 짙어진다. 부 자체가 대중운동을 이끄는 것이 아니라 위에 언급한 건강, 교육과 같이 부와 함께 동반되는 요소들이 대중운동을 이끄는 것이다.

예를 들면, 튀니지는 2010년에 평균소득 3,800달러를 기록한, 실제로 매우 현대화된 사회였다. 이 소득수준은 선진국을 기준으로는 그리 많아 보이지 않지만 중국, 인도, 인도네시아를 포함한 80여 개의 다른 국가들의 평균소득보다 훨씬 높은 금액이었다. 건강, 교육, 소득을 합쳐 측정하는 유엔 인간개발지수(HDI)에 따르면 튀니지는 세계에서 백분위(percentile) 68로 이 지역의 평균보다 약 10점이나 높은 것이었다. 튀니지보다는 덜 극명했지만 이집트도 비슷한 특성을 보였다. 2010년에 이집트의 평균 개인소득은 2,270달러였다. 이는 룩셈부르크의 10만 5,044달러와 어깨를 견줄만한 금액은 아니었지만 그렇다고 160달러를 기록한 부룬디와 어깨를 나란히 할 것도 아니었다. 이집트는 세계에서 HDI가 백분위 62로 이는 지역 평균을 능가하는 기록이었다. 리비아 역시 비교적 현대화된 사회다. 1인당 GDP인 9,714달러는, 비록 GDP의 60퍼센트가 석유수출이라 인위적으로 과장된 면도 있지만, 이중 상당 금액이 서민층으로 확산되고 있는 것으로 알려졌다. 리비아의 HDI는 백분위 75로 튀니지, 이집트, 다른 이웃 국가들보다 명백히 높고 평균 수명도 75세나 된다. 시리아도 1인당 평균소득이 약 2,500달러, HDI는 백분위 60에 약간 못 미치지만 비슷한 양상을 보인다. 그러나 몇몇의 경우, 현대화 이론을 적용하기에 한계가 있는 듯하다. 예를 들면, 2010년 예멘의 평균소득은 겨우 1,000달러를 넘었고 HDI는 지역 평균보다 20점이나 낮은 백분위 40에 머물렀다.[5] 그러므로 현대화 이론 외에 무엇인가가 더 있는 것이 분명하다.

어떤 이들은 개개인에 초점을 맞추지 않고 더 넓은 의미의 사회경제적 발전을 불안정의 촉매제로 간주한다.[6] 경제가 빠른 속도로 성장할 경우 종종 경제가 사회를 구성하고 있는 정치제도를 앞지르게 되면서 불안정을 유발할 수 있다. 이런 현상은 하버드대학의 정치학자였던 고(故) 새뮤얼 헌팅턴(Samuel Huntington) 교수가 언급한 발전격차이론과 유사한 것으로 사람들의 열망이 국가가 충족시켜줄 수 있는 정도보다 더 빠르게 증가한다는 것이다.[7] 즉, 그들의 바람은 충족되는 속도보다 더 빨리 자란다. 지난 10년 동안 아랍은 빠른 경제성장에 비해 침체된 독재주의로 대표됐고 '아랍의 봄'이 발생한 여러 국가에서 이와 같은 사례들을 찾아볼 수 있다. 리비아의 경우, 2003년에 13퍼센트의 경제성장을 기록하는 등 매년 소폭의 인구 증가와 함께 평균 4퍼센트 이상의 경제성장을 이뤄왔다. 튀니지 역시 지난 10년간 고작 10퍼센트의 인구 증가와 4.5퍼센트의 경제성장률을 기록했다. 예멘도 2000년부터 인구는 상당히 증가했지만 4.5퍼센트에 살짝 못 미치는 경제성장률을 이어왔다. 시리아와 이집트도 마찬가지로 4퍼센트가 넘는 성장률을 지속해왔으나 빠른 인구 증가로 인해 경제의 힘이 다소 약화됐다.[8] 1인당 GDP의 성장은 이런 발전을 반영한다. 2000년부터 이집트는 1인당 실질국민소득이 31퍼센트 증가했다.[9] 같은 기간 동안 리비아는 20퍼센트 미만, 시리아는 23퍼센트에 조금 못 미쳤다. 지난 10년간 튀니지의 1인당 GDP는 41퍼센트나 증가했고 예멘이 12퍼센트의 성장을 기록했다.[10] 이 국가들의 성장 정도는 약간 차이가 있긴 하지만 정치학자들 사이에서 권위주의의 고착이라 불리는 최고의 정치적 침체라는 공통분모를 공유했다.[11] 예멘의 살레는 1990년부터 집권했고, 튀니지의 벤 알리는 1987년, 이집트의 무바라크는 1981년, 카다피는 1979년부터 통치했다. 시리아의 바샤르 알 아사드(Bashar al-Assad)는 2000년에 정권을 잡았지만 29년간 나라를 통치한 아버지 하페즈(Hafez al-Assad)로부터 왕좌를 물려받은 것이었다. 프리덤하우스에 따르면 이 다섯 개 국가들은 2010년 자유지수 7등급 중 7 또는 6등급을 받아 (7등급이 가장 적은 자유, 1등급이 가장 많은 자유) 비자유국으로 분류됐다.[12] 2000년대의 꾸준한 경제성장은 결국 국민들이 정부의 역량보다 더 성장했다는 뜻이었다.

다른 이론은 사회의 인구학적 구성을 살펴본다.[13] 인구의 평균연령이 낮고 실업률이 높을수록 국가가 더욱 불안정하다. 할 일 없고 반감

많은 젊은이들 수백 명, 수천 명, 수백만 명이 국가에 문제를 일으키는 것은 순식간이다. '아랍의 봄'에서 볼 수 있는 많은 경우다. 그래서 어떤 사람들은 이 지역에서 일어난 폭동을 '젊은이의 반란(youthquake)'이라고도 일컫는다.[14] 예멘이 아마도 이 이론의 가장 전형적인 예일 것이다. 예멘의 중위연령(median age)은 겨우 18세다.[15] 그리고 가장 최근(2003년)에 공식 집계된 실업률이 35퍼센트였다. 리비아도 이 이론에 부합한다. 인구의 절반이 24.5세보다 젊고 실업률도 30퍼센트나 된다. 튀니지 역시 2010년에 실업률이 14퍼센트로 꽤 높았고 중위연령이 30세로 미국(37세), 캐나다(41세), 일본(44세)과 같은 선진국들에 비해 훨씬 낮다. 이집트도 인구의 절반이 24.3세보다 어린데 놀랍게도 실업률은 10퍼센트 이하로 낮다. 시리아의 경우도 중위연령이 21.9세로 인구가 비교적 젊은 데 비해 실업률은 겨우 8퍼센트밖에 되지 않는다.[16] 그러므로 경우에 따라 맞기도, 맞지 않기도 한 젊은이의 반란 가설은 '아랍의 봄'을 설명하기에는 부족하며 다른 요소들이 존재한다는 것을 시사한다고 하겠다.

중동과 북아프리카에서 일어난 폭동에는 국가들의 내부적, 구조적 요소들을 초월한 외부적인 요소들이 작용했다는 설득력 있는 주장들이 있다. 전문가들은 '전염' 효과라 부른다. 튀니지의 아부지지로부터 감화받은 이집트의 한 남성이 분신했고 그러자 "이제 우리는 모두 이집트인이다!"라는 슬로건을 내건 페이스북 단체들이 지역은 물론 전 세계에 생겨났다. 한 나라의 투쟁이 다른 나라로 옮겨지는 전염 효과는 두말할 것도 없다. 그런데 어떻게 이런 일이 일어나는 것일까? 현 시대의 빠른 통신기술과 24시간 계속되는 뉴스 중계로 아주 억압적인 정권이 통제하는 국가를 제외한 어느 곳에서든 정보를 쉽게 접할 수 있다. 국가가 언론은 심하게 탄압할 수 있을지라도 페이스북, 트위터, 유튜브, SMS와 같은 소셜 미디어를 일일이 다 막을 수는 없다. 튀니지를 예로 들면, 1,060만 명 인구 중 91.8퍼센트가 휴대폰을 소지하고 있으며 33퍼센트가 인터넷 접속이 가능하다. 북아프리카에서 가히 최고다. 비슷하게 이집트도 인구의 64.7퍼센트가 휴대폰을 사용하고 25퍼센트가 인터넷을 사용한다. 리비아는 휴대폰 사용 인구가 76퍼센트이고 예멘도 34퍼센트다. 시리아 역시 인구의 37퍼센트가 휴대폰을 소지하고 있으며 20퍼센트에 조금 못 미치는 인구가 인터넷을 정기적으로 사용한다.[17] 비록 서양의 선진국들에 비하면 훨씬 낮지만 우리는 매일 밤 그들이 찍어 올린 자국 내 폭동 영상들을 충분히 볼 수 있다. 이 국가들의 비교적 높은 식자율도 소셜 미디어의 원동력으로 작용했다. 리비아의 식자율은 89퍼센트다. 시리아는 84퍼센트, 튀니지는 78퍼센트, 이집트는 66퍼센트, 예멘도 62퍼센트다. 이것은 확산 가능성이 그만큼 크다는 것을 의미한다. 식자율 62퍼센트가 그리 인상적이지 않을 수도 있다. 그러나 사하라사막 이남의 아프리카 국가들의 식자율은 그 절반도 되지 않는다.[18] 이런 미디어를 통해 개인들은 정보를 공유하고, 시위를 조직하고, 모든 사람들이 볼 수 있도록 사진과 영상을 올릴 수 있다. 그러나 인터넷과 휴대폰을 기반으로 한 이 새로운 소셜 미디어보다 더 중요한 것은 바로 텔레비전이다. '아랍의 봄'의 경우, 전문가들이 말한 '알자지라 효과(Al Jazeera effect)'가 바로 그 예다.[19] 리비아 사람들은 알자지라 방송을 통해 튀니지 폭동을 목격했고 그에 힘입어 시위를 일으켰다. 비슷하게 이집트가 그 뒤를 따랐고, 그 다음에는 예멘이었다. 비교적 흔히 접할 수 있는 텔레비전이 이런 효과를 가능하게 했다. 예멘의 경우, 국민 100명 당 텔레비전을 34대 보유하고 있다. 이집트는 24대, 시리아는 19대, 리비아는 14대다.[20] 다시 한 번 말하지만 이런 통계가 보통 미국인들에게는(미국은 인구 100명 당 텔레비전 74대가 있다) 별 것 아닐 수도 있다. 하지만 에리트레아(0.02/100), 차드(0.1/100), 탄자니아(0.28/100) 같은 세계 최빈국에는 텔레비전이 거의 존재하지 않는 것이나 마찬가지임을 기억해야 한다.[21] 알자지라 효과가 높은 식자율보다 더 큰 힘으로 작용할 수 있었던 것은, 아랍어(알자지라 방송 언어)가 적어도 중동과 북아프리카에 위치한 28개국에서 널리 사용되고 있기 때문이다. 이리하여 아랍국가들의 폭동은 한 국가에서 다른 국가들로, 거기다 중국과 북한조차 두려워할 정도로 전염됐다.

마지막으로 중요한 요소는 나라를 통치하고 있는 정권의 유형과 관련이 있다.[22] 경제성장이나 대중의 불만을 이유로 어느 정도 자유를 허용하는 정권들이 국민들의 반란에 더 쉽게 직면할 수 있다고 주장할 수 있다. 이런 '연성 권위주의(soft authoritarianism)'가 독재자의 전형적인 딜레마를 야기한다. 지도자들이 성장률을 지속하기 위해 어느 정도 자유를 허용하는데, 이는 결국 주민 통제력을 잃게 되는 파괴의 씨앗이고 눈덩이효과(snowball effect)로 나타난다. 튀니지가 이와 같은 경우였다. 이코노미스트 인텔리전스 유닛(EIU)의 민주화지수에 따르면, 튀니지의 시민적 자유는 10점 만점에 3.2점, 정치문화는 5.6점이었지만 선거절차는 0점이었다. 프리덤하우스도 튀니지의 '시민적 자유'에 7등급 중 5등급, '정치적 권리'에는 7등급(낮음)을 주며 같은 입장을 표명했다. 이집트도 비슷한 성향을 보인다. EIU는 정치문화 부문에서 10점 만점에 5점을, 시민적 자유 부문에서는 3.5점을 줬지만 선거절차 부문에서는 겨우 0.8점을 줬다. 프리덤하우스도 비슷하게 이집트의 시민적 자유는 5등급, 정치적 권리는 6등급을 매겼다. EIU에 의하면 리비아의 정치문화는 10점에 5점, 시민적 자유는 겨우 1.5점, 선거절차는 0점이다. 프리덤하우스에 따르면 예멘도 시민적 자유가 5등급으로 6등급인 정치적 권리보다 높았다. 마지막으로 시리아의 경우, 비록 EIU로부터 정치문화 부문에서 10점에 5.6점을 받았지만 시민적 자유는 1.8점, 선거절차 부문에서는 0점을 받았다. 비슷하게 프리덤하우스도 시리아의 정치적 권리는 7등급으로 시민적 자유 6등급보다 낮게 평가했다.[23] 그리고 세계은행에 따르면, 이 국가들 중 어느 나라도 지난 3년간 시민의 능동적인 참여율이 15퍼센트를 넘지 못했다. 그나마 리비아와 시리아가 5퍼센트를 간신히 넘었다.[24] 10점 만점에 1~2점이나 7등급 중 1~2등급 차이가 그리 크지 않은 것으로 보일 수 있겠으나 반란에 시동을 걸기에 충분한 것으로 입증됐다. 요약하자면, 이 중동국가들에서 나타난 연성 권위주의에는 내재적 모순이 있는 것 같다. 많은 경우, 사람들은 자신의 직업이나 종교, 시민사회단체까지도 자유롭게 고를 수 있었지만 지도자 선택만은 예외였다. 이런 자유를 맛본 사람들은 독재자가 사라지지 않는 이상 절대 만족할 수 없는 극심한 굶주림을 느끼기 시작하는 것이다.

'아랍의 봄'이 평양에서?

　부의 축적(현대화이론), 경제성장률(발전격차이론), 인구통계(인구통계이론), 전염효과(전염이론), 정권유형(정권유형이론). 이 다섯 가지 잠재적인 변수들이 북한에도 '아랍의 봄'을 일으킬 수는 있다. 이 변수들로 인해 북한이 변화할 가능성은 얼마나 될까? 나는 희박하다고 본다. 북한에는 개발 또는 발전격차가 존재하지 않는다. 부의 축적과 경제성장이 뚜렷이 보이지 않는다. 현대화와 경제성장은 고사하고 발전은 거의 없다. 평양 거리를 다녀보면 스카이라인이나 도로가 비교적 깨끗이 정비돼 있긴 하지만 1960년대부터 거의 발전되지 않았음을 느낄 수 있다. 건물뿐 아니라 공중전화, 전차, 가로등, 구조물들 모두 40년 이상은 돼 보

[표 10-1] 북한의 경제성장률(1990~2009)

연도	1인당 GNI (미 달러)	GDP 성장률 (%)
1990	1,146	-4.3
1991	1,115	-4.4
1992	1,013	-7.1
1993	969	-4.5
1994	992	-2.1
1995	1,034	-4.4
1996	989	-3.4
1997	811	-6.5
1998	573	-0.9
1999	714	6.1
2000	757	0.4
2001	706	3.8
2002	762	1.2
2003	818	1.8
2004	914	2.1
2005	1,056	3.8
2006	1,108	-1.0
2007	1,152	-1.2
2008	1,056	3.1
2009	960	-0.9

출처: Bank of Korea (2011).

인다. 북한의 경제는 계속 축소돼왔다. 1990년대 그나마 괜찮았을 때에도 GDP 성장률은 그리 인상적이지 못했다. 게다가 1인당 GNI는 지난 20년간 꾸준히 감소해 왔는데, 1990년에 1,146달러였던 것이 1998년에는 573달러로 급락했고 2009년에는 960달러로 오르긴 했지만 여전히 20년 전에 비하면 줄어들었다.

소비자가 주도하는 현대 사회의 모습은 전혀 찾아볼 수 없다. 평균 수명은 67.4세로 1990년의 70.2세보다 낮고[25] 인구의 3분의 1은 영양실조다.[26] 이런 상황에서 주민들의 삶을 개선시켜 달라는 요구를 할 만한 여유가 있는 사람은 없다. 기대도 어느 정도 희망이 있어야 존재한다. 북한에는 전혀 없다. 대신 북한 사람들은 다음 끼니는 언제 먹을 수 있을지, 추운 겨울은 어떻게 날지, 오로지 생존에 매달린다.

북한도 '아랍의 봄'의 두 가지 중요한 요소인 비교적 젊은 인구와 높은 식자율을 보유하고 있다. 평균연령은 32.9세이고 식자율을 100퍼센

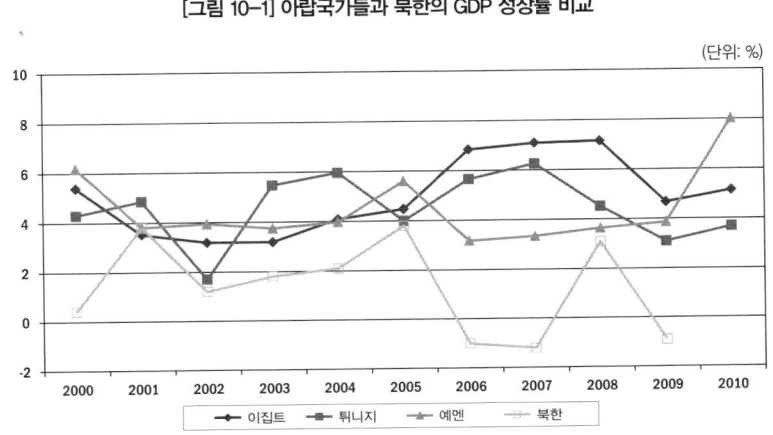

[그림 10-1] 아랍국가들과 북한의 GDP 성장률 비교

출처: 아랍국가 GDP는 IMF.org (2011) 자료, 북한 GNI는 Bank of Korea (2011) 자료.

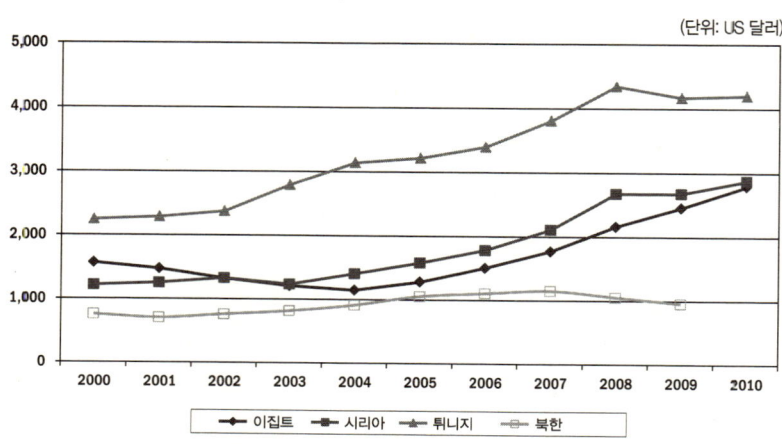

[그림 10-2] 아랍국가들과 북한의 1인당 GDP 성장률 비교

출처: 아랍국가 GDP는 IMF.org (2011) 자료, 북한 GNI는 Bank of Korea (2011) 자료.

트에 가깝다. 하지만 '젊은이의 반란'이 일어날 확률은 희박하다. 많은 이들의 생각과 달리, 북한의 어려운 경제사정 때문에 아무리 오랜기간 실직상태이거나 흔들리기 쉬운 북한 젊은이라도 정권타도를 꿈꾸지 않는다. 우선 공산주의 경제에는 엄밀히 따지면 실업률이 없다. 모든 사람이 국가를 위해 일하기 때문이다. 물론 국가가 수개월간 노동자들에게 임금을 주지 못하는 것을 따진다면 이들은 실직자나 다름없다. 그렇다고 이들이 나태하다고 할 수도 없다. 왜냐하면 대부분의 시간을 먹고 살기 위한 방법을 찾는 데 사용하기 때문이다. 국가가 운영하는 공장에서 일하는 보통 노동자들은 임금을 받지 못하므로 더 이상 출근하지 않아도 된다. 그렇다고 공장을 그만 두지는 않는다. 대신 아침에 출근 신고를 하고 하루 종일 암시장에 내다 팔 물고기를 잡으러 다니거나 고철을 주우러 다닐 수 있도록 윗사람을 매수한다. 살아남기 위해 이렇게 고군분투하는 것 외에도 젊은 남성들은 최대 12년 동안 유급으로 군대에 갈 수 있다. 북한의 징병제도는 육군은 5~12년, 해군은 5~10년, 공군은 3~4년으로 세계에서 가장 긴 복무기간을 자랑한다.[27] 그 후, 모든 이들은 40세까지 시간제 군복무와 60세까지 노동적위대(북한의 대표적인 민병조직)에 복무해야 한다.[28] 표면상으로 이 제도는 강한 군대를 유지하기 위해 마련됐지만 젊은 남성들 통제가 목적이기도 하다. 또한, 북한 사회에서 여가란 (그것도 허용된다면) 대부분 사상교화로 이뤄진다. 친애하는 지도자를 모실 때 휴식시간이란 없다. 예를 들면, 학생들은 방과 후 자기가 속한 조원들과 함께 태양절 축제 준비를 위해 김일성 광장에서 행군한다거나, 김일성의 위대한 사상을 공부한다. 조만간 북한에서 젊은이의 반란이 일어날 것이란 객관적인 조짐은 전혀 엿볼 수 없다.

전염효과는 어떨까? 중동과 북아프리카에서 일어난 일들에 대한 뉴스가 북한에 확산될 수 있을까? 북한 사람들이 튀니지 상인의 불만을 공감할 수는 없다 하더라도, 시위가 대중의 욕구를 표현하고 변화를 이끌어 낼 수 있다는 사실을 알게 되면 시위를 일으킬 수 있을까? '아랍의 봄' 이후 북한 인권 NGO들의 우선 사항들 중 하나는 이 전례 없는 사건에 대한 정보를 북한에 최대한 많이 유입시키는 것이었다. 2010년 연평도 포격사건 이후 한국군은 북한에 '아랍의 봄'에 대한 정보가 담긴 전단을 300만 장 가까이 보냈다. 또 다른 방법은 서해상의 섬에서 북한으로 열기구를 날려 보내는 것이었다. 열기구에 달린 상자들에는 돈과 식량, 중동에서 일어난 일에 대한 뉴스 기사들이 가득 들어있었다. 바람이 원하는 방향으로만 불어준다면 이 열기구들은 북한에 도착해 북한 정권이 그토록 지키고자 하는, 자신들의 실체를 알리는 정보들이 전

파되는 것이다. 그러나 이런 노력들로 북한 주민 전체를 교육시키는 것은 역부족이었다. 게다가 살포된 물건들을 소지했다가 북한 당국에 적발되면 큰 위험이 따랐다. 자유북한방송, 자유조선방송, 북한개혁방송과 같은 북한 인권과 개혁을 지지하는 라디오 방송들도 매일 중동에서 일어난 일들을 북한으로 방송했다. 하지만 이 방송들의 주파수는 자주 북한 당국에 의해 차단됐고 북한 사람들 대부분은 방송을 들을 수 있는 라디오조차 없다.

전염효과를 일으키기 위해서는 높은 식자율, 소셜 미디어, 또는 어느 정도 자유로운 언론이 필요하다. 북한의 경우, 식자율은 충족되지만 나머지 둘은 아니다. 북한에서 인터넷에 접속하는 것은 아예 불가능하고, 유일한 인터넷망은 인트라넷으로 북한 정부가 엄격히 통제하는 웹사이트들에만 접속 가능하다. 북한 전국을 통틀어 단 하나의 트위터 계정과 페이스북 계정이 있다(정부가 만든 것이다). 북한의 모든 방송사들은 국영방송으로 알자지라와 같이 지역이나 남북한 간의 방송 네트워크도 없다. 그리고 최근 통계에 따르면, 북한 주민 100명 당 겨우 다섯 대의 텔레비전이 있다고 한다.[29] 해외여행은 고사하고 국내여행도 엄격히 통제된다. 우리 삶에서 일상이 되어버린 넘쳐나는 개별 미디어와 엔터테인먼트 기기들에 대해 보통의 북한 주민들은 전혀 모르고 있다 해도 과언이 아니다. 2007년에 평양을 방문했을 때 나는 내 아이팟을 소지할 수 있었는데, 이는 순전히 공항 보안직원들이 아이팟이 무엇인지 몰라서 가능했던 일이다. 나는 북한 내에서는 절대 통신장비로 사용될 수 없고(북한에는 무선 인터넷이 존재하지 않는다) 음악과 비디오 영상만 있다고 그들을 안심시켰다.

이와 관련해 최근 매우 흥미로운 두 가지 사건은 북한의 휴대폰 도입과 평양과학기술대학에 새로운 컴퓨터실이 개설된 것이다. 한때 북한은 고위층을 위해 휴대폰을 도입했다. 그러나 2004년 한 기차역에서 김정일 암살시도로 보이는 휴대폰 폭발사고가 일어난 후 금지했다. 폭발물 잔해에서 휴대폰을 폭탄으로 개조한 것으로 보이는 증거가 포착됐기 때문이었다. 이후 2008년에 이집트 통신회사 오라스콤이 4억 달러어치의 북한 휴대폰 사업개발권을 따냈다.[30] 2009년 첫 해 휴대폰 7만 대를 시작으로 현재 평양에만 거의 100만 대가 있다. 하지만 이것도 전체 인구의 3.5퍼센트밖에 되지 않고 해외통화도 불가능하다. 평양과학기술대학은 미국의 복음주의 기독교인들과 한국의 학자, 기독교인, 기업인 등이 자금을 제공해 2010년 10월 설립됐다.[31] 이곳에는 컴퓨터 160대가 있는데 선택된 학생들만 훈련을 받고 있다. 컴퓨터 사용은 엄격하게 선택된 학생들만 사용 가능하고, 이들은 인터넷에서 북한에 필요한 정보를 수집하는 일을 담당한다. 이에 비해 튀니지는 인구의 40퍼센트가 인터넷과 친숙하다. 북한에서 외부정보에 대한 노출 정도는 아랍국가들에 비하면 극히 낮다.

북한은 세계에서 가장 강력한 권위주의 정권을 유지하고 있다. 한국은 급성장한 중산층이 1987년 정치적 자유를 요구함에 따라 연성 권위주의로 전환한 반면에 북한은 모든 변화에 저항해 왔다. 평양을 방문해 본 사람들은 북한 사람들의 삶이 그리 나빠 보이지 않는다고 말한다. 평양 주민들은 군대의 순찰 없이도 자유롭게 거리를 활보하고 사회는 늘 질서정연해 보인다. 도시를 방황하는 노숙자도 눈에 띄지 않는다. 평양발 CNN 방송은 평양시민들이 거리 축제에 참여하고, 솜사탕을 먹으며, 휴대폰으로 문자를 전송하는 모습을 보도했다. 이 단편적인 기사는 모든 자유를 매우 엄격히 통제하는 엄청나게 제한된 북한 사회를 잘못 묘사한 것이다. 북한은 여전히 프리덤하우스의 세계자유상황보고서에서 7개 등급 중 꼴찌인 7등급을 받았고, 정치적 권리와 시민적 자유 부문에서도 최악 중의 최악이란 타이틀까지 얻었다.[32] EIU의 민주화 지수에서도 167개국 중 꼴찌를 차지했고,[33] 세계은행의 시민의 능동적 참여지수에서도 0퍼센트를 기록했으며, 언론자유지수도 196개국 중 꼴찌를 면치 못했다.[34] 놀라운 것은 이 순위들이 의미하는 바다. 이 순위는 북한에 연성 권위주의로 변화하고자 하는 움직임이 없어서가 아니라, 지난 수십 년간 어떤 상황에서도 북한 정권이 통제를 꾸준히 유지해 왔음을 시사한다. 경제개혁을 위해 어느 정도의 자유화가 필요하다는 이해가 부족해서 그 순위가 지속적으로 유지되는 것이 아니라 김씨 정권이 그 무엇보다 정치적 통제를 철저히 한다는 뜻이다. 이는 김씨 정권만의 권위주의라 할 수 있다.

정치학계의 저명한 학자들에 따르면, 내부의 정치적 변화를 일으키기 위해서는 외부 요소들과 변화를 추구하는 정치적 의도를 가진 외부 공동체가 필요하다.[35] 하지만 북한에는 이집트나 이란과 같이 반체제적인 망명자들이 존재하지 않는다. 탈북자들은 북한의 수용소 간수들이나 부패한 관료들에게 분노한다. 그러나 놀랍게도 김씨 정권을 퇴출시킬 정도까지의 분노로 이어지지는 않는다. 2008년 서울에서 탈북자들을 대상으로 한 설문조사를 예로 들면, 이들의 75퍼센트가 김정일에 대한 부정적인 감정이 없었다.[36] 《수용소의 노래: 평양의 어항》이란 유명한 책의 저자인 강철환조차도 자신의 책에서 수용소 간수에 대한 분노는 표현했지만 김일성에 대한 분노의 표현은 어디에도 없었다. 내셔널 지오그래픽의 다큐멘터리 'Inside North Korea'는 백내장으로 고통 받는 북한 전역의 주민들에게 무료로 수술해 주는 안과의사를 따라 다녔다.[37] 수천 명이 수술을 받았는데, 눈에서 붕대를 풀자마자 그들은 하나같이 시력을 되찾은 것을 의사가 아닌 김일성과 김정일에게 감사했다. 김정일이 뇌졸중으로 쓰러졌다는 뉴스조차도 탈북자들에게는 분노가 아닌 연민을 불러일으켰다.

> 김정일의 건강상태에 대해 슬프다는 말을 해도 될지 모르겠다. 그는 여전히 우리의 친애하는 지도자 동지다. 그와 함께 일하고 그에게 잘못된 보고를 하는 사람들이 나쁜 것이다. 그가 현지지도를 다니며 간소한 식사를 한다는 얘기를 들으면 나는 그가 인민들을 위하는 지도자임을 믿는다.[38]

탈북자들이 시작한 반정부 운동이 아예 부재한다는 뜻은 아니다. 북한민주화위원회, 자유북한운동연합, 북한인권시민연합은 북한의 정치적 변화를 이끌어내기 위해 헌신하는 대표적인 NGO들이다. 하지만 이들의 움직임은 비교적 규모가 작고 북한 정권에 직접적인 위협은 아니다.

망명자들의 정치적 활동이 활발하지 않은 데는 몇 가지 이유가 있다. 첫째, 최근 탈북자의 대부분이 여성으로 순전히 경제적인 이유로 북한을 떠나 왔다. 또한, 최근 탈북자 중 75퍼센트 정도가 함경북도 지역 출신으로 이곳은 북한에서 경제적으로 가장 큰 타격을 입은 곳이다. 그러므로 여성들이 생존하기 위해 경제적 대안으로 북한을 떠난 것이지 북

[그림 10-3] 한국에 입국한 탈북자 수

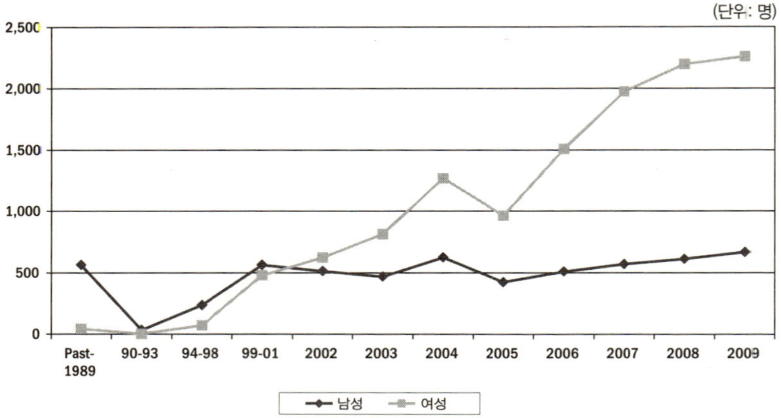

(단위: 명)

	Past-1989	90-93	94-98	99-01	2002	2003	2004	2005	2006	2007	2008	2009

— 남성 — 여성

출처: Republic of Korea Ministry of Unification (2011).

한 정권에 대항해 정치적 야망을 이루기 위해서 떠나 온 것이 아니다. 1990년대 이전 망명자들은 대부분 반체제적인 경우라 할 수 있다. 왜냐하면 망명자 대부분이 이념적인 이유나 국가범죄로 기소 당한 권력층 엘리트나 군 장교들이었기 때문이다. 그러나 이들의 수는 1949년부터 1989년까지 총 607명으로 최근 탈북해 서울에 정착한 2만 2,000명에 비하면 매우 적은 수다.[39]

둘째, 앞 장들에서 언급했듯이 탈북자들은 이미 북한과 전혀 다른 사회에 적응하는 데 많은 어려움을 겪고 있다. 그렇기에 이미 떠나 온 고향 땅의 정치적 변화를 꾀한다는 생각 자체가 그들에게는 사치다. 탈북자 대부분은 보통 한국에 정착하는데, 한국에서의 삶은 빠르게 돌아가고 때때로 낮은 교육수준으로 인한 불이익, 건강한 한국 사람들에 비해 신체적으로 왜소하다는 약점, 그리고 직장이나 결혼과 같은 문제에서의 사회적 편견 등 겪어야하는 어려움이 많다. 많은 탈북자들이 이런 어려움과 더불어, 비록 새 삶이 녹록하지 않아도 자유세계로 성공적으로 탈출할 수 있도록 도와준 중개인 비용(최고 6,000달러에 이르는)을 갚기 위해 고군분투하고 있다. 이런 이유 때문에 많은 탈북자들이 여전히 고향에 대해 어느 정도 자부심을 느끼고 있으며, 북한의 부족한 부분을 충분히 인식하고 있으면서도 그들의 대부분은 다시 모든 과정을 되풀이 한다 해도 기꺼이 북한에서 다시 태어날 것이라 말한다.

차우셰스쿠의 순간

모든 정치학적 지표로 봤을 때 북한에서 '아랍의 봄'이 일어날 가능성은 전혀 없다. 그런데 왜 북한 정권은 이를 우려했을까? 왜 리비아, 이집트, 튀니지, 시리아에서 일어나는 일들에 대한 뉴스를 모두 차단했을까? 왜 공공집회가 일어날까 도시마다 탱크와 병력들을 배치했을까? 왜 김정일은 2011년 2월 각 지방의 인민보안부에 100명으로 이뤄진 폭동진압 부대를 조직하라는 지시를 내렸을까? 왜 각 대학마다 모든 단체에 대한 감시를 강화하고, 결국 2011년에 수개월간 대학문을 닫고, 학생들을 작업반으로 보냈을까? 왜 북한 정부는 북한 전역의 권력층을 중심으로 컴퓨터, 휴대폰, USB, MP3 플레이어 소유 현황을 조사하도록 지시했을까? 왜 레스토랑에 있는 파티션까지 철거하면서까지 모든 사적 만남과 공공집회를 엄중 단속했을까? 왜 NGO들이 북한으로 띄워 보내는 '아랍의 봄'에 대한 뉴스가 담긴 풍선을 포격하겠다고 으름장을 놨을까?[40]

혁명이론들과 북한 지도부의 직감에는 확실히 큰 차이가 있는 듯하다. 북한 정권의 이런 행동들은 바로 그들의 취약함을 반영한다. 리비아의 카다피, 이집트의 무바라크, 튀니지의 벤 알리같이 아버지 김정일보다 더 오랜 기간 집권해 온 독재자들이 모두 권좌에서 물러나거나 겨우 연명하고 있음은 김정은에게 두려운 현실이다. 등골 오싹한 일이었을 것이다. 중동과 북아프리카에 혁명이 일어나기 위한 모든 정치적 요소들이 이미 존재해 왔음에도 지금까지 잠잠했었다는 사실이 김정은에게 아마도 작은 위안이 됐을 것이다. 북한에는 그런 요소들이 존재하지 않기 때문이다.

'아랍의 봄'이 주는 주요 교훈은 아무리 건실해 보이는 권위주의 정권이라도 본질적으로 불안정하다는 것이다. 그들은 공포에 의한 침묵으로 통제를 유지한다. 그러나 동시에 그 내면에 깊은 분노를 유발한다. 두려움이 소멸되면 분노가 표면으로 끓어오르기 시작하고, 튀니지의 경찰이 상인의 뺨을 때린 그런 사소한 사건만으로도 불꽃은 일어날 수 있다. 김정일은 언젠가 현대 창업주 정주영에게 김일성 광장에서 주민들에게 돌에 맞아 죽는 꿈을 꿨다고 얘기했다.[41] 친애하는 지도자와 위대한 영도자가 두려워하는 것은 '차우셰스쿠의 순간'이다. 2011년 콘돌리자 라이스는 텍사스 주 댈러스에 위치한 부시 대통령 기념관에서 열린 회의에서 이 차우셰스쿠의 순간에 대해 설명했다. 루마니아의 독재자 차우셰스쿠가 시위를 진압하기 위해 거리로 나가 자신이 행한 모든 긍정적인 일들은 국민들을 위한 것이었다고 선언했다. 한때 그를 두려워했던 관중들은 조용히 그의 말을 경청했다. 그러나 그 선언 후 잠시 적막이 흘렀고 관중들 중 한 나이든 여성이 "거짓말쟁이!"라고 소리쳤다. 그러자 나머지 사람들도 함께 외치기 시작했다. 독재자에 대한 두려움이 분노로 바뀌어 표출된 순간이었다. 그 후 차우셰스쿠는 루마니아의 티르고비슈테 거리에서 처형당했다. 김정은은 자신이 의외로 오래 살아 있다고 생각할 것이다. 아버지와 할아버지의 친구였던 많은 독재자들의 잇따른 몰락은 그가 죽은 아버지의 자리를 대신하는 데 있어 큰 의미를 지닌다. '아랍의 봄'에 관련된 정보 유입과 공공집회를 막고 예방조치를 취하는 것이 다른 무엇보다 중요한 일이다.

   김정일 사후 지도부는 '아랍의 봄'이 두려울 수밖에 없다. 왜냐하면 사회변화로 인해 독재자들이 통제력을 상실하는 것을 봤기 때문이다. 그리고 변화하는 북한 사회로 인해 김정은 역시 고충이 있다. 정반대 방향으로 영향력을 행사하는 두 가지 요소가 있는데, 바로 시장화와 이념의 구체화다. 2002년 경제개혁으로 북한에 시장들이 생겨난 후 북한 사회는 영구적으로 전환됐다. 제4장에서 북한이 가격 통제를 완화하고 시장 기제를 도입함으로 경제개혁을 실행한 이유는 자유화에 대한 새로운 열정 때문이 아니라 배급제가 붕괴돼 결국 주민들에게 알아서 먹고 살라는 것이었다. 이곳저곳에 시장들이 생겼고 그 후 북한 사회는 영구적으로 변했다. 북한 정부가 배급제를 다시 도입하고 시장 활동을 엄중히 단속해도 주민들은 국가에 온전히 의존하기를 거부했다. 그리고 탈북자들에 따르면, 오늘날 북한 주민 대부분이 매주 필요한 식량과 생필품 외에도 많은 물건들의 상당부분을 시장에서 구입한다고 한다. 농부들은 정부에서 정한 생산 할당량을 채우고 난 후 최상의 품목들을 시장에 내다 판다. 개성공단 근로자들은 점심시간에 나온 초코파이를 놔뒀다가 암시장에다 판다. 스테판 해거드와 마커스 놀랜드의 2008년 연구에 따르면, 탈북자의 3분의 2 이상이 자신의 수입 중 절반이나 그 이상을 사적인 상업활동을 통해 얻었다고 인정했다. 북한의 도시 지역에 거주했던 사람의 50퍼센트 이상이 식량 75퍼센트를 시장에서 구입했다고 보고했다. 더욱이 이 통계들은 북한 정권이 시장을 탄압하고 배급제를 재도입하려던 시기에 나온 것이다. 북한의 시장들은 이제 뿌리 뽑을 수 없는 삶의 한 부분으로 정착했다.

시장은 사업을 창출한다. 그리고 사업은 북한에는 생소한 개인주의 사고방식을 창출한다. 이런 변화는 느리고 서서히 퍼지지만 인구 대부분에 영향을 미치고 매일 조용하면서도 강력하게 커지고 있다. 이것은 북한 정권이 2009년 화폐개혁을 통해 결정적으로 시장화를 탄압했을 때 북한 주민들이 어떻게 반응했는지를 보면 명백히 나타난다. 화폐개혁으로 주민들은 저축했던 돈의 일부만 새로운 화폐로 교환할 수 있었다. 그 때문에 많은 사람들의 그동안의 노력은 모두 물거품이 됐다. 하지단 북한 주민들은 평상시처럼 두려움에 떨며 복종하는 대신 분노와 절망으로 반응했다. 어떤 이들은 자살했고 다른 이들은 시장을 폐쇄하려는 경찰에 대항해 싸웠다. 또 다른 이들은 대학교 벽에 반정부적 내용을 담은 낙서를 그려놓기도 했다. 북한과 같은 정권이 가장 취약해질 때는 바로 주민들이 정권에 대한 두려움을 상실했을 때다. 두려움이 사라지면 남는 것은 분노뿐이다.

신주체 복고주의의 사상적 경직성

피할 수 없는 북한의 딜레마는 바로 변화하는 북한 사회의 현실에 북한의 정치제도가 적응할 수 없다는 것이다. 분노를 약화하기 위해 단기적인 조치들은 취할 수 있다. 예를 들면, 화폐개혁 실패 이후 북한 정권은 교환 가능한 구화폐의 최대 금액을 상향하는 노력을 보였다. 또한, 76세의 계획재정부장을 정책 실패의 희생양으로 삼아 공개처형 했다. 하지만 장기적으로 볼 때, 김씨 일가의 3대 세습을 통해 북한 정치제도와 사상은 점점 더 유연해지는 것이 아니라 경직되고 있다. 사회의 시장화를 고려했을 때 신주체 복고주의는 많은 면에서 북한 정권이 고수할 수 있는 최악의 이념이다. 대중동원과 전체주의를 통해 부귀영화를 누렸던 냉전시기로 다시 돌아가자고 강조하는 이 이념은 실제로 북한 사회가 추구하는 방향과는 정반대 방향을 향하고 있다. 그런데도 북한이 방향을 바꿀 수 없는 데는 다음과 같은 이유들이 있다. 첫째, 새 지도자를 위한 긍정적인 비전이 있는 새로운 사상이 필요하다(북한 역사상 가장 긍정적이었던 유일한 비전은 바로 냉전시대 초기의 주체사상이었다). 둘째, 지난 20년간 부진했던 성과에 대한 책임을 김정일이 아닌 사상 오염을 초래한 실험적인 개혁으로 인한 실수들로 돌릴 수 있다. '아랍의 봄'으로 북한이 얻은 또 다른 교훈은 이 새로운 신보수주의적 주체사상은 핵무기 보유와 함께 시행돼야 한다는 것이다. 리비아의 예가 이를 명백히 증명했다. 카다피가 핵 프로그램을 포기한 일은 완전 실수였다. 그가 능력을 잃었기 때문에 NATO와 미국이 자유롭게 군사적 행동을 취할 수 있었다.

이런 힘의 조합은 시한폭탄과도 마찬가지다. 또는 열차사고를 슬로우 모션으로 겪는 것이나 다름없다. 아버지 독재자의 죽음으로 권력 이양을 서두를 수밖에 없고 정권은 국가를 전진이 아닌 후퇴하도록 만드는 사상을 강요한다. 그 사이에 북한 사회는 정권의 잘못된 경제정책으로 과거와는 전혀 다른 방향으로 점차 나아간다. 어떤 사람들은 이것을 새뮤얼 헌팅턴의 이론을 빌어 '북한판 발전격차이론'이라고 부르기도 한다. 불안정한 상황 속에서 민주화를 겪고 있는 사회에서 경제발전 속도가 정치제도를 앞서가는 것이 아니라, 점점 퇴보하는 이념과 느린 속도로 변화하는 사회 사이의 간격이 점차 벌어지고 있는 것이다. 정부의 정책 실패나 시장 탄압과 같은 하나의 사건이 이미 불안정한 독재정부를 무너뜨리는 도화선이 될 수 있다. 어리고 경험없는 독재자는 이런 이념과 사회 차이에 대처하는 데 있어 십중팔구는 실패할 것이다. 결국 2012년에 정권이 바뀌는 미국, 러시아, 중국, 한국의 지도자들은 직위에서 물러나기 전에 북한 정권의 '단절'과 마주할지도 모른다.

또한, 짐작하건대 북한이 '아랍의 봄'을 두려워하는 이유는 아랍국가들에서 큰 역할을 한 소셜 미디어의 힘을 북한이 알고 있기 때문이다. 그리고 최근에 도입한 휴대폰과 인터넷 사용이 북한 전역에 걸쳐 정보를 차단하고 있는 거대한 방어막에 구멍을 낼 수 있다는 사실도 깨달았을 것이다. 앞에서 언급했듯이, 중동국가들과 비교했을 때 최근 북한의 시도들은 얌전한 수준이다. 따라서 첨단기술에 의한 전염효과가 있을 가능성은 극히 낮다. 실제로 북한 정권은 이러한 첨단기술이 국력을 약화시키는 것이 아니라 신장시키는 도구로 간주한다. 하지만 이런 기술의 도입은 정보 침투로 이어져 북한을 파멸로 이끌 수 있다. 예를 들면, 인터넷은 시장화와 같은 원리다. 사회가 인터넷에 조금이라도 노출되면 그 편리함 때문에 삶에서 뿌리 뽑기 힘든 일부분이 된다. 아이러니하게도 북한은 인터넷이 절실히 필요한 국가다. 북한은 주민들의 해외여행을 금지하는 반면, 바깥세상에 대한 정보를 저렴하고 직접적인 접촉 없이 얻기를 원한다. 인터넷은 이런 욕구를 훌륭히 충족시켜준다. 2003년 북한은 상하이에 서버를 둔 공식 웹사이트 '우리민족끼리(uriminzokkiri.com)'를 개설했고 2010년에는 북한 정권 스스로가 트위터와 페이스북에 가입했다. 북한 정권은 모든 인터넷 사용을 제한하려 노력하고 있지만, 인터넷만 있으면 외국에 가지 않아도 아무런 비용 없이 실시간으로 정보를 얻을 수 있음을 깨달았다. 게다가 외국인들이 북한 웹사이트에 접속하는 것을 엄격히 제한하는 것은 해외직접투자를 끌어들이려는 목표에 도움이 되지 않는다는 것도 깨달았다. 이런 필요를 충족시키기 위해 북한 정권은 점차 제한을 완화하며 위험한 길로 나아가기 시작했다. 엄격한 검열 속에, 현재 북한에는 12개의 웹 도메인과 약 1,000여 명의 정부와 비정부 인터넷 사용자들이 있다.[42] 한국과 미국 정부 웹사이트 해킹이 북한에 의한 소행이었다는 기사들이 나는 것을 보면 이들 인터넷 사용자 중 몇몇은 꽤 수준이 높은 모양이다. 평양과학기술대학 프로젝트 역시 북한에서 가장 똑똑하고 특출한 학생들에게 인터넷 사용법을 가르치는 위험한 모험을 하고 있다. 비록 신중하게 선별된 몇 명 안 되는 학생들이고 국가에 도움이 되는 정보를 다운로드 받는 등 그들의 모든 활동은 감시하에 있지만, 근본적으로 이들은 인터넷 서핑을 할 줄 아는 젊은이들이고 언젠가는 북한 당국의 감시망이 허술한 한국이나 중국의 웹사이트들을 접하게 될 것이다. 휴대폰도 이와 비슷한 단계를 거쳤다. 2004년 룡천역 폭발사고 이후 북한 정권은 결국 휴대폰을 재도입했으며 그 수는 매년 증가 중이다.

　휴대폰과 인터넷을 도입한 목적은 국가에 이바지하기 위해서다. 휴대폰은 특권층들의 소통 및 조직화와 보안부서의 통제를 향상시키기 위한 것이다. 2009년에 휴대폰 7만 대가 특권층에 부여됐다. 이 수는

2011년 4월에 거의 50만 대로 늘었고 2012년 말까지 200만 대까지 증가할 것으로 예측됐다. 해외통화는 불가능하지만 많은 사람들이 전화, 문자, 인터넷 접속에 익숙해졌다. 게다가 중국으로부터 선불 심(SIM)카드가 장착된 휴대폰 1,000여 대가 밀수된 것으로 추산된다. 중국 접경 지역에 사는 북한 주민들은 이 중국산 휴대폰으로 북한 내와 중국, 멀게는 서울까지도 전화를 걸고 있는 것으로 알려졌다. 다시 말하지만 이것은 세계 다른 나라의 소셜 미디어 사용량과는 비교할 수도 없는, 북한 정권에 의해 엄격하게 통제되고 있는 시작 단계에 불과하다. 하지만 북한 사람들의 삶의 영역으로 빠르게 고착되고, 특히 북한의 새로운 세대들은 이 기술들에 대한 해박한 지식을 갖게 될 것이다.

마지막으로, 북한 당국은 먼 아랍국가들에서 일어난 자유 투쟁이 국제적으로 영향을 미치는 것에 대해 강한 거부감을 드러낸다. 분석가들은 이 새로운 민주화 물결에 대해 토론하며 과연 이 물결이 아시아로 전이될 것인가라는 가설을 세운다. 이것은 북한 인권침해에 대한 국제적 인지도를 높인다. 2004년만 하더라도 인권운동가들을 제외한 국제사회는 북한 사람들의 인권문제를 인정하지 않았다. 세계 전역에서 일어나는 많은 사건들 중 북한문제는 눈에 띨 정도로 상관하지 않았다.

하지만 미국 덕분에 더 이상은 그렇지 않다. 부시 대통령과 오바마 대통령 둘 다 전 세계적으로 자유와 인간의 존엄성을 고취하기 위한 미국의 국제적 안건에 북한 주민들의 인권문제를 성공적으로 포함했다. 특히나 부시는 미 의회를 통해 대북인권특사를 임명한 미국 최초의 대통령이었다. 그는 미 대통령 중 최초로 중국의 탈북자 강제소환에 항의하는 성명서를 냈으며 미국 내 탈북자 정착 프로그램을 허용했다. 부시는 또한 사상 처음으로 탈북자 강철환을 백악관 집무실에 초대했다. 이 만남은 대통령 공식 일정이 아닌 사적으로 진행됐다. 그러나 그 후 부시 대통령이 강철환을 집무실로 초청해 환대했다는 간단한 메시지를 담은 사진 한 장만 AP통신을 통해 공개하기로 결정했다. 이 일로 인해 북한에서 인권침해를 반대하는 시위는 일어나지 않았다. 왜냐하면 북한 당국이 사진이 국내로 유입되는 것을 막았기 때문이다. 그러나 국제적 전염효과는 있었다. 북한 내부에서 일어나고 있는 인권침해에 대해 갑자기 전 세계가 눈을 떴다. 아시아 국가들의 신문 사설들은 왜 자국의 정부에 대북인권특사가 없는지, 왜 자국의 지도자는 부시처럼《수용소의 노래: 평양의 어항》을 읽지 않았는지를 물었다. G8 국가들은 자국의 의제에 북한문제를 포함했고 북한 정권의 잔혹한 만행을 규탄하는 성명을 발표했다. 오바마 대통령도 이 이슈에 대한 미국의 입장을 관철했고 2011년 5월에 북한은 처음으로 미국 대북인권특사인 로버트 킹의 방문을 허용했다. 요약하면, 이제 북한의 국가 경영은 그 언제보다 온 세계의 주목을 받게 됐다. 거기다 '아랍의 봄'은 권위적 정권의 통제가 얼마나 보잘것없는지, 이 통제가 와해됐을 때 자유세계의 관심과 지원이 얼마나 쏠리는지를 여실히 보여줬다.

　북한 정권이 얼마 가지 못할 것이라는 나의 추측에 대해 회의론자들은 나의 예견이 북한 역사에 기인한 것이 아니라고 주장한다. 그들이 주장하는 바는 지난 50년간 북한에서 단 한 차례의 쿠데타나 사회가 불안정했던 적이 없었다는 것이다. 한국의 경우 1961년과 1979년에 쿠데타가 일어났고 당시 정권들을 타도했다. 북한 지도부에 어떤 사건이 발생하기에는 북한 주민들이 너무 나약한 반면, 군과 국가의 통제는 너무

강하다. 그렇지만 지난 역사를 자세히 들여다보면 북한 내부가 전혀 불안정하지 않았던 것은 아니다. 불안정은 군 내부에서, 군과 주민 사이에서, 그리고 지도부에 대항해서까지도 존재했다.

 1981년 북한 동해안에 위치한 상업중심 도시인 청진에서 군과 노동자들 사이에 무력충돌이 있었으며 최대 500명이 사망했다. 1983년에는 신의주에서 비슷한 사건이 발생했다는 소련발 보도가 있었다. 1985년에는 함흥에서 식량을 이유로 수백 명의 주민들이 대학살을 당했다는 보도가 있었으며, 1990년에는 김일성대학에서 소규모의 학생들이 시위를 조직한 것이 발각돼 구금, 고문당했다고 알려졌다. 1992년 1월 김정일이 북한인민군 사령관 직책을 맡는 것을 막기 위해 국가안전보위부 경호원들이 쿠데타를 시도했다는 보도가 있었다. 같은 해 4월에 김정일 암살을 꾀했던 장교 30명이 처형됐다는 소문도 돌았다. 1993년 3월 함흥에 위치한 제7사단에서 장교 30명이 상관들에 대항해 반란을 일으켰다가 실패했다. 1995년에는 함경도에 식량지원이 끊기자 청진에 있는 제6사단의 선임 장교들이 대학, 통신 센터, 청진항, 미사일 시설을 장악하고 북한 당국에 대항하기 위해 함흥의 제7사단과의 협력을 계획하기도 했다. 1996년 12월 주민들이 굶어 죽는 와중에 엄청난 거액을 들여 김일성 묘지를 지었다고 비판하는 내용의 전단지들이 김일성 묘 앞에서 발견됐다. 1997년 김일성 동상이 파손된 채 발견됐고 북한 정권을 반대하는 낙서들도 있었다는 보도가 있었다. 1998년 3월 김정일 경호원 중 한 명이 김정일을 암살하려다 실패했다는 기사가 나왔으며, 2001년 후반부터 2002년 초반까지 또 다른 경호원의 김정일 암살시도가 보도됐다. 2004년 룡천역 폭발사고로 170명이 숨졌는데, 중국 방문을 마치고 돌아오는 김정일의 기차를 아슬아슬하게 놓쳤다는 후문이다. 2005년 온라인에 올라온 영상은 겁먹은 어린아이가 북한 어느 도시의 교각 아래에서 붉은 글자로 쓴 김정일을 비난하는 내용과 함께 '자유청년동맹'이라고 쓰인 배너를 들고 있는 모습을 담고 있다. 2007년 12월 북한 당국이 50세 이하 여성들(시장에서 가장 중요한)의 시장 활동을 금지하기로 결정했을 때, 수개월 동안 청진에서는 여러 시위들이 일어났고 여성들은 "장사를 할 수 없다면 배급을 달라!", "쌀이 없다면 장사를 하게 해 달라!"고 외쳤다.[43] 2009년 북한 정권의 갑작스런 화폐개혁으로 전 재산을 잃게 된 가족들이 집단 자살을 하기도 했다. 함흥의 시장에서는 크고 작은 싸움들이 발생해 경찰이 진압을 시도했지만 실패했다. 골목에서 김정일을 반대하는 낙서들이 발견됐고 2011년에는 '타도 김정은'이라고 날려 쓴 메모들이 대학가와 시장에서 발견됐다. 이 외에도 일일이 열거할 수 없을 정도로 많은 사건들이 발생했다. 북한 내부 사람이 직접 보도한 것이 아니라 이 사건들이 얼마나 심각했는지 확인할 수는 없다. 그리고 이 보도들이 북한 내부의 반대 의견 전체를 대표하는 것인지, 그저 빙산의 일각인지도 알 수도 없다. 반대 시위의 대부분은 1990년대에 김일성 사망 후 기근을 겪을 때 많이 일어났다. 이런 반대세력이 아예 사라진 것인지, 아니면 북한 정부가 이들을 더 통제하는 것인지 우리는 모른다. 그러나 명백한 것은 북한 제도의 엄격한 통제에도 내부적으로 반대 의견이 전혀 없었던 것은 아니란 것이다. 과거에 발생했고, 다시 발생할 수도 있다.

그러면 누가 북한의 부아지지가 될 것인가? 북한 당국에 불만을 가질 수 있는 두 부류는 '선택받은 자'들과 도시 빈민층일 것이다. '선택받은 자'들은 당원, 군 장교와 정부 관료들과 같이 정권으로부터 혜택을 받는 북한 사회의 특권층을 말한다.[44] 북한은 혜택을 보장해줌으로써 그들의 지지를 얻는다. 통계에 따르면, 이들은 적게는 200명에서 많게는 5,000명에 이르는 가장 충성스러운 단체다. 그리고 그들의 충성을 유지하기 위해 선망의 직업, 좋은 주거지, 풍부한 고급 식량, 그리고 소고기, 양주, 다른 수입품과 같은 사치품들로 선물 공세를 펼친다. 많은 경우, 특권층은 고급 자동차, 보석, 전자제품 등 호화로운 선물과 심지어는 아내까지도 선물로 받는다.[45] 2005년 6자회담 공동성명을 발표한 후 북한 측 수석대표 김계관은 새로운 벤츠 자동차를 받았다고 한다[반면에 나는 부시 대통령과 50명쯤 되는 국가안전보장회의 직원들과 함께 백악관 가족극장에서 '007 카지노 로얄'을 관람했다. 우리의 노고에 대한 부시 대통령의 감사의 표시였다].

몇몇 학자들은 김정일이 국가의 경제 상황이야 어떻든 간에 이 관료들에게 뇌물을 주는 방법으로 '쿠데타를 방지'해왔다고 주장한다. 하지만 이런 충성심은 뇌물이 지속적으로 주어져야만 가능한 일이고, 이 점에서 북한 정권의 능력은 하락하고 있다. 수년간 계속된 사치품목에 대한 유엔 제재, 북한 경제의 하락, 북한 정권을 언제까지나 지원해 줄 수 없는 중국의 입장은 특권층의 규모를 감소시키는 등 큰 타격을 입힐 것이다. 점점 줄어드는 뇌물을 받기 위해서 특권층 중에서도 선택을 받아야 하고 이로 인해 불만을 갖는 사람들도 있을 것이다. 특히나 성급한 권력승계는 당과 군으로부터 더 많은 불평을 자아낼 것이다. 김정은은 자신의 사람들로 지도부를 채울 것이고 이는 특권층에 큰 파문을 일으킬 것이다. 누군가에게 기회를 준다는 것은 다른 사람의 기회를 앗아가는 것이기 때문이다.

게다가 신주체사상은 경제에 더 큰 압박을 가할 것이고 이로써 가장 고통 받을 사회계층은 도시 빈민층이다. 2002년 북한이 물가 통제를 완화시키는 경제개혁을 시도했을 때 인플레이션으로 물가가 증가해 월급으로만 생활하던 도시의 인구가 가장 큰 피해를 입었다. 농부들은 농작물을 더 높은 가격으로 암시장에 내다 팔아 재미를 본 반면에, 도시의 근로자들은 높은 물가와 월급이 제때 나오지 않아 이중고(二重苦)를 겪어야 했다. 그 결과는 다른 지역 사람들보다 더 교양 있고, 교육 받은, 그리고 외부세계에 대해서도 더 많은 지식을 습득한 도시 거주자들이 불만을 품게 됐다는 것이다. 특히나 그들은 북한 당국으로부터 여러 혜택을 받아왔기 때문에 자기 자신을 북한 당국과 동일시하는 경향이 있다. 이런 사실은 그들로 하여금 다시 혜택을 얻고자 하는 원인을 제공할 수도 있다. 그리고 그들은 모두 휴대폰을 소지하고 있을 것이다.

다섯 가지의 정책원칙

그렇다면 운명의 날이 오기 전까지 미국과 동맹국들은 무엇을 해야 할까? 북한의 핵 프로그램, 인권문제, 실패한 경제를 다루는 포괄적인 정책을 만드는 것은 결코 쉬운 일이 아니다. 여태까지 어느 국가의 정부도 세 가지는 고사하고 한 가지 정책도 내놓지 못했다. 정책의 세부적인 내용들은 그 때 그 상황에 달려있다. 정책은 계획만큼이나 전략에 좌지우지된다. 북한의 도발에 단편적으로 대처할 경우 간혹 전략이 계획을 망쳐버리는 수도 있다. 하지만 어느 정부건 북한에 대해 깊이 새겨야 할 몇 가지 중요한 원칙들이 있다.

첫째, 인내는 북한 정권의 끝을 기다리는 정책의 일부분임을 이해해야 한다. 최고 외교관들과 정치인들에 의해 펼쳐진 30년 이상 된 미국의 외교 전술이 이를 증명한다. 기다림은 종종 좌절감을 맛보게 하지만 북한 정권을 파멸로 몰고 가려는 정책들은 더 많은 원조와 부정한 지원으로 북한 정권을 유지하려는 중국과 같은 반대세력에 균형을 맞춰주는 것 밖에 안 된다. 군사적 방법의 경우 전면전으로 간다면 엄청난 비용이 들 가능성이 크다. 게다가 성공하지 못 할 수도 있다. 핵무기들과 핵개발 시설들이 북한 전역에 숨겨져 있을지 모르기 때문에 영변 핵 시설을 국부 공격한다 해도 북한의 핵 프로그램을 다 파괴하는 것이라 할 수 없을 것이다. 사담 후세인과 최근 오사마 빈 라덴 체포 작전을 훌륭히 수행한 것을 고려했을 때, 북한 지도부를 제거하는 작전은 미국의 능력으로 충분히 가능할 것이다. 이 정도 규모의 비밀작전을 수행하기 위한 대통령의 지령(Presidential Finding)이 내려진다면, 이라크와 알카에다 제거와 같이 미국이 북한 지도부 제거를 최우선 순위에 둔다는 것을 의미한다. 지금까지 미국의 어느 행정부도 북한문제를 그렇게까지 우선시하지는 않았다. 북한은 기껏해야 부차적인 문제고, 북한이 정기적으로 위기 상황을 일으킬 때마다 미국의 작전은 문제를 종결시키는 것이 아니라 위기 상황을 안정시키는 것이다. 미국의 이런 상대적인 무관심은 북한 정권에는 큰 축복이다. 북한이 미국의 조준선에 들어올 수 있는 유일한 상황은 북한발 무기가 미국 영토에 테러공격을 감행했을 때일 것이다. 그런 일이 발생한다면 북한은 정권을 부지하지 못할 것이다.

둘째, 모든 관련 국가들은 강력한 핵무기 확산 반대와 금융제재를 정부 정책의 기본으로 해야 한다. 오마바 정부는 유엔안전보장이사회 결의안 1874호에 기초한 국제적인 대북제재 내용 작성을 감독했다. 이 제재의 내용들은 북한이 더 많은 미사일을 만들지 못하도록 하고, 플루토늄과 우라늄으로 핵무기를 개발하는 데 필요한 생산재를 구입하지 못하도록 허점들을 없애는 데 주안점을 두고 지속돼야 한다. 북한을 주요 대상 중의 하나로 설정하여 대량살상무기 확산방지구상과 같은 철통같은 경계를 해야 한다. 대량살상무기 확산방지구상을 향상시킬 수 있는 두 가지 주요 분야는 북중 국경지역을 단속하는 중국의 협조와 중국과 러시아 영공 내의 북한 화물선과 여객선에 대한 감시를 좁히는 것이다. 또 중요한 것은 북한 군부와 직접 거래하는 고객이나 간접적으로 협력하고 있는 사람들에게, 북한과 관계를 맺고 거래하는 것은 무모한 짓이며 그들조차 이차적 제재를 받을 수 있음을 알리고 그들을 설득하는 것이다. 핵확산 자금 확보를 위한 북한 사업체들의 활동과 북한 지도부의 개인 자금을 겨냥한 금융제재들은 그 효과가 입증됐다. 이 모든 조치들은 평양의 지도부로 하여금 제재를 피하기 위한 다른 방법을 찾는 데 모든 에너지를 쏟도록 했다. 또한, 핵 프로그램이 북한 지도부에 이점보다는 장기적인 처벌을 초래할 것이란 메시지를 확실히 전달했다. 이상적으로는 많은 제재들 모두 또는 그 중 하나라도 북한과의 협상대상이 돼서는 안 된다. 이 제재들은 핵확산방지를 위해 구상됐기 때문에 북한이 단 한 개의 핵무기라도 보유하고 있는 한 지속돼야 한다. 북한에서 마지막 핵무기가 제거되는 날 제재를 중단해야지 그 이전에는 절대 안 된다.

　이런 제재는 북한 내부의 핵 프로그램 개발과 외부로의 핵확산 가능성을 억제하는 최우선의 방법이고 앞으로도 그럴 것이다. 그러나 이 제재들은 북한을 억제시킬 뿐 곧바로 비핵화로 이끌지는 못한다. 다시 말해, 30년의 제재 활동은 핵확산 방지에 기여했지만 북한 정권으로 하여금 핵을 포기하도록 하지는 못했다. 그러므로 세 번째 원칙은 협상이다. 어떤 정부라도 북한문제를 다루는 데 있어 언젠가는 북한과 어쩔 수 없이 협상을 해야 할 것이다. 실제로 지난 28년간 모든 국가들은 (몇몇 정부는 북한에 대해 매우 강경한 태도로) 김씨 일가의 핵 프로그램을 동결시키고 결국에는 해체시키기 위해 협상에 돌입했다. 과거 북한의 합의 위반, 터무니없는 주장, 노골적인 핵실험과 미사일 시험발사 등을 감안했을 때, 그들과 마주 앉아 새로운 합의를 이뤄내는 것은 그리 달갑지 않은 일로 보인다. 미국의 전문가들은 지난 30년간 북한에 건넨 12억 8,000만 달러의 혜택을 주고 이에 대한 보답으로 두 차례의 핵실험과 33번(2006년 이후)의 탄도·크루즈 미사일 시험발사를 되돌려 받은 미국의 협상전략을 지적하면서, 향후 어떤 정부든 다시 협상을 하고자 한다면 비웃을지도 모른다.

 어떤 일이 있어도 북한과 대화해서는 안 된다는 것은 전문가로서 쉽게 할 수 있는 말이다. 그러나 정책적인 관점으로 볼 때 협상이 결여되면 그만큼 대가가 따른다. 북한의 핵 프로그램이 어느 단계에 이르렀는지, 누구와 교류하고 있는지 등에 대한 이해가 전혀 없게 되기 때문이다. 그러므로 꼭 참고 협상해야 한다. 북한과의 협상에는 세 가지 목적이 있다. 첫째는 비핵화다. 하지만 이 목적을 달성하기에는 아직 갈 길이 멀어 보인다. 그래도 이 목표를 단념할 수는 없다. 단념하면 미국과 동맹국들이 북한을 핵무기 보유국으로 인정하는 꼴이 되고 그럴 경우 협상은 비핵화 협상이 아닌 무기를 줄이기 위한, 즉 군축협상이 된다. 두 번째 목적은 핵확산 제어와 위기 방지다. 국제전략문제연구소의 한 연구는 1984년 3월부터 현재까지 북한의 주요 도발행위들을 1주일 단위로 기록했다. 그리고 거기에 양자든 다자든(4자 혹은 6자회담) 미북 간 주요 회담들이 열렸던 시기를 그래프로 표시해 덧붙였다. 30년간 협상이 진행되는 동안에 일어난 북한의 도발행위는 단 한 차례(1998년 8월 31일 미사일 시험발사) 있었다. 그러므로 대화는 위기와 확산 방지에 기여하는 것으로 보이며, 몇몇 정부는 이를 매우 중요한 목표로 간주할 수도 있다(국제전략문제연구소의 연구에 따르면 대화의 끝은 거의 항상 북한의 도발로 이어졌다).

셋째, 협상이 성공적으로 마무리 될 경우 핵 프로그램의 구석구석까지 점차적으로 다가갈 수 있는 협의를 이끌어 내야 한다. 북한은 계속해서 어느 협상에서든지 실제 핵무기를 마지막 협상카드로 내 놓을 것이다. 그러므로 북한으로부터 더 큰 한 건을 얻기 위해 더 많은 보상을 제공하는 대형거래를 시도하는 것이 더 솔깃할 수도 있지만, 그런 시도들은 결국 북한에 의해 소규모의 거래로 전락하고 만다. 북한으로부터 핵무기를 가져오지 않았다고 해서 북한과 우리가 맺은 합의를 과소평가하고 비판하는 전문가들의 비평을 들으면 화가 치민다. 어떤 정부의 어느 협상가라도 핵무기를 가장 먼저 빼내오고 싶어 한다. 하지만 북한이 내놓지 않으면 그냥 뒤돌아 설 수밖에 없고 오히려 위기를 촉발시킬 뿐이다. 그렇기 때문에 북한 핵 프로그램에 최대한 근접하게 다가가기 위해 냉철한 협상을 펼치고 그것으로 만족해야 한다. 1994년 핵협상으로 이뤄낸 첫 합의와 이행으로 북한의 핵 프로그램을 동결시킬 수 있었다. 2005년과 2007년 6자회담으로 동결을 넘어 부분적 해체까지도 합의했다. 미식축구 용어를 빌리자면 북한과의 협상은 80야드 길이의 단 한 번의 패스가 아니다. 한 번에 1야드씩 전진하는 일이다.

북한을 대하는 네 번째 원칙은 북한보다 주변국들과 더 관련이 있다. 북한 핵문제에 관한 다자협상의 숨겨진 의미는 바로 통일을 위한 준비다. 북한 핵문제는 아시아를 위기로 몰고 갈 수 있는 두 가지 상황 중 하나인데(다른 하나는 대만해협이다), 이 지역은 한반도 통일에 대한 준비가 제대로 되어 있지 않다. 김정일이 2008년에 뇌졸중으로 쓰러진 후 미국과 한국은 북한이 붕괴할 경우에 대비한 계획을 세우는 데 큰 진전을 이뤘다. 그러나 이 두 국가 외에 지역 전체를 아우르는 지역적 방안은 존재하지 않는다. 중국은 역내 주요 행위자임에도 놀랍게도 대응방안에 대한 대화를, 그것이 비밀협상일지라도 거부한다. 2011년 김정일 사망 후에도 그랬다. 중국이 그렇게 주저하는 이유는 북한을 붕괴시키려는 계획이 누출되는 것과 자신이 공범으로 가담하고 있음을 알리고 싶지 않아서다. 하지만 어느 정도의 의논은 절대적으로 필요하다. 만약 북한이 무너지고 미국, 한국, 중국이 서로의 행동을 의심하고 사전 논의를 통한 투명성이 없다면 그만큼 계산 착오와 갈등은 커질 것이다. 그러나 북한 붕괴 시나리오에서 가장 취약한 점을 무엇으로 간주하고 있는지 서로 사전 논의를 통해 이해한다면 착오는 그만큼 적어질 것이다.

최근 몇 년간 전 장관급 고위 관리들과 나를 포함한 부시 행정부 출신 국가안전보장회의 관계자들은 중국 담당자들과 1.5트랙 대화에 참여했다. 꽤 성공적인 첫걸음이었다. 오바마 행정부는 중국과 함께 이 문제를 미중 전략경제대화에서 강조했고, 한국 정부도 청와대 주도하

제10장 끝은 멀지 않았다 633

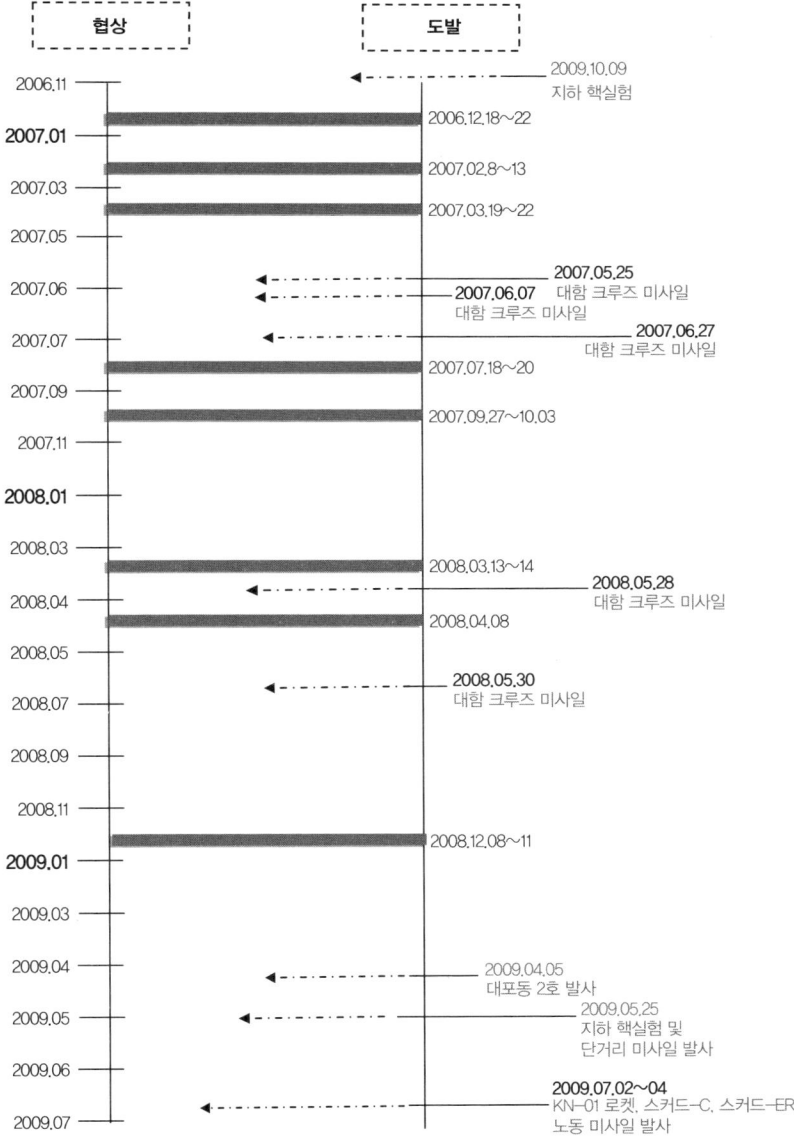

[그림 10-4] 도발과 협상 타임라인

에 중국과 비공식 루트로 협의에 착수해 성과를 봤다고 한다. 북한 내 질서가 무너지면 대규모의 난민들이 유입될 것에 대해 중국이 우려하는 바는 명백하다. 북한의 핵 돌발사고에 대해서도 우려하고 있으며 (2001년 일본 후쿠시마에서 발생한 원전사고 이후 더욱 그렇다), 함경도에서 또 기근이 일어나면 인도적 지원을 해줘야 하는가에 대해서도 걱정한다. 또한, 북한 내 질서가 무너질 경우, 광업을 비롯해 최근 북한과 맺은 많은 사업계약들도 어떻게 될지 확신할 수 없다. 한국의 최우선 사항은 한국으로의 대규모 난민 유입을 방지하고 인도적인 환경을 구축하는 것이다. 한국은 또한 자국의 동의 없이 외부세력이 통일에 개입하는 것도 원하지 않는다. 미국의 최우선 과제는 핵무기와 미사일 기지를 확보하는 것이다. 작지만 이런 핵심적인 정보만으로도 미국, 한국, 중국은 상호 필요한 대화를 시작할 수 있다.

　이런 준비과정들이 너무 상식수준이어서 급박하게 다루는 것이 우습게 보일 수도 있다. 내가 아시아의 장기 기관투자가들에게 이런 과정들이 국가들 간에 충분히 준비돼 있지 않다고 설명하면, 많은 이들이 꼭 다뤄야 할 이슈들인데도 불구하고 서로의 불신으로 인해 다루지 않고 있다는 사실에 놀라움을 금치 못한다. 하지만 사실 어제 일어난 일에 대응하기에도 바쁜 현실 속에서 미래에 '일어날 수도 있는 일'에 대비하는 것은 힘든 일이다.

　북한에 대한 국가들의 정책원칙 중 다섯 번째는 사람들을 잊지 말아야 한다는 것이다. 어느 정부에든 가장 중요한 것은 북한의 핵 프로그램과 무기들로 인한 위협이다. 그런데 막상 북한 정권이 붕괴되면 근대 역사상 최악의 인권 남용 사례들이 드러날 것이다. 이런 면에서 미국은 북한 주민들의 삶의 질을 향상시키고, 북한 정권을 반대할지언정 주민들을 도와주고자 하는 의지가 있음을 알릴 수 있도록 목표를 세워야 한다. 과거 정부들이 이미 견본을 만들어 놓았으므로 현 정부들과 미래 정부들은 앞으로 더 발전해 나가야 한다. 인권특사, 미국 내 탈북자 정착 프로그램, 식량지원, 유엔난민기구의 중국 내 탈북자들과의 인터뷰 지원, 북한의 인권 사정에 대한 국제적 경각심 고취 등이 그것이다.

'아랍의 봄'을 봤을 때, 북한을 다루는 정책의 주요 목표 중 하나는 외부세계로부터 북한에 유입되는 정보의 양을 증가시키는 것이어야 한다. 비록 북한 정권이 기근, 구금 외 다른 엄격한 통제들로 주민들에게 육체적인 해를 가했지만, 가장 큰 인권침해는 아마도 주민들로 하여금 생각조차 할 수 없도록 정신을 마비시킨 일일 것이다. 북한 정권은 지식을 통제할 정도만큼의 능력이 있다. 이 통제가 이념을 지탱한다. 신주체사상과 김씨 일가에 대한 충성은 북한 정권의 강점이자 약점이다. 지식 통제 없이는 이념도 없다. 이념 없이는 우리가 아는 북한도 없다. 김씨 정권은 자신에게 가장 큰 위협이 이념 내부에 기인한다는 것을 알고 있기 때문에 정보 유입에 반대한다. 유입되는 자료나 메시지가 미국식 민주주의의 좋은 점을 설명하는 정치적 내용일 필요는 없다. 이미 세뇌당한 북한 사람들을 정치적으로 이해시키는 것은 무리이기 때문이다. 그러나 북한으로 들어가는 라디오 방송을 늘려 매일 북한 주민들을 숨 막히게 하는 선전선동의 허구를 터뜨릴 수는 있다. 또한, 다양한 분야에서 기본적인 노하우를 유입시키는 기술 캠페인을 추진할 수도 있다. 의료, 농업, 엔지니어링, 컴퓨터, 외국어 등 실질적인 것들에 대한 개선된 지식을 배움으로써 북한 주민들은 자신들의 삶을 향상시킬 수 있을 뿐 아니라, 그 과정에서 외부 세계에 관한 지식 또한 습득하게 될 것이다. 차기 정부들은 북한의 핵 프로그램을 동결시키기 위해 중유를 제공하는 것보다 비핵화 프로그램의 일환으로 직업 훈련, 의약용품, 백신, 기본적인 컴퓨터 등을 제공하는 것도 고려해 볼 만하다. 미북 간의 대립과 상관없는 다른 국가들을 참여시키는 것도 방법이다. 왜냐하면 북한 주민에게 필요한 기술을 전달하는 데 그들이 더 유리할 수도 있기 때문이다. 현재 호주, 캐나다, 뉴질랜드, 인도네시아 등 많은 국가들이 북한과 수교를 맺고 있으며, 이들이 이러한 프로그램을 제안하는 데 미국이나 한국보다 더 효과적일 수 있다. 북한에 가해진 여러 제재들을 고려해 이 제재들과 상응하는 방법으로 기술제공을 조직해야 할 것이다. 이런 기술들을 대거 유입하는 것이 결국에는 제재보다 더 강력할 수 있다. 외부정보는 이념의 핵심을 공격할 것이고, 주민들의 삶을 향상되면 그들은 그만큼 힘을 얻게 된다.

글을 마치며

뉴욕 양키즈의 영웅 요기 베라[Yogi Berra. '끝날 때까지 끝난 게 아니다' (It ain't over till it's over)라는 명언을 남긴 미국 메이저리그 역사상 가장 인기있는 선수 중 한명으로, 뉴욕 양키즈는 그의 등번호 8번을 영구 결번시켰다_옮긴이]의 말을 바꿔 말하면, 북한에 대해, 특히 북한의 미래에 대해 예측하는 일은 어렵다. 현대 어느 국제관계에서도 가장 적게 알려진 북한에 대해 많은 전문가들이 확신을 갖고 말하곤 한다. 이 책에서 나는 북한 정권에 대해 특별한 지식이 있다고 주장하지 않았다. 내가 이 책에 담은 내용은 학자로서 북한에 대해 연구한 것과 미 정부에서 근무하는 동안 북한과의 교류에 기초한 내용들이다. 그런데도 나는 북한에 앞으로 어떤 일이 일어날지 아무 것도 확신할 수 없다. 당신이 내일 아침 신문이나, 아침 커피를 마시며 인터넷을 켰을 때 북한이 붕괴됐다는 헤드라인을 접한다 해도 나는 놀라지 않을 것이다. 또한, 심각한 체제위기에 대한 나의 예측을 넘어, 지금부터 10년 뒤에도 북한이 건재하다 해도 그 또한 놀라운 일은 아니다. 북한의 운명에 대한 예측은 그만큼 쉽지 않다. 이 점에서 북한은 진정으로 '불가사의한 국가'다.

그러나 한 가지 내가 확신할 수 있는 것은 운명의 날이 오면 북한 재건의 원천은 북한 주민들이 될 것이라는 점이다. 백악관에서의 짧은 근무기간 동안 내 마음에 각인된 많은 기억들 중 하나는 헬리콥터를 타고 DMZ에서 서울로 돌아올 때의 풍경이다. 북한에서 나흘을 지내고 막 넘어오는 길이었다. 헤드셋을 통해 내 담당장교와 다음 일정에 대해 얘기를 나누면서도 내 마음은 북한에서 목격한 것들에 매여 있었다. 헬기가 왼쪽으로 비스듬히 기울자 서울의 스카이라인이 시야에 들어왔다. 그 순간 나는 모든 생각을 멈췄다. 적어도 천 번은 넘게 보아 온 서울의 스카이라인이 평양 방문 후 의미가 달라졌다. 귓가에서 중얼거리는 담당장교의 목소리와 함께 초현대적인 건물들, 북적거리는 차들, 서울의 에너지를 보면서, 나는 정치학자로서 이 똑같은 광경이 북한에서 실현되지 않은 단 하나의 이유, 단 하나의 설명가능한 이유가 바로 정치 때문이라는 생각을 지울 수가 없었다. 북한 사람들이 가난을 선택한 것은 아니다. 북한의 창문 없는 건물들도, 바로 당일 아침 차타고 지나며 본 북한의 척박한 농지도 그들이 선택한 게 아니다. 헬기에서 바라 본 서울을 같은 유전자를 지닌 북한 사람들도 만들어 낼 수 있다고 생각했다. 그러나 정치가 가로막고 있었다.

절대 잊을 수 없는 순간이었다. 화도 나고 슬프기도 했다. 하지만 동시에 희망을 느꼈다. 정치적인 문제들이 사라질 때 북한 사람들에게도 기회가 주어질 것이기 때문이다. 그리고 그들은 한국 사람들과 마찬가지로 그 기회를 최대한 활용할 것이고, 그들에 대해 낮은 기대치를 가진 비관론자들의 코를 납작하게 해줄 것이다. 내 생전에 그 날을 볼 수 있기를 진심으로 바란다.

감사의 말씀

"국가를 위해 일해 주셔서 고맙습니다. 여기 처음 왔을 때보다 좋아 졌군요."

골치 아픈 북한문제에 대해 대통령이 집무실에서 나에게 마지막으로 한 말이다. 국가안전보장회의(NSC)를 떠날 때 보통 대통령이 가족까지 초청해 작별을 고하고 함께 사진을 찍는다. 매우 좋은 관습이다. 대통령은 이를 유별나게 챙겼다. 대통령은 자신을 위해 직원들이 열심히 일한 것을 알고 있었고, 따라서 그들의 노력에 개인적으로 감사를 표하기 전까지는 떠나지 못하게 했다. 2007년 백악관을 떠나올 때만 해도 북한에 대해 책을 집필할 계획은 없었다. 내게는 한반도가 아시아 포트폴리오의 유일한 주제였지만 너무나 많은 시간을 할애했기 때문에 오히려 자유로워지고 싶은 마음이 강했다. NSC에서 나의 직무는 한국, 일본, 호주, 뉴질랜드, 태평양 섬 국가들과 같은 동맹국들과의 관계를 아우르는 것이었다. 그러나 그들이 태평양에 탄도미사일을 쏘아대거나 한밤중에 핵실험을 하지는 않았다. 비핵화 합의 성과의 희열부터 핵실험의 최악의 순간까지 모든 것을 경험하고 나니 북한에 대해 글을 쓴다는 생각 자체가 너무나 벅차고 고단하게 느껴졌다. 마치 마라톤을 막 완주한 선수가 힘든 모든 여정을 자세히 써야 하는 것과 같은 것이었다. 대신 조지타운대학의 교수 자리로 돌아와 그동안 너무나 큰 흥미를 느껴 모아뒀던 스포츠와 정치에 관한 기사들이 가득한 서랍을 열고 베이징 올림픽의 여파에 대한 책을 썼다. 그 책은 지난 3년간 NSC에서 일한 나를 내려놓는 작업이었다.

계속적으로 미국 여러 정부기관들을 자문해주고 미국의 아시아 정책에 대해 기고했다. 하지만 출판물들을 통해 읽는 것보다 북한에 대해 더 많은 것이 알려져야 한다는 불편한 마음이 항상 내 안에 있었다. 출판물 중 몇몇은 북한을 연구하고 핵위협에 대해 단호한 정책방안을 가진, 그러나 직접 북한에 대한 정책을 다뤄본 경험이 전혀 없는 사람들이 집필했다. 또 다른 책들은 북한을 방문한 적은 있으나 자신의 경험과 일화에 갇혀 북한을 진정으로 이해하지 못하는 전 정책결정자들에 의해 집필됐다. 학자로서 북한에 대해 연구해 왔고, 백악관 관료로서 북한을 방문했고, 수 시간 동안 그들과 비핵화 협상을 했던 나는 북한에 대해 더 특별한 시각을 제공할 수 있겠다고 생각했다.

이 책은 당신이 뉴스를 통해 듣는 북한에 대한 이해를 돕기 위한 것이다. 의심할 여지도 없이 뉴스보도는 대부분 북한 정권의 경솔한 행동이나 협박에 대한 내용일 것이다. 많은 이들에게 북한은 좀 고립돼 보인다. 한때는 예측할 수 없는 일들을 일삼던 김정일이란 괴짜 지도자가 다스렸다. 그의 죽음으로 권력은 더욱 예측 불가능한 이십대 풋내기의 손에 넘어갔다. 하지만 이것은 전체 이야기의 50퍼센트밖에 안 된다. 이 책으로 북한의 역사와, 북한 지도부의 세계를 바라보는 시각과, 왜 그들이 핵무기를 끝내 고수하는지, 많은 사람들의 생각과 달리 어떻게 북한 정권이 종말을 눈앞에 두고 있는지에 대해 배울 수 있었기를 바란다. 그리고 만약 북한이 종말을 앞두고 있는 것이 사실이라면 미국과 국제사회는 정말 준비가 돼있지 않고 북한에 대해 잘못된 정보들을 갖고 있는 것이다.

나는 알렉스 바틀렛, 마리 듀몬드, 하정훈, 캣 해링턴, 안드레아 홍, 제니 전, 바바라 김, 엘렌 김, 이상준, 김수국, 고한석, 애나 박, 박유리, 대니얼 윤까지 열정적인 젊은 연구원들에게 많은 신세를 졌다. 특히 닉 앤더슨에게 특별한 감사를 표한다. 닉은 조지타운대학에 대학원생으로 들어와 내가 풀타임 보조 연구원으로 발탁하기 전까지 국제전략문제연구소에서 인턴으로도 일했다. 그는 실질적인 주장들과 사실 확인 등 이 책의 부족한 부분을 메우는 데 매우 큰 도움을 줬다. 기한이 매우 촉박했는데, 닉의 일관적이고 훌륭한 보조 없이는 이 책이 출간될 수 없었을 것이다. 아시아 연구가로서 장래가 밝은 젊은이와 함께 일할 수 있어 행운이었다.

다음의 개개인에게도 감사를 표하고 싶다. 모두 학문·정책 분야에서 가까운 동료들로 원고를 부분적으로 검토해 줬다. 커트 캠벨, 밥 갈루치, 브래드 글로서맨, 마이클 그린, 데이빗 강, 성 김, 제니퍼 마허. 특별히 제7장에 유익한 비평을 해준 밥 갈루치에게 감사를 전한다. 또 국제전략문제연구소의 존 햄리와 이정문, 김정욱, 제프 베이더, 대니 러셀, 데니스 와일더, 커트 통, 에드가드 캐간, 크리스토퍼 힐, 시드니 사일러와 한국에 대해 지속적으로 대화한 것이 많은 도움이 됐다.

원고를 기한 내에 검토해 준 국가안전보장회의 대니얼 샌본과 매리

로넌에게도 감사한다.

자기가 찍은 사진들을 사용할 수 있게 허락해준 내 친구이자 전 NSC 동료인 폴 해인리에게도 신세를 졌다. 백악관에서의 내 모습을 촬영해주고 사진을 사용하도록 해준 폴 모스와 에릭 드레이퍼에게도 감사한다. 초고의 제7장과 제10장의 일부가 〈Washington Quarterly〉 2009년 10월호에 실렸고, 제9장의 일부가 Orbis 2011년 봄호에 실렸다.

이 책은 에코(Ecco)의 나의 편집자인 댄 할펀 없이는 불가능했다. 인내를 가지고 나에게 그의 작가 중 한 명이 될 것을 권유했고, 그 후에는 빨리 이 책을 완성할 것을 권고했으며, 작업하는 동안 현명한 조언들을 해줬다. 이 책을 완성하도록 인도해준 세나 밀키에게 고마움을 전한다. 홍보를 맡아준 앤드류 슈왈츠, 헤더 드러커, 죠애나 핀스커에게 찬사를 보낸다. 이 작업을 하는 동안 인내해준 앤 루튼과 척 마이어스도 고맙다. 큰 신세를 졌다.

한국학중앙연구원(Academy of Korean Studies)과 Korea Global Lab의 아낌없는 지원에도 감사한다.

내 어머니 임순옥 여사와 내 아내 현정에게 이 책을 바친다. 나의 도덕적 잣대가 되어주는 두 여인은 내가 책임감을 가지고 맡은 일에 충실하며 나를 믿는 사람들을 실망시키지 않도록 항상 격려해준다.

아버지, 항상 보고 싶습니다. 하늘에서 우리를 바라보며 웃고 계시리라 믿습니다.

내 아들 패트릭과 앤드류에게 감사한다. 파네라 빵집(미국의 베이커리)에서 한 쪽이라도 더 쓰고자 몇 분 더 앉아 있느라 야구, 테니스, 농구 연습 후 항상 늦게 데리러 갔던 아빠를 이해해줘서 고맙다.

주석

한국어판 서문

1 여기 실린 글은 필자가 로버트 갈루치와 함께 쓴 기사에 기초한다. Victor Cha and Robert L. Gallucci, "Stopping North Korea's Nuclear Threat," *New York Times* (January 8, 2016), http://www.nytimes.com/2016/01/08/opinion/stopping-north-koreas-nuclear-threat.html?_r=0.

1장. 모순

1 Helen-Louise Hunter, "The Society and Its Values", Robert L. Worden, ed., *North Korea: A Country Study* (Washington, DC: Library of Congress, 2009), pp. 76~77.
2 Goohoon Kwon, "A Unified Korea? Reassessing North Korea Risks", *Goldman Sachs Global Economics Paper 188* (September 21, 2009), p. 10.
3 다른 여덟 개 국가들은 미얀마, 적도 기니, 에리트레아, 리비아, 소말리아, 수단, 투르크메니스탄, 우즈베키스탄으로, 참정권과 자유권 점수가 7점으로 가장 낮았다. "Worst of the Worst 2011: The World's Most Repressive Societies", Freedom House (2011), http://www.freedomhouse.org/uploads/special_report/101.pdf (검색일: 2011년 6월 3일).
4 쉬커(徐克, Tsui Hark), 링린둥(林嶺東, Ringo Lam) 감독의 1992년 작품.

5 통일부에 따르면, 2011년 4월 17일 현재 한국에 거주하고 있는 탈북자의 수는 2만 1,165명이다. "Number of N. Korean Defectors in S. Korea Tops 21,000", *Yonhap News* (May 14, 2011), http://english.yonhapnews.co.kr/ (검색일: 2011년 6월 4일).
6 서울대학교 통일평화연구소가 2008년 7월 24일 탈북자 297명을 대상으로 한 설문조사 자료.
7 Michael Breen, *Kim Jong-Il: North Korea's Dear Leader* (Singapore: John Wiley & Sons, 2004), p. 5.
8 빅터 플레밍(Victor Fleming) 감독의 1940년 작품.
9 트레이 파커(Trey Parker) 감독의 2004년 작품.
10 *The Economist*, June 17~23, 2000.
11 Chico Harlan, "North Korean Ruler and Heir Attend Parade", *Washington Post*, October 11, 2010.
12 Andrew Higgins, "Who Will Succeed Kim Jong-il?" *Washington Post* (July 16, 2009).

2장. 호시절

1 "Chapter 25: The Korean War, 1950-1953", *American Military History* (Washington, DC: Center for Military History, U.S. Army, 2001), p. 570.
2 Kongdan Oh, Ralph C. Hassig, *North Korea: Through the Looking Glass* (Washington, DC: Brookings Institution Press, 2000), p. 48.
3 에너지 소비는 최종 소비되는 연료로 변하기 이전 1인당 석유환산 킬로그램으로 그 사용량을 측정하고 있다. "World Development Indicators", Worldbank.org (2011), http://data.worldbank.org/data-catalog/world-development-indicators (검색일: 2011년 1월 31일).
4 Joseph S. Chung, "The Economy", Andrea Matles Savada, ed., *North Korea: A Country Study* (Washington, DC: Library of Congress, 1994).
5 Ibid.
6 Ibid.
7 Ibid.
8 Jon Halliday, "The North Korean Enigma", *New Left Review*, no. 127 (May-June 1981), p. 39.
9 Harrison E. Salisbury, *To Peking and Beyond-A Report on the New Asia* (New York: Pedigree, 1973), p. 175.
10 Tim Kane, "Global U.S. Troop Deployment, 1950-2003", Heritage.org (October 27, 2004),

http://www.heritage.org/research/reports/2004/10/globalus-troop-deployment-1950-2003 (검색일: 2011년 2월 24일).

11 Andrew Scobell, John M. Sanford, *North Korea's Military Threat: Pyongyang's Conventional Forces, Weapons of Mass Destruction, and Ballistic Missiles* (Carlyle, Pennsylvania: Strategic Studies Institute, 2007), p. 21.

12 Homer T. Hodge, "North Korea's Military Strategy", *Parameters* (Spring 2003), pp. 68~81.

13 Scobell and Sanford, *North Korea's Military Threat*, p. 34.

14 Chung, "The Economy", in Andrea Matles Savada, ed., *North Korea*.

15 Ibid.

16 Nikita S. Khrushchev, "The Secret Speech—On the Cult of Personality, 1956", Fordham.edu (1956), http://www.fordham.edu/halsall/mod/1956khrushchev-secret1.html (검색일: 2011년 2월 2일).

17 Philip Short, *Mao: A Life* (New York: Henry Holt and Company, 2001), pp. 503~504.

18 Thomas P. Bernstein, Andrew J. Nathan, "The Soviet Union, China, and Korea", Gerald L. Curti, Sung-joo Han, eds., *The U.S.-South Korea Alliance: Evolving Patterns and Security Relations* (Lexington, Massachusetts: Lexington Books, 1983), p. 99.

19 Ibid., p. 99.

20 Victor Cha, "Powerplay: Origins of the U.S. Alliance System in Asia", *International Security*, vol. 34, no. 3 (Winter 2010).

21 "President Nixon's Speech on 'Vietnamization'", Vassar.edu (November 3, 1969), http://vietnam.vassar.edu/overview/doc14.html (검색일: 2011년 6월 17일).

22 Chen Jian, *Mao's China and the Cold War* (Chapel Hill: University of North Carolina Press, 2000), p. 269.

23 Victor D. Cha, *Alignment Despite Antagonism: The United States-Korea-Japan Security Triangle* (Stanford, California: Stanford University Press, 1999), p. 145에서 재인용.

24 이승만 대통령은 1960년 4.19혁명으로 축출됐다. 뒤이은 윤보선 정부(1960~1962년)는 1961년 박정희 당시 육군 소장의 군사 쿠데타로 전복됐다. 박정희 대통령은 중앙정보부장 김재규에 의해 암살되기 전인 1979년까지 정권을 잡았다. 뒤를 이은 최규하 대통령(1979~1980년) 또한, 1979년 12월 군사 쿠데타로 물러났다.

25 Han S. Park, *North Korea: The Politics of Unconventional Wisdom* (Boulder, Colorado: Lynne-Reiner, 2002).

26 B. R. Myers, *The Cleanest Race: How North Koreans See Themselves and Why It Matters* (New York: Melville House, 2010).
27 신상옥, 최은희, 《수기: 내레 김정일입네다》 (서울: 행림출판사, 1994), p. 19.
28 C. Kenneth Quinones, Joseph Tragert, *The Complete Idiot's Guide to Understanding North Korea* (New York: Alpha Books, 2003).
29 Hy-Sang Lee, *North Korea: A Strange Socialist Fortress* (Westport, Connecticut: Praeger Publishers, 2001), p. 27.
30 Ibid., p. 103.
31 Ermanno Furlanis, "I Made Pizza for Kim Jong-il", *Asia Times* (August 4, 2001), http://www.atimes.com/koreas/CH04Dg01.html (검색일: 2010년 5월 18일).
32 Kim Il-sung, "토지개혁의 종결과 금후과업", 북조선공산당 중앙조직위원회 제6차 확대집행위원회에서 한 보고(1946년 4월 10일) 중의 일부. *Selected Works*, vol. 1 (1971), p. 37.
33 Donald Oberdorfer, *The Two Koreas: A Contemporary History* (New York: Basic Books, 2001), p. 10.
34 당시 김일성의 자신감은 중국의 문화대혁명을 비판하면서 더욱 분명히 드러났다. 1969년 12월 블라디보스토크에서 레오니트 브레즈네프(Leonid Ilyich Brezhnev) 소련공산당 서기장을 비밀리에 만난 자리에서 김일성은, 문화대혁명을 '엄청난 바보짓거리'라고 묘사하고 북한은 중국으로부터 자립적이고 독립적인 길을 갈 것이라고 말했다. 또한, 북한은 쿠바에도 마오쩌둥의 '노망'에 대해 경멸하듯 말했다. GDR 자료: Bernd Schaefer, "North Korean 'Adventurism' and China's Long Shadow, 1966-1972", Woodrow Wilson Center Cold War Archives Project, Working Paper 44 (October 2004), http://www.wilsoncenter.org/topics/pubs/swp44.pdf (검색일: 2010년 12월 9일), pp. 9~13.
35 Bui Tin, "Fight for the Long Haul: The War as Seen by a Soldier in the People's Army of Vietnam", Andrew Wiest, ed., *Rolling Thunder in a Gentle Land: The Vietnam War Revisited* (Oxford, UK: Osprey Publishing, 2006), p. 64.
36 "Embassy of the GDR in the PRC. October 22, 1971. The Position of the DPRK on the Forthcoming Nixon Visit in the PRC", Schaefer, "North Korean 'Adventurism'", http://www.wilsoncenter.org/topics/pubs/swp44.pdf (검색일: 2010년 12월 19일), pp. 34~35에서 재인용. ["미제를 반대하는 아세아 혁명적 인민들의 공동투쟁은 반드시 승리할 것이다", 캄보쟈 국가원수이며 캄보쟈 민족통일전선위원장인 노로돔 시아누크 친왕을 환영하는 평양시군중대회에서 한 연설 (1971년 8월 6일) 중의 일부_옮긴이]

37 "Excerpts from Speech Delivered at a Banquet Given at the Great Hall of the People in Peking by the Central Committee of the Communist Party of China and the State Council of the People's Republic of China in Honor of the Party and Government Delegation of the Democratic People's Republic of Korea", Songunpoliticsstudygroup.org (April 18, 1975), http://www.songunpoliticsstudygroup.org/kimilsungspeechapril181975.html (검색일: 2010년 12월 19일).

38 "Report on the Official Friendship Visit to the DPRK by the Party and State Delegation of the GDR, led by Com. Erich Honecker, December 8, 1977, SAPMO-BA, DY 30, J IV 2/2A/2123", North Korea in the Cold War Collection, Woodrow Wilson Center Cold War International History Project, http://www.wilsoncenter.org/index.cfm?topic_id=1409&fuseaction=va2.document&identifier=F26BC540-0F93-4A9A-FC10ADDBD95F582B&sort=Collection&item=North%20Korea%20in%20the%20Cold%20War (검색일: 2010년 12월 29일).

39 "Stenographic record of conversation between Erich Honecker and Kim Ilsung, May 30, 1984, SAPMO-BA, DY 30, 2460", North Korea in the Cold War Collection, Woodrow Wilson Center Cold War International History Project, http://www.wilsoncenter.org/index.cfm?topic_id=1409&fuseaction=va2.document&identifier=011D0BD8-C4D3-4C59-CCF31FC248028B81&sort=Collection&item=North%20Korea%20in%20the%20Cold%20War (검색일: 2010년 12월 29일).

40 Taik-young Hamm, *Arming the Two Koreas: State, Capital and Military Power* (London: Routledge, 1999), pp. 106~107.

41 World Development Indicators", Worldbank.org.

42 랜드코퍼레이션 연구자료: Hamm, *Arming the Two Koreas*, p. 56.

43 Ibid., p. 131.

44 "The Bank of Korea Economic Statistics System", BOK.or.kr (2011), http://ecos.bok.or.kr/ (검색일: 2011년 3월).

45 Joseph S. Bermudez, *The Armed Forces of North Korea* (New York: St. Martin's Press, 2001), pp. 38~39.

46 *2010 Defense White Paper* (Seoul: Republic of Korea Ministry of National Defense, 2010), p. 24.

47 Bruce E. Bechtol, *Defiant Failed State: "The North Korean Threat to International Security* (Dulles, Virginia: Potomac Books, 2010), p. 24.

48 Stu Russell, "The Digit Affair", USSPueblo.org (2010), http://www.usspueblo.org/Prisoners/

The_Digit_Affair. html (검색일: 2011년 2월 23일).

49 Michael Breen, *Kim Jong-il: North Korea's Dear Leader* (Hoboken, New Jersey: John Wiley & Sons, 2004), p. 28.

50 John Glionna, "The Face of South Korea's Boogeyman", *Los Angeles Times* (July 18, 2010).

51 David E. Pearson, *The World-Wide Military Command and Control System: Evolution and Effectiveness* (Maxwell AFB, Alabama: Air University Press, 2000), pp. 84~91.

52 Oberdorfer, *The Two Koreas*, p. 59.

53 "DMZ-DPRK Tunnels", Globalsecurity.org (2011), http://www.globalsecurity.org/military/world/dprk/kpa-tunnels.htm (검색일: 2011년 1월 31일).

54 Oberdorfer, *The Two Koreas*, p. 142.

55 대통령 암살시도 영상은 다음을 참조. "Burma, Myanmar: South Korean President Chun Doo Hwan Assassination Attempt", Ashinmettacara.org (July 3, 2009), http://www.ashinmettacara.org/2009/07/burma-myanmarsouth-korean-president.html (검색일: 2011년 1월 5일).

56 조지아대학의 교수이자 저명한 주체사상 연구자인 박한식 교수는 "핵무기가 적대적인 정부의 군사 도발로부터 국가 안보를 지키기 위한 유일한 '보증서'이며 믿을 수 있는 방어책이라고 믿는 것은 선군정치의 산물"이라고 말한다. Han S. Park, "Military-First (*Sŏn'gun*) Politics: Implications for External Policies", Kyung-Ae Park, ed., *New Challenges of North Korean Foreign Policy* (New York: Palgrave, 2010), p. 103.

57 Han S. Park, "Military-First (*Sŏn'gun*) Politics", Kyung-Ae Park, ed., *New Challenges of North Korean Foreign Policy*, p. 91.

58 Rüdiger Frank, "Socialist Neoconservatism and North Korean Foreign Policy", Kyung-Ae Park, ed., *New Challenges of North Korean Foreign Policy*, pp. 15~16.

59 Ibid., p. 10.

60 "Joint New Year Editorial Issued", KCNA (January 1, 2009 [*Juche 98*]), http://www.kcna.co.jp/index-e.htm (검색일: 2011년 1월 18일).

61 2011년 장황했던 사설의 제목은 "올해에 다시 한번 경공업에 박차를 가하여 인민생활향상과 강성대국 건설에서 결정적 전환을 일으키자"였다. "Joint New Year Editorial", KCNA (January 1, 2011 [*Juche 99*]), http://www.kcna.co.jp/indexe.htm (검색일: 2011년 1월 18일).

62 "Joint New Year Editorial of Leading Newspapers in DPRK", KCNA (January 1, 2008 [*Juche 97*]), http://www.kcna.co.jp/index-e.htm (검색일: 2011년 1월 18일).

63 KCNA (January 1, 2009).

3장. 올 인 더 패밀리

1 Kenji Fujimoto, "I was Kim Jong Il's Cook", *The Atlantic* (January/February 2004), http://www.theatlantic.com/issues/2004/01/fujimoto.htm (검색일: 2011년 1월 19일). [후지모토 겐지 저, 신현호 역, 《金正日의 요리사》(서울: 월간조선사, 2003), p.131]

2 Sydney A. Seiler, *Kim Il-song 1941-1948: The Creation of a Legend, the Building of a Regime* (Lanham, Maryland: University Press of America, 1994), pp. 55~56.

3 Dae-Sook Suh, *Kim Il Sung: The North Korean Leader* (New York: Columbia University Press, 1988), p. 5; Don Oberdorfer, *The Two Koreas: A Contemporary History*, rev. ed. (New York: Basic Books, 2001), p. 12; Sung Chul Yang, *Korea and the Two Regimes: Kim Il Sung and Park Chung Hee* (Cambridge, Massachusetts: Schenkman Publishing Company, 1981), p. 32.

4 Andrei Lankov, *From Stalin to Kim Il Sung: The Formation of North Korea 1945-1960* (New Brunswick, New Jersey: Rutgers University Press, 2002), p. 59.

5 Seiler, *Kim Il-song 1941-1948*, pp. 31~38.

6 "Report Describes Soviet Abuses in N. Korea", *Dong-A Ilbo* (March 10, 2010), http://english.donga.com/srv/service.php3?bicode=050000&biid=2010031031168 (검색일: 2010년 10월 4일).

7 "Stalin's Meeting with Kim Il Sung", (March 5, 1949), Archive of the Foreign Policy of the Russian Federation, *fond* 059a, *opis* 5a, *delo* 3, *papka* 11, *listy* 10-20. Cold War International History Project, Woodrow Wilson Center.

8 Jasper Becker, *Rogue Regime: Kim Jong Il and the Looming Threat of North Korea* (New York: Oxford University Press, 2005), p. 127.

9 Ibid., p. 69.

10 Hahn Jae Duk, Yang, *Korea and the Two Regimes*, p. 82에서 재인용.

11 *Kim Il Sung: The Great Man of the Century, Volume II* (Pyongyang, Korea: Foreign Languages Publishing House, 1994), p. 93.

12 B. R. Myers, "North Korea's Race Problem: What I Learned in Eight Years Reading Propaganda from Inside the Hermit Kingdom", *Foreign Policy Magazine* (March/April 2010), pp. 100~101.

13 Andrei Lankov, "Why the United States Will Have to Accept a Nuclear North Korea", *Korean Journal of Defense Analysis*, vol. 21, no. 3 (September 2009), pp. 253~254.

14 Kyung-Ae Park, "People's Exit, Regime Stability and North Korean Diplomacy", Kyung-Ae Park, ed., *New Challenges of North Korean Foreign Policy* (New York: Palgrave, 2010), pp. 49~52.

15 Bruce Cumings, *The Korean War: A History* (New York: Modern Library, 2010), p. 35; Oberdorfer, *The Two Koreas*, p. 9.

16 리 타마호리(Lee Tamahori) 감독의 2002년 작품.

17 Seiler, *Kim Il-song 1941-1948*, pp. 196~197.

18 Michael Breen, *Kim Jong-Il: North Korea's Dear Leader* (Singapore: John Wiley & Sons, 2004), pp. 64~65.

19 Breen, *Kim Jong-Il*, p. 6; Becker, *Rogue Regime*, p. 127.

20 Mark Ziegler, "While the Rest of the World Watches Kim Jong Il, Fearful of North Korea's Nuclear Threat, the Dictator Often Can't Take His Eyes Off ⋯ the NBA", *San Diego Union-Tribune*, October 29, 2006, http://legacy.signonsandiego.com/news/world/20061029-9999-1n29kim.html (검색일: 2010년 10월 7일).

21 Fujimoto, "I was Kim Jong Il's Cook."

22 Becker, *Rogue Regime*, pp. 43~44.

23 Ermanno Furlanis, "I Made Pizza for Kim Jong-il. Part 2: Hot Ovens at the Seaside", *Asia Times*, August 11, 2001, http://www.atimes.com/koreas/CH11Dg02.html (검색일: 2010년 10월 15일). 전체 이야기는 다음을 참조. part 1 (http://www.atimes.com/koreas/CH04Dg01.html); part 3 (http://www.atimes.com/koreas/CH17Dg03.html).

24 Jasper Becker, "A Gulag with Nukes", Opendemocracy.net (July 18, 2005), http://www.opendemocracy.net/globalization-institutions_government/north_korea_2686.jsp (검색일: 2010년 10월 18일).

25 *Joongang Ilbo*, October 4, 1991.

26 Yuriko Koike, "A Ruthless Sister Becomes North Korea's Next Ruler", *Daily Star* (September 16, 2010), http://www.dailystar.com.lb/article.asp?edition_id=10&categ_id=5&article_id=119330#axzz0zwdV6uYa (검색일 2010년 10월 9일); Michael Madsen, "Biographical Sketch of Kim Kyong-hui" (2010), http://nkleadershipwatch.files.wordpress.com/2010/04/kim-kyonghui-basic (검색일 2010년 10월 9일).

27 "Kim Ok at Dear Leader's Sickbed", *Korea Times* (September 13, 2008), http://www.koreatimes.co.kr/www/news/nation/2010/05/113_31010.html (검색일: 2010년 10월 9일).

28 Yang Jung A, "Kim Jong Il's Wife Kim Ok Pursues Kim Jong Woon as Successor" (June 2, 2008), http://www.dailynk.com/english/read.php?catald=nk02300&num=3672 (검색일: 2010년 10월 9일).

29 신상옥, 최은희, 《수기: 내레 김정일입네다》 (서울: 행림출판사, 1994), p. 19; Helen-Louise Hunter, *Kim Il-song's North Korea* (New York: Praeger, 1999).

30 "KPA Warning on U.S.–S. Korea War Manuevers", KCNA (August 15, 2010), http://www.kcna.co.jp/index-e.htm (검색일: 2010년 11월 9일).

31 "Japanese Reactionaries' Visits to 'Yasukuni Shrine' Blasted", KCNA (25 August 2008), http://www.kcna.co.jp/index-e.htm (검색일: 2010년 11월 9일).

32 "KCNA Blasts S. Korea's Anti-DPRK 'Human Rights' Racket", KCNA (December 5, 2009), http://www.kcna.co.jp/index-e.htm (검색일: 2010년 11월 9일).

33 "North Korea Bans Bolton from Talks", Washingtontimes.com (August 4, 2003), http://www.washingtontimes.com/news/2003/aug/4/20030804-121425-6611r/ (검색일: 2010년 11월 9일).

34 "U.S. VP's Vituperation Against DPRK's Headquarters Rebuked", KCNA (June 3, 2005), http://www.kcna.co.jp/index-e.htm (검색일: 2010년 11월 9일).

35 "KCNA Blasts Rumsfeld's Vituperation", KCNA (November 25, 2003), http://www.kcna.co.jp/index-e.htm (검색일: 2010년 11월 9일).

36 U.S. State Department, "Patterns of Global Terrorism, 2000-Overview of State Sponsored Terrorism", (April 30, 2001), http://www.state.gov/s/ct/rls/crt/2000/2441.htm (검색일: 2010년 11월 10일).

37 Mark E. Manyin, "North Korea: Back on the Terrorism List?" Congressional Research Service Report for Congress, RL30613 (June 29, 2010), pp. 20~25; Bruce E. Bechtol Jr., *Defiant Failed State: The North Korean Threat to International Security* (Dulles, Virginia: Potomac Books, 2010), pp. 63~66.

38 탈북자 황장엽에 따르면 첫 번째 핵실험은 1991년에 실행됐다고 한다. Bradley Martin, *Under the Loving Care of the Fatherly Leader: North Korea and the Kim Dynasty* (New York: St. Martin's Press, 2004), p. 436.

39 Paul French, *North Korea: The Paranoid Peninsula—A Modern History*, 2nd ed. (New York: Zed Books, 2007), p. 59.

40 Bradley K. Martin, *Under the Loving Care*, pp. 282~286, 317.

41 French, *North Korea*, p. 59; Martin, *Under the Loving Care*, p. 244; Oberdorfer, *The Two Koreas*, p. 346.

42 Martin, *Under the Loving Care*, p. 507; Richard Worth, *Kim Jong Il* (New York: Chelsea House, 2008), p. 84.

43 Han S. Park, "Military-First (Sŏn'gun) Politics: Implications for External Policies", Kyung-Ae Park, ed., *New Challenges of North Korean Foreign Policy* (New York: Palgrave, 2010), p. 103.

44 "The Crumbling State of Healthcare in North Korea", Amnesty.org (July 2010), http://www.amnesty.org/en/library/info/ASA24/001/2010/en (검색일: 2010년 11월 15일).

45 Stephan Haggard, Marcus Noland, *Famine in North Korea: Markets, Aid, and Reform* (New York: Columbia University Press, 2007), p. 1.

46 Becker, *Rogue Regime*, p. 145.

47 Martin, *Under the Loving Care*, p. 642.

48 Madeleine Albright, *Madam Secretary* (New York: Miramax Books, 2003), p. 467.

49 "Interview: Charles Kartman", PBS.org (February 20, 2003), http://www.pbs.org/wgbh/pages/frontline/shows/kim/interviews/kartman.html (검색일: 2010년 12월 11일).

50 김정은이 리베펠트(Liebefeld) 학교에 재학하는 동안 김정일의 둘째 아들 김정철도 베른의 국제학교에 다녔는지에 많은 의문들이 남아있다. 김정은의 국제학교에 관한 이야기들은 형 김정철의 이야기일 수도 있다.

51 개별 인터뷰 (워싱턴 DC, 2010년 1월 4일).

52 Andrew Higgins, "Who Will Succeed Kim Jong Il?" *Washington Post* (July 16, 2009).

53 Ibid.에서 재인용.

54 "N. Propaganda Describes Kim Jong-eun as 'Genius'", *Chosun Ilbo* (October 20, 2010).

55 "Data and Statistics", International Monetary Fund (2010), http://www.imf.org/external/data.htm (검색일: 2010년 12월 8일).

56 "Freedom of the Press 2010", Freedom House (2010), http://www.freedomhouse.org/template.cfm?page=16 (검색일: 2010년 12월 8일); "The 2009 Corruption Perceptions Index", Transparency International (2010), http://www.transparency.org/policy_research/surveys_indices/cpi/2009 (검색일: 2010년 12월 8일).

57 Victor D. Cha, "Korea's Place in the Axis", *Foreign Affairs*, vol. 81, no. 3 (May/June 2002), pp. 79~92.

58 "North Korea Reverts to Hard-line State Control", *Chosun Ilbo*, January 3, 2011.

4장. 다섯 번의 잘못된 결정

1 북한의 2009년 1인당 GNI가 960달러였던 반면에 한국의 최근(2010년) 1인당 GNI는 2만 759달러를 기록했다. "Bank of Korea Economic Statistics System", BOK.or.kr (2011), http://ecos.bok.or.kr/EIndex_en.jsp (검색일: 2011년 4월 15일).

2 John Wu, "The Mineral Industry of North Korea", 2005 Minerals Yearbook: North Korea (U.S. Geological Survey, June 2007), p. 151.

3 Goohoon Kwon, "A Unified Korea? Reassessing North Korea Risks", *Goldman Sachs Global Economics Paper 188* (September 21, 2009), p. 10.

4 "Soviet Economic Assistance to Its Sino-Soviet Bloc Countries", CIA Declassified Document (June 13, 1955), http://www.foia.cia.gov/ (검색일: 2011년 4월 7일).

5 Samuel S. Kim, "Sino-North Korean Relations in the Post-Cold War World", Yong Hwan Kihl, Hong Nak Kim, eds., *North Korea: The Politics of Regime Survival* (Armonk, New York: M. E. Sharpe, 2006), p. 195.

6 Eui Gak Hwang, *The Korean Economies: A Comparison of North and South* (New York: Oxford University Press, 1993), p. 204.

7 Ibid.

8 김일성, "대동강발전소 건설을 다그칠데 대하여", 대동강발전소건설일군협의회에서 한 연설 (1974년 5월 8일), 《김일성저작집》 제29권 (1987), pp. 192~193; Hy-Sang Lee, *North Korea*, p. 110에서 재인용.

9 Kim Il-sung, "On the Immediate Tasks of the Government of the Democratic People's Republic of Korea", speech at the First Session of the Third Supreme People's Assembly, October 23, 1962, *Selected Works*, vol. 3 (Pyongyang: Foreign Languages Publishing House, 1971), p. 392.

10 Andrew Scobell, John M. Sanford, *North Korea's Military Threat: Pyongyang's Conventional Forces, Weapons of Mass Destruction, and Ballistic Missiles* (Washington, DC: Strategic Studies Institute, 2007), pp. 21~23.

11 Hy-Sang Lee, *North Korea*, p. 3.

12 Robert Marquand, "North Korea Offers to Pay Off Czech Debt", *Christian Science Monitor*

(August 11, 2010), http://www.csmonitor.com/World/Europe/2010/0811/North-Korea-offers-to-pay-off-Czech-debt-with-Korean-ginseng (검색일: 2011년 2월 8일).

13 Victor Cha, *Beyond the Final Score: The Politics of Sport in Asia* (New York: Columbia University Press, 2009), chapter 4.
14 "Vinalon, the North's Proud Invention", FAS, http://www.fas.org/nuke/guide/dprk/facility/industry38.htm (검색일: 2011년 4월 15일).
15 1리는 약 393미터다. "Treasure House of Literature and Arts Enriched", KCNA (December 9, 2010), http://www.kcna.co.jp/item/2010/201012/news09/20101209-08ee.html (검색일: 2011년 4월 14일); "Kim Jong Il Enjoys 'October Concert'", KCNA (November 1, 2010), http://www.kcna.co.jp/item/2010/201011/news01/20101101-17ee.html (검색일: 2011년 4월 14일); "Art Performance Goes on in Hamhung", KCNA (March 13, 2010), http://www.kcna.co.jp/item/2010/201003/news13/20100313-03ee.html (검색일: 2011년 4월 14일).
16 Eva Hagberg, "The Worst Building in the History of Mankind", *Esquire* (January 28, 2008), http://www.esquire.com/the-side/DESIGN/hotel-ofdoom-012808 (검색일: 2011년 2월 13일).
17 Donald Kirk, "Orascom Gets into Pyramid Business", *Asia Times*, December 23, 2008, http://www.atimes.com/atimes/Korea/JL23Dg01.html (검색일: 2011년 2월 13일).
18 Stephan Haggard, Marcus Noland, *Famine in North Korea: Markets, Aid, and Reform* (New York: Columbia University Press, 2007), p. 28.
19 Nicholas Eberstadt, *The North Korean Economy: Between Crisis and Catastrophe* (New Brunswick, New Jersey: Transaction Publishers, 2007), pp. 75~76.
20 Ibid., p. 106.
21 Joseph S. Chung, "The Economy", Andrea Matles Savada, ed., *North Korea: A Country Study* (Washington, DC: Library of Congress, 1994).
22 Philip H. Park, *Self-Reliance or Self-Destruction: Success and Failure of the Democratic People's Republic of Korea's Development Strategy of Self-Reliance "Juche"* (New York: Routledge, 2002), p. 114.
23 Jaewoo Choo, "Mirroring North Korea's Growing Economic Dependence on China: Political Ratification", *Asian Survey*, vol. 48, no. 2 (March/April 2008), p. 359.
24 Ibid., pp. 347~348.
25 Stephan Haggard, Marcus Noland, "North Korea's External Economic Relations", *PIIE Working Paper Series*, WP 07-7 (August 2007), p. 28.

26 "World Food Programme Food Aid Information System", World Food Programme (2011), http://www.wfp.org/fais/ (검색일: 2011년 4월 4일).

27 Haggard and Noland, *Famine in North Korea*, pp. 30~31.

28 식량지원은 한국 원조의 50퍼센트, 미국 원조의 50퍼센트 이상을 차지했다. 그리고 일본 원조의 대부분은 식량이었다. 그러나 북한이 일본인을 납치했다는 것이 밝혀지면서 일본은 2002년에 모든 식량지원을 중단했다.

29 "North Korea Probes Corruption in Investment Agencies", RFA.org (January 30, 2008), http://www.rfa.org/english/news/nkorea_corruption-20080130.html (검색일: 2011년 4월 11일).

30 Andrei Lankov, "Investing in the Fatherland: Corruption in North Korea", RFAUnplugged.org (January 30, 2008), http://www.rfaunplugged.org/ (검색일: 2011년 4월 11일)에서 재인용.

31 Hazel Smith, *Hungry for Peace: International Security, Humanitarian Assistance, and Social Change in North Korea* (Washington, DC: United States Institute of Peace Press, 2005), p. 67.

32 Smith, *Hungry for Peace*, p. 67에서 재인용.

33 북한 경제의 규모는 1990년에 약 232억 달러였으나 1998년에는 126억 달러로 축소됐다.

34 The Staff of U.S. Representative Ed Royce (R-CA), "Gangster Regime: How North Korea Counterfeits U.S. Currency", House.gov (March 14, 2007), http://www.royce.house.gov/uploadedlles/report.3.12.07.FINAL.Ganster-Regime.pdf (검색일: 2011년 3월 14일).

35 David E. Kaplan, "The Wiseguy Regime", USNews.com (February 7, 1999), http://www.usnews.com/usnews/news/articles/990215/archive_000266.htm (검색일: 2011년 3월 14일).

36 "Narco Korea", TIMEasia (June 2, 2003), http://www.time.com/time/asia/covers/501030609/index.html (검색일: 2011년 3월 14일).

37 Bill Powell, Adam Zagorin, "The Tony Soprano of North Korea", Time.com (July 12, 2007), http://www.time.com/time/magazine/article/0,9171,1642898,00.html (검색일: 2011년 3월 14일).

38 Paul Rexon Kan, et al., "Criminal Sovereignty: Understanding North Korea's Illicit International Activities", *Strategic Studies Institute Letort Paper* (April 12, 2010), http://www.strategicstudiesinstitute.army.mil/pubs/display.cfm?pubID=975 (검색일: 2011년 3월 14일).

39 Sheena Chestnut, "Illicit Activity and Proliferation: North Korean Smuggling Networks", *International Security*, vol. 32, no. 1 (Summer 2007), pp. 85~86; Andrew J. Coe, "North Korea's New Cash Crop", *Washington Quarterly*, vol. 28, no. 3 (Summer 2005), p. 75.

40 Balbina Y. Hwang, "Curtailing North Korea's Illicit Activities", *Heritage Foundation Background-*

er, no. 1679 (August 25, 2003), p. 3.

41 Chestnut, "Illicit Activity and Proliferation", p. 92; Hwang, "Curtailing North Korea's Illicit Activities", p. 2; Raphael F. Perl, "Drug Trafficking and North Korea: Issues for U.S. Policy", Congressional Research Service Report for Congress, RL32167 (January 25, 2007), p. 15; Liana Sun Wyler, Dick K. Nanto, "North Korean Crime-for-Profit Activities", Congressional Research Service Report for Congress, RL33885 (August 25, 2008), p. 3.

42 Chestnut, "Illicit Activity and Proliferation", pp. 89~90; Hwang, "Curtailing North Korea's Illicit Activities", p. 3; Kan, et al., "Criminal Sovereignty", p. 5.

43 Hwang, "Curtailing North Korea's Illicit Activities", p. 3.

44 Kan, et al., "Criminal Sovereignty", p. 24.

45 Chestnut, "Illicit Activity and Proliferation", p. 89; Hwang, "Curtailing North Korea's Illicit Activities", p. 3.

46 Chestnut, "Illicit Activity and Proliferation", p. 90.

47 Kim Young-il, "North Korean Narcotics Trafficking: A View from the Inside", *North Korea Review*, vol. 1, no. 1 (February 29, 2004), http://www.jamestown.org/single/?no_cache=1&tx_ttnews[tt_news]=26320 (검색일: 2011년 3월 17일).

48 미얀마 관련: Chestnut, "Illicit Activity and Proliferation", p. 98; 대만 대표단 관련: Kan, et al., "Criminal Sovereignty", p. 12; 중국과 대만 위조지폐 관련: Chestnut, "Illicit Activity and Proliferation", p. 91.

49 Chestnut, "Illicit Activity and Proliferation", p. 95; Kan, et al., "Criminal Sovereignty", p. 11.

50 그러나 호주 정부는 증거불충분으로 북한 선원 모두에게 무죄 판결을 내렸다. Stephan Haggard, Marcus Noland, "North Korea's External Economic Relations", *Peterson Institute for International Economics Working Paper Series*, WP 07-7 (August 2007), pp. 6~7; Perl, "Drug Trafficking and North Korea", pp. 6~7n23, p. 13; Wyler and Nanto, "North Korean Crime-for-Profit Activities", pp. 4~5.

51 Wyler and Nanto, "North Korean Crime-for-Profit Activities", p. 4.

52 Jasper Becker, *Rogue Regime: Kim Jong Il and the Looming Threat of North Korea* (New York: Oxford University Press, 2005), p. 162.

53 메탐페타민(Methamphetamine)은 모든 화학 성분을 사용해 실험실 같은 환경에서 생산된다. Perl, "Drug Trafficking and North Korea", p. 11.

54 Hwang, "Curtailing North Korea's Illicit Activities", p. 3; Perl, "Drug Trafficking and North Korea", p. 9.

55 Wyler and Nanto, "North Korean Crime-for-Profit Activities", p. 6.

56 Haggard and Noland, *Famine in North Korea*, p. 8; Perl, "Drug Trafficking and North Korea", pp. 9~10; Benjamin K. Sovacool, "North Korea and Illegal Narcotics: Smoke but no Fire?" *Asia Policy* (January 2009), p. 108.

57 Kan, et al., "Criminal Sovereignty", p. 8에서 재인용.

58 2007 World Drug Report, UNODC.org (2007), http://www.unodc.org/pdf/research/wdr07/WDR_2007.pdf (검색일: 2011년 3월 17일), pp. 128, 138, 157.

59 2010 International Narcotics Control Strategy Report, vol. 1, State.gov (March 2011), http://www.state.gov/p/inl/rls/nrcrpt/2010/index.html (검색일: 2011년 3월 17일), p. 432.

60 Chestnut, "Illicit Activity and Proliferation", p. 92; Dick K. Nanto, "North Korean Counterfeiting of U.S. Currency", Congressional Research Service Report for Congress, RL33324 (12 June 2009), p. 1.

61 Hwang, "Curtailing North Korea's Illicit Activities", p. 4.

62 Ibid.; Kan, et al., "Criminal Sovereignty", p. 13.

63 Bertil Lintner, "North Korea's Burden of Crime and Terror", *Asia Times Online* (April 20, 2007), http://www.atimes.com/atimes/Korea/ID20Dg02.html (검색일: 2011년 3월 17일).

64 Kan, et al., "Criminal Sovereignty", p. 18.

65 Wyler and Nanto, "North Korean Crime-for-Profit Activities", p. 1.

66 Royce, "Gangster Regime", p. 10에서 재인용.

67 Chestnut, "Illicit Activity and Proliferation", p. 91.

68 Ibid., p. 92; Haggard and Noland, *Famine in North Korea*, p. 10; Wyler and Nanto, "North Korean Crime-for-Profit Activities", p. 12.

69 Kan, et al., "Criminal Sovereignty", p. 16.

70 Wyler and Nanto, "North Korean Crime-for-Profit Activities", pp. 12~13, 16.

71 Kan, et al., "Criminal Sovereignty", pp. 15~16.

72 Chestnut, "Illicit Activity and Proliferation", p. 91; Wyler and Nanto, "North Korean Crime-for-Profit Activities", p. 6.

73 Wyler and Nanto, "North Korean Crime-for-Profit Activities", p. 14.

74 Perl, "Drug Trafficking and North Korea", p. 5.

75 Wyler and Nanto, "North Korean Crime-for-Profit Activities", p. 13.

76 다른 국가들은 미얀마, 콩고민주공화국, 쿠바, 도미니카공화국, 에리트레아, 이란, 모리타니, 파푸아뉴기니, 사우디아라비아, 수단, 짐바브웨다. Trafficking in Persons Report, 10th ed., State.gov (June 2010), http://www.state.gov/documents/organization/142979.pdf (검색일: 2011년 3월 21일).

77 Perl, "Drug Trafficking and North Korea", pp. 15~16; Wyler and Nanto, "North Korean Crime-for-Profit Activities", p. 17.

78 Peter M. Beck and Nicholas Reader, "Facilitating Reform in North Korea: The Role of Regional Actors and NGOs", *Asian Perspective*, vol. 29, no. 3 (2005), pp. 36~37.

79 Michael Rank, "North Korea: Beyond the Capital Lies a Different World", *Guardian* (September 26, 2010), http://www.guardian.co.uk/world/2010/sep/26/north-korea-rason-beyond-capital (검색일: 2011년 4월 13일).

80 Toru Makinoda, "N. Korea Plans Free Trade Zone On Island", *Daily Yomiuri* (January 23, 2009).

81 "Editorial Comment", *Rodong Sinmun* (November 21, 2001).

82 Marcus Noland, "West-Bound Train Leaving the Station: Pyongyang on the Reform Track", IIE.com (October 14~15, 2002), http://www.iie.com/publications/papers/noland1002.htm (검색일: 2004년 2월 25일).

83 "NK Embarks on Initial Phase of Market Economy", *Korea Update*, vol. 14, no. 10 (September 30, 2003).

84 Jonathan Watts, "How North Korea is Embracing Capitalism by Any Other Name", *Guardian* (December 3, 2003), http://www.guardian.co.uk/world/2003/dec/03/northkorea (검색일: 2011년 2월 20일).

85 Selig S. Harrison, *Korean Endgame: A Strategy for Reunification and U.S. Disengagement* (Princeton, New Jersey: Prince ton University Press, 2002), p. 27. 김대중 전 대통령의 증언은 Becker, *Rogue Regime*, p. 196. Peter Maas, "The Last Emperor", *New York Times Magazine* (October 19, 2003); Don Gregg, "Kim Jong-il: The Truth Behind the Caricature", *Newsweek* (February 3, 2003)에서 재인용.

86 Oh Seung-yul, "Changes in the North Korean Economy: New Policies and Limitations", *Korea's Economy 2003* (Washington, DC: Korea Economic Institute, 2003), pp. 74~76; Transition Newsletter World Bank at www.worldbank.org/transitionnewsletter/janfebmar03/pgs1-6htm (검색일: 2004년 2월 25일). 미화 1달러당 5만 원까지 올랐다는 추정은 다음을 참조. Jamie

Miyazaki, "Adam Smith Comes to North Korea", *Asia Times* (October 22, 2003), http://www.atimes.com/atimes/Korea/EJ22Dg01.html (검색일: 2004년 2월 25일).

87 Nicholas Eberstadt, "North Korea's Survival Game", AEI-Chosun Ilbo meeting, February 12~13, 2004, Washington, DC, 미발간 논문.

88 Philip P. Pan, "China Treads Carefully Around North Korea", *Washington Post* (January 10, 2003), p. A14.

89 "China to Provide Grant-in-Aid to DPRK", KCNA (October 31, 2003), http://www.kcna.co.jp/item/2003/200310/news10/31.htm (검색일: 2011년 4월 4일).

90 Michael Chambers, "Managing a Truculent Ally: China and North Korea, 2003", Fairbank Institute, Harvard University, February 23, 2004, 미발간 논문; "China's Top Legislator Meets DPRK premier", *Beijing Xinhua* (October 30, 2003); "China to Provide Grant-in-aid to DPRK", *Pyongyang KCNA* (October 30, 2003); *International Herald Tribune* (January 12, 2004).

91 World Food Programme (2011).

92 Mark Manyin, "Food Crisis and North Korea's Aid Diplomacy: Seeking the Path of Least Resistance", Kyung-Ae Park, ed., *New Challenges of North Korean Foreign Policy* (New York: Palgrave Macmillan, 2010), pp. 78~83.

93 Choo, "Mirroring North Korea's Growing Economic Dependence", p. 347.

94 Dick K. Nanto, Mark E. Manyin, "China-North Korea Relations", Congressional Research Service Report for Congress, 7-5700 (December 28, 2010), p. 15.

95 Manyin, "Food Crisis and North Korea's Aid Diplomacy", Park, ed., *New Challenges*, p. 86.

96 World Food Programme (2011).

97 Haggard and Noland, "North Korea's External Economic Relations", p. 37.

98 비공식 개별 인터뷰 (LA, 2010년 8월 7일).

99 Manyin, "Food Crisis and North Korea's Aid Diplomacy", Park, ed., *New Challenges*, pp. 75~76.

100 공단 내 최저임금은 월급 68.71달러에 평균 20~30달러의 시간 외 수당으로 알려졌다. 그러나 북한 당국이 '사회보험' 15퍼센트와 '사회문화비용' 30퍼센트를 제하고 나면 대부분 45달러를 받는다.

101 공단에 대한 자세한 내용은 다음을 참조. Dick K. Nanto, Mark E. Manyin, "The Kaesong North-South Korean Industrial Complex", Congressional Research Service Report for Congress, RL34093 (March 17, 2011).

102 Nanto and Manyin, "China–North Korea Relations", p. 7.
103 Dick K. Nanto, Emma Chanlett-Avery, "North Korea: Economic Leverage and Policy Analysis", Congressional Research Service Report for Congress, RL32493 (January 22, 2010), p. 32.
104 "Rates", Mt. Kumgang Tour Reservation Guide, http://www.mtkumgang.com/eng/reservation/price/price_list.jsp (검색일: 2011년 3월 31일).
105 Haggard and Noland, "North Korea's External Economic Relations", pp. 40~41.
106 Nanto and Manyin, "The Kaesong North–South Korean Industrial Complex", Congressional Research Service Report for Congress, RL34093 (March 11, 2011), summary; "Closing Kaesong would hit North Korea hard", *Chosun Ilbo* (March 18, 2009), http://english.chosun.com/site/data/html_dir/2009/05/18/2009051800226.html (검색일: 2011년 4월 12일).
107 Nanto and Chanlett-Avery, "North Korea", p. 47.
108 "The World Factbook—Korea, North", CIA.gov (2011), https://www.cia.gov/library/publications/the-world-factbook/ (검색일: 2011년 4월 13일).
109 Norimitsu Onishi, "South Brings Capitalism, Well Isolated, to North Korea", *New York Times* (July 18, 2006), http://www.nytimes.com/2006/07/18/world/asia/18korea.html (검색일: 2011년 4월 13일).
110 Barbara Demick, "A One-Hour Commute to Another World", *L.A. Times* (February 28, 2006), http://articles.latimes.com/2006/feb/28/world/fgcommute28/2 (검색일: 2011년 4월 13일).
111 "N. Korea Mountain Tours Popular in South Korea", UPI (September 30, 2005), http://www.spacewar.com/reports/NKorea_Mountain_Tour_Popular_In_SKorea.html (검색일: 2011년 4월 4일).
112 "N. Korea Covered by Slogans", UPI (October 3, 2005), http://www.spacewar.com/reports/NKorea_Covered_By_Slogans.html (검색일: 2011년 4월 4일).
113 Haggard and Noland, "North Korea's External Economic Relations", p. 11.
114 "Choco Pies Rule Black Market in North Korea", *Chosun Ilbo* (January 12, 2010); John Feffer, "Choco Pies vs. Cold Noodles", *Huffington Post* (March 3, 2010) http://www.huffngtonpost.com/john-feffer/choco-piesvs-cold-noodle_b_482697.html (검색일: 2011년 2월 22일).
115 Rüdiger Frank, "Socialist Neoconservatism and North Korean Foreign Policy", Kyung-Ae Park, ed., *New Challenges of North Korean Foreign Policy* (New York: Palgrave, 2010), p. 18.

116 Sharon LeFraniere, "Views Show How North Korean Policy Spread Misery", *New York Times* (June 9, 2010), http://www.nytimes.com/2010/06/10/world/asia/10koreans.html?pagewanted=all (검색일: 2011년 2월 21일).

117 Marcus Noland, "North Korea's Failed Currency Reform", *BBC Online* (February 5, 2010) http://www.iie.com/publications/opeds/print.cfm?researchid=1487&doc=pub (검색일: 2011년 2월 21일).

118 Park Hyeong Jung, "How to Move North Korea", KINU (March 10, 2011) p. 1, 미발간 논문.

119 "N. Korea 'Importing Animal Feed for Human Consumption'", *Chosun Ilbo* (February 10, 2011), http://english.chosun.com/site/data/html_dir/2011/02/10/2011021000980.html (검색일: 2011년 3월 30일).

120 2008년의 수치들은 다음을 참조. "World Bank World Development Indicators", Worldbank.org (2011), http://data.worldbank.org/data-catalog (검색일: 2011년 4월 15일).

121 "North Korea Halves Pyongyang in Size in Apparent Economic Bid: Source", *Yonhap News* (February 14, 2011), http://english.yonhapnews.co.kr (검색일: 2011년 3월 30일).

122 "N. Korean Protesters Demand Food and Electricity", *Chosun Ilbo* (February 23, 2011), http://english.chosun.com/site/data/html_dir/2011/02/23/2011022300383.html (검색일: 2011년 3월 29일).

123 Park Hyeong Jung, "North Korea's Foreign and Domestic Policy and Its Relations with China", KINU (June 15, 2010), 미발간 논문.

5장. 지구 최악의 장소

1 Andrei Lankov, "Something Special About Kaesong Tour", *DailyNK* (February 19, 2009), http://www.dailynk.com/english/read.php?cataId=nk00300&num=3276 (검색일: 2011년 2월 18일).

2 Ermanno Furkanis, "I Made Pizza for Kim Jong-il", *Asia Times Online* (August 4, 2001), http://www.atimes.com/koreas/CH04Dg01.html (검색일: 2010년 5월 18일).

3 북한에는 공중보건성이 전반적인 보건의료를 총괄하며, 대부분의 국제지표에는 잘 지켜지는 것으로 나타난다. 통계에 따르면, 의사 1명 당 120~140가족을 담당하며 전국에는 800여 개의 병원에 30만 명이 넘는 전문의료진이 상주해 있다. 그러나 이 모든 것은 의료체계의 기능 지표일 뿐이며, 현실은 암울하다. 의료체계 또한 보이는 것과는 많은 차이가 있다. Dr. Margaret Chan, "Transcript of Press Briefing at WHO Headquarters, Geneva", WHO.int (April 30, 2010), http://www.

who.int/mediacentre/news/releases/2010/2010430_chan_press_transcript.pdf (검색일: February 14, 2011); "WHO Country Cooperation Strategy, Democratic People's Republic of Korea", WHO.int (August 2009), http://www.who.int/countryfocus.cooperation_strategy/ccs_prk_en.pdf (검색일: February 14, 2011).

4 "President Meets with North Korean Defectors and Family Members of Japanese Abducted by North Korea", (April 28, 2006), http://georgewbushwhitehouse.archives.gov/news/releases/2006/04/20060428-1.html (검색일: 2011년 1월 13일).

5 이에 대한 내용은 피터 베이커(Peter Baker)와 글렌 케슬러(Glenn Kessler)로부터 전해 받았다. "Bush Meets Dissidents in Campaign for Rights", *Washington post* (June 15, 2005).

6 George W. Bush, *Decision Points* (New York: Crown, 2010), p. 422.

7 "The Invisible Exodus: North Koreans in the People's Republic of China", *Human Rights Watch*, vol. 14, no. 8 (November 2002), pp. 24~25.

8 Sharon LeFraniere, "View Show How North Korea Policy Spread Misery", *New York Times* (June 9, 2010), http://nytimes.com/2010/06/10/words/asia/10koreans.html?pagewanted=all (검색일: 2011년 2월 21일).

9 Stephan Haggard, Marcus Noland, "Repression and Punishment in North Korea: Survey Evidence of Prison Camp Experiences", *East-West Center Working Papers*, no. 20 (October 2009), p. 7.

10 David Hawk, "Exposing North Korea's Prison Camps", U.S. Committee for Human Rights in North Korea (2003), p. 35.

11 "Starved for Rights: Human Rights and the Food Crisis in the Democratic People's Republic of Korea (North Korea)", *Amnesty International* (January 2004), p. 35.

12 Hawk, "Exposing North Korea's Prison Camps", p. 24.

13 Ibid., p. 55.

14 Ibid., p. 37.

15 Ibid., p. 45.

16 카라 가르페디언(Carla Garapedian) 감독의 2000년 다큐멘터리 영화 "Children of the Secret State."

17 Human Rights Watch, "The Invisible Exodus", pp. 24~25.

18 Amnesty International, "Starved for Rights", p. 29.

19 Human Rights Watch, "The Invisible Exodus", pp. 23~24.

20 Hawk, "Exposing North Korea's Prison Camps", p. 67.
21 Ibid., p. 61.
22 Ibid., p. 62.
23 유엔난민협약 제5장 33조 1절.
24 DPRK Population Center, *Analysis of 1993 Population Census Data, DPR of Korea* (Pyongyang: Population Center, 1996). Courtland Robinson, "North Korea: Migration Patterns and Prospects", CSIS-USC Korea Project (August 21, 2010), 미발간 논문, http://csis.org/files/publication/101215_North_Korea_Migration_Patterns.pdf (검색일: 2011년 1월 12일)에서 재인용.
25 Rhoda Margesson, Emma Chanlett-Avery, Andorra Bruno, *North Korean Refugees in China and Human Rights Issues: International Response and U.S. Policy Options*, Congressional Research Service Report to Congress, RL 34189, September 26, 2007, p. 4, http://www.fas.org/sgp/crs/row/RL34189.pdf (검색일: 2011년 1월 3일).
26 Courtland Robinson, "Famine in slow Motion: A Case Study of Internal Displacement in the Democratic People's Republic of Korea", *Refugee Survey Quarterly*, vol. 19, no. 2 (2000).
27 많은 탈북자들은 한국 정부로부터 지급받은 정착금을 북한에 남아 있는 가족을 데려오기 위해 사용한다. 이로 인해 '연쇄탈북' 현상이 발생하고 있다. Kyung-Ae Park, ed., *New Challenge of North Korean Foreign Policy* (New York: Palgrave Macmillan, 2010), p. 46.
28 2006년 아이들을 위한 시설이 서울 외곽(시흥)에 새롭게 지어졌다. 이곳에 있는 13~24세 사이의 아이들은 대부분 부모가 없는 고아들이다. Justin McCurry, "North Korean Refugees Adapt to Life, School, and Prejudice in South Korea", *Christian Science Monitor* (August 4, 2010).
29 "Humanitarian Assistance: Status of North Korean Refugee Resettlement and Asylum in the United States", United States Government Accountability Office Report to Congressional Requesters (June 2010), http://www.gao.gov/new.items/d10691.pdf (검색일: 2011년 2월 14일).
30 "China and North Korea: Comrades Forever?" *International Crisis Group—Asia Report*, no. 112 (February 2006), p. 9.
31 John Pomfret, "North Koreans Export Girls for Marriage", *Washington Post* (February 12, 1999).
32 Human Right Watch, "The Invisible Exodus".
33 Ibid., pp. 13~14.
34 Park, "People's Exit", p. 59.
35 Courtland Robinson, "North Korea: Migration Patterns and Prospects", CSIS-USC Korea Pro-

ject (August 21, 2001), 미발간 논문, http://csis.org/files/publication/101215_North_Korea_Migration_Patterns.pdf (검색일: 2011년 1월 12일).

36 Jasper Becker, *Rogue Regime: Kim Jong Il and the Looming Threat of North Korea* (New York: Oxford University Press, 2005), p. 94.

37 Hawk, "Exposing North Korea's Prison Camps", p. 63.

38 Peter Baker, "White House Puts Face on North Korean Human Rights Abuses", *Washington Post*, April 16, 2006.

39 Yoshi Yamamoto, *Taken!: North Korea's Criminal Abduction of Citizens Of Other Countries* (Washington, DC: Committee for Human Rights in North Korea, 2001).

40 다큐멘터리 영화 "Children of the Secret State" 참조.

41 NGO 방문단 대표의 브리핑 (워싱턴 DC: CSIS, 2011년 3월 2일).

42 Park, "People's Exit", p. 50.

43 Stephan Haggard and Marcus Noland, *Famine in North Korea: Markets, Aid, and Reform* (New York: Columbia University Press, 2007), pp. 73~76.

44 "The Universal Declaration of Human Rights", United Nations (December 10, 1948), http://www.un.org/en/documents/udhr/index.shtml (검색일: 2010년 1월 3일).

45 "The International Covenant on Economic, Social and Cultural Rights", United Nations (December 16, 1966), http://www2.ohchr.org/english/law/cescr.htm (검색일: 2010년 1월 3일).

46 Stephan Haggard, Marcus Noland, "Hunger and Human Rights: The Politics of Famine in North Korea", U.S. Committee for Human Rights in North Korea (2005), p. 9.

47 Nicholas Eberstadt, *The End of North Korea* (Washington, DC: AEI Press, 1999), p. 61.

48 북한의 20세기 기근에 대한 모든 내용은 다음을 참조. Haggard and Noland, *Famine in North Korea*, p. 7.

49 Eberstadt, *The End of North Korea*, p. 61.

50 Amartya Sen, *Development as Freedom* (New York: Anchor Books, 2000), p. 16.

51 김일성대학에서 행한 김정일 위원장의 연설 내용은 나중에 몰래 국외로 반출됐다. Don Oberdorfer, *The Two Koreas: A Contemporary History*, revised ed. (New York: Basic Books, 2001), p. 395.

52 Eberstadt, *The End of North Korea*, p. 47.

53 Haggard and Noland, "Hunger and Human Rights", p. 16.

54 Ibid.

55 Haggard and Noland, *Famine in North Korea*, p. 27.
56 나머지 30~40퍼센트의 주민들은 식량을 공급하기 위해 집단농장에서 생활하면서 일에 동원됐으며, 따라서 그들은 농장으로부터 직접 1년 예비식량을 배급 받았다.
57 Haggard and Noland, *Famine in North Korea*, p. 55.
58 Ibid., p. 54.
59 "A Matter of Survival: The North Korean Government's Control of Food and the Risk of Hunger", *Human Rights Watch*, vol. 18, no. 3 (May 2006), p. 10.
60 Human Rights Watch, "The Invisible Exodus", p. 8.
61 Hazel Smith, *Hungry for Peace: International Security, Humanitarian Assistance, and Social Change in North Korea* (Washington, DC: United States Institute of Peace Press, 2005), p. 87; Paul French, *North Korea: The Paranoid Peninsula* (New York: Zed Books, 2007), p. 129.
62 Haggard and Noland, *Famine in North Korea*, p. 56.
63 Eberstadt, *The End of North Korea*, p. 46.
64 Amnesty International, "Starved for Rights", pp 8~9.
65 Smith, *Hungry for Peace*, p. 67.
66 Ibid., p. 70.
67 Haggard and Noland, *Famine in North Korea*, p. 25.
68 World Food Programme, "Full Report of the Evaluation of DPRK EMOP's 5959.00 and 5959.01—'Emergency Assistance to Vulnerable Groups'—20 March–10 April 2000" (September 2000), p. 6.
69 Haggard and Norland, "Hunger and Human Rights", p. 15.
70 Human Rights Watch, "The Invisible Exodus", p. 10.
71 Haggard and Noland, *Famine in North Korea*, pp. 72~73.
72 Amnesty International, "Starved for Rights", p. 25.
73 World Food Programme, "Full Report of the Evaluation of DPRK EMOPs", (2000), p. 18.
74 Human Rights Watch, "The Invisible Exodus", p. 11.
75 Ibid., p. 27.
76 Smith, *Hungry for Peace*, p. 71; Eberstadt, *The End of North Korea*, p. 46.
77 Smith, *Hungry for Peace*, p. 92.
78 Amnesty International, "The Crumbling State of Healthcare in North Korea", (2010), ASA 24/001/2010, p. 22, http://www.amnesty.org/en/library/info/ASA24/001/2010 (검색일: 2012

년 1월 16일).
79 Ibid.
80 Ibid., p. 23.
81 Ibid., pp. 11~12.
82 Ibid., pp. 5~6.
83 Ibid., p. 12.
84 Ibid., p. 12.
85 Smith, *Hungry for Peace*, p. 84.
86 Becker, *Rogue Regime*, p. 29.
87 French, *North Korea*, p. 130.
88 다큐멘터리 영화 "Children of the Secret State" 참조.
89 Amnesty International, "Starved for Rights", p. 23.
90 Ibid.
91 Becker, *Rogue Regime*, p. 37.
92 다큐멘터리 영화 "Children of the Secret State" 참조.
93 "Special Report: FAO/WFP Crop and Food Supply Assessment—Mission to the Democratic People's Republic of Korea", United Nations Food and Agricultural Organization (October, 30, 2003), p. 19.
94 "Special Report: FAO/WFP Crop and Food Supply Assessment—Mission to the Democratic People's Republic of Korea", United Nations Food and Agricultural Organization (November, 22, 2004), p. 22.
95 "Tracking Progress on Child and Maternal Nutrition: A survival and Development Priority", UNICEF (November 2009), pp. 11, 104.
96 Haggard and Norland, "Hunger and Human Rights", p. 14.
97 Amnesty International, "Starved for Rights", p. 26.
98 모든 식량지원 통계는 다음을 참조. "Food Aid Information System", World Food Programme (2011), http://www.wfp.org/fais/ (검색일: 2011년 1월 7일).
99 Haggard and Noland, *Famine in North Korea*, pp. 93~95.
100 Haggard and Norland, "Hunger and Human Rights", pp. 12, 96~97.
101 Mark E. Manyin, Mary-Beth Nikitin, "Foreign Assistance to North Korea", Congressional Research Service Report for Congress, R40095 (March 2010), p. 2.

102 Ibid., pp. 15~18.

103 Ibid., pp. 20~22.

104 "World Food Programme International Food Information System", World Food Programme (2011), http://www.wfp.org/faris/ (검색일: 2011년 2월 14일).

105 Mark E. Manyin, "Food Crisis and North Korea's Aid Diplomacy: Seeking the Path of Least Resistance", Kyung-Ae Park, ed., *New Challenges of North Korean Foreign Policy* (New York: Palgrave Macmillan, 2010), p. 80.

106 Bob Woodward, *Bush at War* (New York: Simon and Schuster, 2002), p. 340.

107 "Humanitarian Assistance: Status of North Korean Refugee Resettlement and Asylum in the United States", United States Government Accountability Office Report to Congressional Requesters (June 2010), http://www.gao.gov/new/items/d10691/pdf (검색일: 2011년 2월 14일).

108 "Joint Statement of the Fourth Round of the Six-Party Talks", http://www.state.gov/p/eap/regional/c15455.htm (검색일: 2011년 1월 31일).

109 Woodward, *Bush at War*, p. 340.

110 Park, "People's Exit", p.56.

111 "Half of North Korean Defectors' Households Income Less than One Million Won a Month: Poll", *Yonhap News* (February 16, 2011).

6장. 전쟁억제의 논리

1 Michael E. O'Hanlon, Kike M. Mochizuki, *Crisis on the Korean Peninsula: How to Deal with a Nuclear North Korea* (Blacklick, Ohio: McGraw-Hill Professional Publishing, 2003), p. 59.

2 "Chapter 8: The Korean War, 1950-1953", Richard W. Stewart, ed., *American Military History Volume II: The United States Army in a Global Era, 1917-2003* (Washington, DC: Center for Military History, 2005), p. 246. http://www.hostory.army.mil/books/AMH-V2/AMH%20V2/chapter8.htm (검색일: 2011년 5월 14일). 한반도에서 남측은 국군 18만 7,000명 사망, 3만 명 실종, 민간인 50~100만 명이 사망한 것으로, 그리고 북측은 인민군 및 북한 민간인 150만 명이 사망한 것으로 집계하고 있다.

3 국제전략연구소(International Institute for Strategic Studies), *The Military Balance 2011* (London: IISS, 2011), pp. 205~206.

4 Bruce E. Bechtol Jr., *Defiant Failed State: The North Korean Threat to International Security*

(Washington, DC: Potomac Books, 2010), p. 21.

5 1954년 주한미군은 22만 5,590명이었으나, 2011년 현재 그 수는 2만 8,500명으로 축소됐다. Tim Kane, "Global U.S. Troop Deployment, 1950–2003", Heritage Foundation (October 27, 2004), http://www.heritage.org/research/reports/2004/10/global-us-troop-deployment-1950-2003 (검색일: 2011년 4월 21일).

6 국제전략연구소, *The Military Balance*, pp. 249~254.

7 Dennis C. Blair, Annual Threat Assessment of the U.S. Intelligence Community (February 2, 2010), http://www.dni.gov/testimonies/20100202_testimony.pdf (검색일: 2011년 4월 21일), pp. 13~14.

8 Bruce Cumings, *North Korea: Another Country* (New York: New Press, 2004), p. 53.

9 O'Hanlon and Mochizuki, *Crisis on the Korean Peninsula*, p. 174.

10 Don Oberdorfer, *The Two Koreas: A Contemporary History*, revised and updated ed. (New York: Basic Books, 2011), pp.312, 325; Ashton B. Carter, William J. Perry, *Preventive Defense: A New Security for America* (Washington, DC: Brookings Institution Press, 1999), pp. 128~130, 217~218.

11 Oberdorfer, *The Two Koreas*, p. 288에서 재인용.

12 주한미군 장교와의 인터뷰 (워싱턴 DC, 2011년 3월 14일).

13 Narushige Michishita, "The Future of North Korean Strategy", *Korean Journal of Defense Analysis*, vol. 21, no. 3 (2009), p. 107; Koo Sub Kim, "Substance of North Korea's Military Threats and the Security Environment in Northeast Asia", *Korean Journal of Defense Analysis*, vol. 21, no. 3 (2009), p. 243.

14 Joseph Bermudez Jr., *North Korean Special Forces* (Surrey, UK: Jane's Publishing Company, 1988), p. 62; Bechtol, *Defiant Failed State*, pp. 22~23.

15 Bermudez, *North Korean Special Forces*, p. 64.

16 Ibid., p. 62.

17 O'Hanlon and Mochizuki, *Crisis on the Korean Peninsula*, p. 62.

18 "Kim Jong-Il Using Body Doubles in Appearances, Even Photos", Worldtribune.com (October 4, 2006), http://www.worldtribune.com/worldtribune/ (검색일: 2011년 4월 27일).

19 C. Kenneth Quinones, Joseph Traggart, *The Complete Idiot's Guide to Understanding North Korea* (New York: Alpha Books, 2003), p. 278.

20 황장엽과의 인터뷰 (워싱턴 DC, 2010년 3월 31일).

21 Jasper Becker, *Rogue Regime: Kim Jong Il and the Looming Threat of North Korea* (New york: Oxford University Press, 2005), pp. 144~145.
22 Robert M. Gates, "Media Roundtable with Secretary Gates from Beijing, China", Defense.gov (January 11, 2011), http://www.defense.gov/transrcipts/transcript.aspx?transcriptid=4571 (검색일: 2011년 4월 18일).
23 Cumings, *North Korea*, p. 89.
24 열차단 장치의 경우, 노동 미사일에서는 제대로 작동하나 사정거리가 보다 먼 장거리 탄도미사일에서는 작동하지 않는다. David Wright, "North Korea's Missile Program" UCSUSA.org (2009), http://www.uscusa.org/assets/documents.nwgs/north-koreas-missile-program.pdf (검색일: 2011년 4월 25일), pp. 6~7.
25 Daniel A. Pinkston, *North Korea's Ballistic Missile Program* (Carlyle, Pa.: Strategic Studies Institute, 2008), pp. 14~15.
26 Ibid., p. 15.
27 Becker, *Rogue Regime*, p. 160.
28 북한 노동 미사일의 사정거리는 1만 3,000킬로미터, 탑재중량은 700~1,000킬로그램에 달한다. Wright, "North Korea's Missile Program", p. 4.
29 D. Wright, T. Postol, "A Post-Launch Examination of the Unha-2", *Bulletin of the Atomic Scientists* (June 29, 2009), http://thebullentin.org/web-edition/features/post-launch-examination-of-the-unha-2 (검색일: 2011년 5월 14일).
30 "Kim Jong Il Observes Launch of Satellites Kwangmyingsong-2", KCNA (April 5, 2009), http://www.kcna.co.jp/item/2009/200904/news05/20090405-12ee.html (검색일: 2011년 5월 14일).
31 "NORAD and USNORTHCOM Monitor North Korean Launch", North American Aerospace Defense Command (April 5, 2009), http://www.norad.mil/News/2009/040508.html (검색일: 2011년 5월 14일).
32 Sharon A. Squassoni, "Weapons of Mass Destruction: Trade Between North Korea and Pakistan", Congressional Research Service Report for Congress, RL31900 (November 28, 2006), pp. 1~17; Gaurav Kampani, "Second-Tier Proliferation: The Case of Pakistan and North Korea", *The Non-proliferation Review* (Fall/Winter 2012), pp. 107~116.
33 Bechtol, *Defiant Failed State*, pp 49~69.
34 Dinshaw Mistry, *Containing Missile Proliferation: Strategic, Technology, Security Regimes, and International Cooperation in Arms Control* (Seattle: University of Washington Press, 2003), pp.

49~69.

35 Becker, *Rogue Regime*, p. 149; Bruce E. Bechtol Jr., "North Korea and Support to Terrorism", *Journal of Strategic Security*, vol. 3 (2010), pp. 45~54; Mark E. Manyin, "North Korea Back on the Terrorism List?" Congressional Research Service Report for Congress, RL30613 (June 29, 2010), pp 22~25.

36 U.S. Department of State, "Patterns of Global Terrorism, 2000—Overview of State Sponsored Terrorism" (April 30, 2001), http://www.state.gov/g/ct/rls/crt/2000/2441.htm (검색일: 2010년 11월 10일).

37 Jeff Stein, "Wikileaks Documents: N. Korea Sold Missiles to Al-Qaeda, Taliban", *Washington Post* (July 26, 2010), http://voices.washingtonpost.com/spy-talk/2010/07/wiki_n_korea_sold_rockets_to_a.html (검색일: 2012년 1월 16일).

38 다른 4개국은 앙골라, 이집트, 소말리아, 시리아다. "Non-Member States", OPCW (2011), http://www.opcw.org/about-opcw.non-member-statws/ (검색일: 2011년 5월 3일).

39 "North Korea's Chemical and Biological Weapon Programs", *International Crisis Group Asia Report*, no. 167 (June 18, 2009), p. 7.

40 Bechtol, *Defiant Failed State*, p. 53.

41 Ibid., p. 149.

42 Daniel Kahneman, Amos Tversky, "Prospect Theory: An Analysis of Decision Under Risk", *Econometrica*, vol. 47, no. 2 (March 1979), pp. 263~292.

43 "Servicepersons and pyongyangites Hail Successful Nuclear Test", KCNA (October, 20, 2006), http://www.kcna.co.jp/item/2006/200610/news10/21/htm#1 (검색일: 2011년 5월 2일).

44 "DPRK Regards S. Korea's Full Participation in PSI as Declaration of War against DPRK", KCNA (May 27, 2009), http://www.kcna.co.jp/item/2009/200905/news27/20090527-17ee.html (검색일: 2011년 5월 2일).

45 "Meeting Marked Anniversary of Assumption of Supreme Commander", KCNA (December 23, 2009), http://www.kcna.co.jp/item/2009/200912/news23/20091223-14ee.html (검색일: 2011년 5월 2일).

46 "DPRK Will Develop Friendly Relations with UN Member", KCNA (October 2, 2010), http://www.kcna.co.jp/item/2010/201010/news02/20101002-04ee.html (검색일: 2011년 5월 2일).

47 Rüdiger Frank, "Socialist Neoconservatism and North Korean Foreign Policy", Kyung-Ae Park, ed., *New Challenges of North Korean Foreign Policy* (New York: Palgrave Macmillan,

2010), pp. 34~35.
48 Chico Harlan, "North Korean Ruler and Heir Attend Parade", *Washington Post*, October 11, 2010에서 재인용.
49 "Meeting Marks Anniversary of KPA Supreme Commander", KCNA (December 23, 2010), http://www.kcna.co.jp/item/2010/201012/news23/20101223-13ee.html (검색일: 2011년 5월 2일).
50 "Foreign Ministry Spokesman Denounce U.S. Military Attack in Libya", KCNA (March 22, 2011), http://www.kcna.co.jp/index-e.htm (검색일: 2011년 4월 18일).
51 Lee Myung-bak, "According to the Nation by President Lee Myung-bak on the Shelling of Yeonpyeongdo", *Yonhap News* (November 24, 2010), http://english.yonhapnews.co.kr/northkorea/2010/11/29/32/0401000000ASN20101129006400315F.html (검색일: 2012년 1월 16일).
52 합동참모본부 의장인 마이크 물렌(Mike Mullen) 제독은 천안함 폭침과 연평도 포격의 여파로 한국을 방문한 바 있다(2010년 12월 7일). 미 정부 내의 고위급 군인사가 단독으로 한국과 일본을 방문한 것은 흔치 않은 일이기 때문에 표면상으로 그의 방문은 양국과의 동맹관계가 여전히 굳건함을 보여주기 위한 목적이었다. 그러나 실질적으로 그의 방문은 지나치게 적극적인 한국군의 새로운 교전 규칙에 대한 미국의 우려 때문이었다.
53 Victor D. Cha, "Testimony of Dr. Victor. Cha before the United States House of Representatives, Committee on Foreign Affairs", House.gov (March 10, 2011), http://foreignaffairs.house.gov/112/cha031011/pdf (검색일: 2011년 4월 18일).
54 한국군 장교 및 미군 장교와의 인터뷰 (워싱턴 DC, 2010년 12월 21일, 30일).
55 Oberdorfer, *The Two Koreas*, pp. 312, 315; Carter and Perry, *Preventive Defense*, pp. 128~130, 217~218.
56 Ibid.

7장. 완전하고 검증가능하며 불가역적인 폐기

1 Uzi Mahnaimi, "Israelis 'Blew Apart Syrian Nuclear Cache'", *Sunday Times* (September 16, 2007), http://www.timesonline.co.uk/tol/news/world/middle_east/article2461421.ece (검색일: 2007년 10월 1일).
2 영상의 정보는 미 정보국 장교의 브리핑에 기초하고 있다. "Syria's Covert Nuclear Reactor at Al-Kibar", http://www.armscontrolwonk.com/1864/why-now; *Der Spiegel's* expose: Er-

ich Follath and Holger Stark, "The story of 'Operation Orchard': How Israel Destroyed Syria's Al Kibar Reactor", *Der Spiegel* (February 11, 2009), http://www.spigel.de/international/world/0,1518,658663,00.html (검색일: 2011년 4월 18일); Seymour Hersh, "A Strike in the Dark―Why Did Israel Bomb Syria?", *New Yorker* (February 11, 2008), http://www.newyorker.com/reporting/2008/02/11/080211fa_fact_hersh/?printable=true (검색일: 2011년 4월 18일); Laura Rozen, "Operation Orchard", *Mother Jones* (April 28, 2008), http://motherjones.com/mojo/2008/04/operation-orchard (검색일: 2011년 4월 18일).

3 Mary-Beth Nikitin, "North Korea's Nuclear Weapons: Technical Issue", Congressional Researcher Service Reporter for Congress, R40095 (Jabuary 20, 2011), p. 1.

4 "North Korea: Nuclear Weapons Program", FAS (2006); http://www.fas.org/nuke/guide/dprk/nuke/index.html (검색일: 2011년 4월 18일); Larry A. Niksch, "North Korea's Nuclear Weapons Development and Diplomacy", Congressional Research Service Report for Congress, RL33590 (January 5, 2010); Mark E. Manyin, Mary-Beth Nikitin, "Foreign Assistance to North Korea", Congressional Research Service Report for Congress R40095 (March 12, 2010); Don Oberdorfer, *The Two Koreas: A contemporary History*, revised and updated ed. (New York: Basic Books, 2001), pp. 249~280; Michael J. Mazaar, *North Korea and the Bomb: A Case Study in Nonproliferation* (London: Macmillan Press, 1997), pp. 15~34; Charles L. Pritchard, *Failed Diplomacy: The Tragic Story of How North Korea Got the Bomb* (Washington DC: Brookings Institution Press, 2007); Jasper Becker, *Rogue Regime: Kim Jong Il and the Looming Threat of North Korea* (New York: Oxford University Press, 2005), pp. 165~189.

5 Leslie Gelb, "The Next Renegade State", *New York Times* (April 10, 1991), http://www.nytimes.com/1991/04/10/opinion/foreign-affairs-the-next-renegade-state.html (검색일: 2011년 2월 27일).

6 Mary-Beth Nikitin, "North Korea's Nuclear Weapons: Technical Issue", Congressional Research Service Report for Congress, RL34256 (January 20, 2011), p. 5.

7 Joel S. Wit, Daniel B. Poneman, Robert L. Gallucci, *Going Critical: The First North Korea Nuclear Crisis* (Washington, DC: Brookings Institution Press, 2004), pp. 331~332.

8 다른 참가국은 호주, 아르헨티나, 캐나다, 칠레, 체코, 유럽연합, 인도네시아, 뉴질랜드, 폴란드, 우즈베키스탄 등이다.

9 Zachary S. Davis, "Leading or Following?: The Role of KEDO and the Agreed Framework in Korea Policy", Nautilus Institute (June 2000) http://www.nautilus.org/publications/books/

dprkbb/agreedFramework/ (검색일: 2011년 4월 20일).

10 Morton Abramowitz, Stephen Bosworth, "Adjusting to the New Asia", *Foreign Affairs* (July/August 2003), pp. 119~131; Kent Calder, "The New Face of Northeast Asia", *Foreign Affairs* (January/February 2001), pp. 106~122.

11 Glenn Kessler, "North Korea May Have Sent Libya Nuclear Material, U.S. Tells Allies", *Washington Post* (February 2, 2005); David E. Sanger, William J. Broad, "Tests Said to Tie Deal on Uranium to North Korea", *New York Times* (February 2, 2005), http://nytimes.com/2005/02/02/politics/02nukes.html (검색일: 2011년 4월 18일).

12 Nikitin, "North Korea's Nuclear Weapons", p. 5.

13 U.S. Department of State, "Joint Statement of the Fourth Round of the Six-party Talks" (September 19, 2005), http://www.state.gov/p/eap/regional/c15455.htm (검색일: 2011년 4월 18일).

14 Christopher R. Hill, "North Korea—U.S. Statement", National Defense University (September 19, 2005), http://merln.ndu.edu/archivepdf/north-korea/state/53499.pdf (검색일: 2011년 4월 18일).

15 "Spokesman for DPRK Foreign Ministry in Six-Party Talks", KCNA (September 21, 2005), http://www.kcna.co.jp/index-e.htm (검색일: 2011년 4월 18일).

16 흔히 BDA 조치를 북한 자금줄을 동결하기 위한 미국의 '경제 제재'였다고 우리는 알고 있다. 그러나 이는 앞서 내가 설명한 바와 같이 사실과 다르다. 미국은 한 번도 북한의 계좌를 동결한 바 없다. 단지 미국 내 관련 기관들에 자금세탁에 대한 우려로 인하여 BDA와의 거래에 주의할 것을 권고했을 뿐이다. 그 후 먼저 마카오 은행 당국에서 북한 계좌를 동결했고, 뒤이어 전 세계 여타 은행들이 북한 은행 계좌를 의심하기 시작했다.

17 J. Michael McConnell, "Annual Threat Assessment of the Director of National Intelligence for the Senate Select Committee on Intelligence", Senate.gov (February 5, 2008), http://intelligence.scnate.gov/080205/mcconnell.pdf (검색일: 2011년 4월 18일).

18 ODNI News Release No. 19-06, http://www.dni.gov/announcements/20061016_release.pdf; Mark Mazzetti, "Preliminary Samples Hint at North Korean Nuclear Test", *New York Times* (October 14, 2006), http://www.nytimes.com/2006/10/14/world/asia/14nuke.html (검색일: 2006년 10월 27일).

19 Siegfried Hecker, "Report on North Korean Nuclear Program", Center for International Security and Cooperation, Stanford University (November 15, 2006); Thom Shanker, David Sanger,

"North Korean Fuel Identified as Plutonium", *New York Times* (October 17, 2006), http://www.nytimes.com/2006/10/17/world/asia/17diplo.html (검색일: 2006년 10월 27일).

20 현금을 반환하는 데는 예상보다 훨씬 오랜 시간이 걸렸고, 미 정부 내, 특히 재무부와 국무부 사이에 그 여부를 놓고 주장이 첨예하게 갈리는 상황이 연출됐다. 사실상 미 연방준비은행을 제외하고는 어떠한 금융기관도 북한에 현금을 반환하는 것이 불가능해 보일 정도로 BDA 자금의 부패성은 악명이 높았다.

21 Nikitin, "North Korea's Nuclear Weapons", p. 5.

22 "Five Years Later in North Korea", *New York Times* (July 17, 2007).

23 "President Barack Obama's Inaugural Address", Whitehouse.gov (January 21, 2009), http://www.whitehouse.gov/blog/inaugural0adress/ (검색일: 2011년 3월 29일).

24 "DPRK Foreign Ministry Vehemently Refutes UNSC's 'Presidential Statement'", KCNA (April 14, 2009).

25 Statement by the Office of the Director of National Intelligence on North Korea's Declared Nuclear Test on May 25, 2009, http://www.dni.gov/press_releases/20090615_release.pdf (검색일: 2012년 1월 16일).

26 "UNSC Urged to Retract Anti-DPRK Steps", KCNA (April 29, 2009), http://www.kcna.co.jp.item/2009/200904/news20/20090429-14ee.html (검색일: 2011년 4월 18일).

27 Niksch, "North Korea's Nuclear Weapons", p. 17.

28 "Five Years Later in North Korea", *New York Times* (July 17, 2007).

29 Leon Sigal, "N. Korea: Fibs v. Facts", *Baltimore Sun* (August 5, 2003).

30 "The North Korea Deal", *New York Times* (June 27, 2008).

31 "Korean Paralysis", *New York Times* (March 4, 2003); "The North Korean Challenge", *New York Times* (February 11, 2005); "The U.N. Sideshow on North Korea", *New York Times* (July 16, 2006); "Testing North Korea", *New York Times* (November 5, 2006); "The Lesson North Korea", *New York Times* (February 14, 2007); "Five Years Later in North Korea", *New York Times* (July 17, 2007); "Now He's Ready to Deal", *New York Times* (April 19, 2008); "The North Korea Deal", *New York Times* (June 27, 2008).

32 "Next Steps with North Korea", *New York Times* (August, 5, 2003).

33 Leon Sigal, "A Bombshell That's Actually an Olive Branch", *Los Angeles Times* (October 18, 2002); "N. Korea: Fibs v. Facts", *Baltimore Sun* (August 5, 2003).

34 Georgy Toloraya, "Yadernyi poker v. Koree [Nuclear Poker in Korea]", Center for the Study of

Contemporary Korea, Far Eastern Institute, Moscow (December 9, 2004), http://world.lib.ru/k/kim_o_l/a9628.shtml. Leszek Buszynski, "Russia and North Korea", *Asian Survey*, vol.49, no. 5 (September/October 2009), pp. 809~830에서 재인용.

35 "Now He's Ready to Deal", *New York Times*, April 19, 2008.

36 Selig Harrison, Testimony Before the House Committee of Foreign Affairs (June 17, 2009), http://ciponline.org/aia/June17-Korea-Testimony.html (검색일: 2012년 1월 16일).

37 "U.S. Policy Toward the Korean Peninsula", Testimony of Assistant Secretary of State for East Asian and Pacific Affairs Winston Lord, House Committee in International Relations, Subcommittee on Asia and the Pacific (March 19, 1996), http://dosfan.lib.uic.edu/ERC/bureaus/eap/960319LordKorea.html (검색일: 2010년 7월 18일); Joel Wit, "United States and North Korea", Policy Brief No 74, Brookings Institution, 2001; U.S. Department of State, "Background Notes: North Korea", Bureau of Public Affairs (June 1996).

38 Erik Eckholm, "Where Most See Ramparts, North Korea Imagines a Wall", *New York Times* (December 8, 1999).

39 "Korean War Accounting", DTIC (2011), http://www.dtic.mil/dpmo/korea (검색일: 2011년 4월 19일).

40 Mark E. Manuin, "Foreign Assistance ro North Korea", Congressional Research Service Report for Congress, RL31785 (May 26, 2005), pp. 28~29.

41 Robert L. Goldich, "POWs and MIAs: Status and Accounting Issues", Congressional Research Service Report for Congress, IB92101 (April 14, 2003), p. 15.

42 자세한 내용은 2009년 7월 13일 아널드 캔터(Arnold Kanter)와의 토론에 근거하고 있다. Oberdorfer, *Two Koreas*, pp. 265~267; Wit, et al., *Going Critical*, pp. 11~13; Mazaar, *North Korea and the Bomb*, pp. 70~71; Chae-jin Lee, *A Troubled Peace: U.S. Policy and the Two Koreas* (Baltimore, Md.: Johns Hopkins University Press, 2006), pp. 135~136; Rinn-Sup Shinn, "The United Stated and the Two Koreas: An Uncertain Triangle", Young Jeh Kim, ed., *The New Pacific Community in the 1990s* (Armonk, N.Y.: M. E. Sharpe, 1996), p. 91.

43 Wiston Lord, "U.S. Policy Toward the Korean Peninsula", U.S. *Department of State Dispatch* (April 1, 1996), pp. 165~170; Kelly Smith Tunney, "U.S. Reportedly Gives North Korea Deadline for Opening Nuclear Facilities", Associated Press (January 23, 1992).

44 예를 들어 다음을 참조. Snyder, "North Korea's Nuclear Program", pp. 59~61; Oberdorfer, *Two Koreas*, pp. 266~267.

45 Brent Scowcroft, Arnold Kanter, "The Time for Temporizing Is Over", *Washington Post* (June 15, 1994).

46 Marion V. Creekmore Jr., *A Moment of Crisis: Jimmy Carter, the Power of a Peace maker, and North Korea's Nuclear Ambitions* (New York: Public Affairs, 2006), p. 176.

47 "U.S.-DPRK Joint Communique", Nautilus Institute (October 12, 2000), http://www.nautilus.org/publications/books/dprkbb/agreements/ (검색일: 2011년 4월 18일).

48 Madeleine K. Alberight, "Press Conference, Koryo Hotel" (October 24, 2000), usinfo.org/wf-archive/2000/001024/epf204.htm (검색일: 2012년 1월 16일).

49 Mike Chinoy, *Meltdown: The Inside Story of North Korean Nuclear Crisis* (New York: St. Martin's Press, 2008), pp. 53~55.

50 George W. Bush, *Decision Points* (New York: Crown Publishers, 2010), p. 424.

51 Pritchard, *Failed Diplomacy*.

52 Bush, *Decision Points*, p. 423.

53 Derek Mitchell, "Bush Letter to Kim Jong-il Shows Policy Change", *USA Today* (December 6, 2007), http://www.usatoday.com/news/washington/2007-12-06-bush-letter_N.htm (검색일: 2011년 3월 18일)에서 재인용.

54 "Transcript: Fourth Democratic Debate", *New York Times* (July 24, 2007), http://www.nytimes.com/2007/07/24/us/politics/24transcript.html?pagewantef=all (검색일: 2011년 4월 20일).

55 "Transcript: First Presidential Debate", CBS News (September 26, 2008), http://www.cbsnews.com/stories/2008/10/06/politics/2008debates/main4504409.shtml (검색일: 2011년 4월 20일).

56 U.S. Department of State, Bureau of Public Affairs: Office of Electronic Information and Publications, "U.S.-Asia Relations: Indispensable to Our Future", Secretary Clinton's remarks (February 13, 2009), http://www.state.gov/secretary/rm/2009a/02/117333.htm; U.S. Department of State Bureau of Public Affairs: Office of Electronic Information and Publications, "Putting the Elements of Smart Power into Practice", Secretary Clinton's remarks (February 19, 2009), http://www.state.gov/secretary/rm/2009a/02/119 411.htm.

57 Adam Gabbatt, "Obama Sends Letter to Kim Jong-il", *Guardian* (December 16, 2009), http://www.guardian.co.uk/world/2009/dec/16/Obama-letter-kim-jong-il (검색일: 2011년 3월 17일); "Obama Wrote Personal Letter to Kim Jong-il", CBS News (December 16, 2009), http://cbsnews.com/stories/2009/12/16/politics/washingtonpost/main5986078.shtml (검색일: 2011년

3월 17일).
58 Ian Rinehart, "The Value of Strategic Patience", Georgetown University (March 3, 2011), 미발간 논문.
59 U.S. Department of State, "Joint Statement of the Fourth Round of the Six-party Talks" (September 19, 2005), http://www.state.gov/p/eap/regional/c15455.htm (검색일: 2011년 6월 20일).
60 Senate, Foreign Relations Committee hearing, "North Korea: Back at the Brink?" (June 11, 2009).
61 이 논쟁에 대한 이전의 논의에 대해서는 다음을 참조. "What Do They Really Want: Obama's North Korea Conundrum", *Washington Quarterly*, vol. 32, no. 4 (2009), pp. 118~138.
62 지진활동에 대한 내용은 다음을 참조. U.S. Geological Survey, http://earthquake.usgs.gov/eqcenter/recenteqsww/Quakes/us2009hbaf.php#summary. 2006년 10월과 2009년 5월 핵실험에 대한 평가는 다음을 참조. M. B. Kalinowski, O. Ross, "Data Analysis and Interpretation of the North Korean Nuclear Test Explosion of 9 October 2006," *INESAP Information Bulletin*, no. 27, pp. 39~43 (http://www.inesap.org/bulletin27/art12.htm); Martin Kalinowski, "Second Nuclear Test Conducted by North Korea on 25 May 2009 Fact Sheet", Carl Friedrich von Weizsäcker Centre for Science and Peace Research (ZNF), University of Hamburg (www.armscontrolwonk.com/file_download/177/Kalinowski.pdf).
63 북한의 '판돈을 올리는' 행동에 대한 논의는 다음을 참조. John Glionna, "North Korea's nuclear Test May Be for Kim's Legacy", *Los Angeles Times* (May 26, 2009).
64 북한도 자신들의 핵실험으로 배우는 것이 있겠지만, 미국 또한 이로 인해 북한의 핵 프로그램의 현황과 개발 정도를 파악할 수 있다는 점을 짚고 넘어가야겠다. Richard Halloran, "How U.S. Exploited N. Korea Missile Tests", *Honolulu Advertiser* (July 12, 2009).
65 "Agreed Framework Between the United States and the Democratic People's Republic of Korea" (October 21, 1994), http://www.kedo.org/pdfs/AgreedFramework.pdf.
66 미 상원 외교위원회에서의 에반스 리비어(Evans Revere) 전 미 국무부 동아태담당 수석 부차관보의 보고 (2009년 6월 11일), http://foreign.senate.gov/testimony/2009/RevereTestimony090611p.pdf.
67 "U.S.-DPRK Joint Communique", (October 12, 2000), Washington, DC, http://www.fas.org/news/dprk/2000/dprk-001012a.htm.
68 Victor Cha, "Korea's Place in the Axis", *Foreign Affairs*, vol. 81, no. 3 (May/June 2002).

8장. 주변국

1 Xiaobing Li, *A History of the Modern Chinese Army* (Lexington University of Kentucky, 2007), p 105.
2 S. B. Thomas, "The Chinese Communist's Economic and Cultural Agreement with North Korea", *Pacific Affairs*, vol. 27, no. 1 (March 1954), p. 63.
3 Thomas P. Bernstein, Andrew J. Nathan, "The Soviet Union, China and Korea", Gerald L., Curties, Sung-joo Han, eds., *The U.S.-South Korea Alliance Evolving Patterns and Security Relations* (Lexington, Mass: Lexington Books, 1983), p. 99.
4 Bernstein and Nathan, "The Soviet Union", p. 99.
5 Joseph S. Chung, "The Economy", Andera Matles Savada ed., *North Korea: A Country Study* (Washington DC: Library of Congress, 1994).
6 Chen Jian, "Limits of the 'Lips and Teeth' Alliance: An Historical Review of Chinese-North Korean Relations", Woodrow Wilson Center Asia Program Special Report, No. 115 (September 2003), p. 6
7 Dae-Sook Suh, *Kim Il Sung: The North Korean Leader* (New York: Colombia University Press, 1988), p. 192.
8 Chin O. Chung, *Pyongyang Between Peking and Moscow: North Korea's Involvement in the Sino-Soviet Dispute, 1958-1975* (Tuscaloosa: University of Alabama Press, 1978), p. 129.
9 Bernd Schaefer, "North Korean 'Adventurism' and China's Long Shadow, 1966-1972", Woodrow Wilson Center Cold War Archives Project, Working Paper 44 (October 2004), http://www.wilsoncenter.org/topics/pubs/sw44.pdf (검색일: 2010년 12월 19일), pp. 9~13.
10 Suh, *Kim Il Sung*, pp. 192~193.
11 Jasper Becker, *Rogue Regime: Kim Jong Il and the Looming Threat of North Korea* (New York: Oxford University Press, 2005), p. 150.
12 Victor Cha, *Beyond the Final Score: The Politics of Sport in Asia* (New York: Columbia, 2009), pp. 94~95.
13 중국은 2000년 올림픽 개최지 신청에 지원했으나 실패했다. 텐안먼 사태는 한국 사회에서 잊혀져 갔으나 IOC는 그렇지 않았으며, 결과적으로 2000년 올림픽 게임은 호주 시드니가 가져갔다.
14 Chae-jin Lee, "South Korean Foreign Relation Face the Globalization Challenge", Samuel S.

Kim eds., *Korea's Globalization* (Cambridge, UK: Cambridge University Press, 2000), p. 174에서 재인용.

15 Nicolas D. Kristof, "Chinese and South Korean Formally Establish Relations", *New York Times* (August 24, 1992).

16 "Growing Herald Fresh Era for Asia", *South China Morning Post*, September 29, 1992.

17 Victor D. Cha, "South Korea: Anchored or Adrift?" Richard J. Ellings, Aron L., Friedburg, Michael Willis, eds., *Strategic Asia 2003-04: Fragility and Crisis* (Seattle: The National Bureau of Asian Research, 2004); David C. Kang, "Hierarchy, Balancing, and Empirical Puzzles in Asian Institutional Relations", *International Security*, vol. 27, no. 3 (Winter 2003/2004), pp. 178~179; John Ikenberry, "American Hegemony and East Asian Order", *Australian Journal of International Affairs*, vol. 58, no. 3 (September 2004), p. 362; Morton Abramowitz, Stephen Bosworth, "Adjusting to the New Asia", *Foreign Affairs* (July/June 2003), pp. 119~131; Patrick M. Morgan, "The U.S.-ROK Alliance: An American View", *International Journal of Korean Studies*, vol. 11, No. 1 (Spring/Summer 2007), pp. 17~18.

18 Scott Snyder, *China's Rise and the Two Koreas* (Boulder, Colo: Lynne Reinner Publishers, 2009), p. 11.

19 Mark E. Manyin, "Food Crisis and North Korea's Aid Diplomacy: Seeking the Path of Least Resistance", Kyung-Ae Park, eds., *New Challenge of North Korean Foreign Policy* (New York: Palgrave Macmillan, 2010), p. 76.

20 Mike Chinoy, *Meltdown: The Inside History of the North Korean Nuclear Crisis* (New York: St. Martin's Press: 2008), pp. 292~293.

21 Ibid., p. 295.

22 Ibid., p. 296.

23 제41조가 제재조치를 의무적으로 수행하라는 내용을 담고 있으나, 미 당국이 군사력을 사용해도 되는 것은 아니다. (유엔헌장 제7장은 '평화에 대한 위협, 평화의 파괴 및 침략행위에 관한 행동'이라는 제목으로 국제 평화 및 안전보장을 위한 집단적 안보 운용을 그 내용으로 하고, 그 중 41조는 평화를 위협하는 존재에 대해 비군사적 강제조치를 취할 수 있다는 내용을 담고 있다._옮긴이)

24 Ibid., p. 302.

25 Ibid., p. 303.

26 Marcus Noland, "The (Non)-Impact of U.N. Sanctions on North Korea", *Asia Policy*, vol. 7

(January, 2009), pp. 61~88.

27 "N. Korean Submarine 'Left Base Before the *Cheonan* Sunk'", *Chosun Ilbo* (March 31, 2010), http://english.chosun.com/site/data/html_dir/2010/03/21/2010033101024.html (2011년 5월 24일 검색); "N. Korea Top Leadership 'Closely Involved in *Cheonan* Sinking'", *Chosun Ilbo* (May 27, 2010), http://english.chosun.com/site/data/html_dir/2010/05/27/2010052701465.html (2011년 5월 24일 검색).

28 청와대 관리와의 사적 대화 내용(2010년 5월 14일). 이 내용은 당시 회담에 직접 참여한 청와대 관리로부터 들은 것이다.

29 이는 아산정책연구원 비공식 조사보고서의 내용(2010년 11월 27일)이다.

30 Drew Thompson, *Silent Partners: Chinese Joint Ventures in North Korea*, U.S. Korea Institute at SAIS (February 2011); John S. Park, "North Korea Inc.: Gaining Insights into North Korean Regime Stability from Recent Commercial Activities", United States Institute of Peace Working Paper (April 22, 2009).

31 John C. Wu, "The Mineral Industry of North Korea", *2005 Minerals Yearbook*, North Korea, U.S. Geological Survey (June 2007), p. 151.

32 Gohoon Kwon, "A Unified Korea? Reassessing North Korea Risks", Goldman Sachs Global Economics Paper 188 (September 21, 2009), p. 10.

33 Thompson, *Silent Partners*, p. 53.

34 Scott Snyder, See-won Byun, "China-Korea Relations: China Embraces South and North, but Differently", *Comparative Connections*, vol. 11, no. 4 (January 2010).

35 Desiree Polyak, "Molybdenum", *2008 Minerals Yearbook*, U.S. Geological Survey (January 2010), pp. 106~107.

36 Thompson, *Silent Partners*, p. 58.

37 Thompson, *Silent Partners*, pp. 50~51.

38 Leo Lewis, Tim Reid, "Kim Jong-Il's Son 'Made Secret Visit to China'", *Times* (June 17, 2009), http://www.timesonline.co.uk/tol/news/world/asia/article6508436.ece (2011년 5월 21일 검색); Justin McCurry, Jonathan Watts, "North Korean Leader Kim Jong-il 'Visiting China with His Son'", *Guardian* (August 26, 2010), http://www.guardian.co.uk/world/2010/aug/26/north-korea-leader-china (2011년 5월 21일 검색).

39 Park Hyeong-jung, "North Korea's Foreign and Domestic Policy and Relations with China", KINU (June 15, 2010), 미발간 보고서.

40 Thompson, *Silent Partners*, pp. 33~34.
41 Manyin, "Food Crisis", Kyung-Ae Park, eds., *New Challenge*, p. 81.
42 Thompson, *Silent Partners*, p. 28.
43 David C. Kang, "'China Rising' and Its Implications for North Korea's China Policy", Kyung-Ae Park, eds., *New Challenge*, p. 121.
44 이 책을 쓰고 있는 지금(2011년 6월), 보즈워스의 모스크바 방문은 2009년 12월 14일이었다.
45 Seung-Ho Joo, "Russia and the Korean Peace Process", Tae-Hwan Kwak, Seung-Ho Joo, eds., *The Korean Peace Process and the Four Powers* (Hampshire, UK: Ashgate Publishing, 2003), pp. 142~144.
46 Jacob Neufeld and George M. Watson Jr., eds., *Coalition Air Warfare in the Korean War, 1950-1953* (Washington DC: U.S. Air Force Historical Foundation, 2005), p. 61; Zhang Xiaoming, *Red Wings Over the Yalu: China, the Soviet Union, and the Air War in Korea* (College Station: Texas A&M University Press, 2002), pp. 138~139.
47 Joseph P. Ferguson, "Russia's Role on the Korean Peninsula and Great Power Relations in Northeast Asia," *NBR Analysis*, vol. 4, no. 1(June 2003), p.35.
48 Byung-joon Ahn, "South Korean-Soviet Relations: Contemporary Issues and Prospect", *Asian Survey*, vol. 31, no. 9 (September 1991), p. 816; Coit D. Blacker, "The USSR and Asia in 1989: Recasting Relationships", *Asian Survey*, vol. 30, no. 1 (January 1990), p. 2.
49 Roy Kim, "Gorbachev and the Korean Peninsula", *Third World Quarterly*, vol. 10, no. 3 (July 1988).
50 Gary Lee, "Gorbachev and Announces Reduction of 6,000 in Afghanistan Force", *Washington Post* (July 29, 1986).
51 Kim, "Gorbachev and the Korean Peninsula."
52 고르바초프가 1988년 2월 발표했듯 아프가니스탄의 모든 군대를 1년 이내에 철수한다는 사항은 여전히 장애물이었으며, 당시 중국의 외무장관이 캄보디아 문제를 해결하고자 1988년 12월에 모스크바를 방문했으나 양국 접경지대 장애물은 여전히 해결되지 않았었다. John Garver, "The 'New Type' of Sino-Soviet Relations", *Asian Survey*, vol. 29, no. 12 (December 1989), pp. 1136~1152.
53 Yasuhiro Izumikawa, "South Korea's *Nordpolitik* and The Efficacy of Asymmetric Positive Sanction", *Korea Observer*, vol. 37, no. 4 (2006), pp .605~642.
54 Viktor Levin, "Shevardnaze Arrives in DPRK, Talks 'Unlikely to Be Simple'", *Moscow Home*

Service (September 2, 1990).

55 *Asahi Shimbun* (January 1, 1991). Wada Haruki, "The North Korean Nuclear Problem, Japan, and the Peace of Northeast Asia", *Japan Focus* (March 10, 2006), http://www.japanfocus.org/~Haruki-Wada/2376(2011년 5월 23일 검색)에서 재인용.

56 Don Oberdorfer, *The Two Koreas: A Contemporary History*, revised and updated ed. (New York: Basic Books, 2003), p. 213.

57 Lee Young-Hoon, "An Analysis of the Effect of North Korea's International Trade and Inter-Korean Trade on Its Economic Growth", *Bank of Korea Economic Paper*, vol. 8, no. 1 (2005), pp. 175~211; UNSTAT; KOTRA.

58 Stephan Haggard, Marcus Noland, *Famine in North Korea: Markets, Aid, and Reform* (New York: Columbia University Press, 2007), p. 28.

59 Nicholas Eberstadt, *The North Korean Economy: Between Crisis and Catastrophe* (New Brunswick, N.J.: Transaction Publisher, 2007), pp. 75~76.

60 Joseph. S. Chung, "The Economy", Andra Matles Savada, eds., *North Korea: A Country Study* (Washington, DC: Library of Congress, 1994).

61 Stephen Handelman, "Gorbachev Wis More Leverages in Asia", *Toronto Star* (June 8, 1990).

62 Joseph E. Yang, Eleanor Randolph, "Gorbachev, Roh to Seek Full Ties; Moscow-Seoul Accord Could Realign Asia", *Washington Post* (June 5, 1990).

63 "Gorbachev Report on Far East Trip", *BBC Summary of World Politics* (April 29, 1991).

64 Seung-Ho Joo, "Russia and the Korean Peace Process", Kwak and Joo eds., *The Korean Peace Process and the Four Powers* (Burlington, VT : Ashgate, 2003), p. 147.

65 "The Bank of Korea Economic Statistic System", Bank of Korea (2011), http://ecos.bok.or.kr/EIndex_en.jsp (2011년 5월 23일 검색).

66 Ronald Reagan, "Address to the Nation on a Korean Airliner (KAL 007)", Rescue007.org (September 5, 1983), http://www.rescue007.org/speech.htm (2011년 5월 29일 검색).

67 사실상 (외교상의 실수로) 옐친이 넘겨준 박스에는 사건의 전말을 알기 위해 필요한 모든 정보가 축적된 비행기록장치의 중요한 부분이 빠진 것으로 확인됐다. 이 테이프는 1993년 1월에 국제민간항공기구에 넘겨졌다.

68 Jung Sung-ki, "Seoul, Moscow Discuss Swapping Arms for Debts", *Korea Times* (September 12, 2007).

69 Woo Pyung-kyun, "NK-Russia Ties Under Medvedev's Government", *Vantage Point*, vol. 31, no. 8 (August 2008), pp. 20~23.
70 "DPRK-Russia Joint Declaration Released", KNCA (July 20, 2000), http://www.knca.co.jp/index-e.htm (2001년 5월 23일 검색).
71 Yoshinori Takeda, "Putin's Foreign Policy Towards North Korea", *International Relations of the Asia-Pacific*, vol. 6, no. 2 (2006), p. 192.
72 "Chronology of U.S.-DPRK Nuclear and Missile Diplomacy: December 1985-June 2003", Armscontrol.org (June 2003), http://www.armscontrol.org/pdf/dprkchron.pdf (2011년 5월 23일 검색), p. 4.
73 Seung-Ho Joo, "Moscow-Pyungyang Relations Under Kim Jong-il: High Hopes and Sober Reality", *Pacific Focus*, vol. 24, no. 1 (April 2009), p. 118.
74 푸틴은 러시아의 주요 부채에 대한 조정을 먼저 마무리 하고자 했다. 재정부장관은 2003년에 부채를 조정하는 협약을 한국과 맺었다(한국이 탕감해 준 이자는 6억 6,000만 달러이며, 3억 달러는 무기를 지불함으로써 갚았고, 14억 달러 가량은 2025년까지 기한을 연장하는 것으로 조정했다). 2005년에는 소련 시대의 부채에 대해 중국과 협약을 맺었고, 2006년에는 일본에 진 35억 9,000만 달러를 갚았다. Alexander Mansourov, "Russia's Advances and Setbacks in Northeast Asia Under President Putin (1999-2007)", Hans J. Geissmann, eds., *Security Handbook 2008: Emerging Power in East Asia: China, Russia and India: Local Conflicts and Regional Security Building in Asia's Northeast* (Baden-baden, Germany: Nomos, 2008), p. 117.
75 Michael J. Mazaar, "Kim Jong-il: Strategy and Psychology", *Korean Economic Institute Academic Paper Series, On Korea*, no. 1 (2006), p. 8.
76 "Kim Jong Il: Bow When You Don't Say That Name", *Christian Science Monitor* (March 14, 2003), http://www.csmonitor.com/2003/0314/p11s01-cogn.html (2011년 5월 26일 검색).
77 Tadashi Ito, "PRC Source Cited on Putin Rejecting Kim Chŏng-il Request to Host Talks in Russia", *Sankei Shimbun* (September 9, 2003).
78 Andrew E. Kramer, "Dmitry A. Medvedev: Young Technocrat of the Post-Communist Era", *New York Times* (December 11, 2007), http://www.nytimes.com/2007/12/11/world/europe/11medvedev.html (2011년 5월 27일 검색).
79 Yong-Chool Ha, Beon-Shik Shin, *Russian Nonproliferation Policy and the Korean Peninsula* (Washington, DC: Strategic Studies Institute, 2006), p. 10, http://www.strategicstudiesinstitute.army.mil/pdffiles/pub747.pdf (2011년 5월 26일 검색).

80 Georgy Toloraya, "The Six-Party Talks: A Russian Perspective", *Asian Perspective*, vol. 32, no. 4 (2008), pp. 45~69.
81 Ibid.
82 Ibid., p. 47.
83 "No Plans for N. Korea to Give Up Six-Nation Talks-Deputy Russian FM", RIA Novosti (October 15, 2006), http://en.rian.ru/world/20061015/5482806.html (2011년 5월 23일 검색).
84 U.S. Department of State, "Joint Statement of the Fourth Round of the Six-Party Talks, Beijing, September 19, 2005", http://www.state.gov/p/eap/regional/c15455.htm (2011년 5월 23일 검색), c1:p3.
85 Mark Manyin, "Japan-North Korea Relations: Selected Issues", Congressional Research Sevice Report for Congress, RI 32161 (November 26, 2003).
86 국제전략연구소, *The Military Balance*, 2011 (London: IISS, 2011), p. 250.
87 "Japan and North Korea: Bones of Contention", International Crisis Group (ICG), *Asia Report*, no. 100 (June 27, 2005), p. 2.
88 "해외 동포 현황", MOFAT.go.kr (2011), http://www.mofat.go.kr/consul/overseascitizen/com/patriotcondition/index.jsp (2011년 7월 2일 검색).
89 "Japan and North Korea: Bones of Contention", p. 3.
90 Oberdorfer, *The Two Koreas*, p. 221.
91 Marcus Noland, *Avoiding the Apocalypse: The Future of the Two Koreas* (Washington, DC: Institute for International Economics, 2000), p. 105.
92 태평양전쟁 시기 일제 점령하에 강제징용정책으로 일본에 거주하던 한인들의 일본인 배우자는 약 6,500명에 달했다. 전쟁이 끝나자 일본에 있던 많은 한인은 고향으로 돌아가고자 했으며, 그때 일본인 배우자도 함께 데려왔다.
93 국가안보좌관 해들리의 믿을 만한 몇몇 제안이 받아들여졌는데, 여기에는 그레이스랜드로의 여행을 포함해서 일본 교토(京都)와 한국 경주와 같은 역사적 도시 등 부시 대통령이 방문했던 장소들이 포함됐다.
94 멜리사 리(Melissa Kyung-ju Lee) 감독의 2005년 영화 "Kidnapped!: The Japan-North Korea Abduction Cases(납치! 북한의 일본인 납치사건)."
95 Yoshi Yamamoto, *Taken!: North Korea's Criminal Abduction of Citizens of Other Countries* (Washington, DC: Committee for Human Right in North Korea, 2011), p. 66.
96 "Woman May be No. 17 on Abductee List", *Japan Times* (November 11, 2006).

97 Unmesh Kher, "Accounted for at Last", *Time* (October 3, 2012), http://www.time.com/magazine/artcle/0,9171,354086,00.html (2011년 7월 2일 검색).
98 영화 "Kidnapped!: The Japan-North Korea Abduction Cases" 참조.
99 "Terrorism by the Domestic People's Republic of Korea", NPA.go.jp (2005), http://www.nap.go.jp/keibi/kokuterol/english/0401.html (2011년 7월 2일 검색).
100 "Chapter 6: Just Cry When You Feel Like It", *The Families* (Washington, DC: Reach, 2005), pp. 11~12.
101 "Terrorism by the Domestic People's Republic of Korea."
102 "Chapter 8: A Letter from Ms. Soga", *The Families*, p. 6.
103 "Chapter 4: She Is Our Strong Ally", *The Families*, p. 8.
104 "Chapter 5: A Fight to Protect Children", *The Families*, p. 13.
105 영화 "Kidnapped!: The Japan-North Korea Abduction Cases" 참조.
106 "Abductions of Japanese Citizens by North Korea", MOFA.go.jp (2011), http://www.mofa.go.jp/region/asia-paci/n_korea/abduction/pdfs/abductions_en.pdf (2011년 7월 2일 검색).
107 2003년 3월부터 12월 이에 대한 결정이 내려지기까지, 영국은 비밀리에 리비아가 대미 대량살상무기 프로그램을 포기하도록 설득하기 위해 카다피 정부와 비밀리에 교섭해왔다.
108 "G8 Foreign Minister's Meeting, Summary of the G8 Presidency", G8 Information Centre (May 23, 2003), http://www.g8.utoronto.ca/foreign/fm230503.htm (2011년 5월 23일 검색).
109 2008년 부시 대통령은 납북자 문제가 해결되지 않았음에도 북한이 테러에 연관된 활동을 하거나 테러단체를 지원했다는 증거나 법적 근거가 없어, 핵 해체가 진행되는 동안 북한을 테러지원국 명단에서 제외시켰다.

9장. 통일을 향하여

1 Hong Soon-young, "Thawing Korea's Cold War: The Path to Peace on the Korean Peninsula", *Foreign Affairs*, vol. 78, no. 3 (May/June 1999), p. 10.
2 햇볕정책에 대한 해박한 분석은 다음을 참조. Donald Kirk, *Korea Betrayed: Kim Dae Jung and Sunshine* (New York: Palgrave Macmillan, 2009).
3 "South Korea Paid Astronomical Sums to North Korea", *Chosun Ilbo* (December 3, 2010).
4 Don Kirk, "South Korean Leader Says Move Was Meant to Aid 'Sunshine' Policy: Payment to North Puts Seoul on the Defensive", *New York Times* (January 31, 2003), http://www.nytimes.

com/2003/01/31/news/31iht-al_43.html (검색일: 2011년 5월 29일); Kirk, Korea Betrayed, pp. 157~158.

5 "N. Korea to Extort New Demands for Kaesong Complex", *Chosun Ilbo* (June 12, 2009).

6 Jay leftkowitz, "Freedom for All Koreans", *Wall Street Journal* (April 28, 2006).

7 "North Korea: Workers' Rights at the Kaesong Industrial Complex", Human Rights Watch Background Briefing Paper, no. 1 (October 2006).

8 Shin Hye-son, "Mt. Kumgang Tour Gains Popularity Among Honeymooners, Group Tourists", *Korea Herald* (December 1, 1998).

9 Dick K. Nanto, Emma Chanlett-Avery, "North Korea: Economic Leverage and Policy Analysis", Congressional Research Service Report for Congress, RL32493 (January 22, 2010), p. 32.

10 Dick K. Nanto, Mark E. Manyin, "The Kaesong North-South Korean Industrial Complex", Congressional Research Service Report for congress, RL34094 (March 11, 2011), summary; Nanto and Chanlett-Avery, "North Korea: Economic Leverage and Policy Analysis", p. 47.

11 Stephen Haggard, Marcus Noland, "North Korea's External Economic Relations", *PIIE Working Paper Series*, WP 07-7 (August 2007), pp. 40~41.

12 Bill Powell, "A Korean Killing with Terrible Timing", *Time* (July 13, 2008), http://www.time.com/time/world/article/0,8599,1822310,00.html (검색일: 2011년 6월 1일).

13 노무현 대통령의 발언은 Kang In-duk, "Toward Peace and Prosperity: The New Government's North Korean Policy", *East Asian Review*, vol. 15, no. 1 (Spring 2003), p. 3에서 재인용.

14 "South-North Joint Declaration, June 15, 2000", USIP (June 15, 2000), http://www.usip.org/publications/peace-agreements-north-korea-south-korea (검색일: 2011년 5월 29일).

15 "2 Korean Leaders Enjoy Soaring Popularity After Summit", *Korea Times* (June 19, 2000).

16 예를 들어 다음을 참조. Morton Abramowitz, Stephen Bosworth, "Adjusting to the New Asia", *Foreign Affairs* (July/August 2003), pp. 119~131; Kent Calder, "The New Face of Northeast Asia", *Foreign Affairs* (January/February 2001), pp. 106~122.

17 독일자료: Holger Wolf, "Korean Unification: Lessons from Germany", Marcus Noland, ed., *Economic Integration of the Korean Peninsula*, Special Report 10 (Washington, DC: Institute for International Economics, 1998), pp. 168~169. 한국자료: Bank of Korean Economic Statistics System, BOK.or.kr (2011), http://ecos.bok.or.kr/EIndex_en.jsp (검색일: 2011년 5월 30일).

18 한국의 장기 국가신용 등급은 'A1'에서 'Ba1'으로 하락했다. Suduk Kim, "Currency Crisis in Korea When and Why It Happened", *Asia-Pacific Financial Markets*, vol. 7, p. 13.

19 Deok Ryung Yoon, "The Economic Impacts of a North Korean Collapse", IIRI Working Paper Series, no. 7 (October 2010).
20 Kim Dae Jung, "Nobel Lecture", Nobelprize.org (December 10, 2000), http://nobelprize.org/nobel_prizes/peace/laureates/2000/dae-jung-lecture.html (검색일: 2011년 5월 31일).
21 Samuel S. Kim, "North Korea in 1999: Bringing the *Grand Chollima* March Back In", *Asian Survey*, vol. 40, no. 1 (January/February 2000), pp. 151~163; Samuel S. Kim, "North Korean Informal Politics", Lowell Dittmer, et al., eds., *Informal Politics in East Asia* (New York: Cambridge University Press, 2000), pp. 237~268.
22 Don Oberdorfer, *The Two Koreas: A Contemporary History*, revised and updated ed. (New York: Basic Books, 2001), pp. 15~16, 23~24.
23 Ibid., p. 25.
24 국제관계에서 적을 옴짝달싹 못하게 하는 방법에 대해서는 다음을 참조. Patricia A. Weitsman, *Dangerous Alliances: Proponents of Peace, Weapons of War* (Standford, Calif.: Standford University Press, 2004), pp. 21~24.
25 합의서 전문: Agreement on Reconciliation, Nonaggression, and Exchanges and Cooperation Between South and North Korea, UCLA (February 19, 1992), http://www.international.ucla.edu/eas/documents/korea-agreemet.htm#CHAPTER%203 (검색일: 2011년 5월 30일).
26 선언문 전문: Joint Declaration on the Denuclearization of the Korean Peninsula, FAS (February 19, 1992), http://www.fas.org/new/dprk/1992/920219-D4129.htm (검색일: 2011년 5월 30일).
27 서독의 1인당 GDP은 20,887달러였고 동독은 7,300달러였다. Wolf, "Korean Unification: Lessons from Germany", pp. 168~169.
28 Becky A. Gates, "The Economy", Stephen R. Burant, ed., *East Germany: A Country Study* (Washington, DC: Library of Congress, 1987). http://lcweb2.loc.gov/frd/cs/gxtoc.html (검색일: 2011년 5월 31일).
29 Susan Larson, "Foreign Policy" in "Government and Politics", Stephen R. Burant ed., *East Germany: a country study* (Federal Research Division: Library of Congress, 1988).
30 Wolf, "Korean Unification: Lessons from Germany", p. 170.
31 인구통계: World Development Indicators, World Bank (2011), http://data.worldbank.org/data-catalog/world-development-indicators (검색일: 2011년 5월 30일); GDP 통계: BOK.or.kr (2011).
32 통일 비용에 대한 종합적인 목록: Marcus Noland, Sherman Robinson, Li-Gag Liu, "The Costs

and Benefits of Korean Unification: Alternate Scenarios", *Asian Survey*, vol. 38, no. 8 (August 1998), p. 802; Yoon, The Economic Impacts of a North Korean Collapse, pp. 13~15.

33 Charles Worl Jr. and Kamil Akramov, *North Korean Paradoxes: Circumstances, Costs, and Consequences of Unification* (Santa Monica, California: RAND, 2005).

34 "Korean Unification to Cost Over $3 Trillion", *Korea Herald* (September 14, 2010).

35 Hong, "Thawing Korea's Cold War", p. 10.

36 "N. Korean Envoys Visit South to Pay Respect for Former President", *Chosun Ilbo* (August 22, 2009).

37 James Atlas, "What Is Fukuyama Saying? And to Whom Is He Saying It?" *New York Times Magazine* (October 22, 1989); Francis Fukuyama, "The End of History?" *National Interest* (Summer 1989).

38 Victor D. Cha, "The End of History: 'Neojuche Revivalism' and Korean Unification", *Orbis*, vol. 55, no. 2 (Spring 2011), pp. 290~297.

39 가계부채와 기업부채에 관한 많은 차입금 등 신용등급 하락에 영향을 미치는 다른 경제적 위험 요인들이 많다는 것을 부정하지 않는다. 또한, 한국은 일본에 비해 노동조합이 평균적으로 6번이나 더 많이 파업한다. 그럼에도 북한의 위협은 부정할 수 없는 중요한 요인 중 하나다.

40 "Seoul Stocks End 0.34 Percent Lower on Geopolitical Fears", *Yonhap News* (March 29, 2010), http://english.yonhapnews.co.kr (검색일: 2011년 5월 31일).

41 "Stocks, Currency Cut Losses After N. Korean Attack", *Yonhap News* (November 24, 2010), http://english.yonhapnews.co.kr (검색일: 2011년 5월 31일).

42 Nicholas Eberstadt, "Hastening Korean Unification", *Foreign Affairs*, vol. 76, no. 2 (March/April 1997), pp. 82~83.

43 Ibid., p. 83.

44 "Joint Vision for the Alliance of the United States of America and the Republic of Korea", Whitehouse.gov (June 16, 2009), http://www.whitehouse.gov/ (검색일: 2011년 5월 31일).

45 Victor Cha, David Kang, *Approaching Korean Unification: What We Learn from Other Cases* (Washington, DC: CSIS, 2011); http://csis.org/files/publication/101217_Cha_ApproachingUnification_WEB.pdf (검색일: 2011년 6월 6일).

46 Yoon, "The Economic Impacts of a North Korean Collapse", pp. 13~14.

47 북한의 면적은 12만 538제곱킬로미터이고 한국은 9만 9,720제곱킬로미터이다.

48 한국 도로의 총 길이는 10만 3,029킬로미터인 반면에 북한은 2만 5,554킬로미터이다. *The CIA*

World Factbook, CIA (2011), https://www.cia.gov/library/publications/the-world-factbook/ (검색일: 2011년 6월 6일).
49 Ibid.
50 Ibid.
51 개별 인터뷰 (워싱턴 DC, 2010년 1월 4일).
52 2010년에 한국의 석유와 가스 파이프라인의 총 길이는 3,003킬로미터였으며 북한은 154킬로미터였다. CIA (2011).
53 *Economist Intelligence Unit Special Report*, no. M212 (London: The Economist intelligence Unit, April 1992), p. 102.
54 국제전략연구소, *The Military Balance, 2011* (London: IISS, 2011), p. 249.
55 한국의 병력 수는 Ibid., p. 251 참조.
56 Nichokas Eberstadt, *Korea Approaches Reunification* (Armonk, N.Y.: M. E. Sharpe, 1995), pp. 112, 122.
57 Kang-suk Rhee, "Korea's Unification: The Applicability of the German Experience", *Asian Survey*, vol. 33, no. 4 (April 1993), p. 371.
58 "Defector Among Us: What Does She Look Like?" *Joongang Ilbo* (October 19, 2011), http://joongangdaily.joins.com/article/view.asp?aid=2927327 (검색일: 2011년 6월 6일).
59 Hwang-ju Lee, "Inadequate Training, Unrealistic Expectations", *DailyNK* (August 21, 2010), http://www.dailynk.com/english/read.php?cataId=nk00400&num=6713 (검색일: 2011년 6월 6일).
60 "Defector Among Us", *Joongang Ilbo* (October 19, 2011).

10장. 끝은 멀지 않았다

1 Donald S. Zagoria, *The Sino-Soviet Conflict: 1956-1961* (Princeton, N.J.: Princeton University Press, 1962).
2 이 부분에 관해 리서치에 도움을 준 닉 앤더슨(Nick Anderson)에게 감사를 표한다.
3 Seymour Martin Lipset, "Some Seocial Requisites of Democracy: Economic Development and Political Legitimacy", *American Political Science Review*, vol. 53, no. 1 (March 1959), pp. 69~105; Ronald Inglehart, Christian Welzel, "How Development Leads to Democracy: What We Know About Modernization", *Foreign Affairs*, vol. 88, no. 2 (March/April 2009), pp. 33~41.

4 Eric Goldstein, "A Middle-Class Revolution", *Foreign Policy* (January 18, 2011), http://www.foreignpolicy.com/articles/2011/01/18/a_middle_class_revolution?page=full (검색일: 2011년 5월 10일); David Brook, "The Forty Percent Nation", *New York Times* (February 5, 2011), http://www.nytimes.com/2011/02/06/opinion/06brooks.html (검색일: 2011년 5월 10일).

5 GDP per capita figures and life expectancy from "World Bank Open Data", World Bank (2011), http://data.worldbank.org/ (검색일: 2011년 5월 10일); Human Development ratings from "UN Human Development Reports", UNDP (2011), http://hdr.undp.org/en/ (검색일: 2011년 5월 10일).

6 Francis Fukuyama, "Is China Next?", *Wall Street Journal* (March 12, 2011), http://online.wsj.com (검색일: 2011년 5월 10일).

7 Samuel Huntington, *Political Order in Changing Societies*, 2nd ed. (New Haven, Conn.: Yale University Press, 2006), pp. 53~56.

8 "World Economic Outlook Database", IMF (2011), http://www.imf.org/external/pubs/ft/weo/2011/01/weodata/index.aspx (검색일: 2011년 5월 10일).

9 1인당 실질국민소득은 인플레이션을 적용했을 때 1인당 평균소득을 측정한 것이다.

10 1인당 실질국민소득 수치: IMF.org (2011).

11 Steven Levitsky and Lucan A. Way, "Elections Without Democracy: The Rise of Competitive Authoritarianism", *Journal of Democracy*, vol. 13, no. 2 (April 2002), pp. 51~65.

12 "Freedom in the World 2011, Freedom House (2011), http://www.freedomhouse.org/template.cfm?page=594 (검색일: 2011년 5월 10일).

13 Ellen Knickmeyer, "The Arab World's Youth Army", *Foreign Policy* (January 27, 2011), http://www.foreignpolicy.com/articles/2011/01/27/the_arab_world_s_youth_army (검색일: 2011년 5월 10일).

14 Bobby Ghosh, "Rap, Rage, and Revolution: Inside the Arab Youth Quake", *Time* (February 17, 2011), http://www.time.com/time/world/article/0,8599,2049808,00.html (검색일: 2011년 5월 10일).

15 중위연령은 인구 연령의 분포를 보여준다. 인구를 똑같이 절반으로 나누는데, 반은 연령이 중위연령보다 높고 나머지는 중위연령보다 낮다. 그래서 예멘의 경우, 인구의 절반은 18세보다 어리고 다른 절반은 18세보다 나이가 많다.

16 인구 통계, 취업 수치: *The World Factbook*, CIA (2011), https://www.cia.gov/library/publications/the-world-factbook/ (검색일: 2011년 5월 10일).

17 휴대폰과 인터넷 보급에 관한 데이터. *The World Factbook* (2011).
18 식자율 데이터. "World Bank Open Data", World Bank (2011).
19 Hugh Miles, "The Al Jazeera Effect", *Foreign Policy* (February 8, 2011), http://www.foreignpolicy.com/articles/2011/02/08/the_al_jazeera_effect (검색일: 2011년 5월 10일).
20 "ICT Indicators", *Arab Information and Communications Technology Organization* (2008), http://www.aicto.org/index.php?id=432&L=0 (검색일: 2011년 5월 10일).
21 "Televisions Per Capita by Country", *Nationamaster.com* (2011), http://www.nationmaster.com/graph/med_tel_percap-media-televisions-per-capita (검색일: 2011년 5월 10일).
22 Paul R. Pillar, "How Does a Ruler Stay in Power?", *National Interest* (April 7, 2011), http://nationalinterest.org/blog/autocracy/how-does-ruler-stay-power-5133 (검색일: 2011년 5월 10일).
23 EIU 자료: "Economist Intelligence Unit Democracy Index 2010: Democracy in Retreat", EIU (2011), http://graphics.eiu.com/PDF/Democray_Index_2010_web.pdf (검색일: 2011년 5월 10일).
24 "World Bank World Governance Indicators", World Bank (2011), http://info.worldbank.org/governance/wgi/index.asp (검색일: 2011년 5월 10일).
25 "World Bank Open Data", World Bank (2011).
26 UNDP, "U.N. Human Development."
27 북한 다음으로 베트남이 24~48개월의 병역의무를 부과하고 있고, 차드 36개월, 이집트 12~36개월, 베네수엘라는 30개월이다. *The World Factbook* (2011); 국제전략연구소, *The Military Balance, 2011* (London: IISS, 2011).
28 *The Military Balance*, p. 249.
29 "Televisions per Capita", *Nationmaster.com*.
30 "Orascom Signs Mobile Phone Deal with North Korea", *New York Times* (November 15, 2008), http://www.nytimes.com/2008/12/15/technology/15iht-orascom.4.18698081.html (검색일: 2011년 6월 7일).
31 Bill Powell, "The Capitalist Who Loves North Korea", *Fortune* (September 15, 2009), http://money.cnn.com (검색일: 2011년 6월 7일).
32 "Freedom in the World 2011", *Freedomhouse.org*.
33 "Economic Intelligence Unit Democracy Index 2010", *EIU.com*.
34 "World Governance Indicators", World Bank (2011); "Freedom of the Press 2011", Freedom

House (2011), http://freedomhouse.org/template.cfm?page=668 (검색일: 2011년 6월 7일).

35 Yossi Shain, "Mexican-American Diaspora's Impact on Mexico", *Political Science Quarterly*, vol. 114, no. 4 (Winter 1999~2000), pp. 661~691.

36 *Survey of 297 NK Defectors* (Seoul: Institute for Peace and Unification Studies, Seoul National University, July 24, 2008).

37 피터 요스트(Peter Yost) 감독의 2007년 텔레비전 다큐멘터리.

38 Andrew Salmon, "North Koreans Escape Freedom but Still Hold Kim Jong Il Dear", *The Times* (May 29, 2009).

39 "Number of N. Korean Defectors in S. Korea Tops 21,000", *Yonhap News* (May 14, 2011), http://english.yonhapnews.co.kr/ (검색일: 2011년 6월 4일); "Settlement Support for Dislocated North Koreans", Republic of Korea Ministry of Unification (2011), http://eng.unikorea.go.kr/eng/default.jsp?pgname=AFFhumanitarian_settlement (검색일: 2011년 6월 7일).

40 Park Hyeong Jung, "How Can We Move North Korea?" Fourth Korea Institute for National Unification–U.S. Institute of Peace Washington Workshop, March 10, 2011, 미발간 논문; "NK Tightens IT Gadget Control to Block Outside Info", *Korea Herald* (April 1, 2011).

41 "Kim Jong-il 'Has Nightmares of Being Stoned by His People'", *Chosun Ilbo* (March 28, 2011), http://english.chosun.com/site/data/html_dir/2011/03/28/2011032801124.html (검색일: 2011년 6월 7일).

42 Nina Hachigian, "The Internet and Power in One-Party East Asian States", *Washington Quarterly*, vol. 25, no. 3 (2002), pp. 41~58; Ko Kyungmin, Heejin Lee, Seungkwon Jang, "The Internet Dilemma and Control Policy", *Korean Journal of Defense Analyses*, vol. 21, no. 3 (2009), pp. 279~295; and "North Korea Takes to Twitter and YouTube", *New York Times* (August 16, 2010).

43 Andrei Lankov, "Pyongyang Strikes Back: North Korean Policies of 2002-08 and Attempts to Reverse 'De-Stalinization from Below'", *Asia Policy*, no. 8 (July 2009), pp. 61~62.

44 Daneil Byman, Jannifer Lind, "Pyongyang's Survival Strategy: Tools of Authoritarian Control in North Korea", *International Security*, vol. 35, no. 1 (Summer, 2010), pp. 44~74.

45 Ibid., pp. 60~64.

| 찾아보기 |

ㄱ

강남1호	338, 431
강선 제강소	52, 79, 101~102
강성대국	28, 37, 99, 101~102, 215, 427
강제수용소	117, 186, 253~254, 259, 265, 267, 288, 305
강철환	246~248, 251, 259, 286, 289, 295, 612, 623
개성공업지구	208, 216~217, 542, 564
경착륙	215, 548, 580~581
고난의 행군	143, 251, 283
고요한 아침의 나라	68
공개처형	30, 117, 619
국제사면위원회	288
국제원자력기구(IAEA)	362~366, 369, 375~376, 388, 401~402, 404~406, 426, 479, 508
국제인권위원회	289
금강산 관광	208, 216~217, 219, 542~546, 559, 564
기대감의 소용돌이	204, 303
김구	115
김신조	93, 95
김일성대학	24, 132, 237, 624
김일성 사망	139

찾아보기 695

김정남	133, 150~151
김정일의 부인들	132~133
김평일	125~126, 131
김포공항 폭탄테러	135, 336
김현희	335~336
꽃제비	272, 278, 283

ㄴ

나선지역	205~206, 500
남북공동성명	55, 551~553
남북기본합의서(1992)	205, 555~556
남북정상회담	217, 300, 368, 411
노벨 평화상	217, 232, 539, 541, 549, 560
니콜라에 차우셰스쿠	60, 74, 161, 569, 615~617
닉슨독트린	61

ㄷ

단군신화	67~68
달볕정책	215~217, 220, 222, 230~231, 559~560
당원의 자격(조선로동당)	76
대량살상무기 확산방지구상(PSI)	332, 390~391, 431, 629
대량살상무기(WMD)	195, 369, 391, 431, 433, 437, 463
대륙간탄도미사일	325, 424
대한항공 858	335~336, 399
대홍수	189, 191, 211, 278
덩샤오핑	38, 59, 85, 100, 127, 163, 204, 328, 448,

	450~451, 455, 473, 491
도끼만행사건	95, 97, 135, 312
돌아오지 않는 다리	95
땅굴	40, 94~95

ㄹ

로널드 레이건	39, 187, 398~402, 451, 498
로라 링과 유나 리	394, 396, 419
류경호텔	182~183
르플망(강제송환)	260
리자오싱	460~461

ㅁ

마오쩌둥	58, 63, 77, 84, 122~123, 361, 444~445, 448~451
매파	333, 395, 426
맷 포이어	22, 202
메구미 납치 사건	527
메모리얼 데이	33, 38, 391
메탐페타민	196, 198~200
모하메드 부아지지	38, 598, 625
몰리브덴	29, 470~471
문화대혁명	59, 72, 83~84, 448~450
미북 공동코뮈니케	412, 429, 435
미얀마	39, 41, 96, 135, 197, 209, 243, 297, 336~337, 399, 431

ㅂ

벙커	312~313, 323~324, 332
베트남전쟁	49, 56, 61~63, 394, 531
북진통일	549, 571, 574
북한 화폐개혁	226~229, 618, 625
북한인권법	294, 297
북한인민군	322, 544, 624
블랙베리	24, 26
비날론	162, 180~181, 223
비무장지대(DMZ)	34, 56, 80, 91, 312~314, 317, 320~322, 339, 435, 531, 538~539, 542, 544, 549, 570, 639
빌 리처드슨	21~23, 90

ㅅ

사담 후세인	41, 324, 332, 337, 628
사리원칼리비료연합기업소	181
서울 올림픽	135, 137, 179, 181, 183, 399, 452, 492
서해갑문	180
선군사상	222, 568
선전선동부	126, 134
세계식량계획(WFP)	144, 187~189, 192, 281, 285, 287, 289~293, 296, 458, 474, 522
세계식량농업기구(FAO)	287
슈퍼노트	29, 199~201
스탈린	30, 58~59, 72, 115, 117, 121~124, 127, 131, 160, 206, 445, 448, 491, 496, 519

스티브 해들리	25, 378, 459, 461
스티븐 보즈워스	32, 389, 419, 431, 484
시리아	39, 41, 297, 328, 332, 337, 339, 359~360, 417, 595, 600~605, 615
식량배급(제)	31, 37, 137, 143, 190, 211, 273, 277~279, 284
신년공동사설	101~102
신주체 복고주의	37, 98~100, 161, 164, 222, 568~569, 618~619

ㅇ

아랍의 봄	8, 28, 37, 161, 568~569, 575, 596~600, 602~603, 605~609, 615~617, 619~620, 623, 635
아웅산 테러	135, 451
악의 축	369, 398, 428
에리히 호네커	60, 74, 87~88, 161, 569
여수—순천 사건	83
역사의 종언	565~566
연착륙	548, 559~580
연평도	33, 158, 230, 341, 343~345, 348~351, 353, 392, 419, 467~469, 506, 563, 565, 576, 609
염소	168~169
영아살해	257~258
오사마 빈 라덴	41, 164, 324, 628
오챠드 작전	359
요덕 강제수용소	254~255, 259
위대한 영도자(김정은)	151~152, 154, 157~158, 161~163, 568, 616

위대한 지도자(김일성)	24~25, 31~32, 76, 78~80, 116, 118~122, 126, 134, 138, 141 ,149, 165, 219, 552
위대한 후계자(김정은)	32, 151
유엔난민기구(UNHCR)	260, 263~264, 266~268, 294, 304, 635
유엔아동기금	190, 192, 287
유엔안전보장이사회	27, 332, 343, 351~352, 372~373, 384~385, 390~392, 394, 407, 419, 431, 433, 463, 467, 479, 485, 505, 508, 511, 533, 572, 629
육불화우라늄	370
육영수 여사	94, 553
이동휘	113~114, 118
이라크전쟁	322, 526
이산가족	300, 305, 545, 554
이승만	56, 60~61, 65~66, 82~83, 115~116, 550
이코노미스트 인텔리전스 유닛(EIU)	558, 604~605, 612
이후락	55, 66, 551~552
인간개발지수(HDI)	599~600
일본인 납치	135, 292, 387, 440, 516~517, 520, 523~524, 526~535

ㅈ

장수를 기원하는 복숭아(서우타오)	33, 441
재스민 혁명	598
전미외교정책협의회	592~593
전쟁포로	95, 300, 338, 561
정전협정	22, 42, 52, 61, 92, 171, 341, 345, 392, 467, 551, 576

제2차 세계대전	34, 50, 52, 55, 57, 68, 86, 109, 169, 250, 270, 326, 338, 361, 449, 478, 483, 487, 518~519, 538
제너럴셔먼호	66
조선인민군	56, 93, 111, 118~119, 134, 138, 151, 153, 312, 317, 385
조소 우호협조 및 호상원조에 관한 조약	57, 487
조지아	505
주체사상	37, 69~80, 98~100, 103, 118, 138, 171, 173~174, 177, 222, 270, 279, 304, 568, 619
주체연호	72, 141
중국인민해방군	385, 442, 449, 461~462, 468~469
중소분쟁	59, 447, 455, 489~490, 592

초

차우셰스쿠의 순간	615~617
찰스 젠킨스	531~532
참수공격	323
채굴산업	470, 473
천리마운동	78~79, 101~102, 162, 172~175
천안함	8, 12, 32, 158, 230, 321, 341, 348~349, 353, 419, 466~469, 506, 563, 565, 576, 579
청와대 습격	91, 95, 97
초코파이	223~224, 617
춘절	33
친애하는 지도자(김정일)	28, 32, 38, 40, 102, 127~128, 133, 137, 141~142, 148, 228, 241, 272, 323, 427, 480,

566, 613, 616

ㅋ

카따리오	199
카우보이 외교	522
코리아 디스카운트	575
코리아게이트	63~64
코메콘(COMECON)	57
콘돌리자 라이스	26, 377, 385, 435~436, 464~465, 573, 592~593, 616

ㅌ

타도제국주의동맹	109
테러지원국	187, 336, 386~387, 416, 436, 534
톈안먼 사태	161, 453, 569
튀니지 채소장수	38

ㅍ

페레스트로이카	100, 489~490
폴 번연 작전	95
푸에블로호	90, 92
풍계리	384, 393, 459
프놈펜	86~87
플루토늄 미치광이	40, 340
《피리 부는 사람》	120

피포위 심리   48, 441

ㅎ

한국전쟁   22, 27, 39, 47, 49, 52~53, 56, 58~59,
                                    61~62, 68, 73, 82, 85, 89, 91, 94, 109, 119,
                                    123, 134, 160, 164, 169, 171, 187, 311~313,
                                    320, 332, 341, 348, 400~403, 406, 411,
                                    427~428, 443~444, 449~451, 454, 460,
                                    463, 466, 478, 487, 545, 551, 570
한미연합군   62, 89, 318~319, 322
한반도비핵화공동선언   374, 555
한중수교(1992년 10월)   454
할슈타인 원칙   550, 553
핵확산방지조약(NPT)   41, 138, 187, 333, 345, 355, 362~365, 369,
                                    375~376, 409, 427, 460, 479, 482, 508
햇볕정책   98, 128, 190, 213, 215~220, 222, 224, 232,
                                    372, 390, 414, 474, 502, 539~549, 551,
                                    558~562, 564, 566, 570~571, 573, 577
호찌민   63(도시), 84(사람)
황장엽   71, 126, 132, 135, 140, 303
흐루쇼프   57~59, 448, 450, 455
희토류   170, 470

39호실　　　　　　　　　　　133, 195
6자회담　　　　　　　　　　10, 22, 33~34, 50, 77, 107, 221, 248,
　　　　　　　　　　　　　　295, 336, 346, 368, 370~371, 373~374,
　　　　　　　　　　　　　　377~383, 386~393, 402, 413~414,
　　　　　　　　　　　　　　416~421, 425~427, 429, 431~432,
　　　　　　　　　　　　　　435~436, 442, 465, 482~484, 500,
　　　　　　　　　　　　　　504~509, 511~514, 516, 532, 535, 566, 593,
　　　　　　　　　　　　　　626, 631~632
9.11 테러　　　　　　　　　 369, 397
G20 정상회의　　　　　　　 48
KAL기 폭파사건　　　　　　135, 179, 493, 498

옮긴이 김용순

연세대학교 정치학 박사.
대표 논문으로는 'South Korea's Risk Management Strategies for Sudden Change in North Korea', 'U.S. and China in the 21st Century', 'Preparing for Institution-building of Six-Party Talks in Northeast Asia', 'North Korean Power Play vis-á-vis the United States', '북한의 대미 강압홍정 외교행태에 관한 연구', '식량난을 전후로 한 북한 주민의 직무동기 변화 분석' 외 다수.

불가사의한 국가
—— 북한의 과거와 미래 ——

초판 1쇄 발행 2016년 3월 7일

지은이 빅터 차
옮긴이 김용순

펴낸이 함재봉
펴낸곳 아산정책연구원
주소 서울시 종로구 경희궁1가길 11
등록 2010년 9월 27일 제 300-2010-122호
전화 02-730-5842
팩스 02-730-5849
이메일 info@asaninst.org
홈페이지 www.asaninst.org
표지 · 본문 디자인 All Design Group

책임편집 박현아

ISBN 979-11-5570-140-9 03340
값 22,000원

※ 이 책은 아산정책연구원이 저작권자와의 계약에 따라 발행한 것이므로 본원의 허락 없이는 어떠한 형태나 수단으로도 이 책의 내용을 이용할 수 없습니다.

※ 이 도서의 국립중앙도서관 출판예정도서목록(CIP)은 서지정보유통지원시스템 홈페이지 (http://seoji.nl.go.kr)와 국가자료공동목록시스템(http://www.nl.go.kr/kolisnet)에서 이용하실 수 있습니다.(CIP제어번호: CIP2016004824)